P9-BIX-796

WERNER GÜNTHER

DICHTER DER NEUEREN SCHWEIZ

I

WERNER GÜNTHER

Dichter der neueren Schweiz

I

FRANCKE VERLAG BERN
UND MÜNCHEN

PT
3868
.G8
Bd. 1

831.09
G92

©

A. FRANCKE AG VERLAG BERN · 1963

ALLE RECHTE VORBEHALTEN

Es dürfte angezeigt sein, dem Werke, dessen erster Band hier vorgelegt wird, einige einführende Worte mit auf den Weg zu geben.

Wie der Titel schon andeutet, lag es nicht in unserer Absicht, eine Geschichte der neueren schweizerischen Literatur im eigentlichen und überlieferten Sinne zu schreiben. Wer eine solche sucht, möge die einschlägigen Arbeiten von Ad. Frey, Ermatinger, Nadler, von Greyerz, Zäch u. a. einsehen. Was hier geboten wird, ist eine Sammlung von Monographien zu Schweizer Dichtern seit Gotthelf. So vorgehend, glauben wir eine Lücke zu füllen. Was gegenwärtig not tut, scheint weniger die Über- und Zusammenschau eines größeren Literaturabschnittes, weniger das Wissen um allgemeine Strömungen oder um das Sichentwickelnde einer ganzen Epoche als die vertiefte Kenntnis von Einzelgestalten zu sein. Wir möchten mehr das individuell Seiende als das allgemein Werdende festhalten, mehr die ruhenden – freilich in sich bewegten – Einzelpole betrachten als der Erscheinungen Flucht. Die Einzelgestalten sind ja das Primäre, sie sind die Träger der Entwicklung; aus ihren besonderen Physiognomien bestimmt sich das Antlitz einer Epoche.

Unsere Einstellung ist daher auch eine grundsätzliche. Kritik hat von den einzelnen schaffenden Persönlichkeiten auszugehen, denn Kunst im strengen Sinn verwirklicht sich nur im Einzelwerk. Was nicht auf dieses Bezug hat, ist schon irgendwie abgezogene Reflexion. Auch diese besitzt ihr Recht, denn im weiteren Sinne ist Kunst auch eine Funktion des Sozial-Gesellschaftlichen, des Politischen, des Nationalen, des Kulturellen überhaupt, auch eine solche des werdenden Weltgeistes, der uns aus Einzelbewegungen und Einzelerzeugnissen entgegenblickt. Mit andern Worten: Kunst ist auch Geschichte, reiht sich in Verbindungen, Verkettungen, Entwicklungen ein, die das Ganze des geistigen und gesellschaftlichen Lebens umfassen. In ihrem eigensten Bezirk aber ist sie eine individuelle Angelegenheit, eine rein persönliche, vom Blickpunkt des Intuitiven aus vorgenommene Auseinandersetzung mit dem Problem des Seins und *wirklich,* darum faßbar allein in dieser Selbstgestalt. Die hier geübte kritische Betrachtung richtet

87118

sich an diese insonderlich: Auge in Auge mit der dichterischen Persönlichkeit, mit dem dichterischen Werk vollzieht sich unsere kritische Arbeit; das ‹Geschichtliche›, mehr oder weniger Außer-Künstlerische bezieht sie nur am Rande ein. Das Ergebnis ist die in sich erfüllte Einzelstudie, die Monographie.

Was in der monographischen Betrachtung zutage tritt, ist somit weniger das Gleiche oder das Ähnliche unter verschiedenen Gestalten, dem die historisch überschauende Kritik in erster Linie ihre Betrachtung schenkt, als das Unverwechselbare, Eigengewachsene, Eigengeformte einer Gestalt, mehr das, was sie von andern unterscheidet, als was sie mit andern gemein hat. Diesem Einmaligen, Unwiederholbaren nahezukommen, der bewegten *innern* Linie einer Einzelerscheinung zu folgen, ist nicht immer leicht: seelische Konturen offenbaren sich nur dem hingebendsten Blicke. Und dieser geduldige, fühlende und wissende Blick zugleich muß die Art der Betrachtung bestimmen. Wenn jemals Methode wahrhaft Erlebnis ist, so ist sie es für die monographische Kritik. Jedweder Schematismus schließt sich hier von selber aus: soviel Gestalten, soviel Blickpunkte und Methoden.

Das Ideal wäre eine Verbindung der historischen und der monographischen Betrachtungsweise, wird man vielleicht sagen. Dem ist unzweifelhaft so, praktisch aber wird sich sozusagen immer eine Neigung nach der einen oder andern Seite ergeben; das hängt auch vom verfolgten Zwecke ab. Jedenfalls ergänzen sich die beiden Richtungen kritischer Arbeit. Die monographische Methode, das steht wohl fest, setzt, wenn sie ihres Namens würdig ist, intimste Kenntnis ihres jeweiligen Gegenstandes voraus. Wo sich die literar-‹geschichtliche› mit großen Akzenten, ja mit annähernden, ungefähren Winken und Einordnungen begnügen darf, vielmehr begnügen muß (die Richtung freilich weist auch ihr voraufgehendes vertieftes Studium der Einzelbezüge), so heißt jener erstes Gebot beharrlichstes Einarbeiten in die verschiedenen Seinsweisen, Aspekte und Probleme der Dichtergestalt. Nichts darf unterlassen werden, was diese erhellen, ihr Verständnis fördern kann. Dazu gehört selbstredend die genaue Kenntnis dessen, was, wenn je, andere über den gewählten Gegenstand gedacht und geschrieben haben. Wahre Kritik ist zwar immer und überall Kritik der Kritik, ein Aufbauen mit andern am gemeinsamen Werke. Die monographische

Methode aber, wenn sie fruchtbar sein soll, erfordert eine solche noch mehr als die andere. Den bibliographischen Angaben wird aus diesem Grunde in unsern Untersuchungen die größte Sorgfalt gewidmet, und die Auseinandersetzung mit anderweitigen Ergebnissen der Kritik, soweit solche von Belang jeweils vorhanden sind, war uns selbstverständliche Pflicht.

Des weiteren verlangt die monographische Behandlung größtmögliche kritische Unvoreingenommenheit. Nichts ist widerlicher und unfruchtbarer in kritischen Dingen als das Vorurteil, sei es das moralisch-weltanschauliche, das politische, das ästhetische, das persönliche. Aus seiner Haut schlüpfen kann zwar auch der objektivste, gewissenhafteste Kritiker nicht. Seinen Geschmack, seine Meinungen hat auch er. Womöglich aber setze er keine weitere, fast unweigerlich verzerrende Brille auf. Versuche er erst einmal, sich in die besonderen Verhältnisse und Umstände, in das besondere Temperament der kritisch betrachteten Gestalt zu versetzen und ihr besonderes Wesen aus ihren besonderen Bedingungen heraus zu verstehen, um ihr dort Gerechtigkeit widerfahren zu lassen, wo sie auf solche Anspruch hat. Dabei aber möge er sich bewußt sein, daß Unvoreingenommenheit und Nachsicht nicht dasselbe sind. Alles verstehen heißt nur in menschlicher Hinsicht alles verzeihen, nicht jedoch in künstlerischer.

Geboten ist deshalb ein sorgsames Auseinanderhalten von biographischer und künstlerischer Gestalt. Der Dichtergeist und die Alltagsperson sind nicht identisch. «Der Dichter ist nicht der ganze Mensch [oder doch nur in idealer Hinsicht, möchten wir beifügen], und was frommt die Bekanntschaft mit seiner Person?», stellt Dranmor (Ferdinand Schmid) in der Vorrede zu seinen Gesammelten Dichtungen mit völligem Rechte fest. Die biographische Kenntnis mag zuweilen Einzelnes im Werk erhellen; der Schlüssel aber zum Werke liegt im Werke selber. Es ist freilich im allgemeinen leichter und bequemer, Etikettierungen, Hinweise auf den Charakter eines Werkes von der äußerlich biographischen Seite, womöglich von Aussprüchen des Autors selber her vorzunehmen; die wirkliche Deutung jedoch bezieht ihre Elemente von anderswo, d. h. von innen her, aus jenen Bereichen, die der Bewußtheit des Schaffenden häufig entrückt sind. Die richtige Monographie entquillt aus der Vergegenwärtigung der inneren, der seelischen Biographie, die mit der äußeren keineswegs zusammenfällt. Eine solche muß sich der Kritiker für seinen Gegenstand zu schaffen suchen. Natürlich und legitim ist freilich auch der Wunsch des Lesers, etwas von den Lebensverhältnissen und Lebensschicksalen der betrachteten Gestalt zu vernehmen. Diesem Bedürfnis tun wir Genüge, indem wir den einzelnen Monographien kurze, manchmal nur stichwortartige Biographien folgen lassen.

Alles verstehen heißt nur menschlich, nicht auch künstlerisch alles verzeihen. Dem monographischen Vorgehen droht hier unzweifelhaft eine Gefahr. Wohlverstandene Kritik ist wohl zunächst Einleben, Einfühlen, ein demütiges Abschreiten des schöpferischen itinerarium mentis in Deum, ist aber auch Urteil. Wo sie nicht in das – höhere Maßstäbe wahrende – ästhetische Urteil mündet, übt sie ihr Amt nur zur Hälfte oder übt es unvollkommen aus. Dieses Amt verlangt Scheidung von Kunst und Nicht-Kunst. Sollen wir bekennen, daß, was uns zu unserer Arbeit ermunterte, der Wunsch und das Bedürfnis war, in der neueren schweizerischen Literatur des näheren nach den künstlerischen Werten zu forschen, die in ihr verborgen liegen? (Verborgen ist doch wohl das richtige Wort, denn echte künstlerische Werte liegen gerne eher abseits von der Heerstraße.) Wir lassen diese neuere schweizerische Literatur mit Gotthelf beginnen. Jeremias Gotthelf hat ihr inmitten seiner Bauernwelt eine Bahn eröffnet, deren gewaltige Ausmaße wir erst jetzt in ihren Umrissen genauer zu erkennen vermögen. Der politische Träger der neuen Schweiz war aber das städtische und kleinstädtische Bürgertum. Ist es verwunderlich, wenn die schreibende heimatliche Nachwelt sich an ‹leichtere›, jedenfalls an sozial und irgendwie auch künstlerisch vermehrt in die Augen fallende, gewissermaßen wichtigere Vorbilder hielt? Zum Glück hatte jedoch auch Gottfried Keller, ihr leuchtendster Wegbereiter und Wegdeuter, nicht wenig von Gotthelf, und von dessen Dauerndstem, in sich aufgenommen, und die solid bürgerlichen schweizerischen Eigenschaften taten ein Übriges, um aus der nachgotthelfischen und nachkellerschen schweizerischen Literatur eine wohl schöpferisch bescheidenere, doch im gesamten sympathische, an Talenten wahrhaft nicht arme Periode zu machen.

Ist es nötig, beizufügen, daß sich das kritische Urteil vom überragenden Beispiel Gotthelfs nicht gleichsam in Bann schlagen las-

sen darf? Der Kritiker muß wohl diese bislang in unserem geistigen
Raume höchste geschehene Verwirklichung dichterischer Art im
Auge behalten (und wir nehmen auf diesen Seiten des öftern auf
sie Bezug), würde aber ungerecht werden, wollte er diesen Maß-
stab überall ansetzen. «Ein Land vom Umfang der Schweiz»,
schrieb Albin Zollinger einmal sehr richtig, «ist aus Rechtferti-
gungen der Proportion nicht verpflichtet, stets ein Genie auf Lager
zu haben ... Für Gotthelfe wird die Kraft eines Jahrhunderts zu-
sammengenommen[1].» Es gilt also, in der Wertung einen Mittelweg zu finden. Anerkannte und berühmte Dichter vertragen strengere Maßstäbe als kleinere oder weniger bekannte. Von Heinrich
Leuthold lautet ein beherzigenswerter Spruch:

> Gehst du einmal unter die Rezensenten,
> So gib dich nicht ab mit kleinen Talenten;
> Du mußt dich an die Größten wagen,
> Die den Tadel verschmerzen, das Lob ertragen.

Hier stellt sich freilich die Frage: wo beginnt die Kategorie der
Großen und der Größten, wo die der Kleineren und Kleinen? Die
Hierarchie ist ja keine ein für allemal festgesetzte oder festzusetzen-
de. Die Kritik, das ist ihr hauptsächlichstes Amt, steuert Elemente
der Wertung bei, in positivem und in negativem Sinne, hält daher
die Rangordnungen ständig im Flusse. Bei einem Werke wie dem
vorliegenden, es sei nachdrücklich betont, spielt auch der Wunsch
mit, der kritischen Gerechtigkeit zu dienen, Neuwertungen vorzunehmen, nicht genügend Gewürdigtes ins Licht zu rücken, Über-
bewertungen zurückzuschrauben. Der aufmerksame Leser wird
leicht herausfinden, daß nicht wenig einigermaßen festgefahrene
Urteile aufgelockert erscheinen. Immer jedoch suchten wir nach
Spittelers Rat zu handeln: «Mein Urteil sei gestreng, die Formel
mild.»

Zur Auswahl der Namen sei im übrigen noch Folgendes beigefügt. Sie geschah nach keinem vorbestimmten Plan, gehorchte sogar mehrmals Zufällen der Lektüre. Bewußt freilich wurde eine
angemessene Verteilung der Namen auf das 19. und 20. Jahrhundert angestrebt. Die Länge der einzelnen Studien darf nicht als
kritisches Gesamturteil angesehen werden. Die Absicht einer ge-

---

[1] Die Notlage des schweizerischen Schriftstellers. Die Nation, 17. Febr. 1938.

wissen kritischen Wiedergutmachung verlängerte einzelne; andere, von bereits anerkannten Dichtern handelnd, hielten sich bewußt in kürzeren Grenzen, betonten nur das im engern Sinn Kritische oder kritisch Notwendigere ausführlicher. Das gilt besonders von den Studien über Gotthelf und Spitteler; dem ersteren widmen wir in diesem Zusammenhang zur Hauptsache nur eine kürzere Einführung in die Hauptwerke; beim zweiten setzt die Sonde vornehmlich bei den kritischen Hauptproblemen an.

Der hier veröffentlichte erste Band des Werkes enthält zwölf chronologisch gereihte Namen. Zwei weitere Bände sind vorgesehen, so daß an die vierzig oder fünfzig Dichter der neueren Schweiz eine eingehende Würdigung erfahren dürften. Ist das viel für einen beschränkten Zeitraum und für ein kleines Land? Daß nicht alles an europäische Bedeutung heranreicht, ist selbstverständlich, die Maßstäbe dürfen auch in dieser Hinsicht nicht absolute sein; doch ist von der Feststellung auszugehen, daß der Anteil der Schweiz am literarischen Schaffen der deutschsprachigen Gebiete ein verhältnismäßig großer, ja sehr großer war und ist. Wenig ist es jedenfalls für eine z. B. stammesgeschichtlich orientierte Literaturgeschichte, die Heerscharen von ‹Dichter›namen ins Feld führt, freilich dadurch gerade über sich selber ein vernichtendes Urteil fällt. Über die Auswahl selber wird sich rechten lassen. Dieser oder jener findet vielleicht, des Guten sei für den und den zuviel getan, und anderseits werden sich nach Abschluß des Werkes Lücken aufzeigen lassen. Dem Vorwurf werden wir entgegenhalten können, daß absichtlich kein verdienter Name weggelassen wurde, und Fehlendes läßt sich ja allenfalls in einem ergänzenden Bande nachholen. Auch lebende Dichter sollen ihre Würdigung erfahren; hier dürften in der Folge Ergänzungen, wohl auch Retouchen notwendig werden – zum Schaden nicht der monographischen Nuancierung und Gerechtigkeit. Einen vierten – allenfalls fünften – Band gedenken wir den Hauptvertretern der romanischen Schweiz zu widmen, damit etwas vom Geist der gesamten neueren schweizerischen Literatur im Werke eingefangen sei.

Es war uns daran gelegen, die Dichter selber in hervorragenden Abschnitten recht häufig zum Worte kommen zu lassen. Das Buch wird so im weiteren auch zu einer Art Anthologie, die selbst losgelöst vom kritischen Text ihr Interesse und ihren Nutzen haben dürfte. An den negativen Beispielen, die zur Veranschaulichung eines Urteils ebenfalls vorkommen, möge der künstlerische Geschmack sich üben. Die Sprache dieser Studien suchten wir bei aller angestrebten Wissenschaftlichkeit möglichst schlicht, zugänglich, von kritischem ‹Jargon› unbeschwert zu halten.

Die große Mehrzahl der Arbeiten ist im vollen Wortlaut unveröffentlicht. Einen bis auf geringfügige Einzelheiten vollständigen Vorabdruck erfuhr nur die über Gertrud Pfander (Zofingue, Feuille centrale, avril 1952), einen teilweisen, die allgemeineren Ausführungen vornehmlich berücksichtigenden die Studien über Jakob Frey (Aarauer Neujahrsblätter 1960), Maria Waser (Neue Zürcher Zeitung, 19. Juni 1960, Nr. 2103), Arnold Ott (Neue Zürcher Zeitung, 23. Okt. 1960, Nr. 3642) und Otto Wirz («Rebellen und Geister», Neue Zürcher Zeitung, 5. Aug. 1962, Nr. 3009).

Der Stiftung pro Helvetia sei für ihren Beitrag an die Kosten der Drucklegung der gebührende Dank ausgesprochen.

JEREMIAS GOTTHELF

Die neuere Schweizer Literatur, zugleich ihre hohe Zeit, beginnt mit Jeremias Gotthelf. Was vor ihm in unseren Gauen gedichtet wurde, und es hat in etlichen Namen ein ansehnliches Maß, wenn auch gerade in der klassischen (nicht in der vorklassischen, die einen Albrecht von Haller hervorbrachte) und der romantischen Periode einschneidende Werke fehlen, bewahrt für den heutigen Wanderer durch die Literaturgeschichte ein leichtes Rüchlein abgestorbener Zeit und Kunst. Mit Gotthelf aber betritt man dichterisch Gegenwart, stärkste Gegenwart sogar, mag auch in seinem Stofflichen Einzelnes einer versinkenden oder versunkenen Welt angehören. Bei ihm scheint es nicht nur, als hätte die politisch zu neuem Leben erwachende Schweiz sich auch literarisch eine großartige Neugeburt zugesellen wollen, sondern auch, als hätten jahrhundertelang aufgestaute Lebens- und Seelenwerte sich plötzlich Luft gemacht, um, sich machtvoll ordnend, in überwältigendem, herbem Dufte aufzublühen und so ihr unvergängliches Antlitz herauszubilden. Als die Zeit erfüllt war, kam der, welcher, ein gewaltiges Erbe in sich tragend, doch nur seiner Zeit zugewandt, in ihr das Leben erspürte, das es hinüberzuretten galt in späteste Zukunft.

Die wirklichen Größenverhältnisse eines Geländes erkennt nur, wer es aus einer gewissen Ferne betrachtet. Als ragender und beherrschender Gipfel erscheint *uns* Gotthelf erst, nachdem über hundert Jahre größeren Blickraum geschaffen. Die Zeitgenossen – eigentlich mehr noch die des deutschen Auslandes als die heimatgenössischen – ahnten wohl zuweilen, daß hier eine ungewöhnliche schöpferische Kraft am Werke war; der Hindernisse jedoch waren zu viele, als daß die reineren Konturen dieser Dichterkraft hätten erkannt werden können. Ist der Nachruhm größer als der unmittelbare, so bedeutet das immer, daß der Nachwelt neue Augen aufgegangen und daß allerhand Verschleierndes, Verzerrendes, Zweitrangiges inzwischen von dessen Träger abgefallen, mit andern Worten, daß seine wesentlicheren Maße sichtbar geworden.

Was einer gerechteren Beurteilung Gotthelfs im Wege stand, waren insonderlich drei Dinge: einmal die Tatsache, daß er den bislang der höheren Literatur noch kaum erschlossenen, jedenfalls nicht in seiner wirklichen Natur erkannten und dargestellten Bauernstand zum fast alleinigen Schauplatz eines umfangreichen Werkes machte; dann der unerbittliche Kampf, den er gegen eine, wie ihn dünkte, unheilvolle politisch-philosophische Zeitströmung führte, und schließlich die Sprachform, in die er seine Schöpfungen goß. Die in solchem Ausmaß und solcher Intensität erstmalige dichterische Vergegenwärtigung des Bauerntums verschaffte ihm, besonders jenseits des Rheins, ja sogar in Frankreich[1], einen nicht unbedeutenden Überraschungserfolg, der aber rasch an Glanz verlor, als die Mode abflaute und das politisch-weltanschauliche Element im Dichter schroffer in Erscheinung trat; und die eigenwillige Sprachform, sowie eine gewisse ‹ästhetische› Sorglosigkeit stießen sich bald einmal am epigonenhaft-klassizistischen Vorurteil, das einer so ungestümen und traditionsunbeschwerten Kraft mehr oder weniger ratlos gegenüberstand, und zudem war es auch vaterländisch leichter, etwa einen Meister Gottfried Keller gegen eine so überbordende Natur auszuspielen. Es trat so der wahrhaft denkwürdige Fall ein, daß das vielleicht größte epische Genie deutscher Zunge als wohl nicht unbegabter, aber doch als ungeordneter und ungebärdiger Dorfgeschichtenschreiber und ‹Volks›schriftsteller angesehen und in der kritischen Einreihung dementsprechend hintangestellt wurde. Es mußte zuerst einmal die Einsicht zum Durchbruche kommen, daß Gotthelf in seinem Bauernstand das Edelste, Innigste des Menschentums überhaupt zum Ausdruck gebracht, daß sein weltanschaulicher Kampf ein Sicheinsetzen war für das Dauerndste des Menschendaseins, und daß seine Form einem inwendigen Gesetz gehorchte, das an sich schon eine unvergleichliche Echtheit der dichterischen Vision verbürgte. Das konnte erst in unseren Tagen geschehen.

*

Wer sich unbefangen und aufgeschlossen – fast möchte man wünschen, es geschehe erst in reiferem Alter – zum erstenmal in ein umfangreicheres Gotthelfwerk vertieft (es ist deutsches Schicksal insgemein, daß dabei besondere Schwierigkeiten der Sprache, etwelche für den Schweizer sogar, zu überwinden sind), der muß be-

---

[1] Vgl. Rudolf Zellweger: Les débuts du roman rustique. Suisse – Allemagne – France. Paris, 1941.

troffen sein von der Selbstverständlichkeit, mit der hier eine neue
dichterische Umwelt sich eröffnet. Es ist dies vielleicht das untrüg-
lichste Zeichen ihrer inneren Wahrheit und Notwendigkeit. Mit
gelassenster Gebärde, wie wenn das von jeher so gewesen, werden
die Pforten einer ländlich-bäuerlichen Welt aufgetan, die nicht
mehr nur am Rande der literaturwürdigen Gesellschaft lebt, wie
in den bisherigen Darstellungen, sondern die auf einmal selber Gesellschaft ist, und als solche sogar in die Mitte gestellt. Das räumlich
so begrenzte, nur einen Teil des Bernerlandes in sich fassende Gotthelfsche Bauerntum erscheint plötzlich wie eine Urzelle menschlichen Zusammenlebens überhaupt: dieses Emmental und dieser
Oberaargau weiten sich zum Menschenlande selber. Der Grund:
hier hat sich ein Dichter dermaßen seinem Gegenstand gleichge-
macht, daß die eigene reiche Menschlichkeit dem Stande entwächst,
den er gestaltet. Gotthelf, der Pfarrer, wurde Bauer, um den Bauern
darzustellen.

Ein Zweites aber fällt sofort auf: dieser Dichter steht zugleich
auch *über* seinem Gegenstand. Mit allen Sinnen, mit vollem Herzen,
mit ganzer Seele leibt und lebt er in ihm, sein Geist jedoch schwebt
über diesen Wassern. Die beschworne Welt dieses Bauerntums ersteht wohl in ungeheurer Unmittelbarkeit und Nähe, und doch zugleich aus überschauendem, urteilendem Abstande. Die Bilder
tauchen ein in konkreteste, manchmal fast bestürzende Abschilde-
rungstreue und sind doch wiederum wie weit vom Dichter weg-
gehoben: gemüthaft leidenschaftlich durchwärmt von innen her
und übergossen von sonderndem Lichte, das von oben her strahlt.
Ein oberflächlich hinschauender, vor allem stofflich teilnehmender
Leser sieht besonders das mit unglaublich sicherem Stift festgehal-
tene und scheinbar nur abkonterfeite Leben, in dem das Bunte,
Witzige, Anekdotische, Krause, Komische, Tragikomische und
Tragische, mit einem Wort das volkshaft Originelle nur so durch-
einanderpurzelt; der sittlich Urteilende hinwieder ist betroffen vom
ungeheuren Geistesernst, mit dem diese Welt durchleuchtet, hier-
archisch aufgeteilt wird in die Schattierungen des Guten und weniger Guten, und gerne spricht er daher vom Prophetischen dieser
Schriftstellerberufung.

Nähe und Ferne, Unmittelbarkeit und Distanziertheit, stoffliche
Lust und Geistforderung sind jedoch, genauer besehen, nur die

beiden Seiten der überlegenen schöpferischen Kraft. Das Dichterische verbindet das Sinnenhafte und das Geistige. Jedes wahrhafte Dichterwerk weckt den Eindruck einer solchen Polarität, die im Intuitiven ihre Einung findet. Bei Gotthelf ist diese Polarität ausgesprochener, mächtiger als bei vielen andern. Die Spannung zwischen extrem Sinnenhaftem und extrem Geisterfülltem wird bei ihm hie und da fast schmerzhaft erweitert und fühlbar. Er schwelgt unter seinen Bauern in unbändiger Daseinslust, die sich am frisch Gegenwärtigen und am Hergebrachten, lang Gewordenen zugleich entzündet; er legt aber auch herrische Maße des Gewissens an diese buntbewegte Welt, er weiht sie heiligenden Zielen. Das Gleichgewicht ist bei solcher Federung der Grundkomponenten nicht immer leicht einzuhalten. Wo es sich einstellt, und der Orte sind bei Gotthelf viele, da ist reinste und machtvollste dichterische Verklärung das Ergebnis, da empfindet der fühlende Leser jene höhere, ja höchste Genugtuung, die vollendete Kunst auszulösen vermag.

*

Daß Gotthelf der überragende Dichter des Bauerntums wurde, das war Begnadung. Nicht zu übersehen ist jedoch, was ihm einerseits Eltern und Ahnen, was ihm eigene Erfahrung, und anderseits, was ihm die Bauernwelt bot, in die er jung schon und dann auch beruflich hineingestellt war. Das Ahnen- und Elternerbe, so unbestimmbar es im einzelnen ist, wirkte unterströmig tief. «Kommt nicht das meiste und das Beste von dem, was wir haben, was wir sind, was wir brauchen, von den Erfahrungen, Erfindungen, Erwerbungen, Entdeckungen früherer Geschlechter her?», sagt er selber in der Skizze «Die Schlachtfelder». Was Vater und Mutter ihm mitgaben, das veranschlagte er hoch; Traumfähigkeit und Güte, Lebensernst, Demut und Gerechtigkeitssinn mochten vornehmlich von ihnen stammen. In Utzenstorf als pfarrherrlicher Bauernjunge, in Herzogenbuchsee und Lützelflüh als Vikar und Pfarrer drang er arbeitend und erfahrend ein in des Volkes Herz und Sinn. Und im oberaargauischen und emmentalischen Bauerntum trat ihm in Behäbigkeit, Selbstherrlichkeit und eigenständigem Brauchtum ein in Jahrhunderten gewachsener bäuerlicher Organismus entgegen, wie es in der Welt nicht viele seinesgleichen gibt. «Es sprach der Geist» (so dürfte man, in leichter Umdeutung, C. F. Meyersche Worte hier brauchen): «Sieh auf! Die Luft umblaute / Ein unermeßlich Mahl, soweit ich schaute, / Da sprangen reich die Brunnen auf des Lebens ...» Dennoch kann nicht genug betont werden: andere auch waren hier aufgewachsen, hatten dieses Volk erlebt – in *ihm* allein verklärte es sich zum unvergänglichen Bilde. Und das heißt eben: wenn er solchen Geistes Wehen spürte, so war es Schicksalserwähltheit. Was er schuf, gehörte ihm daher selber zu, als seine Geistestat, war nicht Abschilderung dessen, was ihm äußerlich vor Augen stand, sondern erhöhte Wirklichkeit, eine neu- und umgeschaffene Welt, in der das Urbild, wenn auch vorhanden, und vorhanden in wundervoller Transparenz, doch erfüllt war von neuem geistigem Sinne.

Dieser höchsteigene Sinn belebt seine bäuerlichen *Gestalten* in erster Linie. Das Zuständliche des Ortes, des Brauches, des täglichen Lebens, ist es auch meist nur in einigen Hauptzügen und keineswegs naturalistisch gesehen (das Unzimperliche, ‹Natürliche› der Darstellung, die überaus scharf erfaßten Einzelkonturen und die stupend dem Volksbrauch angenäherte, wenn auch künstlerisch gesteigerte Redeweise der Figuren täuschen hier leicht über den wirklichen Tatbestand hinweg), dieses Zuständliche hat vorlagenaheren Charakter als die bewegte Welt der Gestalten. Aus ihm kann eine reichbelegte Kulturgeschichte des emmentalischen Bauerntums herausgeschält werden: in Sitten und Gebräuchen (und diese reichen ja zurück in Untiefen der Volksseele), in Wohnkultur, in der Felderbebauung, in Gemeinde- und Staatspolitik, im Schul- und Kirchenwesen, in Rechts- und Gesundheitspflege usw. ist vieles einmalig festgehalten und kostbar schon deswegen. Und wie Gotthelf dieses Kulturhistorische episch verwendete, wie er es organisch einbezog in seine Schöpfungen, ist ebenfalls sorgfältigster Beachtung wert. Das Eigentlichste, Tiefste aber sind seine Charaktere. Ihnen schenkte er das Geistigste, das ihm zu Gebote stand, seine Menschlichkeit, sein religiös-sittliches Gefühl, sein Wissen um die Gesetze des seelischen Lebens, sein ideales Ziel, schenkte es ihnen in einer Mannigfaltigkeit und Abtönungsfülle, in einer Überzeugungsgewalt, vor denen man immer wieder bewundernd stillesteht. Die Stufenleiter reicht von der schmutzigsten Kreatur bis zum reinsten Lichtwesen, von der verhärtet gemeinsten bis zur hingebend edelsten Natur, und die weiblichen Gestalten haben dabei meist das Vorrecht größerer Seelenoffenheit und Herzensschmiegsamkeit. Welch Gewimmel vor allem in der Mittellage des Menschlichen, wo weder das Böse noch das Gute in besonderer Ausgeprägtheit zutage treten, dafür aber Charakterzüge sich mischen, die vom Knurrigen zum Gutmütigen, vom Schnurrigen zum Grotesken, vom Schwerfälligen zum Pfiffigen in heiterster Abwechslung gehen, so daß eine Galerie von Sonderlingen entsteht, die doch nur ein Allgemein-Menschliches in irgendeiner Betontheit, Abweichung oder Verzerrung an sich tragen. Auf diesem Hintergrunde heben sich die unsterblichen Lichtfiguren – noch einmal: es sind vornehmlich Frauengestalten – in nur um so überwältigenderer Größe und Schönheit ab.

Sie lenken den Blick ganz von selber hinüber in die Geist- und Seelenerfülltheit von Gotthelfs Kunst. Diese Erfülltheit steigt wie ein hoher Duft der Wahrheit und der Weite aus diesen bäuerlich-menschlichen Gemarken, die sich hinwieder in diesen Duft wie in eine hüllende Wiege betten. Gotthelf gab sich als Schöpfer seiner Daseinsfreude an der Vielfalt und Buntheit seiner Bauernwelt nur mit solcher Wollust hin, weil er sie verwurzelt wußte in geistigen Gründen. Was ihn im Bauernstand, auch durch die mannigfachen Trübungen hindurch, gegen die anzukämpfen er die Schriftstellerfeder ergriff, den Urstand der Menschheit erblicken ließ, das war die Reinheit, mit der in ihm ein Tiefgeistiges sich darzustellen schien. Diesem in seiner Seele nachgehend, dieses mit seiner Seele erfassend, hob er die Gestalten ans Licht, um deren Haupt der Schimmer des Göttlichen weht. Und weil er in der Folge die Bedrohtheit erkannte, in der der Bauernstand, sein Bauernstand als solcher schwebte, als zeitentfesselte, zeitverstärkte, ungöttliche, widergeistige Mächte, wie ihn dünkte, dessen Wurzeln selber anzugreifen wagten, da wurde sein Dichten ein «Schreien in die Zeit hinein», ein erbittertes Ringen um die Ideale, die allein dem Bauerntum, wie er es sah, ja der Welt selber, den gesunden Fortbestand zu verbürgen schienen.

Es waren christliche Ideale. So sehr er auch die heidnischen Erinnerungsspuren, Aber- und Dämonenglauben in der Volksseele kannte und sie episch auszunutzen verstand, sie damit zugleich bekämpfend, so sah er doch vor allem das christlich Verfestigte in ihr, und mit glühendem Geistglauben suchte er diesen christlichen

Kern zu erhalten und zu stärken. Er glaubte an den göttlichen Ursprung der Menschenseele und an ihre himmlische Berufung, wußte um die Gefahren, in denen sie schwebt, und mit heiligem Eifer bemühte er sich, den blinden Augen den Star zu stechen, den zagen Schritten Mut zu machen, den Matten Stärkung zu reichen. Sein inbrünstigstes Wort kreist um unsere irdisch-überirdische Aufgabe, die es nach drei Seiten hin zu erkennen gilt: erstlich als hohes Ziel der Heiligung, der Läuterung, der Erweckung der tätigsten, gläubigsten Sehnsucht, deren das Menschenherz fähig ist; dann als Erkenntnis des eigenen Selbst, als Blick ins eigene Innere, in die Möglichkeiten und Hemmungen, in die Stärken und Schwächen unserer Menschennatur; und endlich als Sorge um die Gemeinschaftseinrichtungen, die den Menschen auf seinem Läuterungswege stützen sollen: Haus, Schule, Kirche, Gemeinde und Staat.

Das Ziel hat er nie aus den Augen verloren, ihm in allen seinen Werken auf irgendeine Weise Ausdruck gegeben, gerne eingangs schon (wie in «Geld und Geist» und besonders in «Uli der Pächter»), bald im dichterischen Bilde, bald im einfach kräftigen Worte, ja ganze kleinere Schriften, wie der «Silvestertraum» und die «Schlachtfelder», in ihren Grundgedanken auch die «Armennot», handeln vom heiligen Priestertum, zu dem alle berufen sind. Die schönsten und tiefsten Gestalten, die er schuf, betreten den Weg zu diesem Ziele, sei es als langsam und mühevoll Werdende (männliche insonderlich), sei es als seelisch und leiblich quellfrische, aus natürlicher Hochgeborenheit blumenhaft der Vollendung entgegenreifende, wohl auch fast überirdisch schon wie von letztem Heiligungswillen ergriffene (weibliche insonderlich). Sein wirklichstes, unmittelbarstes religiös-geistiges Erleben schenkte Gotthelf diesen erlauchten unter seinen Geschöpfen; ihr Tun und Sein spricht seine eigentlichste christliche Erfahrung, sein innerstes Bekennen aus, das sich vom Dogmenhaften eher behindert fühlte und mehr vom Tun als vom Reden hielt, denn was er als Geistlicher sagte, auch in seinen Büchern, das gehorchte einer gewissen Akkomodation an das kirchlich Gewordene und Geformte, wie es auch im Volke lebte, das er zu unterrichten hatte.

Die menschliche Selbsterkenntnis, wie er sie in fortschreitender Vertiefung in sich erlebte, gab er seinen Gestalten mit, den blickreinsten unter ihnen, streute solche aber auch in fast unzähligen kleinen und größeren Betrachtungen aus, mit denen er das Tun und Denken seiner Gestalten begleitet, es bald nachträglich, bald zum voraus erklärend, es so weiterleitend auf allmenschliches Wesen und Gehaben, um aus reichstem seelischem Wissen heraus in seinen Lesern den Sinn für die Geheimnisse des Innenlebens zu wecken. Er weiß ja, wie träge, wie benommen, wie blind der menschliche Durchschnitt ist, wenn es gilt, den Schleier von den eigenen Seelengründen wegzuziehen, den Beweggründen des Handelns nachzuforschen, allwo es doch gälte, den Weg der Heiligung kläräugig zu betreten und wenn möglich auch andern Helfer zu sein. «Der Mensch kennt alle Dinge der Erde, aber den Menschen kennt er nicht», heißt es schon im «Bauernspiegel». Diese sogenannten Abschweifungen, die in ihrer großen Mehrzahl prächtig diskursive, von phantasiestarker Bildhaftigkeit verlebendigte Begleittexte sind, hie und da nur durch übermäßige Länge oder durch zu starken polemischen Ton den epischen Fluß allzusehr unterbrechen oder stören, stellen in ihrer Gesamtheit eine tiefschürfende Seelen- und Lebenskunde dar.

Den individuell-privaten und den öffentlichen Institutionen, die das menschliche Zusammenleben regeln und dem Einzelnen die heilsame und fruchttragende Eingliederung in die Gemeinschaft ermöglichen, hat Gotthelf ebenfalls schärfste Aufmerksamkeit gewidmet, nicht nur weil er als Vater und als Geistlicher, als Schulkommissär und Bürger – und als Bürger einer politisch bewegten Zeit – mitten in diese Probleme hineingestellt war, sondern weil er ihre menschlich-sittliche Tragweite überhaupt erkannte. In diesen Einrichtungen sah er göttlich gewollte Lebensordnungen, die alle dem gleichen Zweck zu dienen haben: Bedingungen zu schaffen, die der gotterwählten Einzelseele Stützen, Hilfen bieten sollen auf ihrem Wege der Vervollkommnung. Notwendig sind sie alle, verschieden jedoch in ihrer erzieherischen Bedeutung.

Der Vorrang kommt in seiner Ansicht entschieden dem Hause zu. Der christlichen Ehe, dem christlich bestimmten Familiengeiste reicht er die Palme; ihnen ist das werdende Menschenkind am nachhaltigsten verpflichtet. «Wenn einer von Haus schlägt, schlägt er auch von Gott», heißt es mit lapidarer Formulierung in «Zeitgeist und Bernergeist». Den Verantwortungssinn der Eltern zu stärken, ist daher sein beständiges Augenmerk. In der Erziehung auch überträgt er, wie Pestalozzi, der Frau die Hauptrolle, wohl wissend, welche Wunder der wahre Muttersinn wirken kann. Wie fühlt man sich mit den Kindern wohl in der Familienluft eines Mädeli, bei äußerer Drangsal sogar («Schulmeister»), eines Meyeli («Anne Bäbi Jowäger»), eines Änneli («Geld und Geist»), wie geht einem dort die Seele auf für alles Gute und Wahre, für die Heiligkeit des Lebens, für die Königsmacht der Liebe! Fast allen seinen Menschen, die es schwer haben, die vielleicht sogar verkommen, fehlte eine Mutter, fehlte ein Vater, die ihnen ratend hätten zur Seite stehn können (oder sollen). Wohl denen, die, wie Uli im Bodenbauern, nicht zu spät doch noch jemanden finden, an dem sie sich emporranken können!

Mit der Schule hat sich Gotthelf dichterisch und theoretisch hauptsächlich im «Schulmeister», praktisch besonders als langjähriger Schulkommissär des Lützelflüher Kreises beschäftigt – er hätte kein Pestalozzi-Verehrer sein müssen, um diesen Problemen nicht leidenschaftlich zugetan zu sein. Dabei überschätzte er die erzieherischen Möglichkeiten der Schule keineswegs. In hohem Maße aber war ihm an der Mündigmachung des Volkes gelegen, denn er glaubte an eine Entwicklung nach oben durch vernünftige Aufklärung und richtig verstandene Bildung. Die bernische Volksschule verdankt ihm mehr, als die sichtbaren Früchte es vermuten lassen. Wenn er an den aufkommenden Sekundarschulen vieles auszusetzen hatte, so geschah es aus Furcht vor anmaßender Halbbildung, vor unechtem Wissen, das nicht an die innere und allein wichtige Weisheitswurzel rührt. Die ‹Emanzipation› der Schule vom christlichen Nährboden war ihm denn auch ein Greuel.

Wie Bitzius als Schulkommissär der Regierung gegenüber kein Blatt vor den Mund nahm (und er wurde ja auch schließlich seines Amtes ungnädig enthoben), so führte er ein freies Wort ebenfalls vor seinen kirchlichen Amtskollegen. Von der Kirche auch forderte er, wie von der Schule, ein immer erneutes Zurückgehen auf die wahrhaft lebendigen Quellen. Schon 1829 läßt er in einem Gespräch der Reformatoren im Himmel Luther ausrufen: «Wißt ihr auch, was Reformation ist? Die endet sich nie.» Nichts nahm er schärfer aufs Korn als Verknöcherung, Unduldsamkeit und konfessionellen Hochmut. Seine schönsten Pfarrergestalten sind denn auch wenig Dogmatiker, wohl aber Eiferer in Glaubenswerken, sind nicht schnippisch abkanzelnde Besserwisser oder seelenblinde Bekehrungsfanatiker, sondern freundliche, im Urteil gemäßigte Menschen mit Einsicht in die Volks- und die Menschenseele. Denn der wahre Glaube ist ja nicht ein Fürwahrhalten (wie oft hat er das betont!), sondern ein religiöses Gefühl, das die Seele zu frommem Tun begeistert.

Gotthelfs politische Anschauungen sind überschattet von den bittern Erfahrungen, die der anfänglich Liberale und an der ‹Regeneration› von 1830 tätig Anteilnehmende mit der radikalen Partei und ihrer Regierungspraxis machte. Wenn ihm die gegnerische Presse schließlich den Schimpfnamen Reaktionär an den Hals hängte und seinen Namen als den eines mittelalterlichen Finsterlings anprangerte, so geschah ihm ein tiefes Unrecht, sparte er auch seinerseits mit scharfen Hieben nicht. Was er mit dem entfesselten Radikalismus hereinfluten sah, das war der ungöttliche Widergeist, der, auch die geheiligtsten Traditionen über Bord werfend, das haltlos gewordene Volk der Demagogie auslieferte, unter der Parole ‹Freiheit› die niedrigsten Instinkte weckte und mit dem eingeführten ‹Rechts›staat das Recht häufig in sein Gegenteil verkehrte. Die radikale Verpolitisierung des Volkes konnte in seinen Augen nur zu Unheil, zur Abtötung der reinen, verantwortungsbewußten Persönlichkeit führen. Das tief eidgenössische föderalistische Prinzip, das in Gemeinde, Kanton und Staat drei sich ausgleichende und ergänzende Stufen öffentlicher Hierarchie und Freiheit darstellt, sah er bedroht, der werdende Bundesstaat sogar schien ihm eine zentralistische Chimäre. Im Grunde kämpfte er, mit andern Vorzeichen, aber gleichen Geistes, in einer Reihe mit denen, die heute wie ehedem sich materialistischer Gleichmacherei, grenzenverwischendem Etatismus, seelenvergewaltigendem Totalitarismus entgegenstemmen. Wenn er sich im einzelnen dabei zuweilen irrte, so tut das der begründeten Wahrheit seiner Überzeugung keinen Abbruch. Und daß er trotz allen Enttäuschungen nie geschichtlichem Pessimismus verfiel und die Fahne der Hoffnung in den endlichen Sieg des göttlichen Geistes unentwegt hochhielt, ist der offenbarste Beweis seines konservativ revolutionären Gedankens.

Was Gotthelf von den hemmenden Einflüssen von außen hielt, denen der Einzelne auf seinem Entwicklungswege vom Tier zum Engel begegnet, wie er die Bedeutung der öffentlichen Institutionen einschätzte, davon zeugt die Tatsache, daß er ihnen als Dichter ganze Werke widmete. Sozialer und sozialpolitischer Kritik galt sein erstes und sein letztes größeres Werk, der Schule sein zweites; ein großer Roman der Endperiode nimmt das weltanschaulich-politische Problem als solches zum Thema; und Volksschäden, wie dem Quacksalber- und dem Wirtschaftenunwesen, rückte er in andern zu Leibe. Daß diese Probleme nicht alle durchwegs in reine dichterische Schau verwandelt werden konnten, ist begreiflich, verwunderlich vielmehr, bis zu welch hohem Grade das dennoch geschah.

Das dritte große Hindernis in der Erfassung von Gotthelfs literarischer ‹Klassizität› war seine Form: seine angebliche Absage an die ‹Kunst›, dann seine Sprache. Als dichterischer Schöpfer gefiel er sich fast darin, seinen Mangel an schriftstellerischer Bildung, seine ‹Kunst›feindschaft und die Hartnäckigkeit seiner ‹Natur› zu betonen. Das war halb ernst gemeint, denn in das Schriftstellertum war er ja wirklich ohne eigentliche Vorbereitung hineingewachsen, und zu kühn, sicher bald einmal ihm selber eine Überraschung, war der Schritt in Neuland der Literatur. Seinem dichterischen Geiste aber traute er in Wirklichkeit etliches, ja vieles zu; zur bewußteren Begründung seiner neuen Kunst jedoch fehlten ihm kritisch wichtige Elemente, und so begnügte er sich notgedrungen mit etwas zweideutiger Abwehr der Angriffe, das eigene Künstlertum bald bloßstellend, bald selbstbewußt unterstreichend. Geht man jedoch dem tieferen Sinne seiner Äußerungen über die Kunst und über sich selber nach (wie er die Kunst auffaßte, steht in klarer Darlegung besonders im fünften Kapitel der «Armennot») und hält man sie mit moderneren ästhetischen Einsichten zusammen, so ist man erstaunt, festzustellen, wie geniusgeführt einheitlich und unmißverständlich doch im ganzen diese Aussagen sind und eine Kunst rechtfertigen, die sich die Anerkennung erst schaffen mußte.

Der – oft uneingestandene – Hauptvorwurf richtete sich gegen seine Sprache[2], die, in verschiedener Dosierung zwar, Hochdeutsch

[2] s. hierüber: W. Günther: Neue Gotthelf-Studien, S. 210f.

und Mundart vermengte, das eine Idiom sich gleichsam im andern spiegeln lassend und so ein merkwürdiges Spannungsverhältnis zwischen beiden schaffend (dieses hat seine Entsprechung in der schon erwähnten starken Spannung zwischen sinnenhafter Fülle und geistig-seelischer Idealität). In verschiedener Dosierung: in den Anfängen ging er hierin etwas behutsamer vor und drängte das berndeutsche Element noch zurück, es besonders auf wörtliche Reden beschränkend; in der darauf folgenden fruchtbarsten und genialsten Periode lockerte er die Zügel bisweilen, um sie dann wieder zu straffen, als der Berliner Verleger seine Werke übernommen; die Novellen anderseits bewahrten von Beginn an ein ungleich hochsprachlicheres Gesicht, da sie sich ‹literarischer› gaben und die Themen nicht nur in der bäuerlichen Gegenwart suchten. Daß das Nichtlassenkönnen von der Mundart tiefdichterischen Beweggründen entsprang (die innere Berechtigung freilich holte er sich vielleicht in Pestalozzis Sprachgehaben), darüber scheint die ernst zu nehmende Kritik sich heute einig zu sein. Die Einzigartigkeit und Macht der Gotthelfschen Schau, ihre Echtheit, Wahrheit und Gegenstandsnähe *konnte* dieses Mittels nicht entraten. Konnte nicht und wollte nicht. Die Mundart, wie der vom mündlichen Wort getragene Stil überhaupt, gehörte zu seiner ‹Natur›, darum gehörte sie auch zu seiner Kunst. Aufgabe der Kritik ist es denn auch nicht, über diese Tatsache abzuurteilen, sondern sie zu verstehen, d. h. die Schönheit und die organische Kraft dieser Verschmelzung, wie sie auf so vielen Seiten zutage tritt, zu ermessen und in gehöriges Licht zu rücken. Mit andern Worten: die Angleichung der beiden Idiome in einer neuen Sprache, in der Stilisierung von unten, von der Mundart her, und Anpassung von oben, von der Hochsprache her, sich treffen, ist ein ästhetisches Phänomen und als solches zu würdigen und zu erforschen[3].

*

Was verband Gotthelf mit der Literatur seiner Zeit? Zunächst ein Positives, das in seine frühen Vikariatsjahre zurückreicht: das Interesse an Volkshebung, wie es ihm aus den Pestalozzischen Be-

---

[3] Die prachtvolle Einheitlichkeit dieser Mischsprache vorlesend fühlbar gemacht zu haben, ist das besondere Verdienst Adolf Bählers, des besten Gotthelf-Interpreten unserer Zeit.

strebungen und Schriften entgegentrat und eine halbdichterische Darstellung in «Lienhard und Gertrud» gefunden. Hier ist vielleicht sogar der erste Keim und Anstoß zu eigenem Schaffen zu suchen, denn sicher war er betroffen, wie sehr das Volksbild Pestalozzis mit dem seinen, früh bewußt werdenden übereinstimmte. (Das Zschokkesche, wie er es etwa im «Goldmacherdorf» kennen lernte, mochte bekräftigend dazu treten; sein Einfluß verrät sich motivisch im «Bauernspiegel».) Ein weiteres Positives, das er freilich mehr nur in Oberflächenschichten seines literarischen Bewußtseins aufnahm, waren die spätromantischen, schon recht verwässerten, besonders den Volkssagen zugeneigten Strömungen, wie sie im Kreis der «Alpenrosen»-Mitarbeiter weiterlebten. Ihnen verdankt Gotthelf, der Verfasser von Sagenerzählungen, wahrscheinlich einiges, wenngleich er die ‹Oberländer› an Robustheit der Phantasie weit überragt. Ein Negatives dann: der schon im Reisebericht von 1821 ausgesprochene Widerwille des jungen Vikars gegen die «Undinger», die «Unnatur» und «Unwahrheit» einer gewissen damaligen sentimental-erotisch verzerrten ‹Bauern›literatur, wie sie ein Clauren etwa in seinen Mimili-Gestalten aus dem schweizerischen Bauernleben pflegte; in der Vorrede zur zweiten Ausgabe des «Bauernspiegels» noch wird Gotthelf darauf anspielen. «Noch niemand hat in Liebe und Treue euch euer Bild vorgehalten und noch viel weniger ein Bild, das die trüben Schatten eures Lebens enthält», so stand es schon in der Vorrede zur ersten Auflage. Die Reaktion war die eines Menschen, der Wahrheit verlangte und auch in der Kunst solche suchte. – Von der spätklassischen Literatur blieb Gotthelf sozusagen unberührt. Der Weimarer Gedanke wirkte aus Studententagen über Herdersche Ideen auf ihn; diese verharrten als Ferment, doch überlagert, wenn er zum Volke sprach, von christlich-kirchlichem Gedankengut. Das reine ‹Klassische›, Tiefhumane, in christlicher Färbung zwar, leben einzelne seiner Gestalten dar: Ännelis Heiligungskampf hat seine Entsprechung in Iphigeniens Wahrheitsdrang, Vreneli und Dorothea («Hermann und Dorothea») haben denselben Mädchenstolz, dieselbe Charakterfülle; und hat nicht Meyeli die köstliche Gretchenfrische und -anmut an sich? gemahnt nicht Resli («Geld und Geist») in mehr als einem Zuge an Hermann? Doch eben in neuer Umgebung, in anderem Gewande, mit anderem Worte. Was besagen aber Äußerlichkeiten bei so offenkundiger innerer Verwandtschaft[4]?

Und hier ist denn, noch einmal, das absolut Neue in Gotthelfs Werk: daß er ein altes volkstümliches Erbe, das die Klassik, der Antike zugewandt, zur Unterströmigkeit verurteilt hatte, wundersam durchlichtet und gesteigert hinaufhob ins Reinmenschliche, ihm endgültigen Zugang schaffend zur hohen geistigen Tradition. Indem er schlichtes Bauernvolk erkor, um in christlicher Vergeisti-

---

[4] Die Annäherung Gotthelfs an Goethe wurde unseres Wissens kritisch zum ersten Mal in einem Aufsatz von C. F. G. «Ein Wort über Jeremias Gotthelf» im Sonntagsblatt des Berner «Bund» vollzogen (Nrn. vom 5., 12. und 19. Juli 1873), zu einer Zeit, die sich im allgemeinen um Gotthelf wenig kümmerte. Den Anlaß bot die Schrift: Aus dem Bernerland. Sechs Erzählungen von J. G., mit Illustrationen von G. Roux, F. Walthard und A. Anker (Dalp'sche Buchhandlung, Bern). Der Verfasser spricht darin hochbedeutsam vom «angeblich starr konservativen Dorfgeistlichen (dem ja doch eine so große revolutionäre Kraft innewohnte»), nennt Gotthelf einen «Künstler ersten Ranges» und führt dann aus:

«Die unvergängliche Bedeutung der beiden genannten Romane [«Uli der Knecht» und «Geld und Geist»] tritt von Tag zu Tag mehr hervor und vielleicht ist die Zeit nicht mehr fern, wo der erstere in erschöpfender Darstellung einer bestimmten Lebenssphäre dem Wilhelm Meister – der zweite an tiefer psychologischer Wahrheit den Wahlverwandtschaften an die Seite gestellt werden wird. Goethe und Bitzius – welche Vergleichung! höre ich den Leser ausrufen, und Bitzius selbst würde die Zusammenstellung gewiß ganz entrüstet zurückweisen. Aber doch wird sie unwiderleglich bleiben, wenn man bei Goethe von der weltumfassenden Lebensanschauung, der maßvollen künstlerischen Berechnung seiner Darstellung, bei Bitzius aber von dem beschränkten Arbeitsfelde, sowie von der ungestümen Kraft seiner momentanen Eindrücken folgenden Schreibart absieht – denn an Fülle epischer Motive, an objektiver Darstellung des Geschehenden und ewig gültiger Verknüpfung des Menschen mit dem Schicksal stehen beide hoch über allem, was die erzählende Kunst unserer Tage geleistet hat.

Aber nicht nur die Ausnahmestellung ist beiden gemein: um nur eines hervorzuheben, was freilich mit dem vorhin Gesagten aufs innigste zusammenhängt, die Höhepunkte ihrer Schriften liegen in erster Linie in den Situationen an und für sich und nicht, wie dies namentlich bei Schillers späten Produktionen der Fall ist (allerdings bei ihm in einem so gewaltigen und hinreißenden Maße, daß jeder Tadel verstummt), in dem entfesselten Pathos der menschlichen Leidenschaften, die sich in diesen Momenten aussprechen. Beispiele sind bei beiden leicht zu geben; man denke nur an die Szene in Geld und Geist, wo Resli im Wald wie tot liegt und Anne Mareili ihn findet, oder an den Moment in Egmont, wo Alba dem Helden den Degen abverlangt.»

gung den Kern des Ewigmenschlichen aufleuchten zu lassen, vollzog er, ohne sich dessen klar bewußt zu sein, eine Wendung, schloß er einen Kreis, der in der Literatur, der deutschen zumal, wohl angedeutet, doch nicht verwirklicht war. Daß der Bauernstand, solange nur in grobianischer oder leidender Verzerrung oder in sentimentaler Veridyllisierung dargestellt, plötzlich bei doch verblüffender äußerer Gemäßheit wie von Sternen her bestrahlt ein unsägliches Seelenantlitz trug, das war eine Dichtertat, die wenig ihresgleichen hatte.

*

Als Albert Bitzius, raschen Entschlusses, weil der innere Drang unwiderstehlich geworden, seine Schriftstellerlaufbahn begann und die Feder zum «Bauernspiegel» (1836) ansetzte (die Feder freilich entpuppte sich, in den ersten Sätzen bereits, als eherner Griffel), da war das schöpferische Grundgefühl in seinen beiden polaren Kräften, der sinnenscharfen Daseinsfreude und der geistig-sittlichen Gerichtetheit, wohl voll entwickelt und eingegangen in die Vision der heimischen Bauernwelt, in seinem künstlerischen Gleichgewichtsspiel aber noch etwas gestört: gestört durch persönliche Düsterkeiten beruflicher und nicht beruflicher Art, zeitlich näherer und zeitlich fernerer Provenienz, gestört auch durch gewisse künstlerische Unsicherheiten und Schwankungen, die sich besonders in der Lösung des epischen Knotens äußerten, gestört vor allem durch den sozialen Helferwillen, der in seinen Augen das literarische Unterfangen allein rechtfertigte: «der Zeiten Ruf, weiser und besser zu werden, habt ihr vernommen», heißt es in der Vorrede. Die Verquickung mit persönlichen Umständen verschärfte den gesellschaftlichen Oppositionscharakter des Helden, die ästhetischen Schwankungen verschuldeten den utopischen Schluß des Werkes (hier mochte hintergründig Zschokkes «Goldmacherdorf» mitspielen), der soziale Helferwille legte tiefe Schatten auf die beschworne Umwelt.

Der Dichter sah, als der Roman geschrieben, sicher selber alsobald ein, wie sehr er sich in vielem mit dem Helden identifiziert hatte und wie sehr er sich damit auch etliches an geheimem Groll von der Seele geschrieben: daß er den Namen des Helden schließlich für sich behielt («Jeremias Gotthelf, dem Gott geholfen»), war ein nicht zu verkennendes Eingeständnis. Wenn aber Jeremias

Gotthelf, der nach der Pariser Julirevolution heimgekehrte ‹Rote›, auf den Rat des Feckers hin und nachdem verschiedene Versuche, ein Amt oder auch nur ein Ämtchen zu bekommen, gescheitert sind, in einem Wirtshaus ein illusionistisches Volkserziehungs-experiment beginnt, so gehorchte der Dichter ganz augenschein-lich nicht innerer Logik, sondern Einflüssen, die von außen her kamen und etwas Literarisches an sich hatten. Fragen kann man auch, was ihn bewog, im ersten Buche eine der schlimmsten Schattseiten seiner Bauernwelt zu zeichnen, die Not der Verding-kinder. Drängte es ihn, der konkreten sozialen Helfertat, die in der Trachselwalder Knabenerziehungsanstalt eben ihren Ausdruck ge-funden, eine noch stärker veranschaulichende, insbesondere den Quellen der Not nachgehende dichterische beizufügen? Erkannte er, in welch weitem Maße durch dieses Thema ein vieles einbezie-hender Bauern*spiegel* zu verwirklichen war (man hat ja oft, und mit Recht, darauf hingewiesen, daß in diesem ersten Werke eigentlich alle späteren Themen angeschlagen waren)? Spürte er, daß hier, mehr noch als bei andern Gegenständen, harte Wahrheit gegeben werden mußte? Später wird er vom «Schälpflug» reden, den er hier absichtlich verwendete, damit die wilden Wurzeln, aufwärts gekehrt, verdorrten und nicht wieder zugedeckt würden. Zweifel-los wirkten alle diese Gründe mit.

In den Gesamtplan aber kam so etwas leicht Unorganisches. Dem anklägerischen Zweck zuliebe muß Mias, wie später Jakob der Handwerksgeselle, viele Etappen der Verelendung abschreiten, diesem Zweck zuliebe auch darf es selbst beim großen Bauern auf der Egg, wo er doch in schöne, wenn auch noch mit einzelnen Vor-urteilen behaftete bäuerliche Verhältnisse gerät und wo die Jung-bäuerin Mareili, die seinen Weg auch später noch kreuzt, wie ein erster Entwurf zu Ulis Vreneli anmutet, nicht zur entscheidenden Wendung kommen, sondern Mias muß nach dem äußeren auch noch das innere Elend kennen lernen im Tode Annelis (dichterisch erreicht hier freilich das Werk den erschütternden Höhepunkt der anklägerisch-tragischen Schau). Dazu kommt ein Zweites. Zum einsichtigen Menschenwesen reift Mias, und er ist der einzige Held Gotthelfs, bei dem das der Fall ist, außerhalb der Landesgrenzen heran; in der Schule des älteren Regimentskameraden Bonjour, des aufrichtigen Christen und Napoleonenthusiasten, der an ihm lehrend und erziehend Vaterstelle vertritt, wie es einst der gläubige Hauptmann an Bonjour selber getan. Wo Uli beginnen wird, mit der Krise im Leben des jungen Knechtes, dort überläßt Bitzius, vielleicht auch in dieser Beziehung von persönlichen Erlebnissen, vom Schicksal des eigenen Bruders, beeindruckt, den Mias fremden Händen, über deren Erzieherwerk er nur noch von ferne berichtet, dieses selber aber nicht mehr gestaltet – woher es denn kommt, daß der innerlich gewandelte, nach Jahren in die Heimat zurückkehrende Schweizerlegionär hier in ein Vakuum stößt, das in den traurigen Spitalerlebnissen gewissermaßen handgreiflich wird, behandelt man ihn dort doch fast wie einen nichtexistierenden Schon-Toten. Wirklichen Boden findet Mias nicht mehr unter den Füßen; die Lebensgeschichte, die er aufzuschreiben beginnt, und das volkserzieherische Wirtshausexperiment sind wie eine Abkehr von vergangener Wirklichkeit, passen denn auch irgendwie zu diesem luftleeren Raum. Der Roman selber verliert so in den letzten hundert Seiten seine dichterische Substanz, wird darum geschwätzig, lehrhaft, polemisch. Wie verräterisch für diesen zweiten Teil, daß Gotthelf in der zweiten Auflage diesen gerade um abschweifende Zusätze vermehrte!

Der «Bauernspiegel» hat demnach nicht geringe strukturelle Schwächen – und war dennoch ein großer Wurf. Denn hier hörte man in der ‹Volks›literatur plötzlich einen ganz neuen Ton. Das Unerhörte hatte sich ereignet: einer aus dem Volk, aber ein Wissender, Hochbegabter, hatte das Äußere und das Innere, beide in höchster Potenz der Erfahrung, in einer und derselben Vision verschmolzen, hatte das äußere Bild durch das innere, das innere durch das äußere verschärft und erhoben. Hier lebte auf einmal alles wie von uralters her; viel menschlich Unschönes wurde sichtbar, nicht mehr nur in einzelnen «Scheltungen», sondern als Schattenseite eines ganzen Standes; und doch schimmerte noch durch die abstoßendsten Trübungen ein Lebensorganismus von unglaublich zäher und im tiefen Grunde unverdorbener Vitalität, der in einigen Gestalten zudem auch Sonnseitiges ahnen ließ (und der Dichter versprach ja in der ersten Vorrede schon, auch dieses Sonnseitige einmal zu malen).

In den *«Leiden und Freuden eines Schulmeisters»* (1838/39) tut Gotthelf einen merklichen Schritt auf die eigene Mitte dichterischer

Freiheit und Sicherheit zu. Kein Wort ist dafür kennzeichnender als das, welches im letzten Kapitel Wehrdi dem Pfarrer zu Gytiwyl in den Mund legt: «Ungeheuer tief und ernst sei alles, aber über die ernste Unergründlichkeit zucke der Sonnenstrahl, blicke der Mond, flimmerten die Sterne, wandle manch ander Lichtlein: so solle es im Leben sein, so solle es im Menschen sein. Was die Menschen bei ihm Spaß nennten, sei doch nur eigentlich ein Strahl, ein Lichtlein, in dessen Schein das Tiefe und Unergründliche erst bemerkbar werde.» Ein solches Bekenntnis hätte im «Bauernspiegel» noch kaum stehen können. Das Doppelgesicht des Lebens, Ernst und Spaß, Unergründlichkeit und Buntheit, wagt sich erst im zweiten Werke unbefangener hervor. Auch der «Schulmeister» ist zwar eine Ich-Erzählung, hier auch schreibt der Held seine Lebensgeschichte auf Anraten eines Mentors (Wehrdi), und hier auch wird ein sozialethisches Thema behandelt. Schon der Umstand aber, daß ein Endereignis der Geschichte an den Anfang gestellt wird, so daß das Ganze, nachdrücklicher als im «Bauernspiegel», in der Rückschau und somit gemildert erscheint, bedingt eine künstlerische Auflockerung. Nachdem das «wilde Leben», die «verhaltene Kraft» (Ausdrücke aus dem Brief vom 16. Dezember 1838) im «Bauernspiegel» losgebrochen war und sich dort geläutert und gestillt hatte, lichtete sich auch der darstellerische Horizont, kräftigte sich der erzählerische Überblick. Utopische Lösungen jedenfalls kamen hier nicht mehr in Frage. Das wird auch im Stil spürbar, der wohl hie und da zur kantigen Herbe des ersten Teiles des «Bauernspiegels» zurückkehrt (so im zweiten Kapitel, wo der Schulmeister von seinen Eltern erzählt), in kleinen Schilderungen (so in Mädelis Mädchenbildnis) sich ab und zu noch herkömmlicher Klischees bedient, im ganzen aber eine Treffsicherheit, Schmiegsamkeit und Behendigkeit aufweist, die auch eine gewisse Redseligkeit noch gescheit und gezügelt erscheinen lassen. Wenn Gotthelf selber an Fueter schreibt (15. November 1838), der Miasli habe fast Ursache, «schalus» zu sein, so spielt er auf diese Entspanntheit an.

Der sozialethische Gegenstand war die Schulnot der Zeit. Aber nicht Ingrimm führte dem Dichter hier die Feder, sondern die brennende Sorge um ziel- und wegbewußtere Volkserziehung. Das Schulproblem war ja das tägliche Brot des Schulkommissärs

Bitzius, wie es schon den Studenten und Vikar aufs nachhaltigste beschäftigt hatte. Der Dichter schöpfte hier also aus dem Vollen, dem Übervollen sogar – zwei Bände füllten sich fast im Handumdrehen. Dem erklärend betrachtenden Element aber hielt das rein epische in im ganzen schöner Ausgeglichenheit die Waage. Wie frei sich Gotthelf fühlte, beweist vornehmlich die Gestalt Mädelis, der Schulmeistersfrau, in der er zum ersten Male die innerste Schatzkammer öffnete, um ihr Züge zu entnehmen, die ein frauliches Wesen, es mit unnennbarer Innigkeit und Sinnigkeit kleidend, in dichterische Hochstrahlung stellen; das beweist aber auch die edle Gestalt des Pfarrers von Gytiwyl, in der Gotthelf ein unverkennbares Selbstbildnis gibt. Der Bauernstand als solcher erscheint noch unter kritischer Lupe, doch spürt man die Annäherung ans ‹Sonnseitige› dieses Standes: so in der fast amüsierten, Erlebnisse des Utzenstorfer Vikars Bitzius heranziehenden Erzählung vom Schulhausbau zu Gytiwyl, wo u. a. der mehr als gemütliche Kirchmeier mit seinem beständigen «öppe» (etwa, vielleicht) – moderne leitmotivische Gepflogenheiten werden damit vorweggenommen – eine erheiternde Note in die Wartenöte der Schulmeisterfamilie bringt. Überaus wirkungsvoll ist es, wie dem Dorfbauerntum drei verschiedene Spiegel vorgehalten werden: der eine im weisen, geistgläubigen, zurückhaltenden, die Volksseele tief erkennenden Pfarrer zu Gytiwyl (den Bauern wird es nicht umsonst fast unheimlich um ihn herum), der andere im Jäger Wehrdi, diesem aggressiven Außenseiter der Gesellschaft, der einen Luftzug der Ferne, der Ironie und aufstachelnder Schroffheit in die etwas schimmelige Dorfatmosphäre trägt, der dritte in Peter Käser, dem Schulmeister, selber, der, mit schweren Sohlen der Volkstiefe entstiegen, sich charakterlich an seiner Frau, an ihr besonders, und an Wehrdi, an wachsender Einsicht (was auch seine Lebensgeschichte verfasserlich wahrscheinlicher macht) am Pfarrer zu Gytiwyl emporrankt.

Die Gestalten sind im «Schulmeister» ungleich verwurzelter im heimatlichen Boden, und dessen Wärme hüllt sie ein, durchflutet auch das Werk auf jeder Seite. Wenn Wehrdi sagt, nichts könnte die Gemüter mehr versöhnen und gegen die Schulmeister gerecht machen als eine unbefangene Geschichte eines Schulmeisters und seiner Haushaltung, so weiß er, was er sagt. In Wahrheit hat ja die ‹schöne, gescheite, fromme Frau Schulmeisterin›, wie Wehrdi es prophezeite, Liebhaber bekommen ‹wie Sand am Meer›! In Mädeli geschah Gotthelfs eigener Durchbruch zu einem Menschentum, das, dem Schöpfer der Gestalt vielleicht fast unbewußt, das ganze Volk verklärte, dem es angehörte. Und so öffnete sich Gotthelf im «Schulmeister», dem gedanklich zum Teil recht schwer befrachteten und mit heißer Seele geschriebenen Zeitroman (historische Namen fallen und werden, wie etwa der Fellenbergs, des Gründers von Hofwil, ausgiebig diskutiert), die Pforten zu jener Kunst, die in «Uli», in «Anne Bäbi Jowäger», in «Geld und Geist» meisterliche Gipfelpunkte zu erklimmen sich anschickte.

Das volle, in sich freie, harmonische Maß seines Dichtertums erreichte Gotthelf zum ersten Male in *«Uli der Knecht»* (1841, sieben Jahre später ebenbürtig ergänzt durch *«Uli der Pächter»*). Was uns heute daran so umstürzend neu berührt: daß hier das Leben eines simpeln, sich mählich zum Pächter und Meister emporschwingenden Bauernknechtes als menschliches Werden in den Mittelpunkt eines großen Werkes gerückt war, das ergab sich für Gotthelf eigentlich in logischer Folgerichtigkeit, d. h. in inspiratorischer Weiterführung der nunmehr geschaffenen Grundlagen seiner Kunst. Wenn er «Lektur für Knechte und Mägde» bieten wollte und zu diesem Behufe einen ihresgleichen in die große sittliche Werdensrichtung einbezog, die er als Christ der Menschheit wies, so besagte das, daß er, diesmal jedoch ohne sozialreformatorische Nebenabsicht, den Verdingbuben und Knecht Mias und den Schulmeister Käser, beide in eines sehend, in ihrer neuen Gestalt zum Vertreter des Bauerntums in seiner Gesamtheit machte: der Stand selber wird in Uli zum Symbol. Was bisher mehr nur Rahmen, Hintergrund, Schauplatz gewesen, wohl organisch verbunden mit dem Hauptgeschehen, doch begleitend mehr und ‹gespiegelt›, das erweiterte sich nun zum breiten Vordergrund. Nicht mehr der anklägerische oder reformatorische Zweck entschied über eine bald anzunähernde, bald hinauszurückende bäuerliche Kulisse, sondern das Werden vollzog sich aus der Mitte des Bauerntums heraus, der bäuerliche Stand als solcher wandelte sich zum Erdreich, aus dem Einer, ein Geringer, fast Namenloser von ganz unter her heraufstieg, mählich emporreifte: der Held identifiziert sich mit dem Stand, er ist mit ihm verwachsen, er ist ihm Schicksal.

Die Besitzergreifung dieser Einheit war der neue große Schritt, denn er setzte eine bedeutsame Sichtänderung voraus: das Bauerntum wurde *das* Universum selber, d. h. das Urbild rechter, göttlicher Ordnung. Gotthelf übertrug damit, unbewußt, nur seinem Genius gehorchend, das Motiv des Entwicklungsromans, der seit dem «Wilhelm Meister» in der deutschen Literatur die zentrale Gattung geworden war, nicht nur auf neue Verhältnisse, sondern er machte ein bäuerliches Werden zum Paradigma menschlichen Werdens überhaupt. Darum ist Uli weniger flügelbeschwert als Mias und Käser. Auch seine Kindheit war nicht auf Rosen gebettet, seine Eltern sind früh in der Welt untergegangen, und in der «Kinderlehre» auf dem Bänkli vor dem Stall nennt er sich ein «armes Knechtlein». Dennoch läßt ihn Gotthelf nicht den Hemmschuh einer bittern Kindheit hinter sich her schleppen; seine Geschichte setzt dort ein, wo der «Bauernspiegel» in seinem dichterisch wertvollen Teile aufhört: mit der moralischen Krise, die, einmal gelöst, eine stetige, wenn auch mit Rückfällen und Schwierigkeiten mancherlei Art besäete Entwicklung einleitet. Sie führt, wie am Eingang zum «Pächter» ausgeführt wird, über drei Stufen: den Kampf mit der Welt, den Kampf mit sich selber, den Kampf ums Himmelreich.

Wie Mias und Käser bringt Uli ererbte Züge mit, auch er jedoch rankt sich im Wesentlichen an menschlichen Stützen empor. Was ihm als Angebinde ins Herz gelegt ist, das ist vornehmlich eine gewisse Bildungsfähigkeit, eine Gutwilligkeit, die ihn, nachdem die ersten Fesseln gefallen, offen machen für fördernde Erfahrungen. Aus dem Stande, dem er angehört, wird ihm insonderlich der Rat und die Hilfe seines Meisters zuteil. Im Bodenbauern Johannes erhebt Gotthelf zum ersten Male das selbstherrliche Bauerntum in sein schönes, ewiges Maß. Aus Ansätzen, denen er in der Bauernsame des Emmentals und Oberaargaus begegnet war und die im «Bauernspiegel» in den Bauersleuten auf der Egg einen ersten Ausdruck gefunden, besonders aus sich selber aber, in den eigenen Busen greifend, schuf er diese Gestalt. Der Bodenbauer ist, schollegebundener, horizontbegrenzter, der ins Großbäuerliche gewandelte Pfarrer zu Gytiwyl, ein geistgeadelter Mensch, und das heißt: Gotthelf, der selber Bauer geworden, projizierte sich selber in das Bauerntum seiner Heimat hinaus, wie er es nun vor seinen Dichteraugen auferbaute. Und Schönheit um Schönheit entquoll fortan diesem innerlich geschauten Stande.

Zur erzieherischen Weisheit und Edelgesinntheit des Mentors gesellt sich für Uli die Liebe. Sein guter Geist, sein ‹Glück› wird vor allem Vreneli. Anneli, Mädeli und Vreneli sind als Frauengestalten drei konzentrische Kreise: Mädeli ist vorgebildet in Anneli, Vreneli in Mädeli (und, von weiter her, in Mareili auf der Egg). Gewisse Züge und Szenen entsprechen sich deutlich. So steht Mädeli wie eine «zürnende Königin» unter ihren Brüdern und deren Weibern, als diese sie nach dem Tod des Vaters des heimlichen Betruges zeihen; und wie eine «glühende Siegesgöttin», wie ein «Engel mit flammendem Schwerte vor dem Paradiese der Unschuld» steht Vreneli vor dem bei ihr Privatgeschäfte suchenden Baumwollenhändler, dem Tochtermann Joggelis. Welch steiler Aufstieg aber vom leidend-bescheidenen Anneli zum «feldherrlichen» Vreneli! Die drei männlichen ‹Helden› dieser weiblichen Dreiheit sind entwicklungshaft in viel engere Schranken eingeschlossen. Vrenelis wirklicher innerer Partner ist denn auch der Bodenbauer, ja sogar der fast ins Übermenschliche gesteigerte Hagelhans, ihr schließlicher wahrscheinlicher Vater, wie Mädelis wirklicher innerer Partner Wehrdi (auch der Pfarrer) ist, wie im Jowäger-Roman Meyelis wirklicher Gegenspieler der Doktor Rudi sein wird.

Welche innere dichterische Freiheit Gotthelf gewonnen, das beweist ein drittes Element, das dem Uli-Roman seine besondere Würze verleiht: das des charakterlichen Sonderlings. Mit dem Glunggenbauern Joggeli, dem schwachen, mißtrauischen, nörgelnden, feigen, immer kränkelnden, weil halt- und energielosen Manne, bringt der Dichter ein Kontrastelement in das Werk, das die Dimension des Bauernstandes um einen genial gesehenen Typus bereichert und eine Galerie eröffnet, der sich von nun an Gotthelf mit besonderer Wollust zuwendet (sie wird in Anne Bäbi Jowäger gipfeln, die, als Frau, an Vitalität und spezifischem Gewicht Joggeli weit überragt).

Die vier Gestalten des Bodenbauers, des Hagelhans, Vrenelis und Joggelis ergeben im Roman eine einzigartige Spannungsräumlichkeit. Uli steht mitten drin in diesem Spannungsfelde, das, eine Welt für sich, die mißratenen Kinder Joggelis und der Base –

auch letztere eine hochoriginell konzipierte Figur – vervollständigen. Der Bodenbauer streut den guten Samen in sein Herz und wacht auch fernerhin über seinem geistigen Sohn; im Hagelhans erlebt er eine aristokratische, irgendwie dämonisch wirkende Bäuerlichkeit; in Vreneli wächst ihm, nicht ohne Kampf, das Liebes- und Ehe-, vor allem sein Menschenglück entgegen; der Glunggenbauer wird ihm Stachel und Prüfstein, und dessen beide Kinder, das faule, hoffärtige Elisi und der schamlose Frevliger Wirt Johannes, werden ihm einerseits Anlaß zu heilsamer ‹Liebes›irrung, anderseits zu mannhaft-ehrlicher Selbstbehauptung. Wenn er endlich Sieger bleibt in den drei Kämpfen (eine neue Bewährung als Meister ließe sich denken – aber ist nicht «Geld und Geist» in mehrerlei Hinsicht der dritte «Uli»?), wenn er zu heiterem Sinn und emsiger Rührigkeit Ruhe und Besonnenheit gewinnt, die auch seinem religiösen Leben eine Weihe schenken, so ist es, weil in Wahrheit der «neue Mensch» in ihm erwacht ist.

Das zweite Meisterwerk, das in den ersten vierziger Jahren entstand, ist *«Anne Bäbi Jowäger»* (1843/44; voller Titel: «Wie Anne Bäbi Jowäger haushaltet und wie es ihm mit dem Doktern geht»). Es erreicht nicht ganz die Geschlossenheit und organische Ausgeglichenheit des Uli-Romans, auch nicht die von «Geld und Geist»; auch ist in ihm, besonders im zweiten Teil, der Reflexion etwas viel. Gotthelf wollte hier ja, im Auftrag der Regierung schreibend, gegen das Quacksalberunwesen ankämpfen, und da er das Thema hellsichtig erweiterte einerseits zum medizinischen überhaupt, anderseits zu dem des geistlichen Pfuschertums, so erhielt das Werk eine gedanklich schwere Befrachtung. Schwer im Reflexiven und schwer im Charakterlichen. Denn wenn die Darstellung der Quacksalberei einesteils primitiv beschränkte Figuren voraussetzte, so bedingte anderenteils die künstlerische Notwendigkeit einer auch lichteren Welt die Gegenwart ungleich entwickelterer Gestalten. Das mußte dem Werke ein gewaltiges inneres Ausmaß geben. Und in Wahrheit: Anne Bäbi und der Pfarrer zu Gutmütigen: – ein Abgrund trennt die triebverhaftete, dumpfbefangene Natur der einen von der hochbewußten, weisheitsvollen Geistgeklärtheit des andern; und von Jakobli Jowäger, dem gutmütigen, energiearmen Sohn Anne Bäbis, zum Doktor Rudi, dieser glaubenslos fast nihilistischen, doch opferbereiten, edlen, tieftragischen Persönlichkeit, ist ein weiter Weg. Die beiden Welten würden wahrscheinlich auseinanderfallen und man könnte – wie es übrigens geschehen[5] – von einem künstlerisch nicht tragbaren Bruche reden, wenn nicht eine Gestalt sie innig verbände: die Meyelis. Meyeli Jowäger ist die lichtquellende Mitte dieses Werkes, um die sich alles andere fast magisch ordnet. Hat man genugsam bemerkt, wie das Jowägerhaus mit seinen dumpfen Mächten des Aberglaubens und der Rückständigkeit plötzlich ein ganz anderes Aussehen bekommt, als Meyeli seine Schwelle überschreitet, und hat man genugsam betont, wie sehr Meyeli auch im zweiten Teil, als das Geschehen sich vermehrt ins Pfarrer- und Doktorhaus verlegt, die bindende Mitte bleibt? Anne Bäbis blinde Triebbeschränktheit, die, ist sie auch mit allmenschlichen Zügen reich ausgestattet, doch in mehr als einer Hinsicht ans Pathologische grenzt (wie die Mädis, ihrer Magd, an den Blödsinn), muß im Zusammenschrumpfen ihrer geistigen und physischen Person enden; Meyeli aber muß, ihrer Natur gemäß, aufblühen, ist sie doch ein Lichtkind seltenster Art, in ihrer Konzeption schon eine Schöpfung genialer Menschen- und Dichtertiefe. Schon als es, ein armes Bräutchen, zum ersten Mal ins Jowägerhaus kommt und Hansli, den Vater, und Sami, den Knecht, freundlich grüßt, da wird es den beiden ganz wunderlich und es ist ihnen fast, als ob man ihnen mit rohen Zwiebeln im Gesicht herumfahre; und als Meyeli dann, Wärme ausstrahlend, selber «erwarmet» und seiner Natur, in der, wie es heißt, das göttliche Lachen und Weinen noch beisammen sind, freien Lauf lassen kann, da kommt es wie ein «heller Schein» ins trübe Haus, wo die Sonne sonst nicht geschienen, und knurrt und brummt das Weibervolk auch, so ist es doch mehr das Schnurren der Katze, der man den Balg streicht, als ihr «Rauen», wenn man ihr auf den Schwanz tritt, und unter dem Mannevolk ist ein bisher unbekanntes Wohlbehagen.

Dem geistigen Erwachen Jakoblis sind von der Natur eher enge Grenzen gesetzt. Wohl ringt er, mit Sami im Bunde, der gewalttätigen Herrschgier der Mutter auf diplomatische Weise einige Neuerungen im bäuerlichen Betriebe ab, doch mit Meyelis Erblühen und Reifen hält er nicht Schritt. Es kommt bei ihm zu einer Art Durchbruch, aber nicht zu einem klaren Bewußtsein dessen,

[5] Kurt Pletscher: J. G's «Anne Bäbi Jowäger». Weltbild und Schöpfertum. Hsg. v. K. Ruh u. H. Steiner. Schaffhausen, 1941.

was er Meyeli schuldig ist. Allen ist die junge Frau notwendig, doch ist sie mehr die Luft, die man atmet und zu allen Dingen braucht: man kann sie nicht entbehren, und doch denkt man nicht an sie. Und da Meyeli nicht klagt, so nimmt man an, sie habe keine Ursache zum Klagen. So entfaltet sich denn auch Meyeli nicht sofort, wie es im Gesetz ihrer Natur läge. Sie erfährt in ihrer Demut zu wenig tätige Liebe, bleibt in ihrem unendlichen und jederzeitigen Liebebedürfnis unbefriedigt – wie ihr deshalb einen Vorwurf machen, wenn sie in der Krankheit und beim Tod des ersten Kindes selber zu versagen scheint? Die Dazwischenkunft des Doktors Rudi ist denn auch nicht nur eine Rettung aus physischer Not, sondern auch wie das Aufgehen eines morgendlichen Lichtes, dem sie sich innerlich wie anbetend öffnet. Wohl bleibt dem Doktor die «Mystik» ihrer Liebe zu Jakobli unerklärlich (daß sie «minger narrochtig syge als vor vier Jahre», hat ihm Meyeli aber doch bekannt); das Liebliche, Zarte und Feine jedoch ihres ganzen Wesens, ihre Augen, die immer leuchtender werden, wenn Gefühle sich regen, sie prägen sich tief ihm ein. Stellt sich auch Meyelis Bild zwischen ihn und Sophie, wenn er aufs Heiraten verzichtet, seine Doktorarmut als Grund angebend? Sophies Eifersucht, wenn auch, was Meyeli anbetrifft, völlig unbegründet, ahnt vielleicht doch gewisse Zusammenhänge. Jedenfalls blüht Meyeli, das einen munteren Buben bekommen, wieder auf wie ein weißes Röschen, das sich wieder in ein rotes verwandeln möchte. Und nach dem Tod des Doktors wird ihr, sie kann nicht sagen wie – «das syg nit e Mönsch wien e angere», scheint es ihr. Unter den Leuten, die zum Begräbnis gehen, wandelt die junge Frau «schlank, fast groß», wie ein Engel unter den Menschen, wie ein Wesen, das vom Schmutz der Erde noch nicht berührt worden. Gotthelf rührt in den Beziehungen Meyelis zu Doktor Rudi, in feinfühlender Folgerichtigkeit des Grundwesens beider, an eine Wahlverwandtschaft geheimnisvoller Seelentiefe.

In «Anne Bäbi» ist wie nirgends anderwärts ein zuerst beabsichtigtes «Büchlein» zum umfangreichen Werke ausgewachsen. Gotthelf griff nach seiner Weise ins volle Leben hinein und zog das Ganze des Menschseins ans dichterische Ufer. Sobald er erkannt hatte, daß das Quacksalberunwesen im Volk tieferen Ursachen, einem auch religiösen Bedürfnis entsprang, dem die wissenschaft-

liche Ärzteschaft zu wenig Beachtung schenkte und zu wenig Nah-
rung bot, erstand vor seinem Geiste ein Bild von des Volkes Seele
überhaupt. Seiner eigenen Intuition und seelischen Tiefe aber entnahm er die innere Spannweite des Werkes, die vom Dämon zum
Engel reicht. Den Reichtum an Kontrastierungsmöglichkeiten,
auch innerhalb einer und derselben Lebens- und Entwicklungs-
stufe, nützte er dabei in souveräner Schöpferfreude aus. Anne Bäbi
und Meyeli sind nur das dominierende Gegensatzpaar; ihnen gesellen sich andere zu, zum Teil in auffallender Dreiecksymmetrie:
Anne Bäbi und Mädi, Mädi und Sami, Mädi und die Zyberlihoger-
tochter, der Pfarrer und sein Vikar, der Pfarrer und Doktor Rudi,
Hansli und Meyelis Götti. Jakobli nur, seiner Charakterarmut ent-
sprechend, bleibt eigentlich ohne Partner, während seine Frau der
innerliche Partner aller ist! Es ergibt sich so eine Verschlingung
von Menschencharakteren und Menschenbeziehungen, die immer
wieder die überraschendsten dichterischen Wirkungen zeitigt. Ko-
misches und Tragisches laufen beständig nebeneinanderher, wie es
die Unergründlichkeit echten Lebens mit sich bringt, Groteskes
verwandelt sich unmerklich in Ernstes, und der epische Kern
spitzt sich immer wieder dramatisch zu. Gotthelf schwelgt hier
denn auch sichtbar in schöpferischer Lust – nur zu sehr manchmal:
ganze Seiten hindurch entzieht er sich, einem gewissen Zug zu
künstlerischer Lockerung nachgebend, der ihm so gemäßen und
so förderlichen Stilspannung zwischen Mundart und Hochsprache
und schreibt reines Berndeutsch.

Der Roman schließt, scheinbar abrupt, mit dem Tod des Doktors, wie «Geld und Geist» mit dem Tod der Mutter. Viele Fragen
bleiben in der Schwebe. Was wird nun aus Meyeli und ihrer Familie
werden? Wie werden sich zwischen ihr und dem Pfarrhause die Beziehungen entwickeln? Wie wird Jakobli die Ratschläge des Doktors nutzen? Doch das wäre Stoff zu einem dritten Band – das Leben
geht weiter, und Fragen bleiben immer für einige Zeit ungelöst.

Im dritten Werk jener Jahre, dem künstlerisch vollendetsten, in
«Geld und Geist» (1843/44), stellt Gotthelf wiederum, wie im Uli-
Roman, ein sittliches Werden dar, diesmal aber eine Wandlung im
innersten, religiösen Bezirk der Menschenseele: das zentrale Ge-
schehen ist der ergreifende Heiligungsweg einer Frau. Änneli, die
Hauptgestalt von «Geld und Geist», könnte fast das alternde Vre-

neli sein, in dem machtvoll ein Opferwille erwacht, der es zu sub-
limer Vollendung führt. Wir sind hier ja nun auf der Sonnseite, und
zwar auf der schönsten Sonnseite des Bauernlebens, des Lebens
überhaupt: inmitten der «adelichen Ehrbarkeit» eines begüterten,
reichen Bauernhofes von angestammtem Besitz und angestammter
Tugend. Gotthelf leiht diesem den ganzen Glanz, die ganze fromme
Innigkeit seiner Seele.

Würdig, in echter Gottesfurcht und tüchtiger Kinderzucht, in
frommem Geist des Friedens, berühmt durch ihre Mildtätigkeit, so
lebt die Liebiwylfamilie. Und mitten in dieser Innerlichkeit, deren
Sichtbarmachung im dichterischen Bilde auf den einleitenden Seiten des Werkes ein Meisterstück Gotthelfscher Kunst darstellt, entrollt sich aus rein materiellem Anlaß ein Drama, das, äußerst
schmerzlich für die Betroffenen, sich für die Außenwelt fast unsichtbar abspielt, in seinem Endergebnis dieser Innerlichkeit aber
neue, ungeahnte Tiefen öffnet. Wie der Geist, der wahre Gottes-
geist, ein Menschenkind, das von ihm erfaßt ist, von Selbstüberwindung zu Selbstüberwindung leitet und so ‹Versöhnungen» bewirkt, die immer tiefer greifen: das ist das zeugende Motiv. In zwei
Etappen vollzieht sich Ännelis Heiligung. Das durch Mangel an
sittlicher Wachsamkeit entstandene, für alle Familienglieder so leidvolle Ehezerwürfnis überwindet sie in demütig christlichem Insich-
gehen, durch Predigtgänge sich festigend und mit sich selber
ringend, und des ‹Geldes› das die Ursache zum Zwist gewesen,
wird sie ein zweites Mal Meister, indem sie, die Besitzesfrage hint-
anstellend und ihr Leben gleichsam als Opfer hingebend, ihres
Sohnes Liebe zur Dorngrüttochter Anne Mareili rettet und segnet.

Ein seelischer Reifungsprozeß also, nicht im ‹Strom der Welt›,
sondern einzig und allein im göttlich aufgerührten Gewissen selber.
In einem Frauengewissen wiederum. Der protestantische Pfarrer
Gotthelf schenkte seinen schönsten weiblichen Gestalten madon-
nenhafte Züge. Nicht zwar irgendwie passive, himmlisch abge-
wandte, sondern nur in Seelenschönheit und Seelenreinheit ge-
tauchte Züge. Das geistige Motiv erhält *hier* auch wirklichkeitssatte
Gestalt. Die einfachste Gebärde jedoch wird durchsichtig, gibt
Durchblick auf ein Geistiges hin, dermaßen ist jeder Zug in seiner
Fülle gesehen. Welche Wirklichkeit schon in diesem fünfköpfigen

Familienverein, in welchem jedes seinen unverwechselbaren Charakter und Umriß hat, und wo doch die Glieder, wie von höherer Hand so geschaffen (nach dem Bilde der Mutter geschaffen!), zusammenstimmen zu einem trauten Chor der Ehrfurcht, gegenseitiger Achtung und Liebe! Wie vollendet aber auch das Zusammenstimmen dieses Familienwesens mit der epischen Atmosphäre, die die Mutter und den jüngern Sohn Resli, die ein besonderes Band der Liebe verbindet, mit der Vordergrundshandlung betraut, den Vater Christen und die beiden andern Geschwister im diskreten Mittelgrund beläßt (Hintergrundsfiguren gibt es hier keine, es sei denn, man sehe solche im Stimmengewirr der ‹ Leute ›, die die Vorkommnisse im Liebiwylhof beschwatzen). Die Versöhnung nach der ersten Versuchung schmiedet die Eltern unter sich und Kinder und Eltern nur noch fester zusammen, und wie begreift man, daß Anne Mareili, aus so ganz anderen Verhältnissen stammend, vor dem Erlebnis dieser Familie überwältigt wie vor einem Gotteswunder steht und in abgründiger Angst, von ihr getrennt zu werden, fast die Herrschaft über sich selber verliert und sogar dem geliebten Resli harte Worte gibt. Liebiwyl: das geistgeadelte Haus, in welchem eine durch Jahrhunderte gewordene bäuerliche Lebenskunst jedem Wort und jeder Gebärde einen fast sonntäglichen Glanz verleiht; Dorngrüt: der Ort unfruchtbarer geldsüchtiger Verstocktheit und Härte (daher die Namenlosigkeit der beiden Meisterleute, ist auch die Bäuerin, Anne Mareilis Mutter, mehr dumm und schwach als bösartig): – das Zusammenrücken der beiden Lebenskreise ist denn auch immer neu der Zusammenstoß zweier fremder Welten. Das plötzliche Erscheinen Anne Mareilis am Totenbett Ännelis bedeutet, wie die Wandlung der Liebiwylbäuerin, eine Flucht vom ‹ Geld › zum ‹ Geist › – unter welchen Umständen sie geschehen, welche Seelenqualen Anne Mareili aus dem Dorngrüt getrieben, läßt Gotthelf im Dunkeln, denn mit dem Tod der Mutter, die das grausame Leiden des Mädchens erahnt, beginnt ein neuer Lebensabschnitt.

Auf drei Ebenen spielt sich so das Geschehen ab: auf der ganz innerlichen von Ännelis Heiligung, auf der sonnigen, innigen des Liebiwylhofes, auf der häßlich-düsteren des Dorngrüts. Die ersten zwei durchdringen sich in wunderbarer Kongruenz, erhöhen, verinnerlichen sich gegenseitig, verdichten sich immer neu zu Bildern unsäglicher Lebensschönheit. Die bestürzendsten sind die der Versöhnung der beiden Ehegatten am Abend in der stillen Schlafkammer, als Änneli, nach Monaten eiternden Mißverstehens, wiederum den Mut zu lautem Gebete findet (eine Szene, für die der Dichter selber das Wort «heilig» braucht[6]), und die Sterbeszene Ännelis am Schlusse, in der jedes Wort mit erschütternder Geistgenauigkeit hingesetzt ist, und, beide vereinend, der Familienrat am Sonntagnachmittage im still-feierlichen Baumgarten, «fast einem heiligen Haine vergleichbar». Die dritte Ebene, der Dorngrüthof, mutet neben diesem Garten Eden an wie ein Ort der Ruchlosigkeit, der Verhärtung und der Sünde, doch unvermeidbar als Anlaß zu Läuterung und Selbsterkenntnis. Sowohl der Besuch des Dorngrütbauern mit seiner Tochter auf Liebiwyl, wie der Reslis auf dem Dorngrüt, beide hohe epische Wellen aufrührend und in leidvolle Erstarrung der Fronten mündend, sind in hochdichterischer Verkürzung symbolische Bilder aus dem notwendigen irdischen Schicksalskampfe des Guten mit dem Bösen und der scheinbar unentwirrbaren Verstrickung der Lebenselemente. In ihrer Opfertat durchhaut Änneli gleichsam den gordischen Knoten und macht das anscheinend Unlösbare lösbar: durch Liebe, die stärker ist als Besitz und Geld. Dabei läßt der Dichter in feinster menschlich-dichterischer Konsequenz auch in Anne Mareili eine kommende sittliche Entfaltung und Vertiefung ahnen, die die Lösung auf eine neue Bahn der Verinnerlichung lenken: echtes Leben dürstet immer neu nach den Quellen der Heiligung.

So trägt denn alles dazu bei, aus «Geld und Geist» ein beziehungsreiches, in fühlbarster Geschlossenheit nach allen Seiten hin offenes Kunstwerk zu machen. Nirgends hat Gotthelf drängender ein ganz Irdisches in göttliche Richtung und Belichtung gestellt. Das schenkt diesem Werke jene Atmosphäre des Aufbrechens und Aufblühens und zugleich jene unsagbare Süße und Schönheit der Reife, die wie ein höherer Sinn alles durchdringt, auch den Worten jene Zartheit und Zärtlichkeit schenkt, die wie ein sinnlich-übersinnlicher Duft über dem Erzählten schwebt.

Die beiden Uli-Romane, «Anne Bäbi Jowäger» und «Geld und Geist» sind die dichterisch vollkommensten Werke Gotthelfs.

---

[6] s. W. Günther: Neue Gotthelf-Studien, S. 70f. und 108f.

Gerne möchte man ihnen auch «*Käthi die Großmutter*» (1847) zuzählen. Der Motivgehalt würde das durchaus rechtfertigen. Kaum läßt sich ein größerer Gegensatz denken als der von «Geld und Geist» und «Käthi». Sind wir dort in der reichen, fast fürstlichen Bauernsame, so hier im Reich der Armut und der Genügsamkeit; beiden Schauplätzen aber entlockt Gotthelf denselben unfehlbaren Ruch des Menschlichen. Einen demütig-heldenhaften, treuen «Krieger mit dem Leben» wollte er in «Käthi» darstellen, und der Krieger war eine alte Großmutter, die mit ihrem Enkelbübchen und zwei Hühnern, einem schwarzen und einem weißen, im strohgedeckten Schachenhäuschen wohnt. Das «Leben», mit dem sie kämpft, ist ein Alltag voll Armut und Sorge, voll Fährnis und Heimsuchung; er war es in der Vergangenheit, als sie, in jungen Jahren schon mit einem gutmütigen, aber nicht eben rührigen Bauernknecht verheiratet, in armen Verhältnissen eine vielköpfige Familie auferzog und dann treulich ihren lange siechen und wunderlich gewordenen Mann gepflegt; er ist es in der Gegenwart, in der sie durch Beerensammeln, Ährenauflesen, Spinnen und Bebauen eines magern Äckerleins ihren und des Johannesli Lebensunterhalt und den Hauszins aufbringen muß; Hagelschlag und Kartoffelkrankheit vernichten ihre Pflanzung: – aber welch festlich frommes Glück bei aller Drangsal in diesem Frauengemüte! In Liebe, Demut, Dankbarkeit, in Arbeitstreue und Ausdauer hat sie ihre Gattinnen- und Mutterpflicht getan, und nun tut sie in derselben inneren Verfassung ihre Großmutterpflicht, und alle Dinge, selbst das bitterste Elend, haben ihr zum Guten gedient. «An Böshaben bin ich gewöhnt, und es ist mir wohler dabei als manchem, der Haus und Hof hat und Geld am Zins», sagt sie zur Bäuerin, bei der ihr Sohn Johannes, der Korporal, in Dienst steht. Schämt sie sich doch sogar ihres Glückes, als Johannes, lahm geworden, fast unverdienter- und etwas unwahrscheinlicherweise, wenn auch in seinem Sinn geändert, das Bäbeli heimführt, das reicher ist, als man glaubte. Der liebe Gott sogar, heißt es einmal, hatte wahrscheinlich seine absonderliche Freude daran, wie dankbar und demütig Käthi jede Gabe empfing. An jeder Ähre, die der kleine Johannesli mit ihr aufliest, hat sie eine Freude, als ob sie eine goldene wäre, und beim fleißigen Spinnen bis spät in die Nacht denkt sie der Vergangenheit und ihrer Schicksale, wohl auch ihrer und der Ihren Zukunft. «Wenn dann das Öl zu Ende ging in der Lampe, der Docht sprenzelte, stellte Käthi das Rad wiederum bei Seite, goß neues Öl auf, damit der Morgen keine leere Lampe finde, legte das Feuerzeug zurecht, ging zu Bette, empfahl ihre Seele Gott und harrte des Schlafes.» Und sie ist glücklich in der Einförmigkeit dieser Wintertage. Die Sonntage, an denen es ihr hochzeitlich im Gemüte ist, sind ihr wie Sterne im Leben, und Paradiesesträume erfüllen mit unendlicher Wonne ihr Herz.

«Das ist der Sinn (heißt es mit biblischen Worten, und Käthi ist wirklich, wie gesagt worden, eine biblische Gestalt[7]), der selten mehr gefunden wird in Israel, der aber, wo er sich findet, vom alten Gott nie übersehen wird und seinen Segen in sich trägt.» Der Segen, das ist die leichte Bürde und das sanfte Joch trotz aller Armut, der aus wenigem vieles macht; und der Segen, das sind auch die guten Leute: «gute Leute finden immer gute Leute». Käthi findet solche immer wieder, in der Grotzenbäuerin etwa und in Johannes' Meisterfrau, und gute Frauen mit Verstand, heißt es, das sind «Diamanten in der Menschheit». Doch auch die Gemeinde‹manne›, denen ein weiser Rat, ein festes Wort und saubere Finger nicht mangeln, wollen ihr gut, und was diese zum Johannes von ihr gesagt, das ist für Käthi eine schier unglaubliche, glücklichmachende Mär. Wie das Erdbeeri Mareili seinen Engel, das Schloßfräulein, so findet Käthi ihre Feen in hilfreichen Nachbarinnen – und wie sinnig dabei daß sie, die ebenso reinen, keuschen Gemütes ist wie das Erdbeeri Mareili, aber tätiger, gewissermaßen öffentlicher im Leben steht, auch mit sichtbareren Schwächen behaftet ist: mit etwas viel abergläubischer Einfalt und Beschränktheit, mit allzu großer großmütterlicher Nachsicht mit dem kleinen naseweisen Enkelbuben, mit zuviel Nachsicht auch für den Sohn – in ihren Schwächen, nicht in ihren Vorzügen, hat sie Züge gemein mit Anne Bäbi Jowäger.

An diesem Sinn der Herzensreinheit und der demütigen Festlichkeit des Gemütes inmitten aller Mühsal erlabt sich der Leser, der für solches Glück aufgeschlossen ist, auf jeder Seite. Warum stellt sich dennoch zuweilen ein leichtes Gefühl des Ungenügens ein? Das scheint an mehreren Ursachen zu liegen. Einmal drängt Gotthelf hier, dem neugewonnenen Berliner Verleger zuliebe, das mundartliche Element zurück und beraubt sich so einer Haupt-

[7] W. Muschg: J.G., S. 119.

palette seiner Kunst. Und dann dehnt der Dichter die Erzählung zu weit aus, was zur Folge hat, daß sich das Geschehen hie und da verdünnt, ja überhaupt fast verflüchtigt. Das episch würzigste Stück ist Käthis Besuch auf dem Hofe, wo ihr Johannes Knecht ist, und ganz köstlich ist hier der Widerstreit der Gefühle, in den Käthi durch die Fragen der Bäuerin gerät, köstlicher dann noch, wie Käthi, die mit ihrem Enkelkind im Nebel verirrt war, das Behagen des Daheimseins kostet. Der stellenweise zerdehnte epische Kern bringt Gotthelf – und das ist ein weiterer Mangel – in die Versuchung zu allzustark abschweifenden Betrachtungen. Daß er im Grotzenbauern der verhaßten radikalen «Freisinnigkeit» und der «neuen Ordnung», die alles verkehrt, eins versetzt, genauer: durch die Jungmannschaft des Dorfes zu zweien Malen eins handgreiflich versetzen läßt, beweist, in welch gereizter politischer Stimmung er sich diese Idylle der Einfalt abtrotzte und welche Verlockung es für ihn bedeutete, polemisch auf dieses abwegige Gebiet abzuschwenken. Endlich muß auch dies auffallen: die Defensive, in die er sich politisch gedrängt fühlt, läßt ihn jetzt die Armut, die er in der «Armennot» mit sozialreformatorischer Zuversicht in ihren Wurzeln bekämpft hatte und die ja auch dem radikalen Regiment ein Dorn im Auge war, gleichsam als gottgeordnet erscheinen, gerade so, als ob Käthis ‹Guthaben› sich nur in der Entbehrung erweisen könne. Vor der atheistisch-materialistischen Flut der Zeit zog er sich auf diese Einstellung zurück, und daß er sie, bei aller überlegenen Freiheit seinem Geschöpfe gegenüber, auch künstlerisch glaubwürdig zu machen wußte, zeugt von ungebrochener Kraft. Dennoch beschleicht einen hie und da ein leichtes Unbehagen: wird nicht allzusehr als Gottesgesetz hingestellt, was doch vor allem Menschenwerk ist und sein sollte?

*

Gewisse Mängel, die zum Teil noch tiefer greifen, darf der kritische Blick auch in den übrigen größeren Werken nicht übersehen. Ihre Qualitäten, ihre unvergleichlich Gotthelfische Sicht und Wucht entheben sie – braucht es betont zu werden? – jedem Mittelmaß; umso berechtigter, notwendiger ist unterscheidende Kritik.

Der «Geltstag» entstammt Gotthelfs fruchtbarster Zeit, der Mitte der vierziger Jahre. Eben hatte er, auf Anraten von Carl

Bitzius, doch sicher auch aus eigenem Empfinden heraus, den
«Herrn Esau» in der Schublade vergraben: eine «gar scharfe unglückliche Hand» hatte ihn geschrieben, wie er selber bekennt, d. h.
an vielen Stellen eine polemisch abseitige, nicht reinen dichterischen Quellen entsprossene Kraft. Eine Art «vaterländischen Zor-
nes», dem freilich auch Aufhellungen nicht fehlen, diktierte dem
Dichter, zwischen zwei Freischarenzügen, die die radikale Partei
den luzernischen Jesuiten auf den Hals schickte, auch den «Geltstag». Er nahm darin einerseits die offene Illegalität der Regierung,
anderseits den Wirtschaftenunfug aufs Korn: im Namen der Freiheit waren durch das neueingeführte Patentsystem die Konzes-
sionen zur Eröffnung von Wirtschaften stark vermehrt worden, und
Gotthelf erkannte, nicht zu Unrecht sicher, in den überhandneh-
menden Pinten und den damit verbundenen nicht endenden Volks-
‹belustigungen›, der «Halbschoppenbildung» und Halbschop-
penaufklärung überhaupt, eine Quelle des Unglücks, des Lasters
und des Niedergangs.«Wenn die Regierung sich emanzipiert von der
Handhabung der Gesetze, der Hausvater von der Haltung der Gesetze, so folgen alle andern Emanzipationen nach, und wenn alle
Emanzipationen vollendet sind, was ist dann das Ende, und wer hat
den Anfang vom Ende gemacht, he?»

Eine sozialethische Absicht mit einer Spitze gegen die freisinnige
Regierung, lag also dem Werke unverhohlen zugrunde, im Untertitel übrigens schon angedeutet: «die Wirtschaft nach der neuen
Mode». Aufgezeigt wurde zwar weniger die Wirkung des Pinten-
unwesens auf das Volk als die auf viele Wirtsleute selber. Das Werk
mußte so die Darstellung eines sittlichen und ökonomischen Niedergangs werden. Die Wirtsleute auf der Gnepfi (der Name, im
Berndeutschen ein schwankendes Gleichgewicht bedeutend, ist
genial gewählt), Steffen und Eisi, sind die Träger des Geschehens.
Die Erzählung setzt mit der Beerdigung Steffens ein; was voraus-
ging, wird dann, durch acht Kapitel hindurch, im Rückblick geschildert. Den großen Mittelteil nimmt die Darstellung des Gelts-
tages, des Benefizium Inventari und der Effektenversteigerung ein,
wobei der Dichter ein zweites Mal, diesmal mit genaueren materiellen Bezügen, durch die jeweilige Geschichte der versteigerten Ge-
räte, Lichter auf die frühere Entwicklung wirft. Die zwei Schlußkapitel geben einen versöhnlicheren Ausklang, indem der christ-

liche Götti sich der Kinder annimmt, die zwei Kleinsten bei sich behält, die andern in rechten Familien versorgt; Eisi, die Mutter, stürzt sich in eine neue, freilich wenig verheißende Heirat.

Was bedeutet das Werk in dichterischer Hinsicht? Der wertvollste Teil ist unbestreitbar der Rückblick auf das stufenweise Abgleiten Steffens und Eisis in den innern und äußern Ruin. Wie hier Gotthelf die Folgerungen aus den Charakterprämissen zieht, mit fast unheimlich präziser menschenkennerischer Kunst dieses unabwendbare Absinken in der seelischen Verkettung von Ursache und Wirkung enthüllt, ist meisterhaft. Von einer psychologischen ‹Analyse› mag man nicht reden, auch wenn die äußere Handlung fehlt, denn alles ist plastisch lebendig gemacht, zuweilen von knappen Reflexionen prägnanter Art durchsetzt. Zu gelockert geschwätzig aber ist hierauf der Bericht von der Inventuraufnahme durch Schätzer und Schreiber, und die Versteigerung, in der die komischen Noten nicht fehlen (sie gehen insonderlich auf Kosten der plump-dummen nachbarlichen Speisewirtin), ermangelt darstellerisch der Straffung ebenfalls, sind auch die einzelnen Bilder oft von erstaunlicher innerer Wahrheit. In diesem zweiten Teil rächte es sich, daß Gotthelf die beiden Hauptcharaktere zu isoliert gesehen, sie nicht, wie etwa in «Anne Bäbi Jowäger», in ein organisches Geflecht von kontrastierenden, aufeinanderstoßenden Figuren hineingestellt hatte. Scharf und originell gesehen sind Steffen und Eisi unzweifelhaft – Eisi besonders, dieser ‹Fels› leidenschaftlicher Triebhaftigkeit: schon von zu Hause aus nicht zum Denken «von innen heraus» gewöhnt, von behaglicher, mehr passiver Sinnlichkeit der eine, vom Drang nach der «Welt» besessen, hochmütig, hoffärtig die andere; zunächst luftig und aufgeheitert beide – glänzend beginnt denn auch die Wirtschaft; doch die Unordnung, die Selbstrühmerei Eisis, die unüberlegten Ausgaben, die Prozesse, die törichten Hoffnungen auf das Vatererbe Steffens, die Wuchererhände, in die sie fallen, die Konkurrentspeisewirtschaft der Gnepfi gegenüber, das Spielen, die Halbschoppen «gastig», das abergläubische Tun mit Hexen, Quacksalbern, Wahrsagern bewirken, beschleunigen dann unrettbar den Untergang, und es beginnt endlich zwischen beiden das grausige Duell auf Leben und Tod, in welchem sich die vitalere Eisi als härter erweist. Die sozialethische These verschwindet fast hinter der scharfen Kontur dieser beiden Gestalten. Noch einmal aber: sie sind ohne epische Partnerschaft – eine tiefere menschliche Beziehung zu ihnen, wie auch zwischen ihnen ist auch gar nicht möglich, haben sie doch sogar zu ihren Kindern kein sinnvolleres elterliches Verhältnis. Der Roman als Ganzes ist daher mehr eine charakterliche Studie mit blendenden epischen Schlaglichtern als ein ausgewogener Organismus dichterischer Art.

In «*Jakobs des Handwerksgesellen Wanderungen durch die Schweiz*» (1846/7) ist eher das Gegenteil der Fall: viel äußere Handlung, wenig innerer Umriß. Wie wird dieser Handwerksgeselle umhergetrieben! Er klopft fast die ganze Schweiz ab – nur die ennetbirgischen Täler bleiben abseits von seiner Wanderstraße. Auch hier jedoch bedingt der Zweck ein solches Verhalten. Gotthelf wollte die deutschen Handwerksburschen in der Schweiz und die kommunistischen Wühlereien unter ihnen «übers Knie nehmen» und läßt daher den Jakob an verschiedenen Orten seine Erfahrungen sammeln. Inhaltlich wird so das Werk zu einem buntfarbigen Zusammensetzspiel. Jakob muß alle Seiten des Gesellentums kennen lernen, vor allem die unheilvoll aktuellen, und auch ein sittlich gefestigter Mann soll er allmählich werden. Erlebnishaft wird dem von Haus aus nicht eben Besonnenen ein bißchen viel zugemutet. Und diese Erlebnisse standen Gotthelf selber mehr oder weniger fern, mußten zudem möglichst mundartfrei geschildert werden, denn Jakob ist ein Deutscher, in Deutschland aufgewachsen, und für deutsche Leser war das Werk in erster Linie bestimmt. Verwunderlich ist es so nicht, daß seine Gestalt umrißschwach wurde – ungleich blasser als die Steffens und Eisis. Sein Handwerk sogar wird nicht genannt (man darf sich ihn vielleicht als Schuster denken) – man würde das vermehrt als Mangel empfinden, wenn er selber an tiefere Schichten unserer Menschlichkeit rührte.

Dennoch ist «Jakob der Handwerksgeselle» kein unbedeutendes Werk. Als Held interessiert uns dieser Werdende eigentlich wenig; an sich aber haben die Erfahrungen, die er durchmacht, etwas menschlich Wahres und Gültiges. In diesem Buche tritt der merkwürdige, doch literarisch gar nicht seltene Fall ein, daß der Leser den Helden von dessen Erlebnissen trennt oder sie doch nur in unbestimmter Weise auf ihn zu beziehen vermag. Der sporadisch und geheimnisvoll als Warner auftauchende, irgendwie ‹romantisch › empfundene Brandenburger ist wesenhafter erlebt als Jakob selber. Das kommt daher, daß Gotthelf die äußern und innern Stationen Jakobs gleichsam unpersönlich, als abstraktes menschliches Drama in sich empfangen hat. Ein einziges Mal taucht Jakobs Gestalt ein in ein näher bestimmtes Konkretes: als der von der fast tödlichen Genfer Krise Genesende beim alten frommen Waadtländer Meister noch schwankend ahnt, welche Gewalt des Friedens, der Liebe und der Güte in einem lebendigen Christenglauben wohnt. Und hier denn auch wird die Erzählung, besonders im seligen Tod des Mütterchens, zur erschütternden Idylle. Jakobs Erlebnisse in Basel aber, in Zürich, Bern und Genf, auch die beim zweiten, freisinnigen Waadtländer Meister und die im Berner Oberland – wir denken besonders an das sittliche Verschulden in Bern, an die seelisch-physische Krise in Genf und an die bittere Liebesenttäuschung mit der liebenswerten Tochter des wackeren Oberhasler Meisters – sind Erlebnisse, die mehr in und an sich als im Charakter Jakobs überzeugend sind. Und ist es nicht auch bezeichnend, daß Gotthelfs ganze Welt- und Lebensauffassung, oft sogar in trefflichen Formulierungen, in dieses Werk eingegangen ist? Das Motiv rührte mehr an seinen Glauben als an seinen dichterischen Genius.

Ist dies auch der Fall mit *«Zeitgeist und Bernergeist»* (1852)? Aus diesem Werk hörte die Mitwelt, hörte lange auch die Nachwelt nur das garstige politische Lied heraus – wo doch Gottfried Keller selber, vom andern Lager aus, in seiner Besprechung des Werkes bezeugen mußte: «heute ist alles Politik». Dennoch bezeichnet der Titel im ‹Zeitgeist› nicht nur, wie Keller schreibt, das «erwachte politische Leben»; denn wenn die «Rückkehr zum Bessern, zu patriarchalisch religiösen Zuständen» der ‹Bernergeist› sein soll, so muß Gotthelf auch unter ‹Zeitgeist› etwas Religiöses verstanden haben. Und Keller nennt denn auch fernerhin die Religionsgefahr den «eigentlichen Inhalt» des Buches. In Wahrheit: hier ging es um eine Auseinandersetzung größten, religiösen Ausmaßes im weitesten Sinne. Gotthelf wußte, wieso er darauf beharrte, in «Zeitgeist und Bernergeist» seine bedeutendste Schöpfung zu sehen. In dieses Buch hatte er sein mächtigstes, umfassendstes Credo gelegt.

War es auch ein mächtiges Kunstwerk? Keller sprach, auf das Buch anspielend, von «leidenschaftlich-wüsten, inhalt- und formlosen, stümperhaften Produkten», und Gotthelf schien ihm selber einen Trumpf in die Hand zu spielen, wenn er im Vorwort schrieb, er habe gewußt, daß seine Bücher «nicht Kunstprodukte» sein würden. Indes verstand er unter ‹Kunstprodukten›, wie man etwa aus dem fünften Kapitel der «Armennot» weiß, so ungefähr das Gegenteil dessen, was die «Literaturmenschen» (Kellers Wort im Gotthelf-Nekrolog) darunter verstanden und verstehen: nämlich künstliche, unwahre Schein-Produkte. Keller fühlte die tiefern Zusammenhänge, ohne sie sich selber zu gestehen, wenn er dem sich angeblich völlig der Reaktion verschreibenden Verfasser von «Zeitgeist und Bernergeist» ins Stammbuch schrieb: «Es herrscht eine solche Unfruchtbarkeit und Öde auf dem Acker deutscher Gestaltungskraft, daß man nur ungern eine so schöne ursprüngliche Fähigkeit abscheiden sieht.»

Es dürfte heute feststehen: die ‹so schöne ursprüngliche Fähigkeit› war keineswegs abgeschieden, nur die kritischen Augen Kellers waren getrübt, wenn er auch in tiefern Bewußtseinslagen sicher gerechter urteilte. «Zeitgeist und Bernergeist» *ist* ein mächtiges Dichterwerk, obgleich nicht ganz eines vom Ebenmaß und der Reinheit, die den «Uli» und «Geld und Geist» zu ewigen Werken machen. Schon dies: Gotthelfs Wort hat hier einen Glanz, einen Schwung, eine Leichtigkeit wie in wenig andern. Von einem Niedergang war wahrlich schon stilistisch nichts zu spüren. Der Kampf, der vor den Toren tobte, hatte des Dichters vollste, spontanste Kräfte aufgeregt. «Der Pfarrer (heißt es vom Pfarrer zu Küchliwyl) hatte ein schönes Wort, predigte langsam, volltönend, weithin verständlich, der Klang seiner Stimme weckte unwillkürlich in den Seelen die Andacht.» Was der Pfarrer Bitzius zu Lützelflüh nicht besaß, das besaß der Dichter Gotthelf hier in besonderer Fülle. Und welchen weiten Atem hatte in diesem Werk der gestaltende Geist! Welch ein instinktives *und* bewußtes Wissen um die Gesetze künstlerischer Form! Konnte er den Zeitgeist, der wie eine Krankheit über Völker und Einzelne kommt, anschaulicher darstellen als in der schweren Krise eines Mannes, der diese Krankheit in ihrer weitreichenden Auswirkung an sich selber erlebt? Wenn der Zeitgeist, wie der Dichter sagt, sich in alle Lebensverhältnisse aller Stände drängt, das Heiligtum der Familien verwüstet, alle christlichen Elemente zersetzt, so konnte als sein Opfer nur ein innerlich und äußerlich begabter, seelisch unverstockter Mann in Frage kommen, und das mußte für Gotthelf, der für den wahren Bauerngeist bangte, ein reicher, angesehener, angestammter Bauer sein. Und diese Gestalt mußte, dem Gesetz der Kontrastierung gemäß, wie in «Geld und Geist» eine Gegengestalt bekommen, um die erforderliche Spannung, um Pole ins Werk zu bringen. Hunghans und Ankenbenz mit ihrem Familienanhang: zweier Anschauungen, zweier Erfahrungen, zweier Schicksale wogendes Schlachtgebiet.

Wogendes Schlachtgebiet: es war ja keineswegs so, daß Gotthelf in einseitiger Schwarz-Weiß-Manier alles Gute den Vertretern seines, alles Schlechte denen des gegnerischen Lagers zugeschoben hätte. Wenn er Gestalten einmal sah und hörte (und in seiner Bauernwelt hörte er sie fast mehr, als er sie sah), so waren es Menschen in Stärken und Schwächen, Menschen mit ihrem Widerspruch, doch mit ihrer Wahrheit. Hunghans und Ankenbenz sind in *einem* Wasser getauft, religiös also gleichen Ursprungs, beide sind Gemeindeväter, tüchtige Bauern, ehrbare Hausväter, aber der geistig regsamere ist Hunghans. Ankenbenz ist wohl festgegründet in seiner christlichen Überzeugung, ein mannhafter Charakter, und seinem Jugendgenossen und Freunde hält er auch in dessen Verirrung die Treue; aber eine gewisse Langsamkeit haftet ihm an, eine fast zu große Bedächtigkeit (er gleicht hierin ein wenig Christen, dem Manne Ännelis in «Geld und Geist») – seine Frau Lisi, besten Holzes auch sie, führt ein schärferes, treffenderes Wort, sieht oft klarer als er und handelt energischer: ihr legt denn Gotthelf auch – im 13. Kapitel – sichtlich eigene Anfechtungen in den Mund. Zur Größe steigt Ankenbenz in jener Stunde auf, als er, nach der Auseinandersetzung mit dem ihm gewaltig zusetzenden Regierer [Regierungsstatthalter], im Innersten aufgewühlt, nächtlicherweile über den Berggrat heimkehrt und in sich den Jakobskampf um seinen Glauben auskämpft. Und wie wahr, wie un‹politisch› zeichnet Gotthelf die beiden Familien! Gritli, Hunghansens Frau, hat nicht Persönlichkeit und Selbstüberwindungskraft genug, um das Positive ihrer Natur nachdrücklicher auszuprägen, und wird so, selber ein Opfer, am Unglück irgendwie mitschuldig – an der Seite einer Lisi hätte Hunghans Versuchungen gegenüber gewappneter dagestanden, und dem unseligen Hochmuts- und Trägheitshang des Sohnes Hans wäre, wenn je, beizeiten gesteuert worden. Und haben nicht selbst der Regierer und der Präsident wenn nicht sympathische, so doch eindrücklich wahre Züge? Gotthelf leiht dem mephistophelischen Regierer eine beredtere, argumentskräftigere Zunge, als sie radikalen Propagandisten gewöhnlich beschieden war: zuweilen spürt man den Dichter selber wie erschüttert von der Wortmächtigkeit dieser Gestalt (die er, vergesse man es nicht, wie die andern aus sich selber hob): es braucht ja meist nur eine kleine Sinnverrückung, um aus wahrsten Worten verderbliche zu machen! Und wie dichterisch, untendenzhaft endlich, daß Hunghans trotz allem sittliche Spannkraft genug bewahrt, um nach den herben Enttäuschungen in sich zu gehen. Drückt sich in seiner Selbsteinkehr nicht die Zuversicht aus, daß überstandene Krankheiten oftmals die Gesundheit stärken? «... ein neues Leben entsteht, es wird Friede, die Liebe blüht, die Früchte werden nicht ausbleiben ...», heißt es am Schlusse – die schönsten Früchte werden vielleicht aus dem tiefstgepflügten Acker hervorgehen.

Will man sich raschestens überzeugen, welche lebendige dichterische – nicht nur lehrdichterische – Wahrheit «Zeitgeist und Bernergeist» birgt, so lese man zunächst die erste, noch novellenhafte Fassung des Romans: «Die Versöhnung des Ankenbenz und des Hunghans, vermittelt durch Professor Zeller». Diese zeigt erst einige wenige Ansätze zu erhöhter Gestaltung. Wie mächtige Gebirge neben flachen Höhenzügen steigen neben ihr die Bilder des Romans auf. An gewissen Stellen freilich senken sich auch des letzteren weithinschauende Kämme, zerklüften sich, werden unansehnlich, spärlich bewachsen. Über drei Kapitel hin (18.–20.) erlaubt sich Gotthelf eine künstlerisch unzulässige Lockerung der epischen Spannung. Das Hauptthema gerät mitunter allzu leicht auf Nebengeleise, weil der polemische Hang, der sich insonderlich in theoretischen Auslassungen Luft macht, die klare Sicht etwas trübt; die Folge sind Einseitigkeiten, lange, überlange Abschweifungen vor allem in den hinteren Kapiteln: über die eidgenössische Hochschule, die Sekundarschulen, die Ärzte, usw. Dieser Mängel unbeschadet aber darf das Werk auch im Sinne künstlerischer Verwirklichung das Wort für sich beanspruchen, das prächtig seinen Grundgedanken zusammenfaßt: «die wahre Freiheit ist die von innen heraus, aus dem Heiligtum des Gemütes».

Der «*Schuldenbauer*» («Erlebnisse eines Schuldenbauers», 1853) hat in seiner Anlage etwelche Ähnlichkeit mit dem «Geltstag». In beiden Werken kämpft Gotthelf gegen Auswüchse der neuen Rechtsordnung an: im «Schuldenbauer» gegen das schurkische Spekulantentum von Güter- und Rechtsagenten, die unter dem Deckmantel komplizierterer, daher unklarer gewordener Gesetze gutwillige, aber leichtgläubige und unerfahrene Menschen in den Ruin treiben; in beiden vernimmt der Leser schon zu Beginn, daß die Geschichte einen schlimmen Verlauf nimmt; in beiden auch wird durch die Dazwischenkunft dritter Personen am Schlusse wieder einige Hoffnung sichtbar. Im «Geltstag» aber ist der Niedergang ganz im Charakter der Personen begründet; im «Schuldenbauer» sind die Hauptfiguren durch Unterlassung und unfreiwillig wohl einigermaßen mitschuldig an der Katastrophe, werden jedoch in erster Linie unschuldige Opfer einer zynischen Ausbeuterei «unter dem Scheine Rechtens».

Gotthelf selber bekennt im Vorwort, er habe das Buch – es sollte sein letztes größeres Werk sein – «mit Pein» geschrieben. Dennoch waltet in ihm eine im ganzen hellere Stimmung als im «Geltstag». Wohl lastet über der Familie Hans Joggis und Anne Mareis für den Leser von Anfang an das ruchlos von Menschen gesponnene Verhängnis; doch strahlt von der Ehrlichkeit und Arbeitstüchtigkeit, vom Willen sozialen Emporkommens, vom unverdorbenen Gemüte dieser Leute ein Schimmer aus, der zu diesem Drohenden ein Gegengewicht schafft. Den Schimmer entlockt der Dichter Gestalten, die in herkömmlichem Sinn nichts Poetisches an sich haben. Hans Joggi ist ja wohl ein fleißiger, treuer Mann, dabei jedoch verschlossen, mißtrauisch (mißtrauisch nur gegenüber der Rotte seiner Ausbeuter nicht), wenig anhänglich; und seine Frau Anne Marei, als Hausfrau wohl eine «herrliche, unübertreffliche Persönlichkeit», stolz, eine «Bäuerin» zu werden, doch ohne feinere Artung, hat von ‹roman›haften Eigenschaften nichts an sich. Indes wissen wir ja: Gotthelf hat solche Eigenschaften von seinen Gestalten nie verlangt. Funken schlägt er aus dem härtesten Steine. Das anfängliche Wohlergehen der Familie auf der Keßlere, ihre treue Arbeit im Lauf des Jahres, ihre unschuldigen Freuden teilen dem Leser ein inniges Gefühl der Befriedigung mit – nur ihre zu große Vertrauensseligkeit macht einen etwas ungeduldig. Hier auch ist die

Frau der entwicklungsfähigere, aufgeschlossenere Teil. Die harten Schläge vertiefen Anne Mareis Natur, rütteln aber gefährlich an den Festen ihres Gemütes. Wie sinnvoll dabei, daß die schwerste Prüfung, der Tod des geliebten Hans Ueleli, auch die Quelle der seelischen Wiederaufrichtung wird! Und die Sorge um die Mutter, die im Nervenfieber ringt, breitet einen mildernden Schleier über den äußern Zusammenbruch der Familie.

Die Geschichte endet anders, als es sich der Dichter anfangs gedacht. «... sie kamen um alles (erzählt in der Rahmenhandlung der ersten Fassung der Wirt dem Reisenden), er starb vor Verdruß, und sie weiß in Gottes Namen mit den Kindern nichts zu machen als sie dem heiligen Bettel nachzusenden». Auch hier hatten sich die Gestalten nach dem Gesetz ihres Wesens in der Phantasie des Dichters allmählich ihr eigenes Schicksal geschaffen. Und dieses forderte als Schluß nicht den hoffnungslosen Untergang, sondern eine zuversichtlichere Note. Daß deren Urheber ein Altkonservativer, der rauhe und rechthaberische Oberherr vom Stierengrind, wird, war das Bekenntnis Gotthelfs nicht zu einem Regime, das sich schon damals überlebt hatte (der Name schon des Aristokraten ist ein deutlicher Hinweis darauf), sondern zum alten und unvergänglichen Geiste einer menschlicheren Gerechtigkeit.

Der «Schuldenbauer» hat sehr spürbare dichterische Akzente. Allzu sehr aber steht die Familie Hans Joggis im Schatten einer vorgefaßten anklägerischen Idee. Wohl ist das Motiv epischer, geradliniger behandelt als im «Geltstag», doch fehlt der Gestaltung die volle innere Freiheit. Die Beschränktheit im Charakter der Hauptpersonen wird noch betont durch das folternde Schicksal, dem sie – unbewußt zwar zum Teil – ausgeliefert sind. Im Jowäger-Roman hatte ein ebenfalls anfänglich äußerer Zweck ein inneres Universum aus sich herausgeboren, das den Zweck, ihn in sich aufnehmend, gleichsam vertilgte; im «Schuldenbauer» bleiben polemische Absicht und Charaktere einander gewissermaßen fremd.

Welch souveräne Freiheit hingegen, welche Lust auch am bunten Schauspiel seiner Bauernwelt bekundet Gotthelf in der *«Käserei in der Vehfreude»*, die drei Jahre früher erschienen war (1850)! Hier ist man recht eigentlich in einer Veh- *und* Menschenfreude: zwischen Mensch und Tier sogar herrscht ein sozusagen patriarchalisches Verhältnis. Die Vehfreude: ein «etwas grober» vielleicht, aber doch ein «rechter» Bauernort. Nicht ein einzelner Bauernhof steht hier demnach im Mittelpunkt, sondern eine ganze Dorfschaft. Es war zweifellos ein glänzender Gedanke, um das zentrale Thema einer Käsereigründung einen ganzen Dorfhintergrund mit seinen politischen, sozialen, wirtschaftlichen und personellen Verwicklungen aufzurollen. Nicht nur die außerordentliche soziale, charakterliche und sittliche Abgestuftheit der bäuerlichen Welt ließ sich in *einem* zusammenhangenden Gemälde aufdecken, vom kleinen «Milchritter» bis zum großen «Käsfürsten», sondern es war auch möglich, abwechselnd ein kollektives *und* ein einzelnes Geschehen in den Vordergrund zu rücken. Das kollektive: das war die Käsereigründung mit ihren Folgen auf das dörfliche Zusammenleben – bedeutsamen Folgen, denn alte, sakrosankte Gewohnheiten (wie etwa das Recht der Bäuerin, über die Milch nach Belieben zu verfügen) wurden umgestürzt, neue mußten sich erst einbürgern. Wieviel mußte das zu überlegen, zu reden, zu jammern, zu schlaumeiern, zu intrigieren geben, zumal in damaliger Zeit – wir sind in den zwanziger Jahren des 19. Jahrhunderts –, als die Dörfer noch ungleich abgeschlossener lebten, die Charaktere denn auch unabgeschliffener, origineller in Erscheinung traten, jedes Echo, in einen kleineren Kreis eingezirkelt, verstärkt widerhallte. Ein zuweilen fast ‹unanimistisches› Stimmengewirr schlägt dem Leser entgegen – es erreicht seinen Höhepunkt an der Käsbörse zu Langnau, die, ein «ungeheures Käskessi», wie eine potenzierte Vehfreude wirkt. Was in den andern Werken, so im «Geltstag», nur vereinzelt und nur gleichsam am Rande sicht- und hörbar wurde, ist hier, wie von einem machtvollen Brennspiegel erfaßt, in *einem* volkswimmelnden Punkt versammelt, es schwirrt und surrt und summt wie in einem wildgewordenen Bienenkorbe; Leidenschaften werden aufgewühlt, die schrulligsten Eigenheiten, die primitivsten Laster, die geheimsten Kupiditäten gelangen an die Oberfläche der Dorföffentlichkeit; althergebracht Denkende und vom Zeitgeist angesteckte Kreaturen, ehrbare Männer und politische Windbeutel, reine frauliche Gestalten und hexenhaft amoralische Geschöpfe sind in ihrem Tun und Lassen plötzlich wie magisch beleuchtet: die Käsereifrage hat von diesem Gemeindetopf gleichsam den Deckel abgehoben, und nun erlebt man, ergötzt, verwundert, das Brodeln eines buntgemischten Tier- und Menschenkessels. Und aus diesem kollektiven Unter- und Hintergrunde erwächst nach und nach, doch mit bestimmteren Konturen immer, ein Einzelgeschehen, eine Liebesgeschichte spinnt sich an, atmendere, fühlendere Gestalten tauchen auf, und sie schlagen zusehends auch den Dichter in ihren Bann. Aus der ‹Käserei› in der Vehfreude, aus dieser von materiellen Fragen in Aufruhr gebrachten dörflichen Schicksalsgemeinschaft, wird so unmerklich ein festlicher Ort der Menschenfreude, ein in geistigen Umrissen sich abzeichnendes höheres Leben.

Dieser leise Übergang vom Kollektiven ins Persönliche, vom Materiellen ins Geistige, vom mehr Kulturgeschichtlichen ins rein Menschliche schenkt diesem Werke seinen tiefdichterischen Zug. Die sich immer mehr zuspitzende Liebesgeschichte zwischen Felix und Änneli ist keine epische Zutat, um dem Ganzen mehr Würze zu geben, sondern eine dem Gotthelfischen Fühlen und Auffassen völlig gemäße Weiterentwicklung des Themas. Daß es sich hier «nur um Käs und Liebe» handelt, wie Gottfried Keller sagte, war in Wahrheit *der* geniale Kunstgriff, denn das verbindende ‹und› und das Wie dieser Verbindung mußten erst gefunden werden. Und «hochpoetisch» ist ja diese Liebesgeschichte, wie Keller zugibt, denn nicht nur erscheint der Ammannssohn Felix bei der Käsfuhr als «wahrhaft antiker Wagenlenker», sondern wie sich die Liebe zwischen Felix und Änneli kündet, welche Umwege sie einschlägt, um zum Ziele zu gelangen, ist ebenso originell wie natürlich empfunden.

Der Übergang vom Kollektiven ins Individuelle zeitigt noch eine zweite, künstlerisch nicht zu unterschätzende Wirkung: er bringt Ordnung in die dörfliche Masse. Diese kristallisiert sich nach und nach in einzelnen Gestalten, in denen ein ganz neues, unvorhergesehenes Leben erwacht, und was von diesen ausstrahlt, zwingt auch die Randfiguren in eine gewisse Bahn. Eine Eisi vom Dürluft z. B., in ihrer grotesk primitiven, bösartigen Triebbesessenheit, erhält erst von dieser höhern Warte aus ihr richtiges Bild, wie überhaupt die ganze untere Weiberzunft, die als solche in Herrschaft und dumpfer Instinktgewalt in der «Käserei» eine große Rolle spielt, erst vom höhern Blickpunkt der robusten Ammännin und besonders der beiden zarteren und holderen Schwestergestalten Bethlis und Ännelis aus in ihrem vollen Lichte erscheint.

Gotthelf schwelgt in der «Käserei» fühlbar in seiner eigensten und konkretesten Schöpferwollust. Seine Feder flog nie behaglicher über die Manuskriptbogen hin. Hier freilich lag auch eine unleugbare Gefahr. Nicht nur daß das kulturgeschichtliche Element in der ersten Hälfte einen breiten Raum einnimmt (ein ganzes langes Kapitel ist der «Naturgeschichte der Käsereien» gewidmet), sondern der Verfasser ergeht sich offensichtlich auch in Schilderungen, die von einer intimeren dichterischen Spannung nicht getragen sind. Wohl will er – nach dem Vorwort – aus den «unbekannten Schichten» des Volkslebens Schatt- und Sonnseiten herausheben. Dieses Herausheben kollektiver Schichten (und diese meinte er) gelingt ihm jedoch nicht überall auf dichterische Weise. Das dörfliche Charakter- und Stimmendurcheinander verleitet ihn zuweilen auch zum erzählerischen Durcheinander. Das Werk hat künstlerisch seine ‹wilden› Seiten und seine unnötigen Längen. Anderseits trägt Gotthelf in seiner Malerlust mitunter zuviel Farbe auf, unterstreicht mit zu dickem Striche, und die Hiebe auf die radikale Partei – das hängt mit dem gleichen Fehler zusammen – fallen zu dicht und zu einseitig. Neben dem Meisterlichen, packend Dichterischen hat das Buch so auch seine schwächeren Seiten. Gewaltig aber, als Ganzes gesehen, ist dennoch der Versuch, in die tiefern, unbekannten Schichten der bäuerlichen Gesellschaft ein wissendes Licht zu werfen.

*

Um die großen Werke gruppieren sich, ein dichter Kranz, die Erzählungen und Novellen. Was Gotthelf schreibt, ist in der Regel so dicht im Epischen und Charakterlichen, dermaßen verbunden jederzeitig mit dem Ganzen des Lebens, daß alles sich eigentlich leicht auch zu Einzelbildern ordnet. Aus dem beiseite gestellten «Herrn Esau» hat er ohne große Mühe nachträglich abgetrennte Stücke herausgelöst, und anderseits ließen sich die meisten Erzählungen ohne Schwierigkeit in einen größeren Lebensausschnitt hineinbetten. Erstaunlich ist denn auch die Motivmannigfaltigkeit dieser Bilder und Erzählungen (Dorfgeschichten möchte man sie nicht nennen), erstaunlicher eigentlich noch ihre Motivoriginalität. Dem Gattungshaften der Novelle kommen sie dort am nächsten, wo ein Einzelschicksal gestaltet wird: «Elsi die seltsame Magd» ist in dieser Hinsicht die geschlossenste, gerundetste der kürzeren

Schöpfungen; meist aber lehnen sie sich an die großen Aspekte des bäuerlichen Lebens an – diese ‹ Größe › freilich noch begrenzt des Dichters Auge. In ihnen denn auch erscheinen, selbstredend verschieden dosiert, die beiden Grundelemente seiner Kunst, die Daseinsfreude und der sittliche Wille, naturgemäß, sich dem kleineren Rahmen fügend, mehr das erste dieser Elemente. Besäße man von Gotthelf nur sie, so würde sich wohl nicht die volle Tiefe, doch eine ansehnliche Breite seiner bäuerlichen Welt abspiegeln. In gewisser Beziehung -- wenn man zwischen ‹ künstlerisch › und ‹ dichterisch › einen formalen Unterschied sehen will – sind sie darum auch künstlerisch vollkommener: die Lockung zum Reflexiven, Betrachtenden ist in ihnen ungleich geringer. Zudem drängt Gotthelf in ihnen, meist deutschen Lesern zuliebe, das Mundartliche sichtlich zurück.

Aus der großen Zahl von über fünfzig Erzählungen – sie reichen von der Anekdote und Kalendergeschichte über die sagenhafte und historische bis zur Charakternovelle – seien hier nur einige der bedeutsamsten herausgehoben.

In einer ersten Reihe möchten wir diejenigen nennen, die das bäuerliche Sein als langgewordene, selbstbewußte Lebenssitte und Lebenskunst, zuweilen im Kontrast mit andern Ständen, darstellen. Die schönste dieser Schöpfungen ist *« Der Oberamtmann und der Amtsrichter »*. Eine Jagdanekdote überhöht hier der Dichter mit unvergleichlicher Kunst andeutenden Pinselstriches durch die Gegenüberstellung zweier im besten Sinn des Wortes aristokratischer Stände: des großbäuerlichen und des patrizischen. Großartig ist die Novelle dort vor allem, wo beider Lebenskunst, sublim nuanciert und sich ganz von selber vermischend, in heiterster Atmosphäre aufeinandertrifft: beim Besuch des patrizischen Oberamtmanns und dessen Familie auf dem Hof des in seiner Art ebenso aristokratischen Amtsrichters. Ein feiner, wissender, im geringsten Zug hochdichterischer Schalk führt hier dem Dichter die Feder[8]. – Einen prächtigen Ausschnitt aus der Selbstherrlichkeit eines urgesunden, wenngleich seelisch weniger verfeinerten Bauerntums als das des «Oberamtmanns», gibt Gotthelf im *« Besuch auf dem Lande »*. Hat die Erzählung im «Esau», dem sie entnommen, auch mehr andeutende Tiefe, indem hinter dem Geschehen ein zweites, sich erst

---

[8] Eine eingehendere Darstellung der Novelle findet sich in unsern «Neuen Gotthelf-Studien», S. 127f.

leise anbahnendes und die Gegensätze verbindendes sichtbar wird, so enthält sie doch, ein nicht verwöhntes Stadtkind in die selbstsichere Behäbigkeit ländlichen Reichtums stellend, der kräftigen und heiteren Züge genug. – Dasselbe gilt von « *Michels Brautschau* »: unbändige Daseinslust, ebenfalls ins bäuerlich Derbe übertragen, sprengt hier alle Grenzen. Michel, dem eine weisere Mutter fehlt, scheint ein Geld- und Kraftprotz zu sein und ist doch nur ein großes Kind; auch spürt man tüchtige bäuerlich-menschliche Eigenschaften in ihm, die nur ihrer Befreiung harren, und eine verständige Frau, wie er sie schließlich findet, wird das wahrscheinlich ganz von selbst besorgen. Ein fast dionysischer Geist der Erde schwebt über dieser Erzählung, die nicht umsonst zur Zeit der «Käserei» entstanden.

Zu einer zweiten Gruppe lassen sich diejenigen Schöpfungen reihen, die ein geistig-seelisches Motiv allgemein menschlicher Natur, sei es im heimatlichen Bauernleben, sei es in zeitlicher oder örtlicher Ferne, gestalten. Hierher gehört zunächst *« Elsi die seltsame Magd »*. Gotthelf schuf kein in sich vollendeteres kleines Werk. Man weiß nicht, was man hier mehr bewundern soll: die Schlichtheit und Natürlichkeit, mit der ein, scheint es, fast alltäglicher Konflikt in eine tragische und doch wunderbar erhobene Auflösung mündet, oder die herbe Strenge, mit der ein Menschenschicksal sein inneres Gesetz erfüllt. Eine Liebesgeschichte wahrhaft «seltsamer» Art, ganz besammelt im Charakter eines Wesens, in dem Familienehre, Mädchenstolz, seelische Würde, glühendes Liebe- und Hingabebedürfnis und unnennbare Angst des Verratenwerdens miteinander im Kampfe liegen und das aus der verzweifelnden Ratlosigkeit einen sublimen, rettend-heroischen Ausweg findet, indem es, in plötzlicher Intuition, die Sache des Geliebten zur seinen macht und im Tod mit ihm die siegende Liebe krönt. Daß diese Sache die vaterländische ist, erhöht die versöhnende Tat und breitet über das Ganze, liebende und heimatliche Treue verschmelzend, den Schimmer eines nicht glanzlosen Untergangs. – Das mähliche Hineinwachsen in ein neues Heimatgefühl versinnlicht und versinnbildlicht die Novelle *« Der Besuch »*. Daß, wie hier, ein heimatliches Sichentfremden schon im Wechsel von einem bernischen Gau zum andern – vom Oberaargau zum Emmental – eintritt, beweist, welche inneren Dimensionen Gotthelf, verbeiständet freilich von früher viel stärker empfundener Enge der Grenzen, in kleinstem äußerem Bereiche eröffnet. Alle Distanzen jedoch überwindet die Liebe, weil sie, dem Träger zunächst unbewußt, ein Wohlgefühl schafft, das in der neuen Heimat unvermerkt Wurzeln schlägt. Das erlebt Stüdeli, die junge Bauersfrau, die, ins Emmental hinauf verheiratet, sich entwurzelt glaubt, weil dort andere Lebensgewohnheiten herrschen, bei der Mutter in einem der nahen ‹Dörfer› über Sonntag, den Kinderwagen vor sich her stoßend, einen Besuch macht und nun durch allerhand Erfahrungen, die die weisere Mutter ihr deutet, inne wird, wie sehr sie doch in ihrer neuen Heimat schon Fuß gefaßt. Ein meisterlicher Zug fügt sich in dieser Erzählung, die in ihrem Grundmotiv schon eine geniale Konzeption ist, zum andern, und sie erbauen ein Kunstwerkchen der besten Art. – Der Heimat im weiteren vaterländischen, letztlich fast metaphysischen Sinn huldigt der « Druide », die sagenhafte Erzählung vom Auszug der Helvetier aus ihren Gauen: vom uralten Oberdruiden umsonst gewarnt, folgen sie dem Rat verblendeter Führer, werden aber von den Römern nach blutiger Schlacht wieder in ihre alten Gaue zurückgeschickt und schließen dort mit den Manen der Heimat ein neues, dauerhafteres Bündnis. Ein zeitentrücktes, von der Phantasie ausgeschmücktes Geschehen, von Gotthelf in gesteigerter Sprache geschildert, erhöht in der Dimension des Menschlichen, das in der Persönlichkeit des Druiden gipfelt, von frommen Schauern der Heimatliebe durchzogen: die eigenartige Schöpfung entbehrt eines seltsamen Reizes nicht. – Sagenhafte Heimat, innige Bäuerlichkeit und entfesselte Dämonie verflicht in christlichem Gefühl tätiger Wachsamkeit des sittlichen Lebens die « Schwarze Spinne », die vielleicht berühmteste Erzählung Gotthelfs: ein düsteres Gemälde in entzückend hellem Rahmen, eine phantastische Sage in heiterste Gegenwart bettend, einen heidnischen Lebensgrund mit einem lichten christlichen Himmel überdachend. Ein Nichts trennt die scheinbar so gemächliche, traditionsklare, gestillte Welt bäuerlicher Feiertäglichkeit von den dämonischen Abgründen wilder Versuchung. Die grausige, tödliche Teufelsspinne als Strafe sündhafter Neugier und Überhebung und die Überwindung des Todes im freiwilligen Opfer, das nur in immer erneuter sittlicher Wachsamkeit seine Wirkung bewahrt. Beide Bereiche, das phantastische und das gestillt reale, ganz Bild geworden, so jedoch, daß unter der innigen Festlichkeit des Gegenwärtigen die unheimliche Tiefe brodelt und aus dem gequälten, endlich gelichteten Düster ferner Vergehen und ferner Leiden die unsägliche Beruhigung quillt. Ein außerordentlicher dichterischer Blick nur konnte das Doppelgesicht des Lebens, im urständlichen bäuerlichen Sein gestaltet, in solcher Unmittelbarkeit erstehen lassen. Die «Schwarze Spinne» ist der künstlerisch knappste und erschütterndste Ausdruck von Gotthelfs eigener Zweigesichtigkeit, und hier auch waren die visionären Pole an ihre äußerste Grenze getrieben: zwei weitarmige Waagschalen, und das Zünglein der Waage verriet ein schwankes und doch hinwieder so sicheres Gleichgewicht.

Eine dritte Gruppe bilden die Erzählungen, die einen stark ausgeprägten «Charakter» darstellen, der, wie Anne Bäbi Jowäger, «uf sy Gattig» im Leben steht. Nur die zwei eigenwüchsigsten seien hier erwähnt: *«Hans Joggeli der Erbvetter»* und *«Barthli der Korber»*. Sie haben gemeinsame Züge, gehören aber zusammen wie ein Positiv und ein Negativ. Sie haben das gemein, daß beide für etwas anderes gehalten werden, als sie in Wirklichkeit sind, und daß beide ein Geheimnis hüten, das erst ihr Tod offenbaren soll. Ist der eine aber, Hans Joggeli, der begüterte Bauersmann und Junggeselle, ein Lebenskünstler und ein Menschenkenner, feinen Schalkes, doch auch wissender, unterscheidender Güte voll, der die um seine Gunst buhlenden Erben sachte am Narrenseil herumführt, um dagegen die Bescheidenheit und Tugend, im lieblichen Patenkind Bäbeli verkörpert, glücklich zu machen, so ist der andere, Barthli, eine grotesk-komische Figur, die sich, sozial und menschlich benachteiligt, in beständiger Abwehrstellung befindet. Ihr Tun entspringt denn auch grundverschiedenen psychologischen Motiven: das Hans Joggelis ist ein Akt maßvoller, geläuterter Menschlichkeit, das Barthlis ein misanthropisch rachsüchtiges, im voraus gekostetes Vergnügen am Streich, den er seinen Mitmenschen zu spielen glaubt. Während darum Hans Joggelis Geheimnis klug gewahrt bleibt bis zur Testamentseröffnung, entgleitet es Barthli wider seinen Willen, und auch ein anderes Gut, das ihm nahe, ja noch näher als sein Geldschatz am Herzen steht, entgleitet ihm: seine liebliche und emsige Tochter, denn in deren Liebe zu Benz, dem braven Knechte des Nachbarbauern, wendet sich gleichsam die Natur selbst wider ihn. Wie ein leises Lächeln innerlichen Entzückens geht es durch die beiden Novellen (die übrigens Gotthelf selber keineswegs in Parallele setzte): ein Lächeln darüber, daß solche «Persönlichkeiten» auf Gottes Erdboden herumlaufen, noch ein wissenderes aber darüber, daß der dichterische Schöpfer solche Gestalten zunächst in seiner eigenen Seele findet[9].

Eine vierte Gruppe endlich möchten wir in den Erzählungen erblicken, die eine innere, fast jenseitige Welt verklärend in die diesseitige strahlen lassen, sei es durch die unbewußte Leuchtkraft eines begnadeten Gemütes, sei es im Bewußtsein des nahenden Todes. Das *« Erdbeeri Mareili »* und der *« Sonntag des Großvaters »* zählen zu dieser Reihe. Das Erdbeeri Mareili ist das seelisch fein, fast überfein organisierte Menschenwesen, das seine Seinsweisen sich ganz von innen her bestimmen läßt. Als Kind schafft es sich als Erdbeerikönigin sein Zauberreich im Walde unter Pflanzen und Tieren, sieht «Engel», weil sich ihm die Grenzen des Sichtbaren und des Unsichtbaren verwischen, wechselt, erwachsen, seine Seinsweise ebenso natürlich und ebenso innig mit dem Gouvernantenleben beim Schloßfräulein, dem im Verkehr mit Mareili neue, unkonventionellere Anschauungen aufgehen, schließlich mit der des stillen, verborgenen Kindererziehens hinten im Grabenhäuschen; und selbst das Totsein («Es schien, als schliefe es nur, so friedlich lag es im saubern Bette») scheint eine neue, nur geheimnisvoll stillere Seinsweise zu sein. Die Geschichte beginnt ‹romantisch›, und ist es doch so ganz und gar nicht; es wird hier nur eine märchenzarte Seele in ihr eigenes ganz verinnerlichtes Maß gestellt. Wie bezeichnend, daß Mannesliebe in Mareilis Leben keine Rolle spielt, wenigstens zu spielen scheint; ein nonnen- oder besser engelhaftes, sich selbst genügendes Liebesstrahlen erfüllt dieses Wesen ganz. Gotthelf schuf kein sinnigeres Gleichnis seiner Seeleneinfalt und seiner Geistinbrunst. – Wenn die Jahre vergehen und «sichtbar wird das Nahen der göttlichen Ewigkeit» (ein Wort aus dem «Erdbeeri Mareili»), da bestellt der Christ sein Haus: das ist das Motiv des «Sonntags des Großvaters». Der Großvater, der so lange des Hauses stützende Mitte gewesen, fühlt sein Ende nahen. Vom Morgengebet bis zum letzten Atemzug angesichts der zum blauen Juraberg sinkenden Sonne wird sein Sommersonntag ein Tag letzter Heili-

---

[9] Zu Joggeli dem Erbvetter s. besonders Karl Fehr: Besinnung auf Gotthelf, 1946.

gung: ein Ineinandergreifen von Dank für so viel genossene Wohltaten, von stiller Ergebung in Gottes Willen, von freudiger Erwartung überirdischer Hoffnung, von tätiger Verantwortlichkeit in Ermahnung und Trost für die Seinen. Sohn und Sohnsfrau, so ungleicher Natur, finden sich in offenerer Liebe, die Enkelkinder erleben ein erhebendes Sterben, die Gemeindeglieder das Beispiel eines lauteren, demütigen Christenmenschen. Vielleicht häuft der Dichter allzuviel Vollendungsmotive in so kurzer Spanne – die liebendere Vereinigung der Ehegatten etwa mußte dem Großvater schon längst angelegen sein. Dennoch ist diese patriarchalische Idylle christlicher Todesweihe ein ergreifendes Werk der Gotthelfschen Feder.

*

Es bleibt ein Wort von jenen umfänglicheren Erzeugnissen zu sagen, in denen Gotthelfs sozialethischer Drang und sein vaterländisch erzieherischer Wille eigens zum Ausdruck kommen: von der *«Armennot»* (1840) und vom *«Schützen-Manifest»* (1842). Sie auch sind von dichterischen Akzenten durchhallt, haben das richtige und hurtige, mitreißende Wort, das Gotthelf immer zu Gebote steht, wenn ein Gefühl oder ein Gedanke ihn ganz erfaßt; es sind denn auch nicht Abhandlungen, sondern Aufrufe, leidenschaftliche Mahnrufe. – In der Armennot sieht er die Wucherpflanze, das Pestübel der Zeit, entstanden aus einem versteinerten Glauben heraus, aus einer Revolution (der französischen), die Formeln und Gesetze auf den Thron erhob und die Mutter aller Gaben, die Liebe, vergaß, die Liebe, welche allein den Menschen, den Christen fähig macht, Gott zu vertreten auf Erden denen gegenüber, die Gott für ihre Lebensreise nicht hinlänglich ausgestattet hat. Denn der Mensch ist «hochgeboren», hat eine Bestimmung zu erfüllen, soll aufwärts steigen. Wie aber kann er das, wenn die Ehen zu «Ehekloaken», zu einem abgründigen Höllenkessel ausarten, statt innere Vollendung zu fördern, wenn das Kinderverdingen zu einem Erwerbszweig wird? Nicht von einem zentralisierten, an sich herzlosen staatlichen Armenwesen ist die Hilfe zu erwarten, sondern allein aus einer Erneuerung aus dem christlichen Geist der Liebe, welche vermag, was kein Königswort vermag, aus wahrem Elternsinn, wahrer Erziehung der Kinder, wie Pestalozzi, der «Hochbegabte», so schlecht verstandene «arme große Mann», es wollte. Die ärmsten

Kinder sollen Familien in weiterem Sinne anvertraut werden, in Freistätten, in welchen Eltern stellvertretend das Werk freier Liebe üben, arme Kinder an warme Herzen nehmen: welch ein «Hochzeitstag» für alle Beteiligten war jener 1. Juni 1835, als die emmentalische Stiftung zur Erziehung armer Knaben – man weiß, welch führende Rolle Bitzius bei der Gründung inne hatte – eingeweiht wurde! – Man mag heute über das Problem der Armennot in etlichen Punkten anders denken; aus den Verhältnissen der Zeit heraus gesehen, behalten Gotthelfs Ausführungen ihren vollen Wert, und unvergänglich ist das vornehmste Postulat der «Armennot»: das der stellvertretenden Liebe.

Das Schützen-Manifest («Eines Schweizers Wort an den Schweizerischen Schützenverein») mutet dem Schweizerischen Schützenverein eine einigende, sammelnde Aufgabe zu, über die wir heute etwas lächeln mögen. Die Schrift entstammt einer Zeit, in der Gotthelf selber noch, genau wie Gottfried Keller, in eidgenössischen, besonders in Schützenfesten, eine «Weihe schweizerischer Herzen» sah, «königliche» Nationalfeste, wo eidgenössische Liebe und eidgenössischer Sinn gepflegt werden, der Sinn der Väter, der Brudersinn, aus dem auch die schweizerische Einheit, die Bundesverfassung (Gotthelf ersehnte sie damals noch), hervorgehen kann. Die schweizerischen Vereine und Feste sind heute, zwar nicht im Quantitativen, bescheidener geworden, sogar im Wort der Festredner, wenn sie auch eine Aufgabe überkantonaler Sammlung immer noch erfüllen. Das Bleibende aber ist auch im Schützen-Manifest, wie in der «Armennot», das zeugende gefühlhafte und gedankliche Fundament, und dieses entquillt hier einer Heimatliebe, einem Heimatstolze, doch auch einer Heimatbesorgtheit, die zündende Worte finden. Des «Herrn Feste», das Schweizerland, das Gott mit Bergen gegürtet, hat seine Bestimmung unter den Völkern: ein Ort zu sein, wo ein «reiner, freier, starker Sinn» die nährende Quelle bleibt, wo die Überzeugung wach bleibt, daß «die Kraft bei uns im Einzelnen liegt und jedes Einzelnen Wiege das Haus ist», daß Biedersinn und Frömmigkeit die Nation, *einem* Manne gleich, nach dem Ziele ringen lassen. Ein Gedanke beherrscht auch in dieser Schrift alle andern: daß vom Hause, von der Familie aus die Wiedergeburt der Schweiz kommen müsse, daß es ohne häusliches Glück kein schweizerisches Glück, ohne häusliche

Tugend keine Schweizertugend geben könne. «Man lasse sich nicht verleiten durch ödes, irres Geschwätz! Im Hause muß beginnen, was leuchten soll im Vaterlande.» Ach, ein «neu Geschrei» erfüllt ja die Welt, eine «Höllenquelle» scheint aufgebrochen: das Geschrei nach einer Freiheit, welche die Freiheit des wilden Tieres ist, das Heiligtum des Hauses zerstört. Wird diese falsche Freiheit auch über unsere Berge schlagen? Die brennende Sorge, die aus solchen Fragen spricht, läßt begreifen, wieso Gotthelf einige Jahre später «Zeitgeist und Bernergeist» schreiben mußte.

Biographische Notiz. – Jeremias Gotthelf (Albert Bitzius), 4. Okt. 1797 bis 22. Okt. 1854. Alb. Bitzius entstammte einer altburgerlichen, regimentsfähigen, doch seit Mitte des 17. Jh. nicht regierenden Stadtbernerfamilie. Der Name ist die Abkürzung des mittelalterlichen Taufnamens Sulpizius (im Volksmund noch einmal zu Bitzi verkürzt). Ein Ahnherr im 6. Grade, Ulrich B., war Großweibel, später Vogt zu Brandis, der 1798 in Flammen aufgegangenen Burg ob Lützelflüh. Viele Vorfahren – auch der Mutterseite – waren Geistliche. Der Vater, Sigmund Friedrich B. (1757–1824), ein ernster, wahrheitsliebender, unerschrockener Mann, wirkte seit 1786 als deutscher Pfarrer in Murten. Seiner dritten Ehe – mit Elisabeth Kohler, Tochter aus angesehener Familie zu Büren a. A. – entsproß als ältester Sohn Albert Bitzius (ein um zwei Jahre jüngerer Sohn, Fritz, geriet auf Abwege, trat in die Schweizergarde zu Paris ein, nahm dann neapolitanische Dienste und fiel 1836 in einem Gefecht gegen Aufständische). Als Murten dem Stande Freiburg zugeteilt wurde, ersuchte Sigmund B. um Versetzung und wurde mit der Pfarrei Utzenstorf, in der fruchtbaren Ebene zwischen Bern und Solothurn gelegen, betraut. Zum Pfarrhof gehörte ein landwirtschaftlicher Betrieb, und der junge Albert wurde hier aufs genaueste bekannt mit Stall und Feld, auch mit den ländlichen Spielen. Der Vater unterrichtete die beiden Söhne. Mit fünfzehn Jahren bezog Alb. die Literarschule in Bern, dann die theologische Fakultät der bernischen Akademie. Das studentische Leben genoß er in vollen Zügen, in Vereinen mitmachend, an gesellschaftlichen Vergnügungen teilnehmend, doch auch unterrichtend. Mit 23 Jahren ins Predigtamt aufgenommen, wurde er Vikar bei seinem Vater und widmete sich sofort mit besonderem Eifer dem Schulwesen. Ein zweisemestriger Studienaufenthalt in Göttingen erweiterte, insbesondere auch durch eine längere Reise nach Norddeutschland, seinen Horizont. Gerne wäre er in Utzenstorf der Nachfolger seines Vaters geworden. Die bernische Kirchenordnung verlangte aber fünf Jahre Ministerium vor einer Pfarrstelle, und so kam er als Vikar nach Herzogenbuchsee (1824–1829), wo er in der weitläufigen Gemeinde eine gewaltige Arbeit zu leisten hatte. Von hier aus sah er den greisen Pestalozzi an einer Versammlung der Helvetischen Gesellschaft in Langenthal; hier auch lernte er Joseph Burkhalter, den «Fluhachersepp», ein kleines Bäuerlein, später Kirchgemeinderatspräsident, Amtsrichter und

Großrat, kennen, mit dem er den aufschlußreichsten Briefwechsel seines Lebens führte. Ein Schulstreit mit dem aristokratischen Oberamtmann von Wangen wurde der Anlaß zur Abberufung, und es begann ein neues, unbefriedigendes Vikariat an der Heiliggeistkirche in Bern. «Hier machte ich einen praktischen Kurs in der Armenpflege durch und genaue Bekanntschaft mit dem Stadtgesindel», heißt es lakonisch, vieles verratend in einer kleinen Selbstbiographie. Am Neujahrstag 1831 ritt er als Vikar in seine neue Gemeinde: Lützelflüh im Emmental. Die Anpassung an das verschlossenere emmentalische Wesen wurde ihm nicht leicht; doch wartete wiederum Arbeit in Hülle und Fülle auf ihn; neben dem Pfarramt wurde er Schulkommissär, Mitbegründer der Armenerziehungsanstalt Trachselwald, Geschichtslehrer an den Normalkursen für Volksschullehrer in Burgdorf und Zeitungsschreiber (besonders am Burgdorfer «Volksfreund»), denn an der liberalen ‹Regeneration› hatte er schon in Bern leidenschaftlich teilgenommen. Im Januar 1833 hatte er sich mit Elisabeth Zeender, einer Enkelin des Lützelflüher Pfarrers Fasnacht, vermählt. Der Ehe entsprossen zwei Töchter (Henriette und Cécile, beide später Pfarrersfrauen) und ein Sohn (Albert, späterer Theologe, radikaler bernischer Regierungs- und Ständerat). – Die Zeit seines Dichtertums erfüllte sich. Der «Bauernspiegel», «so lange in stiller Brust getragen sorgfältiglich», erschien (1836), und nun war der Schritt, auf den alles in ihm hinstrebte, getan. Fortan gehörte er nur noch seinem schriftstellerischen Werke, das äußere Leben sank zurück zu fast schattenhafter Spur. Nur kleine Reisen noch an Feste, Pfarrversammlungen, in den letzten Jahren auch an Kurorte unterbrachen die Dichterarbeit, der aber nur die Morgenstunden gewidmet waren. Allein die erzählenden Werke, in 18 Jahren geschrieben, füllen in der großen kritischen Ausgabe 26 Bände. Seit 1845 war Julius Springer in Berlin sein Verleger. Solches Schaffensübermaß zehrte an seiner Gesundheit. Zu einem wahrscheinlichen Herzleiden kamen Wassersucht und ein Halsübel. Am 22. Oktober 1854, es war ein Sonntagmorgen, endigte ein Stickfluß sein Leben. Er wurde an der Kirchmauer zu Lützelflüh begraben.

Bibliographisches. – Historisch-kritische Gesamtausgabe in 24 Bänden und bis jetzt 15 Ergänzungsbänden (davon 6 Briefbände) im E. Rentsch Verlag, Erlenbach-Zürich. Erste Herausgeber: Rudolf Hunziker und Hans Bloesch, seit deren Tod Kurt Guggisberg und Werner Juker. (Eine ausgezeichnete Einführung in die politischen, wirtschaftlichen und allgemein kulturellen Verhältnisse der Gotthelf-Zeit bietet Fritz Huber-Renfer (gest. 1961) im Kommentar zu den «Politischen Schriften», Erster Teil, 1956, dreizehnter Ergänzungsband.) – Ausgabe in 20 Bänden, von Walter Muschg (Birkhäuser, Basel).

Zur Gotthelf-*Biographie*. – Karl Fehr: J. G. Mensch, Erzieher, Dichter. Ein Lebensbild (Bern, 1949). – Werner Juker: Leben und Persönlichkeit J. G's. In: Führer zu Gotthelf (Bern, 1954). – J. G's Persönlichkeit. Erinnerungen von Zeitgenossen. Hsg. von W. Muschg (Basel, 1944).

Über Gotthelf (Monographien, größere kritische Arbeiten). – Carl Manuel: Albert Bitzius. Sein Leben und seine Werke (Berlin, 1857; teilweiser Neudruck, Zürich, 1923). – Gabriel Muret: J. G., sa vie et ses œuvres (Paris, 1912). – Ricarda Huch: J. G's Weltanschauung (Bern, 1917). – Alfred Ineichen: Die

Weltanschauung J.G's (Zürich, 1920). – Rudolf Hunziker: J.G. (Frauenfeld und Leipzig, 1927). – Walter Muschg: Gotthelf. Die Geheimnisse des Erzählers (München, 1931). – Paul Mäder: Gotthelfs historische Novellistik und ihre Quellen (Bern, 1932). – Werner Günther: Der ewige Gotthelf (Erlenbach-Zürich, 1934); neue, erweiterte und überarbeitete Ausgabe: J. G. Wesen und Werk (Berlin, 1954). – Kurt Guggisberg: J. G. Christentum und Leben (Zürich und Leipzig, 1939). – Paul Baumgartner: J. G's «Zeitgeist und Bernergeist». Eine Studie zur Einführung und Deutung (Bern, 1945). – Eduard Buess: J. G. Sein Gottes- und Menschenverständnis (Zollikon-Zürich, 1948). – Doris Schmidt: Der natürliche Mensch. Ein Versuch über J. G. (Gießen, 1940). – Ftitz Grob: J. G's «Geld und Geist» (Olten, 1948). – Otto Wilhelm: Die rechte Ordnung. Ein Gotthelfbuch (Tübingen und Stuttgart, 1949). – Karl Fehr: J. G's «Schwarze Spinne» als christlicher Mythos (Zürich und Leipzig, 1942). – id.: Besinnung auf Gotthelf. Wege zur Erkenntnis seiner geistigen Gestalt (Frauenfeld, 1946). – id.: Priestertum und Innerlichkeit J. G's, dargestellt am «Druiden» (Frauenfeld, 1950). – id.: Das Bild des Menschen bei J. G. (Frauenfeld, 1953). – H. M. Waidson: J. G. An Introduction to the swiss novelist (Oxford, 1953). – Theodor Salfinger: Gotthelf und die Romantik (Basel, 1945). – Walter Muschg: J. G. Eine Einführung in seine Werke (Bern, 1954). – Werner Günther: Neue Gotthelf-Studien (Bern, 1958). – Weitere bibliogr. Angaben: Führer zu Gotthelf, 162f. (Bern, 1954). Eine kritische Überschau über die Gotthelfliteratur gibt W. Günther in: J. G. (1954, S. 235–290).

DRANMOR

Der als Dichter sich Dranmor nennende Berner Ferdinand Schmid genoß in der zweiten Hälfte des 19. und bis in die Anfänge des 20. Jahrhunderts hinein in der Schweiz und in Deutschland etwelche Berühmtheit[1]. Seine Gesammelten Dichtungen erschienen 1900 in vierter, vermehrter Auflage, und 1924 noch gab Otto von Greyerz eine Auswahl seiner Gedichte heraus. Robert Saitschik handelte über ihn in seinen «Meistern der schweizerischen Dichtung des 19. Jahrhunderts» (1894), und der Berner Professor Ferdinand Vetter widmete ihm 1897 eine längere literarische Studie. Sein Name verdient es, nicht in völlige Vergessenheit zu sinken.

Ferdinand Schmid war ein Auslandschweizer. 1823 in Bern geboren, vom Vater her deutscher, von der Mutter her stadtbernischer Abstammung, brachte er es in jungen Jahren schon in Brasilien als gewiegter Kaufmann zu Wohlstand, wurde mit 29 Jahren in Rio de Janeiro zum österreichisch-ungarischen Generalkonsul ernannt, machte weite Reisen, hielt sich längere Zeit in Paris auf, wirkte nach Verlust seines Vermögens in Brasilien als Journalist und suchte endlich eine letzte Zuflucht in Bern, wo er 1888 starb. Er entstammt der Generation der Keller, Meyer, Leuthold, Jakob Frey, gehört aber geistig eher der Spitteler-Generation an. Einzelne «herrliche Offenbarungen» Schopenhauers[2] wurden ihm auch Leitsterne des weltanschaulichen Denkens, und in D. F. Straußens «neuem» Glauben erkannte er auch den seinen. Sein christentumsfeindlicher Pessimismus war zwar eher ein Pantheismus mit sehr vager Gottesidee, erhöht aber durch das Ideal der Menschenliebe, des Erbarmens («Meine Religion ist die des Erbarmens») – worin er ebenfalls mit Spitteler eine Ähnlichkeit verrät –, und durch den Glauben an die Vernunft und an den Fortschritt. Das «ewige Ent-

---

[1] Die frühen Auflagen von Meyers Conversationslexikon z. B. widmen ihm fast zwei Dutzend Zeilen. Das Schweizer Lexikon in 7 Bänden (1945 f.) erwähnt ihn nicht mehr.

[2] Dieses und die folgenden Zitate sind dem Vorwort zur dritten Auflage seiner Gesammelten Dichtungen entnommen (Berlin, 1879). Merkwürdig, daß er im sonst nur wenig veränderten Vorwort zur vierten Auflage an dieser Stelle das Beiwort «herrlich» strich.

sagen», die auch dichterisch oft ausgesprochene Verneinung einer persönlichen Fortdauer nach dem Tode, schloß bei ihm die Lebensfreude nicht aus, steigerte ganz im Gegenteil, wie bei Gottfried Keller, seine Forderung nach Lebensmut. Wenn auch das Todesproblem im Zentrum seines Denkens und Fühlens stand (ihm widmete er in späten Tagen einen ganzen Gedichtzyklus, das «Requiem»), so lautete doch seine Parole «Vorwärts durch die Nacht».

In Dranmor lebte ein schwerblütiges, ja schwerfälliges Temperament, das es ihm nicht leicht machte, von sich selber loszukommen. Etwas Grüblerisches, Selbstquälerisches haftete seinem Wesen an; das weltschmerzliche Gedankengut fand bei ihm und seiner «angestammten Trauer» – das Wort steht im Gedichte «Don Juan» – einen vorbereiteten Nährboden. Schon in seiner Knabenzeit hatte er schwermütige Anwandlungen, und der spätere geschäftliche Zusammenbruch, sowie seine unglückliche Ehe konnten diese Neigung nur verstärken. Mit diesem zähflüssigen Temperament kontrastierte aber eine nicht alltägliche Vitalität, ein tatendurstiger Geist, den es in die Ferne zog:

> Wohl! Was ich suchte: Stürme, Abenteuer,
> Das hat das Schicksal reichlich mir gespendet.

Er durchstreifte die Welt, gewann ein Vermögen, verlor ein Vermögen:

> Was liegt daran? Ich muß, wie tausend andre,
> Mein Brot erringen in des Sommers Schwüle ...

Doch weiß er auch vom Zwiespalt, den ihm solches schuf:

> Nur daß ich rastlos strebe, rastlos wandre,
> Nur daß ich alle Schmerzen doppelt fühle.

Der schwärmerisch-pathetische Melancholiker, Träumer und Denker und der Kämpfer um materielle Interessen standen sich in ihm schroff gegenüber. Seine «Doppelexistenz» ließ ihm wenig Zeit für die «Seligkeit des dichterischen Schaffens», und sie belehrte ihn auch darüber, «daß die dem Poeten nötige Lucidität nicht gefördert wird durch die täglichen Mahnrufe zu praktischer Tätigkeit». Ihr schreibt er denn auch den fragmentarischen Charakter seines Werkes zu, ihr aber auch schuldet er zweifellos die Aufrichtigkeit, die unleugbare Erlebtheit seines Dichtens.

Insofern darf man seine Doppelexistenz nicht eigentlich sein Verhängnis nennen, wie es geschehen ist[3]. Sein dichterischer Akzent wäre vielleicht weniger echt, wenn er sich größerer literarischer Muße hätte hingeben können. In der materiell sorglosen Pariser Zeit (1868–1874) verzettelte er sich künstlerisch als ‹Weltbürger›, übersetzte sein «Requiem» und andere Gedichte auf Französisch, gab eine Sammlung von eigenen und fremden «Pensées recueillies par Dranmor» heraus, mehrte jedoch seine ursprünglichere dichterische Habe nur wenig. Man hat den Eindruck, daß sein Künstlergeist den Stachel äußerer Eingeengtheit nötig hatte, um zur Konzentration zu gelangen.

Das hinderte freilich nicht, daß er selber die Geteiltheit seiner Interessen schmerzlich empfand. Zwischen dem Dichter und dem Praktiker schied er denn auch scharf. «Der Dichter ist nicht der ganze Mensch, und was frommt die Bekanntschaft mit seiner Person?» Darum sollte das Pseudonym Dranmor[4] nicht eine «Faschingsmaske» sein, die man der bloßen Eitelkeit halber gelegentlich abstreift, sondern ein Zeichen für die deutliche Trennung, die er zwischen dem dichterisch Schaffenden und der biographischen Person zog. «Der Geist ist alles, das Individuum nichts ... Mit seiner Persönlichkeit dränge sich niemand hervor.»

Die Doppelexistenz hätte sich vielleicht bei schöpferischerer Veranlagung verhängnisvoller ausgewirkt. Bei aller Aufrichtigkeit seines Tones ist Dranmor dennoch mehr nur ein dichterisch angeregter, wenngleich tief angeregter Geist. Er wußte es insgeheim selber. «An einem großen Programme, an Stoffen und Entwürfen hat es bei mir nicht gefehlt. Leider lag zwischen Wollen und Vollbringen eine brückenlose Kluft.» Die Kluft war nicht nur ein Mangel an Zeit, wie er glaubte. Auch einem dichterisch angeregten

[3] Otto von Greyerz, Einleitung zu der Auswahl von Gedichten Dranmors, S. 15.
[4] Sein Dichtername Dranmor, sagte F. Schmid selber, sei der normännischen Volkssprache entnommen und bedeute ‹droit à la mer›, womit er den «stürmischen Drang» bekunden wolle, der ihn hinaustrieb in die weite Welt. Ferdinand Vetter (F. Schmid (Dranmor), Bern, 1897, S. 22) weist aber darauf hin, daß im Ossian der Urgroßvater König Fingals Trenmor heißt. Da die ossianische Dichtung gerade damals auch in der Schweiz ihre Bewunderer und Nachahmer hatte, ist eine Einwirkung auch von dieser Seite her nicht ausgeschlossen; dieser Ableitung hat Schmid, wie Vetter bemerkt, jedenfalls nie widersprochen.

Geist freilich können mitunter gute, sogar vorzügliche Strophen gelingen. In früher Jugend, mit achtzehn Jahren, schrieb Dranmor ein Gedicht, das man immer wieder mit Ergriffenheit liest und das seinen Namen vermutlich in ferne Zeiten hinüberretten wird (wie der «Waldsee» den Leutholds): jenes unvergeßliche «Blatt aus der Knabenzeit[5]», von dem Getrud Pfander sagte: «Da liegt ein Zauber ... Ich weiß nicht wo und wie, aber ça y est! (Der Rhythmus singt) ...»:

Ich möchte schlafen gehn,
Dort auf den grünen Matten,
Dort wo die Tannen stehn,
Möcht' ich in ihrem Schatten,
Befreit von Herzensqual,
Zum letzten Mal
Die blauen Wolken sehn,
Und ewig schlafen gehn.

O langersehnte Lust,
Die Menschen zu vergessen,
Und diese heiße Brust
In feuchten Tau zu pressen!
Kein Laut im weiten Raum –
Ein letzter Traum –
Und alles ist geschehn,
So möcht' ich schlafen gehn.

Ich habe lang' gewacht,
Von süßer Hoffnung trunken,
Nun ist in Todesnacht
Der Liebe Stern versunken;
Fahr' wohl, o Himmelslicht!
Ich klage nicht –
Doch wo die Tannen stehn,
Da möcht' ich schlafen gehn.

[5] In Dranmors «Poetischen Fragmenten» von 1860 heißt der Titel noch « Ein Blatt aus der Jugendzeit». Der Dichter scheint mit der späteren Änderung seine Frühreife noch stärker betonen zu wollen. In der Fassung der «Poetischen Fragmente» lautet die erste Strophe übrigens noch so: «Ich möchte schlafen gehn, / Dort wo die Hügel wallen, / Und wo die Tannen stehn, / Dort möcht ich niederfallen / Und ohne Herzensqual / Zum letzten / Die mal blauen Wolken sehn / Und ewig schlafen gehn.» Eine wesentliche Verbesserung des Gedichts stammt also aus der Manneszeit Dranmors. – Wir geben die Strophen in der Interpunktion der 3. Auflage der Gesammelten Dichtungen wieder.

Das sind Akzente von vielleicht noch unmittelbarerer, wenngleich motivisch einfacherer Art als die des «Waldsees». Hier geschieht in den zwei ersten Versen schon das Wunder des Hinüberspielens ins wahrhaft Dichterische. Die Stimmung wird wie von selber Gesang. Dabei erscheint bereits in diesem frühesten bekannt gewordenen Gedicht Dranmors das Motiv der Todessehnsucht, von der er später sagen wird: «Und läßt sich für die müde Kreatur etwas Besseres ersinnen als ewige Ruhe? ... Das Leben wird um so süßer, je mehr es dem Schlummer ähnelt ...»

Sich ein ganzes Versgebilde hindurch, und wie mühelos, auf dieser Höhenlage zu halten, war ihm nicht oder kaum mehr vergönnt. Unter den späteren Gedichten hat einzig «Perdita», das Treue- und Schirmgelöbnis für ein scheues, heimatloses, liebendes und geliebtes Geschöpf (welchen Standes, sagt der Titel), diesen kantilenenweichen, zärtlichen Ton, und er ist durch zehn Strophen hindurch innegehalten:

> . . . .
> Bilder aus vergangnen Tagen
> Tun mir in der Seele weh,
> Und nur zitternd kann ich's sagen:
> Bleibe hier, mein wildes Reh!
>
> Ruh dich aus auf grüner Weide,
> Denke, schaue nicht zurück,
> Du gehörst zu meinem Leide,
> Du gehörst zu meinem Glück.
> . . . .
> O, wie flogst du mir entgegen,
> Und wie kindlich war dein Ruf,
> Wenn du nachts durch Wind und Regen
> Hörtest meines Rosses Huf.
>
> Und wie kann ich's je beschreiben,
> Was mein Herz für dich gefühlt,
> Während an den Fensterscheiben
> Du die heiße Stirn gekühlt.
> . . . .

Schon die vielen den Gedichten vorangestellten Mottos aus deutschen und ausländischen Dichtern und Denkern, sowie die mitten in Gedichten vorkommenden wörtlichen oder fast wörtlichen Zitierungen von Dichterworten scheinen zu verraten, daß Dranmor Stützen und Bestätigungen nötig hatte. Es seien Grüße aus der Ferne und aus geistiger Abgeschiedenheit: als Zeichen der Verehrung und Bewunderung an Lebende und Tote gerichtet, sagt er, und man glaubt es ihm gerne, sieht dahinter aber auch unbewußtere, mit Minderwertigkeitsgefühlen zusammenhängende Gründe. Sein Bildungsgang war ja so unvollkommen gewesen! Die verhältnismäßig zahlreichen Nachdichtungen – meist in nicht eben glücklicher Auswahl – zu englischen, französischen, portugiesischen Autoren, sowie der überaus enge, innerlich oft dürftige Motivkreis der Gedichte lassen ebenfalls auf ein Talent schließen, dem es an Quellkraft und an Ursprünglichkeit gebrach. Doch sind das nur äußerliche oder indirekte Argumentierungen.

Tiefer greift ein Mangel, auf den man bei Dranmor immer wieder stößt: er hat offensichtlich Mühe, zum eigenen Erleben künstlerische Distanz zu gewinnen. Man spürt, daß er von seinen Erlebnissen überwältigt ist, sich aber nicht aus diesem Überwältigtsein befreien kann, um ihm auf höherer Ebene wiederum zu begegnen. Wohl strebt er nach allgemein gültigen Motiven, verliert sich nicht in «Persönlichkeiten» (wie man früher sagte), nimmt sich sogar zu große Stoffe und Themen vor. Den Gedanken und Stimmungen aber, die ihn dichterisch bewegen, bleibt er zu nahe; seine Bilder, seine Worte haften zu sehr an der unmittelbaren Aufwallung des Gemütes, ermangeln schöpferischer Erhebung. Daher das Eintönige, Unausgereifte, wenig Individualisierte seiner Form, und daher auch das beständige Schwanken zwischen Dichterischem, oft überraschend Dichterischem, und Undichterischem. Auch an sich gute oder schöne Motive werden so nur halb oder gar nicht wirksam.

Zwei Beispiele:

Im zweiteiligen Gedicht «Saudades»[6] stehen folgende zwei erste Strophen:

> O mein geliebtes Kind!
> Sprich zu mir, sprich zu mir
> In Briefen, voll von süßen,

[6] Anmerkung Dranmors: «Ein portugiesisches, unübersetzbares Wort, welches Sehnsucht und, je nach der Stimmung, freudiges oder reuevolles Erinnern bedeutet.»

Voll von herzigen Grüßen;
Taub bin ich gewesen und blind,
Schmollend immer und grollend,
Das Unmögliche wollend –
Doch sprich zu mir, sprich zu mir,
Du mein schmerzlich geliebtes Kind,
Denn meine Träume sind
Alle, alle bei dir.

O mein verlass'nes Kind!
Komm zu mir, komm zu mir
Dem jetzt so Müden, Kranken,
Scheuche schwarze Gedanken,
Ach! komme, doch komme geschwind!
Heile die Langeweile,
Komme mit Sturmeseile
Wieder zu mir, ja zu mir,
Du mein armes, verlass'nes Kind,
Denn meine Seufzer sind
Immer, immer bei dir! –

Die Verse haben eine gewisse Anmut und sehnend liebende Frische,
die Wiederholung gewisser Wörter und in ungefähr gleichen Abständen, die Verbindung auch von End- und Binnenreim im 6. und
7. Vers jeder Strophe schaffen eine hübsche melodische Insistenz.
Sieht man aber das Gedicht näher an, so ist man überrascht von
nicht wenig sinnlahmen Versen: «in Briefen, voll von süßen, / Voll
von herzigen Grüßen», «Schmollend und grollend, / Das Unmögliche wollend», «Heile die Langweile, / Komme mit Sturmeseile»
sind poetisch schlaffe, ja nicht einmal geschmacksichere Wortgestal-
tungen, und das Motiv des Ganzen – ‹ich habe dich als Tauber und
Blinder verlassen, nun sind Reue und Sehnsucht in mir› – steckt noch
im unmittelbaren, darum bildlosen, symbollosen Alltagsgefühl.

Ein auffallenderes Beispiel noch ist der kurz nach dem «Requiem» entstandene «Dämonenwalzer», ein längeres, in freien
Rhythmen komponiertes Gedicht, in welchem Reime nur hie und
da noch antönen, und das Saitschik als das «vollendetste» Gedicht
Dranmors bezeichnet; ja Otto von Greyerz noch sieht in ihm eine
seltsame und wirkungsvolle Verflechtung von Sinnenglut, blühen-
der Phantastik und quälerischer Gedankenarbeit. Der Vorwurf:
Der Dichter tritt, ein einsamer Fremdling, in der «alten, sündigen

Stadt» (Paris) in einen Dom, wird von Musik und Gesang erschüttert, wenn er auch die kirchlichen Zeremonien als «Götzendienst»
empfindet und an Christi göttliche Sendung nicht glauben kann –
an seine göttliche Liebe aber glaubt er, und in ihrem Namen bittet er
den «unnahbaren Urgeist», sein schwaches Menschenherz gegen
Leidenschaften zu wappnen, damit er sich erheben könne zu selbst-
vergessender Menschenliebe. Doch schon erklingen sinnverwir-
rende Lieder, von Liebesglück und Liebesleid kündend, durch die
Kirche. Eine wunderbare Verwandlung geschieht: aus dem Gottes-
haus wird ein festlicher Ballsaal, und «gefallene Kinder», die der
Dichter einst gekannt, tanzen, bald freundlich, bald höhnisch grüßend, an ihm vorüber. Unter ihnen ist auch Marietta, «der sündigen
Kinder Schönstes und Bestes». Und er gedenkt der nordischen
Stadt, wo er mit ihr glücklich gewesen. Plötzlich spürt er ihre zarte,
schmale Hand in der seinen, und sie führt ihn durch die nächtlich
stillen Gassen nach ihrer Klause. Bald entfesselt sie alte, unsagbare
Gefühle in ihm, denn «kein trübsinniger Trotz, / Keine germanische Tugend / Wappnet gegen des Erbfeindes, / Gegen Galliens
reizende Töchter». Welch «verdienstliche Tat», der «Pflichten
Begrenzung» bewußt, sich der «welschen Versuchung» zu wehren!
Marietta bekennt ihm ihre Liebe, er jedoch spricht «gewichtige»
Worte: Verwaist, erloschen ist sein Herz. Ein flüchtiges Begehren
nur kann dieses Wiedersehen bedeuten; wirkliche Liebe ist für
beide längst verscherzt –

> Ich weiß, daß alles eitel,
> Reizlos, farblos alles
> Ohne des Weibes
> Wollust atmende Küsse;
> Doch was frommt es, daß dem verarmten,
> Dem verkohlten Herzen
> Neue Blumen entsprießen?
> Daß ich wieder für dich entbrenne?
> Ach! ich kenne
> Kein ruhiges, frohes Genießen.
> . . . .
> Ich bin nicht heiter,
> Bin nicht weise genug,
> Um meiner Tage Rest
> An deiner Seite zu vertändeln ...

Sie aber umschlingt ihn, preßt ihr lockenumwogtes, kindliches Antlitz an seine Brust: «O bleibe! Verschmähe mich nicht!», ruft sie ihm zu, und gedankenversengend stürzt der Lavastrom der Liebe durch seine Adern. «Fort mit der Tugend blöden Bedenken, / Dein bin ich, Geliebte, dein.» Und als nach der Liebesnacht die rosige Morgendämmerung den Scheidenden empfängt, da schreitet er beglückt dem strahlenden Licht entgegen, und er fragt sich, was aus ihnen beiden noch werden wird …

Es ist so ein bißchen, in novellenhafter Erweiterung, die Situation von «Saudades», mit dem Unterschied, daß das einst verstoßene «Kind» zum Geliebten zurückkehrt und in ihm neue Liebe weckt. Also Allmacht der Liebe, ihr Sieg über geistige Konstruktionen und «Tugend»bedenken, – als Thema sicher brauchbar. Wie bleibt aber all das in autobiographischer Realistik stecken! Platt Prosaisches, von dem Einzelnes fast das Komische streift, wechselt mit Erhobenerem. Vor allem aber: diesem Rhythmus fehlt aller ‹dämonische› Schwung[7]. Fast kann man nicht mehr begreifen, daß vor siebzig, achtzig Jahren solche Poesie ein gewisses Aufsehen erregte, dachte doch wohl Hermann Conradi in erster Linie an dieses Gedicht (und an das «Requiem») als er 1885 in den «Modernen Dichtercharakteren» Dranmor eine «ernste, tiefe, gewaltige, vulkanische Dichternatur» nannte.

Ein weiterer Mangel – rigoros gesprochen ein Sonderfall des ersten – ist das stark Intellektuelle von Dranmors Dichtertum. Auch seine ‹lyrischen› Gedichte sind zu einem guten Teil ideenhaft bestimmt, dadurch in ihrer Entfaltung und Schwingung eingeengt und beschwert. «Suspension-Bridge» z. B. hat als Traumbild der Niagarafälle in der Gedichtmitte drei recht kraftvoll gestaltete Strophen, die den Kern zu einem symbolschweren Gedicht abgeben könnten. Die übrigen aber, dabei die erste schon, stellen «mit Verdruß» nur die Enttäuschung fest, die das wirkliche Naturschauspiel im Dichter weckte: «Ich fühlte nichts, was mich gewalt-

---

[7] Der Rhythmus ‹singt› überhaupt in den späteren Gedichten, auch in den hymnisch sein wollenden, so gar nicht mehr. Man ist denn auch nicht verwundert, in den Mottos zum «Requiem» Goethes «Über allen Gipfeln ist Ruh» folgendermaßen zitiert zu sehen: «Über allen Gipfeln ist Ruh, / In allen Wipfeln spürest du / Kaum einen Hauch; / Die Vögel schlafen im Walde, / Warte, warte nur – balde / Schläfst du auch.»

sam packte.» Nach und nach erst dringt die «Wahrheit der Natur», die dennoch im Rechte ist, in seine sich überhebende, «eitle Menschenseele». Dranmor scheint nicht zu bemerken, daß verstandesmäßig Feststellendes niemals dichterisch sein kann. Das Thema ‹Phantasie und Wirklichkeit› wird künstlerisch ja nicht mit einer bloßen Gegenüberstellung bezwungen.

Das Gedicht «Ein Wunsch» hat eine lyrisch sanfttönende erste Strophe:

> «Wie schön, mein Freund, ist diese Abendstunde,
> O komm und hänge keinen Grillen nach;
> Durch Feld und Garten machen wir die Runde.»
> Sie faßte lächelnd seine Hand und sprach:
> «Wie schön, mein Freund, ist diese Abendstunde!»

Was in den fünf weiteren Strophen folgt, handelt jedoch nur die Alternative des einstigen Scheidens ab: «Wen aber trifft das Los [des Sterbens] zuerst, wen von uns beiden?» Beide Möglichkeiten bedenkend, schließt der Dichter mit dem Wunsch: Gott der Gnade, laß sie, die geliebte Frau, zuerst von meiner Seite gehen, damit sie nicht in «öden Witwenjahren» elend und verlassen sei. Die fünfzeiligen Strophen mit ihrer Wiederholung des ersten Verses als fünfter Vers sind recht geschickt gebaut und «von elegischem Hauch durchzittert[8]», machen aber nicht den geringsten Versuch, dem eher alltäglichen Gedanken eine nachhallendere Seite abzugewinnen.

In vielen Gedichten *wollte* Dranmor, der «religiöse Denker» (so nennt er sich), «Gedanken-Symphonien» schaffen. Als rhetorischpathetischer Gedankendichter gesellt er sich in bernischen Landen einem Albrecht von Haller zu, ohne freilich dessen weltanschauliche Kraft, sowie dessen Prägnanz und weiten Atem zu besitzen. An Gedanken fehlte es ihm wohl nicht – wie aber steht es mit der Gedanken-*Symphonie,* d. h. mit dem, was dem Gedanklichen erst die dichterische Note verleiht? Als Gedanken-Symphonie empfand er hauptsächlich seine 1868 veröffentlichte größere Dichtung, das «Requiem». Dieses besteht aus 28 fünffüßig jambischen, durchgereimten ‹Sätzen› von verschiedener Länge und ist, wir sagten es schon, Dranmors dichterische Auseinandersetzung mit dem Pro-

---

[8] So Adolf Frey (Schweizer Dichter, 146), der das Gedicht in extenso wiedergibt.

blem des Todes, der «unbezwingbar, unaufhaltsam» seine «innersten Gedanken» beherrschte. «Ich will dein Sänger sein und dein Prophet», ruft er dem Tode zu:

> Wohl sah ich einst, aus hoher Fensterbrüstung,
> In Jugendübermut, in voller Rüstung,
> Durch Morgennebel in die weite Welt;
> Jetzt aber ist es innerste Betrachtung,
> Die mir allein geziemt; von mir entfernt
> Ist des Genusses Kelch, was ich gelernt:
> Entsagung, Selbstbezwingung, Selbstverachtung,
> Was ich erhofft, erfleht, was ich gewonnen,
> Hat sich in der Gedanken Feueresse,
> In meines tiefsten Wesens Flammenbronnen
> Langsam geformt zu einer Totenmesse.

Der Tod ist somit nur der Generalnenner für allerhand philosophische Fragen – es sind die sog. höchsten des Menschseins freilich, die der Dichter hier aufwirft: das «Requiem» ist Dranmors weltanschauliches Credo und stellt in Versen dar, was das Vorwort zu den Gesammelten Dichtungen in Prosa sagt. Der Generalnenner: zwar nur in abstraktem Sinne. Denn es handelt sich nur um ein Nebeneinander von «innersten Betrachtungen», nicht um ein symphonisch geordnetes Ganzes; die einzelnen Abschnitte stehen, wie Dranmors ganzes zerfahrenes Denken, in keiner irgendwie organischen Beziehung zueinander. Der «lebensstarke» Drang nach «kühnen Taten, der offnen Fehde, den beherzten Würfen» findet Ausdruck neben dem Sehnsuchtsruf nach des Todes Stille, der «besten Zuflucht» des Denkers; der Preis des Meeres, des ewig zaubervollen, steht neben dem Gedanken an Christus, den Glaubenshelden und Schwärmer, «den sein großes Herz betrogen»; der Traum von einem fernen, im Ozean verlorenen Eiland, einem «Asyl, für Dichter auserkoren», neben dem Schauder vor dem Lebendigbegrabenwerden und dem Lob der Feuerbestattung. Und hier auch neben Dichterakzenten, die sich hören lassen, viel Prosaisches, Ungestaltetes. Groß aber muten nicht wenige Verse an. Eindringlich erschallt der Ruf nach Lebensmut:

> Schaukelt, wenn Wogen sich auf Wogen türmen,
> Euch auf der See und nicht auf Gartenteichen,
> Typhone laßt durch eure Haare streichen,

Und kühlt die heiße Brust an Meeresstürmen!
Es dringe bis in eurer Herzen Mark
Des Atmens Lust, des Daseins altes Leid;
In Blitz und Donner werdet lebensstark,
Und todesfreudig, wenn ihr glücklich seid.
Schön ist die Welt und groß des Menschen Wille ...

Machtvoll ertönt der Preis des Meeres:

O Meer! Du bist das ewig zaubervolle,
Das ewig schöne und das ewig wahre,
Die große Wiege und die Totenbahre;
Vor deiner Milde wie vor deinem Grolle,
Vor deinem Hauch verstummt des Sängers Leier;
Du bist der Anfang und das letzte Wort,
Der Menschheit Schrecken und ihr bester Hort,
Ihr Tröster, ihr Ernährer, ihr Befreier.
Entzückend ist dein Lächeln, und gewaltig
Dein tiefer Atemzug. Mit Salzkristallen
Hinschäumend über zackige Korallen,
Und immer Leben sprühend, tausendfaltig ...

Hochgemut spricht der Dichter den Verzicht auf persönliche
Unsterblichkeit:

Wenn ich mich täusche, Weltgeist! wenn du lenkend,
Wenn du bewußtvoll schaffest und zerstörst,
Wenn du mein Ringen siehst, wenn du mich hörst,
So sei du dennoch meiner nicht gedenkend.
Laß dieses Herz, das einst so stürmisch schlug,
Und sei es auch das einzigste von allen,
Laß es in Staub zerfallen,
Ich habe heiß geliebt – das ist genug.

(Prächtig dieses nur dreifüßige, aber schwersinnige «Laß es in
Staub zerfallen»!)

Ungleich einheitlicher als das «Requiem» ist in ihrem Sinngehalt
die Dichtung «Der gefallene Engel». Es sind Bruchstücke aus
einem wahrscheinlich von Byron («Kain») angeregten lyrischen
Jugendepos, begonnen mit 24 Jahren. Dranmor nennt es sein
«Schmerzens- und dennoch Lieblingskind». Was ihm hier vor-
schwebte, war eine Art Rhapsodie zu einem Thema, das er, in eigener Verarbeitung, aus dem Vers der Genesis herauslas: «Da sahen

die Kinder Gottes nach den Töchtern der Menschen, wie sie schön waren, und nahmen zu Weibern, welche sie wollten.» – Bei der Ausweisung der Ureltern aus dem Paradies fühlt der strafende Engel ein menschliches Rühren, eine Träne entquillt seinen Augen; er fällt von Gott Schöpfer ab, nimmt die geliebte Adah zu seinem Weibe, ohne sich deswegen einer Sünde bewußt zu sein. Schon sieht er im Söhnlein, das ihm die geliebte Adah geboren, den künftigen Träger eines neuen Glaubens; doch Weib und Kind sterben ihm hinweg. In seiner Verzweiflung um das nicht vollendete Werk, nur den finstern Tod vor sich sehend, hört er des Versuchers Stimme. Der Fürst der Erde sucht ihm weiszumachen, daß er nicht geschaffen sei, sich um der Eitelkeit eines Weibes willen selbst zu betrügen. Sein Lieben war ein schwüler Sommertraum, nun aber gilt es zu herrschen – küsse nicht, laß dich von Weibern küssen! und so wird er als Genosse und Verkünder des Versuchers, der in seinem Reiche einsam ist, des Lebens Weihe empfangen. Der Engel aber will nur diese eine Blume, nur diese. Und seinen Treueschwur hört die Erde wie einen Lobgesang, der Fürst der Finsternis flieht von dannen. Eine wilde Todeslust durchlodert den von seiner Geliebten Getrennten, deren irdische Hülle er nun den Flammen übergibt. Im Geist sieht er einen schönen Jüngling durch die Auen wandeln: Jesus von Nazareth. Doch spürt er, daß er von dem ans Kreuz genagelten Dulder der Liebe, der sich vaterlos Gottes Sohn wähnt, nichts erhoffen kann. Liebt und leidet *er* selber nicht für Millionen? Für Millionen auch wird er sterben – er, Jehovahs eingeborner Sohn. Und wie Goethes Bajadere ihrem Gatten nachfolgt und sich dem heißen Feuertode übergibt, so wirft der Engel sich in die Flammen, gewiß, daß *er* der Retter ist, denn er liebte seine Gattin und sein Kind, und Liebe ist des göttlichen Vaterherzens eigene Spende.

Ein thematischer Vorwurf, der sich sehen läßt – doch in Ansätzen nur gestaltet. Die Offenbarung irdischer Liebe und irdischer Liebestreue, die der Himmel selber segnen muß, ist das Motiv. Wie aber die Erde diesen Sieg errungen und wie dieser sich umsetzt in wirkendes Leben, das wird nur unvollkommen Bild. Der liebende Engel beredet sein neues Geschick allzu sehr, spricht zum Schöpfer in herausforderndem Tone («Jehovah, was du schufst, hab ich genossen, / Und du verdammest, was mein Herz getan? /

... Die Erde hat den schönsten Sieg errungen, / Was soll der Tod, wenn dich die Engel fliehen?»), doch wohnt der Leser nicht mitsehend, mit-fühlend in diesem Tale der Liebe; Adah, die Gattin, wird nur genannt, ihr und ihres Kindes Tod nur erwähnt; der Versucher spricht für einen Liebenden, wie es der Engel ist, zu unlistig, zu tölpelhaft; Jesus von Nazareth wird nicht überzeugend herbemüht, fühlt man auch tief den Sinn der Frage, die der Engel an ihn richtet: «Hast du nach dem gestrebt, was ich gefunden? / Hast du gekannt, was mich zur Erde rief?» Und dennoch stehn auch in dieser Dichtung Verse voll Klang und Kontur, freilich alle getaucht in das leicht etwas monotone subjektive Pathos. Die Sterne, die Engel alle, ruft der Liebende aus, ahnen eine neue Seligkeit:

O Morgenhauch, sei tausendmal willkommen!
Ihr Wälder, Berge – mein gepriesen Tal,
Hast du getrauert, als zum ersten Mal
Der Liebe Offenbarung du vernommen?
Das war ein Rauschen in den grünen Zweigen,
Die Blumen schämten sich der Tränenspur,
Ein Hosianna ging durch die Natur,
Als wollte Gott von seinem Throne steigen.

Und als der Engel, dem Versucher widerstehend, sein Bekenntnis zur Einen, Geliebten ablegt, da jauchzt die Erde selber:

O Schwur der Treue, süßer Lobgesang!
Mit Zittern hat die Erde ihn belauscht,
Doch als des Engels keusches Wort erklang,
Wie war sie da beseligt und berauscht!
Wie, von der Wolken Freudentränen reich,
Die Ströme jetzt durch üpp'ge Fluren schießen,
Und wie erschrocken und erfrischt zugleich
Die Blumen eilig ihre Knospen schließen!
So ist noch nie in des Gewitters Toben
Die Welt aus ihrem Schlummer aufgewacht,
So hat noch nie in finstrer Mitternacht
Der Geist der Wildnis jubelnd sich erhoben,
So lechzten nach des Meeres kühlen Tiefen
Die Blitze nie, des Himmels Flammenzungen,
So freudig hat, wenn Engelsstimmen riefen,
Noch nie ein Menschenherz sich aufgeschwungen;

Und weinte, wenn die Hölle heute siegte,
Die Erde so die eigne Sehnsucht aus,
Daß selbst der Ozean im Sturmgebraus
Sich schmeichelnd an die goldnen Sterne schmiegte?
O Zauberwort unwandelbarer Treue ...

Und des Engels Siegverkündigung hat einen selbstbewußt mar-
kigen Ton:

Frei ist mein Geist, wenn auch die Flammen nahn,
Denn Liebe weiß und hofft und duldet alles,
Was ich gefühlt am Tage meines Falles,
Was ich erstrebt, es war kein leerer Wahn.
Und so verkünd ich's denn durch alle Zonen:
Dein Herz war engelrein, dein Sieg gerecht,
Erkennen wird's ein kommendes Geschlecht,
Ich liebe, leide, sterbe für Millionen!
O süße Träne, die um Eva fiel!
Das Paradies verlangt nach kühnen Freiern,
Mag sich die Wahrheit tausendmal verschleiern,
Wer dich versteht, dem winkt ein sichres Ziel.
Es strömt durchs Weltall ein geheimes Sehnen,
Mein junger Odem kräftigt die Natur,
Und sie erfüllt, sie heiligt meinen Schwur,
Wenn Engel sich an Weiberbrüste lehnen.
Jehovah: Herrlich wird dein Name sein,
Wenn dankbar ihn die schönsten Lippen stammeln,
Der Erde Söhne sich um dich versammeln,
Um ihrer Seele Traumgebild zu frein.

*

Worauf bleibt in Dranmors Werk sonst noch ein Blick zu werfen? Ein längeres, «Eine Nachtwache» überschriebenes Gedicht
in achtfüßigen Trochäen schweift, im Anblick von St. Helenas
«leerer Felsengruft», andeutenden Wortes nur, von Napoleons
großem, doch maßlosem Schicksal («Wahre Glaubenshelden
kämpfen im Bewußtsein ihres Nichts») hinüber zu Friedenswerken
der Neuzeit («unsre neuen Wallfahrtsorte heißen Suez, Panama»),
dann zum eigenen hoffnungs- und enttäuschungsreichen Leben
(«Dich ersehn' ich, Seelenruhe, suche dich vom Süd zum Nord. /
Kommst du je zu mir, dann werf' ich meine Lyrik über Bord») und
schließt mit dem Traum von deutschen Kolonien, «von tausend

grünen Inseln, schwimmend in der Tropen Duft», denn «Deutschland, dir gehört die Palme! Deutschland, dir gehört die Welt[9]!»
Wie zusammenhanglos, ja widerspruchsvoll ist all' das aber! Umsonst versucht der Leser aus diesem Wirbel von Worten einen zeugenden Gedanken der Mitte herauszuspüren.

Verblaßt ist auch der dichterische Nachruf auf den unglücklichen,
in Mexiko erschossenen Kaiser Maximilian, den Dranmor persönlich gekannt («Kaiser Maximilian»). Dranmor selber wollte in diesem Gedicht mehr eine «einfache Nänie auf eine edle Natur» als
ein politisches Credo erblicken, als welches man es hin und wieder
gedeutet habe. Die zwanzig zehnzeiligen Strophen haben unbestreitbar einen gewissen hohen Zug, sind aber wiederum viel zu
ungleichwertig, um als Ganzes wirken zu können. Maximilian war
«der Träumer und der Held zugleich», war «Deutschlands Hamlet,
aber ausgestattet / Mit jenem Willen, der ins Weite schweift». Er
starb, mit seinem Schicksal versöhnt, als Opfer des Verrats und
fremder Leidenschaften: «Sein Tod hat uns gehoben und vereint». – Eine Strophe ragt hervor: «Ich scheide ohne Furcht und
ohne Groll», läßt der Dichter den Kaiser, historisch beglaubigt,
sagen, fügt aber bedeutsam klaren Wortes, das «ohne Furcht»
glossierend, hinzu:

> Und doch! – es ist nicht spielend überwunden,
> So lang es stürmisch an die Schläfen pocht.
> Wer ist der Starke, der es stets vermocht,
> Zurückzuscheuchen der Verzweiflung Stunden?
> Der Tod ist alt, das Leben ewig jung –
> Auch Männerstirnen darf Erinnerung,
> Darf Todesscheu mit schwerem Tau befeuchten;
> Hier nur ein schwarz behangener Altar,
> Hier Grabesschauer, drüben Miramar,
> Dort Sonnenschein, und hier Gewitterleuchten!

Dranmor versuchte sich auch in gereimten Verserzählungen; es
liegt aber auf der Hand, daß er, der lyrische, unsinnliche Pathetiker,
für diese Gattung nicht geschaffen war. «Januario Garcia», das

---

[9] Eine Fußnote zur 3. Auflage schließt sich, was Deutschland anbetrifft,
ernüchtert den Worten des Historikers und Schriftstellers Sacher-Masoch an:
«... Deine Tempel stehen leer, und wie den Kohorten und dem Pöbel Roms
werden dir die Cäsaren zu Göttern.»

längste dieser Stücke, stofflich einer brasilianischen Volkssage entnommen, bleibt gänzlich im Rohmaterial stecken, und da dieses zudem unanschaulich und geschwätzig vorgetragen ist, büßt selbst das Grausige seine Wirkung ein. Viel zu breit ausgeführt für den magern Inhalt ist auch die Geschichte «Aus Peru».

Sympathisch in ihrer Bescheidenheit und Wärme berühren uns Schweizer Dranmors Heimatgedichte, besonders das «Heimweh» betitelte:

> Helvetien, grüne Schweiz! Aus deinen Gauen
> Ist trotzig einst ein Knabe fortgegangen ...

Der ruhesuchende Weltpilger findet innige, nur bittende Worte:

> Nach Frieden ringt sein Herz, das todeswunde,
> Ein Bild nur taucht empor aus wirren Träumen, –
> Ein Strohdach – dort – in einem kühlen Grunde,
> Und rings umzäunt von fruchtbeladnen Bäumen.
>
> So reicht die Bruderhand dem Reisemüden,
> Daß er sich löse von dem Zauberbanne;
> Er gibt ihn hin, den sonnetrunknen Süden,
> Für eine einz'ge schneebehangne Tanne.
>
> So ruft ihn wieder nach dem warmen Neste,
> Eh' neues Leid den Weg ihm abgeschnitten –
> Mein Vaterland, du bist das schönste, beste,
> O nimm mich auf – ich habe viel gelitten.

*

«Ich, der über Reime brütend von Unsterblichkeit geträumt» – «Selten naht die wahre Weihe»: diese Worte aus «Eine Nachtwache», dürften sie auch für viele, fast für jeden Dichter gelten, kennzeichnen Dranmor noch mehr als andere Weggenossen. Ein hohes Streben, ein nicht geringer Ehrgeiz, und seltenes Gelingen. Da dieses Streben rein und ehrlich war, zählt er nicht, er durfte es füglich für sich bekennen, zu den «lyrischen Komödianten» eines spielerischen Weltschmerzes, wie sie gerade zu seiner Zeit recht häufig waren. Das adelt auch sein nur sporadisches Gelingen.

Biographische Notiz. – Ludwig Ferdinand (Fernando) Schmid, mit dem Dichternamen Dranmor, 22. Juli 1823 – 17. März 1888. Geboren in Muri bei Bern als Sohn eines aus dem Württembergischen zugewanderten, in die Metzgerzunft aufgenommenen Banquiers und einer Bernburgerin, Amalie Elisabeth Sprüngli. Die Großmutter war eine Bitzius gewesen (Carl Bitzius, der Freund und Berater Gotthelfs, ihr Bruderssohn). Der Knabe besuchte Privatschulen, dann die städtische Realschule, wo der später als Dichter bekannt gewordene Ludwig Seeger sein Lieblingslehrer war. Ernstes, frühreifes Wesen. Nach dem Tod des Vaters (1840) wurde der erst siebzehnjährige, träumerische Jüngling in den Kaufmannsstand gedrängt, der ihm vorerst wenig zusagte (Lehrzeit in Basel und Vevey). Das Buch des Engländers E. J. Trelawney «Adventures of a younger son», erschienen 1831, 1835 ins Deutsche übersetzt, entschied über sein Schicksal. «Trelawney» heißt das Gedicht, das am Anfang seiner späteren Sammlung steht: «Ein Kind, des Geistes Schwingen kaum entfaltend, / Las ich von Taten, kühnen, wunderbaren, / Von Abenteuern, märchenhaft gestaltend / Das Leben eines Dichters und Korsaren ...» Zwanzigjährig begab er sich mit einem Segelschiff nach Brasilien und fand dort rasch vorteilhafte Stellen in Exportgeschäften. Seine ungewöhnliche kaufmännische Begabung trug ihm Reichtümer ein. Es folgten weite Reisen durch Europa. Nach seiner Rückkehr wurde er mit erst 29 Jahren zum österreichisch-ungarischen Generalkonsul in Rio de Janeiro ernannt. Erst 1855 betrat er zum erstenmal seine Vaterstadt Bern wieder. Von 1868–1874 lebte er in Paris, wo er sich mit einer Französin, Lise Aglaë Marque aus Rouen, verheiratete. Die Ehe mit der geistig weit unter ihm stehenden, nervösen, eifersüchtigen Frau, die ihn um acht Jahre überleben sollte, war nicht glücklich. Der Geschäftssturz des Jahres 1868 hatte Schmid um den Großteil seines Vermögens gebracht. 1860 und 1865 waren die «Poetischen Fragmente» (bei Brockhaus in Leipzig) erschienen. Das «Requiem», 1869 veröffentlicht, warb ihm Freunde, auch unter Dichtern: er verkehrte brieflich mit A. Grün, Grillparzer, Schack, Dingelstedt u. a. Nachdem kurz vorher die «Gesammelten Dichtungen» (bei Paetel in Berlin, 1873) herausgekommen waren, kehrte er wiederum nach Brasilien zurück in der Hoffnung, sich neue finanzielle Mittel zu einem ruhigen Lebensabend in der schweizerischen Heimat zu erwerben. Allerhand Mißgeschick – Handelskrise, pekuniäre Verluste, unglückliche Geschäftsverbindungen – vereitelten den Plan. Seit 1882 war er Redaktor der in Rio erscheinenden «Allgemeinen Deutschen Zeitung», gründete hierauf ein eigenes Blatt, die «Deutschbrasilianische Warte», das vor allem den Kolonisationsbestrebungen dienen sollte. Sein Stil aber war zu schwerflüssig für ein Zeitungsblatt, und das Unternehmen hatte wenig Erfolg. Der völlige Verlust seines Vermögens zwang ihn, in der Schweiz eine letzte Zuflucht zu suchen. Im Mai 1887 kehrte er zu bleibendem Aufenthalt nach Bern zurück. Schon am 17. März 1888 aber machte ein Schlagfluß seinem Leben ein Ende. Der geheimnisvolle Fremdling, der sogar die Schweizer Mundart verloren hatte und den österreichischen Orden selbst auf dem Hausrock trug, wurde in Bern mit außergewöhnlicher Feierlichkeit bestattet (ach, nicht eingeäschert, wie er es gewünscht).

Bibliographie. – Poetische Fragmente (Brockhaus, Leipzig, 1860 und 1865). – Erste Auflage der Gesammelten Dichtungen, 1873 (Gebr. Paetel, Berlin). – 1878 längeres Vorwort zur dritten Auflage (1879). – Vierte, durchgesehene und vermehrte Auflage, 1900 (Huber, Frauenfeld). – Gedichte von Dranmor

(Ludwig Ferdinand Schmid). Ausgewählt und eingeleitet von Otto von Greyerz. Die Schweiz im deutschen Geistesleben, Bd. 28. Leipzig, 1924.

Über Dranmor: Robert Saitschik: Meister der schweizerischen Dichtung des 19. Jahrhunderts [Gotthelf, Keller, Meyer, Leuthold, Dranmor]. Frauenfeld, 1894, S. 379–428. – Ferdinand Vetter: Ferdinand Schmid (Dranmor). Eine litterarische Studie. Bern, 1897. Mit ausführlichem Literaturverzeichnis. – Adolf Frey: Schweizer Dichter. Leipzig, 1914, S. 143–149. – Otto von Greyerz: Einleitung zu den ausgewählten Gedichten Dranmors. 1924 (s. Bibl.).

JAKOB FREY

Von Jakob Freys dichterischem Schaffen bringen in gelegentlichen Neuauflagen nur noch die volkstümlichen schweizerischen «Guten Schriften» bis in unsere Tage hinein etwelche Kunde: neben der «Waise von Holligen» fristet diese oder jene Erzählung, wie «Der Alpenwald», in diesen billigen, doch verdienstvollen Ausgaben ein eher kärgliches Dasein. Vor 25 Jahren erschienen, von Carl Günther herausgegeben, «Ausgewählte Erzählungen» in vier Bänden; die Auswahl geschah aber nur auf Grund der fünfbändigen «Gesammelten Erzählungen», die Jakob Freys Sohn Adolf, der Zürcher Literarhistoriker und Dichter, einige Jahre vor der Jahrhundertwende besorgt und mit einem Lebensbild sowie mit einem bibliographischen Verzeichnis versehen hatte[1], und die Zahl der gebotenen Novellen war ungefähr um die Hälfte vermindert: ganz vortreffliche Stücke, wie «Im Lande der Freiheit», «Das erfüllte Versprechen», «Zweierlei Urkunden», fehlten darin. Dieses gradweise Versickern – man darf es kaum anders nennen – mutet fast symbolisch an. Das widrige Schicksal, das Jakob Freys Leben verhetzte und vergrämte (Worte Adolf Freys), scheint auch seinen Schriften anzuhaften. Von ihm selber gilt, ins Präsentische abgewandelt, das Wort, das er einst dem Aarauer Kanzlisten und Dichter Joseph Siebenrock (1821–1864) widmete: er ist ‹ein Bürger unserer unsichtbaren Gemeinde[2]›. Die Literaturgeschichte sogar hat sich seiner wenig angenommen, und wo sie ihn erwähnte, hat sie mehr seine Mängel als seine Vorzüge betont, ihn, wie Emil Ermatinger, in die Klasse jener di minorum gentium eingereiht, die, mit ihren Erzeugnissen auf allgemein deutschem Boden kein Ansehen gewinnen könnend, sich wie vergrämte Kinder hinter die Schürze der Mutter Helvetia flüchten und aus ihren Taschen das bunte Vielerlei von Berglandschaft, Volksgebräuchen, Mundart

---

[1] Aarau, 1897. Das «Lebensbild» (Bd. 5) erschien auch gesondert. – Wo kein anderer Erscheinungsort angegeben ist, wird im folgenden auf diese Ausgabe verwiesen. Sie bietet leider nicht durchwegs Freys Bestes. Adolf Frey sieht in seinem Vater vorzüglich den Schilderer einfachen Volkslebens und opfert, solchen Bildern zuliebe, kunstvollere Gestaltungen.

[2] Ein Gedenkblatt. Alpenrosen, 1886, S. 201 f.

hervorkramen, mir dem sie, in Ermangelung eigener geistiger Werte, die Leser anzulocken suchen[3].

Nun ist freilich richtig, daß man ihn nur in «wohlbemessenem Abstande» (Ermatinger) von Gotthelf und Keller nennen darf – aber in deren Richtung, näher der Kellerschen als der Gotthelf-schen, befindet er sich eben doch! Fehlt ihm ihre Kraft und innere Weite, so übertrifft er nicht selten beide an einer gewissen Aus-druckszartheit, an einer gewissen feinen Organisiertheit des Sa-gens. Dabei ist er nicht eigentlich, oder nur in zweitrangiger Hin-sicht, ein Opfer der von ihm selber, aber auch von Gottfried Keller bitter beklagten schweizerischen Literaturmisere seiner Zeit (der vierziger bis siebziger Jahre des letzten Jahrhunderts). Wohl hat er den Fluch schlechtbezahlter Lohnschreiberei und journalistisch-schriftstellerischer Knechtschaft bis zur Neige ausgekostet, ist doch ein guter Teil seiner Erzählungen täglicher Fron, ja der Krankheit abgerungen. Dennoch hätten auch anspornendere öf-fentliche Verhältnisse, eine aufnahmebereitere, verständnisvollere Verleger- und Leserschaft, eine wohlwollendere Kritik an der Sub-stanz seines Werkes kaum viel geändert. In Anbetracht der Kürze der Zeit, die ihm für sein eigenes Schaffen vergönnt war – er starb zudem ja mit 51 Jahren –, verfügte er über eine erstaunliche Rasch-heit und Sicherheit schriftstellerischen Hervorbringens, schrieb er doch, schon dies ist bezeichnend, bis fast in die letzten Jahre hinein seine Erzählungen gleich ins Reine. Bei ruhigerem Ver- und Ausar-beiten wäre jedenfalls etliches in seinen gegen hundert Erzählungen[4] besser überlegt, gestrafft, verlebendigt, wohl auch vertieft worden. Im wesentlichen jedoch, und hierin wurde er vom Schicksal nicht benachteiligt, schuf er, was zu schaffen und wie zu schaffen ihm be-schieden war: ‹verstrudelt› hat er trotz allem eigentlich wenig.

Dieses ihm Aufgetragene bewegt sich, das sei zugegeben, in be-grenztem Bereiche. Es gebrach ihm an ideeller, das zu Gestaltende

[3] Dichtung und Geistesleben der deutschen Schweiz. München, 1933. S. 644f. – Eine gerechtere, bei aller Sohnespietät objektive Einschätzung findet sich in Adolf Freys monographisch konzipierter Schrift «Schweizer Dichter», Leipzig, 1914, S. 138–142.

[4] Adolf Frey (Schweizer Dichter, 141) spricht von dem «annähernd halben Hundert» Erzählungen seines Vaters. Auch wenn man die offensichtlich zu Kupfer- und Stahlstichen hinzuerfundenen Erzählungen abrechnet, bleibt immer noch weit über ein halbes Hundert originaler Schöpfungen.

weltanschaulich ausweitender Kraft; es gebrach ihm an der Vielfalt schöpferischer Phantasie, an der sinnlichen Fülle auch, die
diese Vielfalt dichterisch erhoben und geordnet hätte. Das Volks-
leben – ihm widmete er, der aargauische Kleinbauernsohn, sein
Hauptaugenmerk – sah er in vereinfachender Perspektive, entnahm
ihm mehr eine allgemeine Atmosphäre als kräftige menschliche
Umrisse (was auch diese Atmosphäre beeinträchtigte, denn eine
solche wird von den Gestalten getragen, die in ihr leben), wußte
seinen Charakteren selten ein volleres, gesichthafteres, konfliktin-
nerlicheres Eigenleben zu schenken. ‹Uli›- oder ‹Geld-und-Geist›-
Probleme darf man bei ihm nicht suchen. Er ließ seine Gestalten
gewissermaßen nur am gewählten Motiv hinleben, entwickelte
dieses nicht eigentlich aus ihnen heraus. Das war es: Frey sah mehr
Motive als Gesichter, mehr Themen als Charaktere, mehr Handlungen als Schicksale. Man darf sogar nicht ganz mit Unrecht bei
ihm von «Handlungsschablonen» (Ermatinger) reden. Wenn er
zu Beginn seiner Schriftstellerlaufbahn glaubte, die Dorfgeschichte
müsse mit heimatlich politischem und historischem Stoff durchsetzt
werden, um ihr nationales Unterscheidungszeichen zu finden (s.
Lebensbild, 27), so gestand er indirekt selber gewisse Schwächen
seiner gestalterischen Phantasie ein, die Stützen nötig hatte; denn
eine schweizerische Dorfgeschichte ohne Geschichte ist noch kein
«Unding», wie er behauptet – Gotthelf war schon zur Zeit dieses
Ausspruchs (1846) der lebendige Gegenbeweis, und Frey selber
wird sich übrigens später keineswegs ausschließlich an seine Formel
halten. Daß ihm freilich die Geschichte seiner engeren aargauischen
Heimat gerade zur Zeit der Freischarenzüge ein volkstümlich be-
wegtes Antlitz bot und zu literarischer Bearbeitung geradezu ein-
zuladen schien, ist unbestreitbar und dem jungen Dichter zugute
zu halten, und auch die Erinnerung an die Franzosenzeit des bernischen ‹Übergangs› und an die Helvetik war noch lebendig im
Volksgedächtnis.

Die nicht zu leugnenden Mängel sind zweifellos schwerwiegender Natur und weisen Jakob Frey in der literarischen Hierarchie
einen bescheideneren Rang zu als den, den er selber als Jüngling
für sich erträumt hatte: «Ich möchte meinem Vaterlande geben,
was es nie hatte – einen Nationaldichter» (24. Januar 1843, s. Lebensbild, 12). Von den wirklichen ‹Nationaldichtern› stand der

eine, Gotthelf, eben in seiner genialsten Periode, und der andere, Gottfried Keller, war im Begriffe, von der Malerei zu seiner wahren Bestimmung, der Dichtung, hinüberzuwechseln. Mit den eher beschränkten Mitteln aber, die ihm zu Gebote standen, hat Frey wahrhaft Beachtliches geleistet, und in der schweizerischen Literatur des 19. Jahrhunderts darf sein Name ehrenvoll und mit Fug in die vordere Front gerückt werden. An ihm ist von der Kritik sogar etliches wieder gutzumachen.

Man braucht sich bei ihm nicht weit einzulesen, um zu bemerken, daß man es mit einem Erzähler von Geblüt zu tun hat. Welche Natürlichkeit, Klarheit, Durchsichtigkeit, Anmut in diesem Vortrage! Und wieviel Wärme, menschliche Sympathie, seelisches Verständnis! Wie muten neben den seinen die Erzeugnisse der Alfred Hartmann, J. J. Romang, Arthur Bitter, Namen, denen man in den Zeitschriften der Zeit mit dem seinen immer wieder begegnet und die Ermatinger, mit Frey an ihrer Spitze, zu den «niederen Göttern» rechnet, forciert und so oft unwahr an! (Unterschiede sind freilich auch bei ihnen festzustellen: unsere Reihenfolge deutet eine absteigende Linie an.) Er findet meist so leicht, so selbstverständlich das Wort, das an Wesentliches rührt – an Wesentliches *rührt*, auch wo es dieses nicht bewältigt. Wohl geht es in seiner dörflichen Welt in der Regel etwas eintönig zu (heißen die Gestalten auch deswegen immer wieder Christen, Roseli, Änneli?), die Leute bewegen sich, trotz den oft heftigen Wellenschlägen im äußeren Geschehen, nicht in atemüberreicher Luft; es fehlt ihnen an innerer Raumweite, an vitaler Plastizität. Aber Leben ist doch da, schlichtes, herzwarmes Leben, mehr unterströmig oft, leise, aber stetig quellend. Dabei gehört Freys Zuneigung sichtlich den sozial Geringen, Verkürzten, Verschupften; sie entlocken ihm immer wieder die unmittelbarsten dichterischen Akzente.

Drei Züge an dieser dichterischen Aussage möchten wir hervorheben. Ihr auffallendstes, den Leser sofort einnehmendes Merkmal ist das Schöne, Maßvolle, weise Geordnete seines Erzähltones. Kaum steht in seinen Geschichten und Novellen – den originalen, ihm wahrhaft zugehörigen natürlich – ein überflüssiges oder irgendwie aufgeblähtes, falsches Wort. Nur was gut geschrieben sei, habe Bestand, sagte er selber. Die Schicklichkeit ist seine angeborene, wohl auch in zuchtvoller Arbeit an sich selbst gefestigte

Erzählertugend. Die Sätze bauen sich organisch, wie kristallhaft von innen her, sagen, was sie sagen wollen, einfach, treffend, zart, von einer geheimnisvollen Formkraft geleitet. Auf Schritt und Tritt ist man bei näherem Zusehen überrascht von vollendeten oder nahezu vollendeten Bildungen, doch sind sie derart eingebettet in den sanften Fluß der Erzählung, daß man sie zunächst kaum bemerkt. Ein stilles Wohlsein nur bemächtigt sich des fühlenden Lesers, und er gibt sich wollüstig fast diesem maßvoll Strömenden hin.

An unscheinbarster Stelle noch trifft man auf es. Von einer solchen gerade sei ein Beispiel herangeholt. Die Spukgeschichte «Das blaue Männchen» (Illustrierter Volks-Novellist, 1869) hat folgende Eingangsworte:

> Eine Burgruine, ein altes Schloß mit grauem, verwittertem Mauerwerk wäre ein Leib ohne Seele, wenn sich nicht irgend eine sagenhafte Überlieferung daran knüpfte, wenn nicht ein Spuk guter oder schlimmer Art darin sein Wesen triebe. Das läßt sich nun einmal nicht ändern trotz aller Aufklärung; trotz aller Ungläubigkeit einer Zeit, die dem Aberglauben vergangener Tage den offenen Krieg erklärt hat. Der Leib kann zerfallen, der letzte Stein eines solchen Bauwerkes kann verschwinden – die Seele bleibt; die Sage, der Spuk haftet an dem Boden, wo sich einst Mauern und Türme erhoben, selbst wenn der Pflug schon seit Menschenaltern über die Stelle weggeht. Oder der Leib kann sich erneuern, verjüngen; ein solcher alter Bau wird restauriert, erweitert, nach andern Bedürfnissen, andern Geschmackserfordernissen umgewandelt – die Seele bleibt dieselbe, der alte Hausgeist läßt sich nicht austreiben und treibt es in den neuen hellen Gemächern fort, wie er's früher in den dunkeln Winkeln, in den krummen Gängen und halsbrechenden Treppenhäusern getrieben.

Das ist schlicht, aber klug und sinnig gesagt, und die Sätze erstehen in schönem rhythmischem Ebenmaß. Der die Spukgeschichte erzählende Freund des Verfassers wird hierauf so charakterisiert:

> Jetzt hatte er die Mittagshöhe des Lebens, das ihn unter mancherlei Wechselfällen weit in der Welt herumgeführt, längst überschritten und war überhaupt ein Mann von klarem Verstande und reichen, gereiften Erfahrungen, die scheinbar alles Traumhafte, Phantastische, sogar bis zu einer gewissen Gemütserkältung, von ihm abgestreift hatten.

Das ist ein geradezu Goethescher Satz an gedanklicher Kraft, an Ausdrucksmilde, an harmonischer Struktur. Und als der Freund im abendlichen Gasthof die Geschichte von blauen Männchen erzählt hat, das immer dann auftaucht, wenn ein Schloßbesitzer sterben muß, da fragt er seinen Zuhörer, was er dazu sage.

«Ich sage dazu», antwortete ich, «du habest mir mit deiner ganzen Erzählung nur einen neuen Beweis gegeben, daß die schöpferische Phantasie, trotz aller Klagen über die berechnende Nüchternheit und den Materialismus der Zeiten, im Menschen nie ausstirbt, sondern, unablässig tätig und wirkend, in unzählbaren Formen das Endliche mit dem Unendlichen, oder wenn du lieber willst: das Diesseits mit dem Jenseits verbindet.»

Die drei Stellen sind, genauer besehen, unauffällig gelagert, ihrem Sinne nach so etwas wie ein erzählerisches Spiel von These, Antithese und Synthese, und als solche das stützende innere Gerüst der an sich anspruchslosen Geschichte.

Dem fast zauberisch Gleitenden dieser Sprache aber[5], das bemerkt man ebenfalls bald einmal und steht damit auf der Kehrseite der Tugend, entspricht nicht überall ein ebenso machtvoller dichterischer Gehalt. Jakob Freys Mühlen mahlen ein feines, doch ein nicht immer schweres Korn. Das Sprachliche hat bei ihm eine leise Tendenz zur Verselbständigung seiner Elemente, wird gern eine Wesenheit für sich, bewegt sich, irgendwie abgetrennt, in einem idealen Raume. Es kommt dann notwendigerweise zu einer Art Angleichung der epischen Atmosphäre – Handlung und Charaktere – an dieses gleichmäßig erhobene sprachliche Fluidum. Das hat wiederum eine Ausebnung der epischen Substanz zur Folge: Flucht einerseits in das allgemeine, erhöhende Motiv, Vermeidung anderseits des Charakteristischen.

Eine Aussetzung Jakob Freys an Gottfried Kellers «Leuten von Seldwyla», deren überragenden Wert er übrigens voll erkannte[6], ist hiefür bezeichnend. «Man verlangt heute (sagt er in seiner Besprechung des Kellerschen Werkes) in der epischen Darstellungsweise Wahrscheinlichkeit, d. h. eine hinlänglich vorbereitete Motivierung auch der kleinern Vorgänge, und zwar nicht mit Unrecht; denn nicht immer ist die sogenannte Wahrscheinlichkeit der bloße

---

[5] Dieses offenbart sich auch in den paar Gedichten, die man von Frey besitzt. Entbehren sie auch einer tieferen lyrischen Note, so sind sie doch gefällig, anmutig wie seine Prosa.

[6] Kellers Gestalten gehen, sagt er u. a., «in so unverlöschlicher Klarheit und unmittelbarer Lebenswahrheit» vor uns auf, wie nur immer die Gestalten eines Shakespeare vor uns stehen. Vgl. Lebensbild, 123–124.

Abklatsch banaler Alltäglichkeit, sondern oft genug auch der Widerschein der innern Wahrheit. Und hierin scheint Keller sich's manchmal etwas leicht zu machen.» Keller sollte sich, meint er weiterhin, einen «Inhalt von dauernder Bedeutung» formen. Für sich selber glaubte er das eigene darstellerische Rezept zu befolgen: innere Wahrheit, damit höhere psychologische Wahrscheinlichkeit, die nicht der «Abklatsch banaler Alltäglichkeit» ist, darum auch ‹dauernde› Inhalte. Keller antwortete brieflich am 20. März 1875 in ebenfalls höchst bezeichnender Weise: «Die Ermahnung am Schlusse, wichtigere und größere Gegenstände zu besingen, will ich zu befolgen suchen, *obgleich mir allmählich alles gleich groß vorkommt*[7]». Der Gegensatz springt in die Augen. Jakob Frey ist unbewußt im Vorurteil seiner Zeit befangen – weil dieses seinem eigenen Temperament entgegenkam –, die in der Kunst das ‹Schöne›, das Glatte bevorzugte und das Eigenartige, Charakteristische, Individualisierende mehr oder weniger verpönte – weshalb ja auch Gottfried Keller so Mühe hatte, emporzukommen (Gotthelfs Modeerfolg zu Ende der vierziger und anfangs der fünfziger Jahre war nicht seinem stark Charakterisierenden, sondern seinem Stofflichen, zum Teil auch Weltanschaulichen zuzuschreiben). Wo sich bei Frey, in der Schilderung einfacher ländlicher Zustände vornehmlich, das Charakteristische, ein gewisses Charakteristisches, ganz von selber einstellte, weil er es durch und durch kannte – doch auch hier hat er es schließlich, wohl von Kellers Beispiel belehrt, willentlich etwas betont –, da gelangen ihm, bei genügender Motivdichte, die in sich vollendetsten Schöpfungen.

Eines fällt dabei immer wieder auf: Auch wo Frey liebevoll den Schicksalen der Leidenden, Unterdrückten nachgeht, werden die Sorgen und Nöte mehr von äußeren Umständen als durch Eigenverschuldung an sie herangetragen. In ihrer eigenen Brust sind bei seinen Gestalten eigentlich selten ihres Schicksals Sterne. Aberglaube, Starrsinn, Fanatismus, Unbedachtheit des Wortes, Herzensträgheit, Leidenschaft führen wohl in mehreren Erzählungen Wendungen zum Unguten herbei; häufiger aber und hemmender noch kommen die Schwierigkeiten von außen: unvollkommene Gesetze oder ihre ungeschickte, wohl auch interessierte Handhabung, Standesvorurteile, konfessioneller Hader, gegenteilige politische

[7] Von uns hervorgehoben.

Überzeugungen, ungleich verteilter Besitz wirken sich, in Liebes-
sachen besonders, oft als tragische Widerstände aus – zu einem
Handlungsschema fast wird das Thema vom aristokratischen oder
konfessionell hartstirnigen, mitunter auch vom besitzesstolzen Vater, der die Liebe seiner Tochter zu einem Nichtaristokraten, Andersgläubigen oder weniger Bemittelten grausam durchkreuzt.
Und was will das eben anderes besagen, als daß Frey häufig die
Handlung *vor* den Gestalten sieht, die Gestalten nachträglich einem
gewissen Handlungsschema anpaßt. Daß diese Anpassung dort
weniger gelingt, wo er sich von der ihm von Kind auf vertrauten
ländlichen Umwelt entfernt, liegt auf der Hand.

Das von ihm für die Dorfgeschichte und die Heimatnovelle be-
fürwortete historische Element konnte ihn in dieser Neigung nur
bestärken, war daher zugleich Bereicherung und Gefahr. Einmal
führte es ihn zwangsläufig aus der ihm zugeborenen ländlichen
Räumlichkeit hinaus, ständische und städtische Probleme und Le-
bensweisen mit sich ziehend. Und dann verführte es den Erzähler,
schenkte es auch einesteils den gewählten Konflikten einen bunte-
ren und tragenderen Hintergrund und eine vertiefte Resonanz,
anderseits nur zu leicht dazu, das mehr vertikale charakterliche dem
mehr horizontalen historischen Moment hintanzusetzen. Denn die
Geschichte bot ihm aus reichem Arsenal Motive, Vorkommnisse,
Verwicklungen – gerade das genannte Handlungs‹schema› war
damals wahrhaft nicht aus der Luft gegriffen –, bot ihm aber viel
weniger Einzelgestalten, und die Gewichte verschoben sich so
leicht zugunsten des allgemeineren Geschehens.

Dabei ist freilich nicht zu übersehen, mit welcher Meisterschaft
Jakob Frey sich der geschichtlichen Gegebenheiten bedient. Wir
sind hier beim zweiten Grundzug seines Erzählens: seinem hochentwickelten Kunstverstande. Der zartgestimmten Schicklichkeit
seiner sprachlichen Form steht ein ungemeines Kunstgefühl zur
Seite. Diesem gelingt es in einer nicht geringen Zahl von Erzählungen, das historische Element gewissermaßen in ein charakterliches
umzusetzen, d. h. Wirkungen, die eigentlich den Charakteren zu-
kämen, den geschichtlichen Begleitumständen zu entlocken. Frey
verfügt wie wenige seinesgleichen über das Sensorium der epischen
Spannung. Die Gestalten werden so wohl nicht individualisiert,
aber doch erhoben, gleichsam überbelichtet, darum in ihren äuße-

ren Dimensionen vergrößert. Viele seiner mit Zeitereignissen ver-
quickten Novellen sind prächtig aufgebaut, hervorragend in der
Verteilung der Akzente und Effekte, eindrücklich in der klaren und
stetigen Themaentwicklung; und da er zudem ein feingeartetes allgemein menschliches Seelenwissen und -verstehen besitzt, sind sie
meist auch überzeugend in der psychologischen Motivierung. Der
Kunstverstand war ihm ein trefflicher Ratgeber, mag ihm hie und
da auch einiges allzu Ausgeklügeltes im sonst ausgeglichenen
Spannungsgeflecht gewisser Erzählungen zur Last fallen (die bekannteste und zu Recht berühmte Erzählung gerade, die «Waise
von Holligen», sündigt hier einigermaßen); – nur in der Länge der
Geschichten waltete er ab und zu seines Amtes nicht genugsam,
doch waren es hier meist von außen her, von der Notdurft geradezu
aufgezwungene Bedürfnisse der Spalten- und Seitenfüllung, die
den sonst wachen künstlerischen Willen an die zweite Stelle rücken
ließen.

Wie fein aber sind in den besten Erzählungen – und das ist das
dritte und schönste ‹Geheimnis› Jakob Freys – Kunstbewußtsein
und hingegebene Natürlichkeit in eins verschlungen! Der einheitliche Ton, den Adolf Frey an seinem Vater rühmt, hat hier seine
Wurzel; hier aber auch die so ansprechende, ja oft rührende Zartheit und Intimität der epischen Atmosphäre. Die Auswahl der erzählerischen Hauptmomente geschieht mit durchdringendem
künstlerischem Empfinden; wie blumenhafte Natur aber öffnen
sich diese und sind doch in der Knappheit der Wortgestaltung hinwieder so kunstgerecht. Das schöne Beieinander von Kunst und
Natur läßt den Dichter in der Verwendung von Motiven der Volks-
überlieferung und von Volksbräuchen sparsam sein. Hinter die
Schürze der Mutter Helvetia flüchtet sich Frey wahrhaft nicht, um
aus ihren Taschen heimatkünstlerische (wie man später sagte),
folkloristische Ingredienzien hervorzukramen. Die Mundart sogar,
klingt sie auch in seinem Dialog häufig an, mehr im Satzbau aber
als im Wort selber, wird gleichsam nur am Rande einbezogen. Und
Naturschilderungen werden nie zum Selbstzweck. Frey liebt es,
Erzählungen mit genau beschriebenen Ortsangaben einzuleiten,
und Naturstimmungen, insbesondere solche herbstlicher Landschaft, denn das Wehmütige lag ihm temperamenthaft näher als das
Frohmütige, doch auch die Kraft entfesselter Elemente, weiß er

wirkungsvoll darzustellen; all das aber hat teil am Geschehen, ist eingebettet in den erzählerischen Rhythmus. Die mitunter eingestreuten moralischen Zwischenbemerkungen noch entquellen – sie sind häufig, etwas einseitig sogar, dem Schicksalsgeheimnis des Menschen, der Vergänglichkeit alles Irdischen zugewandt – ganz ungezwungen dem innern Fluß der Handlung selber (an Gotthelf rügt Frey einmal das «unpoetische Moralpredigen»)[8]. Der soziale Mahner, der er durch viele seiner Schöpfungen ist und als den man ihn früh schon angesehen, tritt in seinen Schriften denn auch nur indirekt in Erscheinung; ja sogar die eigene liberale Einstellung läßt er meist nur andeutend durchschimmern, um dem künstlerischen Gleichgewicht seiner Arbeiten nicht zu schaden.

*

Längere oder kürzere Beispiele von Jakob Freys ausgewogener, starker und milder Erzählkunst zugleich ließen sich fast in jeder Erzählung finden. Wir heben hier nur eines heraus.

In der *«Tochter vom Oberbühl»* (1865) wird berichtet, wie eine Tochter fast ihr Lebensglück verscherzt, weil ihr Vater, vom ‹Militärgeist› ergriffen, ein Offizier geworden, als solcher unfreiwillig einen Totschlag begangen, dann Handgeld in die Fremdenlegion genommen hat und in Algerien umgekommen ist – dabei hatte die Mutter als junges Mädchen diesen ihren Gatten einem braven Nachbarn, dem Niederbühler, einem Nicht-Soldaten, vorgezogen, mit dem sie schon verlobt gewesen. Die Tochter, Roseli, hat nach dem Verschwinden und dem Tod des Vaters die Zügel des nicht kleinen bäuerlichen Betriebes selber energisch an die Hand genommen, zumal die Mutter kränkelt, hat aber bei sich ein Gelübde getan, keinen zu heiraten, der sich in Militärsachen zu stark einläßt, und so schürzt sich plötzlich der Knoten, als Roseli bemerkt, daß der von Kind an geliebte Niederbühlersohn Gottlieb Freude am Schießen und am Militär zu zeigen beginnt – daß dieser in geheimer Liebe seinerseits an ihrer arbeitskräftigen Selbständigkeit fast eifersüchtig Anstoß nimmt, ahnt sie noch nicht. In der Dämmerkühle eines Herbstmorgens holt Roseli mit ihrem Fuhrwerk den sonntäglich gekleideten Gottlieb auf der Talstraße ein:

[8] S. den Bildtext «Der Volksdichter Kuhn». Illustrierter Volks-Novellist, 1869, 192f.

«Was, du bist's, Gottlieb; wo willst du denn hin schon so früh?» Es war die junge Oberbühlerin, die vorn auf einem mit Fruchtsäcken beladenen Wagen saß und von da herab die zwei vorgespannten Rosse lenkte.

«Ich muß in die Stadt», erwiderte Gottlieb; «aber du, wohin willst du mit dem Fuhrwerk?»

«Ich habe gestern dem Lenzmüller Frucht verkauft und will sie ihm nun bringen», antwortete Roseli, die Pferde zum Stehen bringend; «willst du mitfahren?»

«Hätte das nicht auch dein Knecht besorgen können?»

Es lag etwas Scharfes, Unzufriedenes im Tone dieser Frage, so daß Roseli den Frager einen Augenblick schweigend anschaute, dann aber ruhig entgegnete: «Die Knechte haben heut' notwendig mit Holzfällen zu tun, und zudem, ich bin bei solchen Sachen gerne selber dabei.»

Der junge Niederbühler stieg nun langsam auf den Wagen, nahm jedoch, als er droben war, Zügel und Peitsche rasch selbst zur Hand und ließ die Pferde im Halbtrab anziehen. Die Lenzmühle, zu welcher Roseli fahren wollte, lag kaum eine kleine Stunde hieher der Stadt; aber gleichwohl wurde auf dem ganzen langen Weg wenig gesprochen zwischen den jungen Leuten. Gottlieb schien angelegentlich mit den wohlgenährten Pferden beschäftigt zu sein, indem er sie verschiedenen Gangproben unterwarf und namentlich an den vereinzelt liegenden Häusern in scharfem Trabe vorüber fuhr; Roseli aber blickte schweigend nach den Schneebergen, die hinter dem dunkeln Waldsaume gleich mächtigen Lichtwolken in den klaren Himmel emportauchten, und als der Tag völlig angebrochen war, machte es hie und da eine Bemerkung über den Stand der Wiesen und Felder, an denen sie vorüberfuhren. Dazwischen lehnte es sich wieder an die Fruchtsäcke zurück, welche den Fahrenden zur bequemen Rückenlehne dienten, und wenn es dann Gottlieb so unbeachtet von der Seite betrachten konnte, schien sich das schöne, ernste Mädchengesicht in einem geheimen, kaum merklichen Lächeln zu verklären. Endlich bei der Lenzmühle angekommen, fragte Roseli seinen Begleiter, ob er lange zu tun habe in der Stadt. «Ja», erwiderte er, «es könnte wohl bis gegen Abend gehen.» «Wenn du willst, so warte ich, bis du zurückkommst», sagte Roseli; «ich sollte doch auch einmal die Base drüben am Berge besuchen, und dann kannst du wieder mit heimfahren.» «Ich werde so schnell wie möglich machen», entgegnete Gottlieb und ging.

Aber es wurde doch Abend, bis er wieder zur Mühle zurückkam, und die Heimkehrenden hatten noch nicht die Hälfte des Weges zurückgelegt, als die Sterne schon klar am Himmel standen und die werdende Nacht mit einem milden Dämmerscheine umsäumten. Gottlieb war jetzt gesprächiger als am Morgen, und auch Roseli plauderte mancherlei von seinem Besuche bei der alten wunderlichen Base, bis er erzählte, daß er in der Stadt einen neuen Stutzer bestellt habe. «Einen Stutzer?», fragte das Mädchen hastig, «und was willst du denn damit?» «Ei», erwiderte er, «nächstes Frühjahr muß ich ja zum Militär, und da will ich unter die Scharfschützen gehen.» «Nächstes Frühjahr schon?», wiederholte Roseli langsam; «aber du weißt ja noch gar nicht, ob du nur angenommen wirst.»

«Ah, ah», lachte Gottlieb, «das wär mir eine schöne Geschichte, nicht angenommen werden», und berichtete nun eifrig, wie er daheim eine Scheibe aufstellen wolle, um sich den Winter hindurch noch tüchtig im Schießen zu üben. Jedes seiner Worte legte Zeugnis ab von dem freudigen Eifer, mit welchem er dem fröhlichen Militärdienst entgegensah, bis er plötzlich innehielt und erschrocken fragte: «Was hast du, fehlt dir etwas, Roseli?» Er hatte geglaubt, ein mühsam unterdrücktes Schluchzen zu hören. «Nein, mir nicht», erwiderte das Mädchen, indem es sich schüttelte, als müsse es sich ermuntern; «es ist mir nur eingefallen, wie ich einmal mit der Mutter in der Nacht an diesen hohen Hecken vorüber heimgefahren bin. Ich hatte so große Angst damals.»

Von da an blieb Roseli schweigsam, bis sie an ihrem Dorfe vorbei gegen die Bühlwege hinfuhren. «Jetzt, Gottlieb», fragte es hier, «jetzt mußt du mir noch sagen, warum du heute morgen so unfreundlich warst, als ich dir mit dem Wagen nachkam. Gelt, du sagst mir's?» Er schaute der Fragerin halb lachend, halb betroffen ins Gesicht, das sie ihm erwartungsvoll zugewendet hatte, und erwiderte dann nach einigem Zögern: «Ja, ich will dir's sagen, obwohl du's sonst schon wissen könntest; einmal habe ich immer Angst, es könnte dir doch noch etwas Übles begegnen bei deinem Fuhrwerken, und dann –»

«Und dann?»

«Und dann kommt's mir auch vor, solche Mannesarbeit schicke sich nicht für ein Mädchen, wenigstens für dich nicht, Roseli. Aber jetzt, gute Nacht, ich will da hinauf.»

Er hatte die Pferde zum Stehen gebracht und stand mit den Füßen schon draußen auf dem Wagenrande, als er sich unversehens von Roselis Armen fest umschlungen fühlte. Der Atem des Mädchens wehte ihm wie ein warmer, duftiger Sommerhauch ins Gesicht, und an seinem Munde hing ein heißes, durstig süßes Lippenpaar. Doch das dauerte nur einen Augenblick, und als er dann, von einem sanften Rucke auf den Boden geschoben, von seiner Überraschung sich zu erholen begann, rollte der Wagen durch den dämmernden Sternenschein schon schattenhaft gegen den Oberbühler Weg hinan.

Wenn eine Blüte plötzlich ihre harte Knospenhülle sprengt und in voller Farbenpracht aufbricht, sagt man, die Sonne habe sie hervorgeküßt. Auch von dem jungen Niederbühler hätte man sagen können, daß der Kuß, den er so unerwartet von Roseli empfangen, eine äußere Hülle gesprengt und ein bisher verschlossenes Leben zur offenen Blüte gebracht habe. Was seit den Kindheitstagen in ihm gelegen und mit ihm groß geworden, aber gleichsam noch bedeckt in der Tiefe seines Herzens geruht, das alles brach jetzt mit einem Male gewaltsam ans Licht hervor und betäubte ihn beinahe mit dem frischen Blütendufte, mit der brennenden Farbenpracht. Gottlieb wußte kaum, wie er nach Hause kam, und um seiner Aufregung sich ungestört hingeben zu können, ging er alsbald nach seiner Kammer, unter dem Vorgeben, daß er müde sei. Aber Ruhe und Schlaf hatten nichts gemein mit dem süßen Sturme, der sein Inneres aufregte. Schweratmend legte er die heiße Stirn an die feuchten Fensterscheiben und schaute hinüber nach dem Oberbühl, wo sich noch ein kleines Licht hin- und herbewegte. Gottlieb wußte, daß es bloß die Knechte waren, welche die spät heimgekommenen Pferde besorgten; aber gleichwohl öffnete er das Fenster, um scharf in die stille Nacht hinauszuhorchen. Er hätte vieles drum gegeben, wenn nur noch der Laut einer einzigen Menschenstimme zu ihm herübergedrungen wäre; doch bald verschwand drüben das Licht, und auch im eigenen Hause wurde es allmählich dunkel und schlafensstill.» (III, 331–335).

Und als es dem jungen Niederbühler in der Kammer zu eng und zu drückend wird, da verläßt er sie, von unwiderstehlicher Sehnsucht fortgezogen, geht hinüber auf das Oberbühl und setzt sich dort unter das Fenster Roselis, ohne seine Anwesenheit durch einen Laut kundzugeben, mit der törichten Hoffnung spielend, daß ein Zufall dem schlafenden Mädchen seine Nähe verraten möchte, und doch wieder vor dem leisesten Nachtgeräusche zusammenschreckend. Und als die Sterne zu erbleichen beginnen, sucht er seine Kammer wieder auf und wirft sich in den Kleidern aufs Bett, so daß ihn am Morgen, als er herunterkommt, der Vater etwas verwundert fragt, ob er heute wiederum einen Ausgang vorhabe ...

Wer sich die Mühe nimmt, diesen Text – wir wiederholen: es ist nur einer von vielen – näher anzusehen und nach seinem dichterischen Gehalte hin zu durchspüren, der erkennt zunächst, mit welch außerordentlicher psychologischer Richtigkeit und Feinheit die Geschehnisse, in Gebärde und Wort, sich abwickeln. Die Frage, ob nicht auch die Knechte das besorgen könnten, ist die erste, noch fast instinktive Reaktion Gottliebs; deutlicher schon ist, wie er langsam nur auf den Wagen steigt und daraufhin Zügel und Geißel rasch selbst zur Hand nimmt. Und die Reaktionen steigern, kreuzen sich: wie er den bäuerlichen Fuhr*mann* spielt, um seine Männlichkeits- und Meisterrolle zu bekräftigen, die Pferde verschiedenen Gangproben unterwirft, an den vereinzelt liegenden Häusern aber in scharfem Trabe – stolz und abweisend zugleich – vorüberfährt, während die Züge des Mädchens bei dem verstohlenen Blick auf den schönen, starken und sichern Lenker sich zu einem kaum merklichen Lächeln der Genugtuung und keimender Liebe verklären – den geheimeren Grund seines Tuns aber ahnt sie noch kaum. Auf der Heimfahrt am Abend macht ihn der Gedanke an den bestellten Stutzer, wohl auch der nun leere Wagen gesprächiger, und er redet sich beim Gedanken an seinen künftigen Scharfschützenrang in einen kleinen Eifer hinein, den plötzlichen sichtlichen Schrecken des Mädchens nicht begreifend, darum auch ihrer Erklärung, deren versteckten, tieferen Sinn er nicht kennen kann, ohne weiteres Glauben schenkend. Vor dem Abschiede will jedoch eine Erklärung auch sie, und in seiner Antwort spürt sie nun deutlich die Eifersucht und die Liebe; daher auch, unwiderstehlich für sie, der Drang zum raschen, schweigsamen, aber heftigen Bekenntnis durch den Kuß (wie schön dabei das «Der Atem des Mädchens wehte ihm wie ein warmer, duftiger Sommerhauch ins Gesicht»!) und daraufhin die aufgewühlte Bestürztheit des Jünglings die ganze Nacht hindurch: das Bild von der Blüte, welche die Sonne, die zarten Knospenhüllen sprengend, hervorküßt, das neu aufgebrochene Leben in ihm andeutend, fügt sich am richtigen Orte, eine beredte Stille schaffend, prächtig ein; und der die Stunden der Nacht vor dem Fenster der Geliebten in Hoffnung und in Schauer verbringende Jüngling: welche Erweiterung des Blütenbildes ins Trunken-Hingenommene hinein!

Was weiter auffällt, ist die überlegene Verteilung von Bericht und szenischer Auflösung. Die gewechselten wörtlichen Reden, knapp bei der Begegnung am Morgen und bei der Trennung in der Lenzmühle, werden reichlicher, wenigstens von seiten Gottliebs, als der werdende Konflikt selber ins Blickfeld rückt, dann aber wieder sparsam abgewogen, als das Gegenmotiv – Gottliebs Verstimmung am Morgen – zur Sprache kommt; und wie sinnvoll wird des Vaters verwunderte Frage vom folgenden Morgen berichtet: bevor man vernimmt, was in der Nacht geschehen – auch Gottlieb wird ja nun erst gewahr, daß er noch die gestrigenKleider anhat!

Und ein Drittes drängt sich dem betrachtenden Geiste auf: das alles ist von einer inneren und äußeren Geradlinigkeit, von einer seelischen und materiellen Natürlichkeit und Richtigkeit, die leicht

Lewis and Clark College Library
Portland 19, Oregon

übersehen läßt, mit welch dichterischer Bedeutsamkeit die einzelnen Züge und Momente erfaßt und herausgehoben sind – Natur und Kunst verschlingen sich unmerklich, umso unlösbarer auch, und das Ergebnis heißt ganz einfach: Poesie. Die paar Seiten wären eines Gotthelf oder Keller nicht unwürdig.

Die Erzählung als solche aber hält sich nicht auf dieser Höhe, womit wir wieder an Freys Grundmangel rühren. Roseli heiratet, um ihrem Gelübde treu zu bleiben, den Kleinhänsel, einen zwerghaften Vetter, der sie mit seinem radikalen Politisieren und schließlich mit seiner Trunksucht ins Unglück bringt, während Gottlieb in seiner Enttäuschung sich ebenfalls für die Fremdenlegion anwerben läßt, freilich noch früh genug zurückkommt, um die in der Freischarenzeit Witwe gewordene Oberbühlbäuerin doch noch heimzuführen. Wahrlich, eine «seltsame – nur zu seltsame, möchte man hinzufügen – Mischung von entsagendem Starkmute und angeborener Schwachheit des Frauenherzens», wie es heißt; der «Irrtum» ist jedoch nicht nur ein menschlicher, sondern auch ein künstlerischer, und daß plötzlich krude Elemente der Zeitgeschichte herangezogen werden, tut der schönen Zeitlosigkeit gewisser Seiten einen weiteren unnötigen Eintrag. Hätte sich der Verfasser weniger an einen vorgefaßten oder in der Eile zurechtgestutzten Handlungsplan als an die Charakterprämissen gehalten, wie sie auf den besten Seiten der Erzählung so schön zutage treten, so hätte aus dieser ein kleines Meisterwerk werden können.

*

Es ist nicht leicht, in die reichhaltige und zwangsläufig ungleichwertige Produktion Jakob Freys etwelche Ordnung zu bringen. Sie nach Handlungsschemen abzustecken, wie Ermatinger es tut, vereinfacht auf unzulässige Weise – ganz abgesehen davon, daß das zweite, die Ehrung alter Gebräuche und naturgegebener Gesetze, überhaupt keine Schablone ist – und belastet von vorneherein dieses doch recht nuancierte erzählerische Werk allzusehr. Adolf Frey möchte bei seinem Vater drei Perioden des Schaffens unterscheiden: die erste, meint er, sei die der heimatlichen Dorfgeschichte, und sie reiche bis 1857; die zweite, in welcher der historische Stoff und Motive aus dem Hochgebirge vorwiegen, erstrecke sich von da bis 1865; die dritte endlich, die mit dem Tode Freys

endet (1875), sei gekennzeichnet durch ein immer entschiedeneres
Abrücken vom Düsteren und Melancholischen, eine sonnige Heiterkeit verbreite sich über seine Schöpfungen, in denen er nun zusehends seine Helden mehr den besseren Ständen entnehme statt
dem Dorfe. Adolf Frey räumt aber ein, daß sich scharfe Grenzen
in Rücksicht auf die Stoffgebiete nicht ziehen lassen (Lebensbild,
113). Daß jedoch auch eine chronologische Einteilung auf allerhand Schwierigkeiten stößt, beweist schon ein Blick auf das nach
den Erscheinungsjahren geordnete bibliographische Verzeichnis:
zwei so verschiedene Erzählungen etwa wie «Der Alpenwald» und
«Die Waise von Holligen» sind fast gleichzeitig entstanden
(1858/59), und zwei so ähnliche, nur im Ausgang entgegengesetzte wie «Das verlassene Haus» und «Pax vobiscum», liegen um
fast zwei Jahrzehnte auseinander; und die ‹besseren› Stände erscheinen schon in der zweiten Periode recht häufig, während anderseits geringe Leute aus dem Dorfe auch in den späteren Jahren
wieder auftauchen.

Uns scheint, eine weder nach Handlungsschablonen noch nach
Stoffgebieten, noch chronologisch vorgehende, sondern in gewisser Hinsicht künstlerisch begründete Einordnung rechtfertige sich
am ehesten und tue dem Dichter am wenigsten Gewalt an. Jakob
Freys Schaffen bewegt sich eigentlich von Anfang an oder fast von
Anfang an in drei Hauptrichtungen, die seinem Künstlerwesen
selber entsprechen. Die eine ist jene innige, sinnige – «sinnig» ist
ein Wort, das er selber gerne braucht – Darstellungsweise, die
Menschenschicksalen, meist bescheidenen, ländlichen, gewissermaßen Schritt für Schritt nachgeht, ohne epische Komplizierung:
Lebenstatsachen werden gereiht, gleichsam am scheinbar lockeren,
in Wahrheit meist straffen Faden einer einfachen seelischen Entwicklung aufgehängt, die zuweilen von einer moralischen Bemerkung begleitet ist, mit düsterem oder heiterem Ausgang. So entstehen Dorf- oder auch Alpengeschichten, bald mehr im Zeitlosen
spielend, wie «Kindersegen» und «Der Alpenwald», bald mit
zeitnahen historischen Ereignissen verflochten wie «Der Statthalter», «Die Tochter vom Oberbühl» oder «Im Lande der
Freiheit».

Die zweite Richtung wird vermehrt vom sehr ausgeprägten
Kunstverstand Freys bestimmt. Während dieser in den Schöpfun-

gen der ersten Reihe scheinbar ganz hinter dem natürlich sich Ergebenden zurücktritt, spielt er in denen der zweiten eine viel sichtbarere Rolle. Die Ereignisse und die Gestalten sind von Geheimnissen umgeben, die sich erst allmählich, ja bisweilen mit großen, nur zu großen Abständen enthüllen, der besonderen Wirkung zuliebe, und so bildet sich über die Novelle hin (hier möchte man mehr von Novelle als von Erzählung sprechen), genau abgezirkelt, ein Spannungsfeld, das manchmal geradezu der Kriminalerzählung entlehnt scheint. Daß die Geschehnisse hier wuchtiger, phantasieweckender ausfallen müssen, versteht sich, und gerne lehnt sich der Dichter deshalb in dieser Art von Schöpfungen an geschichtliche Vorkommnisse der Heimat an: der Bauernkrieg, die Henzi-Verschwörung, der Übergang Berns, die Helvetik, die Regenerationszeit, die Freischarenzüge, der Sonderbundskrieg, der Neuenburger Handel, um nur die wichtigsten zu nennen, geben Anlaß zu stofflich bewegten, ja teilweise farbenstarken Gemälden des Mittel- und Hintergrundes. «Die Waise von Holligen», «Das erfüllte Versprechen», «Zweierlei Urkunden», «Verbrecher in Gedanken», «Das Schwert-Erbe», doch auch «Aus schlimmen Tagen», «Heimkehr» gehören zu dieser Gruppe, der an Umfang ansehnlichsten der drei.

Die dritte Richtung endlich betrifft das Anekdotische im weiten Sinne, für das Jakob Frey eine feine Witterung hat. Auch diesem gibt er gerne ein historisches Gewand und bereichert es mit volkstümlichen Zügen. Ganz vorzügliche Stücke gelingen ihm so, wie etwa «Die Freiämter Deputierten und General Massena» und «Eine Frau statt Epauletten», im nichthistorischen Bereiche «Die feindlichen Dörfer» und «Der ausgezogene Schuß».

Daß die anfänglich vorwiegend düstere Stimmung innerhalb der Erzählungen sich allmählich aufhellt, wie Adolf Frey bemerkt, und in dem Maße fast, als sich der Dichter von der nur ländlichen Umwelt entfernt, denn er sieht das dörfliche Zusammenleben und dessen vielgepriesene ‹Idylle› in eher ungünstigem Lichte[9], ist richtig; dennoch handelt es sich im Grunde mehr

---

[9] Man lese diesbezüglich etwa die längere, reportageartige Skizze «Ein Verbrechen und dessen Beurteilung» (Illustrierter Volks-Novellist, 1867), wo er versucht, die Beweggründe zu erforschen, die einen Bauernsohn zum Totschläger seines Vaters werden ließen.

um einzelne stärkere Lichtblicke, um ein zeitweilig befreites, fast heiteres Lächeln, als um einen tieferen Wandel der Seelenstimmung.

Ein Qualitätsurteil ist mit der Zugehörigkeit zur einen oder andern Gruppe, zwischen denen die Grenzen zum Teil übrigens recht beträchtlich schwanken, denn seelisch-künstlerische Nuancen sind immer von einem gewissen Halbdunkel umgeben, natürlich nicht ausgesprochen. Man wird je nach Stimmung oder Geschmack bald der einen, bald der andern den Vorzug geben, mag auch in der ersten, wie schon angedeutet, der Zusammenfall von Gehalt und Form sich in zwei, drei Schöpfungen künstlerisch am reinsten vollziehen; dichterische Werte finden sich in allen.

*

Ein Musterbeispiel aus den Erzählungen der ersten Reihe ist *«Kindersegen»* (1856) – nicht ohne Grund hat Adolf Frey sie an den Anfang des ersten Bandes seiner Auswahl gestellt: sie werde in ihrer Art immer ein «Kabinettstück» bleiben, sagt er, «weil sie mit den bescheidensten Mitteln alles aus dem Gegenstand herausholt und eine tiefe Wirkung erzielt, die ein größerer Umfang nicht steigern könnte» (Schweizer Dichter, 139). Auf anderthalb Dutzend Seiten wird das trauervolle Schicksal kleiner Leute, eines dörflichen Ehepaares erzählt, das langsame Auseinanderleben zweier Menschenwesen, weil es dem einen, dem Manne, an einsichtiger, selbstüberwindender Liebe fehlt.

Der Zimmer-Sepp, ein rüstiger und geschickter Zimmermann, heiratet die hübsche, anstellige und freundliche Regele, die jahrelang in der Stadt gedient, aber mit Karst und Rechen noch gut umzugehen weiß. Von seinen Handwerksburschenwanderungen hat der Sepp ein fast ‹herrscheliges›, ihm wohl anstehendes Wesen heimgebracht, doch auch einen gewissen Hang zu vergnüglichem Leben; die anfängliche Liebe zu seinem Weibe hält jedoch seine Schoppen-Gewohnheit in vernünftigen Grenzen, und da Regele selber etwas hinzuverdient, klopft die Sorge nicht an ihre Türe. Die Aussicht auf Familienzuwachs aber schon verdüstert etwas in Sepps Charakter, und das entgeht seinem Weibe nicht – «Ach, die Liebe hat, wenn einmal der Zweifel an der glücklichen Binde um ihr Auge gelüftet, ein feines Gefühl und sieht tiefer in die Geheim-

nisse der Herzen als selbst der Haß, der ausgeht, Flecken und Mängel zu suchen». Und als Zwillinge, Mädchen, geboren werden, da
kehrt Sepp zögernd und schlechtgelaunt von der Arbeit nach
Hause zurück. Eine Weile scheint es, als weckten die Kleinen in
ihm die Vaterliebe, und Regele lohnt ihm die vermeintliche Wandlung mit verdoppelter Zärtlichkeit. Eines der Kinder aber wird
krank und verlangt auch nächtliche Pflege, und unwirsch redet
Sepp bald von «Wunderlichkeiten» der Kleinen, und an den Arzt-
kosten errechnet er verlorengegangene vergnügliche Feierabend-
stunden. Der Wunsch, der Himmel möchte den kleinen Serbling
zu sich nehmen, keimt in ihm, und als Regele, auf die Frage, warum
sie so spät Licht anzünde, antwortet, es werde ihr immer so bange,
wenn sie das Kindlein beim Lichte ansehen müsse, es sehe dabei
viel elender und bleicher aus als am Tage – «gerade als käme es aus
dem Grabe», da entfährt Sepp das Wort: «Wenn's nur schon dort
wär». Ein tiefer Schrecken bemächtigt sich der jungen Frau, und
als das Kind stirbt, da ist ihr, als habe ihr Mann einen göttlichen
Segen in Fluch verwandelt.

Die anbrechende Frühlingszeit bringt Sepp neue Arbeit, und in
Regele löst sich die dumpfe Qual in mildere Trauer, mit doppelter
Liebeskraft schließt sich ihr Mutterherz an das Zurückgebliebene
an. Da beginnt auch dieses zu kränkeln, und trotz den Bitten seiner
Frau geht Sepp über den Berg zur Arbeit; am Ende der Woche er-
eilt ihn dort die Nachricht, daß auch das zweite Kind gestorben.
Als er heimkehrt, findet er ein um viele Jahre gealtertes Weib. Mit
blutlosen Lippen weist sie seinen Trost von sich, und als die Eltern
vom Grabe heimkehren, legt Regele, auf der Kiste sitzend, in der
sie als Braut ihre Habseligkeiten hergebracht, die Kleider der
Kindchen zusammen, und sie will, daß er am Morgen zur Arbeit
gehe. Am Abend aber, als er heimkehrt, ist Regele verschwunden;
auf einem kleinen Papier findet er, mit mühsamer Hand geschrieben, die Worte: «Lebe wohl, Joseph, ich gehe wieder heim zu meiner alten Herrschaft. Glaube mir, es ist besser so. Ich habe Dich
lieb gehabt, und Gott weiß es, ich werde Dich nie vergessen können; aber wo der Segen unschuldiger Kinder an den Eltern verloren geht, da könnten diese nur noch in Sünde beisammen bleiben.
Besser ist's auch, Du suchst mich nicht; es würde nichts nützen,
wenn Du mich auch zwingen wolltest, wieder zu Dir zu kommen.

Noch einmal, lebe wohl, herzlieber Joseph.» – Und Sepp verkauft
sein Häuschen, geht wieder auf die Wanderschaft, doch mit un-
frohem Gewissen in der Brust. «Er wandert nach vielen Jahren
noch heute, verkommen und zerlumpt, öfter fechtend als arbeitend, überall eine widerwillige Last der Zimmermannsherbergen,
ruhelos in der Welt umher.»

Eine Stelle aus der Erzählung sei wörtlich angeführt:

Einmal als Sepp scherzend um einen Batzen bat, den es [Regele] mit den
andern bei ihm auf Zins anlegen könne, sagte es, sein Beutelchen ziehend:
«Ja, aber Sepp, denk, wenn wir einmal Kinder haben, und ich nicht mehr verdienen kann, wo willst du dann einen andern Zinsherrn suchen?» – Der fast
wehmütige Ton, mit dem Regele diese Worte sprach, traf das richtige Ziel.
Sepp zögerte einen Augenblick, bevor er das dargebotene Geld nahm, dann
aber sagte er: «Ei was, kümmere du dich darum nicht; bis dahin bin ich
auch bekannter geworden in der Umgegend und werde größere Kundschaft
haben.»

Sepp glaubte wohl selbst aufrichtig an diesen Trost; dennoch ging er den
Weg nach dem Löwen hinüber nachdenklicher, als es sonst in seiner Art war.
Einmal stand er still und machte plötzlich ein paar Schritte rückwärts; dann
kehrte er wieder um und sagte vor sich hin: «Das wird schon noch Zeit haben,
um das Besserwerden abwarten zu können; aber freilich ...» – Der stille
Wandler nahm die Mütze ab, als ob ihm dieselbe trotz dem kalten Schnee-
wind zu warm mache. Darauf schüttelte er mit dem Kopfe und fing an, ein
Liedchen zu pfeifen.

Es vergingen nur wenige Wochen, der Winter schickte immer noch rauhe
Tage mit Schneegestöber und Regen über das Land, da sagte Regele eines
Morgens: «Wärst du nicht auch imstande, eine Wiege zu machen, da du jetzt
keine andere Arbeit hast?» – «Je nachdem, es kommt darauf an, für wen sie
wäre», meinte Sepp; «so ganz schreinermäßig könnt' ich's freilich nicht.» –
Regele legte sein Gesicht an die Brust des Mannes und sagte leise: «Sie
wird's schon tun ... sie soll auch bloß für uns selbst sein.» – Sepp hob den
Kopf der jungen Frau rasch in die Höhe und schaute ihr fragend in die Augen.
Sie nickte mit errötendem Schweigen Ja.

Der junge Zimmermann ging nachdenklich in seine kleine Werkstatt und
suchte da unter seinem geringen Holzvorrate herum; dann fing er an, emsig
zu sägen und zu hobeln, ohne den ganzen Vormittag ein einziges Mal nach
der Stube zu gehen. Als Regele herauskam, um ihn zum Mittagessen zu rufen,
und die schon wacker fortgeschrittene Arbeit bemerkte, hing es sich an den
Hals des lieben Mannes, ihn heftig auf Lippen und Augen küssend. – «Ach
was», sagte Sepp abwehrend, «laß die Possen, wir haben jetzt Ernsthafteres

zu tun.» – Regele zog die Arme zurück, ihm verwundert ins Gesicht schauend. Sepp konnte diesen wehmütig stummen Blick nicht ertragen; er bückte sich errötend nieder, einen in die Späne gefallenen Nagel zu suchen.

Wie ist in diesen Worten der richtige Ton getroffen, der bei aller Schlichtheit nie seine warme Empfindung verliert. Der Dialog könnte nicht passender und wahrer sein, und die kleinen Gebärden, die sich wie von selber einstellen: – das gewissensverlegene Abnehmen der Mütze, als ob sie ihm trotz dem kalten Schneewind zu warm mache; die Art, wie Regele ihr Gesicht an die Brust des Mannes legt; ihr wehmütig stummer Blick bei der abwehrenden Bewegung Sepps und dessen verlegenes Suchen nach einem in die Späne gefallenen Nagel –, sind mit dichterisch fühlendem Bedacht erfaßt.

Eine Ehegeschichte, doch mit schließlich gutem Ausgang, ist auch *«Der Alpenwald»* (1858), eine der ansprechendsten Erzählungen Jakob Freys, ganz in seinem volkstümlich schlichten, aber intensiven Ton gehalten. Die Dorfgeschichte wird hier zu einer Erzählung aus dem Hochgebirge (das Frey nur aus einer kurzen Wanderung kannte); die Alpennatur ragt einsam und mächtig in die Geschehnisse herein, doch könnten diese, motiv- und charakterhalber, auch in der Ebene beheimatet sein. Verkoppelt ist das Eheproblem mit dem Motiv des Bannwaldes, wie man es aus Schillers «Tell» kennt (an den «Tell» – die Rettung Baumgartens – gemahnt, dies sei hier beigefügt, auch die Rettung des roten Schiffers in der später «Aus schlimmen Tagen» betitelten Novelle): weil dieser aus trotziger und geschäftssüchtiger Rechthaberei gefällt wird, bricht die Lawine auf das Haus des Schuldigen herein; dieser wird vom verachteten Warner selbst gerettet, wodurch die Versöhnung und innere Umkehr zustande kommt.

Christen, der Sohn des stattlichen Bergbauern auf der Hinteralm hoch über dem Alpentale, hat – es ist vielleicht ein Erbteil seiner Mutter, die aus dem Unterland stammte – im entfernten Tale die städtische Schule besucht, heiratet nach dem plötzlichen Tod des Vaters aber doch das lustige, flinke, liebende Änneli, die Tochter des weniger bemittelten Nachbarn und Gemsjägers, des Gemsensepp, wie ihn die Leute heißen. Führt Christen im Hause auch einige Änderungen durch, die ihm das Gesinde leicht entfremden, so scheint doch die Ehe unter guten Vorbedeutungen geschlossen zu sein, dank dem heitern Wesen seiner Frau besonders, dank auch der Ankunft eines muntern Bübchens, das der erste Kuckuck des neuen Jahres ins Haus gebracht. Auch der einsam gewordene, in der ersten Zeit von unguten Ahnungen geplagte Gemsensepp siedelt nun zu seiner Tochter über. Da überrascht Christen eines Tages seine Frau mit dem Entschluß, einen Vieh- oder Holzhandel anzufangen, um seinem Bedürfnis nach Betätigung der eigenen Kraft und Befähigung Genüge zu tun. Änneli erschrickt, ihr schwanen unglückselige Folgen. Doch läßt sich Christens Holzgeschäft gut an, und als ein zweites Kind, ein Mädchen diesmal, zur Welt kommt, da werden auf Christens Wunsch nicht Leute aus der nächsten Verwandtschaft, wie das erste Mal, sondern Geschäftsfreunde aus dem Unterland zur Patenschaft geladen. Das Tauffest endet mit einem Mißklang, für den braven Gemsensepp besonders. Doch das schlimmere Übel folgt nach. Der neue Pate bringt Christen auf den Gedanken, den schönen Wald über dem Hause abzuholzen. Sepp, der auch seinen verbrieften Anteil am Walde hat und weiß, was dessen Verschwinden bedeuten müßte, widersetzt sich diesem Plane, läßt von der Gemeindebehörde aus Einspruch erheben und zieht in sein eigenes Häuschen zurück. Schwere Tage beginnen für Änneli, denn Christen glaubt das Opfer einer düstern Machenschaft von Frau und Schwiegervater zu sein. Umsonst macht der Gemeindevorsteher, als mit dem Schlagen des Schutzwaldes begonnen werden soll, Christen auf die Rechte seines Nachbarn aufmerksam. Da vereitelt Sepp selber, die Jagdflinte drohend sogar gegen den Schwiegersohn gerichtet, das verhängnisvolle Werk. Christens Widerwillen gegen seine doch an allem unschuldige Frau ist aufs höchste gestiegen. Das zuständige Gericht entscheidet schließlich die Teilung des Bannwaldes, auferlegt die erlaufenen Kosten jedoch Christen, der nun dem Gevatter Geschäftsfreund seinen Waldanteil zur Abholzung abtritt. Die entstehende öde Fläche beunruhigt Christen aber doch, und er läßt das gefällte Holz in großen, gestützten Beigen zwischen dem Haus und der Waldlücke aufschichten. Der Winter kommt mit großem Schneefall, und Änneli, die seit Monaten ihren Vater nicht mehr gesehen, zieht mit den zwei Kindern in dessen Häuschen hinüber, nachdem die Knechte mit Christens Einwilligung die Bahn freigemacht. Spät in der Nacht, von Föhn und Sturm überrascht, kehrt

Christen vom Gang ins Tal heim; schon aber kracht das Haus unter der niederbrechenden Lawine zusammen, und der hilflos Weggefegte kommt in der Tiefe des Kellers zu sich, wo nur das Schirmdach einer mitgerissenen Holzbeige ihn vor dem Lebendig-Begrabenwerden bewahrt. Sepp selber, der, die Gefahr ahnend, herzugeeilt, Knechte und Vieh in seinem Haus in Schutz bringend, hat den zu Tode ermatteten Christen mit sich in den Keller gezogen und so vor dem sicheren Tode gerettet. Christen geht in sich, Liebe und Eintracht halten im kleinen Hause des Gemsensepp wieder Einzug, wo auch Christen eine Zuflucht gefunden, währenddem ein neues Haus im Schutz des grünen Tannengürtels errichtet wird. Der alte Sepp erlebt noch, wie die neubepflanzte Waldlücke sich rasch mit dichtem Jungholz bedeckt.

Wir haben die Geschichte ausführlicher nacherzählt, um womöglich etwas von ihrer ‹Wohltemperiertheit›, ihrem sanften, dem Leben abgelauschten epischen Crescendo einzufangen. Nichts Weltbewegendes geschieht, und doch spinnt man sich mit Behagen in die geschaffene Stimmung ein, nimmt teil am anfänglichen Glück Ännelis und ihres Vaters, ängstigt sich mit der jungen Frau, die schuldlos das Unglück nahen sieht, drückt dem fest gebliebenen wackern Gemsensepp die Hand und empfindet wie er ein «herzinniges Vergnügen» am guten Ausgang der Sache. Änneli ist vielleicht, wie die Regele im «Kindersegen», in ihrer Liebe etwas zu passiv, hindert das Aufkommen des Mißverständnisses nicht energisch genug; ein feingestimmtes, liebenswertes Geschöpf aber ist auch sie. Ihre lustig schelmische Jungmädchennatur besonders weiß der Dichter mit hübschen Zügen auszustatten. Als im Winter der Schnee bis zur Hälfte der kleinen Fenster hinaufreicht und auf das Hüfthornzeichen des alten Steinberger, Christens Vater, von beiden Häusern her mit der Freilegung einer Bahn begonnen wird, da ist Änneli, das hochgewachsene «Schneehühnchen», wacker und neckisch dabei, und wohlgefällig betrachtet der Steinberger das Mädchen mit den geröteten Wangen und den flinken braunen Blicken, das sich wohl nicht fangen läßt, den Alten aber doch schließlich mit einem willkommenen Kuß belohnt.

Daß Christen das einst wie eine wilde Katze herumspringende und -kletternde und dann so sittsam gewordene und so traulich erblühte Änneli seinen Unterland-Bekanntschaften vorzieht, zeugt

von seiner seelischen Unversehrtheit: er kann nicht vergessen, wie
es sich mit stillen Tränen über den sterbenden Vater gebeugt –
schade nur, daß der Dichter die Erinnerungen an das einzige Kind-
heitsgespiel nicht stärker mitwirken läßt. Kinderfreundschaften,
genauer: das Aneinanderwachsen zweier Kinderwesen stellt er
in andern Novellen trefflich einfühlend dar: in der zeitlich ersten
schon, dem «Armen Heinrich» (s. S. 119 f.), dann in der «Tochter
vom Oberbühl», im «Lande der Freiheit», in «Pax vobiscum».
Christen leidet unter dem wachsenden Zerwürfnis im Grunde ebenso sehr wie Änneli, so trotzig er auch tut; wohl läßt er sich ver-
blenden, aber auch Änneli deutet das dem Vater gegebene Versprechen, sich nicht in die Angelegenheit einzumischen, falsch und
bleibt zu schweigsam. Mit Gotthelfschen Worten fast fügt darum
der Dichter die Bemerkung ein:

> Das Vertrauen, das unverhüllte Darlegen der verborgensten Herzens-
> regungen vor den Augen eines andern ist die edelste, reinste Gabe, die der
> Mensch dem Menschen zu bieten vermag, der treueste Schutzgeist in Liebe
> und Pflicht verbundener Menschenseelen; aber gerade darum verschließt es
> sich auch so schnell vor dem rauhen Hauche des äußern Lebens, wie die Kno-
> spen der zartesten Blumen sich vor dem sinkenden Abendnebel zusammen-
> schließen. In seiner Hülle strebt und regt sich das verschlossene Leben unauf-
> hörlich bei jedem leisesten Sonnenblicke und möchte hervorbrechen ans Licht;
> aber bevor die harte Decke sich wieder öffnet, ist ein ganzer voller Sonnen-
> strahl notwendig, der manchmal erst nach einem die Lüfte reinigenden Ge-
> witter durch die dumpfen Dünste herabzudringen vermag.

Das reinigende Gewitter, der Lawinensturz, vertreibt auch hier
die dumpfen Dünste; sein Menschengehilfe aber ist der Gemsensepp, dessen lautere, mutige, selbstlose Natur dem Geschehen still,
doch entschlossen eine Bahn des Heiles weist. Sein Glaube noch an
den warnenden Schutzgeist, das Hauri, das durch die Flühe nieder-
pfeift, wie der Bannwald ein Symbol der Treue zum Angestammten, gehört seinem tiefverankerten Wesen von innen her zu. –
Feinnervig, wie er selber war, mit wachstem Interesse für alles
Seelische, diesem mit Vorliebe beim untern Volke nachspürend,
das er aus eigenster Erfahrung kannte, mußte Jakob Frey für das
Unschöne, Harte, Verschrobene des dörflichen Zusammenlebens
ein besonderes Organ besitzen. Daß die viel gepriesene Idylle des
Dorflebens, bei wahrem Lichte betrachtet, oft und vor allem in

früheren Zeiten ein wenig erquickliches Bild bot, sagt er selber[10].
Nicht naturalistisch freilich geht er als Dichter solchen Bildern
nach; das Äußerliche des dörflichen Daseins deutet er in der Regel
kaum an; auf das psychologisch Wesentliche allein richtet er sein
Augenmerk, und dieses sucht er häufig in unscheinbaren Neben-
umständen zu entdecken: «wie oft liegt mehr Wahrheit in einer
Gebärde, mit welcher ein Wort begleitet, in dem Tone, mit welchem es gesprochen wird, als in dem Worte selbst» (id.).

Ein Beispiel hiezu liefert – auch dies eine Ehegeschichte – *«Die
Spotthochzeit»* (Illustrierter Volks-Novellist, 1864). Erzählt wird,
wie eine – zwar krankhaft abergläubisch veranlagte – Frau dazu
gelangt, ihren Mann und ihr Kind zu verleugnen. Änneli, die nicht
eben schöne, in sich gekehrte, schüchterne Tochter eines einsamen
Bergbauern, fühlt, daß ihr Gatte, ein gescheiter, doch gemütsroher
und eitler Mensch, sie nur ihres Vermögens wegen geheiratet, und
als sie vernimmt, daß der wirklichen Trauungsfeier eine lästerliche
Trauungskomödie vorangegangen ist, in der ein Freund des Bräutigams die Rolle der Braut gespielt, weigert sie sich, eines ihrer
Zwillingskinder als ihr Kind anzuerkennen, und kehrt in ihr Elternhaus zurück; daraufhin gerät ihr Mann auf Abwege und endet im
Zuchthaus. Es ist nicht so sehr die ins Pathologische mündende
und ungenügend durchgearbeitete Geschichte als solche, die den
besinnlichen Leser fesselt, als der seelische Feinblick, mit dem an
einzelnen Stellen geheime menschliche Züge ins Licht gehoben
werden. So berichtet der Pfarrer, dem die Erzählung in den Mund
gelegt ist, von seinem ersten Besuch auf dem Berghof:

Die Frau schien in das vereinsamte Wesen ihres Mannes ganz eingegangen
zu sein und das mochte sie auch keine große Mühe gekostet haben. Von ihr
hatte Heinrich, so nämlich hieß der Sohn, das große träumerische Auge ge-
erbt und das stille Wesen, das sich gern mit einer innern, selbst geschaffenen
Welt beschäftigt. Sie sprach wenig, und wie es schien noch weniger als ihr
Mann; dafür aber hatte ihre Rede einen ganz eigentümlichen, ich möchte sagen
wehmütigen Reiz und Wohllaut, wie ich das in diesem Grade noch selten,
selbst bei feingebildeten Frauen, gefunden habe. – Die einzige Tochter, ein
etwa fünfzehnjähriges Mädchen, hatte der Bruder offenbar nicht ohne Mühe
in die Stube gebracht. Ich konnte mich nicht erinnern, das Gesicht jemals gesehen zu haben, weder in der Kirche noch bei gelegentlichen Besuchen der

---

[10] s. «Ein Verbrechen und dessen Beurteilung», Anm. S. 102.

Dorfschulen, und leicht würde man es doch nicht vergessen haben. Auch hier war das merkwürdig große Auge, nur dunkler als bei der Mutter und dem Bruder, und statt des stillen, träumerischen Blickes ein wildscheuer Glanz, der an das Auge eines gehetzten Rehes gemahnte. Das Mädchen mußte sich in einigen Wochen bei mir zum Confirmationsunterrichte melden und doch war es jetzt kaum zum Reden zu bringen. Mir kam es fast vor, als ob sich in die Schüchternheit noch ein Zug störrischen Wesens mische. Sobald tunlich, suchte sie sich wegzudrücken und kam während meiner Anwesenheit nicht mehr zum Vorschein. – So kann ich nicht sagen, daß ich von dem Besuche gerade einen wohltuenden Eindruck empfangen hätte, obwohl alles in dem Hause und um dasselbe von einem schönen Ordnungssinn und behaglicher Wohlhabenheit zeugte; aber bedeutend und nachhaltig war dieser Eindruck, und ich beschloß auch, auf das Mädchen, das Änneli hieß, beim Confirmationsunterrichte ein aufmerksameres Auge zu richten.

In dumpf Abergläubisches hinein, das mit an trübem Schicksal webt, leuchtet die Erzählung *«Der Diebsbann»* (1857)[11]. Ihm gesellt sich aber eine menschliche Eigenschaft zu, die Freys Gestalten, die weiblichen insbesondere – wir sahen es schon im «Kindersegen» und im «Alpenwald» – oft kennzeichnet: eine gewisse Zaghaftigkeit und Leidenschaftslosigkeit, letztlich ein Mangel an Vitalität. Im «Diebsbann» arbeiten sich beide Schwächen gleichsam in die Hand: da die doch aufrichtige und treue Liebe nicht willensstark genug ist, bietet sie zerstörendem Wahn eine allzu leichte Angriffsfläche dar. Das Ergebnis: ein Liebesidyll, durchkreuzt, vernichtet schließlich durch eine von Aberglauben genährte Diebesgeschichte. Die reiche, brave, anmutvolle Müllerstochter und der arme, kräftige, ehrliche, fast im Hause aufgewachsene Müllersknecht lieben sich heimlich; Ameile ist zu weich, ihre Liebe dem Vater zu gestehen, Jörg zu stolz, unverdiente Geschenke von Ameile anzunehmen. In der Mühle werden plötzlich geheimnisvolle Diebstähle begangen, und merkwürdige Zufälle, auch unbedachte Worte Jörgs werfen den Verdacht auf ihn. Die Mitknechte, endlich auch der von einem vagabundierenden ‹Zauberer› beeinflußte, von einem möglichen

[11] Vom Aberglauben auch in unserem eigenen «gutgeschulten» Volke handelt Frey, Beispiele aus seiner persönlichen Erfahrung mitteilend, im Aufsatz «Zur Umschau im eigenen Hause», Sonntagsblatt des «Bund», 1872, S. 218f., (nicht: Die Illustr. Schweiz, 1872, wie Ad. Frey im Bibliographischen Verzeichnis angibt). – Erwähnt sei auch, daß die Novelle «Des Herzens Irrwege» (Illustr. Volks-Novellist, 1867) eine im Motiv ähnliche Diebstahlsgeschichte ist; sie spielt bis nach Nordamerika hinüber und endet schließlich versöhnlich.

Diebs ‹bann› überzeugte Meister bezeichnen Jörg offen als Dieb, ja Ameile selbst hat einige Mühe, das Bild des doch innig Geliebten von allem Verdacht freizuhalten. Der bestürzte Jörg verläßt das Haus, stirbt aber kurz darauf bei seiner armen, halb irrsinnigen Mutter – der Diebsbann habe ihn getötet, sagen die Leute, während Jörg in Wirklichkeit an einer Wunde gestorben ist, die er, den Meister verteidigend, im Luzernerbiet – wir sind wieder in der Zeit der Freischarenzüge – von einer betrunkenen Rotte erhalten. Ein paar Jahre später, als der Sonderbund mit Waffengewalt aufgelöst wird, kommt die Wahrheit an den Tag: der Dieb war der Hirtenfritz, der korbmachende Zauberer und Banner selber gewesen. Ameilis Jugendblüte aber ist verwelkt, und ihr Vater stirbt in halber Geistesumnachtung.

Neben den gerügten Mängeln in den Gestalten ist die nächtliche Bann-Zeremonie in der Mühle, welcher der doch freisinnige Riedmüller seine Mitwirkung und seinen Glauben schenkt, eine fast mittelalterlich anmutende Wahn-Szene. Und doch lebt auch in dieser Erzählung mehrerenorts das unerklärlich Fesselnde, wie es nur wahrhaft dichterisch empfundenen Schöpfungen eigen ist. Jakob Frey lebt das Erzählte mit und steht doch darüber; darum findet er immer wieder ein fast magisches Wort. – Am Sonntagnachmittag ist Ameile in banger Unruhe allein im weiten Hause und eilt dann, von Angst erfaßt über die unheimliche Stille, die Treppe hinab:

> Ameile ging an den Nußbäumen hinaus, dem Bache entlang. Wie lag die Welt so still und feierlich in ihrer Frühlingszier! Selbst die Vögel im nahen Walde schienen im Anstaunen des blühenden Werdens zu verstummen und der Bach glitt so ruhig dahin, daß man nicht wußte, war es sein Rauschen oder das leise Wehen in den Zweigen, was mit einem tönenden Säuseln das Ohr umspielte. Ameile atmete tief auf, da es dem bangen Hause entronnen war; aber der Friede, der über Wald und Wiese wehte, konnte den Weg noch immer nicht zu seinem Herzen finden. Es setzte sich in die kleine Weidenlaube, und da löste sich in der Erinnerung an Vergangenes das bange Ahnen vor dem ungewissen Kommenden in milde Tränen, die fast unbewußt über die Wangen herabglitten.

Und wie springen dramatische Akzente auf, als der Müller, noch benebelt vom nächtlichen Bann-Spuk, nach Tisch Jörg bittet, noch ein wenig da zu bleiben:

Der Ton dieser Worte fuhr dem bangen Ameile wie ein lähmender Schlag durch die Glieder; es wäre nicht imstande gewesen aufzustehen, auch wenn ihm der Vater befohlen hätte, mit den andern hinauszugehen. Jetzt gibt es ein Unglück, war der einzige Gedanke, den es zu fassen vermochte, und vor seinen Augen ging ein Flimmern, als ob es lichtgeblendet plötzlich in die dichte Finsternis schauen müßte. Jörg hatte sich erhoben und stand an das untere Ende des Tisches gelehnt. «Was soll ich, Meister?» fragte er ruhig. Der Müller lehnte sich zurück und sagte nach einer Weile mit zitternder Stimme: «Jetzt, Jörg, sag mir aufrichtig, warum du das getan hast.» – «Ich hab's Euch ja schon gesagt», antwortete Jörg, «ich konnte nicht schlafen und da meint' ich, in der Mühle ein Geräusch zu hören – drum bin ich hinuntergegangen.» – «Nein, nicht das – darüber nachher», sagte der Müller, beide Hände wie abwehrend vor sich hinstreckend, «zuerst möcht' ich wissen, warum du das Mehl gestohlen hast.» – Ameile stieß bei diesem Worte einen leisen Schrei aus, während Jörg, vom Tische zurücktretend, mit lauter Stimme rief: «Gestohlen, sagt Ihr? – Nein, das wird doch nicht Euer Ernst sein, Meister.» – «Ja wohl ist das mein Ernst», erwiderte der Meister mit dumpfer Stimme, «und das Leugnen kann dir nichts mehr helfen. Ich weiß auch», fügte er leiser hinzu, «warum dir der Schmerz in deinem Kopfe keine Ruhe ließ. Bekenn es mir, Jörg, wenn noch ein guter Funke in dir ist.» Der Jüngling setzte sich erbleichend auf die Fensterbank nieder. «Ich weiß nicht», murmelte er vor sich hin, «was ich sagen soll, das kommt mir zu unerwartet, Meister.» – «Du sollst unverhohlen bekennen, warum du es getan hast», rief der Müller aufstehend. «Du bist der Dieb, ich weiß es besser, als wenn ich es mit tausend Augen gesehen hätte. Sprich nun, warum bist du ein solcher geworden?» – «Laßt mich einen Augenblick», bat Jörg mit zitternder Stimme, «laßt mich nur einen Augenblick besinnen, mir wirbelt alles im Kopfe.» – «Laß es gut sein, Vater», flehte Ameile, das sich vergeblich aufzustehen bemühte; «ich bitte dich um der Mutter willen, tu mir's zulieb.» – «Nun», sagte der Müller, ohne auf sein Kind zu hören, sich Jörg nähernd, «wenn dir das Sprechen schwer wird, so will ich dir auf eine Spur helfen ...»

Ein feiner Zug an der Novelle ist die Art, wie der Dichter durch die seltsame Verkettung von Zufällen in Ameile selber Zweifel an der Ehrlichkeit des Geliebten weckt – und ahnend, wie so viele frauliche Wesen Freys, ist auch sie. –

Wenn bei entscheidenden Wendungen des Lebensweges eine bestimmte Ahnung wiederholt in der Seele aufzutauchen vermag, so weiß sie sich später in derselben dauernd festzusetzen. In seinem angeborenen Verlangen, den Schleier der Zukunft zu lüften, sieht dann der Mensch jedes Erlebnis, das ihm sonst als ein zufälliges erschienen wäre, als den Beginn der Erfüllung dieser

Ahnungen an, und so spinnt sich bald ein Zaubernetz um ihn herum, das ihm bei jedem Schritte seine verhängnisvollen Maschen entgegenhält. Dabei merkt der Arme nicht einmal, wie seine innere Kraft darob allmählich erlahmt und er sich mehr und mehr willenlos einem dunkeln Ziele entgegentreiben läßt. Der einzige Trost, den er sich bei dem ungestümen Schaukeln seines Glücksschiffleins zu geben vermag, besteht in dem Gedanken: Es mußte ja so kommen, ich hab es wohl geahnt.

Das steht in der längeren Erzählung *«Im Lande der Freiheit»* (1865) und bezieht sich auf die eine der beiden Hauptgestalten, das Agethli, ein schlankes, stilles, religiös vertieftes Fabrikmädchen, dessen ahnungsschweres, selbstquälerisches Wesen wie ein Magnet erscheint, der das Unglück anzieht, jedenfalls den Boden vorbereitet, auf welchem dieses leichter Fuß fassen kann. Schon der ironisch gemeinte Titel der Novelle deutet jedoch darauf hin, daß auch andere, von außen, von der staatlichen Gemeinschaft her kommende Umstände mitwirken, ja daß diese die Hauptschuld am unglückseligen Ausgang tragen. Es war zweifellos ein weiser Griff des Dichters, dem dumpfschreitenden Schicksal charaktermäßig gleichsam freie Bahn zu schaffen, denn dadurch wurde die künstlerische Wahrscheinlichkeit erhöht und der tragische Fluß menschlicher begründet. Durch den charakterlichen Gegensatz der beiden Hauptgestalten aber erhielt das Anklagehafte im Gehalte der Erzählung anderseits eine spürbare Betontheit, das Übergewicht sogar, denn wenn in Agethli der Mangel an Selbstvertrauen, an Lebens- und Glückswillen die Kraft des Widerstandes vermindert, so kämpft dafür Hansli, ihr Freund und Verlobter, bewußt und tatkräftig, gescheit auch gegen die niederfallenden Schicksalsschläge und wird nur von ihrer Übermacht besiegt.

Die Anklage richtet sich gegen öffentliche und private Unvollkommenheiten, gegen die «gesetzlichen Verkrümmungen und Verrenkungen des bürgerlichen Lebens» – im Grunde mehr gegen menschliche Schwachheiten und Ränke, wie sie in Vertretern behördlicher Einrichtungen (Gemeinde, Kirche) zutage treten: die Heimatgemeinde legt dem einst von ihr unterstützten Hansli gegenüber die Armengesetze nach Kräften zu ihren Gunsten aus und verlangt in gleichgültiger Grausamkeit Rückerstattung der gehabten Auslagen, und von den beiden Kirchendienern – Hansli ist reformiert, Agethli katholisch – weiß man nicht, welcher, der katholische oder der reformierte, widerlicher ist. Etwas von der Luft des «Bauernspiegels» – Agethli hat sogar einige Verwandtschaft mit dem Anneli des Gotthelfschen Romans – weht durch die Erzählung; noch unbarmherziger, zielsicherer aber ziehen sich die Schlingen in der Novelle um das Paar zusammen, ohne daß ein alles ordnender, heimtückischer Wille dabei die Hand im Spiele hat (am ehesten noch waltet ein solcher in der Person des reichen Schürzenjägers, der auf sein Opfer lauert).

Das Geschehen rollt sich fast mit antiker Strenge ab, als tue der Verfasser scheinbar nichts hinzu, als müsse in Wahrheit alles so kommen. Das köstliche Kinderidyll des Beginns, an den beiden Aarehalden, wo Hansli und Agethli ihre Ziegen hüten und über den Fluß hinüber trauliche Zwiesprache halten; die Kirchweih, an der Hansli für Agethli ein Tüchlein ersteht; das Wiedersehen Jahre später und das gemeinsame Morgenbrot im Milchhübeli mit der darauf folgenden Wanderung; die Postreise der beiden Verlobten ins Dorf des alten freundlichen Krämers, dessen Nachfolger Hansli werden soll –: das ist der glückhafte Auftakt, über dem doch schon Schatten schweben: Viktor, der Agethli nachstellende Sohn des Gemeinderats und Fabrikherrn; der dem Branntwein, dem «Feuergift» ergebene Vater Agethlis; der schwarzgekleidete, scharfblickende Postwagengenosse: es ist, wie sie später erfahren, der neue Pfarrer in Hanslis Heimatgemeinde, ein fanatisch selbstgerechter, jedes seelischen Verständnisses barer Mensch, und als solcher ein Seitenstück zum Pfarrer, der im «Bauernspiegel» den seine Ehe anzeigenden Mias abkanzelt. Und dann verdichten sich die Schatten, Schlag auf Schlag bricht das Unglück herein, als müsse es unentrinnbar Agethlis Ahnungen bestätigen: die Schwierigkeiten, die die beiden Pfarrherren machen; der Bankerott des Zürcher Geschäftshauses, in dem Hansli seine Ersparnisse angelegt hat; die Rückvergütungsforderung der Gemeinde, die aber der Krämer großherzig für Hansli begleicht; der Eheeinspruch der Gemeinde, welche befürchtet, allenfalls für Hanslis katholische Kinder sorgen zu müssen (er hat sich ja vor dem Priester verpflichten müssen, die Kinder im Glauben der Mutter erziehen zu lassen); der Rückruf des noch minderjährigen Agethli ins Haus des verkommenen, zuhälterischen Vaters; die niederträchtige Zeitungsnotiz am Ende, die der unmittelbare Anstoß zu Agethlis freiwilligem Tode ist.

Hansli steht lange wie eine Eiche im Sturm; Agethli sinkt zusehends in sich zusammen.

Die Natur selbst scheint in dieser Tragödie fühlend mitzuspielen. Das Glück der beiden Liebenden spiegelt sich in heiter-milden landschaftlichen Bildern; wie erschütternd aber das herbstliche Spiel des Windes mit den Blättern der Kastanienbäume, dem Agethli vom Krämerhäuschen aus, wo es die Entscheidung der Behörden abwartet, zuschaut: «Agethli legte langsam die Hand über die bleicher gewordene Stirn und sagte in wehmütig leisem Tone vor sich hin: «Ein Blatt, ein vom Winde umhergeworfenes Blatt – wo wird er mich am Ende liegen lassen?»

Der Schluß nur – Hansli, der über Nacht fast zum müden Greis geworden, im Krämerhäuschen bleibt, etlichen freudelosen «Mammonsgewinn» einheimst und auf Agethlis Grabstein neben dem Namen die bittern Worte «Im Lande der Freiheit» einmeißeln läßt – befriedigt nicht ganz; er hat aber mit der Erzählung selber wenig zu tun. In dieser schuf Jakob Frey eine seiner menschlich ergreifendsten, auch künstlerisch durchgebildetsten Novellen[12]. Man darf sie, was nicht wenig bedeutet, mit nicht allzu starken Ein-

---

[12] Wie ein noch unbefriedigender Entwurf zum selben Thema mutet die ein Jahr früher erschienene Erzählung *«Zwei Verlobte»* (Illustrierter Volks-Novellist, 1864) an. «... einen Stein muß ich schleudern nicht nur gegen die Bosheit und Leidenschaft einzelner Menschen, sondern vor allem gegen eine fluchwürdige Gesetzgebung, welche dieser Bosheit eine tödliche Waffe gegen Schuldlose in die Hand drückt», sagt darin der Fabrikbesitzer Werner am Grabe Hanelis, das wie Agethli von der Ahnung besessen ist, es sei «zum Unglück geboren» und wie jenes den Tod im Wasser sucht. Haneli, die Tochter eines ehemals reichen und durch Eisenbahnspekulationen verarmten, schließlich verschollenen Bauern, will sich, wie Elsi die seltsame Magd, in der Stadt – Basel – als Magd verdingen, trifft dort zufällig auf den ehemaligen Hüterbuben des väterlichen Hofes, der ein braver und recht wohlsituierter Fabrikarbeiter geworden ist; und dieser, Christi, entreißt das Mädchen einer unwürdigen Lohnstelle in einer verrufenen Wirtschaft, bereitet Haneli und deren Mutter, als sie Verlobte geworden, ein Heim in einem Häuschen am Rande der Stadt. Als sie aber Hochzeit halten wollen, benützt die Heimatgemeinde Christis, dessen Braut katholisch ist, das Ehehindernisgesetz, um Einsprache gegen die Heirat zu erheben. Die Rolle des Angebers spielt dabei der heimtückische Peter Wendelin, ein Schulgenosse Christis; dieser wird nach dem Freitode Hanelis wohl von Christi umgebracht, der nach Amerika entschwindet. – Die Erzählung weist verschiedenenorts erhöhende Qualitäten auf (so eingangs die einsame Wanderung Hanelis über den Hauenstein), ist aber überlang ausge-

schränkungen eines Atems mit Gottfried Kellers «Romeo und Julia auf dem Dorfe» nennen, mit der sie übrigens auch stofflich einige verwandte Züge aufweist. –

Das konfessionelle Problem, das in ihr als Nebenmotiv eine Rolle spielt, wird in mehreren Erzählungen zum Hauptthema. Der politische und der religiöse Streit waren in den Vierzigerjahren, zur Zeit der Freischarenzüge, eng miteinander verquickt, und Frey, der innerlich *über* diesen Zwistigkeiten stand, mußte von der verheerenden Wirkung fanatischer Glaubenseinseitigkeit besonders schmerzlich betroffen sein. Daß Mischehen zu solchen Zeiten und in Grenzgebieten, wo die Konfessionen aufeinanderstoßen, vor allem der Kinder wegen großen Gefahren ausgesetzt sind, davon war an Beispielen sicherlich keine Not. In der Erzählung *« Eine gemischte Ehe »* (Schweizerische Illustrierte Zeitung, 1862) wird über dieses Problem angelegentlich diskutiert, und anschließend veranschaulicht es der Erzähler an einer Geschichte – diese selber hat geringe dichterische Substanz –, zu welchen tragischen Verwicklungen Ehevertragsbestimmungen führen können, wenn nachträglich Konversionen wiederum alles in Frage stellen. In

dehnt, was der Verfasser selber schließlich einsieht, dafür jedoch – am Beginn des 11. Kapitels «Menschensatzungen» – eine merkwürdige Entschuldigung gibt: «Es mag manchen Lesern langweilig vorgekommen sein, daß bisher die unbedeutenden Vorgänge dieser Erzählung so ausführlich behandelt worden sind; aber es war hiefür ein guter Grund vorhanden. Alles Bisherige ist nämlich nur der erste Teil einer Geschichte, deren zweiter Teil vor nicht allzu langer Zeit, wenn auch nur der Hauptsache nach und unter etwas veränderten Namen, aus den Zeitungen allgemein bekannt geworden ist. Wir brauchen daher diesen zweiten Teil auch nicht mehr *darzustellen,* sondern bloß in kurzem Zusammenhange zu *erzählen.*» Ob Jakob Frey selber diese Erklärung ernst nahm? Der Hinweis auf tatsächlich Vorgefallenes entschuldigt natürlich weder die allzu langfädige ‹Darstellung› des ersten Teils noch die kurz zusammenfassende ‹Erzählung› des zweiten. Man kann hier auf die Nachteile von Freys Von-der-Hand-in-den-Mund-Schaffen buchstäblich den Finger legen. – Ein weiterer Beweis scheint, im 3. Heft der Zeitschrift, die Bemerkung «Schluß» zu Beginn der Fortsetzung und «Schluß folgt» am Ende derselben zu sein: der Verfasser verlor sich wohl wider eigenes Erwarten in zuviel Einzelheiten hinein, so daß er den Schluß auf die nächste Nummer verschieben mußte, das «Schluß» des Beginns aber irrtümlich stehen ließ! – Ein Gleiches läßt sich feststellen in der Erzählung *«Am Grabesrand»* (Illustr. Volks-Novellist, 1866): hier auch folgt auf einen sehr umständlich ausgeführten Hauptteil – so ein bißchen das Motiv von Ramuz' «Aline» – ein rascher, ja abrupter Schluß.

einer andern, *«Zweierlei Bekenntnis»* (1861), geht eine solche Ehe auseinander, weil sich abergläubische Elemente in den katholischen Glauben der Frau mengen, denen der Mann machtlos gegenübersteht. Die furchtbar zerstörerischen Folgen konfessioneller Zwietracht zeigt die – wie so viele Erzählungen Freys an die aargauischluzernische Grenze verlegte – künstlerisch wertvollere Geschichte *«Das verlassene Haus»* (1853), wo fanatischer Priesterhaß gegen Andersgläubige und freisinniger Aberglaube Tod und Verderben in ein Haus bringen. Ähnlich tragisch endet die ebenfalls frühe Erzählung *«Meister Conrad.* Eine Erinnerung aus den letzten Jahren»* (Neue Illustrierte Zeitschrift für die Schweiz, 1852), in der ein sonst grundehrlicher, kinderfreundlicher Mann aus religiösem Fanatismus zum Totschläger wird und dadurch seine innig geliebte Tochter ebenfalls in den Tod treibt. Daß eine Mischehe, wenn die beiden Gatten versöhnlich ‹liberal› gesinnt sind, dennoch glücklich werden kann, ist dargestellt in der Preisnovelle *«Pax vobiscum»* (1871), die in der gleichen Gegend ihren Anfang nimmt. Viktor und Roseli, als Kinder schon treue Freunde, treffen einander Jahre später fast zufällig wieder, nachdem Viktor, von einem milden, überlegen urteilenden Maler-Pater beraten, die Klosterschule verlassen und als tüchtiger Lehrer der Naturwissenschaften an eine höhere Schule der Stadt berufen worden ist: an einem Kreuzchen, das er Roseli beim Abschied einst geschenkt, erkennt er die einstige Freundin wieder, und die alte Liebe flammt auf. Ihre Kinder werden auf gemeinsamen Wunsch abwechselnd in der einen und der andern Konfession unterrichtet, und über der Familie schwebt eine schöne religiöse Eintracht. Hübsch und wahr ist auch hier die Kinderidylle gezeichnet (bei den Bubenschlachten über die Grenze hinüber wird Roseli die Befreierin des gefangenen Viktor), und eine tiefe Heimatliebe kommt zum Ausdruck – der Pater selber weist den Klosterschüler, als sie von der Höhe hinunterschauen aufs schöne Land, darauf hin, wie Gott Reformierten *und* Katholiken seinen Segen spendet:

«Und dieses irdische Paradies soll unaufhörlich von Blut und Jammer erfüllt werden, weil sein Schöpfer in unerforschlicher Weisheit und Allgüte es zuläßt, daß nicht alle seine Kinder ihm auf einerlei Weise ihre Verehrung und Dankbarkeit bezeugen? Die frechen Toren, die mit ihrem eigensinnigen Dünkel den Herrn der Welt sich zu meistern unterstehen, ihn, der uns alle, wes Glaubens wir seien, die gleichen Lüfte atmen läßt, uns an den gleichen Quellen tränkt und seinen Segen mit gleichgefüllter Hand über alle diese Fluren streut! Oder kannst du an jenen sprossenden Saaten, an den blühenden Talgründen und den grünen Bergesabhängen sehen, ob sie die Hand eines Priesters oder eines sogenannten Ketzers bebaut? Und gibt es unter den letzteren nicht ebenso fromme und gute Menschen, wie in unserer eigenen Kirche, unter uns nicht ebenso Gottlose, wie unter jenen? Ach, daß wir den Herrn nicht verstehen wollen, der uns alle in gleicher Huld, Geduld und Liebe trägt!»

Die Verschmelzung von Dorfgeschichte und Geschichtsnovelle versuchen mehrere Schöpfungen Freys. In der Geschichte sah der Dichter ja ein erhöhendes und unterscheidendes Element bei der Schaffung einer national bestimmten Dorfgeschichte. Schon seine erste veröffentlichte Erzählung, «*Der arme Heinrich*» (Neues Schweizerisches Unterhaltungsblatt, 1847), schlägt eine Brücke vom Dorf zum Heimat- und Weltgeschehen. Der Vermittler ist zwar nur ein vagabundierender, irrsinniger Bettler, der Lüti-Heiri, der sich ein tönendes viereckiges Blech als Musikinstrument zurechtgemacht und ihm mit einem Hammer auf Aufforderung hin bald ein wildes Getrommel, bald ein wehmütiges Glockenklingen entlockt. Den stillen Wahnsinn hat er sich in österreichischen Diensten geholt, wo er Rache an den Franzosen nehmen wollte, die – 1798 – sein Land überflutet, ihn, den Verwundeten, zum Gefangenen gemacht und die, in der Person eines wohlredigen Grenadiers, ihm sein heimlich geliebtes Mareile, die Tochter des Mättlibauern, geraubt; – und ein merkwürdiger – etwas zu merkwürdiger! – Zufall will es, daß er bei einem Vorpostenüberfall unwissend die Unvergessene tötet, die sich, den Entführer verteidigend, an dessen Brust gestürzt. Und aus seinem Säbel schmiedet er, auf rätselhaften Wegen heimgekehrt, das seltsame Klingelwerk.

Daß die Verbindung zwischen kleiner und großer Welt nicht ungeschickt hergestellt ist, wird man zugeben; das Beste aber an der Geschichte ist die Seite, auf der erzählt wird, wie der arme Waisenknabe, dessen Vater beim Wildern erschossen worden, zum Mättlibauern kommt, und wie dort aus dem wilden Buben unter dem Einfluß des freundlichen, guten Mareile rasch der ordentliche Heiri wird – einigen Unbeholfenheiten zum Trotz atmet der Abschnitt die Frische erster Dichterarbeit:

Da kam aus dem Garten das kleine Mareile, des Bauers zehnjähriges Töchterchen, mit einem Körbchen voll Birnen. «Hungerst du, Heirele», fragte mitleidig das Kind, «daß du weinst? Du mußt jetzt nicht mehr so traurig sein; iß du nur», fügte es hinzu, dem Knaben das Körbchen hinreichend.

«Nein, nein», sagte Heirele, «mich hungert nicht; aber ich denke an meinen Vater, daß er jetzt im Grabe sei und ich bei fremden Leuten; ach, wäre ich nur daheim!», und von neuem mußte er weinen. «Sieh», sagte Mareile, «wenn du nicht aufhörst, so muß ich auch weinen. Mein Vater hat schon gesagt, er wolle dir ein neues Kittele machen lassen, und dein Vater ist ja jetzt im Himmel ein Engel.»

Der Knabe hatte noch nie daran gedacht, daß sein Vater nicht mehr im Grabe sei, und verwundert schaute er das Mädchen an. – «Kannst du denn nicht auch schöne Gebetlein?», fragte das Kind, Heire's schwarze Haare streichelnd. – «Nein, ich habe keine gelernt», sagte er, und meinte zum erstenmal, er müsse sich schämen. – «O, ich kann recht schöne», sagte Mareile, und setzte sich neben Heirele, «ich will dir gleich eines sagen.» Mit gefalteten Händen begann es:

«'s goht öpper 's Gärtlein us und i,
Wer möcht es sy?
's möcht euse liebe Herrgott sy;
Er ist der Best',
Er het viel Gäst',
Er het viel Engele,
Die Engele tuend singe
Und Blümeli günne
Im himmlische Paradies. Ame!»

«Sage mir das noch einmal», sagte der Knabe, und das Mädchen wiederholte das Gebet, bis der Knabe es auswendig wußte und innig mitbetete. Da wurde dem Heirele so wohl; er wußte selbst nicht warum, und die ganze Nacht träumte ihm, sein Vater sei in einem schönen Garten und singe mit den Engelein.

Am Morgen aber sagte der Bauer: «Heire, du mußt jetzt mit dem Mareile in die Schule», und gab ihm ein ABC-Büchlein. Als die beiden Kinder in die Schule kamen, da wurde dem Knaben wieder weh und bange. Die Buben sprangen herum auf Stühlen und Tischen, aber keiner wollte etwas mit Heirele zu schaffen haben, und nur Mareile blieb bei ihm, bis der Schulmeister kam; da mußte es sich auf die vorderste Bank setzen, Heire aber zu hinterst an den Ofen, neben die kleinen Buben. Trübe schaute er in sein Büchlein und kannte keinen Buchstaben – er mußte wieder bitterlich weinen, bis der Schulmeister zu ihm kam, ihn einige Buchstaben aussprechen lehrte und freundlich tröstete. Im Heimwege sagte er zu Mareile: «Ach, du kannst so schöne Geschichten lesen und ich kenne noch keinen Buchstaben und muß bei den kleinsten Buben sitzen.» Wieder waren ihm die Tränen zu vorderst. Mareile aber redete ihm freundlich zu, er solle nur fleißig sein, das werde schon kommen, und es wolle ihn recht gerne die Buchstaben lehren.

Nachmittags mußte Heire mit den Schafen auf die Weide. Um vier Uhr kam Mareile und brachte ihm ein Butterbrot; daneben aber zog es aus seinem Körblein das ABC-Büchlein, und Heire mußte lernen, bis es dunkel wurde. Vergnügt trieben die Kinder die Schafe nach Hause.

So lebte Heire in des Mättlibauern Hause. Bald verließ er in der Schule den Sitz am Ofen, im Feld und im Hause war er bei jeder Arbeit der erste und nicht mehr gerne unternahm der Bauer eine Arbeit oder änderte etwas in seinem Viehstande, ohne Heire um Rat zu fragen. So wurde er allen lieb und unentbehrlich wie ein Sohn des Hauses.

Um dieser Seiten willen hätte es der Erstling Freys verdient, in die Auswahlausgabe aufgenommen zu werden, in der dafür die ähnlich gebaute, ja auch inhaltlich ähnliche Züge aufweisende letzte Erzählung des Dichters steht: *« Der letzte Hirt im Dorfe »* (1875): ein Schweizer Soldat in Spanien tötet in Straßenkämpfen zufällig ein kleines Mädchen und sucht in seinem weiteren Leben die Schuld wieder gutzumachen, indem er als Dorfhirte immer neu väterliche Freundschaft mit kleinen Mädchen schließt. Frey hat darin, nach des Herausgebers Meinung vielleicht Gottfried Keller zum Vorbild nehmend, der Erzählung einige realistische Lichter aufgesetzt; umsonst aber sucht man darin nach einer dichterisch erfüllteren Stelle, wie es die angeführte aus dem «Armen Heinrich» ist[13].

[13] Es muß auffallen, wie häufig Frey ähnliche, ja gleiche Motive in mehr oder weniger großem Zeitabstand wieder verwendet. Der Gründe hiefür mochten mehrere sein: einmal, wie auch Adolf Frey andeutet, die langsame Erschöpfung im Vorrat seiner besseren Motive seit dem vierzigsten Lebensjahre ungefähr; dann auch, wie im «Lande der Freiheit», das Bedürfnis nach ausgeglichenerer künstlerischer Gestaltung; zuweilen war wohl bei der oft erzwungenen Produktion ganz einfach Zeitmangel mit im Spiele. Manchmal vielleicht wirkten alle drei Gründe ein bißchen mit!

Das scheint der Fall zu sein in der zweimaligen Darstellung des Motivs vom Bärenschild an Scheuern und Tennstoren, dem Symbol der bernischen Oberherrschaft im Aargau. Ein erstes Mal behandelte Frey das Thema in der Novelle *« Der Bärenschild »* (Basler Nachrichten, Dezember 1857). Der Franzoseneinbruch von 1798 stürzt hier einen leidenschaftlichen Menschen ins Unglück und in den Tod. Der schöne Zimmergeselle Martin – er ist von dunkler, vielleicht nicht geringer Herkunft – wird der Gemahl des Estherle, der begüterten

Am natürlichsten ist die Verquickung von Dorfgeschichte und historischer Novelle in der Erzählung *« Der Statthalter »* (1852), ursprünglicher Titel «Der Patriote», durchgeführt. Auch sie spielt im Aargau zur Franzosenzeit. Berichtet wird – und wiederum, wie so häufig bei Frey, hält der Verfasser von einem Lebensabend aus Rückschau auf Vergangenes –, wie ein braver, junger Bauer, aus Eifersucht und aus Gerechtigkeitsgefühl, sich an einem aristokratischen Offizier vergreift, der ihm sein Röschen, die Tochter des Untervogts (Gemeindevorstehers), abstehlen will, und deswegen nach Lenzburg ins Gefängnis geführt werden soll. Unterwegs aber wird er von einem ‹ Patrioten ›, einem Franzosenfreund, befreit – wie sehr Röschen selber, auch Martin, der Fuhrmann des

Oberbauerntochter, gerät aber, nachdem er, als Soldat vom bernischen Abwehrkampfe bitter enttäuscht, auf seinen aargauischen Hof heimgekehrt ist, in Streit mit den auch sein Haus besetzenden Franzosen, einem Offizier insonderlich, der sich durch sein gewinnendes Wesen das Estherle und ihren Vater gewogen macht. Eifersüchtig und in Anhänglichkeit an die früheren Berner Herren, die ihm doch in seiner Jugend übel mitgespielt, läßt er sich zu Umtrieben gegen den Feind hinreißen, erschlägt vor seinem Hause eine Wache, die ihn überrascht, als er am Tennstor den Bärenschild, das Wappen Berns, wiederum nach oben kehrt, wird vor Kriegsgericht gestellt und erschossen. Mit dem Seidentüchlein, das er einst von Estherle bekommen, hat ihm auf seine Bitte hin der befehlende Exekutionsoffizier – es ist derselbe, der in seinem Haus einquartiert war – die Augen verbunden. – Der Charakter Martins ist mit eindrücklicher Dringlichkeit gezeichnet: seine verhaltene, trotzige Leidenschaft kontrastiert mit der schmiegsamen Natur Estherles, das ihn doch innig liebt. Nach dem gräßlichen Tod ihres Mannes überläßt sie das neue Haus Verwandten, zieht sich in ein Stübchen zurück und heiratet nicht wieder.

In der Spätnovelle *«Der Tannen-Speicher»* (Sonntagsblatt des «Bund», 1872) erscheint das Motiv vom Bärenschild wieder, hier in Umkehrung jedoch, indem der Held als Gegner Berns den Schild an seinem Speicher – ‹ Tanne › ist der Name des Hofes – verstümmelt und sich weigert, mit den aargauischen Soldaten gegen die Franzosen ins Feld zu ziehen; sein Feind, der Schloßforstmeister und Liebesrivale Anton, streckt ihn daraufhin mit einer Kugel nieder. – Die Novelle, die mit einer lebhaft erzählten Jagdszene einsetzt, während welcher dem neuen und unbeliebten Forstmeister der Feuerstein seiner Flinte durch eine Käsrinde ersetzt wird (einen ähnlichen Schabernack, mit weniger handgreiflichen Folgen jedoch, bezog man im Emmental und Oberaargau auf den Nimrod Albert Bitzius – es muß sich um eine auch von Frey vernommene Wander-Anekdote handeln), hat episch eine geringere Füllung als «Der Bärenschild», und weniger Umriß besitzen auch der junge Rudolf Berlinger und seine Geliebte, das Schloßmüller-Gritli.

Untervogts, und der Nachtwächter, der alte Franzosenfritz, dabei
ihre Hand im Spiele haben, erfährt er, und wir mit ihm, erst später.
Mit den siegreichen Franzosen kehrt der Ebnat-Christian, so heißt
der junge Bauer, ins Dorf zurück und wird selber Statthalter; der
abgesetzte Untervogt aber weiht ihm seinen Haß, so daß Röschen
mit seiner Liebe auf leidvolle Wege gerät, hat es doch dem im
Kampf verwundeten Vater versprechen müssen, von Christian zu
lassen. Als die Kaiserlichen in Süddeutschland gegen die Franzosen Erfolge erringen, erheben auch in der Schweiz die Aristokraten-
freunde wieder ihr Haupt, und vom Untervogt wird eine Verschwörung gegen den Statthalter angezettelt. Von dieser jedoch
vernimmt Röschen und kann Christian noch beizeiten warnen; sie
stirbt unter der Kugel des Majors, ihres früheren Liebhabers, die
Christian galt, und über ihrer Leiche versöhnen sich Christian und
der Untervogt. Christian geht außer Landes, kehrt nach dem Sturz
Napoleons zurück als einsamer, unverheirateter, in gesicherten
Verhältnissen lebender Mann. Der Name «Statthalter» bleibt ihm
bis zum Tode.

Gelungen sind in der Erzählung eigentlich weniger die vier Gestalten der Mitte: Christian und Röschen, die zwei Liebenden
einerseits, der gewalttätige Major und der Untervogt mit seinem
«erbadeligen» Amtsstolz anderseits, vergessen über der bewegten
Handlung fast, in markantere Eigenzüge aufzustoßen – hurtig und
genau erzählt aber etwa ist die Wirtshausszene, in der Christian den
Judenbuben und Spion an die frische Luft befördert und den wiederum die Reitpeitsche schwingenden Major mit einem Messer am
Arm verletzt. Der Fuhrmann Martin jedoch und der Nachtwächter,
der Franzosenfritz, die mit ihrer «patriotischen» Neigung hinter
dem Berge halten müssen und in denen sich die Ereignisse mehr
spiegeln als äußern, sind in ihrer bäuerlich schlauen oder ruhm-
redig räsonierenden Verschmitztheit klar geschaute Figuren aus
dem Volke. In ihnen verbindet sich der dörfliche Geist auf unge-
zwungenste Weise mit den historischen Vorgängen. Wie der
Franzosenfritz nächtlicherweile vor dem Kammerfenster Röschens
der schmerzlich Versonnenen Andeutungen macht über Befrei-
ungsmöglichkeiten für Christian, und wie Martin den gefangenen
Christian aus den tolpatschigen Händen des Hatschierers (Polizi-
sten) in die des gewandten «patriotischen» Wirtes und Metzgers

Siebenmann hinüberspielt, das ist ganz trefflich geschildert; trefflich auch die Aufregung der Zurückgebliebenen, als nach dem Abzug der aufgebotenen Truppen die wildesten Gerüchte im Lande herumschwirren:

Den Daheimgebliebenen war es, als sei die ganze Welt ausgestorben. Überall fehlte ein Gatte, ein Vater, und manches Schwesterherz vergaß im Abschiedsschmerze über einen andern beinahe, daß der Bruder ebenfalls fortgezogen.

Auch in des Untervogts Hause war's still und öde. Die Mägde standen auf der Straße und in den Nachbarhäusern herum, Angst und Bangigkeit vermehrend, wo sie trösten wollten; dafür ließen sie sich Gleiches mit Gleichem vergelten, so daß sie Arbeit und Essen vergaßen. Röschen saß beinahe den ganzen Tag einsam in der Stube an seinem Spinnrade; freilich blieb die Spindel manchmal stocken, und, in tiefes Sinnen verloren, beugte sich das bleiche Gesicht auf die Brust nieder, während die Hände unbeschäftigt auf dem Schoße gefaltet lagen. Aber doch, sonderbar! mitten unter dem neuen allgemeinen Jammer fühlte es sich ermutigt und stärker, sein eigenes Leid zu tragen, da es wußte, daß hundert andere ebenfalls litten. So ist einmal das menschliche Herz, und wenn's auch das beste wäre, ein eigensüchtig Wesen. Der Bettler erträgt seinen Hunger leichter neben dem hungernden Mitgenossen als im Anblick des prassenden Überflusses.

Nichtsdestoweniger harrte Röschen mit banger Sehnsucht der Rückkehr des Vaters und Martins entgegen. Es war so unheimlich in dem großen, menschenleeren Hause. Der Wind trieb feuchtes Schneegestöber gegen die Fenster und strich mit so klagenden Tönen durch den leeren Hausgang, als ob er ängstlich nach jemand riefe, jemand suchte, den er nicht finden konnte. So kam's Röschen vor, und manchmal schrak es heftig zusammen, wenn ein dumpfer Stoß an den Giebel des Hauses fuhr; es glaubte jedesmal den Widerhall eines fernen Kanonenschusses zu hören. Endlich, als es bereits zu dunkeln anfing, ließ sich eine der Mägde herbei, von Angst und der Wichtigkeit ihrer Nachrichten nach Hause getrieben. «O du himmlische Güte», fing sie schon unter der Türe an, «o du ewige Barmherzigkeit, warum hab ich unnützes Geschöpf nicht sterben können, bevor ich solchen Jammer erleben mußte! Denke dir, Rosele, drunten bei Suhr sind so viel Soldaten beisammen, als auf dem Felde bis nach Aarau hinein Platz haben, soviel als Sandkörner am Meere; und jeder hat Pulver bekommen und Kugeln dazu, die sie nach Aarau hineinschießen sollen. Gewiß und wahrhaftig, der Franzosenfritz hat's gesagt; der Himmel weiß, wie viele jetzt schon tot sind, wenn die Kugeln alle treffen sollen – o Jammer und Elend! Die Aarauer haben mitten in der Stadt, gerade vor dem Rathause, eine große Tanne aufgerichtet – einen Freiheitsbaum nennen sie's; o die verblendeten Toren, die der Herr mit Finsternis geschlagen!

Oben auf den Baum haben sie eine alte Nachtkappe, eine rote Zipfelkappe gehängt, die den Teufel, Gott verzeih's, vorstellen soll, und dem zu Ehren um die Tanne herumgetanzt, Herren und Frauen durcheinander, wie die Hexen an Fronfasten auf dem Kreuzwege. Ach, und jetzt wird die Strafe des Himmels über die kommen, und die Stadt soll ausgerottet werden mit Kind und Kindeskindern. Die armen, unschuldigen Würmlein! An allen vier Ecken soll sie angezündet werden! Heiliger Gott, wie manches gute Bitzlein wird da verbrennen, an dem sich Unsereins erlaben könnte. Du himmlischer Trost! Aber die Tore haben sie geschlossen und wollen mit einer Kanone herausschießen gegen unsere Soldatenleut', Kugeln so groß wie ein Tennstor, sagt der Franzosenfritz. Wenn nur der Meister und Martin nicht zu nahe kommen; aber gewiß, den Martin wird's treffen, er ist immer ein Waghals gewesen. Drum hat mir's geträumt die letzte Nacht, er war schön aufgeputzt im Sonntagsstaat mit dem scharlachenen Leible und dem Wamse mit den großen Stahlknöpfen; er tat so freundlich und wollte mich durchaus zur Frau haben. O gewiß! Das ist ein sicheres Todeszeichen. Ich arme, unglückselige Kreatur!»

Dieser schreckliche Gedanke übernahm die Hiobsbotschafterin so sehr, daß sie sich erschöpft auf die Ofenbank setzte und ihr Gesicht laut klagend und jammernd mit der Schürze verbarg. Röschen, das trotz seiner eigenen Bekümmernis über die Alte lächeln mußte, würde mit seinem Troste wenig ausgerichtet haben, wenn nicht im nämlichen Augenblicke ein Wägelchen an das Haus herangerollt wäre. Es war Martin, um dessen Tod bereits so bittere Tränen flossen.

Wie köstlich ist dieses Hineinragen heimlicher Heiratswünsche in die wollüstige Angst der Magd, und die unfreiwillige Ironie dabei, daß Martins Freundlichtun ihr gegenüber ein sicheres Todeszeichen sei! Gotthelf hätte solche Tiraden nicht besser von Stapel lassen können.

*

Daß die Grenzen zwischen den drei Novellengruppen schwankend sind, bemerkten wir bereits. Ein aufgeschlossener Kunstverstand ist zweifellos auch im «Statthalter» und im «Lande der Freiheit» am Werke. Die Befreiung Christians etwa, während seiner Überführung nach Lenzburg, ist ein genau abgemessenes Erzählungsstück, und die Kunst, mit der im «Lande der Freiheit» die Spannung sich verschärft und der Horizont sich verdunkelt, zeugt von wissendem und geübtem Geschmack. Im Maße aber wie das historische Element an Bedeutung gewinnt, wird auch die ‹Kunst›-novelle noch umrißhafter. Man glaubt hie und da fast konkret zu spüren, wie der überlieferte geschichtliche Stoff im Dichter die Lust an Belichtungseffekten und Spannungsspielen weckt. Er geht hierin, auch das deuteten wir bereits an, mitunter sogar zu weit. Im «Reiter von Bremgarten», einem allzu breiten, matteren, zur Zeit der Helvetik spielenden Seitenstück zur «Waise von Holligen» (die Novelle erschien 1862 in der Schweizerischen Illustrierten Zeitung durch 28 Nummern hindurch!), erfährt der Leser Näheres über den schon eingangs geheimnisvoll aufgetauchten Helden erst in der 11. Fortsetzung; ja in der «Waise von Holligen» selbst, wie auch in einigen andern dieser Schöpfungen, wird die leserliche Neugier zuweilen allzu lange hingehalten. Davon abgesehen aber, sind einzelne dieser Erzeugnisse, auch gewisser anderer Mängel unerachtet, wahre Kabinettstücke novellistischer Kunst – nicht ohne Grund nahm Paul Heyse eines von ihnen, das «Erfüllte Versprechen», in seinen Deutschen Novellenschatz auf (Bd. 23).

Es spricht für ihre Kunsthöhe, daß man das sich mehrmals wiederholende Motiv: die Tochter eines aristokratischen, reichen oder andersgläubigen Vaters, welcher dieser einen Gemahl seiner Wahl zugedacht, liebt einen Mann entweder niedrigeren Standes oder weniger bemittelter, wohl auch konfessionell verschiedener Verhältnisse, – daß man die Wiederholung des Motivs nicht eigentlich als störend empfindet; denn die Begleitumstände sind meist dermaßen verschieden, daß das Thema fast jedesmal als ein neues erscheint. Zudem ist die psychologische Motivierung in der Regel meisterhaft, von klarstem seelischem Verständnis durchdrungen, und die rasch wechselnde Buntheit der Handlung läßt bis zu einem gewissen Grade vergessen, daß die Charaktere, zumal die weiblichen und ‹höheren›, die Konvention nicht weit genug hinter sich lassen; es setzt übrigens auch dichterische Kraft voraus, irgendwie konventionelle Gestalten in ihren Schranken mit Lebenswärme zu erfüllen.

Wie Frey den historischen Stoffansporn auch hier entbehren kann, wenn es gilt, Vortreffliches zu leisten, beweist die Erzählung *«Verbrecher in Gedanken»* (1864). Sie spielt in den Bündner Alpen gegen das Ende des 18. Jahrhunderts. Man weiß nicht, was man hier mehr bewundern soll, die zwingende Natürlichkeit des Geschehens, die prächtig ausgeglichene psychologische und handlungsmäßige Dichte, die Kunst der episch-dramatischen Spannung, die fast durchgehende sprachlich-stilistische Gemäßheit. Und der Hauptheld hat hier ein dichterisch bestimmtes, scharfes Eigenprofil. Das Ehehindernis ist in diesem Falle das Geld.

Conradin, ein armer Hirte aus dem Münstertale, der Chur zustrebt, wo er sich als Soldat anwerben lassen will, hat in Bergün, diesseits des Albulapasses, Frau und Tochter des wohlhabenden Hubler vor dem sicheren Tode in den Fluten des vom Frühlingsföhn geschwollenen, das Haus reißend umsprudelnden Bergstromes gerettet. Zwischen ihm und Nina ist die Liebe erwacht. Der harte, eigensüchtige Vater aber hat es anders im Sinn; er will die Tochter dem Landrichter von Filisur vermählen, darum heißt es den unliebsamen Freier entfernen. Arglistig schickt er Conradin, der in seinem Dienst geblieben, als Paßwart den Sommer über auf die Paßhöhe und läßt dann, um einen Anklagegrund gegen ihn zu bekommen, vom faulen und verschlagenen Herbergshüter Steffen das Paßwirtschaftshaus in Brand stecken. Nur zu gerne verurteilt der Landrichter von Filisur den Nebenbuhler und angeblichen Brandstifter zu drei Jahren Landesverweisung. Seine Wut über solch ungerechtes Urteil schleudert Conradin dem Hubler ins Gesicht; mit Mühe aber nur entgeht er dessen gedungenen Mordknechten. Von seinem Verstecke aus erblickt er beim Eindunkeln im Schein eines Blitzes den Hubler, der den gefährlichen Felsenweg hinankommt; schon hebt er die Hand zum Steinwurfe gegen diesen, da ertönt ein Schrei, und der Hubler stürzt in die Tiefe. Völlig verwirrt läßt sich Conradin gefangen nehmen und vor den Richter führen. In Gedanken hat er den Mord begangen. Er wird zum Tode durch den Strang verurteilt. Der Henker ist zufälligerweise einer von denen, die der kühnen Rettungstat an Frau und Tochter Hublers beigewohnt, und er nimmt das uralte Freiknechtenrecht in Anspruch, den Verurteilten einer unbescholtenen Jungfrau zu übergeben, wenn diese ihn zu ihrem Bräutigam erbittet. Und Nina meldet sich. Bevor sie mit dem ‹Mörder› ihres Vaters in eine ferne Juragegend zieht, vernimmt man, daß Steffen, vom Gewissen geplagt, sich dem Richter gestellt: *er* hatte den Hubler, der ihm den Lohn für seine Brandstiftung vorenthalten wollte, durch einen Steinwurf in die Tiefe gestürzt.

Hervorragend in der strengen Auswahl der Züge, die sich doch wie vorbestimmte Ringe zur Kette schließen, ist auf den Eingangs-

seiten die Schilderung der ersten Bergüner Erlebnisse Conradins:
sein Aufstieg zur Paßhöhe im entfesselten Sturm; die kurze Einkehr
beim ungemütlichen Hüter im Paßhause; die plötzliche Sturm-
glocke aus dem Tale, als er niederwärts steigt; die verwegene Tat
der Ablenkung der vorbeischießenden, das Haus gefährdenden
Treibhölzer; das Sicherkennen der beiden jungen Seelen am nächsten Morgen, als Nina ins verwüstete Erdgeschoß hinuntergeht
und dort den Retter scheinbar tot findet – in Wahrheit hat er sich,
hungrig und müde, wie er ist, nur zum Schlafe hingelegt; der Dank
der todkranken Mutter, deren Gatte einen Arzt in Chur holt; der
Kleiderwechsel Conradins, der in denen des alten Hubler gar pos-
sierlich aussieht; und das Sichbegegnen der beiden errötenden
Gesichter im Spiegel, der beiden Lippenpaare dann, «gleich zwei
jungen Rosen, deren schlanke Zweige ein Lufthauch zusammen-
neigt».

Der feine Duft des Lebenswahren liegt über der Geschichte.
Zart und keusch ist das Verhältnis der beiden Liebenden, die in der
Mutter einen Fürsprecher finden – um ihr bittend empfehlendes
Wort nicht anhören zu müssen, kommt Hubler mit Conradin absichtlich zu spät an ihr Sterbebett; das gemeinsame Leid um sie
kettet aber die beiden jungen Leute in nur noch stärkerer Liebe an-
einander. Wundersam dichterisch durchzuckt ist das nächtliche,
vom Vater überraschte Gespräch zwischen Nina und Conradin,
der heimlich vom Berg heruntergestiegen – von den ebenfalls
heimlichen Zusammenkünften Steffens mit seinem Meister vernimmt er durch Ninas Mund. In Conradin ist eine träumerische
Weichheit und eine männliche Herbheit zugleich, die aus ihm eine
besondere, überaus sympathische Gestalt machen; und die liebend
feste, sanfte und entschlossene Nina ist in ihrem Wesen wie ein
zartes Echo auf diese so anziehenden Züge ihres Geliebten.

Den zeitlich frühesten historischen Hintergrund, den Bauernkrieg von 1653[14], hat die Novelle « *Das Schwert-Erbe* » (1861). Dem
zeitlich größeren Abstand entspricht, erzählerisch recht geschickt,
ein gewisses Helldunkel der epischen Führung, auch eine gewisse
Strenge, ja Ungebrochenheit der Hauptcharaktere. Das Motiv
selbst, eine Abwandlung des ‹Schemas›, paßt sich den geschicht-

---

[14] Vgl. damit auch «Die Heiligen des Volkes. Bilder aus dem Bauernkrieg
von 1653». Illustrierter Volks-Novellist, 1866.

lichen Verhältnissen, der noch schrofferen ständischen Gliederung der Gesellschaft in kluger Weise an: die Liebe des Junkers zur vermeintlichen Bauerntochter erweist sich schließlich fast als ‹standesgemäß›. Doch ist die Liebesgeschichte nur ein bald leiserer, bald stärkerer Ober- und Nebenton. Den Grundklang bildet das Schloßleben in einer bewegten Zeit. Daher die sehr deutliche Abstufung unter den Gestalten, die auf ihrer jeweiligen Ebene wieder sich deutlich voneinander abheben. Alle überragt der Schloßbauer von Hallwyl (nach ihm bestimmt wünschte man eigentlich auch den Titel der Novelle – merkwürdig, wie Jakob Frey mehrmals sich im Titel irrte: »Verbrecher in Gedanken«, «Das erfüllte Versprechen», «Zweierlei Urkunden» sind unvorteilhaft, nicht bezeichnend genug gewählt). Er hat als Partner, doch episch schon auf einer weniger bedeutsamen Stufe, den jungen, eben aus fremdem Kriegsdienst heimgekehrten Freiherrn Ulrich von Hallwyl. Auf einer dritten Ebene könnte man Ulrichs Mutter und deren lothringischen Neffen, seinen Bruder Konrad und des Schloßbauern Tochter Elsa nennen. Auf einer vierten etwa den Jäger Dietrich und den Verwalter Christoph, und auf einer fünften die Bauern, die Knechte, das Volk. Diese scheinbar ganz natürlich sich ergebende Hierarchie begünstigt durch ihre verhältnismäßige Geschlossenheit die künstlerischen Spannungswirkungen, denn Geheimnisse – sie sind hier etwas romantisch zugestutzt – werden, auch für die Beteiligten, erst dann völlig gelüftet, wenn die besondere Konstellation dieser Stufen es erfordert. Jakob Frey meistert die retardierende Technik hier denn auch noch fast brillanter als anderwärts.

Der Schloßbauer ist eine durch ihre Stärke, Ruhe, Treue, Unabhängigkeit und Unerschrockenheit recht eigentlich tellenhafte Gestalt. Als der dünkelhafte Lothringer, der Neffe der Freiherrin, ihn mit der Reitpeitsche über die Stirne geschlagen, weil er sich geweigert, die schloßpflichtigen Bauern als Hetzhunde bei einer Treibjagd gebrauchen zu lassen, da wirft er diesen gewaltigen Schwunges gegen das Gittertor des Schloßhofes, läßt sich dann aber ruhig die Handeisen anlegen, wie es die herausstürzende Freifrau befohlen, während der nicht ernstlich verletzte Franzose ins Schloß geschafft wird. Was nun folgt, erinnert, zwar noch feiner geartet, an Tells Gefangennahme nach dem Apfelschuß:

Auf dem weiten Schloßhof war es jetzt still geworden. Nur den Stallungen entlang waren noch einige Knechte beschäftigt, und gegenüber stand der Schloßbauer zwischen dem Trupp Bedienter mit zusammengeschlossenen Händen an die Ladenbank gelehnt. Der Junker trat mit gemessenen Schritten auf ihn zu und schaute ihm, ohne ein Wort zu sprechen und hart vor ihm stehen bleibend, mit strengen Mienen ins Angesicht. Der Gefangene hielt die forschenden Blicke ruhig eine Weile aus und sagte dann, das Handeisen ein wenig erhebend: «Ich hatte noch nicht die Ehre, den gnädigen Herrn zu grüßen seit seiner Heimkehr und jetzt kann ich nicht einmal den Hut abnehmen, wie sich's gebührt.»

Der Junker mochte eine solche Anrede nicht erwartet haben und unwillkürlich mußte er sich zur Seite wenden, um ein Lächeln zu verbergen, das eine seltsam frohe Bewegung auf seine Lippen trieb. «Nehmt ihm das Handeisen ab», befahl er nach einer kurzen Pause den Wächtern, «vier Klingen werden doch wohl genügen, einen unbewaffneten Gefangenen festzuhalten.»

«Ich mag den Männern die Mühe schon ersparen», erwiderte der Schloßbauer, indem sich seine dichten Brauen tief auf die Augen zusammenzogen, «und ich habe das Ding auch nur so lange geduldet, um mich vorerst keinem Befehle der gnädigen Frau widerspenstig zu erzeigen.» Mit diesen Worten bog er die Hände auseinander, und das Eisen fiel klirrend auf das Pflaster nieder.

Herr Ulrich trat bei dieser drohenden Bewegung einen Schritt zurück und unwillkürlich langte seine Rechte nach dem Degengriffe; aber ebenso rasch ließ er sie wieder niedergleiten, als der Gefangene den Hut vom Kopfe nehmend mit Würde sagte: «Nun grüß' ich Euch, gnädiger Herr, und wünsch' Euch Segen zu Eurer Heimkehr.»

Würde, Ehrerbietigkeit, Klugheit und feine Ironie drücken sich hier nacheinander, miteinander fast im Benehmen des Schloßbauern aus. Klugheit vor allem: sie lockt das verstehende Lächeln auf die Lippen des Junkers, und sie hat eben auch die Bauern, die in ihrer Wut schon nach den Gewehren der Schloßjäger greifen wollten, sanft im Zaume gehalten. Diese spüren, daß er in seiner Überlegenheit so ein bißchen sein Spiel mit ihren Entschlüssen treibt, und wissen doch ohne weiteres, daß nur er ihr Führer sein kann. Wie Götz von Berlichingen schlägt er sich im beginnenden Bauernkriege auf die Seite der Aufständischen, aus Redlichkeit, um Ausschreitungen zu verhindern, doch verproviantiert er im stillen die Schloßfamilie, verschafft der Freifrau und ihrem Neffen ein sicheres Geleite nach Lenzburg, hatte er doch auch dem alten, verstorbenen Freiherrn zur Rettung des Lothringer Hauses der Freiherrin pfandlos eine große Geldsumme vorgeschossen. Er tut es aus angebornem aristokratischem Gefühl; doch er allein weiß um seine Abstammung von einem jüngeren Bruder des stolzen Ahnherrn des Geschlechts, Hans von Hallwyl, des Mitsiegers von Murten. Aus dem Erbschwert in der Truhe, das er zuweilen in einem Steingewölbe seines Hauses betrachtet, strömt Kraft auf ihn über. Sinnvoll ist es, daß er auf dem Dach dieses Steinhäuschens, seine geliebte einzige Tochter, dieses lebendige Erbschwert, neben sich, im Kampfe gegen die mordbrennerischen Schergen des perfiden Lothringers fällt.

Eine sympathische, kraftvolle, edle Gestalt ist auch der Junker Ulrich. Wie der Leser dringt er nach und nach erst in das Geheimnis ein, das den Wahnsinn seines Bruders Konrad umgibt, den die Mutter, um eine Mißheirat zu verhindern, glauben ließ, die heimlich geliebte Elsa sei seine in Unehre gezeugte Schwester. Er richtet dem armen Kranken ein Zimmer neben dem seinigen ein, und es kommt zu einer Art Besserung, Konrad hat hie und da lichtere Momente, und er stirbt mit dem Schloßbauern auf dem Dach des Steingewölbes, für die Geliebte kämpfend. Vom Bruder übernimmt Ulrich die Neigung zur schönen, seiner jungverstorbenen Schwester so seltsam ähnlichen Tochter des Schloßbauern, und als dieser ihm deren Herkunft enthüllt, darf er sie getrost in seine Arme schließen.

Hochmütig, kalt, nur auf die «Ehre» des Hauses bedacht, ist die Mutter, eine Ausländerin, die königliches Blut in den Adern zu haben glaubt, für die «Bauern», wie ihr Neffe, nur Verachtung übrig hat, schließlich aber, als die letzte Kraft sie verläßt, «zersplitternd auseinanderbricht».

Romantische Requisiten, im Motiv des Erbschwertes vor allem, spielen, wie angedeutet, in der Novelle zweifellos mit; doch verblassen sie neben der packenden menschlichen Wirklichkeit, die Frey in diese so besondere Atmosphäre hineinzuschauen weiß.

In das vorrevolutionäre Bern der Henzi-Verschwörung (1749) führt «*Das erfüllte Versprechen*» (1862). Nicht das geschichtliche Ereignis aber steht im Mittelpunkt, wiewohl es am Schluß sehr geschickt, ja spektakulär in das novellistische Gewebe hineinverflochten ist. Die Erzählung als solche ist ein subtiles und eindrucksvolles

Gemisch verschiedener Elemente. Den Mittelgrund nimmt eine
zart-tragische Liebesgeschichte ein, wiederum nach dem ‹ Schema ›
(das Ehehindernis bildet hier der schroff betonte Standesunter-
schied); begleitet ist diese von fast märchenhaften, mitunter leis
komischen Zügen, die denen in Gottfried Kellers «Kleider machen
Leute» nahestehen; und das Ganze durchsetzt ein patrizischer Le-
benszauber, eine patrizische Lebensstarre auch, die einen sozusagen
historischen Duft und Schleier um sich verbreiten, so daß das erstaunliche, in den Hauptzügen jedoch geschichtliche Schlußge-
schehen noch wie eine natürliche Krönung wirkt. Unbestreitbar
ein nicht alltäglicher epischer Vorwurf. Und da er mit Takt,
Kenntnis ind Lebenswärme behandelt ist, so entstand ein Werklein,
das vorteilhaft etwa von Jakob Boßharts «Barettlitochter» ab-
sticht.

Was erzählt wird: Theobald Meyer, ein Kölner von geringer
Herkunft, der als Jüngling seinen Freund unwissend erstochen
und darum den Soldatenstand aufgegeben hat, zu dem ihn seine
Körperstärke doch zu bestimmen schien, wird ein Haarkräusler
und kommt nach Bern. Seiner vornehmen Manieren wegen – er
ist ja auch mit einem Edelmann erzogen worden – wird er vom
Torwart schon, und bald gerüchtweise in der Stadt, für einen in-
cognito reisenden Grafen oder Prinzen gehalten, so daß selbst der
aristokratische Oberst (sein Name wird nicht genannt) sich bemüßigt glaubt, ihm auf den Zahn zu fühlen. Noch bevor dieser
aber einiges aus des Friseurs Leben erfährt, hat sich schon die Liebe
in das Herz seiner Tochter eingeschlichen. Eine aussichtslose Liebe,
scheint es, denn im Obersten lebt ein fanatisches Standesvorurteil.
Da rückt ein intuitiv gefaßter Entschluß Theobalds die Lösung in
greifbare Nähe: um des Besitzes Julias willen setzt er sein Leben
aufs Spiel. Der Oberst selber hat den geflüchteten Verschwörer
Henzi eingebracht. Als dieser jedoch den Häschern durch einen
verwegenen Sprung in die Aare entkommt, da stürzt sich Theobald, vom Versprechen des Obersten getrieben, seiner Tochter
ihren Willen zu lassen, dem Flüchtling nach (ein bißchen das Motiv
aus der Schillerschen «Taucher»-Ballade) und fängt ihn ein. Von
Gewissensbissen geplagt, bekommt er vom eingesperrten, gelassen
dem Tod entgegensehenden Henzi selber die Verzeihung für seine
Tat. Und der Oberst hält sein Versprechen – äußerlich wenigstens.

Theobald wird mit Julia getraut, dann von ihr getrennt und als Antaster einer hohen Standesfamilie in die Festung Aarburg gebracht. Als Julia in Gram gestorben, läßt man ihn dort frei unter der Bedingung, daß er das Land verlasse. Er entspringt den Hatschierern und stürzt sich, den Tod suchend, in die Aare.

Die «unerhörte Begebenheit», von der Goethe in Bezug auf die Novellengattung sprach, ist hier eigentlich eine zwiefache: einerseits der kaum überlegte, triebhafte Entschluß Theobalds, sein Leben für die Geliebte zu wagen, anderseits der Entschluß des Obersten, sein «Versprechen» zu halten, auf unehrliche Weise aber – zwei zusammengehörende, doch diametral entgegengesetzte Entschlüsse, der eine aus höchster Herzensnot und Liebe geboren, der andere kalter, grausamer Berechnung entsprossen. Dieser Doppelbegebenheit entspricht, auf ungleich harmloserer Ebene, der Beginn: die Ankunft Theobalds, der nichtsahnend die halbe Stadt in geheimen Aufruhr bringt, und die entfesselte, mutmaßende Neugier, der auch der Oberst, wie seine Tochter, verfällt. Die Steigerung von der kleinstädtischen Idylle zur tragischen Verwicklung ist mit sicherer Hand und bedeutsam durchgeführt. Das zart schwebende Gleichgewicht beider Momente erreicht die Erzählung in der Mitte mit jenem seligen Augenblick, da Theobald vor der von der Verschwörung ebenfalls bedrohten Julia, deren Liebe standhält, auf den Knien liegt, sein glühendes Antlitz auf ihren Schoß gelehnt: «ein solcher Augenblick wiegt ein ganzes Leben auf», ruft er, trunkenen Blickes und hochaufatmend sich wieder erhebend. Das tragende Motiv der Novelle ist damit umschrieben.

«*Die Waise von Holligen*» (1859) ist Jakob Freys umfangreichste und bekannteste Erzählung. Die Eile der Niederschrift fügte ihr nur unwesentlichen Schaden zu, und sie ist denn auch der stärkste Beweis für die außerordentlich rasch sich einspielende Konzentrationsfähigkeit des Dichters. Sie reiht sich zwanglos in unsere zweite Gruppe ein. Was für sie einnimmt, ist ihre Lebendigkeit und Frische, die Originalität des Zeit- und Ortsspiegels, der auch im historischen Kostüm nirgends eigentlich fehlgeht, die Kunst der epischen Spannung, die den Leser von der ersten bis zur letzten Zeile in Atem hält, der sympathische Charakter der Hauptgestalten endlich – Vorzüge, die zwar auch für andere dieser Novellen gelten, die hier aber, auf breiterer Grundlage zusammenwirkend, sich kraftvoller, überzeugender noch entfalten. Das geschichtliche Element ist hier nicht nur Folie und Hintergrund, sondern Schauplatz selber, eng verbunden mit dem novellistischen Motiv.

Die Erzählung spielt am großen Wendepunkt bernischer Geschichte, in den «Tagen des Untergangs der alten Eidgenossenschaft», wie es im Untertitel heißt, genau: von Ende Dezember 1797 bis zum Übergang Berns (5. März 1798). Historische Persönlichkeiten treten auf (nennen wir die imposanteste: den alten Schultheißen von Steiger); die allgemeine Situation ist die des Zusammenstoßes aristokratischer und demokratischer Ideen, im Konkreten der Einmarsch der Franzosen und die letzten kriegerischen Zuckungen einer nicht ohne Würde absterbenden Welt. – Hineingesehen in diese pathetische historische Stunde ist eine Liebesgeschichte, die in den beiden Liebenden die sozial-politischen Gegensätze umspannt (womit wir wiederum beim Handlungs ‹schema› sind). Die aufgewühlte, wirre Zeit bringt es mit sich, daß aus der Liebes- fast eine Kriminalgeschichte wird, in einzelnen Nebenhandlungen fast eine Schauergeschichte. Die schön gewahrte Einheitlichkeit der Grundstimmung aber hält diese verschiedenen Teile fast fugenlos und eigentlich nirgends völlig unglaubwürdig zusammen.

Die beiden – erfundenen – Hauptgestalten stehen auf der demokratischen Seite: es sind das der Maler und Hauptmann Rudolf König und der wackere Wachtmeister Christen, der Schloßmüllerssohn von Holligen – die aristokratische Geliebte Königs spielt nur eine Nebenrolle. Das schon besagt, daß auch hier, wie im «Schwert-Erbe», der sozialen Abstufungen viele sind. Die Hierarchie reicht von der höchsten und würdevollen politischen Spitze, dem Schultheißen, bis zum schamlosen, verbrecherischen «Judenbuben», umfaßt Hohe und Geringe, Einheimische und Fremde (unter diesen besonders die französischen Lockspitzel); daß die beiden Hauptfiguren, zwar abgestuft auch sie, der ‹mittleren› sozialen Schicht entstammen, ist irgendwie symbolisch für das im Gleichgewicht ruhende erzählerische Geschehen. Die Verbindung nach oben und unten wird sinnvoll hergestellt: der Hauptmann König ist ein Freund des lockeren, von Todesahnungen heimgesuchten und in Wahrheit tragisch endenden Junkers von Dießbach und hat durch diesen, wie natürlich auch durch seinen Grad und seinen Beruf, Zutritt zur patrizischen Gesellschaft; anderseits ist er der Abgott seiner Artilleristen: diese befreien den Entführten und Totgeglaubten aus dem Marterturm (dies die von sehr realen Elementen durchsetzte Schauergeschichte), und mit ihnen erlebt der in seine militärischen Ehren wieder eingesetzte Hauptmann die letzten verzweiflungsvollen Kämpfe gegen die Franzosen. – Auf der patrizischen Seite ragen der Herr von Holligen und der Oberst von Stettler hervor: der eine, in seinem Haß gegen die Feinde der aristokratischen Ordnung, dem Obersten im «Erfüllten Versprechen» ähnlich (auch er übrigens ein Witwer mit einer einzigen Tochter), der andere ein Freund der Gewalt und politischer Skeptiker – er wird der Rache des von ihm degradierten Aide-Majors Wacker zum Opfer fallen. Bezeichnend für die Schwäche des ganzen patrizischen Regimes ist die Einhelligkeit, mit der die Regierenden dem doppelzüngigen französischen Emigranten und Spion Amiel ihr Vertrauen schenken. – Zwischen dem Vater und dem Geliebten, bedrängt von dessen Rivalen Amiel, steht Adelaide, die Erbin von Holligen, gescheit und liebenswürdig, doch mehr leidend als tätig, wie Julia im «Erfüllten Versprechen». Ihr endliches Glück ist, daß dem Vater nach den Schreckenstagen die «Schuppen des Irrtums und des Wahnes» von den Augen fallen.

Zu welcher Reinheit der Diktion Jakob Frey zuweilen gelangt, zeigt mehr als eine Seite aus der «Waise von Holligen». Nennen wir nur die folgende: Der Hauptmann König und der Wachtmeister Christen, beide verwundet, eilen nach dem Gefecht im Grauholz Holligen zu:

Es war ein stiller, einsamer Weg, den die beiden zu gehen hatten. Zur Linken der im Abendwinde wachwerdende Wald mit seinem geheimnisvollen Rauschen, zur Rechten in der Tiefe das weite, öde Moos mit dem Flusse, über dem sich leichte Nebel auf und nieder bewegten. Von der Höhe des jenseitigen Ufers erklang aus weiter Ferne ein halbverlorener Trommelschlag, wie eine müde Erinnerung an den in Nacht versinkenden Kampftag; sonst war es still weitum, und bald schritten auch die beiden Wanderer schweigend neben einander her, in tiefes Sinnen verloren. Den Wachtmeister führten seine Erinnerungen hinüber nach Fraubrunnen an dem einsamen Hause des Kirchmeyers vorbei auf das Feld hinaus, wo drei Leichen starr und bewegungslos sich umschlungen hielten, während die Gedanken des Hauptmanns mit wachsender

Bangigkeit am Schloßturm schweiften, der aus den Wiesengründen von Holligen emporstieg. Manchmal blieb er einen Augenblick stehen, um den kalten Schweiß von der Stirne zu trocknen, ohne zu bemerken, daß sich mit demselben auch das Blut seiner Wunde vermischte, deren Verband von der starken Bewegung lose geworden war. Er ging dann einige Schritte langsamer und suchte, seine Gedanken sammelnd, die dumpfe Angst der Seele zur Ruhe zu bringen; aber unwillkürlich begannen die Füße allmählich rascher auszuschreiten, und in wenigen Minuten eilte er wieder so schnell dahin, daß der Wachtmeister nur mühsam mit ihm Schritt zu halten vermochte. So gelangten sie in ununterbrochenem Laufe zur Stelle, wo am Fuße des Gurtenberges die Straße nach der Stadt sich rechtsab in die Tiefe senkt, während ein Fahrweg der Höhe entlang in mancherlei Krümmungen zwischen zerstreut liegenden Häusern und hohen Hecken nach Holligen hinüberführt. Vom Münster klang eben die neunte Stunde herab, und die Stadt schimmerte noch mit tausend Lichtern über das Rauschen des Flusses in die Nacht herüber; alles lag so still und friedsam, als wäre der Kampf des Tages nur ein bereits vergessenes Schreckbild gewesen. Auch dem Fahrwege entlang herrschte tiefe Stille, und als sie endlich die Höhe von Holligen erreichten, standen Schloß und Mühle vor ihnen, wie vom ruhevollen Feierabend umfangen. Aus dem Fenster Adelaidens brach ein Lichtschimmer zwischen den Zweigen der Bäume hervor, um die Giebel des Turmes spielte bleicher Sternenschein, und aus der Tiefe seitwärts murmelten die Wasser des Mühlebaches ihre nächtlichen Zwiegespräche – sonst kein Geräusch, kein Laut, so weit das Ohr zu reichen vermochte.

Einige kleine Unebenheiten ließen sich auch in diesem Text von einer zeithabenden Hand noch glätten – welch ein leichter, zarter Schwung der Feder aber hält die doch ereignisschwere Stimmung fest!

Der gleichen vaterländischen Zeit entnommen ist die Erzählung *« Das vergrabene Gewehr »* (Illustrierter Volks-Novellist, 1864). Sie auch liest man mit pochendem Herzen zu Ende. Gewisse Anklänge erinnern an den «Statthalter», insbesondere die dörfliche Aufregung, als die einheimischen Truppen aufgeboten und fortgezogen sind und die widersprechendsten Gerüchte durchs Land schwirren. Die Novelle ist aber vermehrt auf *eine* Gestalt ausgerichtet, was ihr eine fast anekdotische Zielstrebigkeit verleiht. Hier jedoch auch sind die Spannungselemente weise ausgespart, ja das letzte Rätsel bleibt ungelöst. Erzählt wird wiederum im Rückblick.

Für den nicht eben waffentauglichen jungen Kirchbauern ist der schwarze Jörg, der vor noch nicht langer Zeit eingestellte Knecht, von dessen Vergangenheit man auch im Hause wenig weiß, in den

Krieg gezogen. In der Uniform offenbart Jörg sofort merkwürdige Führungsqualitäten, und das diamantenbesetzte Kreuz mit dem goldenen Kettchen, das er scheidend der geliebten Tochter des Hauses, Vreneli, hinterlassen, gibt vermehrt noch zu allerhand Mutmaßungen Anlaß. In den unglücklichen Kämpfen mit den Franzosen schlägt er sich ausgezeichnet, wie die flüchtigen Heimkehrenden berichten, doch scheint er unter den Toten zu sein. Eines Abends aber ist er plötzlich wieder da, und schon sind die Franzosen im Dorfe. Mit einem elsässischen Korporal kommt es bald zu Reibereien, denn dieser erkennt in Jörg den Berner Soldaten, der ihm, dem Feigen, im Gefecht bei Fraubrunnen arg zugesetzt hat. Vor den französischen Kommandanten zitiert, erzählt Jörg, was in Wahrheit vorgegangen und woher er stammt. In französischen Diensten hat er, der frühverwaiste Oberaargauer, das Waffenhandwerk gelernt und sich trefflich bewährt. Das Edelsteinkreuz erhielt er von einem reichen Herrn, dem er das Leben gerettet. Als der Elsässer unverschämt dem geliebten Vreneli nachstellt, da bricht der offene Kampf aus; jener wird in einer Nacht von einer Kugel getötet, und der Verdacht fällt natürlich auf Jörg. Doch kann ihm keine Schuld bewiesen werden. Er wird nach dem Abzug der Franzosen der angesehene Kirchbauer; unter den Leuten jedoch lebt der Glaube fort, er habe den Elsässer erschossen: man nennt ihn den Franzosenjörg. Und als viel später sein Sohn, nach dem Brand des Hauses, im Keller ein vergrabenes Franzosengewehr findet, da erscheint allen der zerstörende Blitz als die späte Vergeltung einer verschollenen Tat.

In die Zeit der aargauischen Klosteraufhebung versetzt die ausgezeichnete Novelle «*Zweierlei Urkunden*» (1872). In ihr gehen Heimatgefühl und Zeitgeschichte eine außerordentlich feine Bindung ein: die Dorfgeschichte weitet sich zu vaterländischer Verklärung, und das Menschliche stößt auf zu universaler Bedeutung. Dabei sind die epischen Elemente – kriegerische Aufregung, Liebeserwachen, Widerstände, unerwartete Wendung – überaus glücklich miteinander in Beziehung gebracht. Zweifellos ein erzählerischer Glücksfall; man spürt denn auch deutlich eine geheime Schöpferlust durch die Seiten zittern.

Zwar auch hier eine Abwandlung des ‹Schemas›: die Haupthemmung, die sich der Liebe in den Weg stellt, ist der konfessionelle

Gegensatz, noch erbitterter gemacht durch die Zeitumstände. Dem Lindenmüller, der im Widerstand der Freiämter gegen die Klosteraufhebung eine führende Rolle gespielt hat und eine Gefängnisstrafe absitzen muß, kann die Neigung seiner Tochter zu einem Andersgläubigen nicht gelegen kommen, zumal dieser als Offizier einer Besetzungstruppe in seinem Hause einquartiert gewesen. Daß der Leutnant Rudolf die Lindenmüllerin und ihre Tochter von einer aufsässigen Bande von katholischen Flüchtlingen befreit hat, ist ihm nicht Grund genug, seine Meinung zu ändern. Die Tochter sähe er lieber mit ihrem Vetter vermählt. Franziska aber zieht es vor, den Schleier zu nehmen, wenn sie ihrer Liebe entsagen soll. Da erfährt der Lindenmüller unvermutet, daß zwei seiner Vorfahren Reformierte, der eine sogar ein Freund Zwinglis gewesen: auf der Hinterwand eines kunstvoll geschnitzten Kästchens, in welchem die Ehrenurkunde über den Tod eines Ältervaters in der Schlacht bei Villmergen (1712) versorgt ist, findet er diese überraschende Botschaft, zusammen mit einem Bildnis des Reformators. Auch jene Wohler waren um ihres Glaubens willen Verfolgte; der jüngere, Hans Wohler, hat im Kanton Bern, wohin er gezogen, den Namen Berner angenommen – und der Leutnant Rudolf Berner (ein etwas zugespitztes, doch künstlerisch erlaubtes Mittel der Wirkungssteigerung) erweist sich als sein später Nachkomme. Der Lindenmüller, der kein verstockter Mensch ist, setzt daraufhin der Liebe seiner Tochter kein Nein mehr entgegen, denn, sagt er, «wenn die Toten predigen, wird der Lebende sie wohl anhören müssen».

Das Motiv ist mit ein paar Worten erzählt – wie es aber verlebendigt, mitten ins menschliche Herz hineingestellt wird, als wöbe das Leben selbst seine Zustimmung, seinen Jubel hinein! Man möchte überall zitieren. Der Lindenmüller, der mit andern über die Kantonsgrenze geflohen, meldet sich den Militärbehörden diesseits der Grenze wieder, wird aber nach Hause entlassen unter dem Versprechen, sich auf erstes Begehren wieder zu stellen. Der Leutnant Rudolf selber hat ihn nach dem reformierten Hauptquartier geleitet. Dennoch erklärt er zu Hause, daß es mit Leuten solcher Art keine Gemeinschaft geben könne, sehe dieser in den Klöstern doch Zwietrachtsnester, die man aufheben müsse:

Franziska beugte das erbleichende Gesicht tief vor sich nieder, als ob sie etwas vom Boden aufheben wollte, und auch die Mutter schwieg, während sie dem Heimgekehrten den Tisch deckte. Die Worte des Leutnants schnitten ihr selbst durch das Herz und verwirrten und betrübten für einen Augenblick das schöne Bild, das sie sich unwillkürlich von dem inneren Wesen des jungen Mannes gemacht hatte. Sie war daher froh, als der Lindenmüller bald nach der Ruhe verlangte, die ihm die letzte Nacht nicht vergönnt gewesen, und auch Franziska ging auf ihr Kämmerchen, ohne ihres Retters aus der Bedrängnis des gestrigen Abends noch einmal ansichtig geworden zu sein.

Ruhe und Schlaf, die holden Begleiter der Nacht, mußten ihr indessen wenig Erquickung gebracht haben. Als sie am Morgen in die Stube trat, wo der Leutnant einzig beim Frühstück saß, sah sie so bleich und angegriffen aus, daß er bei ihrem Anblick betroffen ausrief: «Was ist Euch, Franziska, Ihr werdet doch nicht unwohl sein?»

Bei diesem Ausrufe erhellte sich das feine bleiche Antlitz, wie ein weißes Morgenwölklein, über das der erste Sonnenstrahl hinfliegt. Franziska, Franziska – wie der Name von diesen Lippen einen wundersamen Klang hatte! Sie mußte sich zusammennehmen, um nur eine Antwort geben zu können, und sagte dann leise: «Nein, unwohl gerade nicht, Herr Leutnant, ich danke Euch. Aber Ihr wollt uns schon verlassen, wie ich gehört habe?»

«Leider muß ich», erwiderte er; «mein eigener Wille wäre es sicherlich nicht gewesen.»

«Und ich hab' Euch noch nicht einmal danken können», fuhr Fränzeli in dem gleichen leisbewegten Tone fort, «aber wie könnt' ich's auch, selbst wenn Ihr noch lange, lange bei uns bleiben würdet.»

Der Leutnant erhob sich vom Tische und sagte nähertretend nun ebenfalls mit leiser Stimme: «Der beste Dank, wenn doch von einem solchen die Rede sein soll, bestünde in einem freundlichen Andenken, das Ihr mir bewahren wolltet, Franziska.»

«Oh, dessen seid Ihr sicher», rief sie nun, die Augen aufschlagend, mit dem bewegten Ausdrucke eines dankerfüllten Herzens; «nie, nie werde ich Euch und, was ich diese Tage erlebt, vergessen, keine Stunde, glaubt es mir, Herr Berner.»

«Ich nehme dieses Versprechen zum Pfande», erwiderte er, ihre Hand ergreifend; «ich werde Euch noch einmal daran erinnern, Franziska!»

Sie wollte, ohne zu bedenken, was sie tat, ihr Gesicht auf seine Hand niederbeugen, wie sie es als Kind und junges Mädchen zur Begrüßung geistlicher Herren, die ins Haus kamen, gewöhnt worden war; er jedoch hob ihr Antlitz schnell empor, küßte sie auf Mund und Augen und flüsterte: «Lebe wohl, Franziska; ich seh' dich wieder in besserer Zeit, so Gott will.»

Mit diesen Worten ging er rasch zur Tür hinaus, während das Mädchen bewegungslos stehen blieb und auf den Schall der Tritte horchte, bis dieselben über den Flur und die Treppe hinab verhallt waren; dann aber eilte es mit hochklopfender Brust und kaum seines Atems mächtig nach seinem Kämmerchen hinauf. Von dort aus hörte Franziska, wie der Leutnant drunten auf dem Hofe von Vater und Mutter Abschied nahm, sie hörte die letztere ihren Namen rufen, ohne eine Antwort zu geben; aber mit dämmernden Blicken schaute sie, ans Fenster gelehnt, auf den Weg nach der Landstraße hinaus, auf welcher der Scheidende, nur von einem seiner Leute begleitet, dahinschritt. Er wendete das Gesicht mehrmals nach der Lindenmühle zurück, und jedesmal erglühte Franziskas Antlitz von neuem unter diesen Blicken, die sie doch in ihrer Verborgenheit nicht erreichen konnten. Sie wußte und empfand es, daß dieselben nur ihr galten, nur sie suchten, und dennoch fand sie jetzt nicht den Mut, das Fenster zu öffnen und sich hinauszubeugen, einen Abschiedsgruß nachzuwinken. Als der Scheidende jedoch in der ersten Beugung der Straße verschwunden war, kam es dem nachschauenden Mädchen vor, als ob plötzlich am hellen Tage die Sonne am Himmel verschwunden sei.

Mit solcher Richtigkeit und solchem Maße des Wortes erzählt nur ein hochbegabter Erzähler.

*

Einen gewissen anekdotischen Zug spürt man schon, wie wir bemerkten, im «Vergrabenen Gewehr». Auch von der zweiten zur dritten Gruppe ist die Grenze unscharf. Etwas in Jakob Frey neigte zur flott, bündig erzählten, in sich geschlossenen Geschichte; die Klarheit seines Fühlens und Denkens, die Lust am bezeichnenden Detail, der strukturelle, pointensichere Sinn strebten wie von selber nach der anekdotischen Abrundung.

Am Historischen und am Anekdotischen teil hat die prächtige Früherzählung *« Ein dankbarer Knabe »* (Schweizerischer Jugend-Almanach, 1853); geschickt sind auch soziale und psychologische Motive in sie verwoben. Ihr innerstes Thema ist das plötzlich aufflammende Werden einer Jünglingsseele, wie es Gotthelf, auf gleichsam nationaler Ebene, einige Jahre zuvor im «Knaben des Tell» dargestellt hatte: dort wie hier bildet das verehrende Dankbarkeitsgefühl den Grund, an dem sich dieses Werden vornehmlich entzündet. Der Knabe des Tell wächst in eine heldische Vollendung hinein und gibt sich der jungen Freiheit der Heimat und der sühneheischenden Tat des Vaters gleichsam als Opfer hin; Ruedeli, der ‹dankbare Knabe›, in bescheideneren Verhältnissen lebend, beweist die Echtheit seines Gefühls, indem er später ein allgemein geachteter und tüchtiger Meister Waffenschmied wird.

Jakob Frey verlegt die Geschichte ins Jahr 1812, in die Zeit, da Napoleon in Europa ein Heer sammelt, um nach Rußland zu ziehen. Auch die Schweiz muß ihr Kontingent liefern: achtzehntausend Mann, und da man Mühe hat, diese aufzutreiben, so steckt man junge Leute um irgendeines geringfügigen ‹Vergehens› willen in den Soldatenrock und liefert sie über die Grenze (das Motiv wird auch in Freys Novelle «Ein seltsames Handgeld», 1874, sowie schon in «Michels Brautschau» von Gotthelf gestreift). Der Ammann und Kommissär eines Dorfes – die Erzählung spielt im Aargau, unweit Lenzburg – ist in den Kriegsläuften auf geheimnisvolle, jedenfalls, wie man munkelt, unrechtmäßige Weise zu Reichtum und Ansehen gelangt, und einen traurigen Spießgesellen hat er im Waldvogt. Beide glauben in der Person eines jungen, vaterlosen, eben von den hohen Schulen heimgekehrten und wohlsituierten Mannes einen guten Fang für die Achtzehntausend zu tun, hat dieser sich doch, einen armen holzsammelnden Knaben vor dem hartherzigen Waldhüter schützend, der Widersetzlichkeit gegen einen ‹Diener des Gesetzes› schuldig gemacht. Ruedeli aber, so heißt der Knabe, in der Stadt eine Arznei für seine kranke Mutter holend, bekommt Wind von der bevorstehenden Verhaftung seines Wohltäters, und unter abenteuerlichen Umständen gelingt es ihm, diesen zu befreien. Der Waldvogt erfährt von der Felsenhöhle, in der Ruedeli den Gesuchten versteckt hält, tötet aber, in diese eindringend, aus Versehen den hinter ihm folgenden Kommissär. Sterbend versetzt dieser seinem im Grunde verhaßten Komplizen einen Stich mit dem Weidmesser, und bevor auch der Waldvogt sein Leben aushaucht, bekennt er, daß er vor Jahren dem Kommissär geholfen habe, den alten Brütel, den Vater des jungen Mannes, auf der Jagd zu erdrosseln, denn der alte Herr besaß Papiere, durch welche er beweisen konnte, daß der Kommissär auf frevelhafte Weise in den Besitz seines Reichtums gelangt war. Noch eine weitere Tat will er beichten, da verschließt ihm der Tod den Mund; doch errät man, was er bekennen wollte: er hat auch den im Kriege umgekommenen Vater Ruedelis auf dem Gewissen. Von einer weiteren Verfolgung Alfred Brütels ist nach diesen Enthüllungen natürlich nicht mehr die Rede. Er nimmt Ruedelis Familie aus der armseligen Waldhütte in sein eigenes Haus und bildet Ruedeli und sein Schwesterchen Mareili zu wackern Menschen aus.

Drei Episoden ragen in der Erzählung hervor: eingangs die Schilderung der bittern Armut im strohgedeckten, winddurchpfiffenen Häuschen der kranken Tannzapfen-Marei und ihrer frierenden Kinder; dann die Träume Ruedelis, als er im Doktorhause auf den Arzt wartet: er sieht sich als den großherzig-dankbaren Wohltäter seines Wohltäters, und die Tränen kommen ihm bei solchen träumerischen Gedanken in die Augen; und dann, wie er heimkehrend im Walde dem Fuhrwerke nachläuft, auf dem zwei Landjäger den verhafteten Wohltäter entführen, und er entledigt sich, um ungehinderter zu rennen, nacheinander des schönen Mantels und der Schuhe, die ihm Herr Brütel gegeben und die vor einer Stunde noch sein Stolz und seine Freude gewesen – dafür holt er das Gespann aber auch ein und durchschneidet die Stricke des Gefangenen, während die Gendarmen bei dem winterlichen Hundewetter in der Waldschenke ein Gläschen nehmen.

Die schweizerische Literatur hat wenig Jugendgeschichten von solcher Stimmungsgewalt bei solcher Knappheit und Schlichtheit des Wortes. Die Schwarz-Weiß-Zeichnung der Gestalten noch empfindet man als erzählerische Notwendigkeit.

Aus *einem* Gusse, sozusagen vom ersten bis zum letzten Satze künstlerisch durch- oder doch angehaucht ist eine Spätnovelle Jakob Freys, die seltsamerweise auch nicht in der fünfbändigen Ausgabe steht: *»Eine Frau statt Epauletten»* (Sonntagsblatt des «Bund», 1874). Mit leichter Hand, entzückender Gemütsfrische, einem Gran feiner Ironie, scharfsinnig, klug und spannungsvoll erzählt: wahrhaft reife Novellenkunst. Eine Liebesgeschichte, wie der Titel schon verrät, doch anmutig in jüngste Zeitgeschichte eingebettet, in die militärische Aufregung um den Neuenburger Handel (1856).

Es droht ein Krieg mit Preußen, die schweizerische Armee eilt an die Nordgrenze. Ein begeistert ausziehender Wachtmeister – er erzählt die Geschichte selber – hofft im Kriege seine Leutnantsepauletten zu gewinnen. Eine kalte Douche sind die Zweifel des alten Basler Kaufherrn, bei dem er mit Kameraden einquartiert ist, an der notwendigen Durchorganisiertheit und Schlagkraft des schweizerischen Heeres, das noch nicht genügend Bundesangelegenheit geworden. Und schon folgt die auch innerliche Ablenkung des Wachtmeisters durch die Begegnung auf der Rheinbrücke mit einem Mädchen, das ihn für ihren Vetter gehalten. Er sucht vergebens nach ihr in ganz Basel, findet sie aber unversehens im Rheinstädtchen wieder, in das sein Bataillon versetzt worden. Sie ist die Tochter des Stadtschreibers, bei dem er sein Quartier hat. Doch bevor es zu einer weiteren Annäherung kommt, erfolgt eine neue Dislozierung seiner Einheit in eines der umliegenden Dörfer. Die Kriegsgefahr ist fernergerückt; der zum Feldweibel – oder eigentlich zum Fourier – aufgerückte Wachtmeister erhält den nachgesuchten Urlaub, benützt diesen aber, entgegen seiner Gesuchsbegründung, um in das Städtchen zurückzukehren, wo er vom schlauen Schlittenfuhrmann gleich vor dem Stadtschreiberhaus abgesetzt wird. Mit Josephine kommt es zur gegenseitigen Liebeserklärung. Der eifersüchtige Vetter des Mädchens aber denunziert den Feldweibel bei einem vorbeikommenden Offizier des Bataillons, und er wird seiner «Lüge» wegen und auch weil man ein Exempel statuieren will, da die militärische Disziplin sich gelockert hat, mit Arrest bestraft und seiner Feldweibelschnüre beraubt. Die ersehnten Offizierspauletten gewinnt er also nicht, dafür jedoch eine reizende Braut, und selbst der Basler Kaufherr beglückwünscht ihn zu diesem Tausch.

Die Novelle hat unbestreitbar auch einen anekdotischen Zuschuß – er ist gerade groß genug, um dem Erzählten Schmiß und die nötige Pointierung zu geben. Jakob Frey schrieb keine ‹modernere› Novelle.

Dem Reich des Anekdotischen, das sich aber schon einer höheren Grenze nähert, gehört auch die Erzählung « *Die feindlichen Dörfer* » an (Das Schweizerhaus. Ein vaterländisches Taschenbuch auf das Jahr 1873): auch sie meisterlich gestaltet und meisterlich geschrieben (unerfindlich, warum Adolf Frey sie in den Gesammelten Erzählungen ebenfalls übergangen). Auf das Thema verfeindeter Dörfer[15] spielt Jakob Frey in seinen Schöpfungen mehrmals an; hier aber wird es in den Mittelpunkt einer solchen gestellt. Dem die Geschichte erzählenden jungen Arzt legt der befreundete Dorfpfarrer dar, was es mit diesen häufigen und zuweilen jahrhundertealten Feindschaften auf sich hat. Sie beruhen meist nicht auf örtli-

---

[15] Erinnern wir daran, daß dieses schon in einem frühern schweizerischen Werk, in Heinrich Wittenweilers «Ring» (1. Hälfte des 15. Jahrhunderts), eine bedeutsame Rolle spielt.

chen Zufälligkeiten, sondern waren von den geschichtlichen Verhältnissen bedingt, indem die Dörfer bei der früheren, mittelalterlichen territorialen Zersplitterung verschiedenen Herrschafts- und
Rechtsgebieten angehörten. Benachbarte Dorfmannschaften mußten in Kriegen sogar verschiedenen Heerzeichen folgen, die Erb-
und Güterrechte gingen auseinander, so daß Heiraten sogar zwischen Bewohnern solcher Nachbardörfer selten waren. Trennte
dann noch irgendein natürliches Hindernis, ein Flüßchen etwa, die
beiden Orte, so wurde es zur bedeutsamen Gemarkung, und Nekkereien, Schlägereien, Prozesse waren an der Tagesordnung.

Wie zwei dermaßen verfeindete Dorfschaften sich versöhnen, ist
das Motiv der Erzählung. Pfarrer und Arzt arbeiten sich dabei geschickt in die Hände, denn beide leiden unter dem Haß, der Ob-
und Nidfelden – es sind wiederum zwei aargauische Dörfer – seit
alters entzweit. Bei einem Streit am hie und da überschwemmenden
Grenzflüßchen werden der Ammannssohn von Ob- und die Ammannstochter von Nidfelden verletzt und, beide pflegend, erfährt
der Arzt, daß eine aussichtslos scheinende, geheimgehaltene Liebe
die beiden verbindet. Der Arzt wird zum Liebesboten, gibt aber
Heinrich, dem Ammannssohn, zu verstehen, daß nur eine allgemeine Versöhnung der Nachbardörfer diese Liebe retten kann. Ein
grausamer Hagelschlag, der die vielversprechenden Ernten Nidfeldens vernichtet, gibt dem Pfarrer die Gelegenheit, ebenfalls einzugreifen. Von der Kanzel Obfeldens herab preist er den Frieden
als die wahre Gottesverehrung, zieht dann aber den Pfarrerrock
aus und redet als einer der Ihren der Gemeinde ins Gewissen. Sehen
sie denn nicht, wie die sündhafte Gehässigkeit die Herzen vergiftet? Ist nicht der Tod eben an zwei jungen Menschen vorübergеgangen, und hat Gott nicht im Unwetter, vor dem sie gütig verschont worden, den Mahnfinger aufgehoben? Nachdem er geendet, ruft der junge Heinrich – er handelt im Einverständnis mit
dem Pfarrer – die Bürger zu einer Besprechung in der Kirche auf.
Und seine Worte wirken mehr noch als die des Geistlichen.
Ein hilfreicher Zug, den jungen Wein in Fässern mitführend, begibt sich am Sonntagnachmittag nach Nidfelden, und dort kommt
es zur Aussöhnung, zwischen den beiden Ortsvorstehern zunächst,
zwischen den andern Dorfgenossen hierauf. Und als am Abend der
Zug mit den leeren Fässern nach Obfelden zurückkehrt, da sitzen

auf dem ersten Wagen Heinrich und Änneli verklärten Gesichtes
beieinander, und hinter ihnen ihre Väter. Und Änneli erhält in der
Folge noch manche Nachfolgerin aus seinem Dörfchen. Das Flüßchen aber wird in gemeinsamer Anstrengung der beiden Dörfer
zwischen solide Dämme gelegt.

Die Erzählung ist in ihrer ganzen Gestaltung ohne Fehl. Wie
Liebe und erwachende Gewissensnot sich verbünden und das Wunder schaffen, das wird behenden, klugen, zarten und doch treffen-
den Wortes berichtet. Die beiden Gipfelpunkte sind jene Szenen,
wo der Arzt dem wie in goldnem Morgenglanz erglühenden Änneli
mitteilt, daß Heinrich sie grüßen lasse und sie sich seinetwegen
nicht zu beunruhigen brauche, und jene andere, wo der Pfarrer,
nachdem er den Kirchentalar abgelegt, unten vor der Kanzel seine
aufrüttelnde Laienpredigt hält. Und als ihm nachher der Arzt sein
kleines Befremden darüber äußert, daß er die schweren Natur-
ereignisse gleichsam als höhere Polizeimittel der göttlichen Welt-
regierung dargestellt habe, da antwortet der Pfarrer (und seine Antwort gilt u. a. auch für Gotthelfsche Situationen ähnlicher Art,
im «Uli» insonderlich):

«O über euch Naturkundige», rief der Pfarrer, den Kopf schüttelnd, «freilich konnte ich das erwarten von dir! Doch ich bestreite ja so wenig als du,
daß solche Erscheinungen nur ihren eigensten Gesetzen folgen, nur ihr innerstes Wesen entwickeln; willst du ihnen aber deshalb auch jeden Einfluß auf
die sittliche Weltordnung absprechen, oder bist du selbst jederzeit imstande,
den Eindruck zu bestimmen, den sie auf dich hervorbringen? Und wenn ich
nun diesem Eindruck eine bestimmte Richtung zu geben suche, will ich
dem Ereignisse selbst damit eine ungeziemende Gewalt antun? Gewiß nicht.»

Dem Anekdotischen im engern Sinne verpflichtet ist vor allem
die Erzählung *«Die Freiämter Deputierten und General Massena»*
(1858). Sie gemahnt, obschon stofflich auf völlig eigenen Füßen stehend, lebhaft an Gotthelfs Schnurren aus der Franzosenzeit («Eine
alte Geschichte zu neuer Erbauung» und «Ein Bild aus dem Übergang 1798») und bildet auch bei Frey das heitere Gegenstück zu
düstereren Gemälden aus jenen historischen Tagen. Berichtet wird,
wie die Freiämtler, d. h. der Ammann Peterli Wohlrath und der
Schulmeister aus Bünzen, wider ihren Willen begleitet vom Holländer-Stöffele, dem Nachtwächterssohn, als Dorfabgesandte beim
französischen Obergeneral Massena, der in Bremgarten sein Haupt-

quartier hat, vorsprechen sollen, um die «Verlegung» der mutmaßlich bevorstehenden Schlacht gegen Russen und Österreicher zu
‹erkaufen›. Mit den mitgebrachten zwei Schinken und den ge-
dörrten Birnenschnitzen geht es freilich nicht; der General verlangt 3000 Kronen als freiwilliges Geschenk, wenn auf den weiteren Brückenschlag bei Bünzen verzichtet werden soll. Man versteht sich dazu, und der Peterli Wohlrath wird daheim als ein Held
gefeiert, als Massena prompt mit dem Brückenschlag anderwärts
beginnt. Hintendrein, als die Gefahr vorüber ist, wird freilich gemunkelt, eine Schlacht bei Bünzen sei überhaupt nie beabsichtigt
gewesen ... Die Geschichte hat ein hübsches und die Haupthand-
lung würzendes Neben- und Nachspiel: einmal entpuppt sich der
kecke Holländer-Stöffele, den die zwei ‹Deputierten› zunächst
barsch abgewiesen und hierauf mit dem Schinken- und Birnen-
Quersack beladen haben, als der Helfer in der Not, indem er vor
dem General das gefürchtete Sprecheramt übernimmt (wie Karl
Hediger in ähnlicher Lage im «Fähnlein der sieben Aufrechten»);
und dann nimmt sich der General auch weiterhin des gescheiten
Buben an und ermöglicht ihm die Ausbildung zum ersehnten Arzt-
berufe – als Feldarzt im russischen und sächsischen Feldzuge bekommt er später vollauf Gelegenheit, seinem vor dem General
geäußerten Wunsche nachzuleben, das Los verwundeter Soldaten
zu erleichtern.

Das alles ist präzis, mit einem Quentchen schmunzelnder Satire
erzählt, eine kleine Köstlichkeit besonders die in der Darstellung
szenisch aufgelöste Audienz beim Obergeneral.

Ins schließlich Heitere gewendet ist das Anekdotische auch in
der Erzählung *«Es lebe der Tell»* (Sonntagsblatt des «Bund»,
1874). Ein junger, aus ärmlichen Verhältnissen stammender Mittel-
lehrer kehrt in sein Heimatstädtchen zurück, um dort, Stunden er-
teilend, auf eine öffentliche Lehrstelle zu warten. Er begegnet einem
früheren Schulkameraden, der aus einem eher hölzernen Jungen
ein Zierbengel, aus einem Hans Jakob ein Jean Jacques mit ge-
schäftlichen Aussichten geworden ist und seinem «Cousinchen»
Auguste, der Tochter des Baumeisters Werner, den Hof macht.
Auguste, ein gescheites, herziges Mädchen, wird seine erste Privat-
schülerin. Wie andere, so geht man auch ihn um einen winterlichen Rathausvortrag an, und er wählt als Thema die Tell-Sage,

von der die neuere Geschichtskritik, wie er es darstellt, nicht mehr viel Authentisches übrig gelassen. Seine wissenschaftlichen Ausführungen werden im Städtchen aber schlecht aufgenommen, und er bekommt den stummen und lärmenden Protest der Leute bis unter sein Kammerfenster zu verspüren, was ihn so hernimmt, daß in ihm eine gefährliche Krankheit ausbricht. Von Auguste und deren Familie wird er treu gepflegt, und als der Wiedergenesene im Haus des Baumeisters seinen Dank abstattet, regt die Liebe offen ihre Schwingen, und er kehrt als Verlobter Augustes zurück, während dem in einer andern Stadt eine Lehrstelle in Aussicht steht. – Der alternde Dichter hat zweifellos auch einen eigenen jugendlichen Wunschtraum in die anmutig und kundig erzählte Geschichte hineingesehen[16].

Einen grausigen Ausgang hat das Anekdotische in der Erzählung *«Der ausgezogene Schuß»* (1861), einer Art Jagdgeschichte. Die Helden sind der Säckinger «Waldteufel» und der Schweizer Jörg, zwei Meisterschützen und Rivalen. Bei einem Probeschießen zwischen beiden zieht der Waldteufel dem Schweizer insgeheim den Schuß aus; nur ein Schrotkorn bleibt in der Flinte, und dieses dringt dem Schußobjekt, einem Rehbock, durch die Ohrmuschel ins Gehirn, im Tier eine merkwürdige Starre auslösend. Jörg ahnt, woher der Streich kommt, und eines Tages findet man den Waldteufel tot im Gehölze, ein Schrotkorn ist ihm durchs Ohr ins Gehirn gedrungen. Der Schweizer Schütze aber nimmt Handgeld nach Spanien. – Wenig überzeugend, zu breit und zu konventionell ausgeführt ist das anekdotische Element in der Erzählung *«Der Schützenacker»* (1872), wo der an einem Schützenfest errungene Preis in einem Mannesleben einen äußern und innern Aufstieg bewirkt; unwahrscheinlich, für den gesunden Sinn peinlich fast, ist dieses Element in *«Die Lieblingskatze»* (1856), wo ein Eheglück aus Eifersucht gegen eine Katze in die Brüche geht.

*

[16] Im Illustrierten Volks-Novellisten von 1869, S. 154f., stellt Frey die «Sage vom Tell und ihre urkundliche Geschichte» dar, dabei auch auf jenen «kuriosen Vorfall» zu reden kommend, der sich in einem bekannten aargauischen Städtchen zugetragen und damals viel besprochen und belacht worden sei. Erst einige Jahre später scheint der Dichter sich zu einer novellistischen Behandlung des Stoffes entschlossen zu haben.

Aus einer ganzen Reihe hier noch nicht genannter Erzählungen
ließen sich Szenen, Bilder, Gestalten, Motive herausheben, die
einen geschulten, warmfühlenden Erzähler verraten, ja in allen
von Jakob Freys Schöpfungen fast, selbst in den zu Kupfer- und
Stahlstichen hinzuerfundenen (und viele dieser Stiche waren weiß
Gott alles andere als ‹anregend ›!), finden sich Züge, Abschnitte,
Sätze, die einen dichterischen Hauch an sich haben. Im *«Armen
Schwingerkönig»* (1857) z. B., bei dem man sich motivisch ein bißchen an Gottfried Kellers «Pankraz der Schmoller» erinnert fühlt
(dieser war übrigens ein Jahr zuvor erschienen), hat die Gestalt
Mädelis, die Frau des Schwingerkönigs, sympathische Züge mit
Regele aus dem «Kindersegen» gemein, und wie der Zimmer-Sepp
kämpft Christen gegen die Versuchung zum Wirtshausschoppen,
zimmert auch wie jener eigenhändig das Särglein für das tote
Kind. – In der Novelle *«Aus schlimmen Tagen»* (1860), die auch historische Persönlichkeiten auftreten läßt (Zschokke, Pestalozzi,
Rengger), doch viel zu weit ausgesponnen ist, hat die Ruderfahrt
Zschokkes und des Hauptmanns auf dem See spannende Momente,
und wie treffend wird einmal der Berner Marsch in Worte gefaßt:
«jenes wunderbar ergreifende Gemisch von Melodien, die eine in
Töne übertragene Geschichte der Berner Heldentage zu enthalten
scheinen. Jetzt die fröhlichen Pfeifen, welche die mutige Jugend
vom Tanze weg zum Kampfe geleiteten; dann das Krachen zer-
schmetterter Helme und Harnische und wieder das dumpfe Rollen
der Donnerbüchsen, welche die festen Burgmauern zu brechen
suchen. Aber all das beherrschend und verbindend die Taktschläge
eines weit ausschreitenden Siegesganges, der kein Zurückweichen
kennt.» – Im *«Freiheitsbaum»* (1874), der Novelle von der Versöhnung der alten und der neuen, der aristokratischen und der demokratischen Zeit durch eine männliche Tat (das «Fähnlein der
sieben Aufrechten» wirkte vielleicht anregend im Hintergrund),
überrascht die prächtig erzählte Überschwemmungsszene, in der
der demokratische Sohn des Fabrikherrn den patrizischen Obersten
rettet und dessen Tochter gewinnt. – In der Erzählung *«Heimkehr»*
(1874), die die Bekehrung eines im Großvater schon russisch gewordenen aristokratischen Auslandschweizers zur heimatlichen
Demokratie schildert, macht der Held die lebendige Erfahrung demokratischen Lebens und Staatswesens, das «konservativer (ist)

als der größte Aristokrat der Welt», weil herausgewachsen aus ältesten Voraussetzungen, und eine Vielfalt von Volkseigenarten, Sitten und Gebräuchen, von Stammes-, Sprach- und Glaubensverschie-
denheiten unter *einem* Hut vereinigend – sogar die noch mangelnde
reinere Geistesatmosphäre, der «feinere geistige Duft» werde
unter diesem Volke noch erwachen, meint der demokratisch überzeugte Onkel Arnold, selber ein Aristokrat; und am Abend ertönt
vom See her, wie eine Antwort auf solche Erfahrung, in melodi-
schem Männergesange das Kellersche Lied «O mein Heimatland,
o mein Vaterland». – Ebenfalls vom «Fähnlein der sieben Aufrechten» beeinflußt ist, scheint es, *«Die Abendglocke»* (1874);
doch wahrt die Erzählung bei aller Motivverwandtschaft ihr eigenes Gesicht. In beiden Novellen paart sich eine Liebesgeschichte
mit dem Lob vaterländischer Feste (bei Frey handelt es sich um ein
Sängerfest), in beiden bricht die kecke Tat eines gescheiten jungen
Mannes den Widerstand des Vaters der Umworbenen, und in beiden auch müssen den Brautvätern zunächst die Schuppen von den
Augen fallen hinsichtlich eines dritten, anscheinend materiell ebenbürtigen Freiers. Das «Fähnlein» hat charakteristischere, einpräg-
samere Konturen und Gestalten, doch nimmt die «Abendglocke»
durch ein sinniges Ebenmaß der epischen Führung, durch lächelnd
verklärte Kleinstadtstimmung für sich ein. – In der längeren Erzählung *«Der verlorene Sohn»* (Schweizerischer Volks-Garten,
1870), der wie der des Gleichnisses ein verlorener und wiederge-
fundener Sohn ist, ergötzt eingangs der Schabernack, den der hübsche, gutgewachsene, etwas verzogene, aber keineswegs bösartige
Kantonsschüler Alfred Baumer dem Lateinprofessor spielt, indem
er eine Wurst an dessen Glockenzug bindet, und die Hunde bringen
durch ihr Läuten den Pädagogen fast aus dem Häuschen – worauf
die aufgebrachte Schulbehörde dem Delinquenten den Laufpaß
gibt; eine Art Pendant dazu ist später die Rettung – durch Alfred –
der kleinen Maria vor dem Tode des Ertrinkens, und Maria, das
liebliche, aber arme Mädchen, wird seine Frau und der Schutzengel
seines Lebens. – An anschaulichen, originellen Einzelheiten reich
ist die – möglicherweise zu einer Illustration erdachte – Novelle
«Eine seltsame Stiftung» (Illustrierter Volks-Novellist, 1868). Ein
Schlossergeselle – der spätere Berner Meister Nydegger erzählt das
selber –, der im rauhen Winter 1829 im Rheinland auf der Wander-

schaft ist, kommt nach Wetzlar, weiß aber mit dem Goethe- und dem Jerusalemhause, die man ihm rühmt, nicht viel anzufangen. Auf der Weiterreise jedoch trifft er mit einem spindeldürren Schneidergesellen aus Frankfurt zusammen, der mit Versen um sich wirft und ihm vom «göttlichen» Goethe und seinem «Werther» erzählt. Verirrt und halb erfroren kommen sie in ein abgelegenes Dorf, werden dort über Erwarten gut aufgenommen und gepflegt, vom Dorfschulzen sogar; und als sie am nächsten Tage verschämt nach den Gründen fragen, berichtet ihnen der Schulze von der Stiftung, die solche Freundlichkeiten erlaubt: ein reicher Engländer, ein Goethe- und Werther-Enthusiast, ist im Dorfe gestorben und hat sein Vermögen dazu vermacht, daß durchreisenden Handwerksburschen ein stärkendes Asyl geboten werde. Das Erlebnis hat dem Schlossergesellen die Achtung vor den Büchern eingegeben, und seither ist er selber ein eifriger Leser.

Zuweilen bleiben nur ein paar Sätze haften. Am Eingang zur Erzählung *«Blond-Röschen»* (Neues Schweizerisches Unterhaltungsblatt, 1852), ist vom «vielbeneideten Privilegium» der Mühlen die Rede, das darin besteht, nebst weißem Brot und wohlgefülltem Mehlkasten stets schöne Töchter zu haben:

> Wer hört in die stille einsame Winterlandschaft hinaus das muntere Mühlengeklapper, ohne sich in dem traulichen Stübchen über dem wirbelnden Räderwerke ein Mädchen zu denken, das mit zierlichem Finger und schalkhaftem Auge am Spinnrade sitzt, um aus dem selbstgepflanzten Flachse den feinsten Faden zu drehen, der zum Linnen der Aussteuer gewoben werden soll? Oder wer liegt im Sommer unter dem Schatten eines frischen Gebüsches am Mühlenbache und träumt nicht, daß die klaren Wellen schon um den weißen Fuß der Müllerin gespielt haben? – Die Müllerstöchter sind die Grazien des Dorfes und die bestaubten Mühlen die wahren Burgen der Liebe, auf welche Ritter und Edelknappen schon so manchen Sturm gewagt, und deren Verteidigung oder Übergabe schon so mancher Dichter besungen hat.

Mit welch sinnig warmem Schalk und wie anmutig ist das gesagt! – In der schon genannten Novelle *« Der Reiter von Bremgarten »* (s. S. 126) heißt es zu Beginn – dort auch eine prachtvolle Schilderung des Alpenglühns an schönem Sommerabend – vom «uralt heiligen Boden» des Strom- und Waldgeländes, aus dem sich Schloß Bremgarten bei Bern, das Primagardia der Römer, erhebt:

Es ist immer ein eigenes Leben und Wohnen über solch einer untergegangenen Welt. Zwar ist die Erde allerwärts nichts anderes als ein großes, gemeinsames Grab, ein stets wieder sich neu überkleidender Trümmerhaufen, und wir können nirgends den Fuß hinsetzen, ohne in den Staub der Vergangenheit zu treten. Doch wo diese Vergangenheit gänzlich zu Staub geworden, da gehen wir achtlos an ihr vorüber, gedenken ihrer nicht einmal und wenden all' unser Sinnen der Gegenwart oder Zukunft zu; aber wo sie uns noch sichtbar in den mannigfaltigsten Gebilden entgegentritt, wo fast jeder Stein, an dem wir vorübergehen, noch die Arbeitsspuren einer Menschenhand verrät, die schon vor Jahrtausenden im Tode erschlaffend ihr Werkzeug hat fallen lassen, da muß sich unser Denken und Empfinden unwillkürlich mit dem längst untergegangenen Leben in Verbindung setzen und wir wandern mit offenen Augen in der Gesellschaft flüchtiger, verwehender Traumgestalten umher. Der jedem Menschengeiste eingeborene höhere Lebenstrieb, der uns nicht glauben läßt, daß, was einst im Lichte des Geistes gewandelt, spurlos in ewige Nacht versinken könne, wird fort und fort noch erhalten und wirkt das Einst und Jetzt, Vergangenes und Künftiges in ein festverbundenes Gewebe zusammen. Die Toten steigen aus ihren Gräbern hervor, um freundlich oder feindselig, beschützend oder schädigend mit den Lebenden in Verkehr zu treten.

Welch schöne gedanklich-stilistische Einheit, welch sanfter Rhythmus in diesen Sätzen! –

«Der Dichter schläft. Vergessen bleibt er nicht!», rief J. V. Widmann in einem schwungvollen Gedicht an Jakob Freys Bahre aus. Er darf auch unserem späteren Geschlechte nicht vergessen bleiben. Mögen die Zeilen, die wir ihm gewidmet, seinem Gedächtnis unter uns eine Stütze schenken. Denn dieser Tote auch will aus dem Grabe steigen, um freundlich und beschützend mit den Lebenden in Verkehr zu treten.

Biographische Notiz. – Jakob Frey, 13. Mai 1824 – 30. Dezember 1875. Geboren im aargauischen Dorf Gontenschwil als Sohn eines Kleinbauern. Der Vater: ein freundlicher, stiller, schlichter Mann; die Mutter, eine geborene Maria Hunziker aus Leimbach, eine feinfühlige, sinnige, erzählerisch begabte Frau. 1838 Verlust der Lieblingsschwester, was seine angeborene schwermütige Veranlagung zweifellos verstärkte. Besuch der Bezirksschule in Reinach, dann der Kantonsschule in Aarau. Zwei Lehrer, im Temperament freilich sehr verschieden, übten hier eine tiefere Wirkung auf ihn aus: der klassische Philologe Rauchenstein und der Germanist (auch Sagenforscher) Rochholz. Sein Mitschüler u. a. der spätere Bundesrat Emil Welti. Ein Dichter zu werden, war schon damals sein Traum. Hochschulstudien in Tübingen, wo der Ästhetiker

Fr. Th. Vischer zu seinen Lehrern zählte, ein Semester lang auch in München, dann in Zürich, wo er sich, durch J. J. Hottinger beeinflußt, auf schweizerische und auf Verfassungsgeschichte verlegte. Zur Vorbereitung einer Philosophie-Professur an der noch zu gründenden Eidgenössischen Hochschule – 1854 erst kam die Gründung zustande – neuer Aufenthalt in Tübingen: eine schöne, studentisch frohe Zeit, die sorgenfreiste seines Lebens – die Professurpläne aber zerschlugen sich. Nach seiner Heimkehr (1850) unschlüssig bange Monate; der Versuch, eine Staatsstelle zu bekommen, mißlang. Ausweg: Journalismus, eine damals noch sehr unsichere Laufbahn, die aber doch den volkserzieherischen und schriftstellerischen Bedürfnissen Freys entsprach. Von 1851 bis 1856 Redaktor am «Schweizerboten» in Aarau, den Heinrich Zschokke jahrelang geführt hatte. In weniger als zwei Jahren entsteht ungefähr ein Dutzend kleinerer Erzählungen, so «Blond-Röschen», «Der Breitenhans», «Das verlassene Haus», «Der Patriote» (später umgetauft in «Der Statthalter»). 1854 Vermählung mit Rosa Hunziker, porträtiert im Röschen des «Statthalters», die ihm eine treue, besorgte, aufopfernde Gattin wurde, auch dichterische Gaben besaß, die letzten zehn Jahre ihres Lebens aber in zeitweiliger geistiger Umnachtung verbrachte. Grund: neben den übersensitiven Nerven auch die nicht abbrechenden materiellen Sorgen. Kurze politische Tätigkeit als Großrat seiner Heimatgemeinde Gontenschwil. Geburt des Sohnes Adolf (1855–1920), des künftigen Kantonsschullehrers in Aarau und Professors an der Zürcher Universität, und Emils, der 1895 als Direktor der Schweizerischen Lebensversicherungs- und Rentenanstalt in Zürich starb; ein dritter Sohn, Alfred (1859–1924), wurde später Präsident des Schweiz. Handels- und Industrievereins und Nationalrat. Verkehr mit dem dichterisch veranlagten Kanzlisten Siebenrock und mit dem Oberrichter und Lyriker Ed. Dössekel (wohnhaft in Seon). Von 1856–1861 Redaktor an der «Berner Zeitung» in Bern, dem Organ der bernischen Radikalen, das der Verleger Gutknecht herausgab. Erst ein Jahr später konnten ihm die Seinen nach Bern folgen. Tod der Mutter. Unglaublich primitive redaktionelle Zustände – bei einem Hungerlohn. Entstehung von Erzählungen, wie «Der Diebsbann», «Der Alpenwald», «Der Bärenschild», «Die Freiämter Deputierten und General Massena», «Die Waise von Holligen». Novellensammlung in zwei Bänden mit dem Titel «Zwischen Jura und Alpen» (bei J. J. Weber in Leipzig, Herbst 1858). Bestrebungen zur Gründung einer schweizerischen Schriftstellervereinigung. Novellen: «Das Schwert-Erbe», «Der rote Schiffer von Luzern» (später «Aus schlimmen Tagen»). Verkehr mit den Schriftstellern Arthur Bitter und J. J. Romang. Von 1861–1865 Redaktor an der «Schweizerischen Illustrierten Zeitung» und am «Schweizerischen Volks-Novellisten» in Basel. Für den Verleger Krüsi war er hier nur der Textlieferant und mußte solchen, über die verschiedensten Gegenstände, in Masse liefern: von den zweiundfünfzig Nummern der Schweizerischen Illustrierten Zeitung, Jahrgang 1862, z. B. blieben nur vier ohne Erzählendes aus seiner Werkstatt («Die Tochter des Tuchherrn», «Der Reiter von Bremgarten», «Das erfüllte Versprechen» u. a.)! Neue Novellensammlung: «Schweizerbilder» in zwei Bänden (Sauerländer, Aarau, 1863). Von 1865–1868 wiederum in Bern: zunächst Redaktor der Zeitschrift «Die Schweiz», die aber bald einging. Tod des neunjährigen Töchterchens Lili, seines Lieblings; Plan einer Friedhofs-Idylle «Lili». Text zur annähernd zweiten Hälfte des Prachtwerkes «Das Schweizerland in Bild und Wort» (Krüsi, Basel). Von 1868–1874 auf dem Landenhof bei Aarau, unter Bitternissen verschämter Armut. Weitere Mitarbeit am «Volks-Novellisten»: meist erzählende und abhandelnde Bildertexte. Immer häufiger auftretende Anzeichen geschwächter Gesundheit. Erfolglos bewarb er sich um das Amt eines aargauischen Kantonsbibliothekars, erfolglos um das eines eidgenössischen Unterarchivars in Bern, erfolglos um die Stelle eines Deutschlehrers an der Aarauer Kantonsschule. Entstehung der preisgekrönten Novelle «Pax vobiscum», der Erzählungen «Der Schützenacker», «Zweierlei Urkunden», «Die feindlichen Dörfer», «Die Abendglocke», «Die Heimkehr», «Ein seltsames Handgeld», «Eine Frau statt Epauletten», usw. Mehrere dieser letzten Erzählungen erschienen im Berner «Bund», an dem er Ende 1874 Redaktor wurde. «Der letzte Hirt im Dorfe». Erkrankung: Pulsadergeschwulst. Tod am 30. Dezember 1875.

Bibliographisches: Zwischen Jura und Alpen. 2 Bde. J. J. Weber, Leipzig, 1858. – «Schweizerbilder». Zwei Bde. Sauerländer, Aarau, 1863. – Gesammelte Erzählungen. Fünf Bände. Hsg. von Ad. Frey, Sauerländer, Aarau, 1897. Im 5. Bde: Jakob Frey, Ein Lebensbild, von Ad. Frey. Mit einem Bildnis und einem bibliographischen Verzeichnis. – Ausgewählte Erzählungen. Vier Bände. Hsg. von Carl Günther. Sauerländer, Aarau, [1927–1936]. (Titel der vier Bände: Aus schlimmen Tagen – Die Waise von Holligen – Menschen der Heimat – Im neuen Vaterlande.) – Der Verein für Verbreitung guter Schriften gab im Laufe der letzten Jahrzehnte mehrere Novellen von J. F. heraus: so, neben der «Waise von Holligen» und dem «Alpenwald», u. a. «Die feindlichen Dörfer», «Verbrecher in Gedanken», «Zweierlei Urkunden», «Die Freiämter Deputierten und General Massena», «Das erfüllte Versprechen».

Über Jakob Frey: Ad. Frey: J. F. Lebensbild. (s. oben). – Ders.: Schweizer Dichter. Wissenschaft und Bildung, 126. Quelle & Meyer, Leipzig, 1914, S. 138–142. – Emil Ermatinger: Dichtung und Geistesleben der deutschen Schweiz. Beck, München, 1933, S. 647–8. – Josef Nadler (Literaturgeschichte der deutschen Schweiz, 1932) widmet Jakob Frey einen halben Satz ...).

HEINRICH LEUTHOLD

Es gibt Dichter, die, sei es durch eigene oder durch schicksalhafte Schuld, im Leben unglücklich und wenig bekannt waren, vielleicht auch früh dahingingen, wenngleich nicht als ‹Frühvollendete›, und die das postume Glück erfahren, mit einem gewissen Nimbus zur Nachwelt einzugehen, mit einer spontanen Zuneigung, die das Mitgefühl spendet. So etwas wie ein überpersönliches Gesetz des Ausgleichs scheint sich zu ihren Gunsten auszuwirken. Dieses waltet in noch gewisserer und spendefreudigerer Weise, wenn ein solcher Dichter sich priesterlich zum Schönen bekannt und so gleichsam als Märtyrer der Kunst vor die Augen Späterer tritt. Heinrich Leuthold gehört zu ihnen. Zu Lebzeiten hat er kein eigenes Gedichtbuch veröffentlicht, in tragischer Irrfahrt hat er sich zugrunde gelebt, ist mit fünfzig Jahren in grauenhaften Irrsinn gesunken – mit «Blumenketten» aber hielt ihn, nach eigenem Bekenntnis, umwunden das Gesetz des Schönen, und nach dem Unerreichbaren ging sein Streben. Und das Fazit seines Lebens:

> Denn nichts blieb mir als ein getäuschtes Hoffen,
> Ein brechend Herz und eine Handvoll Lieder.

Die Kritik hat es schwer, solchen Gestalten gegenüber die richtige, vorurteilslose Einstellung zu finden. Allzu leicht mischen sich, fast unbewußt, sentimental gefärbte Züge in das wirkliche Bild, zumal wenn der Dichter selber, wie das bei Leuthold der Fall war, von Reuegefühlen gepeinigt und doch seiner ‹Weihe› bewußt, an postume Gerechtigkeit appellierte. Es ist denn auch nicht verwunderlich, wenn die kritischen Stimmen über Leuthold, seit dem ersten Erscheinen seiner Gedichte schon (1878 von Jakob Baechtold herausgegeben), weit auseinandergingen, ja noch immer hart aufeinanderstoßen; die gleichen kritischen Stimmen sogar – ein Gottfried Keller etwa – haben zu verschiedenen Zeiten sehr Verschiedenes über den Dichter ausgesagt[1]. Reden (redeten!) die einen

---

[1] Seltsame Widersprüche finden sich sogar in ein und derselben Kritik. So erachtet Carl Spitteler, es fehle auch den schönsten Gedichten Leutholds «dieses kleine unsichtbare und ungreifbare Etwas, welches eine Produktion in die Ewigkeit hinüberrettet», und urteilt dann doch ein paar Zeilen weiter, vor den einzelnen Gedichten schweige jeder Tadel: «Da strömt uns der rein-

vom ‹Dichter-Dreigestirn› Keller, Meyer, Leuthold, ja sogar von der Trias Hölderlin, Lenau, Leuthold[2], so empfinden andere solche Einreihung als unstatthaft, sobald sie über gewisse äußerliche Schicksalsähnlichkeiten hinausgeht, und sehen in Leuthold mehr nur den Formalisten, den Routinier des Verses; bekennen die einen rühmend von Leuthold auch: «Was ihm im Leben nicht gelang, / Schuf er vollendet im Gesang», so möchten andere in ihm mehr nur den Übersetzer sehen, auch da, wo er als selbständiger Dichter auftritt. Daß die Jugend ihm vor einigen Dezennien eine begeisterte Liebe weihte, ihm vielleicht vereinzelt noch weiht, ist unleugbar; unleugbar aber auch die Tatsache, daß mit reiferem Alter das Urteil über ihn sich verschärft. In den letzten zwanzig oder dreißig Jahren hat sich um den *Dichter*namen Leuthold unverkennbar eine gewisse Stille gelagert; es ist nicht das verlegene Schweigen vor einem rätselvollen, unzeitgemäßen Werke, sondern viel eher das sichtliche Abflauen des dichterischen Interesses an diesem Werke. Das kritische Allgemeinurteil scheint einigermaßen jene Stufe erreicht zu haben, von der vor fünfzig Jahren ein Kritiker (Ermatinger) sprach: die Stufe, auf der die jugendlich begeisterte Zustimmung übergeht in die Erkenntnis, daß dieser Dichter nicht an die Wurzel schöpferischen Geschehens vordringt, die Stufe, auf der Leuthold als Gesamterscheinung ‹überwunden› ist. Die «Ströme von Wohllaut», die der Dichter der Heimat versprochen, sind im Bewußtsein der Öffentlichkeit jedenfalls eher zu Rinnsalen geworden, bleibt auch um die Gestalt selber eine gewisse tragische Glorie erhalten. Leuthold fristet als Dichter in Anthologien ein etwas mühsames künstlerisches Fortleben. Nur zwei, drei seiner Gedichte, seiner Strophen vielleicht nur, sind nachhaltiger ins Gedächtnis einer engeren Nachwelt eingedrungen. Der «Waldsee» vor allem. Leutholds Nachruhm zehrt vielleicht mehr von diesem einen Gedicht als von allen andern zusammen. Und warum sollten *wir* auch nicht gestehen, welche überschwengliche Liebe wir diesen Versen in Jugendjahren entgegengebracht, irgend-

---

liche, duftige Hauch der Vollendung aus jeder Seite entgegen». (Der Bund, 1880, s. Ästhetische Schriften; Ges. W. VII, 465 f.). Merkwürdige Vollendung, der doch das Eigentlichste, das ‹Ewige› fehlt!

[2] Noch Gottfried Bohnenblust spricht von «Leutholds größerem Bruder Hölderlin» (H. L., 1928: Vom Adel des Geistes, 258).

wie noch immer entgegenbringen, aus ihnen einen lyrischen Atem
schöpfend, wie er im schweizerischen Umkreis nicht eben häufig
ist:

Der Waldsee

Wie bist du schön, du tiefer, blauer See!
Es zagt der laue West, dich anzuhauchen,
Und nur der Wasserlilie reiner Schnee
Wagt aus dem keuschen Busen dir zu tauchen.

Hier wirft kein Fischer seine Angelschnur,
Kein Kahn wird je durch deine Fluten gleiten!
Gleich einer Dithyrambe der Natur
Rauscht nur der Wald durch diese Einsamkeiten!

Wildrosen streun dir Weihrauch, ihr Arom
Die schlanken Tannen, die dich rings umragen,
Und die, wie Säulen einen mächt'gen Dom,
Ob sich des Himmels blau Gewölbe tragen.

Einst kannt ich eine Seele, ernst, voll Ruh,
Die sich der Welt verschloß mit sieben Siegeln,
Die, rein und tief, geschaffen schien wie du,
Nur um den Himmel in sich abzuspiegeln.

Die Verse vor uns hinmurmelnd, befällt uns neu der Schauer ob
der vollendet schönen letzten Strophe[3], durch deren Gnaden der
Waldsee seine stille Wasserfläche unmerklich verwandelt, verklärt,
Seele wird, des Dichters Seele, unsere Seele, ein innig reiner, keu-
scher Himmelsspiegel, ein Abbild kindlich traumhaft-schönen
Seins, nein, dieses Sein selber, aus uns herausgestrahlt; und die
Wehmut des Vergangenen, Unwiederbringlichen beschleicht uns
neu, und neu bewundern wir den schlicht gebärdelosen Übergang
vom äußeren zum inneren Bilde, vom innern Sein zum äußern
Sein, die Verschmelzung beider, die diese Wehmut adelt, zur Poesie
macht. Vielleicht empfinden wir jetzt die «Dithyrambe der Natur»,
so viel scheue Ehrfurcht sie uns früher auch einflößte, als kleine
Leutholdsche Formübersteigerung (ohne deswegen der späteren

[3] Ihr Motiv war vielleicht Herwegh entlehnt (s. Marg. Plüss: Leutholds
Lyrik und ihre Vorbilder, 11); dort aber (Sonett XXVI) ist es «des Weibes
weich Gemüt», in dessen «stillem See» sich die Himmel malen. Wie ungleich
schöner, es in ganz neue Verbindungen bringend, faßt Leuthold das Motiv!

Geibelschen ‹Verbesserung› «Chorgesang der feiernden Natur»
den Vorzug zu geben[4]), lassen uns aber davon im Genusse nicht
stören.

Und andere Gedichte und Strophen, vielleicht in Anthologien
erstmals gelesen, tauchen in unserer Erinnerung auf, das «Heimweh»-Lied etwa:

> Ihr Berge der Heimat
> Mit ewigem Schnee,
> Ihr blühenden Dörfer
> Am heimischen See,
> Ihr Zeugen der Jugend,
> Ich rufe euch zu:
> > O Land meiner Väter,
> > Wie lieblich bist du ...

Und jenes andere, ‹kosender› noch:

> Mit kosenden Frühlingswinden
> Beim dämmernden Zwielichtschein,
> Da schleichst du dich in mein Stübchen
> Und in mein Herze hinein;
> Du nahst dich so geisterleise
> Wie eine liebliche Fee,
> > Heimweh, du wunderbares,
> > Du banges, süßes Weh! ...

Und man glaubt dem Dichter die «Heimkehr»-Gefühle:

> Und wiederum die reine Luft
> Von deinen Bergen atm' ich ein,
> Und wiederum, o Schweizerland!
> O süße Heimat! bist du mein!
>
> Ein Alphorn klagt gedämpften Tons
> Herüber von dem Felsenhang,
> Ein fernes Herdenglöcklein klingt,
> Und meine Seele wird Gesang.
>
> In eine Äolsharfe ist
> Verwandelt wieder mein Gemüt,
> Darüber wie ein linder Hauch
> Der Zauber deiner Sagen zieht!

---

[4] Ob Leuthold wirklich das Gedicht nur in der Geibelschen Fassung, die
auch in der dritten Strophe erhebliche Änderungen aufweist, veröffentlicht
wissen wollte (s. K.E. Hoffmann: Das Leben des Dichters H. L., 83)?

Die Bitte an die ‹Waldeinsamkeit› erfüllt uns wieder mit Andacht:

> Deinen süßen, süßen Schauer,
> O Waldesruh!
> In meine Seele hauche
> Und träufle du!
> Laß mich träumen die Träume
> Der Jugendzeit;
> O Frieden, o Ruhe! komm über mich;
> Wie lieb ich dich, lieb ich dich,
>   Waldeinsamkeit!

Und mit dem Kinde falten wir die Hände zum Abendgebet:

> Dich fleh ich an,
> Zeig mir die Bahn;
> Laß fromm und rein
> Mein Leben sein.
> An jedem Ort
> Steh ich vor dir ...

Das sind nicht Strophen eines ‹Ästheten›, sondern die eines fühlenden, leidenden Menschen, der zurückverlangt nach der Unschuld früherer Tage, nach den Heimatauen, die diese Tage behütet. Und erwartungsvoll schlagen wir die Bände selber auf (in der nun seit bald fünfzig Jahren vorliegenden kritischen Ausgabe von Gottfried Bohnenblust), um uns in neue Schönheiten, neue Schauer zu versenken ... Mancher hat es getan, und mancher auch wurde enttäuscht. Wir ließen uns die Gedichte langsam eins nach dem andern durch den Sinn gehen, horchten sie aus, zu verschiedenen Zeiten, und zuweilen glaubten wir tiefere Töne zu vernehmen – es war Täuschung, unser Herz schlug bei wenigen, ach, so wenigen schneller. War unsere Seele stumpfer, weniger aufnahmefähig geworden? Hatte sich unser Geschmack verändert? War unser Urteil, von höheren Gebilden in Bann geschlagen, zu ausschließlich geworden? Und wir prüften uns wieder, und neu überkam uns das Gefühl, daß das meiste dieser Poesie uns zwischen den Fingern zerrann. Wir standen plötzlich, fast ungläubig noch, vor dem Phänomen ihrer Substanzlosigkeit. Oder sollen wir mildernd sagen: vor ihrem Mangel an Substanz? Das dichterisch Wesentliche jedenfalls ist in ihr nur geahnt, nicht verwirklicht.

Substanzlosigkeit in poetischer Hinsicht ist immer ein Mangel an künstlerischer Verdichtung. Was im Gedicht den Eindruck der Fülle hervorruft, ist das beziehungsreiche Drängen und Wallen des Gefühls, das sich auf einmal um einen neuen Mittelpunkt zusammengeschlossen, Spannungen bildend, die vorher unbekannt waren. Diese intuitive Kristallisierung eines Erlebnisgehaltes gelingt Leuthold selten oder nie vollkommen. Dem schärfer Hinhörenden tönt seine Dichtung, wenn einmal die erste Bezauberung vorüber ist, merkwürdig hohl. Selbst in den angeführten, dem Ohre schmeichlerisch eingehenden Versen (wir nehmen den «Waldsee» aus) ist dem Feinhörigen ein leises hohles Klingeln vernehmbar, das sich beim Lesen des ganzen Gedichts noch verstärkt: die Worte sind nicht herrisch auf eine Mitte bezogen, der Raum in ihnen und um sie nur teilweise erfüllt.

Die gehaltliche Dürftigkeit der Leutholdschen Dichtung ist in Wahrheit oft festgestellt worden. Führen wir *ein* Urteil, freilich ein kompetentes, an: «... vom Stofflichen nicht beschwert», so nannte in schonender Formulierung Gottfried Keller schon Leutholds Lieder[5] (und er meinte mit dem Stofflichen zweifellos das dichterisch Gehaltliche), und er sprach auch davon, daß die psychologischen und geistigen Bedürfnisse Leutholds «sehr einfacher und mäßiger Natur» gewesen seien[6]; «er hatte doch zu wenig Eigenes in sich»[7]. Hatte sich übrigens nicht der Dichter selber in fast exhibitionistischem Freimut der Gehaltsarmut angeklagt? «Doch weiß ich freilich, daß aus mir / Ein Goethe nimmer an Gehalt / Und auch an Form kein Platen wird»; «arm an eigenen Schätzen bin ich». Man muß an solchen Selbsterniedrigungen einige Abstriche vornehmen; die Tatsache aber bleibt bestehen: Leuthold war vielleicht reich an Plänen, nicht aber an Motiven, und schon nicht an originelleren Motiven. Wie dürftig ist schon das Gedankliche bei ihm! Auf Schritt und Tritt stößt man auf Banalitäten und Gemeinplätze, versifizierte Schlagwörter der Zeit, die darum nicht besser werden, weil mit prophetischem Brustton und in antikem Odenmaße vorgebracht: «Ich aber sag euch: Tiefer und tiefer sinkt / Das Völkerleben, fehlt ihm der reine Zug / Zum Idealen; alles Hohe / Geht in

[5] Neue Zürcher Zeitung, 12. Dez. 1878.
[6] An Paul Heyse, 13. Dez. 1878.
[7] An Paul Heyse, 9. Nov. 1879.

dem Hang nach Verflachung unter»; «die Freiheit kann ein Gut und ein Übel sein»; «Die großen Fragen bleiben dieselben stets: / Licht oder Dunkel»; «In ewigem Streite liegen Verstand und Herz»; «Dies Treiben unsrer Zeit, es ist nicht dauernd, / Denn aller Ideale ist es bar», usw. Zugegeben, daß man bei einem Dichter nicht philosophische Tiefe sucht. Auch allgemeine, allgemeinste Wahrheiten aber gewinnen ein neues Gesicht, wenn eine reiche Persönlichkeit sie durch ihre Seele gehen läßt. Leuthold übernimmt sie ganz einfach, und oft in reduziertester Formel; fade Prosa bleiben sie jedoch auch in kunstvollen Metren. Weder aus der Geschichte noch aus der Natur, noch aus seinem eigenen Leben weiß er sich Motive zu zimmern. Der Geschichte wenigstens entnahmen die Münchner Dichter (Geibel, Heyse, Grosse, Lingg, Dahn, Hopfen u. a.), deren Kreis Leuthold einige Jahre angehörte, freilich so ein bißchen als bête noire, beachtliche Themen, und auch die französischen Parnassiens, denen er in mehr als einer Beziehung gleicht, machten aus ihr ein poetisches Arsenal. Wie prosaisch, ohne jede poetische Erhöhung (oder fast) – die geschickte Versifizierung und die reinen Reime genügen dazu nicht, auch nicht die Wiederaufnahme einer alten Strophenform: der Nibelungenstrophe – erzählt Leuthold die «Schlacht bei Sempach», sich sogar Wortspielereien erlaubend («in ihren Brünnen wie Bronnen / Fingen die Herren zu triefen an») und am Schluß der Geschichtskritik noch eins auswischend («Zwar will man heut in Frage / Dein [Winkelrieds] reines Opfer ziehn; / Die Tat sei eine Sage, / Dein Stamm sei längst dahin ...»)!

Weniger eindeutig ist Leutholds Verhältnis zur Natur. In ihr sucht der Friedelose, Unstäte ein Asyl (man lese «Waldeinsamkeit», «Mittagsruhe», «Wanderrast». «Thalatta»), wohl auch ein Bild seiner Seele («Der Waldsee», «Eglantine», «Mädchenlied»). Augen aber hat er kaum für ihr Eigenleben, niemals oder selten fühlt er sich ihr wahrhaft verschwistert. Ihre Umrisse erscheinen ihm zuweilen wie vom Blitz aus dem Dunkel gerissen, doch unverbunden, als ein Neben-, nicht als ein Ineinander. Darum redet er auch ganz allgemein immer wieder von der ‹Natur›: sie ist mehr ein gesamthaft Vorgestelltes als ein einzeln Geschautes, mehr ein Gedachtes als ein Erlebtes, läßt sich daher auch ganz verstandesmäßig für Vergleiche gebrauchen:

... Rings Wald und Moor. Wie schwül die Luft!
Die Wildnis hier, wie abgelegen!
Gleich einer dunkelgrünen Gruft
Gähnt schweigend mir der See entgegen.

Ein Wasserhuhn huscht scheu empor
Und duckt sich wieder unterm Schilfe:
Gedehnt und klagend tönt vom Moor
Ein Laut oft, wie ein Ruf um Hilfe.

Ein Geier schwebt mit schrillem Pfiff
Hoch über meinem Haupt im Blauen ...
Am Strande liegt ein leckes Schiff,
Wie eine Leiche anzuschauen.

Und fernher, kalt und feierlich,
Starrt das Gebirg mit seinen Gletschern;
Es spiegelt in den Wellen sich,
Die ums versunkne Pfahldorf plätschern.

(«Trauer»)

Wie auf einer etwas kitschigen Postkarte sind die Elemente aneinandergereiht, «kalt und feierlich» steht alles da, fast unbewegt[8], und einiges scheint dazu mehr vom Reim herbeigerufen als von einer inneren Vision.

Wenn Goethe im Gesang der Geister über den Wassern aus dem Naturschauspiel ein Symbol der menschlichen Seele macht, das sich von Einzelheit zu Einzelheit prächtig vertieft, so begnügt sich Leuthold zumeist damit, dem Naturvorgang die Schlußfolgerung auf das Menschliche mehr oder weniger unvermittelt wie ein Mäntelchen anzuhängen:

Der Bergstrom, der junge, wie braust er so wild!
Er bahnt sich, der menschlichen Seele ein Bild,
Den Weg trotz Gerölle und Gletschern ...

Oder anderwärts (s. die zwei letzten Verse):

[8] Auf das Starre, Unbewegte der Leutholdschen Naturbilder hat schon Saitschik (Meister der schweizerischen Dichtung des neunzehnten Jahrhunderts, 345) hingewiesen: «Wenn man sich einen von L. gemalten Vogel vergegenwärtigt, wie er in den Lüften schwebt, so sieht man nur den Vogel klar, nicht sein Schweben; daß der Vogel wirklich schwebt, erfährt man erst vom Dichter. Seine Bäume, Seen und Flüsse nehmen sich wie Abgüsse in Wachs aus, sie sind zu gegenständlich gehalten und zeigen bloß ihre Richtung, nicht das Werdende, Strömende und Fließende.»

Es hat, Natur, durch deinen Dom
Sich frischer, würziger Duft ergossen,
Als ob ein jegliches Atom
In süßen Wohlgeruch zerflossen.

Der Wald, dem des Gewitters Braus
Noch kaum entstellt die grünen Hallen,
Gießt seiner Rosen Weihrauch aus,
Erfleht vom Lied der Nachtigallen.

Und froher jauchzt in Baum und Strauch
Des Waldes liederreiche Kehle; –
So wird im Sturm des Lebens auch
Geläutert oft des Menschen Seele.

                              («Wanderlieder»)

Bei solcher Unverbundenheit mit den wirkenden Kräften der
Natur braucht es nicht zu verwundern, wenn Leuthold einen
‹Waldsturm› sogar zu Reimspielereien benutzt und zu intellektuel-
len Ausdeuteleien erniedrigt:

Es blasen und rasen
Die Winde daher,
Erfassen die Massen
Des Walds wie ein Meer ...

Auch die «Kronen-Gewaltigen» werden vom Sturm nicht ge-
schont; daher kommt es zum Bündnis der Kleinen mit den Großen:

Nun einen den Kleinen
Sich Große zum Rat,
Zu wehren den schweren
Gefahren im Staat ...

Die fürstlichen Eichen reichen dem niederen Pöbel die Hand – jedoch nur für des Sturmes Weile:

Doch scheidet und meidet
Sich alles im Reich
Des Waldes, sobald es
Gerettet, sogleich ...   (!)

Und hier auch die platte moralische Schlußanwendung auf Menschliches:

Ich sehe mit Wehe
Im Los des Vereins
Der Wildnis ein Bildnis
Des menschlichen Seins.

Wie anders hatte Gottfried Keller im «Waldlied» dem Motiv dichterische Form verliehen!

Bleibt vom Dichter Leuthold, nachdem die Gehalthüllen des er-fühlten Gedankens, der Geschichte und der Natur von ihm abge-fallen, der «ächte und wirkliche Lyriker, welcher nach uralter Weise singt, fast nur von seinem Lieben und Zürnen, Irren und Träumen, Leiden und Genießen» (Gottfried Keller in der Anzeige der Leutholdschen Gedichte)? Bleibt von ihm der nackte, subjek-tive Lyriker, der aus seinen Bitterkeiten, seinen Niederlagen, seinen Zerknirschungen und Verzweiflungen noch still «der Dichtung Diamanten» schleift? Wie wünschte man dies zu bejahen und der Schweiz des 19. Jahrhunderts einen Lyriker zu retten, der nur singt, wie der Vogel singt, der in den Zweigen wohnet! Und den-noch ist das kritische Urteil auch hier zu starken Einschränkungen gezwungen. Die künstlerische Undichte, die letztlich künstlerische Ohnmacht ist, vermindert den Wert auch des Bekenntnismäßigen in Leutholds Dichtung. Seiner Seele Quellen sprudeln, trotz eige-ner Behauptung, nicht reich genug, um die persönliche Beichte dichterisch zu adeln. Er hat kein Auge, keinen Sinn für die erlebnis-geborene ‹Gelegenheit›, die dem Augenblick ein Ewiges entlockt. Sein Lieben und Zürnen, sein Irren und Träumen, sein Leiden und Genießen wird immer wieder mehr nur festgestellt als wahrhaft ge-sagt. In seinem Geist und in seinem Herzen gähnte trotz aller Lei-denschaft eine schier trostlose Leere. Die brennende Sehnsucht nach dem «schönen Werk» sogar, das es zu vollenden gilt, bevor des Todes Schatten auf ihn niedersteigen, vermag in ihm keine tiefer greifenden Töne zu wecken:

Herbstgefühl

Die ganze Schöpfung steht in Trauer;
Das Laub der Bäume färbt sich gelber,
Und ach! Mir ist, als fühlt' ich selber
Im Herzen kalte Winterschauer.

Wie ringsum alles stirbt und endet!
Bei diesem Welken und Verderben
Fleh ich: O Gott! laß mich nicht sterben,
Eh ich ein schönes Werk vollendet.

Man halte daneben Hölderlins Bitte «An die Parzen», und der ganze Gegensatz von Kunst und Nicht-Kunst wird offenbar.

Daß Leuthold sich in Extremen nur bewegen konnte, wie er bekennt, wäre an sich noch kein Hindernis für ein ursprünglicheres Dichten; der intuitive Augenblick trägt, wenn er echt ist, auch über Abgründe hinweg. Der Zeugestrom aber flutete nicht in ihm. Diese innere Öde trieb ihn, wie bereits angedeutet, zu in ihrer Ehrlichkeit fast erschütternden Bekenntnissen:

> Daß ich den Mantel hoher Wichtigkeit
> In Versen angetan, hat seine Richtigkeit.
> Doch niemand weiß, was ich im stillen litt
> An dem Bewußtsein meiner Nichtigkeit.

Die drei Reime dieser vier Verse verraten etwas vom fast tragikomischen Zwiespalt seines Dichtertums: er sagte seine bitterste Klage in formspielerischer Art. Das im Bekennerischen herzbewegendste seiner Ghaselen zählt in achtfachem Reime Niederlagen und Enttäuschungen seines Menschendaseins auf, reiht sie in kunstvoll monotoner Beichte auf wie Perlen an einer Schnur, so daß man nicht weiß, was stärker wiegt, der Schmerz verfehlten Lebens oder die Genugtuung am formgewandten Ghasel:

> Im sichern Hafen land ich nie;
> Mich selber überwand ich nie;
> Des Lebens Wechsel sucht ich auf,
> Doch seinen Reiz empfand ich nie;
> Mein Herzblut rieselt hin im Lied,
> Dies wunde Herz verband ich nie.
> Wohl hab ich oft geklagt, jedoch
> Mein herbstes Weh gestand ich nie.
> Die Schönheit, die ich früh geliebt,
> Die göttliche, umwand ich nie;
> Da wollt ich folgen der Vernunft,
> Doch ihren Wink verstand ich nie;
> Wieviel ich in der Welt erstrebt,
> Den Stein der Weisen fand ich nie.

Nichts vielleicht ist bezeichnender für Leuthold als dieser Kontrast zwischen offenster Selbstbezichtigung und der naiv-stolzen Freude am virtuosen Spiel. Form bedeutet für ihn eben nicht das wachstumsbedingte Aufblühen eines Gehaltes (er scheint einen solchen meist gar nicht zu suchen), sondern sie ist für ihn ein völlig selbständiges Problem: ein Kleid, das man anzieht oder verläßt.

Es betrifft Versmaß, Reim und Rhythmus, den Reim vor allem. Der Wohllaut ist für Leuthold in erster Linie eine Angelegenheit des reinen, reichen und seltenen Reimes. Immer offenbarer wird in seiner Dichtung – und das ist die einzige Entwicklung, die an ihr festzustellen ist – die Tatsache, daß der Reim einen stets bedeutsameren Platz einnimmt, und das heißt auch, daß er häufiger immer den Vers erzeugt. Das dichterisch Natürlichste, Klarste, Gewachsenste schrieb Leuthold denn auch in seiner Jugend. Die Ghaselenform, wie auch das Sonett liebte er in der Folgezeit um des Reimkunststückes willen, das sie erfordern. Es war eine äußerliche Virtuosität, ein um die Wette Spielen «in schweren Formen und in schweren Reimen»: «metrische Gymnastik». Wo er reimlos dichten mußte, wie in den Oden und den Elegien nach antiker Art, gelangen ihm späterhin, wenn er sich einigermaßen vom Gefühl leiten ließ, einige treffliche Stücke, wie «Nachts» und «Meerfahrt» unter den asklepiadeischen Oden:

> Komm, ambrosische Nacht, ströme dein Silberlicht
> Weich und träumerisch aus über das ew'ge Meer!
>   Wieg in seligen Frieden
>   Dieses müdegehetzte Herz!
>
> Spinnst du wieder, wie einst, lieblicher Gott des Traums,
> Goldne Fäden um mich? rührt die Erinnerung
>   Sanft die Saiten der Seele,
>   Oder kommst du, Erhabne, selbst?   («Nachts»)

In «Meerfahrt» gehen strenges antikes Maß und Liebesinnigkeit ein schönes Bündnis ein:

> Fernhin leuchtet das Meer... lege das Ruder bei!
> O wie lieblich du bist! Reiner, vom Abendrot
> Goldgrundähnlich umstrahlt, heben des keuschen Leibs
>   Knospende Formen sich ab.
>
> Nimm die Laute, o nimm! Heiliger Friede stimmt
> Unmutglättend, wie Öl, welches die Wogen stillt,
> Klar und groß mein Gemüt, wenn du des Saitenspiels
>   Schlummernden Zauber beschwörst.

Und in der Elegie «Aus dem Süden» verweilt man gerne beim Bild der Prozession, welcher der Dichter vom alten Kastell aus zuschaut:

Langhin wogte der Zug durch die weinduftatmenden Gassen;
Munter, als gält es zum Tanz, scholl die gedämpfte Musik.
Aufwärts ging's den gepflasterten Weg; dem Gesumme der Beter
Antwortgebend erscholl fröhlicher Winzer Gesang.
Weihrauchgewölk stieg bläulich in Ringeln empor; von dem Städtchen
Tönte Geläut; fernhin glänzte das ewige Meer ...

Sobald aber irgendwie Gedankliches sich einmischt, und die
«schweren Formen» antiker Metren verleiteten Leuthold leicht
dazu, verflacht alles zu gewöhnlichster Prosa:

> In dieser Welt des Trugs und der Täuschungen,
> Wo selbst die Treue feil und der Glaube sind,
> Und wo gewissenlose Klugheit
> Über die Tugend den Sieg davonträgt,
>
> Ist jener Schicksal doppelt beklagenswert,
> Die scharfen Augs die fressende Fäulnis sehn,
> Und doch voll hoher Ideale
> Nur der Veredlung der Menschheit leben ...
>
> («Entmutigung»)

Da die ‹schöne› Form Leutholds meist eine rein äußerliche war,
so erlöste sie nicht, sondern riß die Widersprüche in ihm nur weiter
auf: den von ihm selbst beklagten zwischen Verstand und Herz,
den zwischen dem unentrinnbaren Bewußtsein seiner «Nichtig-
keit» und dem zeitweiligen Aufbrausen seines Dichterstolzes,
der ihm Phrasen eingab wie die vom «Purpurmantel» und von den
«Diamanten» und «Perlen» seiner Dichtung. Dieses unheilbare
Schwanken nur konnte in ihm den Eindruck erwecken, es gelte,
um zum Dichter mit «Glutakkorden» geweiht zu werden, aus dem
neidischen, träumemordenden Norden zu fliehen:

> Der letzte Zweifel muß sich nun zerteilen,
> Ob ich ein Dichter sei, drum auf, nach Süden!

Ach, der südliche «Zauber» auch verleidete ihm, denn er faßte ihn
äußerlich auf wie sein ganzes Dichten. Die einst vielgerühmten
«Lieder von der Riviera» enthalten wenig Poetisches in tieferem
Sinne. Liebeleien und ein wollüstig-träges Hindämmern (das er in
einem Gedichte selber rügt) sind darin die Hauptmotive. Zuweilen
lassen wohl Verse, Strophen aufhorchen:

Der leichte Wind
Entschlummert lind,
Es küßt am Strand
Sich Meer und Land ...
(«Zum Angelus»)

Wie ein kristallner Bergesquell
Hinmurmelt über braunen Kieseln,
Fliehn uns die Tage silberhell ...

Es greift die Welt mit keiner Kunde
In unsern Frieden störend ein,
Wir zählen weder Tag noch Stunde,
Das ist ein süß Begrabensein.
Das ist ein seliges Verbluten,
Dem unsre Seelen sich geweiht;
Natur wälzt ihre Wollustfluten
Lautlos in unsre Einsamkeit.
(«Mittagsruhe»)

(Die zwei letzten Verse freilich – typischer Leuthold – fallen völlig ab: ein vom Reim erzeugtes ‹Natur›-Cliché sucht Gefühlswallung, ‹Wollustfluten›, vorzutäuschen, wo keine sind ... und strophen-immanent – friedevolle Mittagsruhe – auch keine sein sollen.)

In den «Lucciole» aber bringt er es nur zu einem frostigen Vergleich zwischen den Leuchtwürmern, die zum blühenden Leben ringsum die «Leuchte» halten, und seinen Liedern, die manch dunkle «Stelle» seiner kleinen Gemütswelt erhellen; der Morgen löscht das «kurze Sein» dieser kleinen Wesen aus, der Hain jedoch duftet weiter; wenn sein Lied aber einmal erstirbt, dann ist das auch ein Zeichen, daß der Seele Lenz verdorrt. Wie kunstvoll der Strophenrahmen für diesen vom Gehirn ausgeheckten Vergleich! – Und im «Mädchen von Recco» wird sein «trotz'ger» Sinn weich gestimmt von einem Bild, das er am Strand erschaut: ein auswandernder Jüngling, «künft'gem Glück» entgegenträumend, scheint vom Schiff herab das Mädchen kaum zu gewahren, das, halb Kind noch, halb ein blühend Weib, zum Abschied hergekommen – eine Perle, «vielleicht die einz'ge seines Lebens», läßt er achtlos fallen. Daß aber «ein ganzes Leben» in diesem Bilde liegen soll, wie es dem Dichter scheint, ist eine nicht eben überzeugende Zugabe des Kopfes nur.

Gedichte solcher Art (und viele andere ließen sich anführen) werfen die Frage auf, welche Bewandtnis es hat mit dem sog. Ästhetizismus Leutholds. Wenn die Schweiz in ihm, wie oft gesagt wird, ihren ersten Ästheten hervorgebracht hat, so ist dagegen festzuhalten, daß er das nur sehr bedingt war. Unter einem Ästheten versteht man einen Dichter, der, vom Schönen geblendet, die Formkraft über den Gehalt stellt und die Kunst, die als solche jenseits der Moral steht, gern mit dem Leben verwechselt. Diese Kennzeichen treffen freilich so ungefähr auf Leuthold zu. Er glaubt sogar, wie die Jungen Deutschen, das Kainszeichen der Kunst zu tragen:

> Wen ein Gott zum Märtyrer weiht des Schönen,
> Fremd dem Troß der Menge, das Herz verödet,
> Irrt er hin durchs Leben, wie fluchbeladen,
> Freudlos und einsam.

Allzu offensichtlich aber dient die Attitüde des ‹poète maudit› bei ihm dazu, die innerliche Haltlosigkeit zu verdecken, sowie die Formkünstelei den Mangel an Gehalt. Ein Ästhet war er mehr in den negativen als in den positiven Eigenschaften, die man einem solchen zuschreibt. Er litt weniger an der Kunst als an sich selber.

Mit welcher Ahnungslosigkeit er dem Stoff – und dem Gehalt – gegenüber als Dichter zu Werke ging, zeigt aufs klarste sein Epos «Penthesilea», mit dem er sich selbst zu überbieten gedachte. Ein epischer Dichter war er nicht, konnte er nicht sein: eine eigene Welt- und Lebensauffassung wußte er sich nie zu schaffen; er hatte kein Auge für die Vielfalt der Lebens- und Naturerscheinungen, keinen Sinn für seelische Zusammenhänge und Probleme, keinen Blick für die intuitiven Momente des Seins. So raffte er denn aus Homer und dem spätgriechischen Epiker Quintus von Smyrna Stoffliches zusammen, ja auch ganze Gedankenreihen und Bilder, brachte eine gewisse künstlerische Ordnung und Steigerung hinein, ohne aber im mindesten daran zu denken, daß ein epischer Stoff von innen her Erhöhung verlangt, daß menschlich bedeutsame Motive ihn durchdringen müssen, daß er, mit einem Wort, Gehalt erfordert und daß vom Gehalt aus erst die künstlerische Gestalt erwachsen kann. Sein Augenmerk richtete er hier auch vornehmlich auf die äußere Form (er entlehnte sie einer Platenschen Ballade) und verstrickte sich so in den unglaublichen Widerspruch, daß Strophenform und Metrum dem Inhalt völlig inkongruent sind, ja in offenkundigem Gegensatz zu ihm stehen: die Verse tänzeln – wie ein Kritiker sich sehr richtig ausdrückte[9] – in ziervollem Menuettschritt, während Penthesilea ihr männermordendes Spiel treibt. Freilich, auch das Männermorden scheint für sie nur ein Spiel:

> Sie traf mit der Axt, sie entsandte den Speer,
> Es mähte ihr Schwert im argivischen Heer,
>   Und trunkene Lust
> Erfüllte der Männin die pochende Brust.

Das gibt auch der gewählten Form etwelche Berechtigung – ein Epos aber kann so nicht entstehen. So liest man sich denn nur mühsam durch diese zwölf Gesänge hindurch, in denen, wie in gewissen mittelalterlichen Epen, die Lust am Dreinschlagen das ganze Thema ist, die Schilderung schier nur eine – im Einzelnen zwar nicht ungeschickte – Abwandlung der Strophe:

> Jetzt stürzt, wie ein Dämon, voll Rachegefühl
> Sich Penthesilea ins Vordergewühl
>   Unbändig ... und rächt
> Die Freundinnen zehnfach im Männergefecht.

Des greisen Nestor Warnung allein und Kassandras Weherufe unterbrechen die sich immer ähnlichen Kampf- (Krampf-, möchte man fast sagen, einen Leutholdschen Reim heranziehend) Schilderungen. Die Amazonenfürstin, die «Männin» Penthesilea glaubt, sie sei in göttlicher Hand die mächtige Geißel des Schicksals: «Ich kämpfe allein, weil der Kampf mir gefällt». Sterbend erst fühlt sie die menschliche Liebesregung; in ihrem brechenden Auge erschaut Achill das Geständnis, das ihr Mund ihm versagt, als sie betroffen die Axt vor ihm senkte. Wild entringt sich die Klage um sie seiner Brust – zu spät. Zu spät auch erhält das Epos einige menschlichere Züge. Was ihm fehlt, können auch die paar lyrischen Stellen nicht ersetzen.

Das von der «Penthesilea» Gesagte gilt im Wesentlichen auch für die fünf *«Hannibal»*-Rhapsodien; hier auch ging Leuthold von der Form aus. Beizufügen ist freilich, daß diese – eine Abwandlung der Nibelungenstrophe: der erste Takt der – viertaktigen – letzten

---

[9] Eduard Korrodi: Ein Kapitel Schweizerlyrik. Süddeutsche Monatshefte, VII (1910), 388.

Halbzeile wird als achter Kurzvers eingeschoben und reimt auf den
fünften und siebenten Vers –, wenn auch nicht zum Ganzen, so
doch zu einzelnen Szenen ausgezeichnet paßte. So ist unter den
Siegesfeierlichkeiten der heimkehrenden Karthager der Tanz der
Gaditanerinnen ein Prunkstück Leutholdscher Virtuosität, doch
kaum viel mehr als ein Prunkstück:

> Erst drehn sie, jede Regung
> In schönem Ebenmaß,
> Mit zierlicher Bewegung,
> Behutsam wie auf Glas,
> Im Kreis sich, scheu, verhalten;
> Doch nahen ihrerseits
> Die kriegrischen Gestalten,
>> Entfalten
> Sie schamlos jeden Reiz.

> Wie wiegen sie die Büsten,
> Von reifer Fülle schwer,
> Mit nackten vollen Brüsten
> Verlockend hin und her!
> Den flinken Fuß in Spangen,
> Geschürzt bis an das Knie,
> In Wollust und Verlangen
>> Wie Schlangen
> Entfliehn und nahen sie.

> Wie sie behend sich drehen,
> Die Hüfte halb entblößt,
> Bis sich, wie aus Versehen,
> Vollends der Gürtel löst!
> Wie sie im Sprung entschweben,
> Bacchantischtoll, und nun,
> Wollüstig hingegeben,
>> Mit Beben
> Im Arm der Tänzer ruhn!

> Der taumeltrunknen Weiber
> Verführerische Last,
> Die braunen üppigen Leiber
> Hält jetzt die Gier umfaßt.
> Hier wird zu leisem Flüstern
> Der Stimme Ton gedämpft,

Doch dort wird keck und lüstern
Im Düstern
Die letzte Scheu bekämpft.

Bald schlingen sich zum Knäuel
Die Paare Brust an Brust;
Dem wilden Schlachtengreuel
Folgt süßer Kampf der Lust.
Stets frecher wird und freier
Geküßt, gebuhlt, gelacht ...
Und auf die wüste Feier
Den Schleier
Senkt die verschämte Nacht.

Daß Jakob Baechtold, vielleicht auch vom strenger gewordenen Gottfried Keller beraten, hier Streichungen vornahm, entschuldigte der moralische Rigorismus; wahrhaft bravoureuse Strophen aber waren damit dem Urteil der Nachwelt vorenthalten.

Die gehaltliche Dürftigkeit – ach, daß «des Gedankens leuchtende Kometen» von der Begeisterung «strahlenprächtig» in seine «mitternächtige» Seele gesandt wurden, und daß Bilder in seiner Seele schliefen «wie Gold im Schachte», das suchte er sich und andern bloß einzureden –, die gehaltliche Dürftigkeit bei formaler Gewandtheit vorbestimmte Leuthold geradezu zu Anleihen bei sich und bei andern. Bei sich: in seiner zweiten Schaffensperiode – anfangs der siebziger Jahre – hüllte er mehrfach eigene Ideen und Empfindungen früherer Jahre in ein neues Gewand, ohne dieses indes gehaltlich zu vertiefen. Bei andern: zahlreich sind in seiner ganzen Dichtung die Anklänge an Goethe, Schiller, Lenau, Herwegh, Geibel, Heine, Platen u. a. «Laß mir die von deutschen Dichtern / Breitgetretenen Motive!», ruft er seinem «süßen Kind» aus dem Süden zu, das ihn, wie Gretchen den Faust, nach seinem Glauben fragt; der Aufforderung kam er jedoch für sich selber nicht eben nach. Man hat ihm diese An- und Entlehnungen oft zum Vorwurf gemacht. Indes ist in der Literatur ja alles ein Geben und ein Nehmen – mit Unterschieden selbstverständlich. Man hat bei großen Dichtern lange Listen angelegt von dem, was sie, mitunter fast wörtlich, von andern übernommen. Das Entlehnte ist bei Leuthold nur deswegen sichtbarer, weil das ihm eigenst Zugehörige so dünn gesät ist. Manches entlehnte Motiv hat er übrigens derart umgeschmolzen, daß von einer Anleihe überhaupt nicht mehr die Rede sein kann: wir nannten den «Waldsee», der im letzten Bild an Herwegh anklingt, könnten auch die «Serenade» anführen, die, wie schon Jakob Baechtold nachwies, von einem gleichbetitelten Gedicht Jacob Burckhardts angeregt worden war. Was gewissermaßen als Rohstoff stehen blieb, was der Dichter nicht einzugestalten vermochte, das gehört ohnedies nicht ins Reich der Kunst.

Daß bei solcher Veranlagung Leuthold wie geschaffen war zum ausgezeichneten Übersetzer, leuchtet ohne weiteres ein. Aus französischer (mit Geibel gab er die «Fünf Bücher französischer Lyrik» heraus, und die Mehrzahl der Übertragungen kam ihm zu), englischer, italienischer, ungarischer, lateinischer, griechischer und altdeutscher Lyrik übertrug er eine imposante Zahl von Stücken, die in der kritischen Ausgabe den zweiten Band füllen. Einen gegebenen Stoff und Gehalt in eine deutsche Form zu kleiden, die, dem Geist der eigenen Sprache treu, doch dem Originaltext möglichst nahe rückte, das mochte für den Dichter, der besonders über ein formales Können verfügte, eine verlockende Aufgabe sein – wie er auch hier sich um Vollendung mühte, zeigen die vielen Lesarten (und dazu bot Geibels glättende Korrektur in manchem Falle noch die ihren). Man bedauert nur, daß er, insonderlich bei den französischen Vorlagen, seine vermittelnde Tätigkeit in recht erheblichem Maße an Erzeugnisse zweiter und dritter Wertordnung wandte[10]. Ein Beispiel möge zeigen, wie er vorging.

Worte der Geliebten aus Lamartines berühmtem Gedicht «Le Lac» lauten so:

> «O temps, suspends ton vol! et vous, heures propices,
>   Suspendez votre cours!
> Laissez-nous savourer les rapides délices
>   Des plus beaux de nos jours!
>
> Assez de malheureux ici-bas vous implorent:
>   Coulez, coulez pour eux;
> Prenez avec leurs jours leurs soins qui les dévorent;
>   Oubliez les heureux.

---

[10] Von Baudelaire z. B. – dessen «Fleurs du mal» erschienen 1857 – findet sich kein Gedicht (Bohnenblust veröffentlichte nachträglich eines aus den Skizzenheften Leutholds: «Obsession» – «Trauer»), viele aber von über einem Dutzend heute kaum mehr gekannter Namen.

Mais je demande en vain quelques moments encore,
    Le temps m'échappe et fuit;
Je dis à cette nuit: «Sois plus lente»; et l'aurore
    Va dissiper la nuit.

Aimons donc; aimons donc; de l'heure fugitive,
    Hâtons-nous, jouissons!
L'homme n'a point de port, le temps n'a point de rive;
    Il coule et nous passons!»

Temps jaloux, se peut-il que ces moments d'ivresse,
Où l'amour à longs flots nous verse le bonheur,
S'envolent loin de nous à la même vitesse
    Que les jours du malheur?

Eh quoi! n'en pourrons-nous fixer au moins la trace?
Quoi! passés pour jamais? quoi! tout entiers perdus?
Ce temps qui les donna, ce temps qui les efface,
    Ne nous les rendra plus?

Eternité, néant, passé, sombres abîmes,
Que faites-vous des jours que vous engloutissez?
Parlez: nous rendrez-vous ces extases sublimes
    Que vous nous ravissez?

O lac! rochers muets! grottes, forêt obscure!
Vous que le temps épargne ou qu'il peut rajeunir,
Gardez de cette nuit, gardez, belle nature,
    Au moins le souvenir!

———

«O Zeit, halt an den Flug! Und ihr, o günstige Stunden,
    Entflieht nicht so geschwind!
Laßt uns genießen ganz und voll die Lustsekunden,
    Die unsre schönsten sind!

Es flehn genug euch an die Schmerz- und Notbedrückten,
    O fließet, fließt für sie!
Nehmt ihre Leiden weg. Nur die wie wir Beglückten
    Vergeßt, beraubt sie nie.

Doch ich verlang umsonst den Augenblick zu kosten,
    Der immer, immer eilt.
«O weile Nacht!» fleh ich, da kömmt der Tag aus Osten,
    Der schon die Nacht zerteilt.

So laß uns lieben denn, in innigem Umranken,
    In heißer, flücht'ger Gier!

Der Mensch hat keinen Port, die Zeit hat keine Schranken;
  Sie flieht, und wir mit ihr!»

O eifersüchtige Zeit! Mußt du die Wollustschauer
Der Liebe, die uns winkt zu vollem, durstigem Zug,
Gleich hastig uns entziehn, wie Tage düstrer Trauer,
  Mit deinem schnellen Flug?

Und wie? Wird ihre Spur vergehen mit den Winden?
Wie? Hin, auf immer hin und ohne Wiederkehr?
Die Zeit, die sie uns bot und wieder ließ verschwinden,
  Gibt sie uns nimmermehr?

O Nichts, Vergangenheit, endlose Ewigkeiten,
Die unersättlich ihr die Tage uns verschlingt,
Sprecht, ob ihr denn die uns geraubten Seligkeiten
  Nicht *einmal* wieder bringt!

Du See, du stummer Fels, ihr Grotten, Waldesschweigen,
Denkmale der Natur, erhaben, ewig jung,
Von jener Zaubermacht bewahrt, ihr hohen Zeugen,
  Doch die Erinnerung!

Man möchte vielleicht an drei oder vier Stellen der Geibelschen
Fassung den Vorzug geben, die sich freilich oft von Leutholdschen
Wendungen leiten ließ. So versucht jener, mit Recht wohl, in der
erstangeführten Strophe die «Lustsekunden» zu umgehen:
«O Zeit, halt ein im Flug, und ihr, laßt ab zu fließen, / Ihr Stunden,
einmal nur! / Vergönnt uns unverkürzt das Höchste zu genießen, /
Das je ein Herz erfuhr!» In der zweiten versucht Geibel das im
französischen Text nicht belegte «beraubt sie nie» des 4. Verses zu
umgehen, was die ganze Strophe mehr oder weniger glücklich
ändert: «Zur Flucht beschwören euch, die elend und zerschlagen; /
Flieht, flieht für sie mit Hast! / Mit ihren Tagen nehmt von dannen
ihre Plagen; / Doch die Beglückten laßt!» Desgleichen vermeidet
er, sinngetreuer, in der vierten Strophe das «innige Umranken»:
und kann so auch den dritten Vers genauer fassen: «So laßt uns
lieben denn! Die Stunden solcher Gnade / Sind kurz; genießen
wir! / Der Mensch hat keinen Port, die Zeit hat kein Gestade, / Sie
flieht und wir mit ihr.» Und in der sechsten findet er eine unbe-
streitbare Verbesserung: «Wie? Spurlos löscht es aus, was uns so
hoch entzückte? / Hin wär's, auf immer hin? Und ohne Wieder-

kehr? / Die Zeit, die's einmal gab, und die es dann entrückte, / Sie gäb es nimmermehr?» Sonst aber ist es erstaunlich, mit welcher textlichen und rhythmischen Treue Leuthold das bekannte französische Gedicht dem deutschen Sprachgeist angenähert hat. Von Gleichwertigkeit wird man nicht sprechen wollen, wohl aber von einem Umkosen des Grundtextes, das an vielen Stellen entzückend wirkt. Dasselbe gilt etwa von Vigny's «Das Horn» (Le Cor), von den Liedern Burns' (zwei von ihnen sind mit Recht in Leutholds Fassung zum deutschen Volkslied geworden: «Mein Herz ist im Hochland» und «Die Schlacht ist aus, die Hoffnung schwand»), von einigen Gesängen Victor Hugos (das schwierige Stück «Mazeppa» z. B. hat stupend übersetzte Strophen) und Bérangers. Und welchen Schwung und welche Innigkeit weiß Leuthold den Sulpicia-Elegien Tibulls zu geben! Man denkt an Goethes Römische Elegien bei Versen wie den folgenden:

> Was sie beginnt, und wohin sie sich wendet, es wandelt der Liebreiz,
> Wandelt die Anmut doch immer verstohlen mit ihr.
> Löst sie die Wellen des Haars, so reizt sie mit wogenden Locken,
> Bindet sie's auf, – es entzückt jeden der liebliche Schmuck.
> O, sie bezaubert die Welt, hinschreitend im Purpurgewande;
> Naht sie in schneeigem Kleid, fesselt sie jegliches Herz.
> So im hohen Olymp ward nur dem beglückten Vertumnus
> Tausendfältiger Reiz tausendgestaltig verliehn.
> Sie von den Mädchen allein ist würdig, daß Tyrus ihr sende
> Weicher Wolle Geweb, zweimal in Purpur getaucht.
> Ihr nur gebührt, was am Öl der Araber, was er an Salben
> Aus der gewürzigen Saat duftiger Fluren gewann,
> Was der den Rossen des Sol nah wohnende Inder an Perlen
> Fischt an des tosenden Meers rotem Korallengestad.
> Musen, dies Mädchen allein besingt mir am Tag der Kalenden;
> Mächtig ertöne dazu, wölbige Leier Apolls!
> Heilig sei uns dies Fest; oft kehr es im Kreise der Jahre!
> Ist doch kein Mädchen wie sie würdig des Reigengesangs.

Der Übersetzer Leuthold könnte einen im Urteil über den Dichter Leuthold schwankend machen! Wie findet er Töne, die zu Herzen gehen:

> O wenn um dich auf kahler Heid
> Der Sturmwind strich, der Sturmwind strich,

> Vor seiner Wut mit meinem Kleid
>> Beschirmt ich dich, beschirmt ich dich.
> Und drohte Unheil allerwärts
>> Dich zu umfahn, dich zu umfahn,
> Als Zuflucht wär mein treues Herz
>> Dir aufgetan, dir aufgetan.

Wäre es ein Originallied Leutholds, man wände dem Dichter einen Kranz – es ist aber eine Strophe von Robert Burns! Und hingenommen liest man die folgenden Verse:

> Und ewig sei dies Bild mein eigen!
> Kein Windhauch soll es mehr verwehn.
> Bei wolkenloser Nächte Schweigen
> Nur will ich mich darüber neigen
> Und träumend in die Fluten sehn.

Es ist aber die Übertragung der Schlußstrophe eines Gedichtes von Sainte-Beuve! Und man horcht auf bei einer Strophe wie dieser:

> Die Nacht läßt ihren Schleier fallen,
> Es senkt der Schlaf sich auf Paris;
> Das ist die Zeit der Nachtigallen,
> Die Zeit, die stets mich träumen hieß.
> Wenn rings die Schatten niedersteigen –
> Heil dem, der schauen darf in sich!
> Wie lieb ich dieser Nächte Schweigen!
>> Ihr Nachtigallen, singt für mich!

Es ist aber eine Strophe Bérangers! – Und kehrt man dann neu zurück zu Leutholds eigenen Dichtungen, so findet man seitenlang keinen originellen Vers mehr. Das war es eben: Leuthold ist kein wahrhaft schöpferischer Geist. Ihm war ein gewisser, man darf wohl sagen ein starker Sinn für Wortschmuck beschieden, ein Durst nach Schönheit und nach Größe; aber wie ihm sein Leben zerrann, so zerrann ihm auch sein Dichten, weil der seelische Wurzelgrund es nicht zu nähren vermochte. Zu guter Stunde gelingt ihm (wir kehren zum Anfang unserer Betrachtungen zurück), wie wenn Fesseln sich lösen wollten, ein schöner Vers, eine schöne Strophe, ja vielleicht ein ganzes kleines Gedicht. Sie bleiben im Gedächtnis haften, man spricht sie vor sich hin:

Im Schmuck des Lenzes stehn die Aun,
Es trieft die Welt von Maienlust,
Und Sträuße winden holde Fraun
Und Mädchen sich aus Blatt und Blust.

Und auch in meiner Brust erstehn
Viel tausend Blumen mannigfach;
Sie blühen, duften und vergehn
Und keine Seele frägt danach.

—

Dort, wo durch grüne Täler
Hinab sich wälzt der Rhein,
Dort schauen sonnige Hügel
Ins üppige Land hinein.
....
Und seit ich von jenen Tälern
Und Höhen ferne bin,
Ist alle Lust des Lebens
Und alle Freude hin ...

—

Denn die busenförmigen Hügel alle
        Triefen vom Segen
Goldnen Weins ...

—

Dieser Geist des neuen Weines
Löst die Zunge wunderbar ...

—

Ich bin so müd, als ging's mit mir zur Neige ...

—

Mein stolzes Herz! sei du dir selbst genug ...

Die bald zähneknirschende, bald weichmütige Zerrissenheit seines Innern hätte aus Leuthold einen Satiriker machen können – bei
klarerer, abgestufterer Weltanschauung freilich! Dennoch verraten einige Sprüche Geist und sichern Sinn für Pointierung:

Seht mir den Mann hier an ...
Buchhändler zugleich und Verfasser,
Sieht er die Sündflut nahn
Und läßt noch sein eigenes Wasser.

—

Gehst du einmal unter die Rezensenten,
So gib dich nicht ab mit kleinen Talenten;

Du mußt dich an die Größten wagen,
Die den Tadel verschmerzen, das Lob ertragen.

—

Willst du kommen in die Mode,
Mach dich geltend, sei nicht faul!
Denn öffnest du nicht selbst das Maul,
Die andern schweigen dich zu Tode.

—

Nicht daß ich den Geschmack von heut
Just für den besten erkläre;
Du aber trachte jederzeit,
Zu schreiben, wie wenn er's wäre.

Daß Leuthold auch in Eigenem nur der Übersetzer war, dieses Urteil geht zweifellos zu weit. Er ist zuweilen ein Künstler, nicht nur ein Techniker. Ob er aber die größte Kraft im kleinsten Punkte sammelte, wie gesagt worden[11]? Seine ‹größte Kraft› war meist merkwürdig klein. Und so wird es denn wohl, was Leutholds Dichtung anbelangt, beim konzisen Schlußurteil Gottfried Kellers bleiben (brieflich an Baechtold, 28. Jan. 1877): «Stil ist das nicht.»

Nicht vergessen darf dabei bleiben, daß Leuthold mit Keller wacker sein Teil dazu beigetragen, der schweizerischen Lyrik über die Grenzen des Landes hinaus ein Ansehen zu verschaffen, das ihr seit Jahrzehnten fehlte. Denn vor den beiden Zürchern galten als die repräsentativen Lyriker der neueren Schweiz – Abraham Emanuel Fröhlich und Johann Jakob Reithard!

Biographische Notiz. – Heinrich Leuthold (5. Aug. 1827–1. Juli 1879) entstammt von Vater- und Mutterseite alten Bauerngeschlechtern des Zürcher Oberlands. Düster waren seine Jugendverhältnisse. In der Ehe der Eltern kam es wirtschaftlicher Schwierigkeiten wegen früh zu Zerwürfnissen, dann zur Trennung der Gatten, und der Vater endete in halber Geisteszerrüttung. Erzogen wurde der Knabe – er war der dritte Sohn seiner Eltern – von seiner Großmutter mütterlicherseits, einer fleißigen und braven Frau («wie floß von deiner Lippe milde Güte!», wird Leuthold später in einem Sonette sagen), die in Unter-Wetzikon wohnte. In Wetzikon besuchte der ungewöhnlich begabte Knabe die Volks- und Sekundarschule, wo sein späterer Freund und Beschützer, der künftige zürcherische Regierungsrat J. K. Sieber, sein Lehrer war. Die Ferien verbrachte der Jüngling nicht bei der Mutter, die sich wieder verheiratet hatte, sondern zumeist im Doktorhause zu Hirzel, bei dem frommen

[11] G. Bohnenblust: H. L. Ges. Dicht., I,XXXI.

und als Wohltäter hochgeschätzten Arzte Jakob Heusser und dessen Gemahlin Meta Heusser, die als religiöse Liederdichterin bekannt wurde (ihre Tochter war die als Jugendschriftstellerin berühmt gewordene Johanna Spyri). Nach einem zweijährigen Aufenthalt als Schreibergehilfe in Fribourg zur Erlernung des Französischen studierte Leuthold die Jurisprudenz an den Universitäten Bern, Basel und Zürich. In Bern brachte ihm der Verkehr mit dem schwäbischen Dichter und Übersetzer Ludwig Seeger, der an der Realschule die klassischen Sprachen lehrte, Förderung. (Seeger war einige Jahre zuvor auch der Lieblingslehrer Dranmors – Ferdinand Schmids – gewesen.) In Basel fesselten ihn weniger die juristischen Vorlesungen als die Wilhelm Wackernagels über deutsche Literatur und die Jacob Burckhardts über ältere und neuere Geschichte. Die Freundschaft und der Rat beider Professoren bot ihm reiche Anregung und Hilfe. Mit der jugendlich schwärmerischen und dichterisch begabten Gattin des Führers der demokratischen Partei, Dr. Carl Brenner, mit Emma Brenner-Kron, unterhielt der stattlich gewachsene Jüngling ein Liebesverhältnis. In Zürich wurde die leidensgeprüfte Lina Trufort-Schultheß, die geschiedene Frau eines Engländers, seine Geliebte und Gönnerin. Zu seinem Freundeskreis gehörte hier u. a. auch der spätere Bundesrat Emil Welti. Ein Abschluß der juristischen Studien erfolgte nicht. Seit 1852 war Th. Mommsen, der künftige Verfasser der «Römischen Geschichte», Inhaber des Lehrstuhles für römisches Recht, und mit seinen mangelhaften Kenntnissen des Lateinischen wagte Leuthold es nicht, vor dem Gestrengen zu erscheinen. Zum Teil mit Lina Trufort machte er längere Aufenthalte und Reisen in der französischen Schweiz, in Savoyen und in Italien (in Genua entstanden damals die «Lieder von der Riviera»). Vergebens bewarb er sich in Zürich um eine Staatsstelle. Da gab ihm Jacob Burckhardt den Rat, nach München überzusiedeln, wo König Max Dichter und Gelehrte um sich versammelte; an Geibel gab er ihm ein Empfehlungsschreiben mit. Im Münchner Kreis der «Krokodile», wie sich die um Geibel und Heyse gescharten Dichter – Dahn, Grosse, Lingg, Hopfen, Wilbrandt, Hertz – nannten, fand Leuthold freundliche Aufnahme. Mit Geibel gab er 1862 die «Fünf Bücher französischer Lyrik» bei Cotta heraus, und im Münchner Dichterbuch des gleichen Jahres standen dreizehn seiner Lieder, freilich von Geibel selbstherrlich verbessert. Freundschaftliche Bande verbanden ihn hier auch mit den Malern Arnold Böcklin und Wilhelm von Kaulbach. Es folgten Redaktorenstellen in Frankfurt und Stuttgart an nationalliberalen Blättern. Der Schweiz entfremdete er sich mehr und mehr. «Wo neuer Kern auch immer sitze (schrieb er damals), Der Dinge Kern sitzt in Berlin.» Lina Trufort war ihm nach Deutschland gefolgt, die eheliche Verbindung aber kam nicht zustande. 1869 wurde die «Penthesilea» vollendet, 1870 die Rhapsodie «Hannibal». Die «Penthesilea» führte ihm eine neue Gönnerin zu: deren Urbild, die Baronin Alexandrine von Hedemann, die Geliebte des späteren Reichskanzlers Fürst Hohenlohe; in ihrem Freundeskreis verlebte Leuthold 1876 in Innsbruck den letzten dichterisch produktiven Sommer. Dann brach die schwere Krankheit (Paralyse, Gehirnerweichung), die ihn schon einmal bedroht, verheerend über ihn herein. Im August 1877 wurde er nach der zürcherischen Irrenanstalt Burghölzli übergeführt. Sieber, Jakob

Baechtold und Gottfried Keller besuchten ihn öfters. Am 1. Juli 1879 erlosch er still.

«Er war eine verhängnisvolle Composition: Edles und Unedles wie grelle Farben nebeneinander gestellt; ein Organismus voll wilder Kraft, die ihn zu Ausschreitungen drängte, eine harte Jugend, frühe Verbitterungen, stachelnder Neid auf Glück und Erfolg falscher Größen, die er übersah und grimmig verachtete; dazu aber ein Herz voll Liebefähigkeit und voll hoher Gefühle, wenn die Stunde gut war ...» (Adolf Wilbrandt, ein Dichter des Münchner Dichterkreises, an Jakob Baechtold).

Bibliographie. – Gedichte von H. L. Hsg. von Jakob Bächtold. Huber, Frauenfeld, 1878 (dann vier weitere Aufl.) – H. L's Gedichte. Nach den Handschriften wieder hergestellt von A. Schurig. Leipzig, 1910. – H. L. Gesammelte Dichtungen in drei Bänden. Eingeleitet und nach den Handschriften hsg. von Gottfried Bohnenblust. Frauenfeld, 1914. (Mit bibliographischem Verzeichnis: III, 313–317, 321–2.) – H. L. Lyrische Dichtungen. Ausgewählt und eingeleitet von Emil Sulger-Gebing. Die Schweiz im deutschen Geistesleben. Leipzig, 1923. – Der schwermütige Musikant. Auswahl der Gedichte von H. L., hsg. von Hermann Hesse. 1922. – H. L. Ausgewählte Gedichte, hsg. von A. Guggenbühl und K. Hafner[3], 1946.

Über Leuthold. – R. Saitschik: Meister der schweizerischen Dichtung des 19. Jahrhunderts. Frauenfeld, 1894: H. L., S. 319–378. – Marg. Plüss: Leutholds Lyrik und ihre Vorbilder. Diss. Bern, 1908. – E. Ermatinger: H. L. und Gottfried Keller. Mit ungedruckten Briefen Kellers. Süddeutsche Monatshefte, VII (1910), S. 290–314. – G. Bohnenblust (s. oben, Einl.). – Ders.: H. L. Eine kritische Würdigung. Neue Jahrbücher für das klassische Altertum, XIV (1911), S. 296f. – Ders.: H. L. Bern, 1928 (auch: Vom Adel des Geistes, 1944, S. 250–260. – Ad. Frey: Schweizer Dichter. 1914, S. 143f. – A. Schär: Deutsch-schweizerische Lyrik der neueren Zeit. 1917. – W. Zimmermann: H. L. (1918). – Ed. Lauchenauer: H. L's Leben. Diss. Zürich, 1922. – E. Ermatinger: Krisen und Probleme der neueren deutschen Dichtung. 1928, S. 321f. – E. Ermatinger: Dichtung und Geistesleben der deutschen Schweiz. 1933, S. 653–657. – K. E. Hoffmann: Das Leben des Dichters H. L. Basel, 1935. – H. Bruggiser: Heimat und Naturgefühl in der schweizerischen Lyrik von Haller bis Meyer. Diss. Fribourg, 1945. – K. A. von Müller: Leutholds Penthesilea. Neue Schweizer Rundschau, Febr. 1951.

ARNOLD OTT

Als Arnold Ott, der gebürtige Schaffhauser, am 30. September 1910 in Luzern starb, wo er als Augen- und Ohrenspezialist tätig gewesen, war er seit Jahren ein physisch und seelisch gebrochener Mann. Seine große Zeit hatte er als Dichter in den neunziger Jahren erlebt, als er, zusammen mit J. V. Widmann, so ein bißchen der Hausautor des Meininger Herzoglichen Theaters geworden war und in der Heimat mit Volksschauspielen und Festakten («Karl der Kühne und die Eidgenossen», Festakt zur Einweihung des Telldenkmals in Altdorf, Jahrhundertfestspiel zum Eintritt Schaffhausens in den Schweizerbund), sowie bei Kennern mit der – unaufgeführten – «Rosamunde» nicht geringe Erfolge einheimste. Damals erblickten nicht wenige in ihm die stärkste in der Schweiz je erstandene dramatische Kraft, und er selber kargte seinem eigenen Schaffen gegenüber mit stolzester Einschätzung nicht. Dann aber wurde es still und stiller um seinen Namen. Sein Tod gab zu wohlwollenden, doch mehr rückwärts gewandten Nachrufen Anlaß (die schönsten waren die von Widmann und von Spitteler), und als 1924 die umfängliche Biographie aus der Feder seines Schaffhauser Freundes Eduard Haug erschien, im Untertitel von einer «Dichtertragödie» sprechend, da vermochte sie die Asche nicht mehr zu beleben. Im Geleitwort zur sechsbändigen Ausgabe der Dichtungen Otts, die, besorgt von Karl Emil Hoffmann, in den Jahren nach dem Zweiten Weltkrieg herauskam, mußte Cäsar von Arx bekennen: «Im Bewußtsein unseres Volkes leben Dichter und Werke nicht mehr» – ach, auch diese herausgeberische Bemühung, die nicht wenig Dramatisches und Lyrisches zum erstenmal druckte, blieb ohne Resonanz, führende Zeitungen sogar nahmen kaum Notiz von ihr, und von Wiederaufführungen Ottscher Bühnenwerke ist längst keine Rede mehr.

Auch die ‹offizielle› Kritik ist – ein eher seltener Fall – verhältnismäßig früh zu einem sozusagen einmütigen Urteil gelangt. In seinen «Schweizer Dichtern» von 1914 sagt Adolf Frey über Ott: «Er strebt unbewußt so sehr nach Augenweide und Sinnenfreude, weil er der Seele zu wenig zu sagen hat. Das rein Menschliche geht ihm zuweilen in erschreckendem Maße ab. Das Einfache, das natürlich Empfundene, das Weiche und Zarte mangelt ihm, dazu der Geschmack. Er stammt aus der Sippe der Seneca: er verwechselt das Tragische mit dem Gräßlichen, das Große mit dem Übertriebenen, Kraft mit Maßlosigkeit, mit Brutalität und Roheit, die ausdrucksvolle Gebärde mit Pose und Grimasse, den Zorn mit Wut, den entschieden auftretenden Helden mit dem Bramarbas. Natürlich ist er beinahe nur im derb Volkstümlichen und Hanebüchenen. Hier erreicht sein Witz, der sonst meistens nicht über bissigen Wortspaß hinauslangt, und sein Humor, der es gewöhnlich nicht über gezwungene Lustigkeit bringt, Frische und Erdgeschmack[1].» Und Emil Ermatinger faßt in «Dichtung und Geistesleben der deutschen Schweiz» (1933) seine Ablehnung noch bündiger und schärfer zusammen: «es fehlt seiner Dramatik der Lebensnerv, die innere Triebkraft und persönliche Problematik, und seine Menschen interessieren uns nicht.»

Hat der Dichter, der, eigenem Worte gemäß, «nach dem Höchsten» streben wollte, dieses herbe Schicksal verdient? Hat er unserer Welt nichts mehr zu sagen? Hat sich seine Poesie in wenig mehr als einem halben Jahrhundert so völlig entfärbt? Die Fragen erheischen wenigstens eine etwas einläßlichere kritische Antwort. Wenn eine ‹Rettung› auch kaum mehr in Frage kommt, wenigstens eine generelle nicht mehr, so läßt sich doch das kritische Urteil vielleicht etwas differenzieren, womit auch der postumen Gerechtigkeit vermehrt Genüge getan wäre.

*

Als Arnold Ott im Sommer 1887, nach den überwältigenden Eindrücken, die er von den Shakespeare- und Schilleraufführungen

---

[1] Im Wesentlichen an Ad. Frey orientiert, mit teilweise wörtlicher Anlehnung, ist Otts Charakteristik durch Paul Lang (Bühne und Drama der deutschen Schweiz im 19. und beginnenden 20. Jahrhundert, Zürich, 1924, S. 105–115): «Ein schweizerischer Shakespeare wollte er werden. Und wurde doch nicht sehr viel mehr als ein Stürmer und Dränger, der an seiner Maßlosigkeit und Formlosigkeit zerbrach.» – Auch Alfred Zäch (Die Dichtung der deutschen Schweiz, Zürich, 1951, S. 166–169) scheint sich in seiner kurzen Charakterisierung Freys Urteil anzuschließen: «Was Ott auch darstellt, Ideen und Personen, nichts ist innerlich erlebt, und so bleibt er stecken in wilden Gesten und aufgeplusterter Theatralik. Seine Dramen sind grell, plump und sentimental ... Ott ist mehr Kulissenhaudegen als Dichter. Zudem entbehrt er der Originalität.»

des Meininger Hoftheaters in Basel empfangen, wie hingerissen mit seinem eigenen dramatischen Schaffen begann und innerhalb weniger Monate den «Konradin» und die «Agnes Bernauer» vollendete, stand er bereits im 47. Lebensjahre. Gedichtet hatte er zwar von Jugend auf, wie zum Spiel in satirischen und lyrischen Ergüssen, die keine dichterischen Ansprüche erhoben; und mählich auch hatte er, durch strengere Einsicht in leuchtende Vorbilder - Goethe, Schiller, Shakespeare u. a. – die anfänglichen dilettantischen Neigungen überwunden. In episch-lyrischen Dichtungen, die um große Gestalten kreisten (Napoleon, Hannibal, Ahasver), waren ihm in den siebziger Jahren schon ernster, ja ernst zu nehmende dichterische Verwirklichungen geglückt (die erst die Ausgabe der gesammelten Werke ans Licht gebracht). Die fast fieberhaft einsetzende dramatische Tätigkeit leitete so nur eine neue Etappe, eine bedeutsamere freilich, seines Dichterweges ein. Er hatte sie mehr oder weniger vorausgeahnt: «Beweisen wollt ich gern mit Gut und Blut / Wie ernst mein Singen!» und «Laß mich, o Muse, eigene Wege wandern ... Leite die Hand mir, zu heben / Schätze der Vorzeit, / Die in Schächten / Verschüttet ruhn», hatte er im Dezember 1886 geschrieben – und in jenem Monat gerade war alle Tage ein Gedicht, waren manchmal auch mehrere entstanden[2]. Das Sendungsbewußtsein jedenfalls – es sollte sich in der Folge mächtig steigern – war zusehends erwacht, und hatte er eben noch den Ruhm gebeten, ihn zu «meiden», und den Lorbeer, seiner Schläfe fern zu bleiben, so fühlte er nun bald einmal: «Wer einmal getrunken nur, / Heillechzenden Zugs, / Aus kastalischem Quell / ... Unverwundbar / Wandelt wie Siegfried er. / Immer umschweben ihn / Seines Erschauten / Schützende Geister, / Und Sehnsucht nur sehrt ihn[3].»

War die dramatische, die plötzlich sprang, seine eigentliche Dichterader? Ist er der geborene, der Vollblutdramatiker, wie er oft genannt wurde? Die Fage hat einen paradoxen Beiklang. Doch hat schon Adolf Frey von Ott tiefsichtig festgehalten: «Er besaß im Grunde mehr eine malerische als eine dramatische Phantasie[4].» Zweifellos steckte in Ott ein ungewöhnlich regsames Tempera-

---

[2] s. A.O., Dichtungen, VI, 37, 177/8, und Ed. Haug, A.O., 148.
[3] Bescheidung, VI, 174; Unverwundbar, VI, 268.
[4] Schweizer Dichter, 160.

ment; seine impulsive und explosive Natur schien für das Bühnen-
schaffen recht eigentlich vorbestimmt, und bewies die reiche dramatische Ernte, die er im letzten Jahrzehnt des 19. Jahrhunderts
einheimste, nicht zur Genüge, daß ihm auf diesem Gebiete ansehnliche Gaben beschieden waren? Indes haben seine Werke die Bühne
nicht dauernd gewinnen können – «trotz mancher hochdramatischen Szene», fügt sein Biograph dieser betrüblichen Feststellung
bei[5]. Wo lag der Grund zu diesem Mißerfolg? Hat sich doch Ott
zudem in vielen dramatischen Gattungen versucht: in der Sagentragödie, im historischen Drama, im Volksschauspiel, im Festakt,
im realistischen Drama – Möglichkeiten lagen aufgespart vor seinem Talent: was hinderte ihn, die Chancen zu nützen?

Haugs Zusatz «trotz mancher hochdramatischen Szene» ist,
scheint uns, ein verräterisches Eingeständnis. Es enthält eine gewichtige Einschränkung des wertenden Urteils, freilich ohne die
Konsequenzen daraus genauer zu ziehen: Otts *wirkliche* dramatische
Kunst offenbart sich nur in einzelnen Szenen nachdrücklicher. Dieser angeblichen Theaterphantasie fehlte also wohl ein wesentliches
Element. Waren es nur die leidenschaftliche Hast, eine gewisse
Maßlosigkeit, ein Mangel an sorgfältigem Überdenken und Abwägen, darum an psychologischer Folgerichtigkeit und Vertiefung,
die dieses Schaffen in seinem Ergebnis fragmentierten, wie Haug
es erklärt[6]? Diese Mängel waren wohl da, entsprangen aber insgeheim einem tieferen Versagen: es gebrach Ott am letzten zündenden, genial-dramatischen Funken, und das will sagen, am durch-
dringenden intuitiven Blick, der Gestalten in ihrem vollen Wech-
selverhältnis und in ihrer vollen Wechselwirkung und darum
Schicksale in ihrer heiteren oder tragischen Verkettung sieht, in
ihrem Ganzen, das sich einem höheren Ganzen einordnet. Ihm standen Bilder vor der Seele auf, rauschend bewegte oft, wohl auch
stimmungsschwere, und aus ihnen erwuchsen Szenen voll Schwung,
ja Wucht zuweilen, doch verstand er es selten oder nie, sie in einer
größeren dramatischen Einheit aufgehen zu lassen, sie organisch
in ein umfassenderes Spannungsgewebe einzuflechten. Er konzipierte wohl leitende Motive, schöne, wirksame sogar, verdichtete
diese aber nicht genug in deren Trägern, den Charakteren, die

[5] Haug, 432.
[6] op. cit., 443.

Handlung so von diesen, d. h. von innen her aufbauend, ließ es nur zu leicht bei einzelnen, im ersten Schaffensdrang enthusiastisch geschauten Episoden, Ausschnitten bewenden, die darum wohl einen gewissen Glanz erhielten, mit Gefühl, zuweilen auch mit charakteristischen Zügen beladen waren, die aber nicht wurzelhaft hinabreichten in eine tiefere, schöpferisch bindendere Schicht. Daß er diese wurzelndere Kunst nicht einmal suchte und sich in merkwürdiger Selbstverblendung immer wieder über das eigene Schaffen täuschte, das war zudem auch ein menschlicher Mangel, eine gewisse Dürftigkeit an tiefmenschlichem Fühlen.

Um es anders zu sagen: Ott, dieses in Wahrheit mehr lyrische als dramatische Temperament, verstattete dem letzteren, das in Ansätzen auch da war, nicht, wirklich zu sich selber zu kommen, und die Folge war, daß er im eigenen Urteil sogar – das in mehrerer Hinsicht ein strenges war – die Heftigkeit eines plötzlichen Gefühls mit der vielfältigeren, innerlich gezielteren, weil ganz in die Charaktere verlagerten dramatischen Spannung verwechselte. Er hat eigentlich in allen seinen Dramen das getan, was er in seiner vordramatischen Zeit in episch-lyrischen Rhapsodien mit der Gestalt Napoleons tat: er sah dort den Helden in einigen Stationen seines Lebens, die er sich als die Hauptstationen dachte – der Knabe bei der Mutter, der Jüngling in Brienne, der junge General vor dem Konvent, in Italien, Ägypten, die Kaiserkrönung, die Unterredung mit Goethe, Spanien, Aspern, Moskau, Elba, St. Helena –, rief diese mit ein paar kräftigen Pinselstrichen wach, die Einzelschilderungen im allgemeinen Bildnis spiegelnd. Dramen aber – und hierin hatte Ott die Einsicht in die großen Vorbilder nicht genügend vertieft (aber eben: der tiefmenschliche und tiefkünstlerische Stachel dazu fehlte ihm) – verlangen mehr, und verlangen zugleich auch weniger: verlangen einen spannungsmäßigen Zusammenschluß, eine scharfe Konzentrierung der Elemente von *einem* Punkte, vom Zusammenspiel der Gestalten aus, die wie eine lebendige Konstellation miteinander in Beziehung zu bringen sind, verlangen zugleich aber auch einen Abbau der stimmungshaft-lyrischen Elemente, d. h. deren *Ein*bau in die Charaktere und in die szenische Entwicklung, damit sie dem Fortgang der Handlung immanent werden. Ott sah mit höchster Vehemenz Bilder, bald von stimmungsschwerem Pathos durchtränkt, bald in menschlich naher, mitunter herzlicher, besonders jedoch derb-witziger volkstümlicher Atmosphäre, er sah sie aber in loser Aufreihung, nicht in unlöslich ineinandergreifender, symbolmächtiger, wie gewachsener Verzahnung. Hast und Maßlosigkeit hatten so leichtes Spiel; aber auch ein besseres Überdenken und Abwägen (wie Haug meint) hätte der mangelhaften psychologischen Motivierung nicht aufgeholfen, denn der dem ‹Überdenken› voraufgehende schöpferische Hebelzug wurde nicht getan.

Wie sehr Ott im Dramatischen am Statisch-Lyrischen hängt, beweisen – es sind kleine, aber überaus bezeichnende Einzelheiten – die so häufigen Gesangs-, bzw. Verseinlagen in seinen Dramen: bei jeder möglichen oder unmöglichen Gelegenheit wird gesungen oder deklamiert, sei es von Einzel- oder von Kollektivpersonen, alle sind sie «singenden Gemüts», wie es einmal heißt[7]. Unerfindlich z. B., warum in «Hans Waldmann» (4. Akt) der angetrunkene Barfüßermönch Theobald Verse sagen muß, um den Leuten Waldmanns «Laster, Lust und Pestilenz» zu verkündigen; warum im 5. Akt Barbara Göldli, Waldmanns Konstafler Geliebte, halb wahnsinnig aus dessen Kerker geführt, zum trauervollen Abschied Verse deklamieren muß; warum die Bauern – es sind zehntausend vor den Toren der Stadt – immer wieder ihre Chöre anstimmen müssen; in «Untergang» sogar, dem naturalistischen Zeitdrama, braucht die Familie Lienhard in der großen und sonst nicht übel geratenen Eingangsszene wiederholt sprichwörtliche Wendungen, die den gleichen Ursprung zu haben scheinen; Agnes Bernauer schließlich scheint fast nur volkstümlich gesangliche Gefühle äußern zu können. Unerfindlich? Nein: Otts lyrisches Empfinden benötigt immer wieder kleine Ruhepunkte der ‹Stimmung›, weil diese Stimmungen der Handlung selber nicht genügend eingestaltet sind und weil er das Bedürfnis empfindet, dem irgendwie gespürten Mangel abzuhelfen und ‹poetisch› zu wirken.

Kein Zweifel, daß das Volksschauspiel, wie Ott es auffaßte und dem er einen beträchtlichen Teil seiner Kräfte widmete, dieser opern-, zuweilen operettenhaften Neigung entgegenkam. Er sah in ihm vor allem das *Volks-* und das *Schau*-Spiel, d. h. Möglichkeiten, einerseits Volksmengen auf die Bühne zu bringen und anderseits das Schaubare zu betonen. In der Handhabung von Grup-

---

[7] s. Dichtungen, III, 17.

pen- und Massenszenen erweist er sich unbestreitbar als Könner, und dem Auge, den Sinnen überhaupt, wird viel geboten. Auch die Gefahr jedoch lag hier nahe, daß Menge und Buntheit als solche allzu stark in die dramatische Waage fielen, daß das Drama dadurch veräußerlicht wurde. Einesteils verloren die Gestalten, weil allzu gesamthaft gesehen, an ihrer notwendigen Einzelkontur, andernteils wurde aus der vielgestaltigen Bewegtheit leicht ein für sich verfolgter Zweck. Wie büßen in den vielen Kampf- und Schlachtszenen, die sich in seinen Dramen finden, die Gestalten plötzlich allen ihren Eigenumriß ein, und wie wird die Bühne zum bewegten Schattenspiel! Dazu die rein materielle Konsequenz schon: die Aufführung bot größte Schwierigkeiten der Inszenierung (das gilt besonders für «Karl der Kühne und die Eidgenossen»), – und die verlangte außerordentliche Anstrengung lohnte sich doch schließlich zu wenig. Denn auch das Volksschauspiel, hat es gleich seine eigenen Gesetze, kann eine gewisse innere Stetigkeit der Handlung nicht entbehren, und die Charaktere, wenn sie auch eine gewisse Rohgezimmertheit vertragen, verlangen dennoch markante und irgendwie verinnerlichte Züge. Und dann bestand für Ott eben auch die andere Gefahr, daß er an das Drama überhaupt, nicht nur an das Volksschauspiel, Auffassungen heranbrachte, die einer dichterischen Vertiefung wenig zuträglich waren.

Eine weitere Einschränkung ist vorzunehmen. Es finden sich zweifellos bei Ott Szenen, recht zahlreiche sogar, die ein echt dramatischer Hauch durchzieht und die auch in der Sprachgestalt kraftvolle Akzente aufweisen. ‹Hoch›dramatisch aber (wie Haug sich ausdrückt) wären sie nur, wenn in ihnen vom Ganzen des Dramas her Lichter, symbolhafte Bezüge aufblitzten, die, gleichsam in der Vertikalen wirkend, wie scheinwerferisch ganze Bezirke der Seele enthüllen. Solche dramatischen Offenbarungen sucht man bei ihm vergebens. Man empfindet in seinen Dramen wohl mitunter ruckhafte Erschütterungen, es rieselt wohl bisweilen auch wie ein bald stärkerer, bald gedämpfter Schauer durch mehrere Szenen, sogar durch einen ganzen Akt, und doch haftet diesen etwas Episodisches, sozusagen Balladeskes an, etwas in ihnen ist nicht umfassend genug zu Ende gefühlt und zu Ende gedacht, nicht erhoben von einem untergründigen Erleben dichterischer Art. Auch als Lyriker rührt Ott ja nicht an wahrhaft tiefe Quellen des Seins; eine gewisse Leichtigkeit des Versemachens und ein gewisser Zug zu mehr äußerlicher Monumentalität lassen ihn die Motive mehr nur obenhin erleben, verleiten ihn dazu, sie unnötig wortreich und wortschwer auszudehnen; seine besten Gedichte sind denn auch kurze, ja kürzeste Gebilde, und anderseits solche (ihre Zahl ist gering), in denen sein Pathos schweigt und eine milde, doch klar schauende Herzlichkeit – denn in diesem ungestümen, oft rücksichtslosen, unberechenbaren und selbstherrlichen Menschen lebte auch eine versteckte Zärtlichkeit – sich schlichter, in diesem Fall zuweilen mundartlicher Ausdrucksmittel bedient. Seiner eigentlichen Veranlagung entsprechen am ehesten kleinere episch-lyrische Themen, in denen Leidenschaft und Pathos, wenngleich in den tieferen Bereichen begrenzt, sich zwanglos vermählen: in den «Gestalten»- Dichtungen der siebziger Jahre, in ihnen vornehmlich, hatte er instinktiv gefunden, was seinem Genius am gemäßesten war. Er entnahm dem aufwühlenden Basler Erlebnis mit der Meininger Truppe denn auch nur, was in ihm schon schlummerte: den Willen zu betont reicher Ausstattung, das möglichst treue historische Kostüm, die eines der Hauptanliegen der Meininger waren (ein anderes war die harmonische Gesamtwirkung der Darstellung), und die Lust an ‹großen› Bildern, die auch die Wollust war, solche – eigene! – auf der Bühne zu sehen[8]. Die besten Szenen in seinen Schöpfungen sind Rhapsodien im Stile der Napoleon-Stücke in jener «Gestalten»reihe – sie finden sich am ausgeprägtesten in der Rosamunde-Tragödie; wo sich dramatischere Elemente hineinflechten, bleiben sie meist in recht engen Grenzen.

*

Schon Otts erstes Drama, das fünfaktige historische Trauerspiel *«Konradin»,* deckt Wert und Grenzen seiner Kunst deutlich auf, und die Grenzen werden um so sichtbarer, je einläßlicher man sich mit dem Stücke beschäftigt. Entstanden war es wie aus rauschartiger Besessenheit heraus: «Das Stück (schrieb Ott einem Freunde) wird wie von unsichtbarer Gewalt aus mir herausgeschleudert. Kaum sind acht Tage vorbei seit Beginn desselben, und schon ist fast ein Drittel fertig. Ich scheine mir fremd, ein Traumwandler auf

---

[8] Vgl. J. V. Widmann: Der Musenhof zu Meiningen. In: Sommerwanderungen und Winterfahrten (1897), S. 312 f.

hohem Giebel und doch sicher[9].» Diese ‹Sicherheit› wird Ott bei
jedem Werke empfinden, nachdem er es im Geiste empfangen oder
es vollendet. Mit dem «Konradin» vermeinte er, nach einem Brief
an Gottfried Keller, Deutschland «eine Gegengabe zu bieten für
den Tell, eine Schilderung deutschen Heldentums und deutscher
Treue für die Verherrlichung schweizerischen Freiheitssinns». Der
Vorwurf war wohl schon vor dem Besuch der Meininger Aufführungen in Basel überdacht worden; die «Schätze der Vorzeit»,
die er heben möchte (s. das S. 183 zitierte Gedicht vom Dezember
1886), scheinen darauf hinzuweisen. Und es war ein kühner Griff:
der Untergang des Hohenstaufengeschlechtes; und in Konradin
(1252–1268), dem letzten und unglücklichen Sproß des ruhmvollen
Hauses, versuchte der Dichter das Erwachen einer stolzen Jünglingsseele, die dem immer herrischer vernommenen Ruf der Ahnen
folgt, und zugleich die Auswirkung einer Missetat darzustellen,
deren sich einer der Ahnen schuldig gemacht. Ein ganzes, wenn
auch kurzes Schicksal also sollte gestaltet werden, von den Ruh-
mesträumen eines den Kinderschuhen entwachsenden, nur zu behüteten jungen Herrschers bis zu seinem so frühen traurigen Ende.
Ein kühner, nur allzu kühner Griff, denn an wirkliche Gestaltung
war bei der Weite des gewählten Themas kaum zu denken, und
Otts Neigung, am seelischen Kern eines Schicksals vorbeizusehen
und nur einige mehr äußerliche Episoden ins phantasiehafte Blickfeld zu rücken, stand einer dichterisch begründeteren Ausführung
von vorneherein im Wege. Die beiden Grundmotive des Dramas,
so wie Ott sie auffaßte, lagen zudem auf zwei verschiedenen Ebenen: das eine entsprang einer innerlichen Quelle, das andere wirkte
von außen her, und sie behinderten sich gegenseitig an der Entfaltung. Was er in diesem umfangreichen Werke gibt, ist denn auch
nichts anderes als eine dem chronologischen Zufall anheimgege-
bene Reihenfolge geschichtlicher, halbgeschichtlicher oder aus-
schmückender Begebenheiten[10], die kein zwingendes inneres Geschehen zu einem Wirkungsganzen verbindet und die daher völlig
auseinanderfallen. Schon dies: wie sollte aus der Überzahl von

---

[9] Haug, 151.
[10] Hatte er sich vom Konradin-Abschnitt in Meyers Konversationslexikon
inspirieren lassen? Die Abfolge der dramatischen Szenen stimmt auffallend
mit der dort (4. Aufl.) gegebenen Erzählung überein.

sechzehn ‹Charakter›figuren und über fünfzig sprechenden Rollen ein irgendwie einheitliches Menschen-Bild hervorgehen können! Ott scheint keine Ahnung zu haben, daß eine dramatische Spannung, die dieses Namens wert ist, bei seelischen Konflikten einsetzen muß, die sich selber ihre szenische Auflösung bauen; daß dichterisch erlebte Gestalten Gegenspieler verlangen (seien es Nebenmenschen oder Figuren, die das eigene Innere schafft), damit aus dem Zusammenstoß von Charakteren, Zielen, Temperamenten, wohl auch Ideen, die Konflikte ihre Intensität und ihre Tiefe enthüllen.

Nun, einen Gegenspieler hat Konradin: Karl von Anjou, den König von Neapel-Sizilien. Dieser ist aber nur ein Gegen-Spieler, kein Partner: neben dem idealgesinnten, schüchtern zum «Manntum» erwachenden, von ahnenwürdigen Ruhmestaten träumenden, auf einmal beredten, kunst- und menschenfreundlichen, großmütigen, unerschrockenen, schließlich schicksalsergebenen Konradin ist Anjou der frevlerisch grausame, rechtsbrecherische und verräterische, machtgierige Heuchler, ein Mensch von schurkischer Gewissenlosigkeit, den der Papst selbst, sein Verbündeter, einen «Satan» nennt. Wie sollte zwischen so beschaffenen ‹Helden› ein Zusammenspiel möglich sein! Und wie undichterisch ist ein Verfahren, das allen Glanz auf die eine, alle Verworfenheit auf die Gegenseite häuft! Konradin und seinen Germanen wird überhaupt jede Tugend angedichtet, den Südländern, soweit sie nicht Ghibellinen sind, alle Lasterhaftigkeit: «Treu ist der Mann hier und die Frauen gut / Und schön die Erde. Schau umher und preis sie», sagt Konradins Busenfreund Friedrich von Österreich, zur Harfe das Lied Walthers von der Vogelweide singend: «Deutscher Mann ist wohlgezogen, Und wie Engel sind die Frauen schön»; dort unten aber, südwärts der Alpen sind «falsche Männer» und bleiche Frauen mit trügerischem Blick, die die Kinder schwärmerisch an die Brust drücken und sie dann wie Medea morden ... Zweimal läßt Konradin in unglaublich naiver Großmut den gefangen genommenen Heerführer Karls, Marschall Boiselve, frei, und dieser sieht in seiner Milde nur verachtende Berechnung, die Rache fordert!

Gibt man sich den einzelnen Bildszenen und dem Zwecke hin, den sie in sich selber haben, so ist man nicht selten wenn nicht ge-

fesselt, so doch angeregt, denn Ott verfügt über eine wohl nicht
raffinierte, doch über eine robuste Phantasie und auch über eine
gewisse Wucht des Wortes. Die Eingangsszene z. B., wo der von
der Mutter ‹gezäunte›, in sanften Kindesfesseln gehaltene Konradin dem Freunde Friedrich sein Schwanken klagt «zwischen
Traum und Tat» und dann die liebreich sorgliche, ahnungsgequälte
Mutter Elisabeth ihrem Ehrenfräulein vom schweren Verhängnis
erzählt, das über dem Geschlecht der Hohenstaufen schwebt, da
springt aus Traum einer-, aus Ahnung anderseits ein Problem auf,
das ausstrahlen möchte in einen tieferen Konflikt, aber nur angetönt, nicht weitergesponnen wird. Konradin blickt über die Ufer
des Bodensees nach den Schweizerbergen hinüber:

> Wie frisch der Wind weht von den Bergen her!
> Dort wohnt ein Volk, das seine Rechte wahrt
> Von Vaters Zeit. Es hütet treu fürs Reich
> Die Felsenpforten zu des Südens Gärten,
> Und manchen Hohenstaufen führt's hinüber
> Und nahm als Lohn die Freiheit, die es hütet,
> So treu wie's Felstor. Guter Friederich!
> Wär ich ein Adler, dort flög ich hinüber
> Und beizt die Geier nieder, die im Nest
> Der Väter horsten. O, ich arm unflügges
> Vöglein! Im Bauer sitz ich, von der Mutter
> Mit Zuckerbrot gehegt, und lerne nie
> Den Flug ins Freie ...

Und als die Mutter durch die Bäume die zwei Freunde erblickt, da
sagt sie zu der Vertrauten:

> Sieh unser Träumerpaar!
> Weck sie mir nicht, wenn sie der Welt vergessen,
> Der argen, drin der Habicht Tauben würgt
> So rein wie diese. O, ihr guten Kinder!
> Könnt ich euch bergen wo, das Ohr euch schließen
> Vor der Verführer Kunst, die in die Wolken
> Zum Flug die ungewohnten Flügel lockt!
> Weh! Weh! Der schnabelharte Geier lauert
> Auf zarte Beute dort ...

Und wenn Konradin sich auf dem Domplatz zu Siena mit dem
«göttlichen» Dombaumeister Nicola Pisano unterhält, so tun sich

geistige Perspektiven auf – scheinen sich aufzutun, denn das Thema bleibt völlig isoliert: der Dichter heftet seinem Helden nur eine neue Tugendetikette an. Was Nicola aber sagt, der allen Ruhm dem höchsten Bauherrn, Gott, gibt, hat beschwingte Kraft:

> In stillen Nächten stieg sein Geist hernieder
> Und wies zum Sternenbogen, und wir bauten
> Dem Himmel zu; der Staub in uns ward Gott.
> Die Steine lebten, strebten dort empor
> Und tönten mit im ewgen Sphärenchor.
> Doch manchmal kamen Stunden, wo's uns war,
> Als hätt uns Gott verlassen und sein Werk:
> Ein Chaos ward, drin Stern' erloschen sanken
> Nach flüchtgem Aufblitz, und noch unerschaffen
> Schien uns die Wunderwelt, die uns beseelte;
> Die Steine wurden Steine, Staub blieb Staub,
> Die Blindheit schlug uns, Bau und Pläne stockten.
> Da sanken wir zu brünstigem Gebet
> In seinem Tempel nieder, halbvollendet:
> Erleuchte uns! – so baten wir, und plötzlich
> Rauscht' neu im Innern der Erfindungsstrom,
> Und höher wuchs das Werk mit Gottes Hülf.

Eine gewisse Großheit wohnt der Szene inne, als auf einem wasserarmen Apenninenpaß an der Grenze Neapels die blinde alte Sibylle, die Witwe Tancreds, des letzten Normannenkönigs, zu Konradin und seinen Heerführern tritt und dem jungen Kaiser ihren Fluch, den Fluch des Weltgerichts entgegenschleudert: hat doch der Hohenstaufe Heinrich VI. ihren Gemahl vergiftet und am Weihnachtstage, «wo Licht gebracht der Herr», sie und ihre zwei Töchter geblendet, den Sohn entmannt. Umsonst reißt Konradin Heinrich von Kastilien zurück, schon hat dieser das Weib mit dem Schwert durchbohrt. – «Ich sink zu Grab und zieh dich mit hinab», haucht sie sterbend, zu Konradin gewendet, während die Sonne – blutrot natürlich – untergeht. Auch dieser Fluch jedoch bleibt eine nur äußerliche Episode, ist daher jeder wirklicheren dramatischen Spannung bar.

Eine geschlossene, charaktermäßig begründete Handlung hat allein der vierte Akt. Der flüchtende Konradin hat mit einigen seiner Getreuen im Schloß des Grafen Frangipani Zuflucht gefunden. Der habgierige Frangipani erahnt sogleich, welchen Gewinn er aus der Lage ziehen kann, wenn er den Kaiser ausliefert, und mit dem ebenfalls unerwartet in der Burg anklopfenden Boiselve beginnt ein häßliches Feilschen um den Judaslohn. Die ehrgeizige Gräfin, in der vor dem schönen, reinen Jüngling Konradin die Weibesregung erwacht ist und die zugleich von der Macht träumt, die sie als Buhlin des Kaisers besitzen würde, überzeugt den schwankenden Gemahl, daß es klüger sei, die Gäste zu schonen. Als sie aber merkt, daß Bianca, ihre schwärmerische Tochter, den jungen Herrscher liebt, da wendet sich aus Eifersucht ihr Gefühl sofort wider diesen, und sie liefert ihn, dem von solchem Wandel überraschten Gemahl zum Trotze, den eindringenden Schergen Boiselves aus. Bianca aber stürzt sich vom Balkon ins Meer. – Hier nun wenigstens spielt Hintergründiges mit, und die Knappheit des Dialogs begünstigt die szenische Wirkung. Der so rasche zweimalige Stimmungswechsel der kalten, berechnenden, grausamen Gräfin Julia, für die der ungeliebte Gemahl nur ein Spielball ist, hinterläßt jedoch eher Widerwillen. – Ott hat den Akt ein paar Jahre später zu einem gesonderten kleinen Trauerspiel in einem Akt ausgearbeitet (*«Die Frangipani oder Verrat und Liebe»*, mit Musik von Hans Huber). Erweitert ist vor allem der Schluß. Bianca gesteht ahnungslos der Mutter selber, daß sie Konradin liebt, und diese glaubt ihrerseits den Beweis von der Gegenliebe des Kaisers zu besitzen. Als die Diener die Leiche Biancas bringen, ersticht Frangipani die zynisch-tränenlose Gattin, worauf der Blitz ihn selber erschlägt. Wie sich der Schwächling und Zauderer Frangipani, der eben noch wollüstig im Golde des Verrats gewühlt, zu solcher Tat aufraffen kann, bleibt rätselhaft, ist auch die Tochter neben dem Golde sein einziger Schatz, und der ihn erschlagende Blitz spielt, wie schon Widmann zu Recht beanstandete, viel zu sehr die Rolle eines augenblicklich gehorchenden deus ex machina. –

In seinem zweiten Drama, *«Agnes Bernauer»*, behandelte Ott das vor ihm schon mehrmals auf die Bühne gebrachte Schicksal der schönen Augsburger Baderstochter, mit der sich der junge Herzog Albrecht von Bayern heimlich trauen ließ und die 1435 auf Befehl des regierenden Herzogs Ernst, Albrechts Vater, in der Donau ertränkt wurde; er glaubte damit seinen schärfsten Rivalen, Hebbel, dessen Werk er erst nachträglich gelesen, übertrumpft zu haben. Der norddeutsche Dichter freilich hatte auf geniale Weise ein Dop pelmotiv in den Stoff hineingesehen: das tragische Geschick der Schönheit, die durch ihr Dasein selber auf Erden zerstörerische Leidenschaften weckt, und die Tragik des Königtums, das den Fürsten vor überpersönliche Pflichten stellt. Agnes wird bei Hebbel das unschuldige Opfer der Staatsräson; ein Geopferter aber ist auch Herzog Ernst, ja Hebbel macht diesen eigentlich zur Hauptgestalt. Nicht ohne langes Zögern gibt Ernst den Todesbefehl, er sucht nach Rettungsmitteln, und schließlich macht er den Sohn selber zum Richter über sich und seine Tat, und Albrecht anerkennt, in sich gehend, wenn auch schmerzzerrissen, die Notwendigkeit des Opfers. Alles im Drama Hebbels ist streng auf diese zwei Motive bezogen, und diese sind aufs genaueste in vollmenschlichen Charakteren verkörpert, symbolmächtig schießen Fäden allseits durch die Szenen, von denen jede, im kleinsten Satze noch, ihren konzentrisch erhöhenden Sinn besitzt. Ott begnügt sich – dabei historisch bleibend – mit der Tragödie der Liebe, die an Standesvorurteilen scheitert und die doch am Ende aus sich selbst, aus ihrem Opfer heraus die Versöhnung gebiert. Das war sein gutes Dichterrecht, und auch aus dieser Tragödie, wie aus der Hebbels, hätte etwas Rechtes werden können, wenn er sie in dichterisch geschauten Gestalten inkarniert und nicht wieder seinem Hang nach nur äußerlich gesehenen Konflikten und nach allzu leichten Theatermitteln und -mittelchen nachgegeben hätte.

Eigenes zwar hatte er in die Gestalten verwoben: zu Agnes war ihm, teilweise wenigstens, seine Frau, Änneli, zu Modell gestanden, und in der Charakterisierung der früh verstorbenen mailändischen Mutter Albrechts setzte er seiner eigenen westschweizerischen Mutter ein Denkmal. Die weitere Vertiefung jedoch geschah nur unvollkommen. Agnes ist das schöne, frische, liebende, gemüttiefe, auch tapfere Kind des Volkes – zu schnell aber fällt sie dem jungen Herzog in die Arme (um sich nachher mit schlimmen Ahnungen zu plagen), und immer wieder muß sie Volksweisen absingen, als bliebe für sie sonst nicht viel zu sagen übrig; dafür aber – eine unglaubliche Entgleisung, die auch den Meiningern nicht in den Kram paßte – muß sie nach ihrem Tode als «himmlische Erscheinung» zwischen Vater und Sohn treten, um die Entzweiten, die mit den Waffen einander gegenüberstehen, zu versöhnen. Wie ist neben ihr Hebbels Agnes eine Persönlichkeit voll Zurückhaltung,

voll Stolz und Gescheitheit bei aller Bescheidenheit, ja Demut, und
bei aller ahnungsfrommen Opferkraft! Und Otts Herzog Ernst hat
so wenig Eigenmaße, daß er sich den Plan zur Beseitigung Agnes'
und das Wie dieser Beseitigung von seinem Rat Pienzenau, seinem
«bösen Geist», wie er zu spät erkennt, einflüstern lassen muß.
Welch tief menschliche Züge, welche Würde, Hoheit sogar, trotz
seiner politischen Unbeugsamkeit, offenbart dagegen Hebbels Herzog Ernst! Und welch ein Menschentum schenkt Hebbel dem
Kanzler Preising, der die Worte findet: «Aber es ist doch auch ent-
setzlich, daß sie sterben soll, bloß weil sie schön und sittsam war!» –
ein Abgrund trennt ihn von Otts Pienzenau, der mit seinen bübi-
schen Ratschlägen insgeheim Rache an seinem Herzog nimmt und
dann im Kerker, von Agnes' «süßer Wohlgestalt» betroffen, den
Gedanken faßt, sich selber, den Mörder, der zum Tode Verurteilten
als rettenden Bräutigam anzubieten! Sympathischeren Umriß als
sein Vater hat Herzog Albrecht: wie Faust in Gretchens Kammer
(eine bewußte Goethe-Reminiszenz?) schlürft er im ärmlichen Gemach der Baderstube den «Tau der Liebe, der befruchtend fällt in
Busens Grund»; am Turnier zu Regensburg trotzt er dem Vater,
nennt Agnes sein Weib, «und Leib und Leben biet ich für sie ...
Scherz ist mir die Minne nicht»; in Straubing ruft er dem Volke zu,
das seiner Agnes huldigt: «ihr ehrt euch selbst, indem ihr vor ihr
kniet» (ach, das ‹Volk› ist so wankelmütig, daß es dann der grausen Hinrichtung untätig zuschaut), und an der Bahre der toten Geliebten findet er, halb ohnmächtig vor Schmerz, Worte voll be-
bender Zärtlichkeit:

> Wie, so gefühllos, Kind? Wach auf, mein Weib! –
> Oft in der Nacht küßt ich dich auf im Bett
> Aus sorgenschwerem Schlaf, – ein lieblich Lachen
> Entflog der Lippe dir, setzt' sich auf meine,
> Und alle guten Geister wurden wach.
> O weck sie wieder! Schling den Arm um mich,
> Nimm, was dein eigen –
> ....
> Ach! Du bists nicht! Dein Leib nur ists.
> Ein Fremder schlich sich ein in die Behausung
> Und schloß die freudehellen Fenster zu,
> Blies auf des Herzens Herd die Flamme aus,
> Die mich erwärmte ...

Wo Albrecht auftritt, da «glänzt ein Stücklein Himmelsblau», beseelt vom Geist seiner seligen Mutter – doch wird ihm kein inwendiges Reifen zugemutet, wie dem Albrecht Hebbels. Statisch, wie im «Konradin», ist ja auch hier die *wirkliche* Atmosphäre. In ihr gedeihen denn auch, wenngleich auf anderer Ebene erblühend, was auch sprachlich durch die Prosa angedeutet wird, Volksszenen voll Anmut und Witz: die heiterste und intimste ist die in der Baderstube des ersten Aktes, wo man das Elternpaar Agnes' kennen lernt: die Mutter, nur auf einen ‹höheren› Schwiegersohn erpicht, der Vater sie trocken-ironischen Wortes in ihre Schranken weisend, die Handwerksmeister, die alle den Preis der Baderstochter singen: – hübsch, aber den Akt fast füllend, so daß der unvermittelt ankommende Herzog und die überraschte Agnes sich nachher sputen müssen ... Hatte nicht Hebbel wohl gut daran getan, um derlei Versuchungen die Spitze abzubrechen, Agnes zur Mutterwaise zu machen? Ein guter Einfall des Dichters aber war es, der Herzogin gewordenen Agnes, die so schlicht, so treu, so freigebig geblieben, in den Reden des Volkes den Spiegel vorzuhalten, und ihr schauerliches Ende erfährt man durch die Erzählung vom Weibern aus dem Volke.

Auf Wunsch der Meininger änderte Ott, wenn auch widerstrebend, den gespensterhaften Schluß des Stückes, dabei Anregungen seines neuen Freundes Haug folgend: die Versöhnung zwischen Vater und Sohn vollzieht sich nun an Agnes' Leiche, und die zwei letzten Szenen sind in eine zusammengezogen. Dem gröbsten ‹romantischen› Unfug war damit abgeholfen, wenigstens die Wandlung zur Aussöhnung einigermaßen verinnerlicht; das Drama als solches aber war damit nicht gerettet. –

Otts drittes Stück, *« Rosamunde »* (1892), wurde von Widmann beinah schwärmerisch begrüßt, sprach er doch von einem «gewaltigen Trauerspiel», das, wie wohl nur Schillers «Wallenstein», den Charakter seiner Zeit erschöpfe, und für Haug ist «Rosamunde» das dichterische Meisterwerk Otts. Die Nachwelt urteilte anders: für Adolf Frey schon drängt sich hier vor allem, breche auch, sagt er, stellenweise das Starke und Mächtige einer ursprünglichen Natur durch, das schmerzliche Gefühl auf, daß der Mensch dem Dichter den Weg vertrat, und Ermatinger begnügt sich mit der Nennung des Titels. Die mehr sagenhafte als historische und bis jetzt unaufgeführte Tragödie spielt in der Zeit der Völkerwanderung, rührt an mehrere Motive (den Gegensatz von Heidentum und Christentum, das noch schwankende Verhältnis beider, die Zwietracht der Germanenstämme, aus der die Römer Gewinn ziehen, die Erschlaffung der Barbarenhärte in der milderen Luft des ‹Südlands›), ist im Kern aber eine Liebestragödie, deren Opfer Rosamunde wird: die Liebe zwingt sie, die Wodanspriesterin, zu Füßen dessen, der ihren Bruder erschlagen, und die verratene Liebe macht aus ihr, die eine Christin geworden, wiederum die heidnische Rächerin. Sicher ein Thema, das der Originalität und potentiellen Wucht nicht ermangelt, zudem, besonders in den zwei ersten Akten, in eine Form gekleidet (den germanischen Stabreim), die dem Stoff entspricht. Und hier herrscht nun eine Entwicklung der Hauptcharaktere: Rosamunde macht, wie die Gräfin Frangipani, doch in seelisch ungleich vertiefterer Weise, einen zweimaligen Wandel durch, und Alboin wird aus einem edelmütigen Recken, von andern Sitten und von Eros aufgeweicht, zu einem schwächlichen Lüstling, der im Tode erst sich selber wiederfindet. In solchen Gegebenheiten, deren Konzeption schon eine dichterische Tat war, lagen Keime zu einem Werke, das, stand es auch am Gegenpol der – naturalistischen – Geschmacksrichtung der Zeit, eine nicht gewöhnliche poetische Eindrücklichkeit verwirklichen konnte. Auch diese Chance aber wurde von Ott zu einem guten Teil vertan.

Vertan aus zwei Gründen, die wir nicht mehr des breiten auseinanderzusetzen brauchen: dem unwiderstehlichen Hang zu Schau-Gepräge einerseits, der Unfähigkeit anderseits, Charaktere in ihrer menschlich-seelischen Substanz zu sehen und sie in ihrer Entwicklung durchzuhalten. Es sind die zwei Seiten desselben Mangels: die dichterische Intuition setzt zu wenig tief an, läßt sich von Gegenkräften zerstreuen, die dem menschlichen, nicht dem künstlerischen Bereich entstammen. So wird die innere *und* äußere Einheit zerrissen, und neben eindrucksvolle Szenen stellen sich immer wieder solche, die jeder dichterischen Kontur verlustig gehen. Im ersten Akt ein prächtiger dichterischer Ansatzpunkt: Rosamunde, die dem Langobardenkönigssohn Alboin, der ihren Bruder Turismod im Kampf getötet, Rache geschworen, ist von Liebe besiegt, als sie vor dem waffenlosen Recken steht, der die um ihren König versammelten Gepiden um Gastrecht gebeten und um die Ehre, ihn, den fremden Fürsten, mit dem Schwert zu gürten, wie sein Vater es verlangt. Dreimal geht eine starke Erschütterung durch die Bühne: einmal als Rosamunde, die Priesterin, von Blitzen umzuckt, im schwarzen Gewand mit eisernem Gürtel, Runenstäbe in der Hand und das Haupt bekränzt, plötzlich in die halbverfallene Säulenhalle tritt, in der König Kunimund, ihr Vater, mit seinen Gefolgsleuten schwermutvoll tafelt, und sie des Opfers Sinn verkündet: daß Alboin fallen wird; dann, als Alboin, der geschmähte, auf einmal unbewaffnet vor den aufspringenden Gepiden erscheint, seine Bitte um Schwertgürtung vorbringend, und Kunimund mit Mühe nur und sich selbst überwindend seine Führerschar vor Gewalttat zurückhält; und das dritte Mal, als Rosamunde, eine zweite Medea, das Opfermesser in der Hand, wiederum erscheint, zwischen Alboin und die Gepiden tretend: «Wer vergreift sich am Opfer, den Göttern geweiht? / *Rosamunde* rächt», betroffen Alboin ansieht und sich dann plötzlich gesenkten Blickes abwendet, eine wonnig-wehvoll weiche Wandlung in der stahlhart gehaltenen Brust spürt und leise ein Liebes-«Wohl mir», ein Liebes-«Weh mir» spricht, tief verwirrt sich schuldig fühlend, und doch das gegen sich selbst gezückte Messer entgleiten läßt und mit einem Freudenschrei bewußtlos vor Alboin niederfällt, der sie in seinem Arm auffängt ... Der zweite Akt auch beginnt verheißungsvoll. Rosamunde irrt in der glutenschwülen Morgenluft, weißgewandet, um die zerfallende Säulenhalle und spürt, liebesgepeinigt, eine neue Welt in sich erstehen:

> Der Kindheit Blütentag,
> Mein Priesteramt, des Vaters Huldgestalt,
> Helmichis Liebe, Turismods Gebein,
> Im ungerächten Grabe modernd, Sipp und Freunde
> Und alles, was mir teuer, tritt zurück
> Und löst in wesenloses Grau sich auf
> Vor einem blutgen Bild. O Alboin,
> Grabscheit des Bruders, Sense meines Volks,
> Mordsücht'ger Minnebringer, Unheilssonne,
> Goldlock'ger Tod! In Minn dir zugewandt,
> Werd untreu ich an mir und jeder Richtung,
> Geheiligt selbst in dieser Welt des Trugs ...
>
> ....
>
> Nun legt die Nacht ihr Sternendiadem
> Ermüdet ab, wirft ab die schwarze Maske,

Und aus dem faltendunklen Mantel tritt
Glanzgliederig der Tag. O Alboin!
Könntst du wie dieser nachtzerstreuend nahen,
Die Blutgewölke bannen aus der Brust,
Die brennend sucht zu schlichten, was uneinbar!

Helmichis, der vorher um sie geworben, tritt ungehört zu der im
Gebete Knienden, hoffend, daß die alte Minne bald Heimkehr halte
ins wahnverwirrte Herz; er ruft laut ihren Namen – und «Alboin!»
ist die vielsagende Antwort; und auf des Vaters dreimalige be-
schwörende Frage, ob sie siegen wolle über sich und Alboin, der
mit seinem ganzen Heere als Freier heranrückt, antwortet nur ihr
Schweigen. – Dann aber überläßt sich der Dichter wieder seiner
Wollust, bewegte Kampfszenen voll Waffenlärm und Heerge-
schrei zu schaffen, mit Chören und Gegenchören, mit Späherinnen,
die über das Schlachtgewoge berichten; unter verrollendem Donner stirbt der König Kunimund an den erhaltenen Wunden, währenddem der siegreiche Alboin die gefesselt herbeigeführte Rosamunde befreit, die zur Göttersühne geopfert werden sollte.

Der dritte Akt verflüchtigt die Stimmung noch mehr, veräußerlicht alles. Er schildert die Hochzeit oben auf dem Alpenpaß (es
sind die friaulischen Alpen), den Alboin mit seinem ganzen Volke
und seinem Heer überschreitet. Realistische, oder eigentlich mehr
realistisch sein wollende Volks- und Kriegerszenen in Prosa führen
in eine ganz andere Welt, und die hohen Gestalten des ersten Aktes
sinken zusammen zu lockerem menschlichem Mittelmaß, ja zu weniger noch: zu leeren, sprechenden Hüllen, und aus der inneren
Spannung wird fast ein buntbewegtes Puppen-Idyll.

Mit dem vierten und fünften Akt betritt man wieder eine wirklichere Welt, der dramatische Knoten schürzt sich vielfältiger, rascher, doch haben die Gestalten nicht mehr dasselbe Gesicht. Die
getaufte Rosamunde erbittet und erlangt von ihrem Gatten Scho-
nung für zwei Römerführer; es ist das erste Abrücken von barbari-
scher Härte, und bald tun Gold und Wollust ein Übriges. Lango-
bardenführer verlangen von Alboin, daß er sein Weib, die christliche «Hexe», verstoße, Alboin widersteht, wird aber nun von
‹unten› her, durch erotische Verführung, aufgeweicht. Die Tänze-
rin Blandina ist der Köder, und um ihretwillen verleugnet Alboin
sein Weib, jene zur «Göttin» erhebend, Rosamunde der «Weiber-

herrschaft» bezichtigend. Nun erwacht die alte Rächerin in Rosamunde wieder. Helmichis, den Alboin einst großmütig freigelas-
sen (das Motiv Boiselve aus dem «Konradin»), und Peredeo, der
längst in Brunst nach Rosamunde giert, sind das Werkzeug der
Rache. Sterbend kehrt Alboin im Geist zu ihr zurück, die seine
Wunden küßt, traumbefangen erschaut er die Zinnen Roms, und
die Krone gehört ihr, dem «königlichen Weib», währenddem
Rosamunde Walhallas Tore donnern hört – «Wodan winkt ... Ich
folge – Treu wie der Tod», und sie durchsticht den König, dann
sich selbst. Dem sich mit dem Sakrament nähernden Bischof Warne-
fried, der sie einst bekehrt, ruft sie sterbend zu:

> Ich trennte, was du bandst durch falschen Kitt,
> Und band es besser. Laß uns sterben! – Weich! –
> Götterbesitz sind wir ...
> ....
> Uns laß die Hölle, alter Helden Heimat! –
> Was groß, erhöht sich selbst, auch wenn es stürzt ...

Beginn und Schluß des Dramas reichen sich so die Hände, Rosamunde und Alboin werden wieder, was sie waren, reckenhafte Gestalten, in Monumentalität des Wortes und der Gebärde getaucht.
Dazwischen aber sind sie nur die Schatten ihrer selbst, Rosamunde
in angelerntem Christenglauben erstarrend, Alboin in Nichtigkeiten versinkend. Ott will zuviel an äußerem Geschehen umfassen,
weil er das innere Geschehen nicht packen kann, vielleicht auch
nicht wirklich spürt. Immer wieder aber stoßen einzelne Wallungen
auf in dichterisches Maß. Schon was wir an Textworten anführten,
beweist es. Höre man noch solche des edlen, schwermutvollen
Kunimund. Fremde – unter ihnen ist Alboin – haben Gastrecht
begehrt; der König gewährt es und fügt bei (man beachte die schönen Stabreime):

> Sturmschwangere Nacht! Neues Schrecknis,
> Noch unentbunden, birgt des zerrißnen Gewölks
> Überfruchteter Schoß. Die Eichen ächzen;
> Verrollten Donners Gedenken
> Und Ahnung des Werdenden schreckt sie. – Fluch legen die Götter,
> Die ewigen Wandrer, auf den, der hinwegstößt
> Den flüchtigen Fremdling von Tisch und Dach
> Und die Satzung der Schützenden schändet.

Wir alle sind Wandrer,
Schwindende Wolken und schmelzender Schnee.
Frierend flieht unser Fuß
Über windkalte Wege; fremd bleibt uns der Boden,
Den wir betreten, wo Hütten wir bauen.
Sand deckt die Fußspur, des Daseins Siegel.
Unsre Hütten zerstört der Sturm.
Heimat ist uns das Grab nur,
Gastfreund der Tod, der im Busen birgt
Das bleiche Gebein als modernd Gedenken!

Der kritische Sinn hält sich an solche Lichtpunkte von Otts
Dichten daß sie recht zahlreich sind, läßt noch mehr bedauern, daß
ihm wurzelndere Schöpfungen nicht vergönnt waren. –

Daß Ott, in den neunziger Jahren, trotz zeitweiligen Störungen
gesundheitlicher Natur auf der Höhe seines Schaffens angelangt,
daran denken mußte, der Schweiz ein nationales Volksschauspiel
zu schenken, ergab sich mit Folgerichtigkeit aus seiner bisherigen
Entwicklung. Das Widerstreben der Berufsbühnen, seine Dramen
aufzuführen, die Neigung zu ‹pompösen Fest- und Volksszenen ›[11],
der Drang nach Wirkung ins Weite führten ihn ganz von selber
zu dieser Gattung, die in den neunziger Jahren in der Schweiz eine
eigentliche Blüte erlebte[12]. «Daß ich der Heimat / Mein Bestes
schenke!», rief er damals in einem «Gebet des Dichters» aus.
Schon 1892 war der Plan zu einem «Volksstück größten Stils mit
Massenaufgeboten» aufgetaucht, und nicht verwunderlich, wenn
die Burgunderkriege, der Eidgenossenschaft hohe Zeit, sich als
Stoff aufdrängten. Das Werk – *« Karl der Kühne und die Eidgenossen »*
wurde es schließlich betitelt – beschäftigte den Dichter über vier
Jahre hindurch (freilich entstand zwischenhinein auch der Tell-
festakt) schien ihm aber sehr bald «sturmgewaltig» zu werden.
Die drei Schlachten (Grandson, Murten, Nancy) erhielten je einen
Akt, und voraus ging je einer am Burgunderhof und ein zweiter im
Urner Gebirge (letzterer in Schweizer-, später in Urner-Mundart
geschrieben, wurde zuerst gedichtet).

Das Wort «sturmgewaltig» hatte so zunächst eine ganz konkrete Bedeutung, auch wenn Ott selber wohl eher an die Wirkung

[11] Sein Wort, s. Haug, 315.
[12] Vgl. P. Lang, cit., 74f.

dachte. Wie Schlachten auf eine Bühne zu zwingen seien, selbst
wenn diese, dem besonderen Zwecke gemäß, beträchtlich ver-
größerte Maße erhielt, schien ihn dabei nicht zu stören, dergestalt
saß ihm die beabsichtigte ‹Massen›wirkung in Fleisch und Blut.
Umsonst warnte ihn Widmann vor den «tumultuarischen» Auf-
tritten, in denen, drei Akte hindurch, ein Burgunderlager nach dem
andern von Schweizern gestürmt wird. Und doch lautete des Berner Freundes offenes Urteil diesmal deutlich genug: «die fünf Akte
hängen nur, wie ein Epos, durch ihre Historie zusammen, nicht
durch einen dramatischen Konflikt»; das offene Wort hatte nur den
Erfolg, daß die Freundschaft, diesmal für längere Jahre, wiederum
in die Brüche ging. (Drei Jahre zuvor schon war es hart auf hart
gegangen, als Widmann dem werdenden Nationaldrama, besonders dem ersten Akt, den Vorwurf machte, «daß darin alle nam-
haften Mannesgestalten zu großmäulig ihr persönliches Superiori-
tätsbewußtsein im Trotz gegen andere aussprechen, was man kür-
zer, gröber Renommisterei nennen könnte» – «natürlich Renommisterei poetischen Stils», fügte Widmann bei, um die Pille ein
bißchen zu versüßen[13].

Auf nicht zu leugnende Mängel war damit unmißverständlich
der Finger gelegt: zuviel Schlachtenlärm, kein durchgehender dramatischer Konflikt, ‹nationale› Renommisterei. Es brauchte die
Blindheit eines Ott, wenn es sich um eigene Sachen handelte (bei
fremden hatte er oft ein scharfsichtiges Urteil), um sich die Richtigkeit von Widmanns Aussetzungen nicht selber einzugestehen.
Auch mit einem Volksschauspiel, zumal bei einem nationalen, war
bei solchen Fehlern, mochte sonst auch Rühmenswertes festzustellen sein, nicht Staat, wenigstens nicht lange Staat zu machen.
Zwar wurde «Karl der Kühne und die Eidgenossen», nachdem
ähnliche Bestrebungen in Luzern zunichte geworden, im Sommer
1900 zunächst in Dießenhofen am Rhein von einer einsatzfreudigen
Liebhabertheatertruppe, vier Jahre später in Zürich-Wiedikon
durch eine neu gegründete Volksschauspiel-Gesellschaft – treibende Kraft war an beiden Orten der Kunst- und Theatermaler August
Schmid, in Wiedikon auch Eduard Haug – unter großem Zulauf
des Volkes auf eigens errichteten großen Freilichtbühnen in etwas
gekürzter Fassung aufgeführt. Am Erfolg war nicht zu deuteln,

[13] Haug, 339/340.

und kein Geringerer als der «treue Heinz», der junge Heinrich Federer, seit Jahren Otts Paladin, forderte in begeisterten Zeitungsartikeln das Schweizer Volk auf, nach Wiedikon zu pilgern. Dennoch hatte es damit sein Bewenden; zu groß waren Schwierigkeiten und Risiko der Inszenierung, und die Mängel des Stückes, das vor allem, traten immer schwerwiegender hervor. Wird es einst wieder «auferstehen im Ährenglanz zur Erntezeit», liegt des Dichters «Siegeslied» dem Volke ins tiefe Herz gegraben, wie Ott selber in einem Gedichte sagte (VI, 186)? Das ist wenig wahrscheinlich.

Dabei hatten die zwei ersten Akte unbezweifelbar ihre guten Eigenschaften. Mit allerhand Chören hatte Ott freilich im ersten Akt, der am Burgunderhof in Nancy spielt, seiner opernhaften Neigung wiederum verschwenderisch gefrönt; das Auftreten der Schweizer Abgesandten aber, unter ihnen Bubenberg, Waldmann, Scharnachthal, benimmt sich auch Waldmann allzu aggressiv ungezogen, hat etliche große Momente. Die Antwort Bubenbergs, der einst am Hof des Burgunderherzogs Ritterbrauch gelernt, auf Karls des Kühnen Aufforderung, *seinem* aufgehenden Stern zu folgen und sich nicht «verbauern» zu lassen, ist ein schönes Bekenntnis zur Heimat, zu «Selbstbegrenzung um der Brüder willen»:

> In Volkes Tiefen, fern von sonnger Hofgunst,
> Blüht Männerwert in ungeborgtem Glanz
> Wie's Schachtgestein, das harrt, bis es der Bergmann
> Zu Tage bricht, und wirft er's leichtlich fort,
> Nach bessrem trachtend, – glänzts darum nicht minder
> Und weist dem Knappen durch die Nacht den Weg
> Zum Goldgeäder, das die Müh ihm lohnt.

Würdig auch ist Bubenbergs letztes, warnendes Wort, als es zum Bruch gekommen:

> Gedenk der Winkelriede, die das Tor der Heimat
> Mit ihren Leichen sperrten bei Sankt Jakob
> Und einen großen Feind zur Umkehr zwangen;
> Nur wen'ge warens, doch ein Mann ein jeder!
> Nun beut ein Volk dir Kampf. Auf Heimaterde steht
> Das Schlachtenviereck fest, ein Männergarten,
> Drin herbe Halme sprossen – Spieß und Hellbard;
> Und drüberher in Bannerfalten rauscht
> Sieg oder Tod.

Und höher noch, ob Wolken thronend, Gott,
Und hinter ihm die Nachwelt, uns zu richten!

(Wirksam der auf zwei starke Sinnhebungen verkürzte Vers «Sieg
oder Tod»; Ott übt aber die ungleiche Länge der Verse in seinen
Dramen oft auch unnötig.)

Der zweite Akt, in der Erstfassung «Die Hochzeit in Uri» betitelt, ist der weitaus geschlossenste, ein kleines Drama für sich.
Ihn schuf der bessere, der volkstümlich witzige und volkstümlich
ernste Ott. Zuerst entstanden, eröffnete er eigentlich Aussicht auf
eine dramatisch konzentriertere Bearbeitung des Stoffes. Gestalten,
Probleme auch werden hier nicht nur gestreift, sondern fester umrissen. Mit dem Talammann Zgraggen gelang dem Dichter sogar
eine seiner sympathischsten, aus echtem Volksgeist gebornen Gestalten. Zgraggen verurteilt beredten Mundes das Reislaufen, das
dem Lande soviel Gefahren, Krüppel, Sieche und Laster bringt.
Als aber dem Vaterland Gefahr vom Burgunderherzog droht, da
zieht er selbst in den Kampf, mit dem Sohne, dessen Hochzeit man
eben gefeiert und dessen junge Frau, die Unterwaldnerin Anni, mit
mutigem Stolz einwilligt in den sofortigen Auszug der beiden.
Hier eine Stelle aus seinen unerschrockenen, in träfer Volkssprache
vorgebrachten Anklagen (wir geben sie in der zweiten, noch ‹ur-
chigeren › Fassung, in Urnermundart):

ZGRAGGEN:
Was wit mit em Däge, du gsturrne Bänz?
MÄRTI:
In Chrieg will i.
ZGRAGGEN:
Chuum meint me, me zerri der Geldtiifel bi de Haare, so het me der Chriegs-
tiifel bim Hore [Horn] – und alli beed stecket in sonere Chrott inne. Woher
chunnt ene so ebbis? Me mecht d'Wänd uf chräsme!
MUHEIM:
's chunnt vo dem chätzers Riislaife. 's steckt scho i de Windlechind.
ZGRAGGEN:
's sell mi dise und jäne! – das ischs ja, was i säge! Isers Jungvolch ver-
dingt si i Herrehändel und laift z'scharewiis usem Land, as hätt der Ratze-
hans de Miise pfiffe. Me chas nit im Loch bhalte, und wenn der ältischt
Miiserich abmahneti!
MÜLLER:
Ja, währli, 's isch e so. Aber was chasch mache gäge ne niwe Brüüch und

d'Luscht am Chriege, die im junge Mannevolch i Arm und Bei fahrt und
ids Herz, aß si toll werdet wie's Wiibervolch bim Hochziittanz.

ZGRAGGEN:

Niit z'mache meinsch? Das wär mer e süüberi Sach. Botz Blast und Hagel!
Bi den alte Briiche bliibe, ringe und schwinge – das macht starch und
bringt niemer ums Läbe und erhalt 's jung Blüet im Land, wenn selb in Not
und Gfahr chunnt. Z'Dunders ai! – Niit z'mache? – Denn sell mi der Tiifel
bsegne und mi lotwiis i si fiirigi Heimet hole und iis alli mitenander! Wer
kei Wille het, der verliert bald der Glaibe. Schaffe und werche, 's Veh und
d'Alpe bsorge, si fir Wiib und Chind kimmere und a der Landsgmeind
e güeti Meinig abgäh, zum Beschte fir alli – das isch isre B'rüef und en
alte Brüüch, – bi dem bliibet, alli, – Alti und Jungi!

BALZ:

's isch halt kei Gfahr derbie. Je hecher der Iisatz, um so luschtiger isch's
Spill: so denket die Junge und laifet i Chrieg. Und wo sell me's Chriege
lerne, as dert?

ZGRAGGEN:

Bisch eppen ai sone Hans Blüetspritz? Müeß de ghaiwe und gstoche si, um
z'zeige, daß men e Ma sig? Gits keini Steibeck und Gemschi meh z'jage
uf eme schwindlige Graat, kei Giir meh z'verfolge iber d'Gletscher und
d'Firne, keis Adlernest meh uszneh vo der Platte iberem Abgrund, wo ne
Seil nu hilangt, a dem kei Schelm und Tscholi hange darf. Gits eppe keini
Bäre und Welf meh, die n iis ds Veh gschände, und isch nit meh Ehr und
Gfahr derbie, son e wildi Besti us friier Hand z'verwirge als ime fremde
Mensch, der dir si Lebtag niit z'Leid ta het, der Spieß i d'Därm z'stoße?
's tüüsig ai, i mein', 's wär Christepflicht, d'Liit in Rüew z'lah und mit de
wilde Tiere z'balge! Und hesch a dem nu nit gnueg – gits nit Steg z'mache
im Land? Chräche z'iberbrigge? Gäge de Fehn z'sperze und mit Laiwene
und Wildwassere a der Ryß z'kämpfe. Grab Verschitteti us, zieh Halb-
vertrunkni usem brodlige Wasser, hol der en Geißbueb usem Gletscher-
spalt mit eigner Läbesgfahr. Das chasch alli Tag ha! – Tües, dä bisch e Ma
und setzisch s'Läbe für anderi uf's Spill und nit umgkehrt! – und bhaltisch
e rüehwigs Gwisse.

BALZ:

Me mecht doch ai e fremds Land gseh!

ZGRAGGEN:

Dü findsch kei scheeners als das! *Er faßt Balz und dreht ihn um.* Lueg si a,
di Muetter in ihrer glänzige Scheeni, und wird ihre untriw, wenn d' chasch.
Si verwennt ihri Chind nit wie die Länder i der Ebni, wo ihri Chind
fraget: «Herz, was witt?» – und gänd ene Wii und Sunneschiin und Sießes
im Überfluß, aß si dra erchranket. Si git dir es härts Brot und laht's sich
stuckwiis abringe; si droht dir mit em Gwitteraig und fiehrt di in Gfahre;

si verlangt diis Läbe, aber si macht di stolz und starch und schenkt diir
d'Friiheit, – es Güet, was d'suscht niene findsch, und der Friede derzüe:
er gheert zur Friiheit wie der Ma zur Frai! – Und jetzt redet mer nimme
vom Chrieg!

ÄRNI:

O Talamme, me meinti, d'Berg lerntit rede und langtit eim ids Gmiet!

MÜLLER:

Ja, wägerli ja. 's isch eim, me mießt's Heimweh ibercho z'mitts i der Heimet
inne. Aber 's Chriege bringt halt doch Gäld ids Land. Me zahlt eim vo
isre Schwyzer-Spießchnechte driimal meh als ime fremde. Und s'isch en Ehr
fir iis, aß isri jungi Landschraft so gsuecht und gschätzt isch Land uf und
ab bis a die große Salzwasser, wo isri Streem hilaifet. Si laifet halt ai gäre
wiit, isri Büebe.

MELK:

Recht het er, bim Eid! Me berchunnt Ambeißi i d'Hose, wemmen en
gheert.

ZGRAGGEN:

Jetzt pfiift der ai nu uf der verflüemerete Ratzmüüsfängerfleete. I hätt di
fir gschiider gha, Müller! Blaas lieber 's Alpehorn! das bhaltet der Jung-
chnab daheime. Blaas es so starch, aß es bis ids Teifland abbe tent zue dene
fahrige Gselle und Chriegsprolete! Si rännet dem Chlang ja gäre wieder
nache und briegget mitts im Metzge, wenns ne gheeret. Sie bringet Gäld
ids Land, seisch. Ich speitz uf das Gäld! 's isch e Herr, wo eine ärger
chnechtet as friehner d'Landvegt. Isere Riichtum liit im Veh; das regiere
mier und nit es iis, wie's Gäld. Sone Hirti Chiehli isch ai nit so liecht
z'vergiide wien e Hampfle Dublone, wo me mit eim Griff usem Sack zerrt
und dermit großhanset. Sone Vehhab het Bstand. Aber si bringet ja ihre
Sold nit emal hei, die Fechtbrieder! Verliederlet mueß er si scho im Lager –
versoffe, verhüeret und verspillt. Ds Bescht isch nur, wenn son e Kerli i der
Schlacht fallt, er macht so em Land und sich am wenigschte Schand. Aber
lueget die a, wo üsdienet heichämet. Sind si heil blibe, so sinds wider-
haarigi, großmuuligi Hansdämpf, wo sich i kei fridlichi Ornig fiege und
Händel afahnt, an Flamberg schlahnt fir jedes Widerwertli und kei Vernunft anehmet, wil ihres Stimpli Verstand i der Schwertscheid steckt. Si
stolzieret und gravidieret in de Derfere ummenand wie der Pfai im Hiehn-
derhof, der Hoffartstiifel in Liib mit gschlitzte Hose und Wämsere und
Maniere, daß si jedes ordetli Meitli schäme müeß. 's Wetter schlai dri. Si
schimpfieret 's Land und alli guete Sitte und Briich!

Kräftige Worte läßt Ott auch den nicht mehr jungen, fast seherischen Kuhhirten Jürg finden, der einst im alten Zürichkrieg mit-
gefochten, bei Greifensee sich Schuld zugezogen und nun ebenfalls

auszieht, um in *echter* vaterländischer Wehr das Getane zu büßen. «... sonen alte Zottli het Ziit zum studiere, wenn er der Summer dur bim Veh im Gras liit», sagt Muheim, ein alter Urner Landmann. «Der lieb Gott het i some verschipfte Mannli bsunderi Gabe gäh, aß er nit z'churz chunnt i dere ugrechte Welt.» Aus dem Stall tretend und seinen rostigen Brustharnisch putzend, sagt Jürg:

's isch Ziit zum Rischte. – Es liit der ganz Tag e Hitz iberem Land wie i de Hundstage. I ha scho menge Ustig gseh, aber sone friehje nu nie. Wetterleicht – wie chrizti Schwerter im Langsiluft, und Gwittergwilch wien es Chriegsheer! 's bediitet Großes! 's het gsumset wie Bielischwärm iberem Land und es isch mer gsi uf der einsame Weid, als rollti dumpfe Trummelwirbel us de Tälere üfe und als blitzt Speerspitz usem Dunscht. D'Chiehe hend gstuunet und gscharret und hend nit welle fresse, und e Hitz und e Urüehw isch mer in Liib gfahre, as wurd i wieder jung und mießt wieder in Harnisch schliife, wie in e Eierschale. *Es blitzt.* Ds recht Liecht, um d'Wehr z'fege. *Er läßt den Harnisch im Wetterschein leuchten.* Er glänzt mi a wien es niws Läbe. Keis Rostmäseli meh, kei Flecke us der alte beese Ziit, woni als Junge mitzoge bi gege d'Zircher und mitkämpft ha am Albis, a der Sihl und leider ai vor Griifesee! *Er legt den Harnisch hin und scheuert und wetzt die Hellebarde.* Kei Spur und Restli vo Schwizer Blüet sell a dir meh hafte. *Es donnert.* Der Himmel grollet, wenn me an Briedermord dänkt. *Er prüft die Hellebarde und macht die Gebärde des Mähens.* Dü haiwisch nu, dü güeti Bartle, wien e Sägese! Me mäihjet und mäihjet und mäihjet, bis me z'letscht selber zum Emd gleit wird vom himmlische Schnitter. *Er zieht den Harnisch an.* Grischtet wäri und der Richter dert obe, der ibrem Wetter wohnt, gäb mer e güeti Sach, derfir z'striite und z'sterbe. I ahn es, er tüets. I will bete drum. Zwar id Chile darf i nit! Sie luegted mi schief a. I gilt ebe as en Bscholtne und Bseßne. So chniwni i mim Stall uf der Streiwi. Der Herrgott heert mi dert ai. Isch er nit selber ufem Straiw und im Stall glege, woner zur Erde cho isch!

Durch Zgraggen und Jürg vornehmlich, viel mehr als durch die erlauchten Namen der Geschichte, wird, mit wie dünnem Faden gleichwohl, zu den und in den folgenden drei Akten eine gewisse innere Verbindung hergestellt: Jürg fällt bei Grandson, ein erobertes burgundisches Reichsbanner um sich schlagend und ausrufend: «D'Schuld vo Griifesee gsihnet!»; Zgraggens Sohn, Hansli, fällt bei Murten, woraufhin Zgraggen Rache am Herzog schwört und, eigentlich wider den Sinn seiner Reden in den Urnerbergen, mit Waldmanns Reisläuferheer (fast ein Reisläuferheer) hinauszieht nach Nancy, und dort läßt ihn der Dichter im Kampfgemenge Karl dem Kühnen den tödlichen Stich versetzen. Zgraggen und Jürg gesellt sich als Dritter Brosi zu, die eingefleischte Kriegsgurgel, gegen den Zgraggen im 2. Akt schon auftritt und der dann sein zungenfertiges, unverfrorenes Wort beibehält bis ans Ende – ja im «Hans Waldmann» wird er zu einer noch bedeutsameren Rolle kommen.

«Karl der Kühne» sollte nach dem ursprünglichen Plane den ersten Teil einer Trilogie bilden; als zweiter Teil war *«Hans Waldmann»* vorgesehen, als dritter ein Nikolaus von Flüe-Schauspiel «Der Tag von Stans». «Hans Waldmann» entstand – es sollte Otts letztes Werk bleiben – in der ersten Hälfte 1904; der «Tag von Stans» blieb unausgeführt.

Als Haug das Waldmann-Schauspiel den Wiedikonern vorlas, wie der Dichter selber es, körperlich geschwächt, aber blitzenden Auges, kaum vollendet einigen Freunden vorgelesen, erfuhr es einhellige Ablehnung, nicht zwar aus künstlerischen Gründen: man hatte eine Verherrlichung des Zürcher Bürgermeisters erwartet und bekam nun von dessen Nieder- und Untergang zu hören. Es war wiederum, volksschauspielhaft, eine Bilderreihe, doch von engerem Zusammenhang als «Karl der Kühne». Einen wirklichen dramatischen Konflikt sucht man freilich auch hier vergebens – schon die immer neue lange Personenliste vor jedem Akte zeugt gegen einen solchen. Tritt Waldmann auch in allen Akten auf, außer im dritten, so wird doch nur sein äußerliches Schicksal vorgeführt: seine überstürzten und zu strengen Reformen, sowie seine fast grausame Härte (1. Akt), seine sinnlichen Ausschweifungen und der Racheplan der verlassenen Geliebten (2. Akt), der Versuch und dessen Fehlschlag, der Aufruhrbewegung Herr zu werden (4. Akt), seine Kerkerhaft, der von ihm zurückgewiesene doppelte Versuch zur Befreiung durch List, sein Tod (5. Akt). Der 3. Akt stellt das feine Gespinst der Verschwörung dar, das die gestürzte Adelspartei der Konstafler unter Heinrich Göldlis überlegener Führung um ihn wirkt, bis schließlich Bürger, Bauern und Geistlichkeit sich gegen ihn erheben. Sein Schicksal wird umschrieben im Wort, das Heinrich Göldli schon im ersten Akt ausspricht: «Er ist zu alt und zu stolz, sich selbst zu erziehen, und dies ist sein Verhängnis», und in den Worten, die Waldmann selber im Kerker zum Blutrat sagt:

> Mir gab er [Gott] die Kraft,
> Was krank, zu fällen und den Staat zu läutern,
> Emporzuheben zu der Gottheit Stärke;
> Als Menschenbeigab wilde Gier der Sinne,
> Den Drang nach Lust, der Werk und Meister fleckt,
> Die Ungeduld, die Zeit zu überspringen,
> Die alles reift.

Aus diesen Charakterzügen hätte es gegolten, ein dramatisches Kräftefeld herauszulocken; statt dessen begnügte sich Ott, in gewohnter Bilderbuchmanier wohl an sich bewegte, doch von einer höheren dramatischen Schau aus statische Szenen zu schaffen. Einzig der fünfte Akt, wo der seinem Tod entgegensehende Waldmann seine eigenste Wirklichkeit, ein gewisses Streben nach innerer Größe, wiederfindet, hat einige spannungsvollere Akzente, deswegen auch, weil hier dem eingekerkerten Helden in seiner Konstafler Geliebten Barbara Göldli ein wirklicher Partner erwächst. In den übrigen Akten überraschen, mehr als Waldmann selber, Heinrich Göldli, der hochintelligente, furchtlose und subtile Altbürgermeister, und in einer niedereren Sphäre Brosi, der im zweiten Akt von «Karl der Kühne und die Eidgenossen» als geldklingelnder Landsknecht und Gegenspieler Zgraggens aufgetreten, jetzt als eine Art Leibgarde im persönlichen Dienste Waldmanns steht: frech, treu, mutig, ein glattes, witziges Maul, und er stirbt an einem Lanzenstich kurz vor dem Tode seines Herrn. Waldmann ruft ihm, schon selber bedrängt, ein stolzes Wort nach:

> Gut Nacht, mein tapfrer Brosi! Du Getreuer,
> Wie mir kein andrer war! Auf Wiedersehn
> In selger Urständ, wenn gleich Bannern rauschen
> Die Engelsfittige der Cherubim, –
> Ihr Flammenschwert die Lügner niederschlägt!

Die Mundart ist im Waldmann-Schauspiel verbannt oder doch hie und da nur leicht angetönt; Ott löste es damit aus der geplanten Trilogie und machte es zum selbständigen Bühnenwerk. Aufgeführt wurde es nie. –

Das *Festdrama* zur vierten Jahrhundertfeier des Eintritts *Schaffhausens* in den Schweizerbund (1901) brachte Ott einen verdienten großen Erfolg (Dekoration: August Schmid; Leitung: Eduard Haug). Er bereicherte damit die so besondere Gattung des Festspiels um ein in mehrererlei Hinsicht musterhaftes Werk. Ausstattungsfülle, Massenentfaltung, typische Bilder, Chöre, Tänze, Märsche, Kampfszenen, doch all das aufgelockert durch realistisch bewegte kleine Auftritte, und das Ganze einer Apotheose zustrebend: hier befand sich der Dichter Ott in seinem eigensten Elemente. Wenn man sich den besonderen Zweck vor Augen hält, der solchen Festspielen die Weihe gibt, und nichts Ungemäßes von ihnen verlangt, so bereitet das ‹Festdrama› noch jetzt bei stiller Lektüre einen wirklichen Genuß. Die Freude am klar, oft witzig gesehenen kleinen Zug, am mit ein paar Strichen zusammenfassenden oder andeutenden Gruppenbild, der lyrische Hauch, der sich Einzelnem aufprägt, die sichtliche Liebe zur heimatlichen Atmosphäre: alles findet sich hier in ausgeglichener, wohlproportionierter Weise vereinigt. Man darf dem Spiel auch nicht allzu sehr zwei Fehler anrechnen, die bei andern Gelegenheiten schwerer wiegen würden: einerseits eine gewisse Schwarz-Weiß-Malerei, die geneigt ist, den Eidgenossen, dem «groben Bauernvolk der Berge», den Bart zu streicheln, den Schwaben und den «hoffärtigen Herren Junkern» aber die weniger sympathische Rolle zuzuteilen, anderseits die dramatisch absteigende Linie des Ganzen; denn auch der Geist der dargestellten Zeit erlaubte eine solche Vereinfachung (die gegenüber der Person des Kaisers Max übrigens nicht allzu weit geht), und das Statisch-Lyrischerwerden dem Schlusse zu war dem *Fest*spiel nicht unangemessen.

Unter den realistischen Zügen, die zum Teil mundartliches Gewand tragen (ein Theatermittel, das Ott ja auch anderwärts geschickt verwendet), stechen zwei hervor: im ersten Akt die Antworten des kecken, schlagfertigen Schweizer Naturkindes Anneli auf die Fragen Pirkheimers (dem Kaiser Max das ‹Verhör› des Mädchens überträgt), und das einen Brief der Eidgenossen nach Konstanz bringt; und zu Anfang des dritten, wo der ergraute Kriegsmann Öchslin als ‹Kommandant› eine mit hölzernen Spießen und Schwertern bewaffnete Bubenschar – Vorläufer unserer Kadetten (man vergesse nicht, daß Ott in Schaffhausen einmal Kadettenhauptmann war!) – eindrillt, die die Herren Bürgermeister der Stadt und die eidgenössischen Tagsatzungsboten ‹militärisch› zu grüßen die Ehre hat. Öchslin nickt befriedigt, als der «Gwerrr»-Griff endlich klappt: «Recht so, ihr Dundersbuebe! Jetz darf men ichi luege lu. Daß mer kaan chratzet, wenn en e Floh biißt! Lönd si biiße und denked, es seig hüt Festtag und si müeß o ihri Freud ha. Also ruehig im Glid! Und bolzgrad do stuh blibe, we wenn er eueri Spieß abegschluckt hättid! Verstande?»

Otts Schaffhauser Festspiel machte für viele Zuschauer das Wort des Bürgermeisters Barter wahr: «In jungen Herzen wie ein Märchen hafte / Das holde Wunder dieses Sommertags!»

Ein entschiedener Erfolg war für den Dichter auch der *Festakt* zur Enthüllung des Telldenkmals in Altdorf geworden (1895). Mit sicherem Blick hatte er das Motiv erkannt, das sich für die Feier schickte. Die von der Geschichtsforschung aufgeworfene Frage nach der Echtheit der Tellengestalt und der Tellsage überhaupt, erregte damals seit geraumer Zeit schon die Geister (s. vorn Jakob Frey, S. 146/7), und von der Dichtung aus ließ sich die Begründetheit der im Volke lebenden und im imposanten Denkmal Kißlings schön zum Ausdruck kommenden Tellverehrung in weihevoller Weise darstellen. Ott wählte denn als Thema auch ein poetisches Streitgespräch zwischen Sage und Geschichte, beide schließlich versöhnt durch den zum Zeugen angerufenen Dichtergeist Schillers, und die Geschichte selber beschwört zum Schlusse aus ihrem reichen Borne symbolische Gestalten aus eidgenössischer Vergangenheit, die Tell ihre Huldigung darbringen; das Ganze ist um- und durchrankt von Chören des Volkes. Das «Oratorium mit zwei sprechenden Personen», wie Ott selber es nannte, leidet etwas unter ideeller Monotonie, denn Sage und Geschichte wandeln in vielfachen Dialogstrophen im Grunde nur den einen Gedanken ab: wo ist Wahrheit, in den geschichtlichen Dokumenten oder in der, die in des Volkes Seele lebt? Doch haben nicht wenig Verse, ja Strophen einen dichterisch erhobenen Ton, so die zwei folgenden:

Sage: O Bücherweisheit, welche Wahrheit sucht
Im Staub der Stube auf vergilbtem Blatt,
Vom Öl betropft der trüben Flackerlampe,
Indeß die Sonne flammt am Firmament,
Auf alle Fluren ihre Zeichen brennt
Und durchs Gebirge hallt ein Heldenlied,
Das heiß wie Föhn durch tausend Herzen zieht.

        Sieh, freudestolz erglüht manch Angesicht, –
        Solch helle Züge prägt die Lüge nicht!

        ....

Schillers Geist: Die Freiheit fliegt dem fernen Ziele zu,
               Sie läßt dem Eidgesellen keine Ruh,
               Sie fordert Mannessinn, der ungedämpft,
               Aufs neue stets um ihre Rechte kämpft;
               Sie flieht die dunkeln Tiefen dieser Erde,
               Wo trunkne Lust in wirrem Traum sich wiegt;
               Sie schwebt nach oben, sucht des Adlers Fährte
               Und gibt sich dem nur, der sich selbst besiegt.

Sprichwortartig ragen Versprägungen hervor: «Was lang ein Volk geglaubt, das ist ihm wahr» – «Wissen ist Macht, die sich am Weisen rächt, / Will er bedrücken des Gemütes Recht» – «Wer seiner Jugend heilgen Hain entweiht, / Den läßt ein Gott ergrauen vor der Zeit» – «Die Dichtung trägt der Seele ewges Sein!» – «Dem Volk, das solchen Heldensang gebar, / Ihm lebt der Tell, auch wenn er niemals war».

In den Chören und Gegenchören, darunter ein hübscher mundartlicher Kindergesang, finden sich – im Gesamtschlußchor des Volks – zwei ergreifend schöne Strophen:

        Die Halme wachsen aus zu Ähren,
        Bis unsre Häupter sind gebückt
        Und Schnitter Tod ob körnerschweren
        Gebinden seine Sichel zückt.

        Dann mag er in die Särge greifen
        Und unsre Asche streun zur Saat,
        Daß reicher noch die Ernten reifen
        Den Enkeln durch der Väter Tat.

Der Tellfestakt gehört zum lyrisch Trefflichsten, was Ott geschaffen. –

Die nach der «Rosamunde» entstandene Sagentragödie *«Grabesstreiter»* (1897, mit Musik von Peter Faßbänder 1908 in Luzern aufgeführt) war, mit jener verglichen, ein noch ungleich stärkeres Absinken ins Opernhafte. Das Werk erregte bei seinem Erscheinen im schweizerischen Blätterwald eine Polemik, die, von Widmanns vernichtender Kritik entfacht, die literarischen Koryphäen auf den Plan rief. Das wohl endgültige Urteil hat die Zeit selber gefällt. Die bestgewillte Kritik vermag hier nichts, sozusagen nichts zu retten. Doch kann sie zu erklären suchen, was Ott in diesen schier unbegreiflichen schöpferischen Leergang und Motivirrtum trieb – denn in Hinblick auf den zweiten Teil Macbeth und die Walpurgisnacht heranzuziehen, wie es geschehen, ist ein wahrhaft abseitiges Bemühen. Es war, scheint uns, fast ausschließlich das alle Bedenken zum Schweigen bringende Bedürfnis des Dichters, einer heimatlichen schaffhauserischen Sage ein künstlerisches Kleid zu leihen. In einem Romanzenzyklus «Rheinsage» von 1886 (VI, 79f.), sodann in einem Singspiel «Nüniglöckli oder Abendläuten» hatte er sie bereits behandelt; die «Sagentragödie» entspricht inhaltlich genau der 2., 3. und 4. Romanze. Unerklärlich bleibt dennoch, wie er in die Sage eine ‹Tragödie› hineinsehen konnte, ohne dem Wort einen völlig undramatischen Sinn zu geben. Eine junge Edelfrau erharrt sehnsüchtig die Rückkehr ihres Gatten, des Kreuzfahrers. Da meldet ein fahrender Sänger seine unmittelbar bevorstehende Ankunft. Naturgeister aber, denen der Heimkehrende einst gewogen, umspinnen ihn am Rheinpfade mit verwirrlichen Stimmen, und verirrt ertrinkt er im Strome. In der Burgkapelle stürzt seine Gattin tot an seiner Leiche nieder. – Ganz willkürlich werden Sagen- und Märchenelemente, Menschen- und naturgeistige Wesen miteinander verbunden; die treuharrende, ahnungsgepeinigte Gertrud trifft keine Schuld am Tod ihres Gatten, und dieser, Emicho, wird das unschuldige Opfer der Rheinfürstin und ihrer Geister. Die Tragik, wenn man schon von einer solchen reden will, ist eine ganz äußerliche; von ‹Tiefsinn› (wie auch gesagt wurde) keine Spur. Wer ist die Hauptgestalt? Gertrud? Sie ist nur Erwartung und Klage. Emicho? Kaum aufgetreten, verfällt er dem wüsten Traumspuk. Die Naturgeister? Dann aber hätte die Tragödie von ihnen aus aufgebaut und tiefere Bezüge zum Menschlichen hergestellt werden müssen. Der Spuk, wird in ihm auch etwelche ‹Regie›kunst sichtbar, zerflattert im Beziehungslosen. Selbst der Gegensatz von christlichem und heidnischem Glauben – die Verwirrung Emichos ist auch eine Rache der Rheinfürstin am «Kreuzgott» – wird nur leichthin angetönt.

Etliche Verse, das sei zugestanden, haben eigenen Klang. So im Gesang der Kreuzpilger die folgenden mehrmals wiederholten zwei Strophen:

> Aus Jesu Grab erblühn
> Neu wird die Menschenart,
> Selig zur Heimat ziehn,
> Was sich für Gott geschart.

> Daß in Erfüllung geht
> Hoffnung, ist Gott gewillt,
> Über die Erde weht
> Sehnsucht, von Gott gestillt.

So auch das Gebet der sich am Altar niederwerfenden Gertrud (es steht ähnlich schon in der «Rheinsage»):

> Blick hernieder, Gottgeweihte,
> Erdenleids Versüßerin,
> Höre, o Gebenedeite,
> Das Gebet der Büßerin!

In den letzten Schaffensjahren des Dichters entstanden, neben «Hans Waldmann», das historische Schauspiel in fünf Akten *«St. Helena»* und das fünfaktige soziale Drama *«Untergang»*.

Der Gestalt Napoleons war Ott, wie wir bereits wissen, schon in seiner vordramatischen Zeit nähergetreten, vor allem in der Rhapsodien-Folge *«Napoleons Ende auf St.Helena»* (V, 272f.). Nun wünschte er nicht so sehr den gewaltigen Gesetzgeber, Feldherrn und Politiker, als den Menschen zu schildern, wie er sich in des Verbannten Leiden und Sterben offenbarte. Das Drama wurde in überraschend kurzer Zeit vollendet (1901). Umsonst aber hoffte er, mit ihm endlich die deutschen, vielleicht auch die französischen Bühnen zu erobern; zu Aufführungen, mit geteiltem Erfolg übrigens, kam es nur an den Stadttheatern Basel und Bern. Der allgemeine Vorwurf, den man ihm machte: zu wenig Handlung, zu wenig Intrige. Und in der Tat, Ott hatte einmal mehr ein Drama ohne wahrhaft dramatisches Motiv geschrieben. Die gebotenen Bilder, nach historischen Quellen gearbeitet, hatten Farbe, Bewegung, Geist sogar, aber keinen zentralen Spannungsnerv. Napoleon darf nun endlich seine Menschlichkeit, seine Güte, seine Freundlichkeit, seine Dankbarkeit den ihm gebliebenen Gefährten gegenüber zeigen, man bewundert seinen Leidensmut und Leidenswillen und wohnt auch, selber aufgebracht, seinem ohnmächtigen Kampfe gegen den «sizilianischen Sbirren» Hudson Lowe, den englischen Gouverneur, bei. Aber fünf Akte hat das Drama rein zufällig, es könnten auch nur zwei oder drei, wie auch sechs oder sieben sein. Man liest das Stück mit Interesse, mit vergnügt zustimmendem Lächeln zuweilen (die Szene mit der «kleinen Hexe», der fünfzehnjährigen Betsy Balcombe; die mit dem eifersüchtigen General Gourgaud, mit dem kleinen Negersklaven Toby usw.), mit Entrüstung und Beifall für Napoleon (Hudson Lowe, die beiden Ärzte), mit Ergriffenheit auch (Napoleons Tod). Aber Funken, Fünkchen innerlicher Art springen nur in einzelnen Worten, Gebärden, Haltungen. So etwa im 4. Akt, als Napoleon halbschlummernd murmelt:

Die dunkle Wiege zu Ajaccio – Marengo – der kaiserliche Thron – goldenes Gewölk – Sturm und Dunkel – eine öde Klippe – *Er öffnet die Augen, während das Meer rauscht* – St. Helena! *Er schaut hinaus.* Jene Wolken – sie gehen ihre Bahn – vom Geschick bestimmt. Woher kommen sie? Wohin gehen sie? – Sie sind mit Elektrizität geladen wie wir – donnern und blitzen – und lösen sich auf zu Tau. Der Erde entsprungen, fliegen sie über den Himmel und kehren zurück zur Erde – und die am höchsten fliegt, treibt der Sturm am ehesten aus der Bahn, und das Ziel ist der TOD! *Er versinkt ins Brüten. Kurze Stille, dann zu Marchand:* Bringe mein Testament ... Ich bin entthront, dem Tode nahe und darf es zeigen. Früher mußte ich es verbergen, um stark zu sein. Kann man diese rohe Welt mit dem Herzen regieren? Was für Missetaten begeht die Natur, aber niemand murrt, weil keiner ein Herz in ihr sucht und sie nur das Große hervorbringt. Das Herz und die ewigen Gesetze stehen im Zwiespalt, woraus das Chaos wird. Nur das Natürliche, Herzlose, ist vollkommen. Ich werde zur Natur zurückkehren – in den Tod – zur Vollkommenheit! *Er sinkt zurück, die Feder entfällt ihm. – Marchand hebt sie auf, steht vor dem Kaiser in ehrfurchtsvollem Schweigen.*

Der Gedanke zu einem sozialen Gegenwartsdrama war schon 1888, während der Arbeit an der «Rosamunde», in Ott aufgetaucht. Widmann hatte ihm zugkräftigere moderne tragische Stoffe angeraten, doch war er lange der Meinung, daß solche der Phantasie und Sprache keine Entfaltung gestatten: die Gegenwart, schrieb er in einem Brief an Haug (s. Haug, 282), sei «in mehr zufällige, alltägliche, als tragische Wirrnisse verflochten». Erst anfangs 1898 wurde das Stück vollendet und in Luzern, Zürich und Schaffhausen aufgeführt. «Ich möchte den Untergang einer ehrbaren, wohlhabenden, aber allmählich verarmenden Bürgerfamilie schildern – einen unverschuldeten Untergang, herbeigeführt durch die unwiderstehliche Gewalt unserer sozialen Zustände, die den schuldlos Bescheidenen erdrücken und den gewissenlos Frechen erheben. Es sollte eine neue Art Schicksalstragödie werden, eine grimmige Anklage gegen unsere heuchlerische, ganz dem Geldgötzendienst verfallene Zeit[14].» «Untergang des Mittelstandes durch Kapital und Großindustrie ... Revolutionstragik», schrieb Ott zehn Jahre später an Haug und fügte bei: «Es ist jedenfalls dramatisch, und wohl auch poetisch, mein stärkstes ... mein unmittelbarstes Stück[15].»

Die Selbsttäuschung war ein weiteres Mal evident, das stärkste und poetischste Stück Otts ist *«Untergang»* keineswegs. Was man aber einräumen muß: hier herrscht ein durchgängiges tragendes Motiv. (Dieses hat, in der Liebesgeschichte vor allem, einige Ähnlichkeit mit dem von Hebbels «Maria Magdalene», entstammt jedoch, scheint es, eigenen Erlebnissen Otts.) Daß es ein mehr äußerliches Motiv, eine mehr zufällige, alltägliche, als tragische ‹Wirrnis› ist, reiht «Untergang» in Wahrheit bei den sog. Schicksalstragödien ein, doch trägt die Hauptfigur selber auch ein Weniges zum Untergang bei. Jakob Lienhard gesteht es vor seinem Sohne, dem Gymnasiasten, selber: «Heutzutage heißen sie [die Nornen] Kapital, Großindustrie und Polizei. Wenn die beiden ersten einen mittelständigen Mann leer gemelkt haben, daß er vor Not einen dummen Streich macht, so kommt die Polizei und bringt ihn an den Schatten, wo er spinnen mag. Und das nennt man Geschick und Gerechtigkeit.» Den ‹dummen Streich› eben macht auch Lienhard, indem er sich in der Arbeiterversammlung zu Tätlichkeiten gegen einen kommunistischen Provokateur hinreißen läßt, worauf er prompt ‹an den Schatten› gebracht wird und nur noch heimkehrt, um mit seiner ganzen Familie freiwillig in den Tod zu gehen. Wie menschlich verständlich und verzeihbar aber ist die ‹Schuld›, verglichen mit der von Lienhards Peinigern!

Die Einkreisung und Wehrlosmachung des Opfers geschieht auf zynisch brutale Weise. Der Großindustrielle Kesselring ist ein gewissenloser, ausbeuterischer Machtmensch, der auch den etwas

---

[14] An Haug, 27. Dez. 1888, cit., 185; die von Haug, 357, vertretene Ansicht, der Plan zu «Untergang» stamme aus dem Frühjahr 1896, ist also ein Versehen des Biographen.

[15] Haug, 358.

weniger rücksichtslosen, Gewissensregungen noch nicht ganz ver-
schlossenen ‹Kapitalisten› Wohlleb in seine Netze zwingt, das gegebene Wort schamlos bricht und Lienhard kaltblütig der polizeilichen ‹Gerechtigkeit› preisgibt. Ein ganz besonderer Zynismus
liegt darin, daß der ehemalige Schlossermeister und Kleinfabrikant
Lienhard in die angebotenen Dienste des mächtigen großindu-
striellen Konkurrenten tritt, der ihn ruiniert hat, und daß er in dessen Auftrag vor den versammelten Arbeitern loyal gegen die Ar-
beitseinstellung spricht, was ihn in Konflikt mit dem Provokateur
und mit der Polizei bringt.

An schroffer Einseitigkeit war also hier wiederum viel getan.
Das sozial Anklägerische ist in den Hauptvertretern überbetont,
verschärft aber noch durch den Gegensatz der Familien: auf der
einen Seite die fast idyllisch gesehene, wenn auch in den Charakteren nicht übel abgestufte Familie Lienhards, auf der andern die des
‹wohllebenden› Kapitalisten, dessen Frau eine dünkelhafte Mor-
phinistin mit zerrütteten Nerven und dessen Sohn ein kalter, herz-
loser, schönrednerischer Geck und ‹Wildling› ist, sowie die Kas-
selrings, dessen unschöne und eingebildete Tochter die künftige
Bändigerin des Kapitalistensohnes zu werden scheint.

Schade, daß Ott, jedenfalls erhoffter Aufführungsmöglichkeiten
wegen, den Schauplatz in eine deutsche Kleinstadt verlegt, was ihm
die Verwendung der Mundart verbietet, die er mit größerem Fingerspitzengefühl gemeistert hätte. Dennoch hat das Drama, trotz
seiner nicht eben nuancierten Sprache, einen gewissen ‹Zug›, und
es stehen Szenen darin, wie etwa die im 2. Akt, wo Lienhard im
Hause des Kapitalisten sich plötzlich Kesselring gegenüber sieht,
deren präzise, fast knallende Härte des Dialogs die Unerbittlichkeit
der naturalistisch erfaßten Atmosphäre wie mit Hammerschlägen
festnagelt.

Jedenfalls beweist das Stück, seiner eher groben Fehler unerachtet, daß Ott auch im ‹unmittelbaren› Gegenwartsstil Wirkungen zu erzielen wußte. Stofflich jedoch ist es zu zeitgebunden, als
daß es für Aufführungen noch in Betracht kommen könnte.

*

Die voraufgehenden Überlegungen geben einen deutlichen Fingerzeig, wie Arnold Otts *Lyrik* zu beurteilen ist. Gedichtet hatte er,

wie bereits angedeutet, von Jugend auf; in seinem Nachlaß liegen über 800 Gedichte; eine strenge Auswahl von ca. 150 gab er 1902 selber heraus, und etwa 400 sind im 5. und 6. Band der «Dichtungen» vereinigt. Verse gingen ihm recht leicht von der Feder, und er war ja im Grunde mehr Lyriker als Dramatiker. Auch Lyriker jedoch mit Einschränkungen. In ihm steckte ebenso wenig ein Vollblutlyriker als ein Vollblutdramatiker. Was den reinen lyrischen Dichter ausmacht, das Vermögen zur lebendigen Verdichtung, das Geheimnis organischer Kristallisierung, ging ihm in eher hohem Grade ab. Nur zu gern verwechselte er auch in der Lyrik eine impulsive augenblickliche Aufwallung mit der zuchtvollen Formleidenschaft wirklicher Kunst. Und doch war in ihm unverkennbar eine genuine poetische Ader; nur reichte sie nicht sehr tief und nicht sehr weit. Verse, einzelne Strophen, hie und da auch kleinere Gedichte gelangen ihm manchmal; einen guten Vers, eine gute Strophe, ein gutes kleines Gedicht bezahlte er aber in der Regel mit vielen lahmen, halblahmen, matten, gestaltarmen, oft auch formal zu wenig gepflegten Versen. Die Quelle des menschlich Erlebnishaften sprudelte auch hier nicht reich genug.

Der Schluß, der sich aufdrängt: er trifft als Lyriker da am ehesten einen dichterischen Ton, wo er ihn auch als Dramatiker am ehesten findet. Es sind vornehmlich drei ‹Weisen›, die bei ihm einen verhältnismäßig reinen Klang haben. Da ist einmal der episch gestützte und malerisch bereicherte ‹Brust›ton des von historischer oder sagenhafter Vergangenheit ergriffenen Dichters. Wir haben aus seinen Dramen mehrere solcher mehr lyrischen als dramatischen Stellen angeführt. Aus der «Gestalten»-Reihe der vordramatischen Zeit, die so natürlich in seine Dramatik hinüberleitete, ließen sich ähnliche nennen. Hier der mittlere Teil einer Napoleon-Rhapsodie (Napoleon in Spanien):

> *Valladolid.* Im Schatten dieser Mauern
> Ruht' einst der Cid. Hier rast auch ich. Nicht bloß
> Der Tod ists, der allgleich macht. Auch sein mildrer
> Bruder, der Schlummer, beugt das Haupt dem Bettler
> Wie dem Gekrönten in das weiche Kissen
> *Vergessenheit.* Doch läßt er auferstehn. –
> Sein härtrer Bruder
> Beugt uns auf immer,

Wenn nicht der Ruhm sein schwarzes Bild vergoldet
Und in Unsterblichkeit
Sein Todesurteil wandelt.
   Auf dieser Bank hier ruh ich.
Lieg hier entgürtet, Degen, und halt Rast mit mir
Und ruh vom Tagwerk aus. Die Orgel rührt!
Doch leis, zum Schlafen nur, – zu Taten
Weck ich mich selbst. – Trompetenschmettern
Ist nur für Schwache, Wein für Feige.
Du *Tonmeer,* Bad der Seele, draus sie stark
Hervorgeht wie der Leib aus Flutenschoß,
Wieg mich in Ruh! Führ mich hinüber
Zu friedlichen Gefilden! Knabensang,
Von Flötenton getragen, schwebt hernieder
Wie Wohlgerüche, die der laue Ost
Von fernen Inseln weht, der Kindheit Inseln.
Dort liegen Reiche,
Noch unerobert und die Welle leckt
Sie weg, dieweil ich träume. –

Eine andere Stelle aus «Ahasver», dem Ewigen Juden, den der Fluch rastlos über die Erde treibt:

    «Geschlechter sah ich werden,
Lieben, leiden und vergehen. Mühsal
War ihr irdisch Erbe und ihr unvergänglich
Teil der Tod, der tröstlich sie geleitet
Rauhe Wege und die Wandermüden
Niederlegte und ihr Haupt umhüllte
Mit der milden Mohnblum des Vergessens.
Ich nur ward ums bessre Teil betrogen,
Eile einsam durch der Zeiten Wüste
Nach dem Freunde, der, mir unerreichbar,
Vor mir herflieht als mein eigner Schatten.»

Auf sachten Sohlen kommt die Nacht; er aber wandert weiter, kommt in eine Stadt. In gewitterschwüler Gasse klirren Fenster von Tanz und Jubellauten, und er hört der Liebe Flüstern, stürzt die Treppe hin zum Saale, stürmisch faßt sein Arm das schönste Mädchen, dieweil draußen der Donner rollt; sie möchte wissen, wer der wundersame, bleiche Mann ist und welcher Gram ihn drückt:

So spricht sie schmeichelnd leise,
Schlingt den weißen Arm um seine Schulter;
Und er blickt ihr stumm ins tiefe Auge,
Drinnen sich sein Ruhesehnen spiegelt,
Und er beugt sein Haupt zum Schlummer nieder.
Rastend schaut er sich auf grünem Grunde,
Stößt den Wanderstab in weiche Erde:
Und er wurzelt, treibt und sproßt zum Baume,
Dessen Zweige friedlich ihn umschatten
Und sein Weib, das lächelnd ihm die Kleinen
Zeigt, die froh zu ihren Füßen spielen! –
      Ha! Ein Donnerschlag, ein Feuerbogen!
Prasselnd stürzt der Baum und mit ihm schwindet
Seines Glückes Traum, den er geborgen.
Dumpf erbebt das Haus, die Leuchter schwanken
An der Schnur, gleich bangen Stundenpendeln,
Die den Lässigen zum Aufbruch mahnen.
Winde, wilde Nachtgesellen, rütteln
An den Wänden, rütteln wach den Schläfer,
Rufen ihn mit heulend heisrer Stimme:
«Her zu uns, du liebverirrter Träumer,
Und verleugne nicht die ausgestoßnen
Nachtgenossen, die hier außen wimmern.
Liebe ist beständig, klebt am Boden,
Der sie wachsen sah, und pflegt die Blumen,
Daß zur Frucht sie reifen. Doch dem *Sturme*
                              gleichst du,
Der die Erde fegt, die Blüt entblättert,
Vor der Zeit die Früchte niederschüttelt.»
Und sie schweigen, gehen, kehren wieder,
Blitzbegleitet, heulen um die Mauern,
Gleich wie Wölfe ihre Beute fordernd.

Die Gäste ahnen, daß geheime «Schuldtat» des bleichen Tänzers
den Zorn des Himmels entfesselt; und der Fremde schleudert den
Becher zu Boden, vergießt den «herben Tränentrank des Seins»
und wandert weiter durch die windgefegten Gassen. Vor einem
Christusbilde hingekniet, fleht er den liebeverkündenden Erlöser an, ihm den Blitz, den «Todessegen» des endlichen Friedens, niederzusenden; prasselnd fällt der Blitzstrahl in die nahe
Eiche, *ihn* verschonend, und er ballt die Faust dem Kreuz entge-

gen, während aus seinem Munde ein Fluch bricht, vom Donner übertönt.

Das Bild hat Kontur, und die Verse, trotz einigen matteren Stellen, sind kräftig gestaltet (man beachte zuweilen hier schon die Stabreime).

Ihr Gegenstück (und das wäre die zweite ‹Weise›) sind die meist, doch nicht immer, mundartlichen Verse, die entweder eine kleine realistisch gefaßte Alltagsszene oder aber ein vertraulich-idyllisches, gefühlvoll lächelndes Bild aus des Dichters eigenem Leben beschwören. Von jenen haben wir, von den Dramen redend, mehrere hervorgehoben; von diesen – sie zeigen, welcher Innigkeit der «Grobschmied Ott» (sein Wort) in guten Stunden fähig war – seien zwei oder drei Beispiele gegeben. Ihre Hauptmotive sind Gatten- und Vatergefühle, doch auch heimatliche Sehnsuchtsstimmungen.

An das Töchterlein Virginie

als es seinem Schutzengel ein Spritzkännchen
zum Spielen aufs Bett legte

Schlof wohl, mi Chind, wie liebli liischt du do,
Wie sind din' Bäckli rot, wie luege si
So fründli füre us de dunkle Löckli
Wie wildi Rose us em Haselbusch.
Wie otmescht uf; es het der näumis träumt,
Es Müüli tuet sich uf; de flismescht liis.
I weiß di Traum, de spröchlescht mit dim Engel,
Wo alli Nacht zue dir ans Bettli chunnt,
Die böse Geister vu mim Chindli z'banne.
En Sprützchrueg hest im hüt ufs Chüssi glaht,
Zur Churzwil für die langi Wachesziit.
Die Wahl ist guet: Der Engel nimmt es [das?] Chrüegli
Und goht dermit am Bettli uf und ab
Und sprützt mi Rösli liis mit Himmelstau,
Daß es am Morge dopplet liebli lacht,
Wie d'Blüemli nach der Früehlingsregennacht.

(13. Februar 1877)

Schalkhaft herzlich erzählt ist die «Begegnung mit Rhein und Munot bei Schaffhausen»; hier der Anfang des längeren Gedichts,

das den Hexameter zum gemütvollen mundartlichen Erzählvers
macht[16]:

Wie n'i vu Dachse chumm uf B'suech i die liebliche Heimet –
's Herz het mer poppret und 's Ohr het mer glüt wie'n am Fiirtig
Und vor Freud isch mer's gsi, i müeßt mer selber as Hochsig –
Springt mer im Laufen entgege min alte ruuschige Rhistrom
Über d'Felse so liicht als wär er en ewige Jüngling,
Johlt vor Muetwill wie bsesse und schloht mit de Hände is Wasser,
Sprützt mi a und brüellt: «I will der d'Hitze vertribe!»
Druf so lachi und rüef: «De bisch doch allwil de glich no,
Häst es Spaße no nit verlehrt und machst dini Bockssprüng
Wie n'en rechte Schaffhuser. Weißt no, wi d'mi as Schuelbueb
Häst lo riiten und tanze uf dim geschmeidige Rucke
Und mer es Liedli häst gsunge und mi häst undere tünklet
Und mer in d'Ohre häst g'chräiht: «Nei, schämscht di denn nit
                                        e so z'briegge,
Bürschtli, lueg dört d'Sunn und merkscht nit wie si di uslacht,
Daß d'wit schwümme lehre, und 's Wasser fürchtischt, du Lappi?»
O, i mag di wohl, Gott grüeß di, du herrliche Rhistrom!
Wenn i di wieder sieh, so quillts mer und schwillts mer tüf inne
Und es bruust mer im Chopf, wie wenn d'Juged uf sunnige Flügle
Wieder ruuschti derher und mit Chränze und Maie verdeckti
D'Winterflocken im Hoor. 's fehlt wenig, i machti en Luftsprung.
Dir verdanki 's Schwümme und lueg, i halt mi no dobe,
Ha's no nit verlehrt und d'Sunne lachet mi nit us.»
Druf so blinzt er mi a und brummlet: «Uchrut verdirbt nit»,
Schüttlet e's Wasser vum Lib und us de triefige Hoore,
Giht mer e Hand, patschnaß – es hät mi durschuuret – und lachet:
«Gell, i kenn di no, de bisch en wilde Kamrad gsi,
D'Buebe hest ploget und d'Meidli und d'Lehrer hend nüt als
                                        Verdruß gha ...
                                                (1881)

Diesen innig zarten, wenngleich schwereren Ton findet Ott zuweilen, doch seltener, auch in hochdeutschen Versen (man fühlt sich,
am Schluß besonders, an C. F. Meyers Gedicht «Nachtgeräusche»
erinnert):

[16] Vgl. damit das Gedicht in hochdeutschen Hexametern «Heimat. Eine
Herbstgabe» (1882, V, 364–383), in welchem, gegen den Schluß zu besonders,
Hölderlinsche Anklänge auftauchen.

In der Dachstube

Stille blickt der Mondschein in mein Stübchen
Unterm Dache, wo die Schwalben nisten,
Webt die Silberlichter um die Wanduhr,
Die den Takt tickt zu dem Schwalbenzwitschern
Und zu meines Herzens Schlummerschlägen.
Am Gehäuse hängt die graue Spinne,
Pendelt hin und her am Flimmerfaden,
Webt aus Mondenglanz ein weich Gespinste,
Drinnen sich wie bunte Abendfalter
Meiner Träumerseele Flügel fangen:
Längstversiegte Jugendströme rauschen,
Heimatsterne funkeln in den Fluten
Und in märchentrunknen Kinderaugen, –
Und die alten Heimatschwalben singen
Lichten Flugs das erste Lied der Liebe,
Und zum Amseljubelschlage duften
Wieder neu verblichne Frühlingsrosen.
Kindertänze, Märchen, Mondenschimmer ...
Sterne sinken – leiser tickt die Wanduhr
Wie der scheue Tritt von Kinderschuhen,
Die sich ferne in die Nacht verlaufen, –
Und im Schlummer sinkt das Auge zu.

(1900)

Einen spezifisch lyrischen Ton endlich – womit wir die dritte
‹Weise› nennen – erreicht Ott in einigen kleineren Gedichten, deren
Rahmen der Motivbegrenztheit entspricht und in denen er sich
hie und da leise an das Volkslied anlehnt:

....
Ich wollt die schönsten pflücken
Der Sterne im Himmelsraum,
Die Mutter zu beglücken –
Und sank in tiefen Traum.

Und als ich spät erwachte,
Ihr meine Blumen bot,
Kein Mutterauge lachte;
Denn sie war lang schon tot.

Fast Eichendorffisch (s. die letzte Strophe von «Mondnacht»)
mutet «An der Schwelle» an:

Schon an des Abends Schwelle
Seh ich, wie Well um Welle
Hinab zu Tale rinnt;
Kühl wehet durch die Weiten
Ein Hauch der Ewigkeiten,
Und meine Seele sinnt,
Wie sie die Schwingen lüfte
Und über Dämmergrüfte
Lichtwärts den Heimflug findet.

(1900)

An Storm und dessen oft knapp gefaßte Sinnigkeit erinnert ein Gedicht wie «Frage»:

Die Wolken gehen, die Schwalben ziehn,
Die Winde wehen – woher? wohin?
Wie Rosen entfärben, erbleichst auch du,
Ein Werden und Sterben – warum? wozu?

(1903)

Das schönste dieser kleinen Gedichte, das in seinen Bezügen um-
spannendste, nachhallendste, hat mit sicherem Geschmack Adolf
Frey (Schweizer Dichter, 164) herausgegriffen:

Im Herbst

O wie köstlich ist das Streifen
Durch die herbstlich goldne Welt,
Wenn des Frühlings Blüten reifen
Und vom Stamm der Apfel fällt.

Köstlicher, wenn dir im Haupte
Reift die langgehegte Saat
Und dir unter gelbbelaubten
Wipfeln erst die Ernte naht.

Wenn im Haine längst verklungen
Der Gesang der Vögel schon,
Beben deiner Lieder Zungen
Und dein Lied hat tiefern Ton.

(1902)

*

Ist es noch nötig, ein zusammenfassendes Schlußurteil zu geben?
Arnold Ott ragt nicht in jene Dichtersphäre auf, wo Werke bleiben,
auch wenn sie zeitweilig verdunkelt erscheinen. Dazu gebrach es

ihm allzusehr an jenem Seelenstoff, der Worte adelt. Und doch verdient er die Vergessenheit nicht völlig. Seiner Dramen wird sich das Theater, selbst das Volksspieltheater, dem er unzweifelhaft Impulse geschenkt, kaum mehr erinnern. In einzelnen, meist kleinen Szenen aber weht ein Schauer, der ein tiefer Dichterisches wie ahnend streift; auch Strophen, Verse zuweilen, sei es im Gedicht oder im dramatischen Dialog, zittern leise nach, glänzen wohl auch wie jenes «Schachtgestein», das der Bergmann zutagebricht und das ihm durch die Nacht den Weg zum «Goldgeäder» weist, «das die Müh ihm lohnt» (wie es in «Karl der Kühne» heißt, s. vorn S. 203). Daher möchten wir auch Arnold Ott nicht missen – wer weiß, ob es nicht auch seines im Ganzen ohnmächtigen Bühnentraumes bedurfte, um der Schweiz eine dramatisch karathaltigere ‹Fülle der Zeit› zu bereiten.

Biographische Notiz. – Arnold Ott, 5. Dez. 1840 – 30. Sept. 1910. Der Vater: ein Schaffhauser, zürcherischen Ursprungs, aus der Art geschlagen, ein Bruder Lustig, Wirtshaushocker und Spieler, seines Zeichens Drechsler; die Mutter: eine warmblütige, phantasiereiche, tatkräftige Waadtländerin (Louise Elise Tissot). 1847 zogen die Eltern von Vevey nach Le Locle, wo die Mutter als geschickte Modistin ein Geschäft eröffnete. Der Knabe, in Vevey geboren, kam vom siebenten Jahre an ins Haus eines langmütigen Onkels und einer nachsichtigen Tante in Schaffhausen. Lebendige, manchmal ausgelassene Bubenzeit im alten Städtchen, das ihm geliebteste Heimat blieb. In der Schule waren Sprache, Geschichte und Zeichnen seine Lieblingsfächer. Als Kadettenhauptmann nahm er am Kadettenfest in Zürich teil, das auch Gottfried Keller als Dichter mitfeierte. Verfehlte, weil ihm nicht zusagende Architektur- und Chemiestudien in Stuttgart und Tübingen, dagegen leidenschaftliches Mitmachen am studentischen Treiben; dann seriöses Medizinstudium in Zürich. Arzt in Neuhausen. Draufgängerisches, heftiges, zu Spott und Satire geneigtes Temperament, doch sozial gesinnt (Kampf gegen die Wiedereinführung der Todesstrafe). Vermählung mit einer frischen, bildsamen, charakterstarken Bauern- und Wirtstochter (Anna Maria Spörli), die das Glück und der Halt seines Lebens wurde. Der Ehe entsprossen fünf Kinder. Zu beruflicher Weiterbildung – Augen- und Ohrenspezialist – Aufenthalte in Paris und Wien, sowie, während des Siebziger Krieges, in Karlsruhe. Übersiedlung nach Luzern, worauf ein Jahrzehnt fruchtbarer ärztlicher Tätigkeit folgte. Erwachen der schriftstellerischen Berufung erst im Alter von 47 Jahren, nach einem Besuch von Aufführungen der Meininger Bühne in Basel. Rasche Entstehung einer Kaiser Konradin-Tragödie. Ablehnung in Meiningen und kühle Aufnahme durch Gottfried Keller. Persönliche Bekanntschaft mit dem Herzogspaar von Sachsen-Meiningen in Seelisberg. Das zweite Drama, «Agnes Bernauer», in Meiningen 1889 mit Erfolg aufgeführt; das neue Werk aber, die «Rosamunde», fand keinen Anklang. Ott machte J. V. Widmann mit den Meiningern bekannt. Damit Beginn einer Dichterfreundschaft, die reich an großen Momenten, reich aber auch an Zerwürfnissen und Wiederversöhnungen sein sollte. Grund: das überaus schwierige, explosive, überhebliche, mißtrauische, tyrannische Temperament Otts, dem Widmann lange ein bewundernder, oft nachsichtiger Herold und Kritiker war. Mit Carl Spitteler, dem Luzerner Nachbar, kam es zu keinem rechten Verhältnis, noch weniger mit Gottfried Keller; ein treuer Schildträger aber erstand dem Dichter im jungen Heinrich Federer.

Das letzte Jahrzehnt des Jahrhunderts brachte den Höhepunkt von Otts Schaffen. Es entstanden damals, neben der «Rosamunde» und dem zum Drama ausgestalteten vierten Akt der Konradin-Tragödie, den «Frangipani», der Tellfestakt zur Einweihung von Kißlings Telldenkmal in Altdorf, das große Volksschauspiel «Karl der Kühne und die Eidgenossen», das Jahrhundert-Festspiel zum Eintritt Schaffhausens in den Schweizerbund, sowie die Dramen «Grabesstreiter» und «Untergang». «Karl der Kühne» erlebte im Sommer 1900 in Dießenhofen am Rhein erfolgreiche Freilichtaufführungen, und in Wiedikon bei Zürich wurde daraufhin eine Volksschauspielgesellschaft gegründet (treibende Kräfte: Eduard Haug, der spätere Biograph Otts, und der Dießenhofer Kunstmaler August Schmid), eine mächtige Festhütte gebaut, und das Schauspiel zwei Sommer hindurch unter großem Volkszustrom aufgeführt. Ein großer Erfolg, wie schon der Tellfestakt, war auch das Schaffhauser Festspiel. Auf den Berufstheatern jedoch vermochten sich die Werke Otts nicht festzusetzen. Noch entstanden das Napoleondrama «St. Helena», das in Basel und Bern über die Bretter ging, in Paris aber zur großen Enttäuschung des Dichters nicht aufgeführt wurde, und «Hans Waldmann», eine Fortsetzung zu «Karl dem Kühnen». 1902 erschienen Otts «Gedichte», eine strenge Auswahl aus breiter, Jahrzehnte währender lyrischer Produktion. Ein unglücklicher Beinbruch im Dezember 1904 führte den physischen und seelischen Zusammenbruch herbei. Da Ott schon einige Jahre zuvor auf den Arztberuf verzichtet hatte, stand er nun auch vor materiellen Sorgen. Lichtblicke auf dem Schmerzenswege waren Ehrengaben und Spenden von Stiftungen und Freunden, auch vom greisen Herzog von Meiningen, sowie die Wiederversöhnung – die dritte! – mit Widmann. Am 30. September 1910 erlöste ihn der Tod.

Bibliographie. – Arnold Ott: Dichtungen. Auf Grund der Handschriften und Drucke im Arnold-Ott-Nachlaß der Schweizerischen Landesbibliothek herausgegeben von Karl Emil Hoffmann. Sechs Bände. 1945–1949, Benteli, Bern-Bümpliz. [In dieser verdienstvollen Ausgabe kamen die Dramen «Hans Waldmann» und «Untergang», sowie die «Gestalten»-Fragmente der vordramatischen Zeit Otts und eine große Anzahl von Gedichten zum ersten Mal zum Abdruck. Leider fehlt die zweite Fassung des Schlusses von «Agnes Bernauer», die in der Druckausgabe von 1889 stand. Drei Gedichte erscheinen unverständlicherweise zweimal, wenn auch z. T. mit andern Titeln, ja mit verschiedenen Daten: «Sonnige Kindheit», S. 117, und «Glückliche Sterne»,

S. 174; «Flammentod», S. 188 und 329; «An die Schwelle», S. 193, und «Abendflug», S. 209. Sehr zahlreiche Druckfehler in allen sechs Bänden verunzieren, entstellen mitunter sogar den Text.]

Über Arnold Ott: Eduard Haug: A. O. Eine Dichtertragödie. Zürich, 1924. – Willy Stokar: A. O. Anläßlich seines 100. Geburtstages am 5. Dez.1940. Schaffhausen, 1940. – Ad. Frey: Schweizer Dichter. 1914, S. 159–164. – Paul Lang: Bühne und Drama der deutschen Schweiz im 19. und beginnenden 20. Jahrhundert. Zürich, 1924, S. 105–115. – E. Ermatinger: Dichtung und Geistesleben der deutschen Schweiz. 1933, S. 686–688.

CARL SPITTELER

«Kritiklose Bewunderung ist knechtische
Bewunderung.»   Carl Spitteler

In Carl Spittelers Ruhmesgeschichte lassen sich bis jetzt vier Perioden unterscheiden. Die erste geht vom «Prometheus und Epimetheus» bis zum «Olympischen Frühling», ungefähr von 1880 bis 1905: es ist die Zeit, in der der Dichter, dem unentwegten Paladin und Apostel J. V. Widmann zum Trotz, vonseiten der Kritik, der reichsdeutschen besonders, wenig oder kein Echo findet, z. T. auch die Zeit materieller Kämpfe (Lehramt, Journalismus). Die zweite ist die des wachsenden Ruhmes (ungefähr 1905–1920): sie setzte ein mit dem Fanfarenstoß des Musikers Felix Weingartner «Carl Spitteler, Ein künstlerisches Erlebnis» (1904) und war gekrönt durch die Verleihung des Nobelpreises (1919), sowie durch eine Anzahl einführender und erklärender Studien über Spitteler; wenn während dieser Periode in Folge der Zürcher Rede Spittelers («Unser Schweizer Standpunkt», 14. Dezember 1914) das deutsche Interesse an ihm merklich abflaute, so gewann er dafür die – freilich weniger seinem dichterischen Schaffen geltende – Aufmerksamkeit des französischen Kulturkreises. Die dritte Periode, sie umfaßt die Zwanziger Jahre kurz vor und nach dem Tode des Dichters, ist vor allem gekennzeichnet durch einige recht scharfe kritische Stellungnahmen (Edith Landmann, Thomas Roffler, Siegfried Streicher, gemilderter: Robert Faesi[1]), gefolgt von Repliken zum Teil nicht minder scharfer Art (Jonas Fränkel, Gottfried Bohnenblust, Hans Kaeslin u. a. m.). Die vierte Periode, die bis heute andauert, ist die einer gewissen Entfremdung von Spitteler: ein mehr oder weniger fühlbares achtungsvolles, doch etwas zeremoniöses, hie und da ein bißchen verlegenes Schweigen hat sich um seinen Namen gelagert, das auch die Feier seines hundertsten Geburtstages (1945) und das endliche Erscheinen der Gesammelten Werke, ja nicht einmal der peinliche, auch im Ratsaal ausge-

---

[1] Genauer vielleicht: scheinbar gemildert; denn wenn man die verstreuten Aussetzungen Faesis (Spittelers Weg und Werk, 1933) zusammenstellt und ihrem eigentlichen Sinn nach prüft, so ergeben sich daraus sehr schwere kritische Bedenken.

fochtene Streit um seinen Nachlaß wirklich brechen konnten. Ist es die vorübergehende Verdunkelung, die fast jeder große Name nach dem Tode seines Trägers erfährt und auf die dann ein umso lichtvolleres Auferstehen folgt? Es ist schwer, hierin Prophet zu sein, doch scheint es zweifelhaft, daß sich je die volle kritische Einigkeit um Spittelers künstlerische Größe wird herstellen lassen.

Denn in Frage steht ja nicht etwa eine besondere äußere Form, wie einst z. B. im Falle Gotthelfs, sondern das Innerste des Werkes selber, die volle Echtheit seiner schöpferischen Persönlichkeit. Die Angriffe, wo sie kritisch tiefer zielen, richten sich nicht nur gegen diese oder jene Eigenart, die Anstoß erregen kann – jeder große Künstler eilt seiner Zeit voraus: «ein Genie erscheint den Zeitgenossen immer geschmacklos», stellte Spitteler selber fest –, sondern gegen das zentrale Wesen dieses Dichtertums. Entspringt dieses Werk einer in sich gereiften, wahrhaft gültigen Dichternatur? so lautet die Frage. Die einerseits enthusiastisch bejahenden, anderseits mit stärksten Einschränkungen anerkennenden kritischen Positionen lassen voraussehen, daß eine ungefähre kritische Übereinstimmung noch auf lange Sicht unverwirklicht bleiben wird. Eine eindeutige Lösung des Wertproblems von ‹unten› her, durch Zustimmung oder Ablehnung eines breiten Lesepublikums kommt ja nicht in Frage: daß er nie volkstümlich sein würde, wußte Spitteler selber, so sehr er sich auch hie und da einzureden suchte, der unverbildete Leser werde ihm begeistert zustimmen: «das Herz des Volkes lechzt nach Idealpoesie[2]». Seine Hauptschöpfungen sind mythische oder mythisch verbrämte Epen, und Epen sind nicht mehr zeit- und volksgemäß, wenigstens nicht in der Spittelerschen grellen Mischung von Mythus und Realistik, von Phantastik und Pessimismus. Und vom sprachfremden Ausland her wird Spitteler auch nicht ‹entdeckt› werden, zu stark ist seine germanische – wenn auch vielleicht nicht eben deutsche – Substanz und Wesensart. So bleibt das Problem einer eher kleinen Zahl von Eingeweihten oder von kritisch Interessierten vorbehalten.

Im Grunde läßt sich die Frage nach der dichterischen Ursprünglichkeit auf die nach dem lyrisch-schöpferischen Grundgefühl zurückführen: ‹lyrisch› im Sinne der modernen Ästhetik als gefühlhafte Keimzelle aller Gattungen und Künste verstanden. Lyrisch

[2] Ästhet. Schriften, 477.

muß in solcher Bedeutung auch der Epiker und Dramatiker sein, wenn sie wahrhaft Dichter sein wollen – Spitteler selber bekennt übrigens: «In jedem Dichter steckt von selber ein Lyriker, auch im Dramatiker und im Epiker[3].» Beim Epiker äußert sich dieses Lyrische als das Atmosphärische, Innige, Menschlich-Nahe, beileibe nicht als mehr oder weniger veräußerlichte ‹Stimmung›, wie Spitteler manchmal zu glauben scheint. Auch die sog. ‹hohe Kunst›, die auf ‹Höhenwegen› wandelt, darf sich gegenüber dem Gefühl nicht «wohlwollend neutral» erklären[4]; durch das gefühlhafte und als solches vollmenschliche Erlebnis muß auch sie ihre Visionen beziehen, wenn anders diese künstlerisch echt wirken sollen.

Daß Spitteler nicht der geborene Lyriker – jedenfalls nicht im hergebrachten Sinne – ist, geben meist auch seine unbedingtesten Anhänger und Apostel zu. Er selber nennt sich einen «geborenen Epiker» (Epiker der kosmischen, mythologischen, symbolischen Poesie). Die «Einbuße an Lyrik» eben, meint er, wohl im Glauben, geahnten Vorwürfen damit die Spitze abzubrechen, bringe *epische* «Größe» ein. Seine Balladen bezeichnet er, sie damit zu sehr herabsetzend, als «Formgymnastik», als «Vorbereitung auf ein etwaiges zukünftiges Epos»; die «Schmetterlinge» sogar seien keine Gefühls-, sondern «optische Lyrik»; «mein Vers - heißt es anderwärts - will gar nicht musikalisch sein», deswegen gerade, weil seine (des Dichters) Seele in der Musik lebe: «sie war und ist meine Lyrik». Er spricht sogar von seiner «Verachtung der Sprache[5]: «die Sprache ist nicht ein natürliches, sondern ein widernatürliches, ganz abscheuliches Mittel, um poetische Bildvorgänge zu erzählen[6].»

Diese und andere Selbstzeugnisse sind natürlich nicht alle wörtlich aufzufassen, war auch das Körnchen ‹Salz›, das sie enthalten, hin und wieder ein eher grobes Korn. Absichtlich fast oder mit unbewußter Selbsttäuschung – das ‹épater le bourgeois› spielt dabei keine geringe Rolle – führen sie den urteilenden Sinn auf Abwege. Eines aber bleibt bestehen: lyrischen Schmelz, das «Tirili», wie Leuthold sagte, sucht man bei Spitteler vergebens. Hat er dafür jenes im weitern Sinn Lyrische in der *Epik*: das Atmosphärische, Herznahe, menschlich Volle? Zwei Züge weist er sich selber zu: einmal die urepische Veranlagung, die Freude am äußern Glanz des Da-

---

[3] id., 171.
[4] id., 121.
[5] Autobiogr. Schriften, 300.
[6] Ästhet. Schriften, 71.

seins, die Abenteuerlust, die Herzenslust an der Fülle des Geschehens, an fernen Horizonten, am farbigen Reichtum der Welt; und
anderseits das Bedürfnis nach Höhenluft, den Willen, nicht im beschränkten Alltagsleben drin und aus ihm heraus zu dichten (wie
etwa ein Mörike, den er hier – die Stelle ist verräterisch – zitiert[7]),
sondern «einen höhern, weitern Bogen aus dem Realen hinaus» zu
ziehen, nicht «Seelenanalyse» zu treiben, wie der Romanerzähler
(«Der Romanerzähler ist kein Epiker, sondern das Gegenteil davon[8]»), sondern «nach oben» zu entgleiten, «weit über die Erd-
oberfläche hinaus in unkontrollierbare Höhen», wo man Gott oder
Götter mit «Übermut», sogar mit einem Stich ins Ironische behandeln kann[9]. An diesen zwei Zügen wird denn auch Spittelers
Größe vordemonstriert: man nennt ihn den Malerdichter und den
Seher. Zweifellos mit einigem Recht, gleiten auch die beiden Züge
nicht selten ins unverbindlich Spielerische oder ins menschenfern
Abstruse ab. Die Hauptsache aber: es fragt sich nur, ob diese beiden
Elemente schon den großen Dichter ausmachen, ohne jenes «kleine
unsichtbare und ungreifbare Etwas», welches eine Produktion
«in die Ewigkeit hinüberrettet[10]». Und dieses Etwas ist eben das
geheim Lyrische, das alle Kunst speist und ohne das wahre Kunst
nicht besteht.

Steht der Mangel an einem solchen nicht vielleicht in Zusam-
menhang mit der unleugbaren Willensrolle, die Spitteler in seinem
Dichtertum selber zugibt, ja mit Absicht betont? In einer Art
«Willensfieber» faßte er als junger Mensch den «Entschluß zur
Poesie», nachdem er seinen, schien es, ursprünglicheren Talenten,
der Malerei und der Musik, entsagt hatte. «In ihr – dieser Gedanke

---

[7] Autobiogr. Schriften, 281/2 (in einer Besprechung der Gedichte Leutholds, s. vorn S. 154 A.).

[8] s. auch Brief an Ad. Frey vom Juni 1901: «Der Epiker gleicht einem
Jüngling, der morgens zu Pferde in die Welt sprengt, die Nüstern und die
Nase hoch und den Mut lebendig, nach Geschehnissen auslugend, den blauen
Himmel durchschauend, Glück und Glaube im Herzen, Atem in der Brust,
Millionen Schönheiten witternd usw. Der Romanschriftsteller dagegen
schnüffelt greisenhaft mit psychologischen Instrumenten im dicken, vollen
Menschenleben herum und sucht nach Charakteren und ähnlichem Ungeziefer.
Kurz der Unterschied von Wurm und Husarenpferd, von Tifteler und Held.»
(Briefe von Ad. Frey und Carl Spitteler. Frauenfeld, 1933, S. 175.).

[9] Die Gottheit im Epos. Ästhet. Schriften, 185.

[10] Ästhet. Schriften. 466.

durchfuhr ihn – kannst du deinen Trotz, deinen Grimm, überhaupt alles aussprechen, was dich bedrückt und was du zu sagen hast[11].» (Ob Trotz und Grimm dichterische Quellen sind, sei hier nicht weiter erörtert.) Spitteler redet wohl von «Heimsuchungen» durch Poesiebilder, also von unbewußtem, intuitivem Schaffen, und es wäre verfehlt, ein solches bei ihm zu leugnen. Das Willenselement aber spürt man deutlich in seinem Werke; es gibt seiner Dichtung oft etwas Gezwungenes, Erzwungenes, ja Gewalttätiges (dem Stoff und vor allem der Sprache gegenüber). Poesie eben läßt sich nur zuzeiten kommandieren: dann, wenn das Intuitive schon bereit liegt.

Man kann sich des Eindrucks nicht erwehren, daß Spitteler wie wenig andere dem psychischen Reaktionsgesetz unterworfen war. Das Willens- ‹Dennoch› in ihm entsprang, insofern es nicht schon Erbanlage war vom Vater her, einer herrischen Selbstauffraffung nach dem einsam träumerischen, lässigen Wesen seiner Jünglingsjahre. In genau gleicher Weise war seine zuweilen fast wahnhafte Selbstbetontheit das Gegenstück einer ebenso starken inneren Unsicherheit: darum die beständigen, offenen und versteckten Selbstrechtfertigungen in den Aufsätzen und Bekenntnissen, darum das spätere Sichberatenlassen durch Freunde. Die Menschenverachtung war – er weist selber auf das Gesetz hin – der schwere Preis, den er zahlte für den Glauben an sich selber, der unter der «fürchterlichen Rückwirkung der Nichtanerkennung» einen fast tödlichen Schlag erlitten[12]. Sein ‹Realstil› (in «Conrad der Leutnant» u. a.) war ursprünglich eine Reaktion gegen die Ablehnung seines epischen ‹Idealstiles›. Ja, seine gesamte pessimistische Weltanschauung läßt sich als Gegenstoß seiner nach Unabhängigkeit ringenden Natur zum theologischen Glauben begreifen.

Wenn diese Reaktionen, die alle selbstverständlich affektsteigernd wirkten, auch instinktiv durchgeführt wurden, so lag in ihnen doch eine Gefahr verborgen, und die Gefahr war umso stärker, als der intuitive Strom nicht immer beherrschend floß: daß nichtkünstlerische Elemente leichter Zutritt bekamen. Von einer gewissen Grenze ab wirkt sich das Wollen antiästhetisch aus, genau wie die Egozentrik, genau wie die allzu beabsichtigte Stil ‹könner ›-

---

[11] Autobiogr. Schriften, 288.
[12] Ästhet. Schriften, 26.

schaft, genau wie eine allzu schroff gesehene weltanschauliche
‹Wahrheit›. Denn das persönliche, wie anderseits das intellektuelle
oder das ‹artistische› Moment stellt sich dann besonders gerne ein,
wenn das Inspiratorische zaudert. Bei Spitteler hat das zu stark betonte Autobiographische und das realistisch allzu Harte gewisser
Bilder und Szenen, haben die Allegorien und übertriebenen Per-
sonifizierungen, sowie die Gewaltsamkeiten der Sprache gegenüber unzweifelhaft diese Quelle. (Sogar das Landschaftliche des
«Olympischen Frühlings», meint ein Kritiker, beruhe mehr in Ge-
danken- als in Augenerlebnissen[13].)

Große Schwierigkeiten bereitet, auch den unentwegten Gefolgsleuten, eingestandener- oder uneingestandenermaßen Spittelers
Weltanschauung. Gegen sie – nicht gegen den ‹Künstler› Spitteler
– war, noch zu Lebzeiten des Dichters, die Attacke Edith Land-
manns, einer George-Jüngerin, gerichtet. «Ein Dichter, der sich
der Ananke verschreibt, ist ein Unding», so lautete, auf eine kurze
Formel gebracht, ihre Kritik[14]. Hinter der Freude am Reichtum
der Erscheinungen, hinter dem Übermut des Epikers tut sich in der
Tat bei Spitteler ein abgründiger Pessimismus auf. Der Tragiker
schaue aus dem Einzelunheil in eine moralische Weltordnung
empor, der Epiker dagegen schaue durch den Sonnenschein der
äußern Welt in hohle, finstere Tiefen, stellt er selber fest[15]. Dieser
Pessimismus war wohl auch zeitbedingt. Wie Nietzsche, wie Jacob
Burckhardt war Spitteler am Schopenhauerschen Gedanken groß
geworden, hatte sich an ihm zum «dezidierten Nichtchristen» ent-

[13] Paul Burckhardt: Die Landschaft in C. Sp's «Olympischem Frühling».
Eine kritisch-ästhetische Untersuchung vornehmlich unter dem Gesichts-
punkt des Laokoon-Problems. Zürich, 1919, S. 180. Das nachweisbar zu Lo-
kalisierende - Pilatus, Rigi, usw. - in seiner Landschaftsgestaltung (vgl. Werner Lauber: C. Sp. in Luzern. 1958, S. 25 f.) steht damit nicht in Widerspruch.
[14] Carl Spittelers poetische Sendung. Schweizer Monatshefte für Politik und
Kultur. 3. Jg. (1923). Auch separat. – Damit ist u. a. zu vergleichen: Gottfried Bohnenblust: Spitteler und seine Richter. Der kleine Bund, 1925, S. 9 f.,
und Hans Kaeslin: Karl Spitteler. Frau Edith-Landmann-Kalischers kritische
Sendung. Separat, o. J. Kaeslin beanstandet insonderlich, «daß die Kritikerin
wirklich und wahrhaftig ein dichterisches Kunstwerk wie ein Lehrbuch der
Philosophie behandelt». Bohnenblust gesteht den Einwendungen Edith
Landmann-Kalischers gegenüber, daß etliches in Spittelers Weltanschauung –
seine Auffassung der Frau etwa - in der Tat «eine Grenze» sei.
[15] Über das Epos. Ästhet. Schriften, 193.

wickelt, zum Weltverneiner und Menschenverächter, der für theologische und allgemein christliche Jenseitsvertröstungen nur gereizten Hohn übrig hat, desgleichen für philosophische ‹Gaukeleien ›. Für die grausame Sinnlosigkeit der Welt ist das erschütternde Symbol jener fühllose Automat, der «Eisenscheuel», hinter dem und in dem im «Olympischen Frühling» Ananke, der ‹gezwungene Zwang ›, sich versteckt und den in ihrer Todesangst die Himmelskönigin Hera selber aufsucht: er kreist die «ewigen Volten» und zermalmt die wimmelnden, in Selbsttäuschung befangenen Geschöpfe:

> Kein Ort auf Erden, wo kein Klageseufzer quölle.
> Eine verschämte, sonnenscheingeschminkte Hölle.

Dieser oft fast blasphematorisch bezeugten Sinnlosigkeit des Daseins – von «Schöpfungsschmähungen» Spittelers spricht Maria Waser in «Begegnung am Abend» (s. hinten S. 454/5) – setzt Spitteler wohl die hochgemute Resignation der Seelengröße entgegen (Prometheus, Herakles), wohl auch das Erbarmen mit der leidenden Kreatur, und vor allem den Glauben an die Schönheit, an die Kunst, an die Phantasie («Der Weltenwerte höchste heißen Form und Schein»). Mit dem Glauben an die Schönheit mitten im Zerfall weltanschaulicher Wertordnungen stellt er sich in *eine* Reihe mit den ‹absoluten› Dichtern seiner Zeit, die, glaubenslos und doch glaubensbedürftig, sich an die eigene Schöpferkraft klammerten und mit dem jungen Nietzsche die Welt nur als ästhetisches Phänomen gerechtfertigt sahen[16]. Keiner aber hat wie Spitteler das All entseelt, hat wie er den Kosmos zum chemisch-physikalischen Riesenlaboratorium, zur «Weltenmühle» erniedrigt. Hier lagen mehr als nur Zeiteinflüsse vor. Die losen Sätze des siebzehnjährigen Spitteler über die «Würde des Menschen», die in der Einsicht gipfelten, daß der Mensch nicht einem außerweltlichen Gott gegenüberstehe, sondern daß Gott sich im Menschen verkörpert habe, ließen eine solche Entwicklung noch keineswegs vermuten. Das Reaktionsgesetz scheint auch hier, ja mit besonderer Vehemenz, gewirkt zu haben.

---

[16] s. W. Günther: Über die absolute Poesie. Zur geistigen Struktur neuerer Dichtung. Deutsche Vierteljahrsschrift für Literaturwissenschaft und Geistesgeschichte, 1949; wiederabgedruckt in: Weltinnenraum. Die Dichtung R. M. Rilkes[2], S. 255 – 284.

An sich freilich braucht eine pessimistische Weltanschauung noch keineswegs antiästhetisch zu sein. Sie wird es erst dann, wenn sie sich gleichsam wie ein Bann auf das schöpferische Gefühl legt und die Sicht auf die reinen menschlichen Werte trübt. Dies ist bei Spitteler zweifellos der Fall. Nicht so meinte es zwar Edith Landmann, die Spitteler als Künstler preist und dessen Werk dann doch ein «Denkmal menschlicher Verlorenheit» nennt. Menschliche Verlorenheit aber ist in strengem Sinne auch künstlerische Verlorenheit. Nicht nur, daß diese Weltanschauung Spitteler hinderte, menschlich so bedeutsame Typen, wie das mütterliche Wesen oder den Heiligen zu sehen und zu gestalten, ist wichtig, sondern daß sie ihm überhaupt nicht selten das Vollmenschliche verdeckte oder verzerrte und ihn so des einzigen wirklichen ‹ Helden › beraubte. «Würde der Arme (wir führen ein Wort Gottfried Kellers über Spitteler an) sein Talent und seine starke Phantasie zur Gestaltung des wirklich dichterischen Menschlichen verwenden, so könnte er das Beste leisten[17]», und in einem Brief an C. F. Meyer faßt Keller seine Meinung über den jungen Kollegen in die kurzen, aber bedeutsamen Worte: «weil er sich des einfach Menschlichen schämt[18]».

In der Tat: Wie hätte aus der ‹ Menschenhorde ›, dem ‹ Lebensviehstand › – Zeus, angeblich der Menschenrichter, braucht diese Ausdrücke – ein wahrhaft ergreifendes Menschenbild hervorgehen sollen! Die Negierung des Lebens hebe die Poesie auf, sagt derselbe Gottfried Keller in einem Briefentwurf an Carl Spitteler[19], und was er an den «neuesten Genies» vermißte, die «Charis, die Sonnenwärme[20]», das zielte sicher besonders auf diesen. Spitteler nahm den Menschen und des Menschen Seele nicht ernst genug, und doch ist es der «heilige Ernst», der allein das Leben zur Ewigkeit macht, wie es im «Wilhelm Meister» heißt. Eine starke Phantasie stand ihm unbestreitbar zu Gebote; gerade ihr aber, seiner gültigsten Kraft, entzog er das allein wirkende Fundament: den Glauben an die ‹ Würde › des Menschen – o bittere Ironie vom alten zum jungen Spitteler! Symbolisch fast für ihn selber mutet im «Olympischen Frühling»

[17] An Rodenberg, 7. Dez. 1882 (Briefe 3², 402).

[18] 2. Jan. 1883 (Br. 3¹, 334).

[19] 7. Jan. 1883. Zu lesen ist ‹ Negierung ›, nicht ‹ Regierung › (Briefe 4, 238).

[20] Brief an Th. Storm, 21. Sept. 1883 (Br. 3¹, 491)

jene Szene an, da Apoll, nachdem er in heißem Kampfe mit Helfern aus dem Metakosmos (und im Fürsten des Metakosmos entdeckte er ja seinen eigenen Dämon!) die Plattfußvölker besiegt, das weite Leichenfeld überschaut: die Schuld daran, daß er ein «Lebenstöter» sein mußte, wirft er jenem zu, «der die böse Welt geheckt», dem Weltenschöpfer; als aber die «heimatlichen Völkerreihen» des Olymps, dann die Götterfreunde alle ihn als Helden bejubeln, da stürzen doch Tränen über seine Wangen, und er ruft aus: «Wohl mir! Wie sind auf Erden noch der Edlen viel!» So hat auch Spitteler, in späten Jahren als großer Dichter gepriesen, begütigende Worte gesprochen. Sie können aber nicht vergessen lassen, daß auch er in seinem Werke dem Welt- und Menschenschöpfer geflucht, nachdem er durch Apoll den Plattfußvölkern, die man der ‹Menschenhorde› gleichsetzen darf, eine grausige Walstatt bereitet. Seine großartige epische Phantasie schweifte hinaus in einen leeren, zutiefst seelenlosen Kosmos. Und diese Phantasie schuf Götter, die Menschen sein sollten wie wir, wenn auch mit Jugend und Unsterblichkeit begabt – und diesen Götter-Menschen fehlte, fehlte nur zu oft das menschliche Herz, dem doch alle Poesie entquillt, und diesen Göttern verbot der Dichter zudem den Menschengau, versagte ihnen damit den einzigen Gegenspieler, der das Spiel hätte adeln können, ihm Motive schenkend, die ewig die Poesie enthalten. Nicht ‹Höhen›flüge an sich, nicht kosmische Visionen als solche, mögen sie noch so weit dem ‹Alltag› entrinnen, nicht mythische Gestalten, auch wenn angenähert ans menschliche Maß, schaffen Kunst: jenes «kleine unsichtbare und ungreifbare Etwas» liegt immer im Inwendigen des Menschenherzens. Darum muß der «Olympische Frühling» – um nur das Hauptwerk zu nennen – immer wieder eine so herbe Enttäuschung bereiten. Vielversprechend ziehen die Götter aus dem Erebos und den Morgenberg hinan, hoffnungsvoll wie sie geleiten wir sie zum Himmel und dann zum Olymp. «Uns aber trifft der Krieg der Guten mit den Bösen», sagt Uranos zu ihnen, als sie beim Felsen Eschaton gleich auf den verheißenen Erlöser warten wollen. Und auf diese ‹Auffahrt› folgt zur Mehrheit eine lose Bilderreihe von Abenteuern und Abenteuerchen von Halb- und Viertelsgöttern, wohl auch von Visionen erhebend schöner Art, wie die von Apoll, dem «Entdecker», doch kein glaubwürdiger ‹Krieg der Guten mit den Bösen›, kein

Kampf von Konflikten tieferer Art. Fast hat man den Eindruck, als hätten die alten, niederziehenden Götter (Kronos, Orpheus, Prometheus usw.), denen die neuen beim Aufstieg begegnen, in ihrem Weltenjahr ungleich mehr gelebt und tiefer erlebt.

Noch einmal aber: das im engern Sinn Weltanschauliche ist dichterisch eine Nebenerscheinung, nicht die Hauptsache. Wenn Spitteler gewaltige Grundvisionen hatte und diesen Rahmen nicht, wenigstens nicht überall, mit dichterischem Leben füllte, so lag der Mangel im Intuitiven und in dem, was dieses speist: im Menschlichen. Die beiden waren nicht kräftig, nicht ursprünglich genug, um, sich eins im andern vollendend, die unkünstlerischen Gegenkräfte in Schach zu halten. Spitteler war als Mensch und als Dichter ein Wesen ‹mit seinem Widerspruch› – mit stärkstem Widerspruch. Groß ist dennoch, was er seiner eher kargen Natur abrang. Nicht umsonst forderte er, daß man sich an Schiller, an ihm besonders, ‹emporschäme›: er erkannte in diesem den Ringenden, den Willensmenschen, der er selber war. Darum auch seine instinktive Abneigung, sein Liebeshaß gegen Goethe, den in sich Ruhenden, den Ausgeglichenen, den Begnadeten.

Wie vorahnend hat er denn auch der ‹Einzelschönheit› im Kunstwerk das Wort geredet. Er stellt sie als dauerhafteres Element in Gegensatz zum Plan, zum Zweck, zur Geschlossenheit des Ganzen[21]. Als Beweis gelten ihm in der Literatur, und nicht zu Unrecht, Ilias, die Göttliche Komödie, Orlando furioso, Don Quichotte. Man darf den Wert der Einzelschönheit sicher auch dort betonen, wo Struktur, Zusammenhang wohl da, das Ganze aber nicht gleichmäßig künstlerisch durchblutet ist, wo schwache, schwächere Stellen das Kunstgewebe undicht machen. Beide Fälle treffen bei Spitteler in recht bedeutendem Ausmaße zu. Keines sei-

---

[21] Ästhet. Schriften, 133. Auch hierin freilich verstrickt sich Spitteler in merkwürdige Widersprüche. Im Brief an G. Keller vom 3. Okt. 1881 (Br. 4, 235) behauptet er ausdrücklich, «Prometheus und Epimetheus» sei eines der «regelmäßigsten» Gedichte, die jemals verfaßt worden, «indem eben jedes Einzelne *notwendig* aus der Konzeption entsprungen ist und nichts Willkürliches darin Platz gefunden hat. Schon die erste Lektüre wird mir schwerlich das Zeugnis versagen, daß alles haarscharf aufeinander klappt, ein öfteres Verweilen dürfte eine Menge Parallelen entdecken, welche mir persönlich das Teuerste an dem ganzen Buche sind.» Auf die Zusammenhänge des Ganzen wird also hier ein besonderes Gewicht gelegt.

ner Werke, weder die epischen noch die lyrischen (die er gerne zyklisch gestaltete, ihnen so auch einen «Kollektivwert» zufügend, wie er glaubte[22]), ruht durchgehend in einer ‹seligen› Fülle – in einer, die es auch für den Leser und Genießenden wäre. Einzelschönheiten aber – Gottfried Keller spricht für den «Prometheus» von «Heerscharen» solcher Schönheiten[23] – sind über sie hin verstreut, in bald gedrängten, bald gelockerten Abständen, je nachdem jene Saiten aufklingen, die in Spitteler am reinsten gestimmt waren.

Am reinsten gestimmt waren selbstredend die Saiten, in denen er antikünstlerischen Nebentönen den geringsten Spielraum ließ. Wir sehen solcher Saiten vor allem drei. Echt, hinreißend sogar wirkt er immer wieder dort, wo die kosmischen ‹Heimsuchungen› seiner Seele Bilder schaffen, die in vollmenschlichen Ernst gebettet sind, wo in einem hohen, wenn vielleicht auch tieftragischen Weltenschicksal menschliche Kräfte sich ebenbürtig messen, sich trotzig oder heiter gegenüberstehen (daß diese menschlichen Kräfte dabei Götternamen tragen, ist reine Äußerlichkeit: ‹verweste› Mythen nur taugen für den Epiker, wie Spitteler selber sagt[24]). ‹Höhenluft› allein, das Hinausschweifen aus der alltäglichen Realität genügt ja an sich noch nicht, um auch hohe Poesie zu schaffen, wie sie anderseits auch nicht in der bloßen ‹Frivolisierung›, ‹Verweltlichung›[25] eines mythischen Stoffes, in der abenteuernd-ironisierenden Phantastik liegt (der ganze mittlere Teil des «Olympischen Frühlings» z.B. leidet an diesem Gebrechen). In der Pathetik, wo sie ungetrübt ist, tut sich ein starker Zug der Dichterpersönlichkeit Spittelers kund.

Die zweite oftmals reingestimmte Saite stammt aus Spittelers kindhaftem Wesen. «Vielleicht war ich einst mehr Kind als andere; jedenfalls blieb ich es länger, da ich es immer geblieben bin[26].» «Ein Kind bin ich halt», pflegte er scherzend zu sagen (damit zuweilen auch etwas sonderbare gesellschaftliche Manieren entschuldigend), und klarer noch auf französisch: «Il y a un mot qui vous expliquera tout en moi, ni grand homme, ni homme célèbre, ni

---

[22] Über den Wert zyklischer Sammlungen. Ästhet. Schriften, 129f.

[23] An C. Spitteler, 8. Okt. 1881 (Br. 4, 236).

[24] Mythus und Epos. Ästhet. Schriften, 183/4: «weil nicht der lebendige Mythus, sondern bloß der mythische Leichnam für die epische Poesie taugt».

[25] Ästhet. Schriften, 183.

[26] Autobiogr. Schriften, 299.

poète, ni citoyen, ni rien – seulement ... un enfant[27].» Und in Wahrheit: kein Wort vielleicht rührt tiefer an sein wirkliches Wesen als dieses. Vieles an diesem Werk und an diesem Menschen erhellt sich, wenn man sich das ins Gedächtnis ruft. Er spielte, auch als Dichter, häufig wie ein Kind. Die Kruditäten und Sprachwillkürlichkeiten sogar haben teilweise auch diesen Ursprung. Gerne gebrauchte er das Wort Spiel für Kunst: Ananke sei «rein episch, reine Spielerei»[28], und den «Olympischen Frühling» wollte er als sein Riesenspielzeug aufgefaßt wissen[29]. Es ist offenbar, daß auch diese Aussagen cum grano salis zu verstehen sind. Ananke hat auch seine nichtspielerische, seine furchtbare Seite, und das ‹ Riesenspielzeug › lastete dem Dichter mitunter schwer auf der Seele. Der kosmische Visionär und das Kind, der Weltleidende und der naive Spieler, der Pathetiker und der Idylliker, das sind aber jedenfalls Gegensätze, die sich in Spitteler, als Aktion und Reaktion, komplementär bedingen, sie sind der weitgespannte Bogen seiner Natur. Das kindhafte Wesen drückt sich – ist es nötig, das zu sagen – nicht nur in jenen Werken aus, die Kinder darstellen («Die Mädchenfeinde», «Gustav» usw.) oder das eigene Kindsein schildern («Meine frühesten Erlebnisse»), sondern allemal dort, wo eine innige, schlichte Naivität das Phantasiebild durchhaucht. Ja sogar vornehmlich dort. Denn vom Kinde reden oder vom Kinde handeln heißt nicht notwendig auch kindhaft gestalten. Kindhaft *gestaltet* wird dann, wenn aus dem naiven ‹ Kind › sein ein Gesamtmenschliches durchscheint, wenn das Kindesidyll Sinn von diesem Reinmenschlichen her bekommt und darum, wie Schiller sagen würde, «von dem Gefühl eines unendlichen Vermögens begleitet ist». Es gibt eine kindliche Lustigkeit, eine kindliche Spielfreude, die wohl ergötzlich sein kann, mit wahrer Dichtung aber nicht viel zu schaffen hat. Gerade jene schon berührte Frivolisierung und Verweltlichung des mythischen Stoffes durch Spitteler hat nicht selten diese Wurzel, ist, wenn auch manchmal von feinen Zügen durchblitzt, eine Ver-

---

[27] C. Spitteler in der Erinnerung seiner Freunde und Weggefährten, 130 und 266.

[28] id., 233.

[29] R. Faesi: Begegnungen mit Spitteler. In: C. Sp. zum 100. Geburtstag. Leseproben aus seinen Werken. Worte über den Dichter. Hsg. von Friedr. Witz. Zürich, 1945. S. 55.

äußerlichung, in der dann auch der ‹mythische Saft›[30] nicht mehr wirkt.

Die dritte Saite, die in Spitteler echt aufklingt (leider nur allzu selten), ist die mondäne, die weltmännische. Ebensosehr wie er den falschen Ton trifft, verkrampft und karikaturhaft wird, wenn er vom ‹Volke› redet (wie etwa in «Conrad der Leutnant»), ebensosehr trifft er den richtigen Ton, wenn er etwa eine Hofatmosphäre schildert, wie etwa die so verfeinerte des Versailler Hofes im «Neffen des Herrn Bezenval». Nicht umsonst wußte er so kluge Worte über die französische Tragödie der klassischen Zeit zu finden, die für Frankreich im höchsten Sinne Gegenwart geblieben, weil in ihr ein hochkultivierter Nationalgeist sinnvollen Ausdruck erhalten[31]. Das aristokratische Wesen, das er sich in Rußland angeeignet, stimmte voll und ganz zu seinem Temperament, das in geistreicher Eleganz sich mit selbstverständlicher Natürlichkeit ·bewegt.

Es ist angezeigt, sich dieser reinen Quellen seines Dichtertums klar bewußt zu sein, denn Spittelers eigene Unterscheidungen von ‹Idealstil› und ‹Realstil› z. B. können nur in die Irre führen. Das kritische Problem liegt ja nicht im ‹Stil›, wie dieser auch beschaffen sein möge, sondern in der Art der inneren Schau. Der Übergang von einem Stil zum andern, der Wille, den verabscheuten Naturalisten zu zeigen, daß er, wenn es sein müsse, auch ihren Stil ‹könne› (verräterisch immer wieder ist in Spittelers Feder dieses ‹können›), die Verquickung beider Stile im «Olympischen Frühling» und im zweiten «Prometheus»: das hat mit Dichtung im eigentlichen Sinne nichts zu tun. Entscheidend allein ist die Frage, ob hinter und in diesen ‹Stilen› der wahre Strom der Poesie hörbar wird. Im allgemeinen läßt sich feststellen, daß bei Spitteler der ‹Ideal›stil echtere Werte birgt als der ‹Real›stil, der ihn nur allzu häufig dazu verleitete, in der Annäherung an gewisse Sprechgewohnheiten des Alltags, der burschikosen insonderlich, oder in zuweilen etwas erzwungener Plastik (erzwungen, weil nicht belichtet von innen her) schon einen dichterischen Wert zu erblicken – und dies trotz der sehr richtigen Erkenntnis: «Um ein großer Realist

[30] Ästhet. Schriften, 184.
[31] Vgl. die große Studie: Die Stilarten des französischen Dramas; darin besonders: Das literarische Drama antiken Stils. Aus der Werkstatt, 410f.

zu werden, muß einer tief nach innen geblickt haben[32].» Beim
Idealstil aber auch lauerte eine Gefahr: die etwa, in einem schließlich lähmenden rhythmischen ‹Dauerton› das abgestufte Gefühl
für die innere Form, für die Lebendigkeit des Darzustellenden zu
verlieren (wie im «Prometheus und Epimetheus») oder in der
farblosen Abstraktheit undichterischer Erdenkungen zu versinken
(wie in den «Extramundana»). Nur das Hinhorchen auf den verborgenen dichterischen Quell, das Durchhorchen eines Werkes
nach vollen, reinen Tönen darf das kritische Urteil im einzelnen
Falle leiten. ‹Voll› sind bei Spitteler auch die pathetischen, idyllischen, mondänen Töne nicht immer.

Darum ist es auch eine müßige Frage, ob Spitteler als introvertierter oder als extravertierter Typus dichterisch Besseres leistete.
Der wahre Dichter ist schaffend eigentlich immer introvertiert,
denn da lebt er in einer erdichteten Welt, die nur ihm angehört; in
der größeren oder geringeren Anpassungsfähigkeit an gegebene
äußere Verhältnisse mag er dabei vielleicht eher zur Extraversion
neigen. Ein Introvertierter ist Spitteler auch als ‹Realist›. Sein
auffallendes Versagen im ‹Realstil› war nicht ein Mangel an Extraversion, sondern ein intuitiver Mangel, ein Versagen ursprünglicher
Kräfte vor gegenkünstlerischen Einwirkungen: die starke Ichbe-
tontheit, sie besonders, gestattete es ihm nicht in genügendem Maße,
erwachsene Charaktere in ihrem einfachen Dasein, damit auch in
ihrer Verschlingung, in ihrer menschlichen Durchdringung und
Vielfalt zu sehen. Sie hatten wohl äußere, doch wenig innere Kontur: Siegfried Streicher spricht bei «Conrad der Leutnant» von
Spittelers «Paukenflegelpsychologie», und was die «Schön-
getüme» – Spittelers Wort – von Göttern anbelangt, so bemerkt er
nicht ganz zu Unrecht, daß diese auf wenige Schritte nur noch als
ausdruckslose, leere sinnliche Erscheinung wirken[33]. ‹Nürnberger
Spielwarenfiguren›, wie G. Keller sagte, blieben sie trotz äußerer
Beweglichkeit immer ein wenig. Beizufügen ist, daß Charakter-
analyse und Charakterschau zweierlei sind. Die erstere darf Spitteler wohl mit geringer Verachtung dem Roman zuweisen (in welchem er sich freilich doch auch versuchte), die zweite ist künstlerisch unentbehrlich, wenn Gestalten auch innerlich ‹rundherum

---

[32] Ästhet. Schriften, 17.
[33] Spitteler und Böcklin. Zürich, 1927, Bd. II, 18.

erfreulich› sein sollen, wie Hera im «Olympischen Frühling» von Eros sagt. Wenn Pathetik, Idyllik und mondänes Milieu ihm darstellerisch besser gelangen, so darum, weil hier Charaktere als solche, in ihrer lebendigen Ausprägung, nicht die Hauptsache, d. h. nicht Erzeuger und Träger der Handlung sind, sondern diese gleichsam über sich ergehen lassen.

Viel wichtiger als die Frage nach Introversion und Extraversion ist kritisch die nach den dargestellten Themen. Spitteler hat sich mehrmals etwas darauf zugute getan, eine kleine, ja kleinste Anzahl von Themen gestaltet zu haben, und man wird ihm daraus keinen Vorwurf machen, denn künstlerischer Phantasiereichtum, das hatte ihn schon Jacob Burckhardt gelehrt, offenbart sich nicht in der Erfindung möglichst vieler und verschiedener Themen, sondern in der Bewältigung *eines* großen Themas auf verschiedene Weise. Seine Prometheus-Epen, «Imago», «Gustav», «Der Neffe des Herrn Bezenval», «Conrad der Leutnant» kreisen um das Motiv der Größe oder doch um das der Anerkennung der Größe; gestreift wird es in den «Mädchenfeinden», sowie in mehreren Szenen des «Olympischen Frühlings»: Größe, nicht nur Künstlergröße, bedeutet in seiner Schau Verzicht auf Glück, auf Liebesglück vornehmlich, Größe bezahlt menschlich einen schmerzvollen Preis. Das Thema, schon von den Romantikern gestellt, von Schopenhauer klar formuliert, und dann oftmals abgewandelt, ist sicherlich erhebend und schließt Tragik in sich; dennoch darf man zweifeln, ob Spitteler gut daran tat, sich ihm dermaßen zu verschreiben. Denn ganz offensichtlich entstammt es bei ihm weniger einem offenen, mit Freud und Leid gesegneten Menschenherzen als der spezifisch Spittelerschen Geistessituation des Trotzes, der Selbstbewußtheit, der Auflehnung, mit einem Wort: den ‹Ichgedanken›, und barg dadurch, wie wir es schon andeuteten, in sich die Gefahren des Abrutschens ins Intellektuelle, ins Artistische, oder ins allzu Persönlich-Biographische. Dazu kommt es, daß es in der Spittelerschen Fassung bedeutsamer Abwandlungen nicht eigentlich fähig ist, da es zuviel an menschlichem Erleben ausschließt oder doch in der Entfaltung hindert. Am glücklichsten und am eindrucksvollsten behandelt der Dichter es dort, wo er ihm, wie im «Prometheus», mythische Maße schenkt, oder wo er es, wie in «Gustav» und in den «Mädchenfeinden», in ein anmutiges, wohl auch herbes Idyll bettet; viel weniger überzeugend aber – dichterisch überzeugend – erscheint es im Roman «Imago», weil Spitteler hier unleugbar den zwei angedeuteten Gefahren verfällt.

*

Spittelers in seinen Ursprüngen so echtes ‹extramundanes› Temperament, sein Pathos, offenbart sich am reinsten in *«Prometheus und Epimetheus»* (1880). Es ist leicht, die ‹Fehler› dieses Erstlingswerkes aufzuzählen: die Unverhältnismäßigkeit der Teile, das künstlerische Abfallen der zweiten Hälfte, die geringe innere Notwendigkeit gewisser Episoden, die Unbestimmtheit von Prometheus' Gestalt, sein zu langes Verschwinden von der Bildfläche, das rationale Element: vor allem die Allegorien (Hündchen, Löwe, Lämmchen) und die – freilich bei Schopenhauer vorgebildete – Sinnverkehrung des ‹Gewissens› in ihr Gegenteil[34], die zu große Länge des Werkes, der mit eiserner Disziplin und schließlich fast bis zur Unerträglichkeit durchgehaltene jambische Dauerton, der das Streben nach frischer Bildlichkeit einigermaßen behindert. Viel schwerer ist es, zu sagen, warum diese Schöpfung dennoch ein Kunstwerk ist, wenn auch nicht ein ‹ewiges› Werk, wie Romain Rolland es nennt.

«... und sprach ein Lied mit dunkler, weichumhüllter Stimme», heißt es vom ‹bleichen Mann›, vom ‹Dichter› und Sänger in Epimetheus' Königsschloß. Wie die Zuhörer dort, so ist man von Spittelers ‹Lied› ergriffen und sieht wohl auch «auf dem dunklen Grunde heller leuchten all die lebensvollen Bilder». Versucht man, diese Ergriffenheit logisch zu begreifen, so muß einem in erster Linie die machtvolle Übereinstimmung der mythischen Atmosphäre mit dem dichterischen Ausdruck auffallen, mit andern Worten: die künstlerische Einheit dieses Werkes. Sie quillt, in der ersten Hälfte vornehmlich, aus einer Hochgestimmtheit der Seele, aus einem visionären Überflutetsein, aus einem Müssen, das sich nicht anders geben kann, das in dumpfem Drange sich darlebt und sich wohl auch darstellt: Irrtümern verfällt, Fehler begeht, weil der intuitive Grund nicht immer gleichmäßig kräftig, nicht immer sicher genug ist, und das doch im ganzen unweigerlich den rechten Ton trifft, der dem Thema und der Stimmung, aus der es geboren, zuinnerst

---

[34] s. dazu Geleitband I, 84.

angemessen ist, angemessen auch dann noch, wenn er etwas leiernd wirkt. Spitteler hat später behauptet, daß er die rhythmische Prosa hier nur deswegen verwendete, weil er den Vers noch nicht meisterte: Vers und Reim sind seiner Ansicht nach «das Mark und die Seele der Poesie»[35]. Indes beruht diese Meinung auf einer Selbsttäuschung. Die ‹Unbeholfenheit› dieser rhythmischen Prosa entsprach voll und ganz der ‹Naivität›, aus der sie geboren[36]. Daß er den Text nur «provisorisch» verfaßte, «in überstürzter, angstvoller Hast», das mag zum Teil zutreffen, der zweite Teil besonders leidet darunter[37]› (– wie stimmt indes dieser Ausspruch zu seiner eigenen früheren Aussage, «daß das Buch nicht anders geschrieben werden durfte, als es geschrieben ist»?). Ob er aber einem irgendwie endgültigen Text damals überhaupt ein neues und anderes Gewand gegeben hätte, wenn auch in Gedanken nur, ist mehr als fraglich. Bloß das eisige Schweigen der führenden Kritik, nach einigem Schwanken dasjenige Gottfried Kellers selbst, hat auch ihn in der Folge dem Werk gegenüber etwas unsicher gemacht, gestand er doch noch vierzig Jahre später, es seit Erscheinen nicht ein einziges Mal wiedergelesen zu haben (und man darf es glauben, hatte er doch vergessen, im «Dulder» den Epimetheus seine Seele wieder gewinnen zu lassen, wie es im ersten Werk geschieht; von Hans Kaeslin darauf aufmerksam gemacht, arbeitete er den Schluß daraufhin um; s. Aarauer Neujahrsblätter 1941, S. 27 f.)[38].

Ein zweiter Grund unserer Ergriffenheit ist der hohe Glaube an die Seele, der das Werk durchstrahlt. «Mein Buch! Mein Pathos!», hat Spitteler ausgerufen – das Pathos galt vor allem diesem Glauben. Nicht, daß er des Prometheus Gestalt nach seinem Willen umgedeutet, ist wichtig, denn solche Umschaffung ist ja eben das Vorrecht des Dichters (sehe man nur, wie in neuerer Zeit der Rumäne Eftimiu den Stoff gewandelt!), sondern daß er der Prometheusgestalt diesen ‹urweltlichen› Glanz verliehen[39], sie in solche Herbe

[35] Ästhet. Schriften, 142.

[36] S. den Aufsatz: Warum ich meinen «Prometheus» umgearbeitet habe. Aus der Werkstatt, 595 f.

[37] An G. Keller, 3. Okt. 1881 (Br. 4, 235); vgl. vorn S. 237, Anm.

[38] Zur Aufnahme von «Prometheus und Epimetheus» s. jetzt Geleitband I, 89 f., und A. Zäch: C. F. Meyers Bemühungen um C. Sp's Frühwerke. NZZ, 21. Okt. 1962, Nr. 4062.

[39] s. G. Keller an Widmann, 27. Jan. 1881 (Br. 3¹, 229).

der Seelentreue, der Selbsttreue tauchte, das war bedeutsam. Und der Kontrast gerade zwischen der dunkeln, fast dumpfen Grundstimmung und der Leuchtkraft dieser Überzeugung gibt dem Buche jenen seltsamen Reiz, den man wohl spürt, sich aber nicht leicht erklärt. Von geringerer Wichtigkeit ist neben dieser Tatsache die oft bemängelte Unbestimmtheit des äußeren und inneren Antlitzes Prometheus'. Er lebt ja ganz in seinem Seelenglauben, seiner Seelentreue («da loderte die Liebe hoch in ihm empor», heißt es), aufrecht und klaglos im Unglück, hart gegen sich selbst, mild gegen den Bruder, entsagend einsam, erdwärts blickend, und doch wissend, wie die Göttin ihm verheißen: «Vom Berg zum Berge ist's ein naher Blick, und was verschlägt das Tal? und also wird dir nahe sein mein Wiedersehen.» Die Liebesspannung Prometheus' seiner Seelengöttin gegenüber durchzittert das Werk, blitzt wie ein ferner Schein auch durch die vielen Seiten, als Prometheus, entrückt, in der Einsamkeit willentlich harte Knechtesdienste tut und wie ein verlorener Sohn seines Meisters Herde weidet.

Glanz der Grundstimmung und Seelentreue sind wie Zettel und Einschlag dieses Dichtergewebes; und an gewissen Stellen leuchtet dieses auf, wie wenn an Schnittpunkten die Schau sich plötzlich verdichtete: so in der berühmten Keimszene des Werkes, als auf hohem Berggrat Prometheus der Göttin begegnet und sich ihr zu eigen gibt, ihr, deren ‹Segen› irdischer Fluch ist und überirdische Lust; zu Recht berühmt auch die Schilderung vom Niederstieg Pandoras zum Erdenland: sie wähnt sich einer Erdentochter gleich, «erduldend Menschenlust und -leid in ihren Träumen», kostet in ihrer Einbildungskraft vom Los der heranwachsenden Jungfrau, «die geschäftig wohnt im schlichten Haus, der Wirtschaft wartend, helfend, pflegend», sieht sich an eines geliebten Mannes Seite, Entbehrung, Sorgen, Mühn und Krankheit freudig tragend – «und minder bitter schätzte sie der Menschen Leid und Tod, als das verwaiste Dasein über aller Welt und allem Schmerze», und als der jugendliche Tag die «schmerzensfrohe Wehmut ihrer Träume» wegscheucht, da schaut sie mit steigender Verwunderung um sich:

Und kühl und schattig wehete der Morgen um sie her, und kräftge Nebel zogen langsam wider sie heran, und allerorten schwang von Busch und Baum und Gras sich auf ein anmutvoller Wohlgeruch, der mengte sich und mischte sich und brauete die Luft mit sinnbetäubenden Gewürzen.

Und noch war ferne zwar der Sonne Ball, und war kein Schein noch Strahl von ihr zu sehen, doch ihre Ahnung schwebete ob einem jeden Ding, und es geschah, ob dieser Ahnung keimete die Luft, daß sie begann sich zu bewegen und zu kreisen, teilte sich und wurde bunt und vielgestalt, und hin und wieder blitzt und leuchtet es, und Silberregen sprüheten und träufelten herab, und mancher warme Odem drang hernieder durch den feuchten Schleier ...

... Und schon zerrissen jetzt von Zeit zu Zeit die Nebel, schon aus seinem blauen Auge grüßte dann und wann das hehre Himmelsangesicht, und fremde, zarte Farben ließen schwebend sich hernieder, glitten träumerischen Scheines langsam über das erwachende Gefild, versöhnend und vereinend, mildernd jeden Gegensatz und großgesinnten Herzens ohne Wahl noch Urteil gießend über Hoch und Niedrig ihren goldnen Reichtum, während jene, unvermögend zu erfassen alle diese Wonne, schloß die holden Wimpern, öffnete den weichen Mund und trunkenen Gemüts mit leichtbeschwingtem Fuß von dannen strebte, dieses nur begehrend, daß es ewig bliebe ...

Oder des Königs Epimetheus Gespräch mit seinem Freunde vor dem Marmorbilde, das einen nackten Mann zeigt, der ruhend sich auf eine Keule stützt, während er mit seligem Gefühl ein Kleinod betrachtet, das er emporgehoben in der Rechten hält – ach, das Kleinod Pandoras gerade, das die Bauern bringen, wird Epimetheus, verblendet, wie er ist, nicht erkennen: im Gespräch aber quillt etwas vom alten Epimetheus auf, als er noch, mit Prometheus im stillsten Tale wohnend, ein einziges Gebot kannte, der eignen Seele Flüstern:

Und als er endlich nun gewahrete die Männer zu des Bildes Füßen, stand er still, beschloß und redete zu seinem Freund die starkbetonten Worte:

«Und dieses einzig nenn ich Glück, daß eines Mannes Name sich vermähle mit der ganzen Menschheit Wohlgedeihen, also daß die künftigen Geschlechter dankend ihn begrüßen. Dieses heiß ich Glück, und alles andre Wohlbefinden nenn ich unwert eines edlen Mannes.»

Und stärker sprechend fügt er jetzt hinzu: «Und wahrlich all das goldne, wollustreiche Dasein samt der vielen Ehre, samt dem süßen, heißgeliebten Weibe gäb ich hin und tauscht es gerne für ein Leben voller Herzensnot und -qual, wofern das eine nur das Schicksal mir gewährte, daß aus meinem Grabe sich erhöbe der Gesang des ewgen Ruhmes.»

Und als der Freund unverstehend entgegnet, er sei doch noch jung und könne seines Volkes Dank und Segen spüren, da fängt Epimetheus an zu beben, zieht den Gefährten nach dem Marmorbild und spricht gramumwölkten Blickes:

«Vernimm, was ich dir sagen will nach meiner eignen schmerzlichen Erfahrung:

Wenn eines Bildners Seele sich berauscht im Sonnenschein und ahnet mit dem innern Auge eines Menschenleibes göttlichen Gehalt und gehet hin und führt in hartem Stein es aus mit jahrelangem fleißigen Bemühn – oder wenn in Nacht und Einsamkeit ein Dichter greift in seine eigne Brust und fasset seines Herzens vieles Leid und wandelt es in deutliche Gestalten, also daß die andern schauend daran glauben: dieses nenn ich Taten, dieses heißt Vollbringen. Aber solches wird dem König nicht zuteil, dem Herrn der Völker, sondern seines Reiches Wohlgedeihn entzieht sich eines Einzgen Willen und Vermögen, wer er immer sei und ob an Geist er alle andern überrage, ob er redlich sich befleiße Tag und Nacht, und alles, was er unternimmt, ein Tropfen bleibt's, ein schwacher Strahl, verschwindend in der großen Masse seiner Arbeit.»

Und nach dem Marmorbilde zeigend, fuhr er fort: «Betrachte dieses Bild, wie ich es täglich selbst betrachte schweren Mutes, lern aus meinem Munde seine tiefe Wahrheit:

Wonach wir andern mit des ganzen Lebens angespannter Kraft vergebens ringen, dieses bringt ein seltner Augenblick umsonst und mühelos dem Manne, den das Glück erwählet. Dieses ist des Bildes Sinn, und mit Verständnis setzt es darin einzig unsern Ruhm, daß wir Gelegenheit erleben und sie fassen, daß ein Kleinod reife über unserm Haupt und daß wir es gewinnen.»

Oder jene hochpathetische Szene endlich, da, nachdem unter des Volkes Jubel Epimetheus und der Behemoth zum Zeichen der Freundschaft ihre Röcke getauscht, der Dichter plötzlich den Vorhang vom ungeheuren Kirchhof in der Mitte wegschiebt, wo die Seelen myriadenweise ruhn, die, «verflucht durch einen rätselhaften Machtspruch, sich bewegten auf dem schmerzdurchfurchten Oberfeld», wo barmherzige Schwestern die noch von der «schlimmen Lebenskrankheit» zitternden Seelen hinabgeleiten, wo Proserpina mit den seelenvollen Augen waltet: hier in der finsteren Adamshöhle verschmäht der Vater aller Menschen, verschmäht sein Sohn Atlas Schlaf und Frieden, Plänen nachsinnend, wie der Menschen hartes Schicksal zu bessern wäre. Umsonst mahnt die milde Fürstin sie zur Ruhe, heillos ist ja die ganze Welt, bitter ist der Erdenrinde Geschmack – da tönt Tosen und Jubel vom Menschenlande her: ist vielleicht ein Heiland geboren? hat sich Gott der Schöpfer seiner Welt erbarmt? Der Vater schickt den Sohn, Botschaft zu holen. Als Atlas wiederum erscheint, spuckt er voll Verachtung auf den Boden. Was hat den Jubel bewirkt? «Es hat ein Mann mit seinem Nebenmann vertauscht den Kittel.» Da zerreißt Adam die Pläne und Bücher Blatt für Blatt und spricht zu seinem Sohne: «Wohlan, was säumen wir? denn siehe, Schande brächt es uns, wofern wir länger uns um dies Geschlecht bemühten.» Und sprachs, und also zogen sie in Frieden nach der ewgen Heimat.»

Fast möchte man, Spittelers Erstlingswerk überblickend, die Worte brauchen, die im Buche selber stehen, als Pandora einem Hirtenknaben begegnet, der auf einer Tafel die Gefilde, Gebirge und Wälder, Wolken und Vögel abgebildet: «Und alles das mit wen'gen Strichen hingezeichnet, etwas kindlich zwar und tastenden Versuchens, ohne alle Sicherheit, und hin und wieder wechselte ein Ding die Form, so daß in Lämmer sich verwandelten die Sträucher und die Hecken, *aber immer waltete Gemüt und Innigkeit in alle dem, und Seele leitete die zarten Linien aus dem dunklen Vorderplan mit seinen derben Schatten nach dem fernen duftigen, verschwommenen Gebiet ...*»

Nur die vordergründigen dunkel-herben Schatten, nicht aber das ‹ferne duftige, verschwommene Gebiet› des Hintergrundes hat Spittelers Alterswerk *«Prometheus der Dulder»* (1924), das nach eigenem Geständnis «ein zweites Buch über das nämliche Thema» war, und zwar eine «definitive, themagemäße Ausführung». Ungleich themagemäßer, darum definitiver ist aber wohl das Erstlingswerk «Prometheus und Epimetheus». Man darf, wie es geschehen, den Übergang vom einen zum andern Werk als den vom ‹Dichter› zum ‹Künstler› kennzeichnen, muß diesen Ausdrücken jedoch das volle absinkende Werturteil belassen, das sie enthalten. Denn setzt man sie, wie in solchem Falle, einander gegenüber, so bedeutet ‹Künstler›, daß die mehr oder weniger unbewußte schöpferische, die ‹dichterische› Ursprünglichkeit, die von selber – Spitteler betont das ebenfalls einmal[40] – für ihren poetischen Inhalt den richtigen sprachlichen Ausdruck findet, einer *bewußten* Anwendung von Kunstmitteln gewichen ist, daß, mit andern Worten, bei abnehmender intuitiver Kraft die sog. äußere Form mehr Bedeutung erhält. Beim völlig echten Werk verschwindet der ‹Künstler› gleichsam im ‹Dichter›, beide sind eins, möge man vielleicht auch, wie das etwa bei Gotthelf der Fall ist, dem Dichter ‹Kunst›fehler nachweisen können. Der Übergänge sind im Einzelnen natürlich fast ebensoviele, als es Kunstwerke gibt, denn die bis ins Letzte

[40] Ästhet. Schriften, 155.

vollendete Kongruenz ist eine hohe Seltenheit. Bei Spittelers
«Dulder» betraf die themagemäßere, ‹gedankenrichtigere› Ausführung vor allem drei Punkte: das Versgewand, den ‹realistische-
ren› Stil und die allgemeine Struktur.

Rhythmus, Vers und Reim sind, sagt Spitteler, und sicher nicht
zu Unrecht, die natürliche Sprache der Dichtkunst. «Groß angelegte poetische Kunstwerke (meint er denn anderwärts auch, in Gedanken schon mit dem zweiten «Prometheus» beschäftigt), die ursprünglich in Prosa verfaßt worden waren, gelingen überraschend
leicht und vornehmlich gut, wenn der Verfasser sie nachträglich in
die Versform übersetzt[41].» Die Entdeckung des geräumigen,
starkschwingenden sechsfüßigen Jambus (ohne feste Zäsur) für
seine eigenen Bedürfnisse – im «Olympischen Frühling» schon –
war zweifellos eine glückliche zu nennen – man vergleiche mit diesem nur, um sich dessen zu vergewissern, den episch eher unergie-
bigen fünffüßigen Trochäus der «Extramundana». Immer neu ist
man verwundert, welche Möglichkeiten er diesem Versmaß ent-
lockte. Möglichkeiten, nicht immer auch Verwirklichungen, denn
der undichterischen, matten, ja prosaischen Verse sind viele, und
zuweilen glaubt man im «Dulder», wie schon Thomas Roffler fest-
stellte[42], Anzeichen der Erschöpfung des Versmaßes zu bemerken.
Die unkünstlerischen Gegenkräfte, die wir schon andeuteten, behinderten immer wieder ein volleres, vornehmlich ein dauerndes
Aufblühen dieser Dichtersprache, die ein Mangel an Ehrfucht, an
simplem Geschmack mitunter auch, an ihrer Wurzel schon des
würzig idealen Atembereiches beraubte.

Die ‹realistische› Intention anderseits war an sich begrüßens-
wert: Verlebendigung, Versinnlichung kommen einem Kunstwerk
immer zugute. Wenn Spitteler nach den «Extramundana» inne wurde, daß er sein Talent mit mehr ‹Leben› speisen, mehr Erde an
seine Sohlen heften müsse, so war das ohne Zweifel eine richtige
Erkenntnis (obwohl der «Prometheus und Epimetheus» auch
schon Leben hat, das seine, ihm zugehörige freilich), doch ver-
fälschte er diese Erkenntnis selber, indem er Realistik zu schroff
äußerlich verstand. Gerade das Streben nach so aufgefaßter sinnenhafter Unmittelbarkeit – es hatte seine weltanschauliche Entspre-

[41] id., 102 (der Aufsatz entstand 1912; auch Geleitband I, 143 f.).
[42] op. cit, 10.

chung in der überscharfen Betonung des ‹Lebenstrauerspiels›, der ‹argen, mißgeschaffenen Welt›, der ‹Pest des Daseins› – ertötete in seinen Versepen, wie auch in der Novelle «Conrad der Leutnant», die innere dichterische Stileinheit, eben jenes hintergründige ‹ferne duftige, verschwommene Gebiet›, das dichterisch unentbehrliche Zusammenstimmen aller Elemente: im «Dulder», wie im «Olympischen Frühling», wie in «Conrad der Leutnant» bewegen sich die Gestalten mit Unterbrechungen nur auf jenem poetischen Nährboden, den Dichterschöpfungen nur zu berühren brauchen, um tiefbelebende, tiefbeseelende Kräfte zu empfangen. Und darum werden die ‹Fehler› dieser Gestalten, ihre Widersprüchlichkeiten und inneren Unstimmigkeiten umso sicht- und fühlbarer – so im «Dulder» etwa die fast unwahrscheinlich anmutende Ahnungslosigkeit des Engelgottes und die Tölpelhaftigkeit des Epimetheus.

Die Änderungen in der Struktur endlich berührten im ‹Dulder› vorzüglich jene nur allzu leicht erkennbaren Mängel des Erstlingswerkes, die wir bereits streiften: sie brachten ein ‹gedankenrichtigeres› Gleichgewicht der Teile, die Kürzung des Ganzen, und besonders eine Verdeutlichung der Gestalt Prometheus': er ist nun ausdrücklich der Künstler, der Bildhauer (darum der neu eingefügte Gesang «Der Schöpfer» – die Schöpfernöte des Prometheus haben freilich einen allzu stark vernehmbaren autobiographischen Nebenton), auch wird sein Leben in der Verbannung ausführlicher geschildert. Spitteler hat dabei darauf verzichtet, schöne Stücke des alten Textes einfach in Verse umzugießen: sein Rechts- und Anstandsgefühl verwehrte es ihm, dem ersten «Prometheus» das «zuckende Herz herauszunehmen, um damit im neuen «Prometheus» zu prunken». So wird etwa der Niederstieg Pandoras ins Menschenland und ihre Entdeckung der Erdenschönheit nur kurz erwähnt, dafür der hoffnungsfrohe Erdenbesuch des Engelgottes, als er von Pandoras Schatz gehört und nicht nur von seinem geliebten Gottesknäblein, sondern auch von neuen, schönern Menschen träumt, ausgiebig erzählt.

Wie sehr die angestrebte Verdeutlichung sich geheimniszerstörend auswirkt, davon ein Beispiel:

Wie Prometheus, unruhegeplagt, schamdurchglüht, von Erwartung zitternd, auf überschneiten Bergeshöhn zum ersten Mal der Göttin Seele begegnet, wird im ersten «Prometheus» so berichtet:

Und während er so seitwärts lauschete und hielt als wie zur Flucht bereit
den Leib zurück und vor den schwarzen Tannen grauste seinem Auge,

Da stiegen wundersame Farben aus dem Schnee empor, neigten sich zur
Seite, wogten heftig hin und her als wie vom Sturm erregt und gleich als wie
gesengt von eines unsichtbaren Feuers Lohe.

Und bunter immer ward das Farbenspiel, und immer stürmischer bewegte
sich das Gras – da plötzlich leuchtet es vom Wald wie Sonnenschein, und siehe
da ein Weib von überirdischer Gestalt in ihrer Gottheit Glanz und in der
Schönheit Pracht und Herrlichkeit.

Und es geschah ob diesem Bild, da tobete in Todesangst Prometheus' Blut,
und all sein Leben jagte Rettung suchend auf und ab, bestürmte hilfeflehend
seinen Geist und raste wiedrum hin und her und also fort, bis daß es zitternd
regungslos sich duckte im geheimsten Herzen ...

Und jene kam daher mit königlichem Schritt, und näher, immer näher rückte ihre himmlische Gestalt, und schon berührt ihn ihrer Schönheit Hauch, und
schon umfliegen ihn die Zauber ihres Angesichts, und all sein Fühlen ward betört, verblendet von dem wunderbaren Wohllaut ihrer Glieder ...

Er will fliehen, ein Feuerkreis schreckt ihn zurück.

Und jene trat auf ihn herzu und legt ihm grüßend ihre beiden Hände auf
die Schultern, neigete ihr Haupt, und Blick in Blick und Aug in Aug versen-
kend, schaute sie ihn an, und es geschah, ob ihrem Schauen starb und auf-
erstand sein Leben, siedete, erstarrte wiederum sein Blut, und all sein Fühlen
ward ihr untertan in schrankenloser, sinnverlaßner Liebe ...

Und über eine Zeit des stummen Schauns, da öffnete die Göttin ihren
Mund, begann und sprach – ...

Im «Dulder» irrt Prometheus, nachdem Epimetheus die Königs-
ehren empfangen, zunächst beim Quellenbach im «Berggrund
hinterm Haus», bei sich selbst es bestätigend: «Weltkunde hab ich
heut erfahren: Hiezuwelt / Bringt der Verkauf der Seele Ehrung
zum Entgelt». Aus dem sandigen Teich steigen die Hoffnungen wie
Fischlein empor, singen aber mit stummen Vorwurfsaugen ein leises Sterbelied. Er läßt sich nicht verwirren:

> «Dahin die mutigen Träume, allesamt dahin!
> 's ist meine Schuld, gesteh euchs. Kanns doch nicht bereuen.
> Und wär es abermals zu tun, ich täts des neuen.»

«Dies abgeschlossen», kehrt er «gewohnheitshalber» wiederum
nach Hause zurück. Doch öde, tote Räume empfangen ihn dort,

und er flieht wiederum den Berg hinauf, kommt auf eine «ver-
buhlte Blumenalp», wo Blumen und Wind nur von Liebe flüstern,
irrt dann planlos in einem wilden «Felsgewirre», wo schwebende
Adler den kreischenden Falken vom König Epimetheus erzählen,
den sie in der Fahnenhalle sitzen sehen, «betäubt vom Jähglück-
überschwalle», ruhmgeweiht. In der Dunkelheit des späten Abends
wird er in einem «finstern Tann» von Fliegengeschmeiß genarrt;
und als er endlich in das «Sternenheiter» des freien Gipfels tritt,
dringt aus der Tiefe herauf das Tosen der Krönungsfeier des
«falschen Bruders» –

> O Frömmigkeit! O Gleichheit! O Erfolggenossen!
> Die ganze Lammheit blökt. Der Bock ist ausgeschlossen.

So «schäumt» er, ohne sich doch enthalten zu können, «den verhaßten Anblick einzusaugen» –

> «Prometheus!», tönte plötzlich eine Stimme, dicht
> An seiner Seite, nahe seinem Angesicht,
> «Prometheus, stolzester der Menschen», strafte sie,
> «Was irrst du auf der öden Bergeshöhe hie,
> Einsam von Haus und Heimat in die Flucht gestört,
> Gleich einem scheuen Wilde, dem der Wald gehört?
> Ist das Prometheus, der den Zweifel nie gespürt?
> Der Trotzige, der Starke, den kein Schicksal rührt?»
> Und wie er, nach der Stimme suchend mit dem Blicke,
> Verwundert forschte, wer ihm diese Rede schicke,
> Prallt er betroffen rückwärts, jähem Schreck zum Raube,
> Und den bestürzten Sinnen mangelte der Glaube:
> Vor seinen Augen stand, im Schönheitssonnenschein,
> Von Herrlichkeit umjauchzt, von Hoheit hehr und rein,
> Ein Weib, wie ihresgleichen nicht die Erde hegt,
> Ein Weib, von einer fremden Welt dahergewegt.
> Vor ihrem Auftritt flüchteten des Raumes Wände
> Lautlosen Aufschrei ehrfurchtgrausend ins Unende.
> Und Zeit und Gegenwart versank. War ringsumher
> Nichts andres Wirklichkeit, nichts andres Wahrheit mehr
> Als ihres sonnenhaften Daseins ruhiger Wille
> Und ihr zu Füßen schaudernde Erwartungsstille,
> Die unverrückten Blicks nach ihren Lippen schaute,
> Wie wohl ihr Gruß und ihres Mundes Urteil laute ...

Im ersten «Prometheus» scheint Prometheus, den Festtrubel fliehend, fast aufzugehen im «Geheimnis», das aus den Tälern heraufsteigt; stundenlang schreitet er auf und nieder, bis der Schnee alles Land begräbt mit weicher weißer Decke, und dann steht der Wald weiß und schwarz unter den glitzernden Sternen. Er ist ganz Erwartung, er horcht, späht, starrt nach des Waldes Tor – und das Gleichnis vom Schlittenpferd im «Nordenland», das den Kopf plötzlich zur Seite wirft und das Ohr spitzt, weil es des Wolfes Nähe spürt, steigert diese Erwartungsstimmung noch (auch im «Dulder» schiebt der Dichter an dieser Stelle einen Vergleich ein, den Leser zum Stillstehen vor einer Augenblickssituation zwingend[43]). Und als das hehre Weib plötzlich da ist, geht die Szene zunächst stumm vor sich, drinnen aber im Blute siedet das Leben ...

Im zweiten «Prometheus» wird die trotzige Unruhe des Helden – er steht hier viel tätiger im Mittelpunkt – wohl ‹anschaulicher› ausgeführt: «Nichts Ungefähres: Zug um Zug bestimmt umrissen!», heißt es ja vom Schöpferwerk des Bildners Prometheus selber, doch geschieht die Veranschaulichung häufig mit zuviel Worten; was Prometheus spricht, erhöht die Eindrücklichkeit der Szene nicht, mindert sie im Gegenteil, die erscheinende Göttin auch läßt nicht zunächst ihre überwältigende Schönheit wirken, redet zu voreilig und zu lang, und die Verse, die ihren ‹Auftritt› schildern, umschreiben mehr, nicht eben genau, weil reimbehindert. Der frühere Schleierduft ist dahin[44].

Dennoch findet sich auch im «Dulder» der Einzelschönheiten eine recht große Zahl. Die erstrebte größere Sinnenhaftigkeit zeitigt unbestreitbar auch manch schöne Frucht, zumeist in kleinen, glücklich erfundenen, hübsch gestalteten Zügen und Nebenmotiven: solche sind etwa der versucherische Fächer, den der Engel-

[43] s. Ästhet. Schriften, 141.
[44] Der Schleierduft vermindert sich zuweilen auch von einer Vorstufe der Versfassung zur Endfassung. Spitteler war in der Versuchung, das Ausfeilen der Form «raffiniert bewußt» (s. Geleitband I, 237, Brief an Widmann, 2. 6. 04) mit überlegenem, ‹schmissigem›, das Ironische verstärkendem Ton gleichzusetzen. Die erste, im Kunstwart, Okt. 1912, erschienene Pandora-Fassung des «Dulders» (s. Geleitband I, 169f.) hat, insbesondere im 2. Gesang, den Vorzug, in der poetischen Erfindung wie im poetischen Ausdruck natürlicher, naiver, echter zu sein, weist daneben die Schlußfassung auch einzelne neue Feinheiten auf.

gottes wie unabsichtlich spielen läßt, als er Prometheus zum zweiten Male auffordert, auf seine Seele zu verzichten; oder der «Unheilvogel», der gespenstisch aus dem Walde schwebt, als die Göttin
Seele ihren Fluch über den Engelgottes, über sein Reich, über Epimetheus, den «Überzeugungsbold und Tugendtäter», und über
das ganze feige menschliche Geschlecht geschleudert (dieser «Urteilsspruch» ist neu, eine nicht eben glückliche Zutat, weil er Prometheus eine fast zu große und zu rasche Zukunftsversicherung
gibt); oder der traumverschönte, hoheitsvolle Schlummerfriede
Prometheus', der, heimgekehrt, als scheuer «Irrewanderer» seinem
Dulderamte entgegenruht; oder endlich die Zukunftsschau der
Göttin Seele: «Ich hör den Strom des Lebens, durch die Höhlen
brausend ...», auf die Prometheus, wie trunken lallend, als Antwort nicht nur das von der Göttin angeratene «Ich!», sondern das
hingegebene «Ich Alle» findet ...

Das bisher Gesagte bietet genügend Fingerzeige dafür, wie, nach
unserer Ansicht, der *«Olympische Frühling»* zu beurteilen ist. Der pathetische Spitteler versuchte hier, mit noch frischeren Kräften als
im zweiten «Prometheus», sowie nach allerhand ‹Lernwerken›
und Übungen ‹auf dem stummen Klavier›, den Bogen vom mythologisch-symbolischen zum ‹realistischen› Welt-Gedicht zu schlagen, eine kosmische Vision mit bunter menschlicher Wirklichkeit
zu füllen. Das Unterfangen war in hohem Maße achtunggebietend,
das Ergebnis aber mußte problematisch ausfallen. Dies aus Gründen, die wir nur noch zusammenzufassen brauchen: weil Spitteler
versucht war, das epische Element zu sehr mit losem Abenteuer zu
verwechseln; weil ihm das tiefer menschliche Pathos allzu leicht abhanden kam, bedroht und untergraben, wie es war, von der ätzenden weltanschaulichen Säure; weil es zwischen so aufgefaßten Gestalten zu keiner wirklichen Partnerschaft kommen konnte; weil
er das ‹realistische› Element immer wieder allzu äußerlich deutete;
weil damit der ‹mythische Duft› der dargestellten Götterwelt zu
einem guten Teil verfliegen mußte. Dazu kam ein Nachteil der an
sich gewaltigen Grundkonzeption: wie ließ sich zu diesem Heraufkommen und diesen übermütigen Hochzeitsfahrten einer neuen
Göttersippe ein befriedigender Schluß finden? Man weiß, in welche
Verlegenheit ein solcher den Dichter brachte – er teilte ihn in der
endgültigen Fassung von 1910 in zwei Teile auf: «Ende und

Wende» des ursprünglich letzten vierten Teils wurde «Der hohen
Zeit Ende» und «Zeus», doch ist die Aufspaltung eine rein äußerliche. In Wahrheit: wie sollte er sein Werk enden? Mit dem Götter-
sturz am Ende des neuen Weltenjahres? Das setzte ein viel längeres
Epos voraus (und dazu hat das vorliegende schon seine 18000
Verse) – wo den Stoff dazu hernehmen? Die Hauptquelle neuen –
und wirklichen! – Erlebens hatte sich Spitteler ja von vorneherein
verschlossen: der Menschengau ist den Göttern verboten. Erst in
der Berührung mit dem wahrhaft Menschlichen aber hätten höhere
dichterische Konflikte erwachsen können. Dem widersetzte sich
die weltanschauliche Grundauffassung Spittelers: «des Lebens
Zweck ist Schmutz», tröpfelt der Regen im Dionysos-Gesang –
«im Stein ist Wahrheit» – und am Morgenberg schon fährt den Göttern ein Schrei wie ein Schrecken durch die Seele: «Kein Raum von
Ewigkeit, den nicht der Jammer füllte». Was es heißt, mit der
«Menschenbrut» sich einzulassen, erfährt Zeus selber, und daraufhin will er ja die ganze Menschen‹horde› in einer riesigen Kloake
ersäufen und zum Herrn der Erde einen Hund einsetzen! Man
fragt sich denn auch, was der am Schlusse des Werkes erdenwärts
schreitende Vollmensch Herakles als ‹Freund› und ‹Beistand› der
Menschen, solcher Menschen ausrichten wird.

Spitteler hatte wohlweislich nur den olympischen ‹Frühling›
darstellen wollen. Was im ‹Sommer›, was im ‹Herbst› des Weltenjahres geschehen wird, geschehen könnte, wissen wir nicht – weiß
es der Dichter? Beginnt nach den abenteuerlichen Hochzeitsreisen
der nicht mehr erzählenswerte olympische ‹Alltag›? Damit aber
stößt das Thema, das großartig einsetzt, vorwärtsschreitend immer
offensichtlicher ins Leere vor. Der «Urkeim» des «Olympischen
Frühlings», das «Bedürfnis nach unbeschränkter Ellbogenfreiheit
der schöpferischen Phantasie»[45], trug, so wie Spitteler ihn auffaßte,
die Zersetzung schon in sich. Als, in der Mitte des Werkes ungefähr,
die ‹hohe Zeit› beginnt, die große Feier, das «Weltenfrühlings-
fest», da schwindet der Dichtung plötzlich der Boden unter den
Füßen. Was der Dichter als die Hauptsache ansah, das bunte Aben-
teuerspiel, enthüllt sich dem sensiblen und unbefangen urteilenden
Leser als oft phantasiestarkes und sinnreiches Rankenwerk (erhebend schön ist zu großen Teilen der Gesang «Apoll der Ent-

[45] Aus der Werkstatt, 585.

decker», der nach Spittelers eigenem Geständnis zuerst gedichtet wurde), die einleitenden Gesänge aber, «Auffahrt» und «Hera die Braut», die Spitteler ohne seines Freundes, Jonas Fränkels, Rat nach eigenem Geständnis nachträglich aus dem Werke fast beseitigt hätte, erweisen sich – «Auffahrt» insonderlich – als der künstlerisch bedeutendste Teil. (Darum ist das an sich schöne Bild Faesis [46], wonach die Handlung des Epos vorerst wie der Stengel einer Pflanze einheitlich und gradlinig in die Höhe strebt und von der ‹hohen Zeit› an sich fächerartig in eine Dolde von einzelnen Blüten auflöst, nicht ganz richtig, da zwischen den beiden Momenten kein organisches Kontinuum besteht.)

Man wird der «Hohen Zeit» am ehesten gerecht, wenn man in ihrer «unverbundenen Aneinanderreihung von Einzelerzählungen» verschiedenster Farbe und Atmosphäre [47], in ihren Wundermären eine Art erweiterter Balladen, Anekdotenballaden in Schillerschem Sinne [48], wenn auch nicht in Schillerscher Menschensicht und Sprache sieht. Das originellste Stück dieser Gattung ist sicher «Poseidon mit dem Donner». Ein feiner menschenkennerischer Schalk führt dem Dichter hier die Feder. Schon wie Poseidon – sein Großsprechertum hat man schon im dritten Wettkampf um Hera, beim Wagenrennen, kennen gelernt – mit einem alten blinden Donner rumpelnd durch den Olymp zieht, Zeus keiner Antwort würdigt, draußen Bauern und Handwerksburschen anschnauzt (die ‹Gemeinen› des Olymps sind so ein bißchen ein Abbild der irdischen Genossen, spielen aber keine besondere Rolle), bis ihm ein Bübchen auf seine Frage «Was ist möglich?» Antwort gibt – das schon ist glücklich und heiter erfunden. Wie er dann ausprobieren will, ob wirklich das Wasser nicht ‹ob sich› laufe, das Gegenteil befiehlt, dabei aber schlimm ankommt: denn als er sogar Gigas, den Donner, braucht, da stürzt ein Hagelwetter zu Tal, ihn mitreißend, bis er heil, doch verdattert, unten im Moraste liegen bleibt und dort einschläft – das mutet wie der zweite Akt einer lustiggrotesken Komödie an. Im dritten Akt erwachen zartere Gefühle in ihm. Elissa, des Okeanos Tochter, halb Kind noch, halb Jungfrau, belauscht den Schlummernden und dessen «Riesentraumgestöhn»; da schlägt er unversehens die Augen auf, eilt der An-

---

[46] Spittelers Weg und Werk, 227.   [48] Ästhet. Schriften, 177.
[47] Aus der Werkstatt, 585.

mutigen nach, mit «Nachtigallengeseufz», denn ihre lichte Schönheit verrät sie im Dunkel des Waldes. Sie entwischt ihm durch einen Sprung ins Meer, und als er den Tritonen seinen Donner entgegenschickt, da antwortet ihm Okeanos mit einem zehnfach stärkeren –

> Verblüfft, mit offnem Munde stand Poseidon: «Was?
> Ein andrer wagts und donnert? Kann er? Darf er das?»

Ein kräftiger Wasserarm aber schleudert ihn waldein.

Rachedürstend, augenrollend, stirnrunzelnd, gebärdenschwenkend setzt er sich nun auf die Uferklippe (der vierte Akt), genau wie im Alpgebirg ein «Bullenstier» das dünne Weidenbäumchen bewacht, auf das der geängstigte Wanderer sich mit krummgezogenen Beinen geflüchtet. Niemand wagt sich mehr ans Ufer. Okeanos reklamiert im Olymp: Soll denn jeder «Strauchgott» sein Liebesdürsten am ersten besten Fräulein auslassen dürfen? Zeus will sich jedoch nicht in Liebeshändel mischen. Da läßt Okeanos einen Käfig aus Eisen bauen und auf ein Floß stellen: wer den «zottigen Scheuel» hineinzwinge, verkündet er, der bekomme Elissa zur Frau. Viele versuchen es,

> Doch kaum daß sich den Hals zu kratzen ihm beliebt,
> Als auch der ganze Mückenchor von dannen stiebt.

Da rafft sich Okeanos selber auf, und der Meergreis Proteus hilft ihm, eine List anratend: Poseidon leidet am «Icheinzigwahn», der Geist aber belästigt ihn nicht eben. Auf dem Käfigdach läßt sich Proteus nach der Uferklippe Ketos rudern, schwingt eine schrille Küchenglocke und kräht unter unaufhörlichem Geschell: «Ob einer noch so stark sich fühlt und kräftig einer, / In diesen Käfig kann er nicht. Nein, das kann keiner!»

> Kaum daß Poseidon hörte das vermeßne Wort,
> So sprang er von der Klippe, platsch, ins Meer sofort:
> «Wer wagts? Wer sagts? Wie? Wo? Was könnt ich nicht, du Wicht?»
> «In diesen Käfig», sprach der Schlaue, «kannst du nicht.»
> «Das wäre! Ha! die Wette sollst du, Lump, verlieren.»
> Und schnaubend in den Käfig kroch er auf den vieren.
> Proteus mit schnellem Griffe schnepperte die Falle.
> «Ich hab ihn!» lärmt er mit vergnügtem Glockenschalle.

Und unter dem Triumphgeschrei des Meervolkes, Tritonen, Nymphen, Nereiden, wird Poseidon als Gefangener in den Wasserturm des Hafens geführt.

Eine köstliche Auflösung und Pointe bringt der fünfte Akt. Auf einmal bemerkt Okeanos, daß die Käfigtür gar nicht recht zu ist. Wenn der Unhold nun ausbräche! Welche Verwüstung im Palast, welcher Schrecken bei den zarten Fräuleins! Wiederum springt Proteus mit einem schlauen Rate bei: die Liebe muß diese «Überkraft» sänftigen, diesen «Gesundheitskranken» heilen. Ein Aufruf ergeht an die Meeresvölker, an opfergesinnte Nymphen und Nereiden. Weinen allerorten -- doch nach dem Wehgeschrei sind Hunderte zum Opfer bereit! Das Los muß entscheiden. Und das Mittel erweist sich als ausgezeichnet. Eine nach der andern ‹opfert› sich, taucht am Abend wehklagend durchs Käfigpförtlein, kommt aber am Morgen verjüngt und zungenschnalzend aus dem Käfig. Die greise Meeresmuhme Titis sogar will sich zum Opfer schmücken lassen ... Proteus hat Mühe, sie am Gang zu hindern, – sie hat es ihm nie verziehen! Und endlich wünscht sich Elissa selbst, vom «wundersamen Rätsel» verlockt, Poseidon zum Gemahle. Und sie setzt ihren Willen durch –

> So ward Poseidon denn zum Eidam angenommen,
> Und huldvoll hieß die Meeresgottschaft ihn willkommen.
> Verschwägert und versippt, veronkelt und vervettert,
> Hatte sein Übermut bald gründlich ausgewettert.

Der Kühne bescheidet sich, «Maß und Sophrosyne» zu halten.

> Sein Donner aber ward versteckt in eine Truhe.
> So kam Poseidons Auertatentum zur Ruhe.

Man denkt bei diesem lustigen, augenzwinkernd erzählten Geschehen ein bißchen an Mörikes Märchen vom «sichern Mann»: in beiden die lächelnde Auflockerung antiker Mär durch Ewig-Menschliches, sogar Menschlich-Allzumenschliches; bei Mörike freilich leuchten tiefsinnige Bezüge auf, während Spitteler solchen absichtlich aus dem Wege geht – sagt er doch selber: «Damit ein Stoff für den Epiker handlich werde, muß er seines Tiefsinns entledigt werden.» –

Was den ersten Teil, «Die Auffahrt», vielerorts hochdichterisch macht, gründet sich vornehmlich auf drei Tatsachen. Einmal ist das Motiv des Aufstiegs der Götterschar aus dem Erebos den Morgenberg hinan zum Olymp, mit dem Umweg über den Himmel, einer genialen Idee und Vision entsprungen: ein mythisch-kosmischer Duft reinster Art umwittert diese ‹Auffahrt›. Dann sind hier die Örtlichkeiten noch klar umgrenzt und vorstellbar: zumeist eine mit frischen Augen und mit frischer Seele gesehene Alpen- und Juralandschaft. Und endlich – das wichtigste Moment: bildet das aufsteigende Göttergeschlecht hier auch noch eine namenlose Schar, so wirkt diese doch gleichsam wie *eine* Gestalt, und hat als solche ihre Gegenspieler. Hier konnte darum das Pathos des Dichters noch voll und ganz auf seine Rechnung kommen, war nicht abgelenkt durch störende Gegenkräfte. Ist es nicht bezeichnend, daß von den gegen tausend Sprachverrenkungen im «Olympischen Frühling» eine überaus geringe Zahl auf den ersten Teil entfällt? Hier schuf der Dichter viel mehr als der Künstler.

Die gestaltungsmächtigste Szene des ganzen Werkes, zu deren Verdichtung die drei genannten Umstände gleichermaßen beitragen, ist unstreitig die Begegnung der neuen mit den alten Göttern. Von Hades schon wurden jene auf den «felsdurchwühlten Graben» aufmerksam gemacht, an dem sie auf ihrem Aufstieg vorbeiziehen würden. Und mit Schaudern erkennen sie das «scheußliche Lawinenbett», das der Vorzeit weiße Felsenknochen, überhängende Mispeln, die tiefe, nur von Wasserrieseln durchbrochene Stille gespenstisch machen. Als sie am Brunnenhaus ausruhen, entdecken sie an den Wänden, in Holz eingegraben, die Namen der früheren Götter, die auch einst hier vorbeizogen. Und sie auch graben die ihrigen ein ... Weitersteigend finden sie, nachdem Eifersucht und Haß um die künftige Königswürde erstmals aufgezischelt, auf dem Weg «glattgemahlene» Platten – von den Tritten der Götter, die seit Ewigkeit hier hindurchgeschritten. «Wie ist die Welt vom Alten!» seufzt eine Stimme. «Für welchen Jammer hat sie Raum bereits enthalten!» Und aus dem Schachen tönt es wie ein Echo: «Kein Raum von Ewigkeit, den nicht der Jammer füllte.» Und schon stürzen die alten Götter vorüber. Es kommt zum Wortwechsel zwischen beiden Gruppen: Neid der alten, die, einmal noch, «auf der Erinnrung goldner Märchenstufenleiter» auf- und niedersteigen, sich stumm, dann bitterlich weinend, die Wunderriesenblumen der Erinnerung reichen, und in ihren Tränen malt sich der funkelnde

Olymp, «der Erde farbige Fluren und besonnte Felder / Und der gewirkte Teppich der erlebten Zeit»; die Antwort der neuen: Wir lagen stöhnend in der Kerkernacht, dieweil ihr Sonnenschein und Lust und Licht genosset – «uns aber schwingt Anankes Schaufel heut nach oben».

Gespenstisch fast, «ernst und bilderschwer», taumelt der Seher Orpheus heran, dem alle Platz machen. Sein Auge ist auf ein fernes Ziel gerichtet, blickt einwärts, «wo die Seele denkt und dichtet», ins Mark der Welt, ins Herz der Ewigkeit. Wie die Welt erschaffen, woher das Übel kommt, er weiß es nicht – «Allein ich war dabei! Ich war dabei! O Wunder über Wunder! Weh! Ich wittre Schöpfungsluft! Ich riech ein ewig Weh! ... Das Zarte unterliegt, und Obmacht hat das Eisen!»

Erschüttert schauen die neuen Götter dem erschöpft weiterziehenden Seher nach, «ein Unheil ahnend, das die Schwingen weiter spannt». Da tritt Prometheus auf, «leichthin gestützt auf eines Stockes Knauf»: ein Mann mit stolzem Antlitz. Klagen ziemt unsterblichen Göttern nicht, sagt er. Dem Menschen fault der Körper von der Seele, ihm wird Körper und Geist vom Tod «zerstückt»; die «schöngetanen» Götter aber ficht des Schicksals Feindschaft bloß von außen an: «Der Wert, der Stolz, das Selbstbewußtsein wohnt mir innen». Er trinkt nicht von der falschen Brunnenröhre, versinkt darum auch nicht in Gram, und zieht weiter, «als ging sein Weg das Schicksal, nicht ihn selber an».

Kronos, der König, erscheint, auf hohem Roß, das Richtschwert überm Sattelknopf, und schüttelt sein trutziges Löwenhaupt. Als er die neue Götterschar erblickt, ergrimmt er. Jeder Fant kann also nach seinem Erbteil trachten! «Ich weiß mich unbesiegt. Mich fällte bloß Verrat»: Verrat der Tochter (Hera). Und er macht kehrt, reißt seine Scharen mit sich, um den Olymp im Sturm zurückzuerobern. Doch der Boden bebt. «Sand und Kies empören sträubend sich. Lebendig wird der Kies. Im Aufruhr trommelt das Gestein»; eine Steinlawine wälzt sich zu Tal, ein Wirbelsturm von Blöcken, und Kronos' Heer wird talwärts mitgerissen. Auf seinem Roß widersteht er, der König, noch eine Weile, schleudert dann seinen Fluch auf den, der der «Muttermörderin», seiner Tochter, den Gürtel lösen wird: er möge nicht Ehrfurcht auf dem Thron, nicht Lieb im Bette finden, «Verrat und Haß und Undank sei sein Angebinde. /

Hoch überm Glück des Tages in unseliger Größe / Schmeck er des
Daseins Leere und der Welten Blöße» – und wie eine im Bergwald
gefällte Eiche stürzt er mit seinem Rappen in den Abgrund ...
Tränenschwül, ratverlassen, vergrämt starren die neuen Götter
ihm nach, ihr einstiges ähnliches Schicksal bedenkend – «warum?
weshalb? wozu?». Mutlos trotzig werfen sie sich zu Boden, wartend, daß Anankes Machtwort sie von hinnen hebe. Nichts aber
geschieht. Da ziehen sie kleinlaut fürbaß –

In solchen Bildern flutet ein wahrhaft epischer Atem, pathos-
getränkt, menschlich tief. Das sind Visionen eines großen Dichters,
und Visionen in gemäßer Sprachgewalt. Um ihretwillen sagt man
Ja zum «Olympischen Frühling».

Es ließen sich ja noch andere hochdichterisch durchfühlte Bilder, Züge nennen: etwa die unvergeßlich herrische Gebärde, mit
der das Epos einsetzt:

> Hades, der Fürst des finstern Erebos, befahl:
> «Entfesselt die gefangnen Götter allzumal
> Und sammelt sie zu Hauf im Tempel der Sibyllen,
> Auf daß ich ihnen künde meinen Spruch und Willen.»

Die Art Zärtlichkeit dann, mit der Hades selber die Götter aus dem
Schlafe weckt; das einprägsame Bild, wie die Sibyllen, die drei
Töchter der Vorwelt, aus dem heiligen «Bilderrätselbuch» des
Weltenschweigers singend die Schicksalssprüche lesen:

> Im Namen dessen, der die Welt gezwungen zwängt,
> Den Göttern, den Unsterblichen, ist dies verhängt ...

Dann der Übergang über den Styx:

> Der Führer aber hob das Königszepter, schlug
> Zu dreien Malen durch die Luft es, Zug um Zug:
> Ein bläulich Feuer sprühte knisternd von der Spitze,
> Von drüben durch den Nebel grüßten Widerblitze,
> Und bald erschien, gedrängt von kräftigem Ruderstoß,
> Charons des tauben Fergen ungeheures Floß.
> Sorgsam betrat ihr feiner Fuß die schwanken Bohlen,
> Und sanft vom Ufer glitt das Schiff auf weichen Sohlen.

Die erste Berührung hierauf der Götter mit dem Sonnenlicht im
«hochauflachenden Frühlingstal», ihr Jubeltaumel, als sie überall
Wunder entdecken: Kräutlein, Büsche, Käfer, bunte Steine, ihr

ehrfurchtsvoller Gruß an das aufflammende Sonnenrad – und unwillkürlich erschallt Gesang von ihren Lippen, das hohe Lichtwesen rühmend:

> Vom Himmel fern in stolzer Abgeschiedenheit
> Malst du das Weltall mit geschmolzner Seligkeit …

Die Erzählung auch, wie Uranos mit seinen Gästen nach dem
Felsen Eschaton fährt, ihnen vom Weltenklagebuch Kunde gibt,
doch auch von der – ach, so fernen – Hoffnung auf das ersehnte
Gotteskind … Und das Idyll bei den sieben schönen Amaschpand
scheint wie das Widerspiel einer doch vielleicht möglichen bessern
Schöpfungszeit.

Lebhafte Schilderungen, in ihrer Art groß geschaute Szenen hat
auch der zweite Teil «Hera die Braut»: jene etwa, da in Zeus'
Hochzeitsnacht Blutschuld (Hera, die die Amazonen abgeschlachtet) und Lustgier (Zeus vor der nackten Schönheit Heras) ein Bündnis eingehen – «Willkommen, Weib, du einzig lebenswerte Lüge!»
Überschattet aber ist dieser Teil von Heras grausam hartem Charakter und ihrem endlichen Verrat.

Ein echtes Pathos, in dem das Partikulare im Universalen und das
Universale im Partikularen lebt, findet sich auch in einigen Gedichten, wenn es auch Spitteler selten gelingt, eine eingeschlagene oder
erreichte Höhe dichterisch durchzuhalten. Nicht freilich in der
‹optischen› Lyrik der *« Schmetterlinge »,* auch nicht in der mehr
akustischen der *« Glocken- und Graslieder »* in denen mehr nur
Ansätze zu höherer Poesie sichtbar und hörbar werden. Ein solcher
Ansatz ist in den «Schmetterlingen» etwa der «Distelfalter»:
Durch riesige Platanen rieseln Sonnentropfen in das Laub- und
Blumenwerk eines Gartens, dessen hohe Mauer ein Brücklein überquert. Auf das Verlangen eines Distelfalters stellt die Sonnenkönigin eine Strahlenleiter aufs Brücklein, und hüpfend vor «Schwebelust» tänzelt der Falter die Stufen abwärts in den sonnigen «Blumennimbus»:

> Dort schaukelt er und ritt, ein luftig Perpendikel,
> Der Schönheit selbstbewußt und selbst die Schönheit schmückend,
> Saugend und hauchend in den knospenden Gehängen …

Auf den metallischen Schrei eines Pfaues hin läuft der scheue Distelfalter «mit Rösselsprüngen» die schwanken Strahlenstufen hinauf, sprengt aber, als alles wieder still wird, die Leiter wieder herunter bis zum Brücklein. Und der Weltengeist – dies der sinnige
Schluß –, der darunter am Steine lehnte (es ist der Dichter selber!),
schrieb das Bild «zum Vermächtnis / Des Allerseelentags ins ewige
Gedächtnis». Es ist für ihn, der aller Leid empfunden in dem großen
Herzen, ein reines Symbol des Sommerglücks. – Das schöne Motiv
hat im Gedicht aber nicht völlig den dichterischen Niederschlag
gefunden, den es verdiente; die reimlosen Verse – diese gelingen
Spitteler meist klarer als die gereimten – sind etwas zu wortreich
und nicht bis ins kleinste durchgestaltet.

Das geprägteste «Schmetterlings»-Gedicht ist «Kamille»: geheimnisvoll mythisch durchweht, blendend bildhaft, naturselig und
doch menschlich gekrönt:

Wenn des Phöbus Herde lagert auf dem Berge,
Feuer schnaubend und den Tau und Nebel weidend,
Schlüpft die keusche Sonnengöttin durch das Waldtor,
Hebt sich auf die Zehen, klatscht in ihre Hände:
Husch! mit leisen Flügelschlägen die Kamille
Zuckt herbei. Flugs durch den stillen Lärchwald
Jagen sie einander in beschwingtem Wettlauf.

Hell vor Freude strahlt der Blick der Himmelshirtin.
Kräftgen Wellenstoßes aus den offnen Lippen,
Wenn sie lacht und jauchzt und triumphiert im Glücksspiel,
Haucht ihr Odem. Und im übermütgen Tanze
Schüttelt sie das Haupt und löst die schwarzen Locken,
Daß die Perlen, rieselnd über ihre Schultern,
Rollen in das Moos und in den blauen Efeu.

Hei! wie flattert durch den Wald der schwarze Haarbusch!
Hei! wie scheucht sie vor sich her den flüggen Vogel!
Hüpfend durch die Grotten oder keck vom Felsblock
In den Silberbach sich schwingend, daß der Sprudel
Spritzt um ihre Knie und duftge Irisbogen
Schürzen ihr den Leib mit buntem Schleierwogen.

Aber abends, wenn vom Allmendfelde brüllend
Stehen auf die roten Rinder und allmählich
Steigt zum Gipfel langsam die gehörnte Herde,

> Da ergibt sie sich; und hingestreckt im Efeu,
> Herzt sie den beglückten Sieger; hebt und wiegt ihn
> Mit dem Finger, schaukelt ihn auf ihren Lippen.
> Sammelt emsig dann im Moos die lichten Perlen,
> Eilt zum Brunnen, schmückt sich vor dem Silberspiegel.
> Endlich, wandelnd vor den müden Rindern, treibt sie
> Heimwärts, lockend mit melodischem Gesange.
>
> Doch von fern das Sternenheer mit leisem Gange
> Folgt dem Locken und dem Herdenglockenklange.

Einzelnes ließe sich auch hier vielleicht noch dichterischer sehn und sagen; doch zieht ein Melos durch die Verse, das sie köstlich bindet.

In den «Glockenliedern» (es sind eigentlich mehr ‹Glöcklein›-lieder mit zuweilen leis bimmelndem Ton) hat das oft gerühmte «Bescheidene Wünschlein» eine recht klangvolle, auch motivisch feine dritte Strophe:

> Heute, wenn die müde Hoffnung
>   wieder sich zum Wunsch bequemte,
> Wünscht ich bloß ein kindisch Wünschlein,
>   dessen der Verstand sich schämte:
> Möchte wissen, wie die Glocke,
>   die mich in den Schlaf gewöhnte,
> Damals, ganz zuerst am Anfang,
>   möchte wissen, wie sie tönte.

Wie verschachtelt aber sind im Stil die ersten vier Verse der ersten Strophe, und wie prosaisch ist der Beginn der zweiten! Nach-schwingendere Töne werden mitunter in den *«Balladen»* und den *«Literarischen Gleichnissen»* (diese wollen freilich nicht in erster Linie lyrisch gewertet sein) vernehmbar; schlechthin vollendete Stücke sind jedoch auch hier nicht zu finden. Das Helldunkel der echten Kunstballade, so wie Goethe sie geschaffen, erreicht Spitteler nur einmal so ungefähr:

Die Mittagsfrau

Die Bäuerin auf dem Felde spricht zu ihrem Büblein:

> «Wenn die Mittagsfrau durch das Kornfeld schleicht,
>   Leis und geschwind,
> Wie die Schlange so rasch, wie der Iltis so leicht,
>   Hüte dich, Kind!

In der Schürze trägt sie die Buben fort,
  Halbdutzendweis,
Und versteckt sie an einem heimlichen Ort,
  Den niemand weiß.

Eine Salbe kocht sie im Suppentopf,
  Tut Mohnsamen drein.
Damit wäscht sie dir deinen Krauselkopf
  Bis an das Bein.

Dann bist du verwunschen, du armer Schneck,
  Denk doch einmal!
Herz weg, Verstand weg, Erinnerung weg,
  Alles aufs mal.

Kennst nicht mehr Eltern und Heimathaus,
  Du Schandgesicht!
Und lugst nach den luftigen Maidlein aus.
  Das darfst du nicht!»

Reizvoll ist im Gedicht die Verflechtung von mythisch-volkshafter Naturbeseeltheit mit der Unmittelbarkeit menschlichen Geschehens: die Bäuerin, die ihren ‹Krauselkopf› vor der ‹Mittagsfrau› warnt, weiß wohl, daß diese, dem reifenden Sonnenglast des Lebens selbst entstiegen[49], die Büblein alle packt, ob früher oder später, und sie dem Dämon Liebe ausliefert; ihr Zauberspruch ist denn auch halb vorweggenommene Mutterenttäuschung, halb Genugtuung darüber, daß das Leben doch in seinem Rechte ist. Kleine Unvollkommenheiten ließen sich auch hier entdecken («bis an das Bein», «einmal» – «aufs mal»), doch halten die Verse den beschwörend-leisunwilligen, stolz-zärtlichen Ton prächtig durch. Ein ähnliches Motiv hat freilich Hans Carossa im Gedicht «Die Ahnfrau» in noch ungleich tiefere Sinnbezogenheit gebettet.

Eine eindrückliche mythische Vision (sie steht in den «Literarischen Gleichnissen»), von echt lyrischem Geist durchzittert, von Erdenwollust durchtränkt, von «Freude an Daseinsherrlichkeit»,

---

[49] Die Mittagsfrau sei die «Personifikation der Sonnenglut über dem reifen Kornfeld», «Poesie der Sommermittagsglut zur Erntezeit», sagte Spitteler selber; s. Geleitband I, 648.

wie Spitteler selber sagt[50], ist «Erato»: – ein erotischer Traum, worauf der Musenname der Überschrift verhüllt anspielt, aber als solcher erhoben zu reiner poetischer Schau, wenngleich auf eine sehr schöne erste eine etwas schwächere zweite Strophe folgt:

> Mittsommerschwüle. Im Gebirg
> Ein grüner Rain, von Wald umnachtet.
> Auf luftigem Felsen ruht der Gott;
> Vor ihm das Buch des Lebens. Spielend
> Bewegt der Ost die ewigen Blätter.
> Jenseits der Schlucht, vom duftigen Grat
> Stürzt schäumend sich ein Wasserfall
> Geheimnisvollen Rauschens, groß,
> In breitem Teppich, in das Baumtal.
> Zypressenodem schwebt vom Abgrund.
> Zwischen den Strudeln gähnen Höhlen.
> Und öfters, wenn vom Buche sinnend
> Das Auge hebt der Gott, so starrt
> Zum Wasserfall sein Blick und haftet.
>
> Was schimmert licht im Lorbeerhain?
> Sinds Löwen? sind es linde Schlangen?
> Am schattigen Saum des Forstes liegt
> Ein Knäuel engverschlungner Frauen.
> Jetzt regt es sich im Leiberpfühl,
> Und schläfrig aus dem schlaffen Haufen
> Dehnt sich Erato. Hohen Wuchses
> Steigt sie empor, erhebt erwachend
> Den Armbug, daß der blonde Flaum
> Der Achsel fleckt des Busens Marmor,
> Öffnet die schlummerschweren Lider,
> Und während sie in träger Wollust
> Erschöpft die goldne Welt, der Täler
> Buntes Geländ, der saftigen Hügel
> Smaragd und den lazurnen Himmel,
> Haucht sie mit träumerischer Zunge,
> Seufzend und saugend, einen süßen,

---

[50] s. Geleitband I, 589. Das Gedicht stammt in der Grundkonzeption wohl aus dem Jahre 1891. Spitteler sah darin später «eine ferne Ahnung vom «Olympischen Frühling». Den ‹Gott› hatte er zuerst als Apoie bezeichnet (s. Werner Stauffacher: C. Sp's Lyrik. 1950, S. 149).

Trunknen, sehnsüchtigen Kuß und Melos.
Dann sinkt sie, taucht und lagert. Wühlend
Gräbt sie die Lenden in das Lotterkissen.

Es sahs der Gott. Sein Denkerauge
Verschönt ein Lächeln. Lange Stunden
Am Waldessaume trinkt sein Blick
Den Widerschein des hehren Urbilds.
Dann in den blauen Äther zielt
Sein Aug und starrt und träumt und haftet.

Das kindhaft spielende, ‹idyllische› Temperament Spittelers offenbart sich als heiterer Schalk in einigen Gedichten: in der «Mittagsfrau» lebt etwas davon, auch im neckisch-graziösen «Hufschmied» («Schwarzbrauner Hufschmied, ich will dir sagen: / Du sollst meinem Rößlein ein Eisen anschlagen ...», – leider sündigt das Gedicht durch schlechte Reime und Tautologien); im hübsch tändelnden «Auf der Milch- und Honigwiese» (einige prosaische Wendungen auch hier); in den vergnügt realistischen, doch so sinnzarten und wie huschenden Strophen «Der Engel als Dienstmagd» (wo das vom Alphirten in der Vogelfalle gefangene Englein so köstlich bittende Worte findet: «Herr Bauer, liebster Bauer!» / Greinte die Gleißnerin, / «Laß mich ein bißchen leben, / Weil ich unsterblich bin»); in etlichen Szenen aber auch der großen Epen, wie etwa in der reizenden Erzählung von den sieben schönen Amaschpand, den Uranostöchtern, bei denen sich die Götter so wundervoll aufgehoben fühlen, bis Ananke die Eintracht stört; in Prosaskizzen hinwieder, wie «Ulysse und Jeanne», der traurigen Kindergeschichte von einem zerstörten Märchentraum, vor allem jedoch in den zwei Erzählungen «Gustav» und «Die Mädchenfeinde».

«Gustav» (1892) läßt das Thema der Größe aus einem nicht reizlosen Idyll erwachsen, dem man es kaum mehr anmerkt, daß es ursprünglich im satirischen, von Spitteler nie in Buchform veröffentlichten Kleinstadtroman «Das Wettfasten von Heimligen»[51] aufblühte. Einem jungen Künstler, der als Medizinstudent durchgefallen, schenkt ein Mädchen das Edelste, was eine Frau einem Manne schenken kann: den Glauben an seine Berufung. An Ida, die ein

---

[51] 1888 in der Neuen Zürcher Zeitung erschienen, gekürzt wieder abgedruckt ebenda 1945 (nicht in die Gesammelten Werke aufgenommen).

wenig das positivere Gegenstück zur späteren Theuda der «Imago» ist, wächst Gustav unbewußt empor, währenddem er in der Gesellschaft der sieben Pfarrerstöchter, die wie das Urbild der sieben Amaschpand anmuten, bei Spiel und Wandern ein herzstärkendes, vom wackern, selbstlosen Pfarrer gesegnetes Idyll erlebt. Dem Werklein fehlt es wohl nicht an behaglich-erquicklichen Zügen, wohl aber an einer gewissen Reife und Fülle der inneren Struktur und damit auch an letzter sprachlicher Feinheit.

Künstlerisch viel gewichtiger ist die Novelle *«Die Mädchenfeinde»* (1907). An einigen Stellen nur beeinträchtigt das Hereinneigen der erwachsenen Persönlichkeit des Dichters, das «schelmische Sichbücken und Niederkauern bis zur goldenen Scheitelhöhe der Kindheit», wie Thomas Roffler sagt[52], diese Knabengeschichte ein bißchen; als Ganzes ist sie von einer Abrundung, einer Stetigkeit des dichterischen Tones, einer Treffsicherheit im Aufzeigen von Kinderseelen, einer Symbolkraft in ihren sich so ungezwungen ergebenden epischen Bildern, die Bewunderung erregen. In den «Frühesten Erlebnissen» beschwört Spitteler die Frühzeit seiner ersten Jahre (mit Liebe und schamhaft lächelnder Nüchternheit), in den «Mädchenfeinden», übertragen auf höhere, idealisierte, aber wie wirkliche Ebene, die Knabenzeit. Dabei wird das Idyll, das hier köstliche Ahnungsfrühe von jungen Menschenseelen ist, in scheinbare Alltäglichkeit der Ereignisse hineingebettet und in eine dem Dichter innig vertraute heimatliche Landschaft. Ein Sommerwandern, ein Sommerentzücken ist diese Novelle; über der beschwingten Lebendigkeit, Unschuld und Natürlichkeit dieses kindhaften Erlebens aber schwebt wie ein durchsichtiges Wölkchen der Widerschein eines andern Wanderns, eines andern, doch schon irgendwie sinndunkleren Entzückens: das sachte Hineingleiten in reifere Menschenerfahrungen. Die Erzählung schreitet mit vollendeter Kunst auf dem schmalen Grat, wo ahnungslos Kindhaftes übergeht in ahnungsvolle Adoleszenz.

Zwei Buben kehren aus den Ferien heim, und ihnen gesellt sich ein ungefähr gleichaltriges Mädchen zu, und zwischen Gerold und Hansli einerseits und Gesima anderseits spielt sich nun die feine und lustig-ernsthafte Komödie der Geschlechter ab, währenddem

[52] C. Sp. Eine literarische Feststellung. 1926, S. 16.

aus der Welt der Erwachsenen kaum gesehene herbere Schatten sie
umschwirren. Das ist das Motiv. Gerold und Hansli sind elf- und
zehnjährige Buben (man gäbe ihnen hie und da leicht zwei, drei
Jahre mehr), «unverfälschte Naturbuben» nennt sie der Götti
Statthalter, der selber ein «Gemütsmensch» ist. Der Altersunter-
schied bedeutet schon viel, und zudem ist Gerold auch der seelisch
feiner veranlagte, man spürt in ihm zuweilen fast eine künftige
Prometheusnatur: er hat eine heroisch männliche Phantasie
(sein Traum als siegender Kadettengeneral), schon erwacht in
ihm das Rätsel des Lebens, das Mitleid auch mit der Kreatur – er
hat gewisse Anlagen, ein ‹Narrenstudent› zu werden, wie der
Sohn des Statthalters, und ist dabei doch noch der robuste Knabe
mit innerem Gleichgewicht. Gesima tritt als vollendetes weib-
liches Persönchen auf, den Buben an unbewußter Bewußtheit, an
Klugheit, Geschmeidigkeit, Schlagfertigkeit weit überlegen, dabei doch in ihren weiblichen Künsten noch ganz frisches, natur-
haftes Kind.

Wie trefflich gesehen schon der Abschied vom Ferienparadies in
Sentisbrugg! Sie haben den ‹Segen› der sterbenden Urgroßmutter
empfangen – schon aber belustigen sie sich, abwärtswandernd,
bubenselig mit den Feuerteufeln im Walde und kommen mit
schwarzen Gesichtern nach Schöntal – gerade deswegen vom Götti
Statthalter überschwenglich begrüßt. Und ihre Mädchenfeind-
schaft dann, die doch nur versteckte, vom Flegelalter getarnte Mäd-
chenfreundschaft ist: die erste Begegnung mit Gesima, die im
Hofe beim Statthalter auf riesigen Stelzen zwischen den Kapuziner-
blumenbeeten umherhopst (stupend gewähltes Symbol!), worauf
die Buben sie vom Schlafstubenfenster aus mit Hohnlachen über-
schütten. Als der Landjäger Weber, der sie auf ihrer Heimreise ein
Stück weit begleiten soll, in einer Pinte stecken bleibt, entspinnt
sich zwischen den drei allein Weiterwandernden ein neckender
Kleinkrieg, und dieser geht weiter während den zweimal vierund-
zwanzig Stunden der Ferienreise, mit scheinbaren Siegen, scheinbaren Niederlagen, bald heiteren, bald ernsteren Geschehnissen,
die alle ihre innere Verlängerung haben ins symbolisch Kündende
hinein, geht weiter, bis Gesima, durch Vater und Mutter mit einem
Nimbus von Macht und Schönheit umwoben, den Buben fast als
ein Traumbild erscheint, das sich denn auch krönt, als sie ihnen als

‹Regimentstochter › eine Woche zusätzlicher Ferien ankündigt. Die Erwachsenen nehmen an der Geschichte nur in dem Maße teil, als die Handlung es erfordert, und doch sind sie bedeutsame Folie, denn in ihre Bereiche münden die Erlebnisse der Jüngeren. Der offenbare Gegenpol zur kinderfrohen Welt ist der Narrenstudent, der brillentragende ‹kantonale Lindwurm ›, der Sonderling, der Außenseiter, der Künstler, von der bürgerlichen Gesellschaft, sogar vom eigenen Vater verhöhnt und verfolgt. Ungewöhnlich scharf hat Spitteler im Narrenstudenten sein Lieblingsthema der leidenden Künstlergröße und im Konflikt zwischen Max und dessen Vater den eigenen Vaterkomplex herausgestellt. – Im spielerisch heiteren Gewande schrieb er nichts Tieferes, Echoreicheres als diese Erzählung.

Des Dichters mondänes Temperament endlich zeigt sich auf einnehmende Weise in der Novelle – ‹Roman › möchte sie Spitteler nennen – *« Der Neffe des Herrn Bezenval »* (1889)[53]. C. F. Meyer gestand freilich, daß sie ihm «nicht recht eingeleuchtet» habe – war es auch deswegen, weil er befürchtete, hier einen gefährlichen Rivalen erstehen zu sehen?

Es handelt sich um eine historische Novelle, die zur Zeit der Französischen Revolution spielt. Wie im «Amulett» Meyers zieht hier ein junger Schweizer nach Paris und wird in Liebe und Politik verstrickt. Das Motiv: das Hineinwachsen eines etwas weltfremden, doch sittlich hochstehenden, vollkommenheitsdurstigen Jünglings in Lebensbewußtheit, in schließliches Opfer für eine Überzeugung und eine Liebe. Der Held ist der Solothurner Patrizier Frank Zurlauben, der Sohn des Altlandammanns und der Neffe des Majors Bezenval, des Kommandanten der Pariser Schweizergarde. Seine Mutter, die Schwester Bezenvals, hat ihn vor ihrem Tode gebeten, nicht nach Frankreich zu gehen. Die zerrütteten Familienverhältnisse (der Vater hat sich mit seiner Haushälterin wiederverheiratet) und die Empfehlungen des französischen Gesandten in Solothurn bewegen ihn aber doch dazu. Über Straßburg, wo er die Familie des Obersten Guardetta kennenlernt, reist Zurlauben nach Paris. In Versailles trifft er im Park zufällig Bezenval und den Grafen Artois (den Bruder des Königs), wird von seinem Onkel einer

---

[53] In der Neuen Zürcher Zeitung, doch nie in Buchform erschienen, jetzt im fünften Band der Gesammelten Werke. S. Geleitband II, 91f.

Gruppe hoher Hofdamen vorgestellt – unter ihnen incognita die Königin – und sofort zum Leutnant der Schweizergarde ernannt. Auf eine Einladung hin bleibt er in Marly bei der Familie von Valmont – Frau von Valmont wird ihm von Bezenval als eine geistlose Tugendboldin aus der Provinz geschildert, die in lächerlicher Weise in ihren Gemahl verliebt sei. Er verweilt länger in Marly, als er dachte: mit dem festen Vorsatz, seinen sittlichen Grundsätzen nachzuleben und in der schönen Valmont nur eine hohe Frau zu verehren. Und Frau Valmont scheint ihn darin zu unterstützen, sie läßt sich keine irgendwie anders deutbare Annäherung zuschulden kommen. Der galante Onkel scheint vollkommen recht zu haben. Und doch kann der sittlich so ernste und selbstbeherrschte junge Mann es nicht verhindern, daß seine Einbildungskraft immer mehr um die Valmont kreist. Ein Gefühl verehrender Liebe, der Leidenschaft endlich erwacht in ihm. Die Valmont, sieht sie ihn auch gerne, scheint nur ihrem Manne und ihrem Kind zu leben, ja sie schenkt einem neapolitanischen angeblichen Geisterseher, dünkt es Zurlauben, mehr Zutrauen als ihm. Als die Leidenschaft fast überwältigend wird, entschließt sich Frank, hart mit sich selber, zur Abreise nach der Heimat. Einmal noch sieht er die Valmont, und einmal noch überwindet sich diese, wenn auch in sichtlich schwerem innerem Kampfe, verweist ihn, was Frank beleidigt, auf ein Mädchen, das ihm zugetan sei. Er geht, nimmt in Straßburg Dienst, heiratet dort die Clarissa, die Tochter des Obersten Guardetta, ein stilles, gütiges Mädchen. Aber Clarissa stirbt nach einigen Jahren. Die Revolution bricht aus. Frank trifft Bezenval nach dem Bastillensturm als nur noch den Tod erwartenden Gefangenen des Volkes gebrochen wieder. Die Grausamkeiten des Pariser Pöbels und der Jakobiner machen ihn zum Feind der Revolution. In Bordeaux verhilft er Royalisten zur Flucht aus Frankreich. In der Pinte, die der ehemalige Feldweibel der Schweizergarde, Hans, dort erworben, trifft er das Ehepaar Valmont, sucht auch es zu retten. Margot, Hansens Frau, eine liederliche Dirne, verrät Valmont, ihren einstigen Geliebten, an die Schergen, wird aber von ihrem Gatten niedergeschlagen. Als Valmont von den Kommissaren aufgerufen wird, um zur Hinrichtung geschleppt zu werden, meldet sich Frank an seiner Stelle, der geliebten Frau das letzte und höchste Opfer bringend. Nun gesteht sie ihm in raschen Worten, daß sie ihn immer geliebt:

«eine Frau, ein arm, erbarmungswürdig Ding, verraten, wo es liebte; wo ihm Liebe ward, verdammt, die Liebe zu mißhandeln. Du nennst mich hart und kalt: ich hatte keine andere Schutzwehr gegen dich und mich. Hätte ich dich nicht verstoßen, riß ich dich an meine Brust, und beider Tugend schmolz in meiner Liebe heißem Gluthauch.» Jeden Schmerz, den sie ihm angetan, zog sie viermal durch das eigene Gemüt. Umsonst schreit sie: Haltet ein, es ist nicht Valmont! Eine Salve kracht draußen ...

Die Novelle hat zwei ungleiche Teile. Spittelers ganze Intuition und ganze Künstlerliebe gehört dem ersten, dem Kampf Zurlaubens, dem Kampf der Valmont. Hier beweist er ein psychologisches Fingerspitzengefühl, das man bei ihm sonst selten in solcher Schärfe trifft. Und welch blitzende Dialektik in den brillanten Hofszenen! Als Zurlauben aber einmal von Versailles weg ist, da eilt der Dichter rasch dem Ende zu, als interessiere ihn das Weitere kaum mehr. Der Kontrast von Hofleben und Gewissensstrenge nahm ihn völlig gefangen. So hat die Erzählung etwas Fragmentarisches an sich. Wie tief sich das Motiv in ihm aber eingewurzelt, beweist der Umstand, daß es sich fast zwanzig Jahre später in «Imago» noch einmal meldete (und dadurch die eigentlich vorgesehene Bearbeitung zwar nicht überflüssig, doch verschmerzbar machte). – Das historische – natürlich frei behandelte – Milieu gestaltet Spitteler mit erstaunlicher Einfühlung: als wäre er von jeher der Welt- und Hofmann gewesen. Doch auch die Atmosphäre der Schweizer Gardisten, ihr mit französischen und schweizerdeutschen bzw. bernischen Brocken bespicktes Reden (er hätte später, an eine Überarbeitung denkend, ihre «läppischen Späßlein» zu Unrecht ausgemerzt), das Schicksal des Feldweibels Hans, der sich nach der Berner Heimat sehnt, dann doch sich dort nicht mehr zurechtfindet und wieder dem Hexenkessel Frankreich zustrebt – all das hat Sinn und gemäße Form. Schade, daß die Überarbeitung nicht zustande kam, um die Erzählung zu künstlerischer Vollendung zu führen. Doch auch so ist sie als Prosawerk überzeugender als die ins Persönliche, Allzu-Persönliche und ins stark Rationale gewandte «Imago». (Beigefügt sei, daß der «Neffe des Herrn Bezenval» ursprünglich als Lustspiel geplant war; das ausgeführte Manuskript scheint vernichtet worden zu sein. Der Titel lautete: «Galanterie und Liebe». Motiv: «Ein Schweizer kommt in die Gesellschaft des Ancien Régime und wirtschaftet mit echter Liebe, wo alles nur auf Galanterie zugestutzt ist ...». (S. Geleitband II, 91 f.).

*

In einer ihm zutiefst ungemäßen Welt bewegt sich Spitteler in der «Darstellung» *«Conrad der Leutnant»* (1897). Die Erzählung war eine Art gageure, eine Herausforderung an die verachtete Zunft der Naturalisten, ein Versuch, dem Gegner mit dessen eigenen Waffen beizukommen, mit verfeinerten aber, wie er glaubte: verfeinert nicht im Sinne der psychologischen Analyse, die Spitteler als unkünlerisch und außerdem als zu leicht betrachtet («Der Romanschriftsteller ... schnüffelt greisenhaft mit psychologischen Instrumenten im dicken, vollen Menschenleben herum und sucht nach Charakteren und ähnlichem Ungeziefer[54]»), sondern durch die Übernahme des Formgesetzes der klassischen Tragödie, der französischen besonders. In einer «Darstellung» führt er nämlich die wichtigen Motive sämtlich erst unmittelbar vor der Entscheidung vor, auferlegt sich die Einheit der Person und der Perspektive, die Stetigkeit des zeitlichen Fortschrittes, um so ein «denkbar innigstes Miterleben der Handlung» zu erzielen (s. die Vorbemerkung zur Novelle). Es handelte sich hier also nicht nur um eine Übung auf dem stummen Klavier des ‹realistischen› Stiles, sondern um ein Spiel in vollen Tönen, um den Beweis, «daß ich auch im naturalistischen Stil schreiben könnte, wenn ich wollte[55]».

Der Versuch mußte scheitern, aus zwei Gründen vornehmlich. Einmal hatte Spitteler – als Dichter – kein wirkliches Verhältnis zur Volksintimität. Des Volkes Seele bleibt der seinen erstaunlich fremd. Der Einzelmensch überhaupt, sofern er ihn nicht autobiographischen Bereichen annähern konnte, war ihm nicht ‹hochgeboren› genug, um eines schöpferischen Prozesses *sui generis* wert zu sein. Wie hätte ihn da der gewählte Stoff dichterisch anzuregen vermocht? (Wenn anders der willentliche Vorsatz, auch das zu ‹können›, eine solche Anregung nicht an sich schon unmöglich machte). Dazu verstärkten die Formprinzipien, die er sich auferlegte, diesen Abstand. Die Gestalten lebten ja nicht um ihretwillen, sondern um einer vorgefaßten Charakter- und Handlungsidee Ge-

---

[54] s. S. 231, Anm. 8.
[55] Autobiogr. Schriften, 487.

nüge zu tun. Sie hingen zum vorneherein an den starren Drähten verfasserlicher Willkür. Um das Generationen- und Autoritätsproblem in Reinheit darzustellen und um die Handlung ‹gedrängt› und ‹geschlossen› aufzubauen, mußte der Pfauenwirt, der Vater Conrads, in «Allmachtsdünkel» befangen, in den Augen des Sohnes und der Tochter ein schreckliches, fürchterliches, schauerliches «Ungeheuer» und Conrad selber ein in seinen Leutnantsrang fast kindisch vernarrter, herrschaftsgieriger junger Mann sein. Das schloß jede organische Nuancierung aus. Die Künstlichkeit, ja Erzwungenheit des Erzeugnisses springt denn auch auf Schritt und Tritt in die Augen. Lebendigkeit ist wohl da, erzielt aber nur durch die Zusammendrängung des Geschehens auf ein paar Stunden und durch äußerliche Floskeln angeblich volkshaften Gehabens und Redens (dieses widerliche Witzeln eingangs schon bei Tische zwischen Kellnerinnen und Conrad!). Zwischen den Hauptgestalten, Vater und Sohn, zündet kein einziger Funke wirklicher Partnerschaft, und eine tragische Spannung kann denn auch nicht erwachsen, obschon Conrad zu Beginn schon «eine furchtbare Woge Unheil» sich heranwälzen sieht: er stirbt, zufällig fast, an einer Stichwunde, die er von einem feigen, heimtückischen Dörfler empfangen, nachdem er sich, als Sieger in der Saalschlacht, vor allem Volke die Herrschaftsrechte vom umsonst widerstrebenden Vater hat zuerkennen lassen. Und wie bestätigt nach Conrads Tod das Benehmen Cathris, der ‹schönen Bernerin› und Aushilfskellnerin, den völligen Mangel an wahrhaft tragischer Stimmung: sie, die schon fast mit Conrad Verlobte, erfüllt den Abend wohl eine Weile «mit dem tiefen, sonoren Wohlklang ihres Trauergeheuls», bald aber mischt der Zorn «bellende Laute» in ihr Stöhnen – und in einem Abteil erster Klasse wird sie auf der Bahnstation von dannen fahren ...! –

«... nicht nur so ein Kunstwerk, sondern ... Herzblut» war, nach Spittelers eigenem Bekenntnis, *«Imago»* (1907)[56]. Doch empfand er, das Werk schaffend (es schaffen *müssend,* wie er sagt), «Ekel vor dieser Sisyphusarbeit im prosaischen Schmutze». Wie aber, so darf man fragen, kann, was man schreiben *muß,* zum Ekel werden? Wie kann ‹Herzblut› sich in ‹prosaischen Schmutz› verwandeln? Wenn Spitteler sein innerstes Seelenleben doch lieber «verhüllt

<hr />

[56] s. Faesi, op. cit., 95, und Geleitband II, 25 f.

und maskiert» darstellte, warum dann plötzlich hier ein so ‹nacktes› Bekenntnis? Warum hatte er das persönliche Motiv nicht, wie im «Neffen des Herrn Bezenval», in künstlerischer Distanz gestaltet? Warum «unterirdische Kanalarbeit», wenn sich dasselbe doch auch episch distanziert darstellen ließ? Da mußte ein persönlicher Stachel mitwirken, ein außerkünstlerischer Grund. War es eine unüberwindbare Ranküne, ein Groll, eine Wunde, die nicht heilen wollte – fast ein Rachebedürfnis? Gestillt jedoch mit schlechtem Gewissen, mit künstlerisch *und* menschlich schlechtem Gewissen, – darum das unselige «Sichabmördern», das nicht enden wollende Neumachen gewisser Kapitel? Was wir jetzt von der Entstehung des Werkes wissen, bestätigt die Mutmaßung; eine andere Antwort auf die Frage konnte es übrigens gar nicht geben. «Imago» war nicht nur für den Verfasser, es ist auch für den feinfühlenden Leser ein ‹unseliges› Buch – eines der unerquicklichsten unter den berühmten Werken der neueren Literatur[57].

«Die Liebesgeschichte des Felix Tandem [man erinnert sich, daß Spitteler seine zwei ersten Werke unter diesem Pseudonym herausgab] in dem Jahre, als er den Prometheus schrieb»: so lautet Spittelers eigene Definition. Eine Liebesgeschichte freilich gar seltsamer Art! Ein Liebhaber zwischen zwei Frauen, einer irdischen und einer unirdischen, die beide dasselbe Antlitz haben, und nach einem Kampf, in dem er sich lächerlich macht, wendet er sich entschlossen der unirdischen zu. Ein Prometheus mit Schwächeanfällen – so könnte man die Geschichte auch taufen. Ein Prometheus aber nicht in einer imaginären mythischen, sondern ein Prometheus (nicht ein ‹Tasso›, wie Spitteler meint) ‹unter den Demokraten›, in bürgerlicher Welt.

Dies in kurzen Zügen der ‹Inhalt›: Aus der Fremde heimkehrend, wo er Jahre zugebracht, kommt Viktor, ein Dichter, der sich freilich noch mit keinem Werke als solcher legitimiert hat, in seine schweizerische Vaterstadt zurück. An einem schönen Mädchen,

---

[57] Von seiner Berühmtheit zeugt u. a. der Umstand, daß von 1912 an eine «Zeitschrift für Anwendung der Psychoanalyse auf die Geisteswissenschaften», herausgegeben von Sigmund Freud, unter dem Titel «Imago» erschien. Einer der Redaktoren, Dr. Hanns Sachs, pries 1913 schon Spittelers Dichtung als ein Kompendium für Psychologen und Neurologen, insbesondere für das Phänomen des Ödipuskomplexes. S. Geleitband II, 44f.

Theuda, hat er sich einst zur ‹Parusie›, zu hohem künstlerischem Wollen entflammen lassen. Nun sucht er Theuda wieder auf. Die Tochter des Staatsmannes Neukomm ist aber unterdessen Frau Direktor Wyß und Mutter eines Knaben geworden. Sie ist verbürgerlicht, ist eine ‹falsche› Theuda geworden; darum nennt er sie Pseuda. In ihm aber lebt ihr geistiges Idealbild: Imago. Kann auch die verleiblichte Theuda-Pseuda noch etwas für ihn bedeuten? Er sucht sich einzureden, daß er die immer noch Schöne, von allen Bewunderte – im Verein «Idealia» kommt er ihr wieder näher – verachtet; sie zahlt ihm die Verachtung mit Gleichgültigkeit heim. Seine angebliche Verachtung ist jedoch in Wirklichkeit brennende Liebe. Endlich gesteht er sich das ein, ‹bekehrt› sich zu ihr, gerät ganz in ihren Bann und ist scheinbar glücklich. In Wahrheit aber bedeutet er immer noch sehr wenig für die gut versorgte, nicht von Idealen schwärmende Theuda. Von seiner Bekehrung, seiner Liebe zu ihr berichtet sie ohne viel Aufhebens ihrem Mann und ihrer Freundin, die auch die Freundin Viktors ist. Von dieser erfährt Viktor den ‹Verrat› und verläßt die Stadt, nachdem er sich wieder ganz seiner Imago, der Strengen Frau, verschrieben hat. In seiner Tasche aber trägt er das vollendete Werk.

Prometheus wird versucht vom Weltruhm, bleibt aber standhaft, rettet das Messiasknäblein und zieht, seiner ‹Seele› dienend, wieder in die Einsamkeit; Viktor wird versucht von Liebe und irdischem Glück, erliegt der Versuchung eine Weile, ermannt sich, schafft ein Werk und weiht sich endgültig wieder seiner Strengen Herrin. Viktor aber ist kein mythischer Held, sondern ein Bürger, und seine bittere, doch heilende Erfahrung macht er in bürgerlicher Umwelt. *Dieser* Prometheus hat nun Kontur, verschwindet auch nicht auf lange Strecken hin von der Bildfläche, taucht ein in Menschliches – und hat nun plötzlich nur *zuviel* Kontur, zu einseitige nämlich. Sein ganzer Gestaltumriß erschöpft sich im Theuda-Pseuda-Konflikt. Ein *Mensch* mit seinen Sinnen ist Viktor so wenig wie Prometheus. Seine Menschenform ist erfüllt von *einem* Problem, und dieses ist dazu noch ganz abstrakt gefaßt: dem der Größe. Andere Konflikte und Sorgen scheint er nicht zu kennen. (Wie anders Mensch ist eine andere dichterische Gestalt, die wie Viktor aus der Fremde in die schweizerische Heimatstadt zurückkehrt: die Martin Salanders von Gottfried Keller!) Und dieses eine Problem lastet wie ein Alpdruck, wie eine Besessenheit auf ihm und über der Erzählung. Man fragt sich, wie dieser Viktor eigentlich zu einem Werk kommen kann (und das zudem, während er seinem quälenden Erlebnis ausgeliefert ist), das ihn wahrhaft legitimiert. Die ‹Größe› dieses Dichters ist ein reiner Glaubensartikel. Prometheus (der erste) ist kaum Künstler, doch mannhaft ist er, und seine Mannhaftigkeit ergreift – von seiner ‹Größe› redet er nicht. Viktor führt in ungeheuerlichem Selbstbewußtsein, das zwar auch Depressionen kennt, das Wort ‹Größe› beständig im Munde – und man hat Mühe, an sie zu glauben. Dem Prometheus verspricht die Seelengöttin Ruhm, dabei aber auch aller Menschenleiden höchstes Maß – um einer einzigen Stunde willen, da sie liebend sich ihm gewähren wird. Die Strenge Herrin jedoch will Viktor, so verspricht sie, «auf den Gipfel des Lebens erhöhen und den widerspenstigen Ruhm der Menschen an den Hörnern zu seinen Füßen zwingen». Auf den Gipfel des Lebens erhöhen, Menschenruhm verschaffen: der ganze tiefe Unterschied zwischen Prometheus und Viktor tritt hier zutage. Wie das Selbstbewußtsein Viktors sich, an Prometheus gemessen, gewaltig verstärkt und veräußerlicht hat, so hat sich auch der versprochene Ruhm vergrößert und veräußerlicht. Damit stimmt zusammen, daß, was in Prometheus' Menschenland, in dem Epimetheus als König herrscht, allgemeine Schilderung menschlicher Schwäche, menschlicher Dummheit war, in «Imago» zur beißenden Satire der bürgerlichen Gesellschaft wird: die ‹Idealia› – der Name ist köstlich erfunden – als Spiegelbild einer satten, von ‹Idealen› schwärmenden, egoistisch borniertenn Bürgerlichkeit. Diese Satire aber ist nicht überlegen gestaltet, sondern von Hohn, von Ressentiment durchzuckt.

Ressentiment: dies ist vielleicht das Wort, das dieses Buch am genauesten kennzeichnet. Ressentiment auf der einen, Größenwahn (das Wort kann nicht umgangen werden) auf der andern. Und damit ist auch gesagt, was das Werk tief unkünstlerisch macht: das Sichvordrängen des Persönlichen, Allzu-Persönlichen; damit verbunden, fast zwangsläufig verbunden, das stark intellektuelle Moment: diese Theuda-Pseuda-Konstruktion, diese Geistreicheleien Viktors, diese ‹windigen, witzigen Sprachspielchen› (ein Wort aus dem Werke selber), diese personifizierenden Allegorien (Konrad = der Körper, das Kaninchen = das Herz, Ritter und Löwen = der

Wille, das Kleingetier = das Sexuelle, der schöne Mann = die Güte, usw.). Aus Ressentiment ist die Satire geboren, aus Ressentiment die Quälsucht Viktors, als er Theuda nicht lieben darf. Fast widrig ist es deshalb zu sehen, wie Viktor sich zu der verachteten bürgerlichen Gesellschaft verhält: bald rüpelhaft, bald unterwürfig, bald sonderlingssüchtig, bald sich anbiedernd – nie steht er ihr mit offenem Visier, unzweideutig gegenüber. Er ist eben nicht ein Mensch, auch nicht ein Mensch mit seinem Widerspruch, sondern die marionettenhafte Schöpfung der ressentimentgeladenen, monomanen Seele des Dichters, die – hier – aus dem Vakuum von aus unbewußten Tiefen heraufsteigenden Minderwertigkeits- und Unlustgefühlen hinübertaumelt in eine künstliche Persönlichkeitseuphorie, ohne je jene Mitte zu finden, in der das ‹Herzblut› sich eine wahrhft erlösende Kunstform schafft. «Imago» bedeute am meisten einen unbewußten elementaren Aufschrei und am wenigsten eine ausschließlich künstlerische Leistung, wurde gesagt[58]. Man darf dem Urteil zustimmen, wird aber beifügen, daß in diesem ‹Aufschrei› Töne mitklingen, die auch seine menschliche Reinheit trüben[59].

Biographische Notiz. – Carl Spitteler, 24. April 1845 bis 29. Dezember 1924. Geboren in Liestal (Baselland). Der Vater, Karl Spitteler, 1809–1878, in Basel geboren, war von der Medizin zum Rechtsstudium übergegangen, hatte am Befreiungskampf der radikalen Landschäftler aktiv teilgenommen, war Statthalter der neuen Regierung, Landschreiber und Mitglied der eidgenössischen Tagsatzung geworden, die die Auflösung des Sonderbundes mit den Waffen beschloß. Ein Willensmensch von tüchtiger Vitalität, den Künsten nicht eben zugeneigt. Die Mutter: Anna Dorothea Brodbeck, eine Liestalerin, um 18 Jahre jünger als ihr Mann (dessen zweite Frau sie war), eine frische, gemütvolle, sonnige Natur. Gespanntes Verhältnis des Sohnes zum Vater. 1849 wurde dieser eidgenössischer Staatskassier in Bern, damit Ende des Liestaler Kinder-

[58] C. A. Bernoulli, zit. von Rich. Matzig-Schmauss: Prometheus-Schicksal. Essays über Carl Spitteler. 1930, S. 87.

[59] Vgl. das Wort von Fritz Buri (Prometheus und Christus. Grösse und Grenzen von C. Spittelers religiöser Weltanschauung. Bern, 1945, S. 207): «Der Gekränkte [Spitteler] hat es sich selten versagt, andere zu kränken. Viktor ist hiefür das typischste Beispiel.» Schon Ernst Aeppli (C. Spittelers Imago. Eine Analyse. Frauenfeld 1922, S. 30) hatte festgestellt: «Es fällt auf, wie oft in Spittelers Werken gequält wird. Die Quällust scheint mir ein besonderes Problem der Erscheinung Spittelers zu sein.»

paradieses (s. «Meine frühesten Erlebnisse»). In Bern Besuch der frommen Wengerschule, dann der Realschule (Kadett). Von 1856 wiederum Liestal (der Vater amtete hier nun als Oberrichter), und von da aus Besuch der Basler Gewerbeschule, dann des Pädagogiums (literar. Obergymnasium), wo u. a. W. Wackernagel und Jacob Burckhardt Spittelers Lehrer waren. Freundschaft mit dem Liestaler Pfarrerssohn und frühreifen Dichter Josef Viktor Widmann. An der Universität Basel Studium der Rechte, dann der Theologie, auch an den Universitäten Zürich und Heidelberg. Ordination, doch Verzicht aufs Pfarramt. Hauslehrer in Rußland von 1871–1879. Lehrstelle für Geschichte an der Mädchenschule in Bern, in der Widmann als Direktor wirkte. Liebe zu Ellen Brodbeck, der Tochter der hochverehrten Winterthurer Tante und späteren Gattin von J. V. Widmann; deren Vermählung mit dem Berner Professor Ferdinand Vetter (vgl. «Imago»). Fertigstellung von «Prometheus und Epimetheus» (1880). «Fürchterliche Rückwirkung der Nichtanerkennung» des Werkes. Von 1881–1885 Lehrstelle für Griechisch, Latein und Deutsch am Progymnasium in Neuveville (Neuenstadt). Vermählung mit der jungen Holländerin Maria Op den Hooff. Wiederum durch Vermittlung Widmanns, der unterdessen Redaktor am Berner «Bund» geworden, Redaktionsstelle an der Basler «Grenzpost», die aber bald einging, dann an der «Thurgauer Zeitung». Mitarbeit am «Kunstwart» (Empfehlung an Avenarius durch Nietzsche) und an den «Basler Nachrichten». Von 1890–1892 Feuilleton-Redaktor an der Neuen Zürcher Zeitung. Damals entstanden die «Literarischen Gleichnisse».

Wirtschaftliche Unabhängigkeit durch den Tod der Schwiegereltern. Mit Frau, Kindern (zwei Töchtern) und Mutter zog er nun nach Luzern (Villa an der Gsegnetmatt-Straße). Dichterarbeit. Reisen (Italien, Frankreich). In Luzern entstanden der «Olympische Frühling» und «Prometheus der Dulder». 1913 Tod der Mutter. Auf Einladung der Neuen Helvetischen Gesellschaft Dezember 1914 Vortrag in Zürich: «Unser Schweizer Standpunkt». 1919 Nobelpreis (Fürsprache besonders durch Romain Rolland). Tod am 29. Dez. 1924, wenige Monate vor seinem achtzigsten Geburtstag. Feuerbestattung in Luzern.

Bibliographie. – Gesammelte Werke in neun Bänden, vermehrt um zwei Geleitbände. Zürich, 1945-1958. Herausgeber: Gottfried Bohnenblust, Wilhelm Altwegg, Robert Faesi. Nicht aufgenommen wurden der breitangelegte Kleinstadtroman «Das Wettfasten von Heimligen» (Neue Zürcher Zeitung, 1888, hier-gekürzt-neu abgedruckt 1945) und die – freilich unbedeutenden – dramatischen Arbeiten (Der Parlamentär, Der Ehrgeizige). – Briefe von Ad. Frey und C. Spitteler. Hsg. von Lina Frey. Frauenfeld, 1933.

Über Spitteler (kleine Auswahl): C. Sp. in der Erinnerung seiner Freunde und Weggefährten. Gespräche, Zeugnisse, Begegnungen. Hsg. von L. Beriger. Zürich, 1947. – F. Weingartner: C. Sp. Ein künstlerisches Erlebnis. 1904. – R. Messleny: C. Sp. und das neudeutsche Epos. Bd. 1, 1918. – Th. Roffler: C. Sp. Eine literarische Feststellung. Jena, 1926. – Siegfr. Streicher: Sp. und Böcklin. 2 Bde. Zürich, 1925 und 1927. – Rob. Faesi: Spittelers Weg und Werk. Frauenfeld, 1933. – J. Fränkel: C. Sp. Huldigungen und Begegnungen. St. Gallen, 1945. – F. Buri: Prometheus und Christus. Größe und Grenzen von C. Sp's religiöser Weltanschauung. Bern, 1945. – W. Stauffacher: C. Sp's Lyrik. Zürich, 1950. – Bibliographien: W. Frels in: Die schöne Literatur, 1925; Faesi, cit., 300–306. – Eine Zeittafel zu Leben und Werk Sp's bietet W. Stauffacher in Geleitband II, 659–665. – S. jetzt auch den Aufsatz von Alfred Zäch: C. F. Meyers Bemühungen um Carl Spittelers Frühwerke. Neue Zürcher Zeitung, 21. Okt. 1962, Nr. 4062. Zächs Urteile stimmen in mehreren wichtigen Punkten mit den unsrigen überein.

JAKOB BOSSHART

Es ist nicht leicht, Jakob Boßhart gegenüber kritisch gerecht zu bleiben; er ist als Dichter ein eher ‹undankbarer› Fall. Nicht daß er in Hinsicht auf den äußeren schriftstellerischen Erfolg von früh an bewußt den Weg der Entsagung ging, macht ihn zu einem solchen (schon im ersten Novellenband «Im Nebel» heißt es von Dorfgeschichten seiner Feder, sie seien keine «zügige» Ware); denn für den nur idealen Leser – oder überhaupt für keinen – schreiben auch andere, und oft die besten gerade. Nein, ein undankbarer Fall ist er nicht, weil er – sein Wort – auf das «allgemein Gefällige» verzichtet; das würde ihn eher sympathisch machen. In seiner Dichtung findet sich aber auch der Leser nicht leicht zurecht, der vom Künstler in erster Linie Eigentreue, Selbstzucht und, wie es im «Nebel»-Band an derselben Stelle heißt, «Einblick in die kleineren und größeren Rätsel des menschlichen Lebens und Wesens» verlangt.

Ob die kantige Herbe dieser Dichtung in uns das leise Widerstreben und eine gewisse Ratlosigkeit weckt? Die holzschnittartige Vereinfachung und Knappheit der Linienführung könnte an sich ein Vorzug sein, auch wenn sie als Ausdruck der Formstrenge nicht jedem Leser gefallen mag. Es muß an der besonderen Art von Boßharts Herbe liegen, wenn sie den gutgewillten, fühlenden Dichtungsfreund etwelche Überwindung kostet. Ihr eignet in der Tat etwas Düsteres, Unfrohes, Beengendes; es wird wenig gelacht und selten gelächelt in der Welt seiner Gestalten. Boßhart hat wohl einen starken Lebensglauben: «Das Leben ist etwas Einziges, Wunderbares, ein höchstes Gut...», sagt er selber. «Wenn es sonst kein Wunder gibt, so doch das eine, das da heißt: Leben[1].» Wie schicksalhaft dunkel aber färbt er ihn als Dichter! Wie geht dieser Lebensglaube immer wieder ‹durch Schmerzen empor›, wie leidvoll bitter, durch wieviel Enttäuschung, Kummer, Verzweiflung geschieht diese Dennoch-Lebensheiligung! «Es hängt gewiß ein schönes Stück Poesie am Himmel (bemerkt er ebenfalls selber[2]), aber das Tiefere liegt uns näher und kreucht und keucht auf der

[1] Bausteine, 74, 72.
[2] id. 112.

Erde.» Es ‹kreucht und keucht› in seinem Werk in wahrhaft
irdischer Mühseligkeit.

  Kein Zweifel, daß Boßharts eigenes hartes Schicksal einiges,
vielleicht vieles verständlich macht; er wurde ja im besten Mannesalter durch die heimtückische Krankheit an den Rand des Todes geführt, und seine fürdere Zeit war bedroht, trotz wiederkehrender
Schaffenslust und Schaffensmöglichkeit. «Es gibt (bekennt er denn
auch) manchen herben Schmerz, aber vielleicht keinen größeren,
als in den besten Jahren durch die Flügel geschossen zu werden[3].»
Mehr aber noch trug zu dieser Herbe die Verschlossenheit, Unmit-
teilsamkeit seines Charakters bei. Früh schon geriet er in den Ruf
eines harten, frostigen, unnahbaren Gesellen, und als Lehrer kam
er mit seinen Schülern nie in ein näheres oder gar herzliches Verhältnis[4]. Wohl mochte er diese äußere Härte oft warnend aushän-
gen, um sein Innenleben vor Unbeliebigen zu schützen; das tun
auch andere. Als Dichter aber auch hält ihn eine tiefe Scheu davor
zurück, Inneres unverhüllt preiszugeben. Diese «Keuschheit der
Seele» ist vielleicht, wie er meint, ein deutsch-schweizerisches Angebinde, wie in gewissem Sinne auch die Unbehilflichkeit, deren er
sich selbst bezichtigt und die ihn in anderer als bäuerlicher Umwelt
nie eigentlich heimisch werden ließ. Die Schroffheit seiner Dichtung wurde jedoch zweifellos auch von seiner Weltanschauung verstärkt. Mit fünfzehn Jahren schon hatte er den christlichen «Köh-
lerglauben» seiner Jugend über Bord geworfen, blieb er auch weltanschaulich ein Ringender sein Leben lang. Ein Wort aus seinem
Tagebuch (1906) kennzeichnet seine Auffassung tief: «Jeder Gebildete heute sucht nach Gott, aber alle christliche Tradition muß
begraben werden. Mit dem persönlichen Gott versinkt der Glaube
an die Unsterblichkeit und die Abzweckung unseres Lebens für das
Jenseits. Im Diesseits müssen wir unsere Ziele suchen und da wiederum in dem Reich der ‹Menschheit›. Das Wort Himmelreich
müssen wir durch Menschentum, das Wort Gottesdienst durch
Menschendienst ersetzen. Ja, Christus hatte Recht: Unser höchstes
Reich ist in uns[5].» Daß man auch mit so beschaffenen Anschauun-

---

[3] id. 64.
[4] s. Max Konzelmann: Jakob Boßhart. Eine Biographie. 1929. S. 30
und 102.
[5] zit. von Berta Huber-Bindschedler: Jakob Boßhart. 1929. S. 21.

gen ein feiertägliches Reich der Poesie errichten kann, beweist Gottfried Keller; in Boßhart aber bewahrten sie etwas Kämpferisches, Ausschließendes, Unduldsames, das ihn, und gerade auch im Bauerntum, dem hauptsächlichen Ort seiner Dichtung, seelisch-religiösen Werten gegenüber mehr oder weniger gleichgültig machte.

Dennoch erklärt all das nur eine gewisse Rauheit und Härte seiner epischen Welt, und sie würde man gerne mit in Kauf nehmen, wenn man ihre dichterische Durchdrungenheit spürte. Alles, auch die trost- und lichtloseste menschliche Atmosphäre ist dem Gestalter erlaubt, wenn er sie zu beseelen weiß. An der dichterischen Beseelung mangelt es bei Boßhart. Die etwas hart anmutende Feststellung kann und darf nicht umgangen werden; denn hier hat der innere Widerstand vielen seiner Schriften gegenüber seinen tiefsten Grund. Es ist, als habe der Dichter diese Unzulänglichkeit seiner Kunst im geheimen selber gespürt und geahnt. Nicht in den «Bausteinen» freilich, seinen Glossen zu Leben und Zeit, muß man Bekenntnisse suchen, die das bestätigen, sondern in seinen Dichterwerken selber. Intimste Bekenntnisse legen Dichter gerne andern, ihren Gestalten vornehmlich, in den Mund (zuweilen auch nur in die Seele). «Oh Leben, du herrlicher Strom, ich liebte dich viel zu wenig, ich liebte dich falsch, drum verrannst du mir», sagt Reinhart Stapfer, der ‹Rufer in der Wüste›, am Schluß seines Lebens zu sich selber. Es ist das Doppelgefühl, das Boßhart selber, möchte es scheinen, vor seinem Werke empfand. Lebensglaube, Lebensehrfurcht sind da, und doch ist das Leben nicht voll ergriffen, nicht in seiner Ganzheit erfaßt: es ist ‹falsch geliebt›. Und legte Boßhart den Finger nicht auf die eigene heimliche Wunde, als er die Verse schrieb, die er «Von innen» betitelt:

Was ist Nachtigallenlied
Und Wachtelschlag,
Wenn das Herz dir in der Brust
Nicht singen mag!

Was ist Sommersonnenglanz
Und Sternensaat,
Wenn die Seele keine Glut
Und Leuchtkraft hat!

> Brennt dir Menschenglück und -weh
> Im Herzen nicht,
> Seifenschaum ist all dein Tun
> Und dein Gedicht.

«Mir ist, ich sehe mein Leben, / Das mir doppelt vorüberschwebt: / Am Himmel, wie ich es träumte, / Im Tale, wie ich's gelebt [6]»: hat Boßhart sein Dichterleben nicht im «Tal» gelebt, weil seine Seele zu wenig «Glut» und «Leuchtkraft» hatte, weil ihm Menschenglück und -weh nicht tief genug im Herzen «brannten»? Sicher sprechen die Worte des Gedichts «Von innen» zunächst eine allgemeine Wahrheit aus und sind, wenn schon, als Eigenbekenntnis selbstanklägerisch übertrieben, darum nicht wörtlich zu nehmen, und sicher lebt keiner nur im «Himmel» oder nur im «Tale». Es gilt also, wie immer in solchen Fällen, Abstriche zu machen. Zu sehr aber stimmen die Verse mit dem überein, was der Leser beim Atmen dieser Dichterluft empfindet, als daß sie einer persönlicheren Bedeutung bar sein könnten. Es fehlte Boßhart an der Leidenschaft zum Menschen; etwas in ihm, im Menschen und im Dichter, war verhärtet, und die Verschlossenheit erstreckte sich bis ins Quellgebiet des Schöpferischen hinein. Der innerste Kern der Leidenschaft zum Menschen heißt Liebe. Es ist zu wenig Liebe, zu wenig Zärtlichkeit in dieses Dichters Gestaltenwelt, zu wenig Seelenoffenheit, zu wenig Seelendrang, daher der Eindruck des Kargen, innerlich Beklemmten und Gehemmten, den sie hinterläßt. «Oh Mensch, du Brennpunkt der Welt, ich liebte dich viel zu wenig, ich liebte dich falsch, drum stießest du mich ab! ...», ruft Reinhart Stapfer selbenorts weiterhin aus ...

Carl Spitteler nennt als Grundbedingung aller Künste die «Gutherzigkeit». Niemand wird diese dem Menschen Boßhart abstreiten wollen, auch wenn er sie in ihren Äußerungen tarnte; er war eine edle, männliche, unermüdlich ringende, nach Klarheit strebende Natur. Selbstvollendung, schließlich Selbsthingabe wurden sein Ziel [7]. Ihm auch schien, wie seinem Reinhart Stapfer, dem Helden seiner letzten Jahre, er sei für die ganze Menschheit verantwortlich;

---

[6] s. das Gedicht «Ideal und Leben»; es wurde 1888 geschrieben. Vgl. Konzelmann, 115.

[7] s. Berta Huber-Bindschedler, J.B., 102.

die brennende Gewissenssorge um das seelische Wohlergehen seiner schweizerischen Heimat erfüllt den Roman seiner Endzeit.
Menschlich-weltanschauliche und dichterische Gutherzigkeit aber
sind nicht dasselbe; der Schlüssel zum dichterisch Offenen braucht
eine besondere Hand. Gestalten der Phantasie erwachsen zu voller
Blüte nur unter einer Seelenwärme, die vom Ganzen des Mensch·
seins her kommt. Der Quellgrund, aus dem die dichterische Begei
sterung strömt, umfaßt das Nächste wie das Fernste und entzündet
mitten auch in äußerlicher Düsternis ein inneres Licht voller
Menschlichkeit. Gerade die bäuerliche Welt, der sich Boßhart, ihr
entstammend, mit Vorliebe zugewandt, bedarf dieser inneren Ausweitung in besonderer Weise, denn nur allzu leicht versinkt der
bäuerliche Mensch im hart Begrenzten, Lastenden, Dumpfen seiner
Sorge ums tägliche Brot. «... der Alltag steckte seine klobigen
Finger in die Bauernseelen», heißt es bei Boßhart einmal (im
«Rufer in der Wüste»). Wenn der Dichter das *wahre* bäuerliche
Sein erfahren und darstellen will, muß er sich, aus der Leidenschaft
zum dauernden und doch wirklichen Menschen heraus, jenseits
des bäuerlichen Alltags, jenseits der nur ‹klobigen Finger› in die
Urform des Bäuerlichen versenken, die dem Reinmenschlichen in
seinen tiefsten Zügen eine scharfe und wie ewige Ausprägung ver
leiht. Diese Urform, unter doch scheinbar alltäglichem Antlitz,
hat Gotthelf wie kein Zweiter erlebt und gestaltet; Boßhart ahnt
sie zuweilen, vermag aber nur in seltenen Augenblicken sie wirklich
werden zu lassen.

Vielleicht war ihm auch die stark intellektuelle Seite seines Wesens dabei ein Hindernis. Seine «Bausteine zu Leben und Zeit»
zeugen von einem überaus nachdenklichen und meist urteilssiche-
ren Menschen. Im Schöpferischen weniger sicher, ließ er diesem
Zug seiner Natur zuviel Spielraum, besonders in jüngeren Jahren.
Sein erster Novellenband, «Im Nebel» (1898), kreist um das damals aktuelle, von ihm jedoch fast dogmatisch behandelte Problem
des freien Willens, das zudem in der Rahmenhandlung recht aufdringlich diskutiert wird (Boßhart strich diese denn auch in der
zweiten Auflage); doch auch in späteren Jahren ließ er sich in der
Wahl seiner Themen hie und da mehr von abstrakten Überlegungen als von Gefühlserlebnissen bestimmen, wobei eine gewisse
erzieherische Absicht ebenfalls ihre Rolle spielte. Weicht aber ein

Dichter vor intellektuellen Erwägungen, so besteht in ihm ein schöpferischer Mangel, ein vorgängiges intuitives Vakuum.

Das Bäuerliche tiefer, reiner zu erfassen, daran hemmte ihn, wir rührten schon leise an das Problem, auch seine weltanschauliche Voreingenommenheit – von einer solchen darf man füglich reden, wenn man seine so frühe Abneigung gegen das Christentum bedenkt. Diese mochte sich vornehmlich gegen ein blutleer gewordenes, erstarrtes Kirchentum richten; eine solche Blickrichtung jedoch, wenn zu ausschließlich geworden, mußte ihn daran hindern, im Bauerntum das zu sehen, was diesem dennoch, sogar heute noch, die verwurzelte Poesie schenkt: das religiöse, sich auch äußerlich, oftmals ja auch nur äußerlich, bekundende Gefühl, die Kirchlichkeit, der Schauer vor einem Höheren, das der bäuerlichen Existenz und Arbeit erst seinen wahren Sinn verleiht. Dieses Moment scheint Boßhart bei seinem Landvolk nicht erfahren zu haben oder doch willentlich beiseite zu schieben. Man lebt in seinen Bauernerzählungen in einer mehr oder weniger entgöttlichten Welt, und das macht sie im tiefsten farblos, seelisch arm; dadurch schweben auch die Motive, so aktuell oder so ‹wahr› sie auch sein mögen, einigermaßen im Leeren oder ziehen doch keine tiefere Spur.

Interessant ist in dieser Hinsicht seine Einstellung zur sog. Heimatkunst. Ihr Hauptverdienst sei wohl, meint er, daß sie die Dichter wieder enger an die Menschen heran treibe und sie so instand setze, anstelle der abgegriffenen, schablonenhaften Typen im Leben geschaute Individuen zu setzen. Werke der Heimatkunst aber, fügt er bei, die sich nicht ins Allgemeinmenschliche erheben, seien Eintagsfliegen. Zwanzig Jahre später nimmt er in einem «Lesezirkel»-Aufsatz den Gedanken wieder auf: «Wo das Interesse an der Darstellung der heimatlichen Eigenart, der landschaftlichen Verhältnisse, Sitten und Gebräuche stärker ist als der Anteil am allgemein Menschlichen, da soll man von Heimatkunst reden, sonst nicht.» In seiner Lebensskizze vom Jahre 1923 wehrt er sich denn auch, in die Rubrik ‹Heimatkünstler› eingereiht zu werden: «Gewiß stelle ich meistens Gestalten aus meiner Heimat in den Mittelpunkt meiner Erzählungen; aber es kommt mir viel weniger auf das Heimatliche als auf das Menschliche an, und da ich dieses in den Bauern unverfälschter und vor allem naiver als in den Städten finde, so mache ich sie gern zu Trägern meiner Probleme und Handlungen[8].»

Man wird diese Stellungnahme sehr begreiflich und eines Dichters würdig finden, der sich seiner Eigenart bewußt war. Ähnlich drückte sich auch ein Ramuz aus[9]. Indes bleibt beizufügen, daß Boßhart sich nur im ländlichen Erzählungsmilieu unmittelbar sicher fühlte, daß nur hier ihm der Grad von Realismus und Wahrscheinlichkeit ganz erreichbar war, den er verlangte, weil nur hier ihm das «Arsenal des Dichters» offen stand, wie er die Jugenderinnerungen nannte. Selten aber sind seine Schöpfungen an eine bestimmte Landschaft gebunden, räumen zudem dem Wirtschaftlich-Sozialen des Bauernstandes (Boßhart gleicht hierin – aber nur hierin – Jakob Frey) eine erstaunlich geringe Bedeutung ein, verwenden auch das mundartliche Sprachmaterial in vorsichtig abgemessener Weise. Es ist ihm in dieser Hinsicht in Wahrheit um Allmenschliches zu tun. Allmenschliches aber, fügt der kritische Leser bei, *erscheint* dichterisch nur in jener Schicht, die, tief genug gelagert, universale Züge *wie von selber* offenbart, und in höchster Kunst nur dort, wo sinnenhafte Fülle sich auch des ‹Heimatlichen› in seinen mannigfaltigen Äußerungen zu bedienen versteht. Boßhart hält sich in beiden Bereichen zurück, und so kommt bei ihm denn zumeist weder das Allmenschliche noch das ‹Heimatkünstlerische› wirklich zu Geltung. Wie wünschte man seinen Gestalten oft eine bestimmtere Räumlichkeit, ein gesonderteres Kleid, eine eigentümlichere Sprache, da sie jene tiefere und größere Heimatlichkeit nicht voll genug besitzen, die sie zu Bürgern des Universalen machen würde. «Es gibt immer Dichter, die glauben (sagt Boßhart in den «Bausteinen»), die Poesie in den Dingen statt in sich selber suchen zu müssen.» Sehr wohl; hohe Poesie entsteht aber nur dort, wo des Dichters eigenes Inneres zum ‹Ding› wird, zum Ding, in dem *die Dinge alle* wie verzaubert leben.

Es hängt vermutlich mit Boßharts etwas kurzatmiger, mitunter wie verschupfter schöpferischer Kraft zusammen, daß er sich fast ausschließlich der Novelle zuwandte (er schrieb deren gegen vierzig). In späteren Jahren freilich plante er eine Romantrilogie zum Kriegs- und zum Vor- und Nachkriegsgeschehen; davon wurde

[8] Die verschiedenen Aussprüche sind zit. bei Konzelmann, 132.
[9] s. W. Günther: C.F. Ramuz. Wesen, Werk, Kunst. 1948, S. 37f.

jedoch nur der Vorkriegsroman «Ein Rufer in der Wüste» vollendet. Er notierte sich einst den Satz: «Der Roman ist Faßwein, die Novelle ist Flaschenwein[10].» Die Vorliebe für die Novelle war damit gewissermaßen in den Adelsstand erhoben. Stellt man aber fest (was schon Jakob Job einsichtsvoll tat[11]), daß auch «Ein Rufer in der Wüste» den ursprünglichen Novellisten verrät, den Darsteller von Einzelproblemen, so ist man geneigt, in Boßhart eine gewisse Vorbestimmung zur Novelle zu erkennen. Solche Prädestinationen gibt es in der Literatur immer wieder; in der deutschen ist Storm das auffallendste Beispiel. Die Frage stellt sich aber, ob man an der literarischen Gattung an sich schon irgendwie das Kunstniveau ablesen kann. Der Roman *und* die Novelle, dies ist doch wohl die Antwort, können Gefäß für Dichterisches sein. Wer Welthaltigkeit und Weltfülle in der Novelle, in zusammengedrängter Schau also, erlebbar machen kann, mag als Künstler vielleicht einiges vor dem gemächlicheren, ‹geschwätzigeren› Romandichter voraushaben – wie selten aber sind solche Produzenten von ‹Flaschenwein›! Wie oft geschieht die Formstraffung in der Novelle auf Kosten der Motivvertiefung, der Motivsichtbarmachung! Mancher Novellendichter tut sich auf seinen gestalterischen Knappheitswillen etwas zugute, und dieser entpuppt sich bei näherem Zusehen als ein Unvermögen, reichere Farben aufzutragen. Ihnen möchten wir Boßhart nicht zuzählen. Er verstand es, seine Erzählungen in klarer Struktur, dialogisch lebhaft und in weiser Steigerung aufzubauen; es gelangen ihm ein paar eindrückliche Schöpfungen solcher Art. Eine zwingende dichterische Erhöhtheit besitzen sie durchschnittlich jedoch nicht; auch der Flaschenwein trägt nicht überall Sondermarke. Wenige, sehr wenige unter seinen Gestalten bleiben im Gedächtnis des Lesers lebendiger, dauernder haften, und bei keiner steigt jenes unnennbare Entzücken, jene bis zu Tränen rührende ‹Liebe› in uns auf, die große Dichter in uns zu wecken vermögen. Das Thematische ist an ihnen stärker als das Menschliche, das Abstrakte stärker als der geheime dichterische Umriß.

So erklärt es sich, daß Boßhart im Verlauf seiner fast dreißig Jahre umfassenden Schriftstellertätigkeit für seine Arbeit wohl allerhand Einsichten gewann, gewisse Fehler vermied, im Wesent-

---

[10] zit. von Konzelmann, 110.
[11] Jakob Boßhart. Studien zu seiner Erzählungskunst. 1923, S. 91.

lichen aber keine eigentliche Entwicklung durchmachte. Es ist bezeichnend, daß die sechsbändige Ausgabe von 1951 Novellen der Frühzeit (wie «Der Grenzjäger» und «Professor Wendelin») *und* der Spätzeit (wie «Die Entscheidung») beiseite läßt, und mit Recht beiseite läßt. Boßhart kam eben über seine Grundschwäche im wahrhaft Schöpferischen nicht hinaus, blieb immer wieder an Vorwürfen hangen, die seine Überlegung ausgeheckt und die er im Allgemein-Menschlichen verankert glaubte – die es aber nur im Thematischen, nicht in der dichterischen Ausführung waren. Wenn die Kritik in seinem Schaffen drei Stufen auseinanderhalten zu müssen glaubt, so sind das mehr Etappen in der Intensität seiner schriftstellerischen Arbeit, wie sein wechselnder Gesundheitszustand sie mit sich brachte, nicht Stadien einer künstlerischen Entwicklung. Eine Novelle wie «Wenn's lenzt», die im ersten von ihm erschienenen Bande («Im Nebel», 1898) steht, könnte auch nach dem Weltkrieg geschrieben sein, und anderseits könnte etwa «Der Festbauer» von 1921 (aus dem Bande «Neben der Heerstraße») ebenso gut aus der Frühzeit stammen. Eine fortschreitende Klärung vollzog sich bei Boßhart im Ethischen; sein sittlicher Selbstverantwortungs- und Opferwille erstarkte zusehends und ließ ihn endlich zum ‹Rufer in der Wüste› werden. Reinhart Stapfer aber gerade scheitert an Grenzen, die symbolisch sind für die seines Schöpfers.

Das sind scheinbar harte kritische Aussetzungen an einem Werk, das in den Annalen der neueren schweizerischen Literatur seinen soliden Platz innehat (und diesen in gewisser Hinsicht auch verdient). Indes bringen sie – wie wir erst nachträglich eigentlich überrascht feststellten – nur das auf einen allgemeineren kritischen Nenner, was der eingehendste Biograph und Kritiker Boßharts, Max Konzelmann, auf verschiedenen Seiten seiner Schrift aussagt oder zwischen den Zeilen erraten läßt. Bemerkungen Konzelmanns zu einer Früh- und einer Spätnovelle – um nur sie herauszuheben – mögen das bestätigen. Zu «Wenn's lenzt» (1896 entstanden) schreibt Konzelmann: «Über der behaglich breiten Schilderung der Volksbräuche, der Gant im Unterhaus, des «Schäppelns» für die tote Jugendgenossin, des Leichenzuges, übersieht man gemeiniglich die erstaunliche Realistik im Psychologischen. Und zwar darum, weil die triebhafte Wucht des Geschehens nicht recht zur

Geltung kommt. Das Liebeswerben und das naturhafte Aufbrechen der Begierde werden mit sehr herkömmlichen Mitteln gezeichnet, die mit der Realistik der übrigen Szenen nicht harmonieren. Die konventionelle Steife verrät deutlich genug die Hemmungen, die der Dichter bei der Darstellung dieser Dinge spürte. Die Schilderung verfällt von neuem in die zierliche Schablone, in den schulmeisterlich unfreien und mühsamen Stil. Natürlich läuft Boßhart die Erzählung nur da von der Hand, wo er, wie in den Novellen «Vom Golde» und «Das Bergdorf», nicht das intime Liebeswerben darstellt, sondern den Kampf um die Braut, sozusagen die urweltliche Werbung, und noch besser da, wo es sich um einen bäuerlichen Braut*handel* dreht; da werden die Ereignisse knapp, dramatisch und sachlich berichtet. An allen den Stellen aber, wo es sich um feinere, kompliziertere, scheuere Gefühle handelt, versagt die Kraft; dann gerät die Erzählung ins Künstliche und Breite. Boßhart brauchte als Dichter da viele Worte, wo er als Mensch keine fand.» (65) Anderseits findet Konzelmann die Novelle «Der Friedensapostel» von 1917 – sie ist eine «Vorübung» zum «Rufer» – «etwas mühsam erzählt und im Ablauf der äußern Ereignisse hölzern und theoretisch.» Diesen Zug teile sie aber mit den übrigen Stadtnovellen Boßharts, die ihrerseits alle eine Art Tendenznovellen seien. «Sie spielen in Milieus, die über den Erlebniskreis des Dichters hinausgingen oder in die er doch nur von außen hineinsah. Die Probleme dieser Novellen standen zwar im Zentrum seines Ideenkreises, aber Träger der Handlung und Milieu kamen sozusagen aus zweiter Hand. Auch verrät ihre sarkastische Schärfe offenkundig die polemische, kritische Einstellung» (135). Auch dies sind schwerwiegende Urteile, wenn man sie näher betrachtet. Auf die allgemein dichterische Substanz Boßharts weitergeleitet, werden sie noch schwerwiegender, denn auch in das Bauernmilieu, das er doch kennt, sieht er als Dichter, hier aber, scheint es hie und da, willentlich fast, im Grunde nur von außen hinein. Näheres Eingehen auf einige Erzählungen möge das veranschaulichen.

«Die alte Salome», ein «Sittenbild aus dem Bauernleben», heißt eine Novelle aus dem Jahre 1898. Naturalistische Einflüsse machen sich darin bemerkbar – man wird hie und da ein wenig an Hauptmanns «Vor Sonnenaufgang» erinnert. Die alte Salome, deren Mann eben begraben worden, muß nun alle Tage erfahren, daß

Sohn und Schwiegertochter ihr nur noch das Gnadenbrot geben. Sie wird vom Sohn Stöffi, der den Erbschaftsprozeß gegen den Schwager verloren, aus Rache an diesen abgeschoben, aber auch von der kinderreichen Tochter nicht mit offenen Armen aufgenommen, ja bekommt von ihr den Rat, wieder heimzukehren, da schon zu viele Mäuler zum Essen da seien. Auf dem Heimwege wird die sterbensmatte Salome vom braven Moosbrunner Vetter auf sein Wägelchen geladen, und der Vetter verspricht ihr sogar, sie zu sich zu nehmen. Das will aber Stöffi, der wohl klotzig, aber nicht ganz herzlos ist, nicht dulden. Während er und seine Frau auf dem Felde sind, zünden die Kinder im Spiel die Streue an, die der Vater heimführt. Salome rettet den kleinen Hansli, ihr geliebtes Enkelkind, aus dem Feuer und erstickt dann mit dem eigenen Leibe den sich verbreitenden Brand, so daß die herbeieilenden Eltern des Kindes das Haus unversehrt finden. Salome stirbt an den Brandwunden, erfährt aber, und das ist ihr letzter Trost, daß Hansli nicht ernstlich Schaden genommen.

Das Motiv ist mit sicherem Wirkungsempfinden gewählt: es könnte einer Kurzgeschichte Maupassants zugehören. Die alte Mutter, die ihr Leben lang gewerkt, ehrlich und tapfer, vom Mann nicht auf den Händen getragen, und die nun spüren muß, daß sie, Witwe geworden, nichts mehr gilt, der die herzlose Schwiegertochter sogar die Großkinder abspenstig macht, und die sich endlich, mutlos und hingebend zugleich, aufopfert für die, die ihr das Leben versauern: – das Thema ist rührend und hat eine gewisse Größe. Erzählt aber durch über siebzig Seiten hin verliert es, gerade durch die übermäßige Breite des ‹Sittenbildes›, an Eindringlichkeit, denn dadurch werden der kleinen, nur ‹realistischen›, unsymbolischen Alltagsgebärden und Alltagsworte zu viele. Die Figuren, Salome voran, leben eigentlich nur als Menschenrahmen, in Funktion des allgemeineren Gemäldes; das Sittenbild als solches, nicht das einzelne schlagende Herz, scheint dem Verfasser als Darstellungsziel vorzuschweben: der Schilderung des Begräbnistages des Kilian Bantli, Salomes Mann, wird denn auch viel Platz eingeräumt. Nichts aber erhebt die Erzählung in ein höher Dichterisches; monoton, *innerlich* farblos schleicht sie dahin, und selbst die Opfertat Salomes am Schlusse vermag in diese trübselige, niederdrückende Atmosphäre keine wahrhafte menschliche Leuchtkraft zu bringen, denn sie auch entspringt schließlich mehr dem Instinkt als einem bewußteren Willen. Der Dichter schrieb die Novelle mit vollem Verstand, aber mit halbem Herzen.

Aus dem Jahre 1915 stammt die Novelle « *Die Schwarzmattleute* ». Es ist die Geschichte vom kleinen Bethli, das durch seine Standhaftigkeit die Verwandten, bei denen es sich eine Zeitlang aufhält, die Schwarzmattleute, vom «Brenz» und vom «Schwarzen», d. h. vom Schnaps und vom schwarzen Kaffee mit Kirsch befreit – alle, außer den alten Großvater, den Schnapsbrenner. In der Neujahrsnacht zwingt man es, ebenfalls mit einem Schnapsgläschen anzustoßen; von Ekel und Scham ergriffen, läuft das Kind dann in der kalten Winternacht hinaus bis zum entlegenen Bahnhof, um heim zur Mutter zu gehen, wird jedoch von den zwei Vettern – eigentlich Onkeln – halb erfroren vor dem Stationsgebäude aufgefunden und schwebt daraufhin tagelang zwischen Leben und Tod; die Vettern entsagen von da an allem Schnapsgenuß. – Auch diese Ereignisse könnten allenfalls eine Kurzgeschichte abgeben, sind aber durch fast fünfzig Seiten hin ausgesponnen, was natürlich die epische Luft nicht würziger macht, sondern sie im Gegenteil verdünnt. Mit dem vom meckernden, immer etwas angeheiterten Großvater entfachten Brand der Schnapsbrennerei, wobei auch die Spritzenmannschaft des Dorfes mählich vom Feuerlöschen ins Schnapstrinken gerät (und die Feuerspritze bleibt noch drei Tage lang auf der Brandstätte stehen!), ersteht ein kleines ergänzendes Sittenbild – wie bar aber ist das alles jeder höheren schöpferischen Wahrheit! Recht spürbar ist dafür der volkserzieherische Nebenzweck.

Die Titelnovelle des Bandes « *Durch Schmerzen empor* » (sie entstand 1901) erzählt das herbe Schicksal einer Bauerntochter, deren Vater sich erhängt hat. Mutter und Tochter, von den Leuten fast verfemt, führen den abgelegenen kleinen Eichhof mustergültig weiter; die jüngere Tochter verdient ihr Brot in der Stadt als Zimmermädchen. Da hält ein Bauernsohn, der mit seinem alternden gelähmten Vater auf einem verwahrlosten Heimwesen im Dorfe lebt, um Lenes, der daheimgebliebenen Tochter, Hand an, und seine Werbung fällt wie ein Sonnenstrahl in das freudlose Dasein des stillen, scheuen Mädchens. Die Heimkehr der jüngeren, zierlicheren, aber auch oberflächlicheren Tochter Hermine zerstört jedoch das Glück der Verlobten: Hans wendet sich Hermine zu, und ein

grausamer Leidensweg beginnt für Lene. Das Mädchen, in dem
Liebe, Enttäuschung und Verzweiflung kämpfen, läßt sich im
Walde von ihrem Verlobten überraschen und sieht ihrem Weibesschicksal entgegen, muß jedoch, von der Mutter getrieben, darein
einwilligen, daß Hermine die von der Schwester verfertigte Aus-
steuer für sich übernimmt und Hans in die Ehe bringt. Das Kind
Lenes, ein Söhnchen, kommt zur Welt und scheint Licht in das
dumpfe Dahinleben seiner Mutter bringen zu wollen, stirbt aber.
Und nun nehmen Schmerz und Haß in Lene überhand. Mit Hermine, die Kind auf Kind bekommt, wird aller Verkehr abgebro-
chen. Nach acht Jahren stirbt Hermine, die schwere Familienlast
dem verarmten Manne hinterlassend, denn in ihrem Flattersinn hat
sie Geld immer wieder für Unnützes ausgegeben, ihn jedoch bittend, sich an ihre Schwester zu wenden. Und Lene überwindet ihren
Groll im Gedanken an die hilflosen Würmchen Hermines und zieht
zu Hans und dessen altem Vater, den Kindern eine neue Mutter
werdend. Ob sie endlich auch noch ihren Groll gegen den untreuen
Vater der Kinder überwinden und seine Frau werden wird, bleibt
eine offene Frage. – Die kurze Erzählung dieser Schicksale schon
beweist, daß der Dichter sich hier bemühte, in volles Leben hinein-
zugreifen, und die Begebenheiten entrollen sich mit einer Notwendigkeit, die fast übersehen läßt, aus welch innerlicher Verwurzelung
und Entschlußkraft heraus sich alles abspielt. Lene hat eindrückliche Züge: sie ist ein arbeitsames, tüchtiges, ernstes, fast zu ernstes
Mädchen, und wie freut man sich mit ihr, als sie mit Hans an die
Kirchweih geht und im so lang gemiedenen Umgang mit Menschen auftaut zu naiver Freude; und wie psychologisch richtig gesehen, knappen, zuchtvollen Wortes erzählt, ist jene Szene, da sie
im Walde, in Eifersucht, Angst und Scham, wie ein gehetztes Reh,
das nicht mehr entrinnen kann, vor ihrem Verlobten steht, in welchem das reißende Tier erwacht: sie enteilt, ach, tiefer noch in den
verschwiegenen Wald hinein, der «Stiftshütte» zu, dem alten Paradies, das sie und die Schwester sich einst als Kinder mitten im
Waldesdickicht gebaut – und als sie und Hans wieder am hellen
Waldrand erscheinen, da gehen zwei Feinde nebeneinander her,
und aus den Augen Lenes fließen die Tränen; und starke Akzente
findet Boßhart beim Tod des Kindes, das Lenes und der Großmutter ganze Freude gewesen – die Szene gemahnt ein wenig an den

Tod des Kindes in Gotthelfs «Schulmeister»: während dort aber Mädeli die Nacht hindurch mit Gott ringt und den Sieg über sich selbst gewinnt, wird Lene vom kurzsichtig selbstgerechten Pfarrer, der in der jungen Frau eine Sünderin mit verstocktem Herzen sieht, an der Beerdigung des Kleinen in ihrem Tiefsten verletzt.

Das sind dichterisch vibrierende Seiten, herausgeboren, diesmal, aus erschüttertem Herzen – und doch wird man der Erzählung nicht recht froh. Mit der Mutter, der Eichvree, der herben, kantigen, resignierten (ihr beständiges «Wir werden es halt tragen müssen»), ist man wieder in der harten, poesielosen, unverklärten Alltagsrealistik drin, in der Boßhart seine Bauernwelt sieht, und vermehrt noch mit den «Mistfinken», dem wenig sympathischen Hans und dessen Vater. In keiner andern Novelle des Dichters vielleicht entbehrt man mehr als in dieser ein höheres, durchscheinendes, im tiefsten Sinn ein religiöses Licht, das auch das Emporsteigen durch düstere Schmerzen aufhellen, dem Ganzen inneren, mildernden, wahrhaft *geistigen* Raum schenken könnte; denn dichterisches Licht ist immer geistiges Licht, dichterischer Raum geistiger Raum.

«Der Briggel» (1920, im Bande «Neben der Heerstraße») ist die Geschichte von zwei ungleichen Brüdern – die Ungleichheit der Brüder scheint in der Familie seit alters ein Erbteil zu sein. Der ältere, dem Alltäglich-Gewöhnlichen, dem Geld und dem Herrschen zugeneigt, wird, wie der noch jung vom Schlag gerührte Vater, Wirt, Metzgermeister und Jäger; der jüngere, ein Stotterer, vom Vater «Briggel» geheißen, wird vom Bruder um Erbteil und Frau betrogen, verläßt das Vaterhaus, erbaut sich schließlich im Wald ein Hüttchen, lebt vom Kräutersammeln (wie ein altes Weib, von dem er die Kunst gelernt), wird zusehends ein Klausner, zu dem man ratsuchend kommt – und einmal erscheint bei ihm auch Marie-Louise, die Frau seines Bruders, die er einst geliebt und die ihm diesen vorgezogen. Peter schlägt sie, wenn er betrunken ist, genau wie der Vater einst die Mutter. Gebt die Wirtschaft auf! rät der Briggel, und gibt diesen Rat dann auch dem Peter selber, der ebenfalls zu ihm gekommen – und es wird getan. Der Briggel, dem der Bruder sein ‹Faulenzer›leben, seine Flucht vor dem Leben, seine Selbstsucht vorgehalten, ändert von da an seine Daseinsweise, hilft denen, die Hilfe nötig haben, doch ohne je Geld anzunehmen. Die Kräfte verlassen ihn aber früh, und er stirbt in seiner Wald-

hütte, nachdem auch der blinde Uhu, der seit langem sein Gesellschafter gewesen, verendet ist: «ein Narr und ein Weiser, ein Verrückter und ein siebenmal Schlauer, ein Faulenzer und ein Nothelfer, ein Hexenmeister oder Teufelsbeschwörer und ein Heiliger», sagen die Leute. – Im «Gesetz» der Wiederkehr des angeblichen Erbfluches, der auf der Familie lastet, wie der andere «Zweitgeborne» und Leidensgenosse, der Onkel Heinrich, dem Briggel erzählt, fällt Boßhart seltsamerweise in die deterministische «Nebel»-Periode zurück, in welcher der Professor Wendelin von einem ähnlichen Fluche überzeugt ist. Wie merkwürdig aber auch sonst dieses protestantische Klausnerleben eines Benachteiligten, der nach und nach auf seinen Schul- und Kirchengott verzichtet und sich einen neuen Herrgott schafft, ein «großes Herz», das alles stützt, nährt, bewegt, schmückt und erfreut, dem alles Leben verbunden ist! Etwelche Poesie weht ja wohl um diesen Einsiedler, der den Mammon verabscheut (ein Motiv, das bei Boßhart mehrmals wiederkehrt, – die Psychoanalyse hätte wohl einiges dazu zu sagen, wie zu ähnlichen Motiven bei Gotthelf) und den Fluch von seinem Vaterhause wendet, aber ganz und gar nicht ist, was die Sage nach seinem Tode von ihm berichtet. Ganz vulgäre Wirklichkeit dagegen ist sein Bruder: um dem Briggel jeden Gedanken an eigene Übernahme des väterlichen Gewerbes zu nehmen, erinnert er den Zartbesaiteten, Einzelheit um Einzelheit, daran, wie Ochsen gefällt und geschlachtet werden! «Du machst mir Ekel», strudelt endlich der Briggel hervor – und der Leser hat ein ähnliches Gefühl.

Einen Widerschein der Nachkriegszeit einzufangen, versuchte Boßhart in der Novelle *«Wie Josua Grübler seinen Weg fand»* (1922, in «Neben der Heerstraße»). Grübler ist der noch linkischere, aber selbstbewußtere Bruder von Reinhart Stapfer: ein Weltverbesserer, der mit sich selber nicht zurechtkommt. Seine medizinischen Studien gibt er nach wenig Semestern auf und zieht mit seiner Mutter in ein entlegenes Bergtal. Dort begegnet er einem deutschen Mädchen, das Mitglied einer Reform-Siedlung ist, in der eine Art Urchristentum, ohne betonte Religiosität freilich, in die Tat umgesetzt wird. Die hilfreiche, frohmütige, offene, glücklich scheinende Priska rüttelt Josua aus seinem Schlummer auf, spöttelt er nebenbei auch ein bißchen über sie. Einem alten Nachbarn leistet er einen Liebesdienst, indem er sein Äckerchen besorgt, erlebt aber dann eine tiefe Demütigung beim Sterben des Sohnes dieses Nachbarn, dem er mit seinem kleinen medizinischen Wissen nicht helfen kann. Die Erfahrung, daß nur tüchtige Arbeit, vereint mit Güte, die aus dem Herzen kommt, die beim Einzelnen zugreift und nicht in Wolkenkuckucksheimen träumt, der Menschheit dienen kann, treibt ihn mit neuem Mute und neuer Entschlossenheit zu seinen verlassenen Studien zurück. – Das Thema läßt sich sehen – wenn man nur in diesem ‹Grübler› etwas mehr Substanz spürte! Er benimmt sich bei allem Selbstgefühl so läppisch, ist derart in tieferem Sinne problemlos, daß man zweifelt, ob er es in seinen wiederaufgenommenen Studien zu etwas Rechtem bringen wird. Als ratlos, unsicher gewordene Gestalt mochte er irgendwie aus der Zeit herausgeboren sein, wie auch Priska – etwas allzu sicher aber ist diese – und die Reform-Utopie, bei der sie mitmacht; mit solch kraftloser Einfall aber wird keine Welt neu auferbaut.

«*Die Barettlitochter*» (von 1902, in 2. Auflage 1921, zusammen mit dem «Bergdorf» im Bande «Vor dem Umsturz» erschienen) ist eine historische Novelle aus dem alten Bern. Sie mußte aus zwei Gründen künstlerisch mißlingen. In ein nicht-bäuerliches Milieu sich dichterisch einzuleben, vermochte Boßhart, wie schon angedeutet, nur unvollkommen; war dies schon für das bürgerliche der Fall, wieviel mehr mußte es für das aristokratische gelten. Und dann widerstrebte etwas in ihm, der künstlerischen Lokalfarbe größere Bedeutung zuzumessen. Die Neigung zum ‹Allgemein-Menschlichen› verwehrte ihm ja in seinen Bauernschilderungen sogar eine stärker betonte ‹heimatkünstlerische› Note; eine solche schien ihm auch in patrizischer Luft mehr oder weniger überflüssig zu sein. Eine ursprünglichere schöpferische Verlebendigungskraft hätte vielleicht gründlicher Lokalstudien bis zu einem gewissen Punkte entraten können – Jakob Frey war in seinen Patriziernovellen («Die Waise von Holligen» und «Das erfüllte Versprechen») ohne eingehendere Studien zum Lokalkolorit der ständischen ‹Wahrheit› in manchem Zuge nahe gekommen; ein Minimum aber, wenn das natürliche Einlebensvermögen fehlte, war für eine historische Novelle unentbehrlich. Mit Recht hatte schon J. V. Widmann der «Barettlitochter» bedeutsame bernische Stilwidrigkeiten vorgeworfen (Boßhart trug den Aussetzungen in der 2. Auflage nach Möglichkeit Rechnung).

Das Thema hatte Hand und Fuß: die Verschacherung eines Menschen um äußerer Vorteile willen. Barettlitöchter des alten Bern brachten ihrem Gemahl zugleich auch ein Barett, d. h. ein Ratsherrenmandat, mit in die Ehe, was der Familie der Braut und des Bräutigams zum Nutzen gereichen konnte; die Neigungen der zu Vermählenden wurden dabei in der Regel hintangestellt. Nahe dem politischen Umsturz, dem ‹Übergang›, erwachten auch in dieser Beziehung die Gewissen, damit ernste Konflikte schaffend. Julia von Heideck ist die ‹letzte› Barettlitochter und als solche vielumworben; ihrem Vater, dem verarmten Patrizier, wäre geholfen, wenn sie den jungen Walthard von Galdi heiraten würde, dessen Vater den alten Heideck schon seit Jahren finanziell über Wasser gehalten. Der leidenschaftliche, gutherzige Walthard liebt zudem Julia, gesteht er sich auch selber ein, daß seine Liebe ebenfalls einen sehr bestimmten Barettli-Nebenzweck hat. Die beiden Väter, wie der Sohn, haben die Rechnung ohne den Wirt, d. h. ohne die persönliche Neigung Julias gemacht, die den – ihr vital und sozial nicht ebenbürtigen – Gerberssohn Dietbert liebt und sich nicht wie eine Ware ausbieten lassen will. Die Ehe mit Walthard wird erzwungen: ohne ihr Ja-Wort erhalten zu haben, legt der Pfarrer, der kompromißbereite, genußsüchtige «Maulwurf», am Altar ihre Hand in die des Verlobten. Julia besteht aber auf Trennung von Tisch und Bett. Der Krieg gegen die Franzosen bricht aus. Bei Neuenegg wird Walthard tödlich verwundet – und zwar von Dietbert, der beim Landesfeind Handgeld genommen; und das Lebensopfer des ihr Angetrauten besiegt den Widerstand Julias: dem Sterbenden gesteht sie ihre Liebe.

Zwang, Revolte, freiwillige Unterwerfung: zweifellos ein bedeutungsvoller Motivablauf. Boßhart sah in ihm in der Folge ein geistiges Lebensprinzip überhaupt, es weltanschaulich als sein eigenes erlebend – im Schicksal Julias nahm er gleichsam seine eigene innere Entwicklung voraus. Thema aber und dichterische Verwirklichung sind zweierlei. Wohl haben einzelne Bilder der Novelle ein recht kraftvolles Relief: so gleich die Eingangsszene, in der sich Julia des Söhnchens eines armen, mißhandelten Schellenwerklers (Zuchthäuslers) annimmt – dieses Kind, Berni, eben wird später der Erzähler der Geschichte: der bernische Advokat Bernhard Keßler berichtet sie den beiden hessischen Flüchtlingen Ludwig

Snell und Georg Büchner, also zwei bekannten Figuren aus der bernischen Regenerationsepoche und der deutschen Literatur. (Auch diesen Rahmen, wie schon den zum «Nebel»-Bande, empfindet man nicht als sehr glücklich; warum gerade die beiden Hessen herbemüht werden müssen, ist nicht recht erfindlich, und Büchner gehört zudem mehr zum Zürcher Milieu). Vieles, zu vieles aber auf diesen zweihundert Seiten bleibt im dichterisch Ein- und Abseitigen, Unkongruenten. Der alte Niklaus von Heideck – er hat den Großteil seines Vermögens in Frankreich, den Rest beim Spiel verloren – ist ein Jammergreis, der sogar einen Selbstmord simuliert, um auf die Tochter Eindruck zu machen, und der alte blinde – vom Sohn unabsichtlich blindgeschossene Galdi –, der mehr Würde und gesunden Menschenverstand besitzt, scheint auf öder Flur allein zu stehen, sind doch auch die jungen Patrizier, die um Julias Hand anhalten, zur Mehrheit zynisch hochmütige, dumme und korrupte Geschöpfe. Und als das wahrhaft verachtenswerte Symbol des niedergehenden aristokratischen Regiments erscheint der «Maulwurf», der Münsterpfarrer, der alle Patrizier mit ‹Vetter› anredet und nur an seinen Gaumen und an sein Bäuchlein denkt. Um einer weltanschaulichen und politischen Voreingenommenheit willen gibt Boßhart wissentlich Karikatur statt dichterischer Wahrheit.

Mit welchem Behagen und welcher Zustimmung liest man sich nach solchen Eindrücken wieder in ein Patrizierbuch Rudolf von Tavels ein, wo die Idylle so echte Züge hat, auch da, wo sie, im Politischen und im Persönlichen, ans Tragische streift.

*

Wir könnten unsere kritische Sichtung an weiteren Novellen fortsetzen, mit ähnlichen Ergebnissen immer wieder. Boßhart hat Mühe, zum rein Dichterischen durchzustoßen. Zuweilen horcht man auf, von einem Ton getroffen, der von weither kommt; dann plötzlich wieder der Rückfall ins Ungeformte, kaum Geformte. Und doch halten einige Erzählungen einem strengeren Urteil stand. Nicht daß sie zur hohen Epik gehörten, aber doch zu überdurchschnittlichem Maß. Und das ist freilich so wenig nicht.

In drei Motivkreisen oder besser: Gefühlsbezirken ist der Dichter in Boßhart unbehinderter, ausgeglichener, in künstlerischem

Sinne wahrer: erstlich dort, wo eine gewisse ihm angeborene ungestüme, drängende, instinktsichere Naturkraft sich darleben kann. Boßhart war in seiner Jugend, wie Konzelmann erzählt[12], ein seltsames Gemisch von Übermut und sinnender Weichheit, von Wildheit und Träumerei, von leidenschaftlichem Gefühl und kühler Sachlichkeit. Diese Doppelspurigkeit seines Wesens blieb ihm als kostbares schöpferisches Keimgut erhalten, und wo es ihm gelang, die polaren Elemente in gewisser Reinheit auszubilden und, das ungestüme voran, in Harmonie zu bringen, da schuf er wahrhaft Beachtenswertes, ja Ergreifendes. Der zweite Gefühlskreis, der ihm dichterisch zusagt, ist die scheuer, heimwehsüchtiger Verträumtheit, die sich in der bäuerlichen Welt, wo die Gefühle in ihrem Ausdruck gehemmter sind, vor allem als Anhänglichkeit an Vergangenes, Ererbtes, an die heimatliche Scholle kundgibt. Boßhart brauchte sich nur in seine Jugend zurückzuversenken, wiederum der Bauernbub von Stürzikon zu werden, um solche Stimmungen in ihrer Echtheit zu durchleben. Aus dem Jugendgarten bindet er sich überhaupt die schönsten Sträuße. Das Dauerndste aus seiner Feder sind Jugenderzählungen, Kindererlebnisse und -schicksale: womit zugleich auch der dritte, eigentlich sein innerster Kreis genannt ist.

Das Leidenschaftlich-Brutale seiner Natur, das in seiner naturalistischen Frühzeit wunderliche Blüten trieb – ‹Blüten› epischer, doch auch dramatischer Art, die ihrer Krudität oder Schauerlichkeit wegen teils (die dramatischen) nicht veröffentlicht werden konnten[13], teils, wie «Der Grenzjäger» und «Vom Golde», in die «Nebel»-Sammlung eingereiht wurden –, fand einen ersten verhältnismäßig reinen Ausgleich in der Novelle *«Das Bergdorf»* (1900). Es handelt sich im Grunde weder um eine historische noch um eine Bauernerzählung, spielt sie auch vor dem ‹Umsturz›, dem sog. Übergang, an der bernisch-waadtländischen Grenze und sind auch Älpler ihre Protagonisten. Boßhart entdeckte hier einen ansprechenden Mittelweg, indem er die Geschehnisse aus vergangener Zeit in die wandellose Alpennatur bettete, sie so unmerklich vergegenwärtigend, gewissermaßen objektivierend, und indem er das spezifischer Bäuerliche vornehmlich in den Älplergebräuchen

[12] S. 27.
[13] s. Konzelmann, 50f.

schilderte, es so gleichsam zum dekorativen Moment erhebend. Natur und Brauchtum verlebendigen sich aber in drei klar umrissenen Hauptgestalten, wodurch eine kunstvoll verwirklichte Hierarchie der erzählerischen Elemente entsteht, die man, sie nach und nach einsehend, mit wachem Interesse genießt (trotz einer gewissen Länge der Erzählung), und dies umsomehr, als die Ereignisse selber sich in weiser Steigerung gruppieren und verdichten, um einem schließlich glücklichen Ausgang zuzustreben.

Drei Hauptgestalten: ein Mädchen zwischen zwei Liebhabern. Eine Liebesgeschichte also, doch keine eben alltägliche. Der kräftige, wilde, doch unverdorbene Marcel liebt die schöne und brave Jenny, die Tochter eines Nachbars, und sie liebt ihn. Da spielt ihm ein verschmähter Nebenbuhler, Lucien, ein «roter» Schweizer-Söldner, einen Streich der Rache: Marcel läuft beinah bernischen Werbern, die dieser auf ihn aufmerksam macht, und einer schlauen Weibsperson ins Garn, und wird dazu von Lucien als unsauberer Kerl verschrien, weil er sich angeblich auch mit der Tochter seines früheren Meisters im fernen Tal eingelassen. Die Wirkung ist umso größer, als auch Joachim, ein Knecht Marcels, auf ihn eifersüchtig ist. Am ‹Bergdorf›, d. h. am Sommerfest auf der Alp, bekommt Marcel die Feindschaft der Älpler zu spüren, und seine Alphütte, von Joachim angesteckt, brennt nieder – mit ihr endet der Brandstifter selber, den das ängstliche Brüllen seiner «Loben» zur Besinnung gebracht: beim Versuch zu deren Rettung erschlägt ihn die einstürzende Hausdiele. Marcel verschwindet, und man hört, er habe Handgeld in Frankreich genommen. Vom Genfersee her, wo er einen guten, alten Meister gefunden und den Winzerberuf zugelernt, kommen endlich Lebenszeichen, und dorthin wird er auch Jenny holen, die ihm treu geblieben, denn von der Schurkerei Luciens, der unterdessen als Soldat gefallen, ist das Dorf längst unterrichtet. – Ein Chor von Nebengestalten umgibt die Hauptfiguren, und er ist in der wechselnden Stimmungslage, der die sinnig-derben Älplerbräuche den Spiegel vorhalten, erzählerisch ebenso weise gruppiert wie die Hauptgestalten. Drei Episoden ragen hervor: die Werbeszene, das Älplerfest, der Brand der Hütte, und überall findet der Dichter das passende, geschwinde und doch nachtönende Wort.

In zwei kleineren Erzählungen mit ähnlichem Akzente erreicht Boßhart ein künstlerisch vielleicht noch vollwertigeres Maß: sie sind «Schweizer» und «Der Böse» betitelt (in den Bänden «Durch Schmerzen empor» und «Heimat»).

«Schweizer» (1909) ist eine historische Novellette. Zwei Brüder, Söhne eines im Schwabenkrieg Gefallenen, ziehen nacheinander von der Mutter weg in fremde Kriegsdienste, stehen sich bei Marignano feindlich gegenüber und stoßen in der Nacht nach dem ersten Kampftag zufällig aufeinander, erkennen sich, reden von zu Hause. Der jüngere versucht seinen Bruder zum Übertritt ins eigene Lager zu bewegen – umsonst, der Schweizer hält seinen gegebenen Eid; und am Morgen fällt der ältere, zu spät erkannt, von des jüngeren Hand, und dieser selber wird kurz darauf von einem Spieß durchbohrt: «ihr Blut floß in zwei dunkeln, gewundenen Bächen ineinander, als spürte es die Zusammengehörigkeit». – Dieses schlichte, doch bedeutungsvolle, an Hintertönen reiche Geschehen wird knapp, präzis, der Situation durch und durch angemessen erzählt.

Ins Unheimliche, schicksalhaft Dämonische reicht die Novelle *«Der Böse»* (1917) empor. Es ist die Geschichte vom zugewanderten Handwerksburschen (sie spielt in Großvatertagen im Zürcher Oberland), der in allen Dingen die Geschicklichkeit und Kunstfertigkeit selber ist und deswegen in den Ruf kommt, Teufelskünste zu treiben und mit dem Bösen im Bunde, ja der Böse selber zu sein, dies umso mehr, als widerliche Geschicke ihn gezeichnet zu haben scheinen. Am meisten überzeugt von dieser Satansbrüderschaft ist Hannes, der Sohn und Gehilfe des Kellen- und Zapfenmachers Thomas Kägi. Aberglaube und Eifersucht haben ihn aus einem Freund zum Feind des Rothaarigen gemacht, denn dieser betört Agathe, die flachshaarige, schönäugige Tochter des Schmieds, seines Meisters, der der Fremde sein unglückliches Leben gebeichtet.

«Ich habe alles, was ich jetzt von ihm wußte [erzählt der Hannes], durchwühlt und durch das Sieb gelassen: Wie er mit einem Donnerschlag neben mir auftauchte, am Tag der Überschwemmung; wie das Wasser ihn scheute; wie er seinem Schatten nachlief; – wo hat man das schon gehört? – wie er sich mit dem roten Hund zusammentat, mit einem Hund, der lachen kann; wie ihm alles geraten aus ungelehrten Händen ging; wie er die Agathe verhexte, mit

verteufelt klugen Worten ihr Mitleid rührte; wie er ihr das dumme Herz um-
kehrte mit seinem Flötenspiel, das aus einem Himmel zu kommen schien und
Höllenblendwerk war. Und wie alle Schaden nahmen, die sich an ihn hängten.
Das ist nicht alles Zufall! Das hat der Böse in ihm getan, und wenn er eine
unglückliche Hand hatte, so war es eben eine Satanshand. Hat er nicht selber
erzählt, er sei durchs Feuer gesprungen, bis der Kamerad ihm nachsprang
und verbrannte? Ist dem Konradli nicht der Pfeil aus seiner verworfenen Hand
ins Auge gespritzt und nicht vom Armbrustschaft? Hat er das Schwesterchen
nicht immer an den Amboß gelockt oder gar getragen? [Ein Eisensplitterchen
drang diesem ins rechte Auge.] Man muß seine Erzählung nur recht auslegen.
Ist es ein Wunder, daß seine Mutter an ihm starb? Welche Mutter möchte
noch leben, wenn sie einen solchen Greuel zur Welt gebracht hat?»

Und als von neuem die Überschwemmung kommt, da wird der
Rote mitsamt Agathe von den Wasserfluten mitgerissen, und man
hat nichts mehr von ihnen gesehen. Der arme Hannes aber wird in
Traumgesichten immer noch vom Rothaarigen verfolgt. Sein Vater
ist zum Glück gescheiter als er. «Hinter allem, was man nicht begreift (sagt er), sucht man das Böse oder den Bösen ... 's war schad
um den roten Schmied, 's gibt keine zwei Hände mehr so, weit und
breit. Die Agathe hat ihn besser gekannt als du!»

Wissender noch als der Vater Thomas ist der seltsame Stromer
(ein solcher, dem Hesseschen Knulp verwandt, wird ähnlich im
«Rufer» wieder auftauchen), dem der Rothaarige – so erzählt dieser
der Agathe – einmal auf der Wanderschaft begegnet und der ihm
etwas von seiner Lebensweisheit mitteilt, so daß auch er auf seine
Art einen Trost findet:

«Habt ihr ihn [den Trost] gefunden?», forschte Agathe beklommen. Man
merkte am Ton, daß ihr das Herz zitterte.

«Wie man's nimmt», gab der Rote zur Antwort. «Ich habe eine Auslegung
gefunden, und vielleicht ist's ein Trost. Ein Trost? Was ist Trost? Trost
heißt verzichten, Trost heißt sich beugen und annehmen. Trost ist etwas
Trauriges, bis man sich daran gewöhnt hat, ein Leidträger zu sein. Seht,
Jungfer Agathe, wir alle müssen durch einen Fluß, der fließt voll Leiden, und
ein jeder muß da durch, wo er darauf stößt. Die einen treffen auf eine Furt,
und es geht ihnen nur bis über den Rist, oder höchstens bis zum Knie, die
andern treffen auf Tiefen und es steigt ihnen bis zum Mund oder gar über den
Kopf hinaus. Das scheint ungerecht, aber die einen müssen eben schlucken,
damit die andern trocken durchkommen, oder doch fast. Wäre alles Leid
ebenmäßig verteilt, so wäre es viel weniger hell auf der Welt. Das Menschenlos

ist wie unsere Erde, Höhen und Tiefen, helle Gipfel und schwarze Schluchten. Wer wünschte das anders? Wäre es nicht töricht von der Schlucht, zu klagen, daß sie kein Gipfel ist? Und ist es für den dunkeln Grund kein Trost, zu wissen, daß die Spitze auf seine Kosten leuchtet? So, Jungfer Agathe, habe ich es mir auf meinem Wandern und in den langen Herbergsnächten zurechtgelegt. Ich murre jetzt nicht mehr so oft, und es wurde immer besser, bis – nun, ich trage, wie ich's vermag, und bin ein währschaftes Saumtier geworden.»

Wer erkennte nicht Boßharts eigene Lebenseinsicht und seinen eigenen hart erkämpften Lebens ‹trost› in solchen Worten? Selten aber ist diese seine Schicksalsauslegung in so dichterischer Gemäßheit in den epischen Strom eingegangen wie hier. Die Erzählung ist aus einem Guß, kein Wörtchen daran zu viel oder zu wenig. Motivisch fühlt man sich hie und da an Ramuz' «Règne de l'esprit malin» erinnert.

Auch eine dunkle Geschichte, mit hellerem Ausgang jedoch (das Ende des «Roten» und Agathes freilich mutet wie eine Entrückung an), ist *«Ein Erbteil»* (1919). Anders als im frühen «Professor Wendelin» wandelt sich hier ein Erbfluch wohl nicht in Erbsegen, aber doch in die Möglichkeit dazu. Der Sohn eines hingerichteten Raubmörders ist von einem braven Bauern aufgenommen worden und wächst heran, ohne von dieser Herkunft zu wissen. Nur an seine Mutter erinnert er sich noch, wie er sich vor der plötzlich wild Gewordenen (schien es) unter den Kachelofen flüchten mußte. Der täppische Pfarrer macht ihn mit dem Konfirmationsspruch stutzig («Befleiße dich, einen guten Namen zu bekommen»). Durch den böszüngigen Nebenbuhler – er liebt ein zartes Mädchen, das mit der Lehrmeisterin ab und zu im Hof auf die Stör kommt – erfährt er die schreckliche Wahrheit. Sie verstört die Sinne des Mädchens und wirft ihn selber wochenlang in tiefste Verzweiflung und Ratlosigkeit. Böse Instinkte vom Vater her scheinen in ihm aufzuwachen. Nach und nach jedoch bekommt das Erbteil der Mutter in ihm die Oberhand; er ermannt sich und nimmt sich vor, in seiner Heimatgemeinde nach Kräften wiedergutzumachen, was der verbrecherische Vater verübt hat, und vom gütig-einsichtigen Meister verbeiständet, erhält er dort eine Stelle als Bauernknecht. «Mit langen Schritten ging er über den breiten Hügelrücken hinweg dem Unterland und der letzten schweren Prüfung zu.» – Die psychologisch klar durchfühlte, kunstwissend aufgebaute, an den

epischen Wendepunkten dialogisch aufgelockerte Geschichte ist
kraftvoll plastisch erzählt, bis in die kleinste Gebärde hinein scharf
verlebendigt[14].

Die dichterisch wertvollste Erzählung des zweiten der drei genannten Motivkreise ist zweifellos «*Heimat*» (1910 entstanden,
im Bande «Erdschollen» veröffentlicht). Der verwitwete Tobelbauer im einsamen, kargen, aber treuen Heimattal läßt sich vom An-
gebot höheren Ortes verlocken, seinen Hof um schönes Geld zu
verkaufen, denn man will einen Stausee errichten. Mit seiner
Schwester zieht er auf einen andern Hof, dieweil die beiden Kinder,
ein Sohn und eine Tochter, es vorziehen, dem Bauernleben den
Rücken zu kehren. In der neuen Gegend vermag er jedoch nicht
Wurzel zu fassen, verkauft das Heimwesen wieder und mietet sich,
mutlos geworden, in einem verlotterten Häuschen des Dorfes ein,
zu dem sein einstiger Hof gehörte, arbeitslos, heimatlos, nach und
nach sich selbst aufgebend. Oft aber ist er draußen bei den Arbeitern, wohnt der langsamen Zerstörung, dann der Unterwasser-
setzung des Hofes bei, und als die Wasser sich über der Heimaterde
geklärt, läßt er sich vom Kahn aus in die Tiefe sinken: «der Grund,
aus dem er gewachsen, hatte ihn heimgelockt». – Mit innerer Notwendigkeit rollt sich dieses Schicksal ab, sobald der heimatliche
Trieb sich als stärker erweist. Schön ist, wie der entrechtete Tobelbauer vom Rain über seinem Hause aus Erinnerungen aus der Kin-
der- und Jugendzeit an seiner Seele vorübergleiten läßt, alle vom
Schimmer glücklicher Vergangenheit verklärt; und eindrücklich
auch erzählt der Dichter die Flucht der kleinen und größeren Tiere

---

[14] Es liegen von ihr zwei Fassungen vor. Die erste erschien 1913 im Schweizerischen Jahrbuch der Süddeutschen Monatshefte (München). In der zweiten
beseitigte Boßhart – darin seinem Streben nach allgemeinerer menschlicher
Wahrheit folgend – gewisse Hinweise auf die der Erzählung zugrunde liegende
wirkliche Begebenheit: eine 1856 in der Heimatgemeinde des Dichters be-
gangene Mordtat. Der junge Boßhart hatte wohl den Sohn eines der beiden
hingerichteten Raubmörder (in der Novelle wird es nur einer sein, und aus
dem Namen Reinberger wurde ein Reinmann) noch persönlich gekannt. In
Wirklichkeit kehrte dieser nicht, wie in der Novelle, in seine Heimatgemeinde
zurück, sondern blieb dort, zuerst mit scheuem Vorurteil angesehen, durch
seine Hilfsbereitschaft sich jedoch nach und nach das Zutrauen und die Achtung der Dorfgenossen erwerbend. Vgl. Walter Imhoof: Zur Stoffgeschichte
einer Novelle von Jakob Boßhart. Neue Zürcher Zeitung, 31. Aug. 1956,
Blatt 6.

aus ihrem Reiche, als die steigenden Fluten sie vertreiben –die Hauskatze nur bleibt bis zum Ende, und eines Morgens findet sie der Tobelbauer tot im Wasser ...

Zum gleichen Thema gehören « *Hans Urech* » und « *Altwinkel* ». Hans Urech ist der alte Bauer, der seinem Sohn in die Stadt folgen muß; jedes Jahr aber, zur Frühlingszeit, kommt er und macht die Runde um den alten Hof, von dem er jeden Acker, jedes Bäumchen, jedes Winkelchen kennt, und einmal erzählt er unter heimlichen Tränen, nun müsse er mit dem Sohn nach Amerika. Der neue Bauer errät seinen Wunsch: Hans Urech bleibt auf dem Hofe bis zu seinem sanften Tod, und die neuen Bewohner haben es nicht zu bereuen. – Der Dichter erzählt die Begebenheit in der ersten Person, gleichsam selber am Heimwehglück des alten Hans Urech teilnehmend.

Vom Zusammenstoß zwischen modernen Verkehrsbedürfnissen und bäuerlich zäher Schollenverbundenheit berichtet « *Altwinkel* » (1922). Zwei alte Geschwister, Hans Ulrich und Klephe, Überlebende eines Bauerngeschlechts, das seit Jahrhunderten mit Haus und Boden verwachsen, ein bißchen schrullig geworden, mit dem Wandel der Zeit nicht Schritt haltend, insbesondere sich an früheren Begriffen von Recht und Gerechtigkeit festklammernd, in der Sprache sogar zur alten Zeit gehörig, geraten in Konflikt mit den neuen Gesetzen. Eine Straße soll durch ihren Wein- und Obstgarten gebaut werden, denn die Stadt dehnt sich mächtig aus und frißt am bäuerlichen Grundeigentum. Die Abfindungssumme liegt auf der Gerichtskasse bereit, Hans Ulrich läßt sie unberührt. Umsonst sucht ihn sein Neffe auf neuzeitlichere Ideen zu bringen, umsonst bietet ihm ein Spekulant einen ansehnlichen Betrag für den Hof. Daß der Staat selber das Recht verletzt, macht ihn tief ratlos, und daß Gott nichts dagegen tut, läßt ihn sogar an diesem verzweifeln. Umsonst auch wehrt sich Klephe mit alten abergläubischen Bauernsprüchen; doch wird ihr die Bibel ein Trost, sie hofft auf einen neuen Himmel und eine neue Erde. Hans Ulrich wird bevormundet, dann bevogtet (Vogt wird natürlich der eigennützige Vetter), ein Zwangsmieter sogar erhält im Hause seine Wohnung, und dieser stiehlt Hans Ulrich seinen Wein. So verliert Hans Ulrich mählich allen Halt, und eines Abends lauert er dem heftigen, rohen Mieter auf und sticht mit dem Heueisen nach ihm. Er wird zu einer Zuchthausstrafe verurteilt, und Klephe stirbt einsam in ihrem

Bett. – Wie Kleists Kohlhaas beharrt Hans Ulrich eigensinnig auf seinem ‹Recht›, wie Kohlhaas läßt er sich schließlich zu Tätlichkeiten hinreißen, wie Kohlhaas bekommt er es mit dem Gericht zu tun. Die Novelle ist nicht unwirksam gestaltet, hätte freilich durch eine Kleistische Verdichtung und Beschleunigung der Diktion gewonnen, denn wie unerquicklich ist, dermaßen ausgesponnen, im Grunde diese Altwinkel-Atmosphäre! Vom einstigen Bauernstolz ist nur noch die verschrobene Querköpfigkeit geblieben. Hat sich Boßhart vielleicht auch hier vom vorgefaßten Thema aus Charaktere hinzuerfunden, so ein bißchen zurechtgeschustert, sie allzusehr einem noch nicht künstlerischen Alltag annähernd?

*

Das Beste, Gesammeltste und Gelösteste zugleich, das Nachhallendste auch gab Jakob Boßhart, wie wir andeuteten, in einigen Jugend-Novellen. In jugendlichen Gestalten vermochte er das Triebhafte und das Gefühlsstarke, beide noch knospenhaft gedämpft, zu künstlerischer Wahrheit zu verbinden. Wie bezeichnend jedoch, daß diese Wahrheit sich fast durchwegs tragisch auswirkt!

«*Das Pasquill*» (1902) erzählt ein frühes Opferschicksal. Der kleine Dolfi, dem es wohl vom Vater her im Blute liegt, nimmt es mit der Wahrheit ernst, auch wenn das Ungelegenheiten schafft. Er widersteht in der Schule einem tyrannischen, blind zuschlagenden Lehrer, als alle andern, trotz ihrem ‹Schwur auf dem Rütli›, sich ducken, sagt, als nächtlicherweile ein Pasquill – ein Schmähblatt – an die Häuser des Weilers angeschlagen wird, dem Lehrer offen, was man auf den Höfen von ihm denkt, heftet das Pasquill dann sogar an die Wandtafel, wohl wissend, daß es eine harte Strafe absetzen wird; und in Wahrheit: vom jähzornig aufkochenden Schulmeister wird er mit der Faust zu Boden geschlagen, so daß er wie tot liegen bleibt, und dahinsiechend stirbt er ein Jahr darauf an der Verletzung. Der ruchlose Lehrer aber verschwindet, wie auch die ihm gleichende zweite Frau des Schulabwartes. – Das ganz aus dem Leben gegriffene – auch aus eigenen Erlebnissen mitgestaltete? – Motiv erfährt eine eindringende epische Ausführung. Wie sich in Dolfi der Gedanke festsetzt, er müsse sich gleichsam als Opfer hingeben für die andern, ist wie aus vorbestimmter jugendlicher

Seele heraus gesehen (so reift der frühe Opferwille im Knaben des Tell). Klug und passend ist auch der Rahmen: ein Universitätsfreund erzählt die Geschichte dem Verfasser; das Söhnchen dieses Freundes ruht im selben Grabe, in welchem Dolfi vierzig Jahre früher bestattet wurde:

«... und so liegen mir dort zwei Freuden und zwei Schmerzen unter dem Erdboden [sagt der Freund]. Es ist mir wie ein Trost, daß es meinen armen Kleinen gerade in jenes Grab traf. Mich will bedünken, er teile sein Stübchen mit dem treuherzigen Kameraden, der allezeit zu ihm sieht und dafür sorgt, daß ihm nichts Übles zustößt. Hans kannte seinen Grabgenossen längst, als wir ihn in die Erde betteten: Ich hatte ihm manchmal von Dolfi Demut erzählt und mit Freuden bemerkt, daß dessen Geradheit ihm vorbildlich wurde. Damit meinte ich ein gutes Erziehungswerk getan zu haben, denn wer im Menschen die Liebe zur Wahrheit weckt oder besser wach erhält, gibt ihm einen guten Kompaß fürs ganze Leben. Manchmal in meinen Träumen sehe ich die beiden Knaben sich im Grabe emporrichten, sich bei der Hand fassen, um von der Welt zu reden, die sie so früh verlassen mußten. Dann strecken sie sich wieder hin, zufrieden mit ihrem Los. Denn, wären die beiden glücklich geworden in einer Welt, wo der Gedanke oft so verschieden ist vom Wort, das Gesicht von der dahinterhausenden Seele, die Überzeugung vom Bekenntnis? Ich bezweifle es. Und doch hätten sie leben und die Sache derer vermehren sollen, die beide Füße fest auf die Wahrheit gestellt haben, und die einmal, dies ist mein Glaube, die andern höher tragen werden. Dannzumal wird man wieder Menschen finden, denen es in ihrer Haut und in der Gesellschaft, in der sie leben, wohl ist, die, vom Joch der Lüge und Heuchelei befreit, in allem der Klarheit zustreben und sich zu einer Weltanschauung bekennen, die gebaut ist wie der Mensch selber: Die Füße sicher auf der Erde, das Haupt nicht über den Wolken, aber dem Staube abgewandt.»

Eine Bubengeschichte ist auch *« Salto mortale »* (1902), eine psychologisch kompliziertere jedoch. Sie gestaltet die Tragödie eines kleinen Artisten, den Eifersucht und ungestillter Liebeshunger zur Verzweiflungstat und in den Tod treiben. Ein ehemaliger Zirkuskünstler weckt, als er ausgedient, in zwei kleinen Brüdern Lust zu seinem Métier und bildet sie ebenfalls zu Artisten aus. Der jüngere ist der begabtere, geschmeidigere, lächelndere, doch wird er vom älteren fast väterlich – ihr Vater ist ja tot – behütet, bis die Eifersucht ihm schärfer immer am Herzen nagt. Sie wird schließlich der Anlaß zum Unfall, der den jüngeren zum weiteren Ausüben seiner Nummer untauglich macht. Der Manager verläßt daraufhin die Familie, und die Mutter der beiden Knaben erkennt zu spät, daß auch der ältere in seinen Schuldgefühlen Liebe nötig hat – in der Nacht schleicht er davon uns läßt sich von der Brücke in den Fluß fallen.

Eine geradlinige seelische Entwicklung wird in der Novelle in klarer Konsequenz zu ihrem tragischen Ende geführt. Boßhart bekundet darin ein scharfes Auge für die Unweigerlichkeit eines innermenschlichen Ablaufs. Und er weiß diesen aus unscheinbaren Prämissen heraus überzeugend und augenfällig zu machen. Die Bilder, überlegtester Auswahl entstammend, entrollen sich wie von selbst: die Frau Zöbeli, die sich nach dem Tod ihres Mannes, des Weichenstellers, mühsam als Putzfrau durchs Leben schlägt; die brüderliche Einigkeit Heinzens und Franzens, ihre Kinderspiele; der Zimmerherr Valentin Häberle, der sich in ihrer Abwesenheit der Knaben etwas annimmt, in ihnen die Leidenschaft und den Ehrgeiz zum Artistentum weckt und die Mutter überredet, ihn gewähren zu lassen, indem er ihr Bilder eines besseren, leichteren Lebens vor die Seele malt – er lockt ihr sogar das Eheversprechen ab; die Künstlertournée in Deutschland und das leise Erwachen der Eifersucht in Heinz, die von der kleinen, schauspielerlistigen, schlangenhaft falschen Seiltänzerin Bianca noch bestärkt wird; Heinzens Lust und Qual; die Heimkehr zur Mutter; die Vorstellungen in der Heimatstadt; der grausamer ausbrechende Neid des Knaben, der zwischen Liebesverlangen, Trotzköpfigkeit und eifersüchtiger Enttäuschung kämpft; die halb bewußte Schuld endlich am Sturz des Bruders beim Salto mortale, ihrer gemeinsamen Nummer; der Weggang Häberles; der Mutter zärtliche Sorge für den kleinen Franz, während Heinz nur unwirsche Worte bekommt; und das düstere Ende –

Die Wasser rauschten kaum auf, als er versank; nicht einmal sie spendeten ihm Beifall, als ihm endlich sein Salto mortale gelang. Das war nun einmal sein Los. – Tags darauf fand ein Fischer den Leichnam eine Stunde unterhalb der Stadt. Das Röhricht hatte Heinz mit weichen Armen aufgenommen und gewiegt und gab ihn nun den Menschen und dem Staube zurück. – Das Antlitz war ruhig, wie das eines Schläfers, nur um den Mund lag ein leichter Zug der Unzufriedenheit, als verfolgte der bittere Geschmack der Zurücksetzung den Armen auch im Tode noch.

Das ist alles zuchtvoll, mit geheimem Vibrieren erzählt. Wie einnehmend die Gestalt des kleinen Franz, des heitern, naiven, liebevollen, hübschen Buben, dem alles leicht geht, der aber kaum weiß, daß er ein ‹Künstler› ist; Heinz daneben, der seine Kunststücke mühsam erlernt und doch das Herz so voll verschämter Liebe hat. Und die Mutter: die furchtsame, arbeitsame, treue, etwas trübsinnige Frau Seline, die durch ihre hie und da ausgesprochene Drohung, ‹ins Wasser zu gehen›, in ihrem Sohn den Gedanken an ein solches Ende weckt. Und Häberle, der zielbewußte, nicht unredliche, die Bürde aber schließlich von sich werfende «Direktor» der Truppe ‹Zobelli, fratelli›. Vier menschliche Wesen, die man nicht vergißt.

«Es ging ihr wie der Mutter: in ihrem Geiste verbanden sich Jugend, Liebe und Tod miteinander und das gab ein so geheimnisvoll anziehendes Gemenge, daß das zum Weib ausreifende Mädchen sich ganz darin fing»: das Motiv der *«Jugendkönigin»* (1907) ist mit diesen Worten schön umschrieben. Etwas erweitert, ließe es sich so ausdrücken: ein Mädchen, vor verhaßtem Joche fliehend und neuen, noch unbekannten Mächten in sich selber ausgeliefert, geht nach erlebtem Höhepunkt der Freude, gewiß, daß alles Folgende nur den schönen Traum zerstören kann, in den Tod. Und der Handlung näher noch: Nachdem schon Mathilde, die ältere Schwester, sich an der Seidenwindmaschine den krummen Rücken geholt, will der Vater, der Kleinbauer und Förster, in seiner Habsucht und in seinem Haß gegen die der Mutter nachschlagenden Töchter auch die jüngere, Adeli, die eben der Schule entwachsen, zur selben Arbeit zwingen, denn er kennt nur *ein* Familiengesetz: wieder, wie die Vorfahren, den schönsten Hof im Dorf besitzen. Sogar die Erinnerung an seine einzige «Fehlrechnung», seine frühverstorbene Frau, eine hübsche, aber kränkliche Näherin, ist in diesem verhärteten Herzen mit Haß vermengt. Am Jugendfest, bei dem auch das neue Schulhaus eingeweiht wird, ist das liebliche Adeli die Jugendkönigin, der Müllerssohn Wilhelm, ihr Schulkamerad, der König, und der etwas ältere, kräftige Rupprecht, der Schmied, schreitet hinter ihnen im Umzug als Tod verkleidet. Auf der Dorfbrücke begegnet der Festzug dem Wägelchen, auf dem Vater und Bruder Adelis das Martergerät, den neuen Seidenwindstuhl für Adeli, ins Haus befördern, und der Bruder, das äußere und innere Ebenbild des Vaters, läßt höhnisch seine Peitsche Adelis Pferd um die Beine streichen, so daß die Reiterin fast zu Fall kommt. Vor

Scham und Zorn würde Adeli am liebsten in den Erdboden versinken. Bei der Schulhauseinweihung spielt sie ihre Rolle dennoch gut, und am Ball im großen Saal des Gasthauses tanzt sie, fast wider Willen von diesem starken, sinnlichen, doch braven Burschen angezogen, nur mit Rupprecht, dem ‹ Tod ›. Nach Mitternacht verlangt der alte Hirschenwirt mit ihr einen Tanz, und dieser rät ihr darauf, nach Hause zu gehen. Kaum ist sie in der Dorfstraße, so überschüttet Paula, die Wagnerstochter, die in ihr die Rivalin sieht, sie mit Scheltworten – und plötzlich fühlt sie sich von zwei mächtigen Armen umschlungen, und zwei heiße Lippen pressen sich, erstickend fast, auf die ihren. Unter den Küssen Rupprechts, denen sie, fast unbewußt, halb entgegenkommt, erwachen bisher unbekannte, fast erschreckende Gefühle in ihr; doch kann sie entspringen, und zu Hause fällt ihr Blick mit Entsetzen auf die neue Maschine, die wie ein Ungeheuer wächst und die Spinnenfinger auf sie zustreckt. Sie entweicht, schon aber hört sie hinter sich Rupprecht, das weiße Kleid hat sie verraten, sie eilt dem Walde zu, Rupprecht ihr nach; sie wirft sich im dichten Unterholz auf den Boden, und Rupprecht sucht im Dunkel und ruft vergebens nach ihr. Ein Gewitter tobt über den Wipfeln, und wie ein Reh huscht Adeli davon, tiefer, immer tiefer in den Wald hinein. Am folgenden Tag gerät das ganze Dorf in Aufregung, doch findet man nichts von ihr als ihre Krone und ein paar Fetzen ihres Gewandes.

Eine wahrhaft nicht gewöhnliche Geschichte! Zusammengedrängt auf etliche Tage ein Geschehen, das über ein Schicksal entscheidet: ein ‹ klassischer › Vorwurf also, doch in vollkommen natürliche Gegebenheiten eingebettet. Der Kampf gegen den Vater paart sich in Adeli mit dem Kampf gegen sich selber, den der plötzlich aufflammende, sie ratlos machende Weibestrieb in ihr entfacht. Zwei Gefahren, zerstörerisch beide, aber in wie verschiedener Weise! Als der Vater sie, die als Jugendkönigin Auserkorene, zum verhaßten Gerät zwingen will, da erwacht in ihr so etwas wie ein Verantwortungsgefühl für ihre Schönheit, und als Rupprecht ihre Sinne, die bisher noch kindlich geschlummert, zum plötzlichen Auflodern bringt («Ich will ihn ja gar nicht, ich fürchte ihn ja!», entgegnet sie den beschuldigenden Worten Paulas – «Du liebst ihn!», antwortet diese, wissender, als sie denkt), da spürt sie, dunkel ahnend daß es um mehr geht noch als um ihre Schönheit: um ihr ganzes

Weibesschicksal. Und Jugend, Liebe und Tod, die ihr auf dem alten Kupferstich der Mutter früh schon so zueinandergetreten, und die nun am Jugendfest auf einmal einen geheimnisvollen Zusammenhang und Sinn offenbaren, scheinen ihr in ihrer namenlosen Verwirrung selige Tore der Rettung aufzutun.

Die Erzählung eilt wie ein klassisches Drama der letzten Katharsis und Auflösung zu. Atemlos schier, und doch kristallklaren Wortes, folgt der Dichter der innern Vision. Nie vielleicht hatten seine Worte einen ähnlichen Glanz:

Adeli, die Jugendkönigin, ritt, von dem sanften Müllerpferd leicht gewiegt, wie in einem Märchentraum dahin. Sie hatte ihre Augen mit Feenaugen vertauscht und sah alles in Märchenglanz und sonniger Heiterkeit. Sie war sich nicht mehr bewußt, die Tochter des Lorenbauers und Gemeindeförsters zu sein. Sie hatte den häßlichen Auftritt mit dem Vater vergessen, sie war über Nacht Königin geworden, wie es in den Märchen wohl geschehen mag, und zog nun in ihr Reich ein. Sie hatte ihre Landesherrlichkeit noch nie gesehen, alles war ihr neu und wunderbar. Das waren nicht die Häuser und Baumgärten, die Gassen und Leute ihrer Heimat; in solchem Glanz hatten sich noch nie Blütenzweige und Laub über die Straße gebeugt, so heiter und doch feierlich strebten die Giebel und der Kirchturm zu Schönau nicht ins Blaue, so starken Duft strömten die Buchshecken und Hyazinthenbeete im Lande gewöhnlicher Menschen nicht aus. Die Königin schaute nach den Kränzen, die die Haustüren und Fenster und Brunnen umrahmten, und nach den bunten Fahnen, die von den Giebeln oder aus den Dachluken flatterten, ihr zuwinkten und entgegenstrebten, von fröhlicher Feststimmung beseelt. Und es kam eine unsägliche Wonne über sie. Auch sie war eine solche Fahne und die Königin aller Fahnen und schwebte und wiegte sich in Lust und Luft leichter als eine Schmetterlingsschwinge. Fiel ihr Blick auf Wilhelm, der im Gefunkel seiner Feldherrnrüstung einherschritt und die Sonnenstrahlen in blendenden Büscheln nach allen Seiten auseinanderspritzte, so mußte sie ihm zulächeln; der kleine Zwist, der vor ein paar Tagen ihrer Kameradschaft einen Stoß gegeben hatte, war abgetan, in der Festfreude untergetaucht! Adeli war ebenso stolz auf ihren Feldherrn, wie er stolz auf seine Königin war. Wenn sie nur nicht erwachen müßte, wenn nur der Wundertraum ewig dauerte!

Und der zweite Höhepunkt im Walde, den sie mit letzter Willenskraft erreicht: Das Gesicht an den kühlen Boden legend, horcht sie, wie ihr Herz tobt und den ganzen Leib erschüttert. Und schon hallt der Ruf Rupprechts durch die Stämme. Sie liegt und weint lange und horcht in den Wald hinaus, und ein Kindererlebnis zieht wie ein blasser, ferner Traum an ihr vorüber: wie einmal die Buben im Baumgarten ein Eichhörnchen verfolgten, bis es, vom letzten Baum hinunterspringend, um dem nahen Wald zuzueilen, von einem Steinwurf dahingestreckt wurde:

«Ich bin glücklicher als das Eichhörnchen», sagte sich Adeli, «ich habe den Waldrand erreicht und kann nun lachen!» Und sie lachte heiser und erschrak über sich.

Der Sturm, der dem Gewitter voranzog, toste nun durch die Baumkronen, zauste sie wild und warf dürre Äste herab. Das war ihr recht, so konnte sie weiter fliehen, ohne gehört zu werden. Schon wollte sie sich aufrichten, da erblickte sie auf dem Waldweg in einem Blitz, der das Gehölz durchleuchtete, die Gestalt ihres Verfolgers wenige Schritte von ihr entfernt. Er schritt langsam zum Waldrand zurück, sie meinte ihm den Zorn anzusehen und schmiegte sich fester an die muttergute Erde an. Erst als ein neuer Blitz ihr zeigte, daß die Gefahr zum zweitenmal vorbeigegangen war, kroch sie etwas aus ihrem Versteck hervor und blickte nach dem Ende des Weges, das sich wie ein Tor gegen das Feld öffnete. Dort stand er nun unbeweglich und gespenstig, sie sah ihn deutlich bei jedem Blitz, sein Gesicht war bald nach dem Wald, bald nach dem Feld gerichtet, er schien entschlossen, ihr dort aufzulauern wie ein Jäger seinem Wild.

«Du sollst mich nicht mehr berühren», sagte sie in mühsam errungenem Trotz, «ich will einem andern zulaufen. Das muß nun sein! Du und die Maschine sollen mich nicht wiedersehen! Und der Vater auch nicht. Wenn ich nur Mathilde mitnehmen könnte! Nicht einmal Lebewohl habe ich ihr sagen können! Wie sie weinen wird! Aber ich kann es nicht ändern, sie hätte mir ja doch nicht zu helfen vermocht. Warum ist sie nicht auch gegangen, bevor sie krumm war. Warum konnte mir der Gedanke kommen und ihr nicht?»

Wie sie so an die Schwester dachte, fing sie zu schluchzen an ...

Es ist zu beachten, mit welch zarter Hand Boßhart in der Novelle an das Problem des Weibeserwachens in Adeli rührt; das künstlerische Gleichgewicht war nirgends labil wie hier: Jugend, Liebe und Tod durften sich nur in leisester Andeutung umschlingen. Daß er dieses Gleichgewicht so vollkommen wahrte, zeugt von überaus wachem dichterischem Sinn. Die «Jugendkönigin» ist das Reifste, Köstlichste, innerlich Ausgeglichenste, was Jakob Boßharts Feder entflossen, und man bedauert, daß diese reine dichterische Hingabe ihm nicht öfter beschieden war.

*

In seinen Novellen brachte Boßhart in späteren Jahren gerne hin und wieder auch Zeitprobleme zur Sprache: sein Verantwortungssinn, sein vaterländisches Gewissen, sein zusehends fast prophetischer Blick in die Ereignisse und in die geistige Situation legten sie ihm nahe. «Wir leben in einer Zeit, da alles bedroht ist», stellte er fest: «Das ist Werden oder Tod[15]». Daß es Werden sei, dazu schrieb er den Roman «*Ein Rufer in der Wüste*» (1921), der in den sechs Jahren vor dem Weltkriege spielt (geplant waren, wie wir bereits verzeichneten, auch ein Kriegs- und ein Nachkriegsroman). Man kann dessen allgemeines Thema nicht besser als mit den Worten des Dichters selber deutlich machen: «Leben, Leben!» (so sagt sich Reinhart Stapfer, der ‹Rufer› des Romans, am Rande des Berggrats sitzend, über die Hügelketten hinschauend, die zum See und zur Stadt wogen – eben hat er die Mutter verloren, die ins Wasser gegangen). «Wir sitzen auf einem einsamen Stern im Unendlichen und Ewigen, vielleicht die einzigen Wesen im Weltenozean, die schauen und denken und erleben können. Welche Gnade, welche unfaßbare Gnade! Und was machen wir daraus, wir Armen, wir Würmer? Oder wir Meteore, die eine allgütige, unsichtbare Hand in den Schauer geworfen hat? Wir kommen aus dem Schoß des Dunkels und verwehen wieder in den Schoß des Dunkels, und dazwischen ist die kurze, leuchtende, freudige Bahn, dieser einzige, nie wiederkehrende Flug im Licht. Und wir sind so überrascht und wir sind so klein und erbärmlich, daß wir die Gnade nicht fassen und wie ein seelenloser Stein dahinsausen, eilig, eilig, als wäre das Glück etwas Unerträgliches, als wäre Lichtglanz und Gottesdasein ein Ekel, und Finsternis, Schmutz und Staub der höchste Preis! Wie unwürdig stehen wir da vor der werfenden, gütigen, schenkenden Hand, wie undankbar und armselig! Statt daß wir mit hoch und weit gesperrten Augen durch das Gotteswunder schreiten und den Augenblick lang, der uns beschieden ward, freudig erglänzen und hoch aufleuchten und in dem unendlichen Rätsel bis ins Tiefste erschauern, bücken wir uns nieder, waten in Schlamm und Schmutz und greifen nach Kröten und Molchen. Ein bißchen Hungersättigung, ein bißchen zerflatternde Lust! Stündlich segnen sollten wir unser Leben, alltäglich heiligen. Stündlich verschleudern, alltäglich schänden wir es. Und die Besten müssen ins

[15] Bausteine, 186.

Wasser!» (234/5). Und an anderer Stelle heißt es, noch konkreter
bestimmt – Mauderli, der verbummelte, aber auf seine Art weise
Student, sagt die Worte zu Reinhart: «Es ist uns nichts mehr heilig,
weder die Natur, noch die Seele, da sitzt der Wurm.» Und Reinhart antwortet: «Und weil wir den Geist nicht mehr heiligen, beten
wir ein Scheibchen gelbes Metall an. Das ist unser Götze und Herrgott geworden. Wir münzen unser Glück, wir münzen unsere
Seele, wir münzen unsern Himmel ...»(238). Diese Erkenntnis, im
dichterischen Bilde auf die heimatliche Gegenwart übertragen: das
ist der Roman «Ein Rufer in der Wüste». Er ist ein Schreien in die
Zeit hinein, wie Jeremias Gotthelf es immer wieder geübt, wie
Gottfried Keller im «Martin Salander». Er ist ein ‹Schweizerspiegel› – ein lauterer freilich als der, den im Roman der zynische
Dr. Wäspi zu einem Schaukasten publizistischer Unverfrorenheit
macht.

Dieser Schweizerspiegel zeigt, wie Gotthelfs «Bauernspiegel»,
somit mehr die Schatt- als die Sonnseite des nationalen Lebens; er
ist schärfer in der Spiegelung von Schwächen als in der von Tugenden. Der kritische Ton herrscht durchwegs vor; Boßhart malt
auch hier, wo er schildernd weiter ausholt, mit eher düsteren Farben. Wir leben immer offensichtlicher in einer entgötterten, ent-
seelten Welt. Die Menschen haben mit der Religion die Liebe zur
Arbeit, zum Beruf verloren; an Selbstschau, Selbsterbauung denkt
man nicht mehr. Daher die innere Leere des Durchschnittsmen-
schen, das Bedürfnis nach Zeittötern, wie Kartenspiel, Konzert,
Theater, Sport, Klatsch, Kino, Alkohol, Weiber. Die Großstadt,
die Maschine, die Industrie, die Technik haben dem mechanisierten
Denken Vorschub geleistet, die Innerlichkeit ist in allen Ständen
am Schwinden. Der materialistische Glaube nimmt überhand. Er
äußert sich als Mammonismus, als Machtgier, als Genußsucht, als
Intellektualismus, als geistige Vaterlandsflucht, als Verfall der Familie, als Betonung des Triebhaften, Unbewußten, als Veräußer-
lichung alles Seins, als Schein, als toter Glanz. Die politischen Par-
teien sind dem wirtschaftlichen Zweckdenken verfallen; man bewundert blindlings die am selben Spittel kranke Großmacht nordwärts des Rheins. Dabei herrscht vielerorts proletarisches Elend,
revolutionäre Apostel und Wühler finden offene Geister und Herzen. Das alte währschafte Wesen lebt nur noch in einzelnen, insbe-

sondere in scholletreuen bäuerlichen Gemütern. – Boßharts gleichsam schleierloses Sehen, sein herbes, nacktes Wort verschärfen diese dunklen Tönungen noch.

Ein Tendenzwerk also? Ja und nein. Der Dichter selber gab die Antwort: «Ein Tendenzwerk ist nur erträglich, wenn das Ziel ein ideales ist und mit Begeisterung, nicht bloß Überzeugung verfolgt wird[16].» Beides trifft hier zu. Das ideale Ziel des Romans berührten wir schon. Der «Rufer» ist aber auch mit Leidenschaft geschrieben. Eine innere Glut durchflutet dieses Werk bei aller scheinbaren Nüchternheit. «Stumm und groß schaute der Bergwald herab. Der Atem der Erde floß stark und kühl dahin.» In ein Naturbild gefaßt, ist das der Eindruck, den viele Seiten des Romans wecken. Im Dichter auch, wie in Reinhart Stapfer, lodert das Feuer der Erleuchteten; und seine Überzeugung auch ist die Reinharts: «Alles, was die Menschheit hebt, sei heilig im neuen Dom, alles, was sie erniedrigt, sei uns böse.»

In solchem Sinne ist die ‹Tendenz› sicher vollkommen berechtigt: wirkliches, tiefes Leben hat die Heiligungstendenz *in* sich. Dennoch gilt für den «Rufer» auf unsere Eingangsfrage auch das Ja. In dreierlei Hinsicht, scheint uns, ist die Tendenz erkennbar und schadet dem *Kunst*werk des Romans. Erstlich fällt auf, daß die Kindheitsgeschichte Reinharts übergangen wird: die Erzählung setzt mit seinem Austritt aus dem Gymnasium ein. Der Held wird fast unvermittelt in seine besonderen Lebensprobleme geworfen; das erlebnisschwere Arsenal früher und frühester Erinnerungen wird ihm gewissermaßen vorenthalten. Findet er sich nicht auch deswegen nie völlig zurecht im Leben? Muß er nicht immer wieder seinen Kompaß zu sehr nach nachträglichen, mehr verstandesmäßigen Erkenntnissen richten? Und dabei ist er doch, wie die Mutter ihm sagt, ein Landert, schlägt ihr, nicht dem Vater, dem Zweckmenschen, nach, denn bei den Landert geht mancher Blick nebenaus ins Blaue oder Ziellose. Bei solcher Veranlagung muß die Kindheit bedeutsam werden – warum wird sie ihm und uns unterschlagen? Doch wohl einem tendenzhaften Schema zulieb, in das der Held sich fügen mußte. (Auch von der Kindheit von Gotthelfs Uli dem Knecht hört man wenig. Bei Uli aber gehört sie dem ‹dumpfen› Bereich seines Lebens an, während sie bei Reinhart,

16 Bausteine, 102.

in viel entwickelteren, materiell viel günstigeren Verhältnissen, eine ungleich bewußtere Periode darstellt.)

Ein zweiter Punkt: Die Charaktere sind fast alle, im Guten oder im Schlimmen, um ein Stückchen zu einseitig, etwas zu betont in ihrer Grundverfassung, und das im Hinblick auf die zeitkritische ‹Idee› des Ganzen. Das gilt besonders vom Vater Reinharts, Ferdinand Stapfer: dieser Fabrikdirektor, Nationalrat, Oberst und radikale Parteiführer hat sich ganz dem äußeren Erfolg verschrieben, ordnet alles, auch die Familie, seiner Geld- und Machtpolitik unter, duldet keinen Widerspruch, zwingt daher auch den anders gearteten Sohn unter den Jochgalgen seiner Pläne, ist blind für geistigere Werte, und gerät denn auch ganz unter den Einfluß des Reichsdeutschen Geierling, dieses ‹Pioniers des Deutschtums›, der sich als moderner nationalistischer Conquistador vorkommt und für den die Welt ein Geschäftsbetrieb ist, in dem nur die stärkere Maschinerie obenaufkommt. Doch auch Reinhart selber ist als Charakter nicht nur von innen her gesehen, auch er wird eingespannt in die Tendenz der Gesamtanlage, muß sich, einmal vom Vater losgerissen, zum sozialen Heiligen, ‹Apostel und Narren› entwickeln, schließlich zur Einsicht auch, daß wahre Volksgesundung nur vom Opfergeist und der Hingabe des Einzelnen kommen kann; zu diesem Behufe muß er die verschiedensten Milieus kennen lernen, neben dem bäuerlichen, dem er entstammt, auch das aristokratische und das proletarische, muß in sozialistischen und in kommunistisch-revolutionären Bestrebungen und Umtrieben mitmachen, muß im «Haus Avera» aber auch die östlich-indische Yoghi-Weisheit in ihrer menschlich so verwirrlichen Wirkung erfahrend in sich aufnehmen, um endlich, nach bittersten Entsagungen – Jutta, die aristokratische Jugendgeliebte, entgleitet ihm, um die Frau Geierlings zu werden, und Imma, die seelisch vergewaltigte, indisch-schweizerische Tochter aus dem Haus Avera, das Gegenbild Juttas, siecht tragisch dahin –, nach herbsten Enttäuschungen eigener Unzulänglichkeit und der Fratzenhaftigkeit des Zeitgeistes, irgendwie doch vollendet freilich, sind auch seine Pläne alle gescheitert, wie ein Hund erschlagen zu werden. «Der Held eines Romans (sagt Boßhart in den «Bausteinen») muß eine komplizierte Natur, also keine Idealgestalt sein. Ideale Figuren müssen Nebengestalten sein.» (Was eine Idealgestalt ist, bliebe zu erörtern. Gotthelfs hohe Frauengestalten z. B. sind Ideal und Wirklichkeit zugleich, weil sie tiefdichterisch empfangen sind.) ‹Kompliziert› sind aber im «Rufer» eigentlich weder Vater noch Sohn Stapfer; geprägt sind sie vielmehr, in Aktion und Reaktion, erleidend und protestierend, vom Zeitgeist selber. Und dieser beeinflußt auf seine Weise auch das Bild der Nebengestalten: das der aristokratischen Homberg z. B., die dadurch zu einer merkwürdigen Mischung von Standesdünkel und geschäftlichem Materialismus werden; das des Modepfarrers Schalcher, der, ein Topaze avant la lettre, sich zum interessierten Geschäftsmann mausert; das Immergrüns (Wäspis), der, grundsatz- und rücksichtslos, verschlagen, sich von den politischen Wellen tragen läßt, jedenfalls seinen Weg geht «wie eine abgeschossene Kugel»; das Holzers, des fanatischen, schließlich verbrecherischen Arbeiterführers (er, der einstige Schulkamerad und Fabriklehrmeister Reinharts, wird auch sein Totschläger), usw.

Ein dritter Punkt: Das bäuerliche Element selber, aus dem in solcher Verdüsterung manchmal so etwas wie ein Rettungsschimmer aufzublitzen scheint, steht im Schatten der leitenden Idee. Die Golsterhofleute, vorab der Großvater Reinharts, Abraham, und die Großmutter, Annabab, doch auch das verwachsene, scheue, Reinhart so anhängliche Estherchen und dessen Schwester, die starke, lebenstüchtige Adelheid, so wie Melchior, der dritte Sohn Abrahams, und seine Frau Bethli, die beide, verschollen fast, in der Stadt eine weltfremde, bescheidene Existenz führen und nach dem Tod des Großvaters auf den Golsterhof zurückkehren: sie alle sind Sprossen eines verwurzelten, gesunden, hellen Bauerngeistes. «Oh, ich habe eine Freude gehabt an diesem Hof! Wie ein König kam ich mir manchmal vor», sagt der Großvater zu Reinhart, in welchem er, anders als in seinem Sohn Hans Rudolf, dem neuen Bauern, und anders auch als im Enkelbub Walter, noch ein «Bauernherz» erspürt und dem er, stramm ausschreitend, wie in den guten Jahren, Wald und Wiesen des Hofes zeigt, die zum Greifen nahen Firnen auch, die auf sein Grab herabscheinen werden. Und von der Annabab sagt Mauderli zu Reinhart, es sei ihm immer, sie arbeite, wie man beten soll. Nach dem Tod Reinharts (er stirbt auf dem Golsterhof) ersteht die Hoffnung auf eine neue Bauerngeneration: Adelheid, die Hans Jörg, den Knecht des Hofes, geheiratet, sieht ihrer Weibesstunde entgegen. Trotz alledem: dieses Bauerntum ist mehr vergangenheitwärts gerichtet, als es zukunftsgläubig ist, und wie stark sind in ihm anderseits die zersetzenden Elemente: im spekulierenden, herumwägelnden Hans Rudolf, in seiner bauernfremden Frau Agathe und in ihrem als Kind schon geldsüchtigen Sohn. Ein großes Fragezeichen schwebt über dem Stande, der so lange eine nationale Erneuerungsquelle war.

Der Dichter, wird man vielleicht antworten, wollte eben ‹ wahr › sein, wahr wie ein Spiegel, damit aus Selbsterkenntnis der Wille zur Umkehr erwache. Ist unser Bauerntum nicht so? – Die Antwort kann nur lauten: Dichterische Wahrheit ist nicht Alltagswahrheit. Was Boßharts Bauernstand, hier auch, problematisch macht, sind nicht die zerstörerischen Kräfte, diese waren, verschieden ausgeprägt freilich, in ihrer Art zu jeder Zeit vorhanden, sondern das ist die künstlerische Undichte und Substanzarmut dieser Welt. In ihr erscheinen, das sei zugegeben, ungleich sympathischere Figuren als in der bürgerlich-patrizischen; dieses Sympathische aber ist nicht tief genug gegründet. Tiefere dichterische Werte wären dabei keinesfalls gleichbedeutend mit gegenwartsferner Idyllik. Wohlverstandene Idyllik ist in solchem Falle immer gesundes, volles, starkes Menschenmaß in Lebenstreue und seelischem Adel. An diesem vollen, in sich ruhenden Menschenmaß fehlt es.

So liegen denn breite Schatten über dem «Rufer»-Werk. Die so spürbare innere Glut speist und stützt zu sehr nur das ideelle Gerüste. Wohl sind die Dialoge immer wieder bedeutend, scharf, klug verankert; ganze Szenen auch ergreifen durch ihren Gehalt und ihre Umrißfestigkeit; wie prophetischer Ingrimm hallt es durch andere. Überwältigend aber ist nur eine – und es fällt auf, daß eine Jugendliche und zudem das Problem des Leidens, des Übels in der Welt in ihrem Mittelpunkte stehen: jene, in der Reinhart in der Proletariermietskaserne, dem «Hundertseelenhaus», das er bewohnt, den St. Niklaus macht, von Wohnung zu Wohnung geht und schließlich auch zur kleinen, lahmen Strickerin Trude kommt. Die Seiten seien hier, als Dank für den Dichter, vollständig wiedergegeben:

Der Sack war leer, bevor Reinhart das ganze Haus beschenkt hatte. Es blieben ihm nur noch ein paar Kleinigkeiten, die er in die Wohnung des Totengräbers hinauftragen wollte, aus der so oft das klägliche Kindergeschrei ertönte. Er berechnete die Türe und klopfte an. Eine hohe Stimme rief zaghaft: «Herein.» Mitten in dem Stübchen saß das weißblonde Kind, das Reinhart schon mehrmals am Fenster gesehen hatte, vor einer kleinen Maschine und blickte dem Eintretenden argwöhnisch, fast erschrocken entgegen. Eine Handbewegung verriet, daß es eben etwas im Latz der Schürze verborgen hatte. In der Nähe lagen zwei Krücken.

«Bist du allein?» fragte Reinhart aus seinem Reistenbart heraus.

«Ja, ich bin jetzt allein.»

«Was treibst du da?»

Sie lächelte überlegen: «Das ist doch eine Strickmaschine.»

«So, eine Strickmaschine? Und daran arbeitest du den ganzen Tag?»

«Ja, ich sollte den ganzen Tag daran schaffen.»

«Und bist du immer allein? Du hast doch Brüder?»

«Sie sind in der Fabrik und kommen nur am Abend heim.»

«Und die Mutter und der Vater?»

«Die Mutter spettet heute in der Stadt, und der Vater ... ich weiß nicht, er ist wohl im Wirtshaus und säuft.»

«Und säuft? Wie du das sagst! Und wenn er getrunken hat, schlägt er dich?»

«Woher wissen Sie das?» Es flammte in ihren grauen Augen. «Wohnen Sie hier im Hause?»

«Ja, grad unter dir, Trude.»

Ihr Gesicht strahlte auf. «Dann sind Sie der Rattenfänger. Ziehen Sie das ab, bitte, bitte! Ich möchte Sie einmal aus der Nähe sehen.» Sie wies auf die Maske.

«Die Maske gehört heute zu mir. Ich bin der Klaus. Ich habe dir was mitgebracht. Da sieh!»

«Sie sind also das Christkind mit einem Bart. Das ist spaßig. Aber ziehen Sie die Larve ab, bitte!»

Er tat ihr den Willen, und sie sah ihm mit glänzenden Augen ins Gesicht.

«Man hat mir gesagt, du seiest lahm. Kannst du nicht gehen?»

«Mit der Maschine. Aber sie ist mir schon lange zu klein. Ich bin gewachsen und sie ist klein geblieben. Vielleicht kann ich einmal eine neue kaufen, wenn ich recht gut stricken kann.»

«Kannst du es noch nicht sehr gut?»

«Nein. Und dann ...»

«Was, und dann?»

«Es ist so langweilig. Immer auf und ab, auf und ab, den ganzen Tag, da, mit dem Ding da. Sehen Sie.»

«Warst du immer lahm?»

«Immer. Aber ich will wieder gesund werden. Kann das nicht sein?» Sie sah ihn mit zitternd fragenden Augen an.

«Ich will einmal einen Arzt zu dir schicken.»

«Wollen Sie? Aber die Ärzte können auch nichts. Ich war einmal in einer Anstalt. Dort hat man mir die Maschine gemacht, aber keine gesunden Beine. Ich glaube, der liebe Gott könnte mich gesund machen, aber er will nicht! Er will einfach nicht!»

«Warum sollte er nicht wollen?» forschte Reinhart.

Ihr Blick schoß scheu nach ihm und senkte sich dann zu Boden. Nun sah er, daß sie ein seltsam wissendes altes Auge hatte. Auf einmal krampfte sie die Hände zusammen und fing an zu beten: «Lieber Gott im Himmel, mach mich gesund, und dann will ich fromm sein mein ganzes Leben lang. Amen.»

Er sah sie verwundert an und faßte ihre Hände: «Du bist ein gutes Kind. Ich will dir eine Maschine verschaffen, aber ich brauche Zeit.»

«Gelt, Sie sind reich? Wenn man Geld hat, kann man alles. Die Reichen können alle gehen.»

«Nicht alle, Kind.»

«Aber alle Frommen?»

«Nicht einmal alle Frommen.»

Sie sann nach. «Aber ist das auch recht?»

«Darüber läßt sich nicht zanken. Wie es Blonde und Dunkle gibt, so auch gibt es solche, die leicht, und solche, die schwer tragen müssen. Aber warum wirst du nun so traurig?»

Sie rang mit den Tränen: «Ich glaube manchmal, wenn ich ganz gut würde, lernte ich wieder gehen.»

«Glaub es nur weiter! Schau, du darfst nun eines der Paketchen öffnen. Nimm das kleinere.»

Sie löste den Bindfaden und nahm das Papier auseinander, rührte aber den Inhalt nicht an. Sie schien etwas in sich zu bewegen und schnellte es plötzlich hervor: «Ich möchte Ihnen einen Kuß geben zum Dank. Aber ich kann nicht aufstehen, ich müßte die Krücken haben.»

«Warum willst du das?» fragte er verwundert.

«Weil Sie gut mit mir sind. Es ist sonst gar niemand gut mit mir», klagte sie kaum vernehmbar, «niemand, niemand, niemand!» Die Augen wurden ihr naß. Er hatte Mitleid mit ihr und neigte sein Gesicht zu ihr nieder. Sie umschlang seinen Hals und küßte ihn mehrmals hintereinander, schmatzend, unbeholfen. Bei der heftigen Bewegung ihres Oberkörpers rutschte ihr etwas unter der Schürze herab und fiel zu Boden. Sie merkte es und ließ Reinhart erschreckt fahren. Es war ein Buch, abgegriffen und schmutzig. Er hob es auf.

«Das liesest du, Trude?» Es war ein Hintertreppenroman.

Sie gestand zögernd: «Ja, aber es weiß es niemand als die Frau Hollenweger über dem Gang drüben, die mir die Bücher bringt. Denn, wenn ich lese, schaffe ich nicht, und ich sollte doch eine teure Maschine abverdienen. Und wenn ich nicht genug schaffe, haut mich der Vater.»

«Aber Kind, wenn dich das Lesen am Schaffen verhindert ...»

Sie wurde ganz rot und flüsterte wie ein Geheimnis: «Wenn ich an der Maschine schaffe, muß ich denken. Beim Lesen denkt man nicht.»

«Was für ein Unsinn! Wieso denkt man beim Lesen nicht?»

«Man denkt schon, aber nur, was das Buch will, und alles andere vergißt man. An der Maschine denkt man ...» Sie rang nach einem Ausdruck und schwieg. Ihr Gesicht hatte sich auf einmal verzerrt.

«Was denkst du an der Maschine?»

Sie flüsterte: «Ich kann es nicht sagen.»

«Sag es immer, es wird dir leichter werden.»

«Es ist, weil ich ein sündhafter Mensch bin.»

«Nun höre, Trude, wir sind alle etwas sündhaft.» Sie starrte ihn mit ihren seltsam alten Augen unschlüssig an. Dann sagte sie kaum hörbar: «Sie werden mich verabscheuen.»

«Wie soll ich ein Kind verabscheuen?»

«Doch, Sie würden mich in den Boden verachten!»

«Wenn du mir nicht traust, ist es schon besser, du schweigst. Ich gehe jetzt. Lebe wohl!»

Nun streckte sie ihre langen Arme heftig nach ihm aus, zog ihn zu sich herab und hauchte ihm ins Ohr: «Ich verfluche ihn jeden Tag. Ich kann nichts dafür!»

«Wen verfluchst du?»

«Ihn, der alles macht, den Herrgott.»

Er forschte in ihren Augen und sie erklärte sich: «Ich kann ja nichts dafür. Es kommt mir, ohne daß ich es will. Warum bin ich ein Krüppel und warum sind andere nicht auch Krüppel? Ich kann nicht gehen, ich kann nur kriechen, ich bin ein Wurm. Ist das recht? Ist das recht? Und weil ich ein Krüppel bin, liebt mich niemand. Meine Brüder sind groß und stark, die Mutter liebt sie, und auch der Vater haut sie nie, er schimpft nicht einmal mit ihnen. Könnte ich gehen und so viel Geld verdienen wie sie, so würde er mich auch nicht schlagen. Bin ich denn schuld? Sehen Sie, darüber denke ich nach und dann verfluche ich ihn ganz gräßlich. Denn er macht doch alles, nicht? Er hat andere schön gemacht und mich lahm. Er ist schuld, daß mich der Vater haut und mit dem Schuh stößt, und daß mich die Mutter im Tag kaum einmal anschaut. Und wenn sie's tut, wie! Und wissen Sie, was ich tue? Ich verwünsche ihn aus dem Himmel in die heißeste Hölle, zum Bösen, ganz zuunterst, denn er ist ja auch böse. Ist das nicht schrecklich? Gleich darauf bete ich dann wieder, denn ich weiß ja, daß es sündhaft ist. Aber ich spüre schon, es nützt nichts, das Fluchen ist viel stärker. Wenn er wie ich Tag und Woche und Jahr lahm auf dem Schemel vor der Maschine hocken müßte, dann würde er mir schon helfen. Man muß es erfahren haben!»

Sie bohrte ihre flackernden Blicke in Reinharts Augen und sagte eindringlich: «Sie sind ein Erwachsener, Sie sind klug, sagen Sie mir recht, warum der Herrgott dem einen gut ist und dem andern böse. Was Sie vorhin sagten von den Dunkeln und von den Blonden, das war nicht Ihr Ernst, ich merkte es schon. Sie meinen, ich sei ein dummes Geschöpf. Alle meinen immer, ich sei noch so ein einfältiger Fratz.»

Reinhart war verlegen vor dem Kind, das in seiner Einsamkeit und Verschupftheit, in seiner Sehnsucht nach Glück und Liebe, auf die tiefste Frage und die härteste Anklage gestoßen war. Er sah die fiebernden Augen der Unglücklichen, er sah ihre Leidenschaftlichkeit und ihren heißen Mund und sagte: «Der Herrgott wird schon wissen, warum er dich so gemacht hat. Er hat dich vielleicht besonders lieb. Ja, ich glaube es. Schau, viele sind schön und gefällig und haben gesunde Füße, nur um sich von ihrer Schönheit und ihren geraden Gliedern in den Schmutz tragen zu lassen.»

Während er so sprach, fühlte er, wie einfältig und wie wenig dem kindlichen Verstand angemessen die Worte waren. Zu seinem Erstaunen nickte Trude nach einigem Besinnen zu ihm auf. Er sah, daß sie ihn verstanden hatte und seinen Trost annahm. Ihr Blick ging wie einem Faden entlang quer durch das Zimmer, als folgte sie einem Weg und dächte ihn ganz aus. «Diese Hundertseelenhauskinder verstehen alles», dachte Reinhart. Endlich sagte sie: «Ich will es nie mehr tun. Ich meinte bis jetzt, er werde mir immer etwas zu leid und nie etwas zu lieb tun. Aber heut hat er Sie zu mir geschickt, und doch habe ich ihn noch vor einer Stunde in die Hölle gewünscht. Zuerst ihn und dann den Vater! Ja, ja, machen Sie nur solche Augen! Auch den Vater! Glauben Sie, er werde mir das alles verzeihen? Ich meine, der Herrgott? Sie verzeihen es mir ja auch nicht; ich sehe es Ihnen an!»

«Oh, doch, Trude, und er noch viel mehr, denn er vollbringt alles weit stärker als wir armen Menschen.»

«Und wird er mich dann gehend machen? Und wird ein Tag kommen, da mich der Vater nicht mehr schlägt und Krüppel schimpft? Sie schweigen? Das heißt: Nein. Ich muß mein Lebtag ein Krüppel sein!» Sie rechnete in die Zukunft und fing leise zu weinen an.

Er fuhr ihr tröstend über das helle Haar. Sie ergriff seine Hand und bettelte:

«Sie müssen jeden Tag ein bißchen zu mir kommen. Ich klopfe mit der Krücke dreimal, wenn ich allein bin. Sie müssen mich lieb haben, weil mich niemand sonst lieb hat. Dann will ich auch keine Bücher mehr lesen und ihn nicht mehr in die Hölle verwünschen. Und Sie müssen mich jetzt noch einmal küssen, ich muß sehen, daß Sie mich nicht verachten.» Sie flehte: «Tun Sie's nur hierher!» Sie wies auf die Stirne.

Er beugte sich über sie, und sie schlang wieder den Arm um seinen Hals, aber sanft, kaum fühlbar. Dann mit einem Ruck berührte sie seine Lippen leicht mit den ihrigen und ließ sich auf den Boden fallen, um sich zu wälzen. Eilig ging er hinaus. Sie schluchzte ihm nach: «Gelt, wenn der Krüppel klopft?»

Er war ganz verstört, als er zu Joseph Schmärzi ins Zimmer trat ...»
(317-323).

Die Szene reiht sich ebenbürtig an ähnliche aus der «Jugendkönigin». Sie bildet ein Ganzes für sich. Bilder lassen sich aus dem «Rufer» verhältnismäßig leicht herausheben, die Zusammenhänge sind zumeist eher locker. Boßhart gruppiert die Geschehnisse um einige Hauptpunkte, die er novellistisch behandelt. Die Handlung zerfällt wie von selber in kleinere Kapitel, die ihre Eigenständigkeit haben. – Ein Weiteres ist zu bemerken: Die drei Teile des Romans (von denen der dritte übrigens der längste ist) enden jeder mit einem Todesfall, nacheinander mit dem des Großvaters, dem der Mutter Reinharts und endlich dem Reinharts selber. Drei Geschlechter verlassen nacheinander die Bühne unter immer tragischeren Umständen; sie sind hierin noch ein Symbol, und ein wie augenfälliges, des pessimistischen Zentralgedankens.

*

1918 hatte Boßhart die *«Träume der Wüste»* veröffentlicht. Wüßte man nicht, daß die neun Märchennovellen die späte Frucht eines ägyptischen Kuraufenthalts (Oktober 1903 – Mai 1904) sind – einzelne der Novellen waren zwar schon 1908 entstanden –, so würde man in ihnen wohl eine Äußerung ‹empfindsamerer› Bedürfnisse des Dichters erblicken, gleichsam ein phantasiereicheres, spielenderes Ausruhen nach den rauhen, gegenwartsnaheren Erzählungen aus der Bauernwelt. Jedenfalls sind sie in den Vorhöfen seines ‹lyrischen› Bewußtseins beheimatet. Ein Gedicht – «Abend in Matarieh» – leitet den Band ein, und der Übergang zum Prosatext vollzieht sich mühelos. ‹Träume› aber sind es doch nur halb: der Denker Boßhart hat ebenfalls seinen Anteil an ihnen. ‹Wandlungen›, ‹Verwandlungen› ließen sich fast alle dieser Novelletten überschreiben. Ihre Themen sind: Liebesopfer («Die Blutorangen», «Der Richter Dâmigh», «Hadschar-el-Banat»), Opfer herzensedler Menschenliebe («Die Säerin»), Opfer der Mutterliebe («Issa und die Mutter»), Läuterung des innern Menschen durch Selbsterkenntnis und Leidensprüfung («Der Richter Dâmigh», «Prinz Tor und die Schlange Waga»), Rückverwandlung der Erde in Urschönheit durch Menschengüte und Menschenfrieden («Das Märchen der Wüste»), der Fluch böser Tat («Barakat»).

Die dichterische Palme reicht der nachdenkliche Leser den «Blutorangen» und dem «Richter Dâmigh».

In den *«Blutorangen»* wird erzählt, wie Gamid, der mit seinen
Eltern in der Oase wohnt, nach dem Tod seines Vaters zum reichen
Onkel in einer andern Oase geht, um sein Recht zu fordern, jedoch
abgewiesen wird, denn der Onkel ist selber der Kadi (Richter).
Doch findet er eine liebliche Hirtin, Hilwe (Süßigkeit) nennt er sie,
flieht mit ihr, und in der Wüste erhalten sie von einem ausgeplün-
derten jüdischen Händler zwei Orangenbäumchen, die ihnen, sagt
der Sterbende, ihre beidseitige Liebe kundtun werden. Sie pflanzen
die Bäumchen, führen eine Zeitlang ein glückliches Dasein, kaum
von kleinen Wölkchen getrübt. Doch nach und nach erwacht der
Jähzorn in Gamid wieder, und er schilt Hilwe, sie liebe ihn zu wenig, darum schenke sie ihm keine Kinder. Schon reitet er weg, und
Hilwe ahnt, warum: um eine andere Frau zu suchen. Die Bäumchen
begießt sie weiter und trotzt deren Leben dem Sandsturm ab, zerbricht dabei ihren Wasserkrug. Da öffnet sie sich mit einer Scherbe
die Ader an den beiden Handgelenken und nährt mit ihrem Blut
die Bäumchen. In Gamid ist unterdes das Gewissen erwacht, er
kehrt zurück, sieht Hilwe bei den Bäumchen liegen, und sie stirbt
in seinen Armen. Ein mächtiges Gewitter erfrischt die Wüste. Die
beiden Orangenbäumchen aber tragen bald einmal Früchte, und
erstaunt erkennt Gamid, daß ihr Saft rot ist wie Blut, und er ermißt
auch, wie mächtig Hilwes Liebe gewesen. – Traum und Wirklichkeit verschlingen sich in diesem Märchen auf liebliche, bedeutungs-
reiche Weise.

Gedanklich tiefer aber noch gräbt der *«Richter Dâmigh»*. Hier
wird berichtet, wie Dâmigh wohl ein gerechter und gefürchteter
Richter ist, von Kind auf jedoch ein kaltes, gleichgültiges Herz gezeigt hat. Sukra, die scheue, fast noch kindliche Sklavin mit den
großen, dunklen Augen, führt ihm das Hauswesen, er beachtet sie
kaum. Nach Jahren erst erwacht in ihm ein leises Ungenügen. In
den Augen und den Tränen einer jungen Hirtin ahnt er ihm unbekannte Gefühle, und nun erkennt er erstaunt auch das Brennen der
Augen Sukras. Die menschliche Einsamkeit beginnt ihn zu quälen;
die Steinbilder mit Tierleibern und Menschenantlitz in alten Tem-
pelruinen bringen ihm mit ihrem kalten Blick zum Bewußtsein,
daß er ein Mensch ist, ein fühlendes Wesen. Und in der Nacht sagt

ihm eine Fee, in der Gestalt Sukras, scheint ihm, daß er Freude, Lust und Liebe nicht ohne Leiden haben kann. Und in ihm vollzieht sich die wunderbare Wandlung. Er sieht plötzlich die Welt mit neuen Augen an. Das Menschenlos, das Los aller Kreatur geht ihm auf. In der Wüste sucht er sich einen Ruheplatz:

... und hier, zwischen Felstrümmern und Sandwehen, überließ er sich dem unübersehbaren Strom von Luft und Licht, der von Sonnenaufgang her sich in ihn ergoß und mächtig über ihn wegflutete, und er genoß schweigsam und andächtig die sanfte, tiefe, traumgleiche Stille, in der sich der betrachtende Mensch mit allem, was um ihn liegt, mit Stein und Staub, mit Stamm und Schaft, mit Blüte und Blatt eins und verbunden fühlt. Lange lag er so. Dann erfaßte ihn die Lust, sich Menschen zu offenbaren, ihnen das Weltwunder zu verkünden, das ihm geschehen war.

Als er aber daheim die liebezitternde Sukra an sich zieht, da entgleitet sie seinen Armen wie welker Klee, tot, vor Schrecken oder Glück zerbrochen. Und seine Tränen überströmen Sukras Gesicht. Und von da an ist er ein ganz anderer Richter; über das Kleid der Gerechtigkeit zieht er den Mantel der Güte. Sukra aber wird begraben fast wie eine Heilige, denn alle glauben, das Mädchen habe in dem Richter durch das Opfer seines Lebens das Wunder der Wandlung vollbracht. – Die Novelle gehört in ihrer Sinntiefe und ihrer reinen Gestalt mit zum Besten, was Boßhart geschaffen.

*

Als Lyriker ist Jakob Boßhart nie mit einer eigenen Gedichtsammlung vor die Öffentlichkeit getreten; *«Gedichte»* erschienen 1924 aus dem Nachlaß. Es war zweifellos strenge Selbstkritik, die ihn hierin zum Verzicht bewog (ähnlich hatte er ja auch dramatische Versuche schließlich ad acta gelegt). Und in Wahrheit: daß an ihm ein Vollblutlyriker verloren gegangen wäre, läßt sich nicht behaupten. Auch in der Epik gebrach es ihm häufig genug an jener sprudelnden und doch erhobenen Gefühlsunmittelbarkeit, die dem Dichterwort Zauberkräfte schenkt und ihm innere Räume öffnet. Mit Herbe allein, zumal wenn ihr noch offensichtlich intellektuelle Elemente beigemischt sind, läßt sich lyrisch keine lodernde Esse bauen. Wie unhymnisch denn auch ist etwa die «Hymne an die Sonne»! Zudem bewegt sich Boßhart auch innerhalb der einzelnen Gedichte motivisch meist in zu kleinem Kreise. Wenn aber der lyrische Vers innerlich nicht ahnend Weiten des Gefühls beschwört, begibt er sich seiner besonderen Macht. Wohl erklingen zuweilen schwingende, auch im Bildhaften kräftige Strophen; so im «Morgenruf»:

> Rüste deinen Gnadenwagen,
> Sonne! schirr die Hengste vor,
> Laß die Hufe Feuer schlagen
> Durch das weite Weltentor!
>
> Auf der hohen Bogenbrücke
> Öffne deines Wagens Schlag
> Und mit einem frohen Blicke
> Segne meinen Erdentag.

Diese rhythmisch besondere Erregung flutet aber meist nur über enge Versbezirke hin, bescheidet sich zu rasch und läßt sich dann in trägeren Fahrwassern weitertreiben; und im Bildlichen auch hält die Formkraft in der Regel nicht lange nach. Beginnt da z. B. ein Gedicht («Meine Welt») mit recht stolzer, auch rhythmisch einprägsamer Gebärde:

> Ich hab mir gefügt einen herrlichen Bau
> Aus Sonnen und Gluten, aus Schatten und Tau,
> Aus Träumen und Freuden und Leiden,
> Aus lachenden Farben und Liederklang,
> Die stimmen zusammen wie Vogelgesang
> Und Waldgrün und blühende Heiden.

Die zweite Strophe auch setzt verheißend ein:

> Das baut sich so groß und gewaltig und weit,
> Umklammert die ganze Unendlichkeit ...

Dann aber fällt plötzlich alles ab, ein motivischer – nein: ein inspiratorischer – Kurzschluß entwertet das Ganze:

> Und fügt sich in meine Stube. –
> Dereinst kommt die Stunde, da alles ruht,
> Die strahlende Welt und die brausende Glut,
> Zerschlagen, gekühlt in der Grube.

Der dichterische Atem scheint auf einmal auszusetzen, das Thema kugelt sich prosaisch zusammen, reduziert sich zu einer kleinen Antithese, alle Ausblickspförtlein schließend.

Oder es kann geschehen, daß ein reflexives Element unvermuteter noch die Strömung eines hübschen Auftakts bricht («Vogelgesang»):

> Vogelstimme, wunderbar
> Rührst du mir die Seele!
> Wie entspringst du warm und wahr,
> Weil die Liebe dich gebar,
> Freudevoll der Kehle.

Die Liebe also hat diese Vogelstimme geboren – man erwartet eine gleichermaßen gelungene (relativ gelungene) Entwicklung des Motivs in einer zweiten, vielleicht sogar in einer dritten Strophe. Enttäuschung! Der Dichter kleidet in der zweiten – und letzten – eine nicht eben originelle und die erste Einsicht wiederum bezweifelnde Reflexion in eine rhetorische Frage (für solche Fragen scheint er überhaupt eine Vorliebe zu haben):

> Wo hast deine Weisen du,
> Volk der Luft, gefunden?
> Ging ein Sänger einst zur Ruh,
> Hat dir Seel' und Lied dazu
> Sterbend überbunden?

Sein Bestes, und es ist verwunderlich nicht, gibt Boßhart lyrisch dort, wo Jugenderinnerung und Liebe zur eigenen Mutter (zu ihr besonders) in seine Worte einen Nachhall bringen, der sie adelt:

Der Mutter Hand

> Ich kannte eine Hand, voll Narben, braun,
> Zerrissen und fast krüppelhaft zu schaun.
>
> Und dennoch schön, dieweil sie immerdar
> Werktäterin der reinsten Seele war.
>
> Wie freudig schnitt sie, wenn sie Brot uns schnitt,
> Am frohsten, wenn sie selber Mangel litt.
>
> Sie wurde alt, doch ob die Kraft auch wich,
> Im Geben blieb sie stark und jugendlich.
>
> Ich seh sie noch, und manchmal in der Nacht
> Träum ich, sie fasse meine Rechte sacht
>
> Und rühre mir, wie einst im Trennungsschmerz,
> Mit ihrem Drucke wunderbar ans Herz.

Das sind die holzschnittartig gemeißelten Strophen, wie C. F. Meyers «Huttens letzte Tage» sie brauchen, und wie genau entsprechen sie Boßharts sprödem Temperament! – Ans Herz greifen auch die zwei kleinen Strophen «Auf dem Friedhof»:

> Die Gräber träumen verlassen
> Unter Kreuzen von Stein und Erz,
> Auf allen ist Gras gewachsen,
> In jedem modert ein Herz.
>
> Sie haben all' einst in Liebe
> Geschlagen mit frohem Gepoch!
> Ich glaub', im Grab meiner Mutter
> Schlägt eines immer noch.

Auch hier eine Antithese, aber eine gefühlsgeladene. Die zwei letzten Verse, wie zögernd und in plötzlicher Ahnung gesprochen, entfesseln, in den beiden letzten Worten sich wunderbar stauend, Ströme innerer Glut, die rückfließend auch die übrigen umspülen.

Entrückte, dumpfe, wahrhaft erschütternde Töne fand Boßhart im Gedichte, das er am vorletzten und letzten Tage seines Lebens mit unsicherer Hand in einen Nietzsche-Band aufzeichnete. Es erinnert an Rilkes letztes Gedicht, das wohl Mitte Dezember 1926 ungefähr vierzehn Tage vor seinem Tode ins letzte Taschenbuch eingetragen wurde: «Komm du, du letzter, den ich anerkenne, / heilloser Schmerz im leiblichen Geweb». Boßharts Gedicht jedoch bannt, dem Ungeheuren ganz nahe, den Augenblick der physischen Vernichtung selber, einen Weltuntergang in Worte; es ist, als ob nun plötzlich alle Hemmnisse seines Dichterwesens von ihm gefallen, als sei er nur noch schon verstummendes Wort im Unsagbaren, mitten im sich leerenden, zusammenstürzenden, schon starren Raume, der schon starren Zeit[17]:

> So war es: mir entrollt, entfloh der Erdball.
> Wohin versunken? Nirgends eine Spur.
> Die Menschen, nah- und fernestehnde, tot,
> Vielleicht auch nie gewesen, ach, was weiß ich!
> Fort Sternenschein, und Sonnenantlitz fort,
> Kein Licht, kein Glanz, kein Windhauch in dem Raum.

[17] Vgl. Werner Günther: Jakob Boßharts letztes Gedicht. Neue Zürcher Zeitung, 20. Oktober 1959, Nr. 3164.

Und ich, und neben, vor und hinter mir
Der Abgrund, Schlund und Absturz überall.
Da kam der Raum und stürzte jäh zusammen,
Da kam die Zeit und stand auf ewig still.

Biographische Notiz. – Jakob Boßhart, 7. Aug. 1862–18. Febr. 1924. Geboren auf dem abgelegenen Hof Stürzikon (nördlich von Zürich). Der Vater ein energischer, doch gütiger, belesener, fortschrittlicher Bauer; die Mutter, die zweite Gattin ihres Mannes (ihr Mädchenname Barbara Meyer), eine stattliche, zartfühlende, pflichtbewußte Frau mit treffendem Worte und erzählerischem Talent: in ihrer Jugend wurde sie die «Dichterin» genannt. Boßhart blieb denn auch immer ein Muttersohn. Zwei Züge kamen von der Familie der Mutter her: eine Veranlagung zur Tuberkulose und die Abneigung gegen die Landarbeit. Der Bruder Boßharts starb mit 22, die Schwester mit 16 Jahren. Der Vater, stolz auf den wißbegierigen Sohn, überließ diesen seinem Bücherhunger. Hauptcharakterzug Jakobs: Gemisch von Wildheit und von Verträumtheit. Verschlossenheit: «sieben mal sieben Siegel am Munde oder am Herzen», wie es vom kleinen Helden des «Salto mortale» heißen wird. Früh eigenständiges Denken. Konflikt im Konfirmandenunterricht mit dem orthodoxen Pfarrer. Mit 15 Jahren Zusammenbruch des dogmatischen Glaubens. Das Arztstudium aus finanziellen Gründen verunmöglicht.

Eintritt ins Lehrerseminar Küsnacht. Guter Schüler, doch wenig Freunde. Austritt Frühling 1882. Während drei Jahren Internats-Lehrstelle an der Benderschen Lehr- und Erziehungsanstalt in Weinheim, am Fuß des Odenwalds, Kreis Mannheim. Tüchtiger, strenger Lehrer. Gelegentlicher Besuch von Vorlesungen an der Universität Heidelberg (Professoren: Kuno Fischer, Bartsch). Vom Frühling 1885 an germanistische und romanistische Studien an der Universität Zürich (Professoren: Baechtold, Breitinger, Tobler, Schweizer-Sidler), doch auch Fortsetzung der Studien in den antiken Sprachen und im Englischen. Magerer Lebensunterhalt, vor allem durch Privatstunden. Nach drei Semestern ein Winter in Paris: Hungerzeit. Boßhart dachte immer mit Schaudern an diesen «entsetzlichen Winter» zurück. Studien an der Sorbonne, am Collège de France, an der Ecole Pratique des Hautes Etudes, an der Ecole spéciale des Langues orientales, an der Ecole des Chartes. Dissertation in Zürich über die «Flexionsendungen des schweizerischen Verbums» (1887).

Unterricht an zwei Instituten in England, Aufenthalt und Reisen in Italien, Lehrstellen an der Bezirksschule in Kölliken, am Winterthurer Technikum, an der Industrieschule in Zürich, am Lehrerseminar Küsnacht. 1895 zum Professor und Rektor ans Zürcher Gymnasium gewählt. Unterricht in der Fremdsprache (besonders Französisch), während ihm die Muttersprache am Herzen lag. Schwerer Zwiespalt zwischen den wissenschaftlichen und den dichterischen Neigungen, bald auch zwischen Amtslast und Dichtertum. Schatten der Krankheit schon anfangs der Neunziger Jahre. Unleugbares organisatorisches Talent: ‹Ideenrektor›. Umgestaltung des Gymnasialunterrichts (Schaffung des Realgymnasiums). 1899 Vermählung mit Elsa Forrer, der Tochter des späteren Bundesrates (sie war in Küsnacht seine Schülerin gewesen).

Eigentlicher Beginn der Schriftstellerlaufbahn mit dem – nie veröffentlichten – fünfaktigen Drama «Der Arbeiterführer»: soziale Motive, die im «Rufer in der Wüste» wieder auftauchen werden. 1898 erster Novellenband «Im Nebel» (Haessel, Leipzig). Die ausbrechende Krankheit zwingt zu Kuraufenthalten in Locarno, in Kairo («Träume der Wüste»). Festigung der Gesundheit. Schaffensjahre. Neue Erkrankung 1915. Clavadel. Keine Aussicht mehr auf volle Arbeitsfähigkeit. Verzicht auf Rektorat und Lehrstelle, Arbeit am «Rufer», Umarbeitung früherer Werke, Pläne zu zwei neuen Romanen. Schiller-Preis und erster Gottfried Keller-Preis. Verschlimmerung des gesundheitlichen Zustandes. Tod in Clavadel am 18. Febr. 1924.

Bibliographisches. – Gesamtausgabe in sechs Bänden 1921 (Haessel, Leipzig). – Werke in sechs Bänden 1951 (Huber, Frauenfeld). – Bausteine zu Leben und Zeit. Aus Notiz- und Tagebüchern zusammengestellt und herausgegeben von Elsa Boßhart-Forrer. (Zürich und Leipzig, 1929). Weitere Schriften und Einzelausgaben: s. Werke, 1951, Bd. 6, S. 339–341. Zu erwähnen ist besonders die Schrift: Bundesrat Ludwig Forrer. Ein Lebensbild. Winterthur, 1923, sowie der Novellenband aus dem Nachlaß: Dies Entcheidung (Zürich und Leipzig, 1925).

Über Boßhart: Jakob Job: J. B. Studien zu seiner Erzählungskunst. Stuttgart, 1923. (Zürcher Diss.) – Paul Suter: J. B. Volksbücher des deutschschweizerischen Sprachvereins. Basel, 1924. – Berta Huber-Bindschedler: J.B.- (Die Schweiz im deutschen Geistesleben). Frauenfeld, 1929. – Max Konzelmann: J. B. Eine Biographie. Erlenbach-Zürich und Leipzig, 1929.

RUDOLF VON TAVEL

An der Neubelebung der schweizerischen Literatur um die Jahrhundertwende hatte die Mundartdichtung ihren wohlbemessenen
Anteil. Namen begannen sich damals ins Vordertreffen zu schieben,
die noch heute einen guten Klang haben und sozusagen zum ‹ei-
sernen Bestand› unserer Dialektliteratur gehören: der Schwyzer
Meinrad Lienert (* 1865), die Berner Rudolf von Tavel (* 1866) und
Simon Gfeller (* 1867) und der Solothurner Josef Reinhart (* 1875).
Sie entstammen der Generation, die in Adolf Frey, Walther Sieg-
fried, J. C. Heer, Ernst Zahn, Heinrich Federer, Jakob Boßhart,
Jakob Schaffner, Robert Walser und andern ihren beachtenswerten
Beitrag zum gesamt-deutschen literarischen Schaffen lieferte. Von
den Vieren hat Rudolf von Tavel das an Umfang beträchtlichste
Werk hinterlassen, durch die Stoffwahl auch das geschlossenste.
Er ist ja im Wesentlichen der Dichter des bernischen Patriziertums,
einer gesonderten Standeswelt also – womit sich mit einer Distanz
von fünfzig Jahren in bernischen Landen die gotthelfische Verklärung *eines* Standes auf anderer Ebene wiederholte, eine Verklärung zudem, die bei beiden Dichtern ihr vornehmstes künstlerisches Mittel in der auch sprachlichen Heimattreue suchte.

Tavel hatte früh mit dramatischen Arbeiten begonnen, Vers- und
Prosadramen meist geschichtlicher Stoffzugehörigkeit, teilweise
auch mit sozialer Thematik, von denen etliche auf öffentlichen und
auf Liebhaberbühnen mit unterschiedlichem Erfolg über die Bret-
ter gingen, ohne freilich eine irgendwie dauerhaftere Spur zu hinter-
lassen (Major Davel, Der Sandwirt von Passeyer, Die Weiber von
Schorndorf, Johannes Steiger oder Der Gattin Vermächtnis, Der
Twingherrenstreit, Die Walzgesellen, Amor und Psyche)[1]. Im
Druck erschienen von all diesen Versuchen unseres Wissens nur
«Major Davel» (1892) und «Johannes Steiger oder Der Gattin

---

[1] s. Hugo Marti: Rudolf von Tavel. Leben und Werk. Bern, 1935, S. 112 f. –
Auch lyrische Versuche des jungen Tavel erwähnt Marti: während seines
Lausanner Aufenthalts hatte dieser eine Antwort auf Dranmors «Requiem»
(vgl. vorn S. 76 f.) begonnen, einen ganzen Verszyklus, den er «Cypressen»
betitelte und zu veröffentlichen gedachte. Ein Freund sandte ihm ein offenbar
ablehnendes Urteil über diese Gedichte nach Leipzig, wo Tavel die Rechte
studierte; das Vorhaben verzögerte sich und wurde schließlich fallengelassen.

Vermächtnis» (1892). *« Major Davel »*, eine fünfaktige Jamben-tragödie, entfachte bei ihrer Aufführung im Alten Casino in Bern – der Verfasser selber spielte die Hauptrolle – eine kleine waadtlän-disch-bernische Pressepolemik, aus politischen Gründen, weil ein bernischer Patrizier es gewagt hatte, bei aller Sympathie für den waadtländischen Freiheitsmärtyrer die bernische Herrschaft nicht zu schmähen. Künstlerisch wog das Stück nicht eben schwer. Der Major Davel selber spielt eine eher passive Rolle; alles Schwarze häuft der Dichter auf den doppelzüngigen Verräter und «Satan» Milot, in dessen Händen der naive, ehrliche, wachträumende Davel ein armer Spielball ist. Die dramatische Spannung fehlt sogar der eingeschobenen Liebesgeschichte zwischen der Nichte Davels und dem Sohn des Lausanner Bürgermeisters Crousaz. Einige Tiraden lehnen sich spürbar an Schillersche oder eigentlich mehr Wilden-bruchsche Sprechweise an (letzterem hatte Tavel übrigens Proben seines dramatischen Schaffens zugeschickt). Einen schwachen dich-terischen Akzent haben auch die Liedchen vom Viviser Winzerfest, die als «Zwischenspiel» im 2. Akt gesungen werden, wobei Milot als Bacchant verkleidet auftritt und verleumderische Worte gegen Davel ausstreut, bis ihm dieser selber die Maske vom Gesicht reißt. – *« Johannes Steiger oder Der Gattin Vermächtnis »*, ein Schauspiel in fünf Akten, spielt in der zweiten Hälfte des 16. Jahrhunderts und stellt zwei Gestalten der Stadt und Republik Bern, den Schult-heißen Hans Franz Nägeli und den Welsch-Seckelmeister Johannes Steiger auf die Bühne. Die beiden Entzweiten werden durch die Liebe der Tochter Nägelis zu Steiger und durch dessen Ernennung zum neuen Schultheißen zur Wiederversöhnung gebracht – die Gat-tin Steigers segnete, im dritten Akt schon, sterbend den künftigen Bund. Über das handlungsarme, konturenschwache Stück breitete wohl Tavel selber schon bald einmal gerne den Schleier des Ver-gessens. Auffallend nur ist hier schon die – auch späterhin geübte – Zweiteilung des Stils: die höhere Gesellschaft spricht in Blank-versen (historisch getreu aber wird die Ansprache Nägelis an den die Stadt besuchenden Herzog von Longueville wiedergegeben), das niedere Volk in Prosa.

Auf seine eigentliche, die epische Begabung hatte Tavel schon der Berner Dichter und Kritiker J. V. Widmann hellsichtig hinge-wiesen. Die endgültige Wendung brachte die im Dichter schärfer

sich zum Worte meldende Gewissensfrage, ob der aufrichtige Christ
– Tavel bekannte sich in der Folge immer überzeugter zum christlichen Gottesglauben – für das seiner ursprünglichen Bestimmung
entfremdete Theater arbeiten darf, im besonderen aber ein aus
eigenerem Erleben geschöpftes und nie aufgeführtes Drama «Der
Söldner». An der Heimkehr des Söldners aus fremden Diensten
stellte hier der Dichter, wie er sagte, seine eigene «Heimkehr zum
inneren Frieden, in die Freiheit der Kinder Gottes» dar. Die Heimkehr war jedoch auch eine künstlerische: das Söldner-Drama hatte
sich, die dramatischen Formgrenzen sprengend, zu sieben Akten
ausgewachsen, damit ein mehr episches Talent verratend. Ein wohl
nicht völlig bewußtes, doch unwiderstehliches Müssen trieb den
jungen Schriftsteller zur erzählerischen Gattung, und damit ganz
von selber auch zur Mundart – es entstand «Jä gäll, so geit's» (1902).
«Warum ich «Jä gäll, so geit's» berndeutsch verfaßte, weiß ich
nicht (wird Tavel bekennen); es war ein glücklicher Einfall. Ich
hatte damit mein ureigenes Gebiet entdeckt[2].» Ureigenes Gebiet
‹entdeckt› man indes durch glücklichen Einfall als Künstler nur
scheinbar. Für jede Bewußtwerdung einer wahren Begabung gilt
das Wort: Hätte ich dich gesucht, wenn ich dich nicht schon gefunden hätte. Tavel wäre unzweifelhaft früher oder später zur
berndeutschen Erzählung gelangt, für die er geschaffen war.
Würzte nicht schon der Knabe und der Student seine Briefe gern
mit berndeutschen Ausdrücken, und bediente sich nicht der Journalist Tavel bei gemütvollen oder witzigen Wendungen gerne des
gleichen Mittels? Darum wurde auch schon die erste Mundart-
novelle zu einem kleinen Kabinettstück.

Der ‹glückliche Einfall› kam dem Dichter, ebensosehr aber dem
Stande zugute, der nun in schon fast später Stunde in seine dichterischen Rechte trat. Es war zweifellos ein Glücksfall, daß dem
bernischen Patriziertum in einem seiner späten Angehörigen der
Dichter erwuchs, der berufen war, dem eigenen Stande den verklärenden Spiegel vorzuhalten. Der Geist weht freilich, wo er
will; etwas aber in diesem Stande, dessen geschichtliche Zeit vorüber war, drängte aus zeitlicher Entfernung, die die Herbe des
Machtverlustes milderte, nach Ausdruck und Darstellung. Das
bernische Patriziat hatte sich ja, durch Jahrhunderte hindurch ganz

[2] zit. Marti, 171.

von politisch-militärischen Sorgen eingenommen, um höhere geistige Bedürfnisse nicht eben viel gekümmert und die freieren künstlerischen, wie die geisteswissenschaftlichen Belange überhaupt zu einem Schattendasein verurteilt. Doch ist es nicht nur in Familien, sondern auch in ganzen Gesellschaftsschichten so, daß sich bisweilen, und in weitem zeitlichen Abstande vielleicht, zwischen äußerer Vitalität und verinnerlichender Kraft Kompensierungen ergeben, daß ein Spätling rückschauend schafft, was frühere Geschlechter, in anderer Weise tätig, unterlassen, und so Vergangenem einen Schimmer leiht, der ihm erst die echte Dauer verbürgt. Das bernische Patriziat hat jahrhundertelang dem bernischen Staat sein Gepräge aufgedrückt, die Macht dieses Staates in weiser Leitung schaffend, doch, und in zunehmender Ausschließlichkeit, sich auch an ihr sonnend, sie genießend, als von außen, von Frankreich her insbesondere, die materiellen Verlockungen fremder Höfe, die sog. Pensionen, häufiger wurden: eine glanzvolle Geschichte, in der lange Zeit der selbstlose Dienst am Ganzen der Stadt und des Landes die vorherrschende Einstellung der regierenden Familien war und in der nach und nach erst zersetzende Kräfte Eingang fanden, ohne indessen dem äußeren Glanz erheblichen Abbruch zu tun.

Tavel fühlt sich in dieser geschlossenen Welt, deren politische Einsicht es vermied, sich im Gesamten des Volkes als Fremdkörper zu gebärden, die vielmehr Tugenden besaß und hütete, deren Quell in diesem Volke selber lebte, wunderbar zu Hause; das patrizische Leben in der Stadt und draußen in den herrschaftlichen ‹Campagnen›, die weiterum im bernischen Mittelland verstreut lagen[3], jedoch die liebliche Gegend zwischen Bern, Emmental und Oberland bevorzugten, scheint für ihn keine Geheimnisse zu bergen, und der Erfolg seiner Bücher war nicht zuletzt auch von dieser Intimität mitbedingt, mit der er den bürgerlichen Leser, ihn ja besonders, am Alltagsleben des höheren Standes teilnehmen ließ. Dabei verteilen sich seine epischen Themen auf fast alle Zeiten bernischer Geschichte, von Rudolf von Erlach, dem Helden aus Berns Frühzeit (erste Hälfte des 14. Jahrhunderts), dem er in seinem letzten, nicht vollendeten Werke ein Denkmal setzen wollte,

[3] Vgl. Helene von Lerber: Bernische Landsitze aus Rudolf von Tavels Werken. (Berner Heimatbücher, Nr. 7). 1946.

bis zu den um die Mitte des 19. Jahrhunderts sich mehr oder weniger mühsam im demokratisch gewordenen Staat zurechtfindenden patrizischen Vertretern der eigenen Jugend des Dichters; es war ihm offensichtlich daran gelegen, ein auch zeitlich abgerundetes Bild seines Gegenstandes, einen «dichterischen Ahnensaal» zu geben[4]. Die patrizische Klasse ist in diesen Darstellungen, wie es sich gebührt, in den Abstufungen gesehen, die sich in ihr selber allmählich herausgebildet: von den vornehmsten, reichsten und mächtigsten Familien schlägt sich der Bogen bis zu den eher karg und ‹nicht regierend› am Rande zum bürgerlichen Stande lebenden Gliedern; mit Vorliebe aber entnimmt der Dichter seine Gestalten der meist nicht unbegüterten mittleren Schicht, in der die Frage des Weiterkommens noch besondere Probleme stellt, Abweichungen von der politischen Linie noch häufiger sind, und in der doch eine gewisse Reinheit der ständischen Überlieferung sich darstellen kann. Das patrizische Sonderbewußtsein ist aber in allen lebendig. «Prankenau – Känelmatt! Ahnherren, die den Königen von Frankreich mit Trotz in die Augen geblickt – Vorfahren, die als Bäuerchen ihre Garben den Herren von Prankenau zu Füßen gelegt! Wie sollten diese beiden Linien sich je vereinigen? Können Steine sich erweichen?»: «Was gehn mich diese Leute an?», ruft Scipio, der alte Schloßbesitzer von Prankenau, aus, als seine Nichte von den Bauern der Umgebung redet[5]. Und in der graziös-witzigen Erzählung «Bim Wort gnoh» («Am Kaminfüür») ist die Frau Henriette, in der trotz der angebrochenen demokratischen Zeit dieses patrizische Bewußtsein noch ungebrochen weiterlebt, darüber aufgebracht, daß ein nicht-patrizischer Nachbar und Freund ihres Mannes, des Obersten, diesen mit Ludi anredet: «Toujours cet affreux ‹Ludi›, et il le crie à toute distance.» «E nu [entgegnet ihr Mann], was macht das? I sägen ihm o Kari und nid Charles.» – «Natürlech. Das isch am Platz. *Er isch o nüt anders als e Kari*[6]. Mal soigné isch er wie-n-es Gusi, und vo Politesse weiß er nid sövel.» Das Gefühl Scipios und der Frau Henriette ist bei Tavel das der meisten ihrer Standesgenossen, tragen diese es vielleicht auch weniger zur Schau.

[4] Otto von Greyerz: R. v. T. zum Gedächtnis. 1934, S. 27.
[5] Heinz Tillmann, 140.
[6] Von uns hervorgehoben.

Einer eindrücklichen Heerschau bernischen Patriziertums läßt uns Tavel im Roman «Ds verlorne Lied» (7. Kap.) beiwohnen, als die verschiedenen bernischen Standesfamilien – wir sind im 18. Jahrhundert, auf dem Höhepunkt patrizischer Herrschaft – als Gäste zur Rümliger Hochzeit auffahren:

Und wyt im Land umenandere het's uf de Straßen afa rollen und stübe. Di Herrschafte vo Worb und Utzige, vo Hünigen und Dießbach, vo Hindelbank und Jegischtorf, ja vo Tschugg und no wyter, sy underwägs gsi. Di einte hei scho nächti d'Reis aträtten und amene-n-Ort müeßen über Nacht blybe.

A der Chramgaß z'Bärn het e strängen alte Ratsherr vom Fänschter uus zwo, drei dere Gutsche gseh d'Stadt uf fahren und derzue brummlet: «No keini zwänzg Jahr isch es, daß me ds letscht Mandat gäge Luxus i Chleider und Feschtivitäten erla het. Me merkt, wär am Rueder isch. Es paar Jahr no däwäg, und es isch gscheh um Bärn.» Ds Pflaschter isch ruuch gsi, und d'Reder hei tschäderet. Da hätti me scho gueti Ohre müeße ha, für settigs z'ghöre.

Toffen isch gfahre. Prächtig. Der Bänz isch uf sym drapierte Bock gsässe – schier gstande – und het für nütmeh Ouge gha als syni züpfete Roß voll Silber und Glanzläder. Und wenn er di Fäderbüsch uf ihrne Chöpf het gseh wädle, het er sech schier müeße bha, nid z'juze. Der Nicola isch hinden uff gstanden und het sy blaui Casaque wie-n-es Chanzeldach hindenuse gstreckt. Si hei nid wyt gha z'fahren und gfunde, das sygi eigetlech schad. Aber, was me vor sech gha het, isch z'wichtig gsi und scho z'nach, als daß me Zyt gha hätti zum Philosophiere. Nume ds Marie isch nid rächt vom Gedanken a Thüring loscho. Mit der Frag, ob si ne-n-am Änd o no mitbringe, het's nid vüre dörfe, weder hütt, no vorhär. Ach nei, natürlech nid, het es sech gseit: Aber am Änd ... warum eigetlech nid? – O, wie wett' i zue-n-ihm luege, der ganz Tag! Di ganzi übrigi Hochzyt chönnti derwyle sy, wo si wett.

Jitz het's wieder dä Blick, seit sech e Momänt der Herr Senno, aber es geit ihm famos zu däm Costüme. 's isch e Dame. Är sälber, der Papa, isch e Majeschtät gsi. Er het – nid zu syr Freud – d'Allonge-Perruque treit, und das isch grad gsi, was es bi sym Gwicht und syr Größi no bruucht het, für ihm d'Gattig vo mene große Personnage z'gä. Der Raffi het i sym Gala-Costüme nid minder gueti Gattig gha und merkwürdig heiter drygluegt. Er isch a di Hochzyt gfahre nid wi eine, wo sech wott la gah, für ne sorglose Tag usz'chüschte. Ehnder het er dänkt: I bi jitz nid ganz, was i bi, und will luege, was men a mer gseht; aber i blyben uf der Huet. – Ganz wie-n-i ne ha möchti, dänkt der Herr Senno, er het es quant-à-soi, wo-n-ihm sötti blybe. Aber, wär weiß, villicht isch es scho gnue, wenn er's emel hütt bhaltet.

Ufem Dorfplatz z'Thurnen isch e jungen Offizier gstanden und het mit Hülf vo syne Trabanten Ornig gmacht. Er het di Herrschaften in Epfang gnoh und i nes Zält gwise. Dert hei si nes guets z'Zächni übercho, und der Zeremoniemeischter het amene jede Cavalier gseit, wän er z'füehre heigi. Linggs und rächts het me syni Komplimänt gha z'mache. Da sy di Herrschafte vo Burgistei gsi z'grüeße, die vo Riggischbärg, di Herre vo Wattewyl vo Dießbach und vo Bälp, der Herr vo Grafferied vo Gerzesee, der Herr Anton vo Grafferied vo Worb und sy Großsuhn, der Franz Ludwig. Die beide hei hütt gä z'rede. Es isch umegseit worde, der Suhn, der Herr Christoph, chömi us Amerika ume, und underdesse sygi über sy Chopf wäg dä jung Herr da zum Erb vo der Herrschaft Worb ygsetzt worde. Me isch schier nid z'Chehr cho mit Grüeßen und het längschtes nümme Platz gha im Zält. Dänk men o, di wyte Röck, wo me het müeße luege, daß me nid mit dem Dägestifel dry fahri! Und wi liecht isch e Platsch Malvasier über so ne Rock oder nes früsch glettets Jabot versprützt, wenn me ne-n Ellbogen i d'Rüppi überchunnt! Di Gschwüschterti vo Toffe hei sech a Herr Abraham von Erlach zueche gmacht, für i d'Lyschte z'luege. Er isch liecht gsi z'finde. Der rot Rock vom französische Garde-Regimänt het emel o zündtet. «Channsch zfride sy mit mer», seit er zum Raffael und het ihm d'Lyschten under d'Nase: «Monsieur Raphaël de Senno et Mademoiselle Juliette Müntzer. Et vous, Marie, attendez! – Voilà: le capitaine François Louis de Graffenried.» – Äbe dä! – Vo Thüring niene nüt.

So, jitz usen us där Zächni-Hütte! Der Raffael het müeße lache ob em Gsicht vo sym Papa, wo gstrahlet het wi ne Sunne. Und der Herr Senno het das Lache für puri Freud gnoh. Es sy scho jitze meh Gäscht vor em Zält usse gsi als drinne. Das het da zwitzeret und i allne Farbe gschine wie-n-es Bluemegroupe, wo men im Ustagen alli Sameseckli drüber lätzgmacht het. Zwüsche de Herrschafte, wo sech komplimäntiert und vorgstellt hei, sy d'Livrey-Bedienten umenandere gschosse, und uf allne Müürli, Löubli, ja uf de Böum oben und zwüsche de Hüser und uf der Chilchhofmuure, isch es zwilchigs Völkli voll andächtigem Gwunder etabliert gsi. Scho-n-e ganzi Zylete vo Gutschen und Sattelpfärd isch bis wyt vor ds Dorf usen uf der Straß gstande. Und jitz heißt's undereinisch: «Platz! Flieht! flieht! Me chunnt vo Bärn.» Roßtrapp und Räble vo vilne Reder und e Stoubwulke löi la errate, daß da erscht d'Houptsach no chunnt. Alles, was us der Stadt oder vo unden ufe cho isch, het z'erscht dem Schultheiß sy Vierspänner düregla und sech du hinden agschlosse, Prachtswägen und derzwüsche ganz eifachi, elteri Gutsche, eigeti und etlehnti, Lüt, wo der Zug vo der Zyt begriffen und vo der Glägeheit profitiert hei, für sech vürez'tue, und settigi, wo sech uf ihri Treui gäge di obrigkeitlechi Ornig öppis z'guet ta und manifeschtiert hei: Jitz grad äxpräß nid.

Hert hinderem Hindelbanker Wage het sech dä vo Rychebach mit dem junge Herr Beat Fischer yrangiert gha und der Jegischtörfer, wo hinder sym Papa het welle fahre, la ufbegähre. Vürnähm, aber ganz eifach isch der Herr Dütsch-Seckelmeischter ufgfahre, der Herr Isaak Steiger. Er het z'Chäsertz ghalte, für der «still stehend» Schultheiß, der Herr Christoph Steiger vo Tschugg, la vorz'fahre mit sym schöne Freibärger-Paar. Aber du het du der

General Hackbrätt, wo mit der Regierung geng öppis het z'ziggle gha und nie ganz het welle mache, wi si's begährt het, hurti profitiert, für no vor beidne Steiger yne z'chäse. «So han i's nid gmeint», het der Herr Isaak ufbegährt; aber es isch du nütmeh gsi z'welle.

Dem Herr Schultheiß von Erlach sy Wage het uf em Dorfplatz ghalten und ne-n-ungfähr gfüllt. Was hinder ihm här cho isch, het i der Colonnen uf der Straß müeße blybe. Wo der Herr Hieronymus zum Zält ufe gfüehrt wird, vergißt alles ds Rede, so het me müeße luege. Numen es einzigs böses Muul, eine wo mit vo Bärn ufecho isch, seit zu sym Nachbar: «Z'Bärn isch der lieb Gott emel no Burger, z'Hindelbank nume Hindersäß.»

Di meischte Herre hei ihri Hüet underem Arm treit oder dermit gestikuliert, so daß ihri mächtige Perruques frei a der Sunne gsässe sy. Was wunder, wenn da nes Bueb!i d'Meinung übercho het, wi meh Chrüseli Eine heig, descht höcher ufe chöm er, und ds Müetti het gfunde, es gäb fey e chly Strümpf, we me die alli chönnti schäre. Sövli Wullen uf em Chopf u de no im Brachmonet!

Der Aufzug gibt in seiner Art der Versailler Prachtentfaltung nicht eben viel nach, ist jedoch gemildert durch eine gewisse ländliche Behäbigkeit und Jovialität im Benehmen, in der Sprache auch, die trotz den ‹junkergaßlichen› Eigenheiten eine recht volkstümliche Heimatlichkeit wahrt. Dazu mischt sich in Tavels Schilderung nicht selten ein Körnchen feiner Ironie, das diese Milderung noch bekräftigt.

Die Bedeutung der besonderen Patrizier-Mundart bei Tavel darf freilich nicht unterschätzt werden. Der Dichter selber sah in ihr, so persönlich er sie auch im eigenen Schriftstellergehaben verwendete, ein scharf Unterscheidendes. In einer scherzhaften, doch von ernsteren Anspielungen durchzogenen Altjahrabend-Szene «E Schoßhaldesüüfzer[7]» nimmt er Stellung gegen die Verwässerung der patrizischen Sprache («üses Stadtbärndütsch») in den Reihen der Standesangehörigen selber. Meinen ja auch «Skribifaxen», die vom Land herein kommen, «wenn öpper ‹rärret›, so syg er e Patrizier, und wenn er rr seit, so syg's en andere Stärbleche»! Nein, es geht um subtilere Nuancen: ‹mer gange›, sagt der Patrizier, nicht ‹mer göh› oder ‹mer gönge›, ‹Richtung›, nicht ‹Richtig› usw.[8]. Wie soll aber ein feines patrizisches Ohr, wie das des Dichters, den Mut verlieren vor den Verwüstungen einer allseits hereinbrechenden

---

[7] s. Marti, a.a.O., 174f.

[8] Zu nennen wären auch stehende patrizische Wörter, die T. immer wieder braucht: pärsee (= selbstverständlich), fervänt (= überaus), afin (= enfin), usw·

Allerweltssprechweise – vor Schlimmerem noch: «I gloub, i tüej besser [sagt der Dichter endlich] uf ds Bärndütsch verzichte / Und fürder chinesisch mit ech brichte. / Gäll, öppe so: Gring – Hung– Hang? / Aber eigetlech isch es halt doch e Schang!» – Nun, dieses «Chinesische» ist ganz einfach die Berner Land- und Bauernsprache (Gring, Hung, Hang für Kopf, Hund, Hand), die Tavel auch in seinen Schriften öfters als solche einführt[9], schon in «Jä gäll, so geit's», wobei jedoch im Kontrast dieser etwas breiteren und rauhe- ren Sprache mit der geschliffeneren, preziöseren Patriziermundart die auch sprachliche Trennung der Stände um ein Erkleckliches zu scharf ausfällt: «di unghobleti Manier z'rede, wie's bi dene Bure- lüte gäng und gäb isch gsi[10]», ist wohl eine Tatsache – warum aber der Bauernsprache jene – von Gotthelf z. B. geübte – dichterische Stilisierung vorenthalten, die dem Patrizierdeutsch zugebilligt wird?

Dieser Tavelsche Schriftstellerbrauch ist jedoch nur das sinnen- fällige Zeichen einer tieferen Abtrennung. Die Patrizier standen mit dem Bauerntum wohl in mannigfacher Berührung, schützten es, lebten ja auch zum Teil auf dem Lande, manchmal sogar einem eigenen landwirtschaftlichen Betrieb vorstehend, und verharrten doch in einer merkwürdig gesonderten Welt. Tavel ist als Dichter das getreue Abbild dieser in mehrererlei Hinsicht fast hermetischen Abgeschlossenheit. Vielfach läßt er bäuerliche Gestalten auftreten, ja läßt einen ganzen Roman (freilich einen zur Hauptsache schrift- deutsch geschriebenen) in bäuerlichem Lebenskreis spielen, sieht aber in diesem, ein gewisses Bäuerliches mit dem Bäuerlichen schlechthin verwechselnd, vor allem das Breitspurige, Täppische, Derbe, ‹Urchige›, geistig Begrenzte, wobei manches unfreiwillig karikaturhaft wird. Wie sind etwa im «Donnergueg» die Pächters- leute, Christen, seine Frau Annelysi und deren Sohn Gottfried, bei all ihrem naiv-gutmütigen, ehrlichen Wesen in massiver Fast- Tolpatschigkeit dargestellt! Wie fehlt der tapferen Pächtersfrau Eisi im Ortbühl («Unspunne») die, nachdem der Gatte im Grau-

---

[9] Tavel ahmt auch die Sprache anderer Schweizer Gegenden zuweilen nach, so das patrizische Züridütsch des Tagsatzungsgenerals Werdmüller im «Schtärn vo Buebebärg». Anderseits erfährt das Großratberndeutsch in «Götti und Gotteli» einmal eine hübsche Persiflierung.

[10] D'Frou Kätheli und ihri Buebe, 251.

holz gefallen und die Söhne den Hof verlassen, allein mit ihrer Tochter weiterwirtschaftet, jeder Schimmer einer höheren Weihe! Selbst anmutige Bauernmädchen, wie das Schmocker Elisi der Erzählung «Im alte Füfefüfzgi» («Bernbiet»), können ein gewisses unfeines Etwas nicht verleugnen: «Aber bei aller Lieblichkeit (heißt es hier) war das Mädchen dem Schloßherrn von Bremgarten doch immer ein wenig ungelüftet vorgekommen» – was den Schloßherrn freilich nicht hindert, eine Zeitlang mit dem Gedanken zu spielen, das Elisi zur Schloßherrin zu machen! Von den Bauersleuten allen, wie Tavel sie zeichnet, gilt so ein bißchen das Wort Maries im «Verlorne Lied»: «si hei so ds Grüchli» – «settig Lüt [es ist die Rede von Bänz, dem Knecht] sy wytuse verwandt mit de Chüeh.» Man begreift denn auch, daß zwischen unterwürfigem Bauerntum und patrizischem Gottesgnadentum hie und da fast das Verhältnis zu bestehen scheint, wie es im «Schtärn vo Buebebärg» zwischen dem Schlupf-Sämeli und dem Obersten Wendschatz geschildert wird: «der Oberscht het er gförchtet, verehrt und eigetlech gärn gha, ungefähr wie-n-er der lieb Gott hätti sölle gärnha». Der Bauernkrieg von 1653 hatte freilich Abgründe des Auseinanderlebens aufgezeigt, an denen auch unser Dichter nicht vorbeigehen konnte – im «Frondeur», wie auch im «Schtärn vo Buebebärg» wird darauf hingedeutet.

Eine solche Einstellung muß gleichwohl auffallen, wenn man bedenkt, welchen Glanz der Selbstherrlichkeit, bei aller Offenheit des Blicks für die Volksschäden, ein halbes Jahrhundert zuvor ein Gotthelf über das bernische Bauerntum gebreitet, hatte er doch z. B. in der Novelle «Der Oberamtmann und der Amtsrichter» den großbäuerlichen Amtsrichter dem patrizischen Oberamtmann in gewisser Hinsicht fast mehr als gleichgestellt. Zwei Gründe vor allem mögen mitbeteiligt sein. Tavels Verhältnis zur bäuerlichen Welt entspricht ungefähr dem Gotthelfs zur städtischen, mit dem Unterschied freilich, daß Gotthelf eine kaum verhohlene Antipathie für städtische Lebensweise, insbesondere für Zuzüger vom Lande empfindet, währenddem Tavel im Bauerntum dennoch das lebensursprünglichere, vitalere Element sieht, die notwendige Folie zur naturferneren aristokratischen Welt. Beide aber urteilen gewissermaßen aus einem geschlossenen Kreise heraus, der alles Außenstehende zu einem zutiefst fremden Element macht. Des weitern ist es die stark verspürte Unmittelbarkeit und Lebensnähe des bäuerlichen Seins, mit der Tavel seinem ‹realistischen› Bedürfnis mit Vorliebe Genüge tut. Da er aber in dieses Sein mehr nur von außen her Einblick hat und von sich aus menschengestalterisch den Mangel nicht zu kompensieren vermag, so hält er sich, wo er Bauersleute schildert, mehr an das ‹wie er sich räuspert und wie er spuckt», wodurch dieses eine übergroße Wichtigkeit bekommt, das Innere, Wirklichere jedoch an Bedeutung verliert. Unversehens wird so aus einem nicht wesentlichen Teil das Ganze, und die Perspektive ist gefälscht.

Die soziale Abdichtung des Patriziertums, die eifersüchtige Wahrung der ‹Privilegien›, die alleinige Ausrichtung auf die Regierungsgeschäfte, die ängstliche Bevormundung des «Volkes», um derentwillen, wie Tavel einmal selber bemerkt, nur dem geistlichen Stande aus den ehernen Mauern der Standesordnung ein Pförtlein nach oben offen gelassen wurde[11], brachten es mit sich, daß den inneren Entwicklungsmöglichkeiten der Standesglieder recht enge Grenzen gezogen waren: es herrschte ein konformistischer Geist, der dem Einzelnen wenig Bewegungsfreiheit ließ. Von ‹Berufen› kamen, neben der Verwaltung der Campagnen, eigentlich nur die militärische Karriere – den Rang verdiente man sich im ausländischen Kriegsdienst – und die Regierungsämter in Betracht. Von der höheren geistigen, weltanschaulichen und künstlerischen Problematik der europäischen Umwelt tönte in diese Welt nur ein verschämtes Echo herein. Tavels Werke spiegeln diese Zustände getreu. In «Jä gäll, so geit's» ist der Ratsherr Vilbrecht ein eifriger Rousseau-Leser, und zwischen ihm und Mani Landorfer, dem Schoßhalden-Junker, kommt es hie und da zu Auseinandersetzungen, doch ohne daß irgendwelche praktischeren Folgen sichtbar würden. Ab und zu auch sucht ein Patrizier wider den Stachel zu löcken durch eine Art innerer Auflehnung gegen die herrschende Berner Politik: der Oberst Wendschatz («Schtärn vo Buebebärg»), der Frondeur Herbort («Der Frondeur»), sowie Raffael Senno («Ds verlorne Lied») sind eine Zeitlang heimliche Empörer, und treten doch alle nach mehr oder weniger bitteren Erfahrungen wiederum ins Glied, kehren in den Schoß ihres Standes zurück, der doch zu seligmachend ist, um so leichthin verleugnet zu werden.

[11] Heinz Tillmann, 147.

Wie bezeichnend auch das Schicksal Christophs, des Sohnes Käthe-lis («D'Frou Kätheli und ihri Buebe»), der früh schon die Land-vogtei Lenzburg bekommt, dann jahrelang ohne Amt bleibt und in dieser Zeit ein bißchen versauert! Sie versauern alle ein wenig, diese Patrizier, wenn die Gunst der Ämterstunde sie übergeht oder fremdes Kriegshandwerk sie nicht mit seinem Schimmer über-strahlt. Tavel hat es mit dem Erziehungs- und ‹Bildungs›roman, in dem er sich ebenfalls mitunter versucht, denn auch einigermaßen schwer: kleinmütig gibt Raffael Senno bei, der zu Beginn so eigen-willige Bahnen zu gehen gewillt schien; und Gideon, der Sohn des ‹Frondeurs› Herbort, der dem Vater in vielem gleicht, gerät in dessen Abwesenheit, einer strengeren Zucht und Leitung entbeh-rend, zudem von den aristokratischen Vorrechten aufgeweicht, auf Abwege und endet tragisch; eine sinnvolle Entwicklung, wird sie auch verhältnismäßig früh vom Tode gebrochen, ist die des «Meisters» Niklaus Manuel – er aber ist ein Bürgerlicher.

Man darf daher nicht von einem Zufall reden, wenn Tavel seine Patrizier-Erzählungen mit einer Idylle («Jä gäll, so geit's») begon-nen. Das Statisch-Heitere, Harmlose – Tavel braucht dieses Wort selber in einem späteren Vorwort zu seiner ersten Novelle –, das Un- oder nur leicht Verwickelte, gesellschaftlich Verbindliche, gra-ziös Gefällige im Wesen des Patriziertums bot sich ihm als Gegen-stand vornehmlich an. Der lichte Untergrund seiner Epik wird die-ser Oberflächenschimmer einer selbstvergnügten, in sich einigen, leicht genießerischen Gesellschaft bleiben, die die Sturmzeichen auch dann noch kaum erkennt, als schon der Abgrund sich unter ihren Füßen auftut. «Und niemer het dra gsinnet [so denkt der Helfer Müsli in der «Haselmuus»], daß a mene schöne Morge di ganzi alti Bärnherrlechkeit het chönne zsämechrute. Und de?» Nicht zu übersehen ist freilich, daß der Dichter früh schon eine Ver-tiefung der Themen anstrebte, wie seine eigene so lebendige christ-liche Überzeugung sie ihm nahelegte, im weiteren aber auch sein künstlerischer Geist sie forderte. Schon die Fortsetzung von «Jä gäll, so geit's», der «Houpme Lombach» und «Götti und Gotteli», versucht, über das miniaturhafte Idyll hinaus in ernstere Lebens- und Charakterfragen vorzustoßen, und die Gelegenheit dazu bot sich Tavel immer wieder durch den von ihm gern gepflegten, vom Bedürfnis nach menschlicher Ausweitung zeugenden Brauch, Familienschicksale durch Generationen hindurch weiterzuverfolgen. Eine neue Wendung brachte dann, scheint es, das Kriegserlebnis: die Werke aus den Zwanzigerjahren bis zum Tode des Dichters (1934) weisen in ihren Gipfelleistungen einen fast überraschenden, jedenfalls ergreifenden Tiefgang auf (wir denken in erster Linie an den «Frondeur» und an «Meischter und Ritter», doch auch an den Bubenberg-Roman «Ring i der Chetti»), tragen neue Probleme an die Gestalten heran – soweit der dargestellte Stand selber dies erlaubte, denn noch einmal: die Möglichkeiten, die er dem Einzelnen ließ, waren nicht eben weitgespannt.

Kein Zweifel, daß diese Verschmelzung von gesellschaftlich Heiterem, anmutvoll Gelöstem mit den mannigfachen Wechselfällen individueller Schicksale, die in ihren Pendelschlägen sich doch nicht zu weit vom kollektiven Standes-Maß entfernen, ein, vielleicht der Hauptreiz Tavelscher Kunst ist. Man fühlt den Dichter auf beiden Ebenen durchaus heimisch: wie weiß er das patrizische Alltagsleben, dieses immer wieder irgendwie festliche Dasein darzustellen, mit dem Lächeln dessen, der sich darin völlig zu Hause fühlt und doch hinwieder auch darüber steht, und wie ernst legt er anderseits die Probleme und Schwierigkeiten dar, mit denen seine Gestalten zu kämpfen haben, sind diese Probleme zumeist auch nicht weltbewegender Art. Seiner Kunst haftet darum auch so gar nichts Gemachtes, Gekünsteltes an; auch wo sie sich verdünnt und ein bißchen verplaudert, bleibt dem Leser immer noch ein unverwüstliches Etwas an Gehobenheit und Atmosphäre. Es ist eine Kunst von totaler Aufrichtigkeit und Ehrlichkeit; sie flunkert dem Leser nichts vor, sucht nie zu scheinen, was sie nicht ist.

Was sie ist, hat ja der Qualitäten nicht wenige, und sie dürfen sich sehen lassen. Nennen wir zunächst die durchwegs so fühlbare Heimatliebe und den Heimatstolz des Dichters. Er hat es hierin wie Gotthelf, der eigene Kanton geht ihm über das weitere Vaterland, empfindet er diesem gegenüber auch die Anhänglichkeit und Treue, die es verdient und die der Schweizer Offizier Tavel übrigens auch praktisch bewiesen[12]. Als im «Verlorne Lied» Raffael Senno, von

---

[12] Der demokratischen Schweiz gegenüber legt er in der «Heiligen Flamme» (1916) dem Aristokraten Senno das eigene Bekenntnis in den Mund: «In Sennos Brust lebte der Schmerz seiner Väter nicht mehr als Leidenschaft. Die Freude an seinem neu erblühten Vaterland hatte ihn erbleichen lassen, wie die

Frankreich herkommend, die Schweiz betritt, da ergreift ihn und die übrigen Postinsassen mächtig das Gefühl der Schweizer Heimat: «Und wo si du z'Ballaigues dürefahre, wo sech ds Schwyzerland i syr ganze Herrlechkeit uftuet, da nimmt's ne. Wär chönnti säge, was das isch, wo eim der Hals äng macht ob däm Blick? Mi luegt nid ds Land a, ds Land sälber luegt mit große schönen Ouge jedes vo syne Chinder a, wo us der Frömdi heichunnt. Da gratet Eine ganz vo sälber i ds Verspräche.» Die glühendste Liebe aber gehört dem Bernerland. Als Karludi Landorfer («Götti und Gotteli») mit dem jungen Herrn von Lentulus Paris zufährt und oben auf der Höhe von Uettligen noch einmal das Land überschaut, das er verläßt, da weckt die wunderbare Aussicht ganz von selber in ihm die Berner Wallung: «Wär wett o anders chönne, als patriotischi Tröum schpinne, wenn er dert obe düre geit und sech ds Bärnerland e so herrlech vor ihm usbreitet! Ygnischtet zwüsche-n-üppige Waldhuble-n-und saftig grüene Matte, Hoschtete-n-und Allee schtrecke di heimelige Dörfer ihri Chilchturmhälme-n-id'Luft. Alles isch e so herrlech groß und wyt. Und doch isch e kei dürre Fläcke z'gseh, vo der Aare-n-ewäg, wo da tief unde zwüsche de

Sonne einem Bild an der Wand die glühendsten Farben nimmt, wenn man sie gewähren läßt. Senno liebte sein Volk und sein Vaterland, und er wußte kein höheres Ziel, hegte keinen innigeren Wunsch als den, einmal für dies Vaterland den Degen ziehen zu dürfen.» – Und über die Volksherrschaft im Lande der Eidgenossen steht gleichenorts das schöne Wort, das auch ein Gotthelf geschrieben haben könnte: «In der Demokratie wird nicht nur am grünen Tisch, nicht nur in den Ratsstuben regiert, sondern draußen auf dem grünen Teppich des blühenden Landes, unter den behäbigen Dächern, in den Hinterstuben, dann freilich auch in den Wirtshäusern, in den Eisenbahnwagen, auf dem Markt und endlich erst im Ratshaus. Und da regiert alles mit, der Gelehrte und der Taglöhner, das Haupt der Familie, die Mutter, ja sogar die Kinder, jedes, indem es seinen Einfluß auf die andern geltend macht. Leben heißt regieren, denn Regieren ist dienen und beherrschen in *einem* Zug. Wer weise dient, wirkt am Gemeinwohl mit durch seine Unterordnung, und wer es versteht, seinem Willen zum Guten andere dienstbar zu machen, der tut es fürs Ganze. Die Aufgabe der Regenten ist es, all diese Willensstränge zu binden zur mächtigen Garbe des Gesamtwillens. So wurzelt in tausend und abertausend lebendigen Fasern der gesunde Baum der Volksherrschaft im Lande der Eidgenossen, und niemand kann ihn ausreißen. Der Sturm kann ihn brechen, der Blitz ihn versengen, aber die Wurzel reißt kein menschlich Wesen aus den tiefen Spalten seines wundersamen felsigen Nährbodens, und so lange Gottes Segen auf die Berge träuft, schlagen sie aus zu neuem Leben.»

waldige Börder düre ruuschet, bis ufe zu de silberige Schneefälder und Gletscher. Wettigs Land isch das! Und dert linggs im Mittelgrund, da luege di alte Türm zwüsche de zaggete Schanze füre. Dert sitzt si fescht und schtill uf ihrer grüen verwachsene Flueh, di alti Schtadt, wo das alles erschtritte het und's jitz mit Chraft und edle Gedanke beherrscht. Was isch scho alles da drüber gange? Was wird no drüber cho, bis d'Sunne zum letschte Tag über ds Fyschteraarhorn ufechunnt?» – Und welch ein Heimatstolz spricht aus dem Wort, das im «Frondeur» der Frau Colette (Herbort) gilt: «Si het e Französi zur Muetter gha, und d'Bärnerart isch nere no nid ds Höchschten uf der Wält gsi»! Was Bernerart und Bernercharakter sind, wird im «Schtärn vo Buebebärg», wo diese im Obersten Wendschatz erwachen, einmal so umrissen: «schtill um sech luege, bis me heiter gseht i Lüt und Sache, bis me weiß, wie's cho isch, und nachhär da druuf fürsichtig ufboue, öb's de Lüte gfallt oder nid. Geng grad us und sech gä, wie me-n-isch und ds Gägeschpil näh wie's chunnt. Nume kei Komedi uffüehre!» Daß so verstandene Bernerart, um guten alteidgenössischen Geist vermehrt, sich im besten Patrizierwesen bis hinauf zum Ideal der Selbstlosigkeit und der Aufopferung für das Volksganze steigert und verklärt, liegt ganz auf der Linie der tiefsten weltanschaulichen Überzeugung Tavels. Liebe, Gerechtigkeit, Dienen für das Ganze ist ihr höchstes Gesetz, ist der ‹Schtärn vo Buebebärg›, der über den Einzelnen, insonderlich auch über den Regierenden leuchten soll: «Adel ha heißt sech la bruuche», bekennt Adrian von Bubenberg, und er ist in Tavels Gestaltenwelt als ‹Ring i der Chetti› das überwältigendste Beispiel dieses hohen Glaubens und dieser hohen Tat.

Eng verbunden mit der Heimatliebe, die Wurzeln ebenfalls hinuntersenkend in Herz *und* Sinne, ist die Freude am Landschaftlichen, am immer wechselnden Schauspiel der Natur, und wer wollte leugnen, daß sich an farbigem Abglanz des Jahresreigens im so gestaltenreichen Bernerland vielerlei findet. Vor allem frühlingliches und herbstliches Land nimmt Tavels hochbegabtes Auge – dem Dichter eigneten auch zeichnerische Fähigkeiten – mit immer erneuertem Entzücken auf, und seine Feder taucht dabei immer neu auch in ein ergriffenes Gemüt. Da sitzt am steilen Hang über der Rüegsegg Heros von Herbort mit seinen zwei Kindern. Sohn und Tochter denken eher an den Futtersack, Heros aber, wie abwesend, läßt die Blicke schweifen über die herbstlich gefärbten Birn- und Kirschbäume, über die silbergrauen Schindeldächer heimeliger Bauernhöfe bis hinüber zum Dachreiter des tausendjährigen Würzbrunnen Kirchleins, wo einmal auch die von Turnellen ihren letzten Schlaf tun werden:

Z'underscht im schmale, grüene Talbode zwitzeret e Bach. Aber wyt, wyt drum ume walmet ds schwygsame, gheimnisvolle Waldmeer. Wenn e Wulke drübergeit, wird es ganz tief blau, und nume di paar Weiden und Rütine blybe grüen. Und de, wenn d'Sunne wieder alleini Meischter isch, stande d'Felsemuure vom Hohgant und de Schratteflüeh wie vo luter altem Guld da mit blaue Schluchten und Chrinele voll Schnee. «Buechstabe» säge si dert obe dene wyße Chrinele, wil si usgseh wie-n-es Band voll gheimnisvolli Sprüch. Wyter hinde, i der breite Bresche, lyt wie-n-es Zouberland voll Glanz und Liecht ds Tal underem Brienzergrat. Und ganz z'letscht hinder allem stande bolzgrad und unagrüehrt d'Yschbärge. Es isch eso ganz e Wält für sich. Da ghört niemer anders dry, als die, wo sit alte Zyte drinne läben und sälber voll sy vo der Stilli und däm tiefe Fride. Däm mueß es ghöre, wo sech mit sym Charscht a de Börter feschtbisse het. Löit is mache, löit is läbe, mir wüsse wie, und meh wei mr nid, heißt's i dene Hüser, wo i de Börter hocke wie Fündlige» («Der Fondeur»).

Und im gleichen Buche:

Wär het ds Bärnerland scho gseh schlafen in ere hilbe Früehligsnacht? Wenn di schwarze Huble dalige wi Schaf i de Hurde, daß me meint, me ghör se schnuufe? Der Mond isch gääl dür nes dünns Gschpinscht vo sydige Wülkli düüßelet. Wie Geischter sy d'Blueschtböum im Schatten umenandere gstanden und hei di fyschteri Luft mit ihrem wunderherrlechen Ate gfüllt. Wo der Oberscht Herbort dür nes Dorf gritten isch, het me d'Ställ gschmöckt. Underem Jungloub vo uralte Linde hei Brünne brodlet. Hie und da isch e Ringgi a der Chetti underem Dachtrouf hin und här gschosse, het bället und, wenn er der Roßtrapp nümme ghört het, no der Mond aghornet.

Die Landschaft wechselt je nach dem Seelenzustand des Betrachtenden:

Wie ein doch e Gäged unglych cha aluege! Früecher, wo me gwüßt het, daß da überall der Herr Heros d'Hand im Spil het, hei Matte, Ächer, Hüser, Wälder eim öppis gseit. Hinder jede Zuun het me dörfe luegen und niene risquiert z'erschlüpfe. Hütt hingäge stande d'Böum da, wie wenn sie a öpper anders dänkte. D'Wälder hei d'Ouge zue, d'Höf hei öppis z'verstecke. D'Ouge troue sech nid, de Wägspure bis i ds Gstrüpp yne nachez'loufe. Niene meh isch öppis, wo seit: chumm lue. Alles isch eim frömd. Me freut sech uf nüt und isch froh, wenn d'Schätte chöme cho z'schnaagge, damit me mit guetem Gwüsse cha ga abligen und d'Ouge zue tue. («Der Frondeur»).

Nie wird die Naturschilderung (sie reicht im «Frondeur» bis in die kenntnisreich beschworene venezianische Atmosphäre) zu einem Ziel für sich, sondern sie ist eins mit der Erzählung, unabtrennbar vom Dasein der Gestalten. Nichts bekräftigt diese Einheit augenfälliger und zeugt mehr von der Sinnenhaftigkeit von Tavels Kunst als die häufigen Metaphern und Vergleiche, die ihm – und darin ist er ganz ‹Volk› – so natürlich aus der Feder fließen. Sie sind echt volksdichterisch dem unmittelbaren Lebensbereich der Gestalten entnommen und oft von stupender Treffsicherheit. Ein paar Beispiele:

«Jedes Stüdeli het syni Bletter zfride vor sech überenand gleit, wie-n-e Husfrou d'Händ nam Fyrabe» («Am Kaminfüür»); –

In der Lagune zu Venedig, «wo's guldig im Blaue flimmeret und allerhand Schiff zfride wie gfuettereti Änte vor Anker lige» («Meischter und Ritter»);

Niklaus Manuel und seine Frau Kätherli gehen gurtenwärts «Hand i Hand, wi zwöi Chinder us der Gäggelischuel» (id.);

«d'Händ verwärfe wi Toubstummi uf em Märit» (id.);

«der Frou Kätherli ihri länge Wimpere lige glatt uf der Backehut wie Flachs, wo men a d'Sunne spreitet» (id.);

«Dadruuf rangglet ds Meitschi mit den Achsle, und wil's keini Träne ma erborze, grunzet's i ds Ruehbettchüssi wie nes rosefarbigs Fäärli» («Veteranezyt»);

«ihri [der Vorstehersfrau zu Saint-Loup] Husmuetterliebi isch so über ds Carlotta abe cho wie-n-e Caféchannechappe, nume schier z'warm» (id.);

«är sälber [Peter Wymann] isch Gümmene zuegwanderet wie-n-e wiedergwählte Großrat» (id.);

«Der Unggle Chrischtian het d'Underarmen uf d'Chneu gleit, macht mit de Händ, wie wenn er e heiße Härdöpfel geng vo der einten i di anderi würf» (id.);

«Der Herr Senno isch breit dagsässe, so daß sys brodierte Gilet wie-n-e bluemete Globus vüre cho isch. D'Schueh hei glänzt wi Chirsimues, ds Jabot wie der Fallbach am Sunntig, ds Gsicht wie-n-e Rosenöpfel und d'Ouge wie Toutröpfli» («Ds verlorne Lied»);

«Wie zwo Änte zum Fuettertrögli, sy si [die zwei Damen] mit gstreckte Häls uf d Ussichtsrondelle gwatschlet» («D'Haselmuus»);

«si [die Landvögtin Ryhiner] het vor Säligkeit gwalpelet, wie nes Heufueder» (id.);

«D'Frou Rosine-n-isch o da gsässe wie nen abgloffeni Sanduhr» («Unspunne»).

Die schöne Übereinstimmung von Wesen und Wort, von Wort und Gebärde, von Gebärde und Umwelt schenkt der Kunst Tavels ihre Selbstverständlichkeit, und in Kunstsachen bedeutet solche Selbstverständlichkeit immer auch Echtheit. Wenn der Geist und die Sinne im Einverständnis sind, so *lebt* eine Dichterschöpfung, mögen in diesem gestalteten Leben auch Gradunterschiede deutlich werden. Tavel sieht seine Figuren wohl zuweilen mehr von außen als von innen (auch die so starke Besonderheit dieser äußern Welt ließ ihn hie und da im Irrtum über die eigentliche schöpferische Mitte und Obliegenheit); nie aber kommt es bei ihm zu dem so unkünstlerischen Auseinanderfallen der Grundelemente. Darum freundet man sich mit seinen Gestalten in der Regel so leicht an; er weiß ihnen ein gewisses Allmenschliches mitzugeben – ein kleines listiges Augenzwinkern genügt mitunter, sie unserem eigenen Daseinskreis anzunähern. Einige Beispiele aus der einzigen «Haselmuus» mögen das veranschaulichen:

Als Xandi Wagner mit der schönen Madame de Chateauvieux dem Genfersee entlang fährt, heißt es: «Und wil es gar schön warm gsi isch und e herrlechi Luft, het si vo Hals und Bruscht so vil abdeckt, als d'Mode zu sälber Zyt erloubt het, und das isch nid wenig gsi. Aber ds Amelie, das Möff, het nere-n-alli Bott ds abegrütschte Sydeshäwli wieder drüberzoge – wäg em Stoub.» Und hinwieder vom selben Xandi: «ussert dem Xandi mit syr gsunde Reismüedigkeit und syr Guldwändlerglunggen im Mage het niemer bsunderbar guet gschlafe.» Von der Frau Rosine wird einmal gesagt: «Wenn si närvös glismet und derby vo Zyt zu Zyt e Lismernadlen usezoge hat, für dermit i der Frisur umez'gusle, so isch es es sichers Zeiche gsi, daß se-n-öppis nachenimmt.» Wie plastisch und doch gedämpft, von einem Lächeln durchheitert wird die kleine Aufregung erzählt, in die die Pflegeltern der lieblichen Haselmuus geraten: «E Stund später hei d'Cherzestümpli uf de Nachttischli scho ihri spitzige blächige Hüetli treit, und die hei derfür gsorget, daß weder es Gstänkli, no nes Fünkli der Seelefride vo däm würdigen alten Ehepaar störi. Aber uf em Stuehl bi jedem Bett isch ds Gwüsse vo Allmedinge gsässen und het syne Nachbare mit dem Filochierhääggli jedesmal, chuum, daß si zuegfalle sy, d'Ougsdechle wieder glüpft. D'Frou Rosine het gmeint, si alleini heig der Schlaf no nid gfunde, da fragt undereinisch der Ratsherr: «Wär het ihm eigetlech dä Übernamen aghänkt – ‹Haselmuus›?»

Einige kleine, unscheinbare Züge, mit schmunzelndem Bedacht ausgewählt, und das Türlein des Alltäglich-Menschlichen ist aufgetan. Tavel ist ein Meister der zarten epischen Behaglichkeit, durch die eine feingestimmte, nachsichtige, meist nur in den Gebärden liegende Ironie wie ein kosendes Lüftchen weht.

Die Gestalten sind, ihrem Stande gemäß, ohne Härten gesehen; der Pendelschwung ihrer Eigenart hält sich, es sei nochmals betont, in den Grenzen einer recht strengen Konvention – die Charaktere werden bezeichnenderweise ‹origineller›, je mehr sie sich den untern sozialen Klassen nähern. Dennoch ändert der spezifische Gehalt von Werk zu Werk, zuweilen innerhalb desselben Werkes sogar. Er reicht von der feinen, preziösen Tönung stilvoller Porzellanfiguren und -figurinen bis zu vollmenschlicher Erschüttertheit von Gestalten, die das Leben unsanft anfaßt und zusehends auf verinnerlichte Wege führt. Die gewöhnlich straff und geschickt geflochtenen epischen Fäden können sich lockern, nur allzusehr manchmal – dann besonders, wenn es dem Dichter darum zu tun ist, eine irgendwie verworrene Situation doch noch zu einem glücklichen Ende zu bringen, wie etwa im zweiten Teil von «D'Frou Kätheli und ihri Buebe». Zu welch erzählerischer Intensität und Angemessenheit er aber gelangen kann, zeigt gerade der ergreifende vordere Teil des gleichen Werkes, wo ein seelischer Knoten sich schmerzhaft schürzt: einerseits zwischen Kätheli, die nach dem Tod ihres Mannes, des Obersten Wendschatz, allein im Leben steht, und ihrem Vater, dem unbeugsamen Seckelmeister Willading, anderseits zwischen ihr und Toldi, dem Stiefsohn, der mit dem Stiefgroßvater nicht eben gut auskommt. Die für sich selber sprechende Hauptstelle sei hier wiedergegeben und möge als Beispiel für die Art gelten, wie Tavel dichterisch auch an ernste, ja an sehr ernste Lebensprobleme herantritt:

D'Frou Kätheli het ihre Vatter e chly la zue sech sälber cho, und du het si-n-ihm du gseit, me müeß jitze schlüssig wärde, was gah söll. Mit ateloser Spannung het der Töldi d'Gsichter vo Stiefmuetter und Großvatter gmuschteret und sech no gseit, er well de dem Großvatter zlieb sy Freud nid z'hert la merke, wenn de d'Mama vorschlaj, är, Töldi söll jitz wieder hei cho. Der Herr Seckelmeischter isch bleich und müed i sym *fauteuil* gsässe, het d'Hand uf der Schoß inenandere gleit gha und vor sech abe gstuunet, so daß me hätti chönne meine, er schlafi. D'Frou Kätheli het bald gseh, daß nüt us ihm use z'bringen isch, und dänkt, si müeß halt afa, ihm en Uswäg z'zeige. Si isch näben ihn a Bode ga chnöilen und het ihm di chalte Händ gstrychlet und, wo-n-er geng nüt het welle säge, gseit: «Wüsset Dir was, Papa, Dir heit eigetlech jitz Eui Sach gmacht. Gönnet Dir Ech jitz di verdieneti Rueh, und chömet zu mir ga Hünigen use!» D'Frou Kätheli het bi dene Worte dem Töldi der Rügge gchehrt, sünsch wär nere sicher nid etgange, daß es i sym Usdruck en Umschlag gä het, wo eine hätti chönne erchlüpfe. D'Ouge syn ihm ganz us em Chopf vürecho, währeddäm er uf d'Antwort vom Herr Seckelmeischter gwartet het. Und di gruusamschti Folter he er jitze düregmacht, wo-n-er het müeße zuelose, wie d'Frou Kätheli sech Müej gä het, für ihre Papa derzue z'bringe, daß er uf ihre Vorschlag ygangi.

«Dir heit mi nötig und – wär wett das usrede? – i ha Euch nötig, Papa.»

Es het öppis bruucht, bis d'Frou Oberschti 's über sech bracht het, das z'säge. Ihre het's Überwindung gchoschtet, jitz undereinisch zuez'gä, daß si ihre Vatter nötig heig; aber zu allem, was ihre z'Hünige schwär uf em Härz gläge isch, no der Gedanke z'trage, daß ihre Papa sy Läbesaben alt, einsam und verbitteret z'Bärn inne verbringi, das het si nid über sech bracht. Dem alte Herr hingäge het das Gständ..is wohl ta. Es het ne derzue bracht, z'rede, und er het gseit: «Nu guet, i gloub, i well's probiere.» Währeddäm er sech d'Tränen us den Ouge gwüscht het, für na langer Zyt zum erschtemal wieder sy schöni Tochter mit dankbarer Freud az'luege, het sech i ds Töldis Gedanke-wält e schwäri, schwarzi Wulke nidergla. Chalt und frömd isch es ihm z'Muet gsi. Mit aller Chraft het er sech gwehrt gäge ds Gfüehl, daß d'Frou Kätheli e Schritt von ihm ewäg tüej, a d'Syte vo ihrem Vatter. Aber undereinisch isch ihm der Chilchhof vo Dießbach wieder z'Sinn cho, und gäb wie-n-er sech dergäge gewehrt het, so isch es ihm vorcho, er standi dert zwüsche dene zwöine Greber, wo-n-ihm der Pfarrer zeigt het, gäb er ga Bärn cho isch. Es het ne dunkt, er müeß derthi; es het ne förmlech abezoge, under e Bode, wil er nüt und niemer meh um sech ume gseh het, wo ne zrügghätti. Und doch het er nüt welle la merke. Er het's gschlückt und sys Weh verbisse, wil er doch der Frou Kätheli 's nid hätti wellen atue, ihre sy Chummer ufz'lade. Wär aber ds Läbe kennt, weiß, daß es juscht es Bedürfnis und es Vorrächt isch vo de Chinder, öpper z'ha, uf dä si chönnen ablade, was nen uf em Härz ligt. Das het d'Frou Kätheli wohl gwüßt, und si het sech e heiligi Pflicht und e Freud druus gmacht, dem Töldi das z'sy, was anderi a ihrer Muetter hei. Und es isch nere dermit eso Ärnscht gsi, daß nere würklech alles i ds Härz gschnitte het, was der Töldi plaget het, und zwar tiefer, als der Töldi 's je vermuetet het.

Der Töldi isch uf de Fueßspitzen i di anderi Stuben übere gange, währeddäm d'Frou Kätheli no geng vor ihrem Vatter gchnöiet isch und ihm di
magere, mit dicken Aderen überspunnene Händ zärtlech drückt und gstrychlet
het. Si het's trotz der Stilli nid g'achtet, daß der Jung use gangen isch – oder
eigetlech wohl, si het ne ghört und gseh gha, aber es het nere-n-i däm Ougeblick nid meh gseit, als wenn es Vögeli vor em Fänschter düre gfloge wär.
Ihri große, herrlechen Ouge sy füecht und glänzig uf ds Gsicht vom Herr
Willading grichtet gsi, uf das stränge Gsicht, wo jitze Weh und Todes-
schatte druff glägen isch. Und wie meh si da dry gluegt het, wie zärtlecher isch
si dem Vatter agläge, und ds tiefe Glück, ihm chönne wohl z'tue, het nere-n-
us em ganze Gsicht glüüchtet, wie guldige Stärneschyn. Keis het öppis gseit. –
Still isch es gsi i der Stube – still – totestill. – Da ghört men undereinisch us
der Näbestube e härzbrächende Schluchzer – fascht wie ne Brüel vo mene
verwundete Tier. Dem Herr Seckelmeischter het es großes Verwundere
d'Ougen uftribe. D'Frou Kätheli het wie i mene Chlupf ufglost. – Jitz isch
d'Stilli no tiefer, no fyschterer worde, bis e neue Schluchzer übere cho isch. –
Da isch si ufgstande, lutlos wie ne Rouchsüüle, wo sech über em Muttfüür
ufreckt, und isch übere, me het chuum ihre Schritt ghört. Und was gseht si –
der Töldi, wo sech a ds Fänschterchrüz chlammeret, ds Gsicht uf en Arm
gleit.

«Töldi!» Ganz tonlos het si's grüeft und ihm d'Hand uf d'Achsle gleit,
für ihm az'düte, er söll se-n-aluege.

Aber der Töldi het sech no feschter a ds Fänschterchrüz gchlammeret, wo
sech schwarz vor em heitere Abedhimmel abzeichnet het, und mit dem Fueß
schier uwirsch gstampfet.

Si het welle frage: «Was hesch, Töldi?» Aber si het's nid usebracht.
Si het's ja gwüßt. – «Gott, myn Gott!» het's i ihrer Seel gschroue – und
si isch use, si het gar nid gwüßt, wohi. Ohni nume z'merke, wieso, isch
si i ihri Schlafstube cho. Es het se welle z'Bode zieh. Aber undereinisch
hei sech ihri Händ zu Füüscht zsämeballet, und ihri Ouge hei a di fyschteri
Dili ufgstieret. I ihrne Gedanke het si di beide Stube dunde vor sech gseh,
im Vernachte, i der einten ihre Vatter als brochene Greis, i der andere
der Töldi i sym trotzige Weh, es Chind no, wo y fyschterer Seelenacht na
nere Muetter rüeft. Si het agfange, der lieb Gott verchlage, sich sälber verwünsche.

Ja, das isch e bösen Abe gsi. Drei Möntsche hei da, ohni nes Wort z'rede,
ihtes Brot zsäme gässe, und jedes het sy Schöpfer verchlagt, jedes dene nache-
dänkt, wo-n-es verlore gha het. Und wie nen ändlose Zug vo phantaschtische
Wulken isch es dür di drü Härz gange, di ganzi Nacht düre, bald im Bsinnen a
vergangeni gueti Zyte, bald i düschtere Sorge für das, wo het sölle cho. Und
nume ganz, ganz sälte het ds Stärnli vo mene tröschtleche Gedanke zwüschenyne blitzet (107–111).

Solche herben, fast aufwühlenden Seiten sind bei Tavel jedoch die Minderheit; der Grundton seiner Schriften hat einen mehr hellen als dunklen Klang. Wir sprachen von einer gewissen Festlichkeit des Daseins bei diesen Patriziern: Kleidung, Wohnung, Manieren, gesellschaftliche Anlässe, die Sprache sogar, die sich neben ihrem besonderen berndeutschen Habitus gerne mit französischen Wendungen und Floskeln schmückt, die ganze äußerliche, ja auch ein bißchen die innerliche Lebensweise ist in behaglich erhobene Anmut getaucht, für die Tavel ein unvergleichliches Sensorium hat. Darüber hinaus eignet ihm aber auch eine stark komische Ader. Das humorvolle Schmunzeln macht zuweilen einem frischen, dröhnenden Lachen Platz. Die Komik ist dabei meist eine solche der Situation und heftet sich mit Vorliebe an kleine physische Mißgeschicke, an Verwechslungen, an unvorhergesehene, doch ungefährliche Stürze mit ihren Folgen usw., ist also eine eher ‹handgreifliche› und geht, auch dies ist bezeichnend, zumeist auf Kosten von subalternem ‹Volk›. Eine hübsche Szene dieser Art findet sich schon in «Jä gäll, so geit's»: An der Soirée hat sich die dicke Frau Salzschreiberin – Tante Salzbütte wird sie in der Familie genannt – beim Tanzen den Fuß verstaucht und wird in ihrem porte-chaise von zwei Bedienten, Chrischte und Köbi, durch frisch gefallenen Schnee in ihre Wohnung an der Inselgasse hinaufgetragen. Ruedi Landorfer – der Arme macht ein Gesicht, «wie wenn er e fuuschtgroße füürige Härdöpfel a eim Bitz gschlückt hätti» – begleitet die beiden, macht sich aber bald einmal davon und kehrt an die soirée zurück. Unterwegs zerbricht eine Tragstange, und während Chrischte und der herzugetretene Nachtwächter Schlarpenegger, Köbi bei der Sänfte zurücklassend, eine andere Stange holen, wird die Frau Salzschreiberin vom zufällig vorübergekommenen Doktor Chnuuschti in seine eigene Wohnung an der Kirchgasse hinaufbefördert. Den Köbi aber sticht der Hafer, den beiden andern Kumpanen einen kleinen Streich zu spielen: er setzt sich selber in die Sänfte und mummelt sich in die Shawls der Salzschreiberin ein, wird auch richtig von Chrischte und dem Nachtwächter, die nichts ahnen, die nachtstille Stadt hinaufgetragen. Als vor der Wohnung der Salzschreiberin Gattung, das heruntergeeilte fromme Dienstmädchen, den Kopf in die Sänfte streckt, um der seufzenden Meisterin herauszuhelfen, da erhält es von einem kratzigen Mund einen herzhaften Kuß, schreit auf und fällt, rückwärtstaumelnd, über die dreikerzige Prachtslaterne, die es auf dem untersten Treppentritt vor dem Hause abgestellt hat. Und während der Köbi aus der Sänfte kriecht, steht das Gattung auf, nimmt die zerdrückte Laterne und schlägt sie dem verblüfften Schlarpenegger um den Kopf, so daß die Glasscherben fliegen. Dieser weicht zurück, um nicht ein zweites Mal eins abzubekommen, fällt aber der Länge nach über ein Gräbchen in der Gasse. Vor der Sänfte krümmt sich der Köbi vor Lachen, schon aber hat das Gattung kehrt gemacht: «und – flatsch – het er e Chlapf uf sym breite Muul gha, daß es im Gärberegrabe-n-es Echo gä het. «Da hesch dyni Gompresse, du Uflat», het ds Gattung g'chüüchet. Und der Chrischte het hinder der Sänfte füre glüüßlet und gseit: «Wou, Mäu [wohl, Mehl], du gisch Brot.» Druuf het ds Gattung sy Latärne gnoh und sech mit Schluchze-n-i Husgang zrückzoge.»

Auch Standespersonen werden mitunter in solche oder ähnliche, obzwar manierenmäßig natürlich gehobenere Szenen verwickelt. Köstlich in Anmut und Komik getaucht ist das freiwillige Bad Madeleines, der künftigen Haselmuus, im Weiher zu Märchligen und das unfreiwillige der Tante Rosine, ihrer Pflegemutter:

Der Tag druuf sy di drei Parze [Tante Rosine, Frau Maréchale de Chateauvieux und Frau Willading] wieder z'Märchligen binenandere gsässen und hei underem große *tulipier* Tapisserie gmacht und zwüschenyne byschtet über d'Hitz. Es isch topp gsi wie im höchschte Summer, und mängisch het es di Froue dunkt, si wette lieber im Weier sitze, wo änet dem *gazon* eso schläferig plöderlet het. Ds Madeleine het's dobe bi synen Ufgabe hinder de grüene Felläde prezys glych gha. Der ganz Underschied isch nume dä gsi, daß es, wie öppen anderi jungi Lüt o, dänkt het, es tragi eigetlech nid viel ab, sech däwäg z'plage. Es geit nid lang, so chunnt di Chrott über ds *gazon* cho z'zäberle. Si het nüt annegha als di roti Badchappen und es Lilache, so eis na der alte Währig, e halbi Jucherte groß, so daß es ihm zur Ymummelete no ne längi Schleppe gä het. Däwäg isch es zerscht vor d'Frou *Maréchale* cho, het e tiefi *révérence* gmacht und gseit: «Gället, eso?» Und du ds Glyche vor der Frou Willading und vor der Tante Rosine. Die het afa ufbegähren und ds Madeleine wellen i ds Huus jage. Aber ihri Fründinne hei glachet und sy uf e Gspaß ygange. Und ds Madeleine het fürgfahren und vor der *Maréchale* d'*révérence à recul* probiert und d'Schleppe gschlängget, bis es wieder z'mitts uf em *gazon* isch gsi. Dert het's no einisch ganz e tiefi *révérence* gmacht, und du jsch ds Lilachen undereinisch am Bode gsi, und ds Madeleine i dreine Gümp – iups! – im Weier, daß es höchuuf gsprützt het.

D'*Maréchale* het zu Träne glachet, und d'Frou Willading het nume so gwaggelet am ganze Lyb und eismal über ds andere gseit: «Möhrig isch es, möhrig, eifach möhrig!» Aber d'Frou Ryhiner isch chrydewyß worde vor Töubi und ufgschosse. *«Attends»*, het si gschmählt, *«je t'apprendrai* blüttle *comme-ça* am heiterhälle Tag!»

«Eh la's doch!» hei di andere gseit. «Bi *der* Hitz!»

Aber jitz ghört me hinder em Wäldli Huefschlag. Potz Guggerli! Das hingäge de nid! het's du gheiße. Jitz sy si alli dreien ufgstande. D'*Maréchale* und d'Frou Willading sy gäge ds Huus gsprunge, für ga z'säge, me söll emel de niemer i Garten yne la. Und damit nid öppen e Visite zum Fänschter uus öppis gsej, isch d'Tante Rosine mit dem usgspreitete Lilache gäge Weier gsprungen und het gschroue: *«Allons, allons, cache-toi !»*

Jitz sy frylech scho *révérences à recul* nid liecht z'mache. Aber mit mene höch usgspreitete Lilache vor em Gsicht um ne Weier ume z'springe wott o glehrt sy. Di gueti Frou Rosine het das no nie praktiziert gha. Drum trappet si uf e Soum vo däm schöne Bettuech und isch undereinisch – ohni Badchappe – bi ihrer *nièce* a der Chüeli. Bi mene Haar hätti's e Seeschlacht gä; aber ds Madeleine het nid gwartet, bis es by-n-ihm ygschlage hat. Und wil me mit Jupons im Wasser nid so gschwind cha vorrücke, isch es der Verfolgung änenusen ertrunne, het ds halbnasse Lilachen umglyret und isch im Huus verschwunde, me het nid gwüßt wie. Wie-n-es sech schickt, het's der Rigel vo der Stubestür gstoßen und du schuderhaft lang bruucht, für sech wieder az'lege.

Wo-n-es du ändlech d'Badchappen i der Abedsunne vor em Fänschter usgschüttlet het, het's der Frou *de Chateauvieux* zuegrüeft: «D'Diamante hei mi nüt gchoschtet.»

«Ja, ja», het d'*Maréchale* g'antwortet, «und bisch doch di schönschti gsi am Hof.»

Und «möhrig isch es, möhrig», het d'Frou Therese no einisch gseit.

Die unbestreitbar starke komische Mitgift verführt Tavel zuweilen, sie auch dort einzusetzen, wo sie weniger am Platze ist, d. h. nur um einer rein äußerlichen Unterbrechung und Erheiterung willen. Als in der «Heiligen Flamme» die beiden Großräte, der «weiße» Fritz Tällenbach und der «schwarze» Senno von Hahnenberg die Möglichkeiten der Verbauung des Lugikrachens, dieses, wie es ironisch heißt, «aus der Volksseele geborenen Postulates», persönlich in Augenschein nehmen, da kommt der vierschrötige Tällenbach unversehens ins Rutschen, sucht links und rechts umsonst nach einem Halt, gleitet ab und kriegt mit Händen und Füßen den unter ihm stehenden Herrn Senno zu fassen, und beide fahren, der Schwarze in des Weißen Umarmung, jählings zu Tale, bis sie in einem Schlitten von Schlamm und Geröll in das sehr kühle Rotwasser zu sitzen kommen, und hinter ihnen folgt der Bannwart, auf seinem Hosenboden reisend, durch das «großrätliche Rinnsal» nach! Das Schauspiel mitansehend, krümmt sich der Gyrgaden-Gläis, der von der Verbauung, wenn sie zustande kommt, doch am meisten gewinnen wird, dermaßen vor Lachen, daß die zahllosen Nähte seiner «allmendartig geplätzten» Hosen zu reißen drohen. Die Episode ist an sich nicht ungeschickt herangeführt, hinterläßt aber, wie die ganze Geschichte, dem anspruchsvolleren Leser ein leichtes Unbehagen.

Herber Lebensernst und freimütige Komik sind jedoch nur die beiden Pole dieser Kunst. Zur Hauptsache bewegt sie sich, und drückt auch darin, wie bereits angedeutet, das altbernische Patriziertum vollendet aus, auf einer Mittellinie, von der aus das spezifischer Tragische und das spezifischer Komische nur gelegentliche Abweichungen und Seitenspritzer sind. Nicht von ungefähr kommt es, daß Adrian von Bubenberg, in dieser Standesgesellschaft die einzige auch geistig wahrhaft überragende Gestalt, eigentlich sein Leben lang von Tragik umwittert ist. Es macht die Dauerhaftigkeit des bernischen Patriziertums aus, daß ihm mehr daran gelegen war, eine größere Anzahl von wirklich Regiments‹fähigen› heranzubilden, als überlegene, die Macht noch stärker konzentrierende Häupter zu besitzen. Dieses kräftige und gesunde Mittelmaß färbte ganz von selber auf das Gehaben des ganzen Standes ab, der das Abenteuerliche, Außerordentliche, Verwegene, Eigenbrötlerische in seinen Reihen verpönte, soweit es sich in der Heimat abzuspielen gedachte. Wie zart und kräftig zugleich wird dieses ‹Normal›maß von Tavel dargestellt! Er hat bei nicht unrobuster Pinselführung immer wieder auch Pastellfarben feinster Art. Man möchte so vieles zitieren. Um gleich noch bei der «Haselmuus» zu bleiben: wie scharmant, graziös, bestimmt, anschaulich, menschlich nahe, hellhörig, auch im Sprachlichen makellos, wenngleich handlungsmäßig keine hohen Wellen aufrührend, ist der Besuch des Pfarrhelfers Müsli zu Märchligen geschildert (die Szene folgt auf die eben angeführte):

Öppen acht Tag druuf isch e schwarz agleite Herr im gsetzteren Alter der Hüenlistutz uuf gwanderet. Er isch ganz unglychlig gloffe, bald gleitig, wie wenn er schnuerstracks uf öpper z'dorf wetti – das hätti men o chönne meine, wil er mit sym spanische Rohr i di lääri warmi Luft gfochte het – de wieder langsam und versunne. Und albeneinisch het er ganz plötzlech Halt gmacht, mit gspreizte Füeße, der Stäcke mit beidne Hände vor sech fescht ufgstellt und der Blick drüber ewäg i Straßestoub grichtet. Es wär eso herrlech gsi z'ringsetum! Di schwarze Tanne z'beidne Syte vom Wäg hei mit ihrne Zwisle zum blaue Himmel dütet: lue wie schön! Und undenyne hei si da und dert es Sunneblickli uf em wüelig weiche Mieschbode la düregüggele, mit mene guldgäälen oder füürrote Schwumm druffe. Und was am Straßebord alles g'glänzt und g'glitzeret het vo Brambeeri und Touchrälli uf Bletter und rot- bruune dornige Ruete – es isch ei Pracht gsi. Aber uf das alles het dä einsam Wanderer nid g'achtet. Vo wytem hätti men ihm agseh, daß ihm öppis schwär im Sinn lyt. Wär das nid gsi, so wär er gar nid der Stutz uuf gange, vo wägen er het ja eigetlech ga Märchlige welle. Und wo-n-er dobe vor e Wald usecho isch, het er no einisch nid abgschwänkt. Alli Gredi isch er wyter gloffe, sogar über Allmedingen use bis zum große Chesteneboum oben am Bollholzstutz, wo di wyti Ussicht uf ds Aaretal und die ganzi Bärgherrlechkeit sech uftuet, vom Wätterhorn bis zum Niese. Da isch er ds Bord uuf und het sech i ds Gras gsetzt. E Buur, wo am Rain gäge Chly-Höchstete z'Acher gfahre isch, het albeneinisch übereblinzlet und dänkt, dä Herr syg allwäg a chly lätz im Chopf, daß er da so a mene heilige Wärchtigmorge mit sym Stäcke chömm cho ds Gras verchlopfe. Ja, wenn er gwüßt hätti, daß das der Hälfer Müsli isch, und was er alles uf em Härz gha het! Isch er nid eine vo de wenige Manne z'Bärn gsi, wo gspürt hei, was i der Luft glägen isch?

Jitz zieht er sogar sy große rotsydige Naselumpe vüren und – wüscht sech d'Ouge. Es isch nid gsi us Verdruß über ds junge Volk, wo-n-ihm wäge syne scharfe Predige z'Nacht isch mit Turbebitze ga d'Fänschterschyben yschieße – was het me vo denen übersüünige Galine Bessers wellen erwarte! Nei, aber wo-n-er da di ganzi Pracht vom Bärnerland eso schön usgspreitet gseh het, isch es ihm gsi, er chönni's nümmen ertrage. «Si wüsse's so sicher wie-n-i», het er sech gseit, «daß es bachab geit und daß ds Unglück vor der Türe passet; aber si tole's nid, daß me dervo redt. Si tüe grad, wie wenn niemer ussert de Regänten a däm lieben alte Bärn hieng. Und wär weiß – wär weiß» – mit däm isch er ufgstande – «öb üsereine, wo weniger dervo profitiert, das Land nid tiefer im Härz treit als di gnädige Herre!»

Es isch Zyt gsi, umz'chehre. Fascht no weniger als im Usecho hat er jitz näbenume gluegt. Eigetlech isch er nume so wyt gloffe, für meh Zyt z'ha zum Überlege, und jitz het er um keis Brösmeli besser gwüßt, wie-n-er sys Vorhabe well agattige, als no vor nere Stund. Er het nämlech zu ds Herr Ryhiners use sölle, für das Madeleine Herbort ga i d'Kur z'näh und z'verabrede, wie me's am beschten i d'Underwysig brächti. Höchschti Zyt! het der Hälfer gfunde. Scho meh als nes Jahr isch es gägen anderi hindedry gsi. Di Sach het ihm e chly Chummer gmacht, vowägen über d'Erziehung zur Gottsäligkeit het er syni bsunderen Idee gha. Er isch der Meinung gsi, me söll d'Chinder nid lehre bätte. Erscht wenn si de nache syge, für öppis z'begryffe vo Gott und Ewigkeit, söll me se derzue aleite; aber de müeß me ne de o mit dem ganze heiligen Ärnscht vo der Religion uf d'Seel rücke. Und jitz het er da so nes Gensli sölle zur Raison bringe, wo zwar vermuetlech am Bätte sech no nid überta, aber na Gott o nid meh Verlange treit het als na irged mene Schuelmeischter. Er het ja afange gwüßt, daß men i mängem Huus d'Juged het la ufwachse wie ds Gjät. Und niemer het dra gsinnet, daß a mene schöne Morge di ganzi alti Bärnherrlechkeit het chönne zsämechrute. Und de?

Z'mitts uf em Wäg zwüsche der Thunstraß und Märchligen isch ihm halblut es Wort etwütscht, wo nid so ganz zu syr wohl überleiten Art passet het. Chunnt da nid wie ds lybhaftig Türschtegjeeg e ganzi Trybete Hünd uf ne los. Das het ech da gwoulet und gwadlet der Wäg uuf wie lätz. Und wyt und breit e keis Muul, wo ne hätti chönne rüefe. – Wohl, dert unde vor em Herrehuus isch es ganzes Gständ. Aber niemer luegt näbenume, wo der Herr Müsli mit sym Stäcken uf all Syten uswäjt und befiehlt: «Häbet euch von mir, ihr Übeltäter!» Glücklecherwys schnellt du eine vo dene Hünd der ander vor Yfer i ds Ohr, daß er lut ufweißet. Jitz wohl, jitz het men ufgluegt dert unde. «Sidi!» «Medor!», «Wadi, Wadi!» «Bläß!» het's du undereinisch gheiße, und di ganz Meuten isch mit Brüele, Choderen und Woulen i d'Matten usezwirblet, so daß der Herr Hälfer sy Wäg het chönne furtsetze.

Aber fascht hätt er no einisch gseit, «häbet euch von mir!», wo-n-er neecher chunnt und gseht, daß e ganzi Jagdgsellschaft im Hof versammlet isch, z'mitts drinne d'Jumpfer Herbort, umwädlet vo junge Herre.

«Mhm», het der Herr Müsli dänkt, «da manglet's e bravi Fischruete, für das Förnli usez'lüpfe.»

Uf der Stäge vor der Hustüren isch d'Frou Maréchale-n-erschine. Offebar het men uf die gwartet. E Tricorne het dä Habernarr annegha und es Jagdcostüme, 's het nüt meh gfählt drannen als Hosen und Kanonestifel.

Zum Glück het der Herr Hälfer nid ghört, was da gredt worden isch.

«Dert chunnt, der Gugger söll's näh, der Müsli», seit eine vo de Jeger.

«Abah», macht ds Madeleine, wo ganz guet gwüßt het, was das bedütet, «jitz mueß i hie blybe.»

«Nei – nei – nei! Das hingäge de nid», antwortet der ganz Chor. Und scho macht sech einen a d' Madame de Chateauvieux, si söll nes Machtwort rede. Die het gar nid da druuf gwartet. Im Husgang het si d'Frou Rosine bereits gfragt: «Du wirsch mer doch nid säge, dä Predikant chömi zum Madeleine?»

«E wohl pärsee, me het ne bschickt.»

« Ne pourrait-on pas le renvoyer? »

«Ja, bim Tuusig! Das fählt sech jitz grad no.»

«Das wird doch o nid grad hütt müeße sy!»

«Das chönnt men ehnder vo euem Gjeeg säge. Hättisch mi vorher gfragt. Jitz giben i nid nah. – Madeleine, du blybsch da, hesch ghört?«

D'Haselmuus het es Duureli gmacht. Fascht no herter als ds Daheimeblyben isch se d'révérence-n-acho, wo si jitz dem Herr Hälfer het müeße mache. Dä isch zäche Schritt vo der Gsellscheft ewäg blybe stah, het der Huet abzogen und gäge d'Maréchale linggs und die junge Lüt rächts e Serviteur gmacht. D'Madame de Chateauvieux isch uf em Stägli gstande wie ne Gländerfigur, d'Nasen i der Luft, amene Wasserspeuer z'trotz. Und di junge Herre hei der Chifel gstellt und über d'Achsle gschilet. So sy si alli bockstill gstande, währed der Herr Hälfer im Stägenufgah der Maréchale no einisch d'Reveränz gmacht het. Hinder ihm här isch ds Madeleine cho, het mit syne Söimeitschifingerli uf e rote *foulard*-Zipfel dütet, wo dem Herr Müsli us der Chuttetäsche ghanget isch, und mit syne «Haselnüß» di ganzi *Cour d'honneur* yglade sech luschtig z'mache. Aber es isch sech enanderenah greuig worde, und drum het es under der Hustüre, us Angscht, der Xandi Wagner mögi sech nid ebha, dem geischtleche Herr no ne Schlämperlig az'hänke, der Finger uf d'Lippe gleit. Der Xandi het das natürlech lätz verstanden und mit nes paar «Kußhänd» g'antwortet.

Während der darauffolgenden einsamen Unterhaltung mit Madeleine vernimmt der Helfer etwas von den Herzensnöten des Mädchens, dem der tuteur einen nicht geliebten fiancé aufzwingt. «Ds Glück steit halt uf der Liebi», sagt der verlegene Müsli endlich, woraufhin Madeleine ihm um den Hals fällt und ihm («ds Haselmüüsli dem Chilchemüüsli») einen herzhaften Kuß auf die sauber rasierte Wange drückt. Fast bekommt der brave Mann feuchte Wangen darob – sieht aber auch zugleich im Spiegel an der Wand, daß die Türe leise aufgeht. Blitzschnell errät er, daß Frau Ryhiner dahinter steht, nimmt den Kopf seines Schützlings fest in die Hände und sagt: «Syd nume getroscht, der lieb Gott wird Ech de der Wäg scho zeige. Luteri Liebi het ne geng uf ihrer Syte.» Und als die Frau Ryhiner die roten Augen ihres Sorgenkindes sieht, ist sie mit dem Herrn Helfer sehr zufrieden, dankt ihm von Herzen und begleitet den Scheidenden noch bis ans Gartentor.

Das sind vielleicht nicht ‹große› Seiten, jedenfalls aber solche von erstaunlicher erzählerischer Richtigkeit und Angemessenheit.

Welche Rolle der militärische Beruf im bernischen Patriziertum spielte, berührten wir schon. Es ist daher nicht verwunderlich, wenn Rang und Uniform bei Tavel einen bedeutsamen Platz einnehmen. Er bewegt sich hier auch auf einem Felde, das ihm zusagt. Die Offiziere haben ihren Grad meist in fremden Kriegsdiensten geholt, in Schweizer und Berner Regimentern. Sie bringen ausländische, insbesondere auch Hofluft in die heimischen Gaue zurück, werden der Regierung mitunter sogar unbequem (s. etwa «Gueti Gschpane»), so willkommen auch früh schon die ‹Pensionen› waren – daß diese und die eher heiklen Probleme, die sie schufen, vom Dichter miteinbezogen werden mußten, ist selbstverständlich, die Bubenberg-Geschichte «Ring i der Chetti» spielt mehrmals darauf an. Dem Darsteller Tavel gaben diese Verhältnisse Gelegenheit, in seinen Erzählungen die Tore weit aufzutun nach ausländischen Bezirken: das Leben in der Schweizer Garde zu Paris und ihr schließliches Schicksal («D'Haselmuus», Novellen aus dem Bande «Bernbiet»), die Feldzüge in Holland, in den Cevennen, in Spanien («D'Frou Kätheli und ihri Buebe»), die Campagne in Rußland («Der Houpme Lombach»), die Mailänderzüge («Gueti Gschpane», «Meischter und Ritter»), die Dienste in Neapel, Sizilien und Venedig («Der Frondeur», «Der Donnergueg», «Veteranezyt»), usw. werden kundigen Wortes, natürlich vom Standpunkt der jeweiligen schweizerisch-bernischen Teilnehmer aus, beleuchtet; doch auch schweizerische Kriegsbegebenheiten erhalten ausgiebige Darstellung: die Schlacht bei Murten («Ring i der Chetti»), der Bauernkrieg, der Villmergerkrieg («Schtärn vo Buebebärg», «D'Frou Kätheli und ihri Buebe»), das Gefecht im Grauholz («D'Haselmuus»), die Schlacht bei Zürich («Unspunne»), die Bourbaki («Veteranezyt»), die Grenzbesetzung 1914 («Die heilige Flamme»), usw. Tavel entwickelt in der Schilderung dieser Feldzüge und Schlachten nicht nur geschichtliche Kenntnisse, sondern auch eine bemerkenswerte Kraft, ja zuweilen Wucht der Erzählung: der ‹realistische›, blickscharfe Zug seines Temperaments kommt ihm dabei spürbar zustatten.

Die sinnig gemütvolle Menschlichkeit, verbunden mit seinem frohen und fordernden Christenglauben, sowie mit einem überaus gesunden sittlichen Empfinden, führte ihn ganz von selbst, früh schon und dann immer wieder, zu den tragenden Grundtatsachen und Grundbindungen menschlichen Zusammenlebens, insonderlich zur Bedeutung der Familie für ein gedeihliches individuelles und staatliches Dasein. Keinem menschlichen Verhältnis kommt in seinen Schriften eine tiefere und folgenschwerere Wichtigkeit zu, und es betrifft ebensowohl das zwischen Mann und Frau als das zwischen Eltern und Kindern[13]. «Mir Manne sy halt [sagt der Vater Adrians von Bubenberg zum Sohn], was üsi Froue us üs mache. Lue, entweder understrycht e Frou das, was ihre Ma isch – oder sie tuet's dür.» – «Meinet Dir eigetlech», so sagt der Maler Sigmund Wagner zur Haselmuus. «verhüratet sy heißi, mitanand uf em Ruehbett umetrohle? Nei, my Liebi, verhüratet sy wott säge: a der glyche Diechsle loufe und sälbander ne Wage zieh, wo eis allei gar nid vom Fläck brächti, Laschte trage, wo eis allei nid ma lüpfe…» Und wie wird hinwieder das «Ehre Vater und Mutter» in seinen Werken veranschaulicht! Zeitlebens bleibt für Niklaus Manuel das Bild des verständnisvollen, liebenden Vaters ein Ansporn zu eigener Vervollkommnung; und die scheinbare erzieherische Härte des Vaters Adrians von Bubenberg und die des Frondeurs Herbort zu ihren Kindern – ach, am Mißraten seines Sohnes Gideon wird Herbort durch sein allzu langes Wegbleiben von daheim selber die Hauptschuld tragen – erweist sich als tiefes Wissen um die Gesetze menschlichen Werdens zu Selbstbeherrschung und Charakterfestigkeit, die auch das solideste Fundament wahrer Regierungskunst und des staatlichen Gemeinschaftslebens sind.

Zeigt Tavel vornehmlich in den Gestalten selber und durch die Art ihres Tuns, wo die menschlichen Hauptprobleme liegen und in welcher Richtung ihre Lösung liegt, so streut er doch auch, wenngleich darin weniger umfassend, weniger tief schürfend als Gotthelf etwa, in seinen Schriften Betrachtungen aus, die allgemeine Wahrheiten knapp und präzis zum Ausdruck bringen. Eine kleine Blütenlese solcher Art möge hier stehen[14].

«Es geit geng da am beschte, wo d'Frou eigetlech regiert, aber der Ma i der Meinung z'bhalte weiß, är machi's. Das isch wytus di glücklechschti Art vo Mariage» («Ds verlorne Lied»).

[13] Von diesen Problemen bei Tavel handelt eindrücklich E. Max Bräm in seiner Schrift: R. von Tavels Werk als Ausdruck schweizerischen Denkens und Empfindens (Bern, 1944), dabei betonend, wie sehr Tavel in dieser Beziehung an der Seite eines Pestalozzi, eines Gotthelf, eines Gottfried Keller steht.

[14] Vgl. auch die Auswahl von Gedanken Tavels, zusammengestellt aus Werken, nachgelassenen Papieren, Briefen und Vorträgen von Adele von Tavel und versehen mit einem Vorwort von Prof. Max Huber. Bern, 1937.

«eim so in aller Stilli zündten und mit ihrem Aten und mit ihrer Wermi und Schönheit der Härzschlag i d'Arbeit yne bringe, das chan e Frou und niemer sünsch» («Meischter und Ritter»).

«Nume was me sälber gmacht het, versteit me ganz» («D'Haselmuus»).

«Vom Roß müeße mr alli einisch abe, aber Möntsche falle linder als Götter» («Der Frondeur»).

«nüt isch so wachsig wie-n-e verdrückti Liebi» («Am Kaminfüür»).

«D'Frou Phantasie isch en uverschanti Pärson. Si chlopfet nie und steit eim i der Stube, me weiß nid, wohär» («Veteranezyt»).

«Dépêchons-nous», seit d'Jumpfer Elisabeth, und faht a uszieh, was gisch, was hesch. – Ja, ja, ‹dépêchons-nous›, dänkt no mängs Babi vo Möntsche-chind, wenn es gschpürt, daß es dem liebe Gott zwäris übere Wäg louft» («Jä gäll, so geit's»).

«Dänk nume geng a d'Spure [sagt Frau Kätheli zu ihrem Sohn Christoph], wo du hinderlasch; es trappet mänge drin, du weisch es nid» («D'Frou Kätheli und ihri Buebe»).

«Nume nid gnietig wärden und nie müed, sys Beschte z'gäh!» («Meischter und Ritter»).

«Wär Ewigkeit gschmöckt het, cha sech im Zytleche nümme verlüüre» («D'Frou Kätheli und ihri Buebe»).

«Wär sys Läbe für ne Sach dra gä het, dä cha nume no wahr rede» («Ring i der Chetti»).

«Wär im Leid sy Ma stellt, cha syni Tröschter tröschte» («Meischter und Ritter»).

«Wo's dem Läbige verleidet, da tötelet's» («Götti und Gotteli»).

«Chan es im möntschleche Läben e größere, herrlicheren Ougenblick gä als dä, wo me sym Volk cha säge: Mir isch nüt meh blibe, 's isch alles eues?» («Schtärn vo Buebebärg»).

*

Die Aufmerksamkeit den einzelnen Werken zuwendend und nach einem Kriterium für ihre kritische Sonderung suchend, überzeugt man sich bald, daß hier nur *ein* unterscheidendes Merkmal in Betracht kommen kann: der Fortschritt von einem mehr nur zuständlich Idyllischen der Darstellung des Patriziertums zu problematischeren Zügen, mit andern Worten die zunehmende gehaltliche Vertiefung, und diese fällt im großen und ganzen mit der chronologischen Reihenfolge zusammen. Das ist freilich nicht so zu verstehen, daß vom künstlerischen Standpunkt aus die eigentlichen Werte nur bei den thematisch dichter gewobenen Erzeugnissen zu suchen wären. Kunst erschöpft sich nicht in Weltanschaulichem, so erlebt dieses auch sein möge; ihr Wesentliches ist von viel feinerem Korne. Gerade über dem unproblematischen berndeutschen Frühwerk Tavels liegt eine Frische und Helle, eine Entdeckerfreude und eine Grazie, die spätere kaum oder selten mehr in diesem Grade erreichen. Wohl scheint es etwas viel gesagt, bei *«Jä gäll, so geit's»* (1902), der ersten berndeutschen Novelle Tavels, wie J. V. Widmann von einem «wunderbaren Gelingen des kleinen Kunstwerks», von einem «Juwel mundartlicher Erzählkunst» zu reden: – man wird zwar dem so bewundernden Kritiker zugute halten müssen, daß die Mundartliteratur damals noch in ihren Anfängen stand. Doch vermittelt diese «harmlose Geschichte», wie sie der Verfasser im Vorwort zur 4. Auflage nennt, ein wahrhaft reiz- und anmutsvolles Bild der aristokratischen Berner Gesellschaft am späten Vorabend des «Übergangs» von 1797–1798. «E luschtigi Gschicht us truuriger Zyt», heißt die Novelle im Untertitel: damit war, über die farbenmäßige Grundierung hinaus, der Tavel treu bleiben wird, zugleich auch schon das Stichwort gefallen, das oftmals noch, wenn auch meist in verschiedener Dosierung und Lautstärke, diese Phantasiewelt kennzeichnen sollte.

Das Erstlingswerk Tavels war unleugbar ein Glückswurf. Hier hatte der Dichter mit einem Schlage und mit erstaunlicher Sicherheit von seinem eigentlichsten Stoffgebiete Besitz ergrifen. Ob er schon damals daran dachte, die Novelle weiterhin zu einer Geschichte der Familie Landorfer auszugestalten, bleibe dahingestellt; zu solchen Erweiterungen mußte er fast zwangsläufig gelangen, nicht nur aus motivischen Gründen, sondern ganz einfach, weil die patrizische Stoffmasse, so in Angriff genommen, sich als ein Gesamtes aufdrängte: mit dem einen Zipfel erwischte der Dichter unweigerlich den ganzen Rock. Es ist freilich sehr wohl möglich, ja wahrscheinlich, daß die Gestalt der Elisabeth Vilbrecht, der Heldin von «Jä gäll, so geit's», ihn nicht mehr losließ. In ihr schuf Tavel den Typus, *seinen* Typus der jungen Patrizierin – man wird ihm vor allem in Kätheli Willading und in der Haselmuus wieder begegnen: das schalkhaft frische, anmutige, anhängliche, doch eigenwillige und standesbewußte Jungmädchen, mit Anlagen ausgestattet, die aus ihm, bei bleibenden äußeren Vorzügen, eine tüchtige, liebende, energische, würdige Frau und Mutter machen – man spürt ihn recht eigentlich verliebt in solche Frauenbilder, die das Ideale an ihrer Gestalt auf natürlichste Weise mit irdisch-alltäglichen Anforderungen verbinden. Es fehlt ihnen wohl jene letzte seelische Lieblichkeit, die ein Gotthelf seinen erlauchtesten Frauengestalten schenkt – wie ‹herrlech› (das ist das Wort, das Tavel selber gerne braucht) sind aber auch sie!» «Nume het das Töchterli 's gar gärn gseh, wenn anderi Herre-n-ihm o schön ta hei. Si isch halt äbe-n-es Chröttli gsi, jung, läbig und luschtig und derby e chly luunisch.» Als aber einmal die Liebe zum stattlichen und wackeren Ruedi Landorfer erwacht ist – ohne ein kleines eifersüchtiges Unbehagen auf Seiten Ruedis ging es freilich nicht ab –, da sucht sie den in den «Krieg» Gezogenen etwas abenteuerhaft sogar außerhalb der Stadtmauern und weiß ihn endlich auch dem in seiner Tochterliebe widerspenstigen Vater genehm zu machen.

Die Liebesgeschichte ist aber mehr nur der rote Faden, der sich durch patrizische Zeit- und Sittenbilder zieht, die sichtlich die Hauptsache sind: der Sonntagsausflug einer größeren Gesellschaft auf den Längenberg mit einem überraschenden Gewitter als Abschluß, und ein Hausball in der Stadt – wie hübsch in letzterem die onomatopoetischen Scherze bei der Beschreibung der kleinen Tanzmusik (Tavel verwendet solche auch späterhin gerne):

«Der Herr *Jolicœur* het ufem Schpinet es paar Akkörd agschlage: «hümpängäng – hümpängäng», d'Jumpfer Nüechtiger het agschtriche: «gy – gy – wyße – Wy» und der Klarinettischt Lürlimeyer het düderlet: «nume für e Gluscht – nume für e Gluscht», und z'letscht het der Baßgyger Bilang afah brummle: «gsung, gsung – wart no ne Rung». Wo si im Greis gsi sy, het's gar prächtig tönt: «hümpängäng – hümpängäng – Wy – Wy – Wy –nume für e Gluscht – gsung – wart no ne Rung, gsung – hümpängäng ...» und so wyters ...»

Und dabei die kontrastreiche Auflockerung von ‹unten› her durch komische Episoden: die schon angeführte Sänften-Szene mit der verunfallten Frau Salzkammerschreiberin; die ebenso ergötzliche, zur Zeit des Metzgergaßschreckens über das gespenstische Schaltier, als der angetrunkene Stadttambour Christen den Kellergang hinunterstürzt, eine ganze Lawine von Kumpanen und Dingen mit sich reißend; ja in den Schicksalen des alten ledigen Onkels Mäni Landorfer, den Ruedi Landorfer beerben wird, fehlt sogar das tragikomische Element nicht.

Das Tavelsche Berndeutsch hat hier schon den unvergleichlich graziösen Schimmer und die so natürliche Gangart, die des Dichters eigenstes Geheimnis sind. Selten nur gleitet es etwas ins Papierne ab, so wenn es heißt: «Da het's gulte, dem zermalmende Rad vo der Berichterstattung zu rächter Zyt i d'Schpeiche z'falle», oder: «bis ändlech us däm verworrene Züüg di lieblech-zürnendi Erschynung vom Bethli geng dütlecher füreträtte-n-isch». Um eine Nuance zu ungeschliffen, zu grobschlächtig ist dagegen – wir berührten die Frage schon – die nachgeahmte ‹Volks›mundart: zu ‹realistisch›, weil nur oder fast nur in ihren ungehobelten und breitspurigen Kraftausdrücken, nicht auch in einem ganzen Lebensgemälde, und darum zu auffallend verwendet.

Die beiden Fortsetzungen – *« Der Houpme Lombach »* (1903) und *« Götti und Gotteli »* (1906) – haben nicht die unbekümmerte, gewissermaßen in sich selber selige Frische von «Jä gäll, so geit's», erweitern dafür aber beträchtlich den gegebenen epischen Ausschnitt. Die Charaktervertiefung läßt freilich noch zu wünschen übrig: der Hauptmann Lombach, der schon im ersten Teil als schöner, lebenslustiger, frauenherzenerobernder Kavalier aufgetreten, bleibt merkwürdig unscharf, ja unfaßbar in seinen Umrissen, ist auch das mähliche Reifen, Männlicherwerden dieses Lebensdilettanten, der im Entsagen erst sich selber und sein menschliches Gewissen findet, das Hauptmotiv des zweiten Teils. Er umschwärmt die schöne Frau Elisabeth Landorfer und führt die ihn anbetende Blanche Bramberger, mit der er in der Aare bei Reichenbach nahe am Tod des Ertrinkens vorbeigeht, erst nach den schrecklichen Erlebnissen des russischen Feldzuges heim. In diesen aufwühlenden Kriegserfahrungen wird ihm die Kameradschaft des Ludi Bickhard und des jungen Bramberger teuer. Bickhard, der von der Theologie und vom Präzeptorenamt zur militärischen Karriere umsattelt («D' Theologe hei ja bekanntlech geng es *faible* für *militaria »*) und nach der Heimkehr aus Rußland, wo ihm die Finger erfroren sind, Postillon wird, beansprucht fast ebenso viel Interesse und Raum wie Lombach selber. Das komische Gegenstück zu der tragischen Campagne in Rußland ist die Expedition beider nach Jegenstorf, wo sie das von den Franzosen bei Neuenegg gestohlene Pferd Lombachs wieder an sich nehmen wollen – in der Dunkelheit aber erwischt Ludi das Chaisenpferd des Jegenstorfer Schloßherrn! Recht sinnvoll hält zwischen beiden Abenteuern das tragikomische Geschehnis des unblutigen Stecklikrieges die Mitte. Die Familien Vilbrecht und Landorfer erscheinen mehr nur am Rande der erzählten Begebenheiten – Elisabeth ist stiller geworden «und het vil meh gschtuunet als früecher», erwächst aber innerlich immer mehr zur «herrlichen» Frau.

In «*Götti und Gotteli*» gehn die Ereignisse in einer neuen Generation weiter. Der Götti ist Karludi Landorfer, der Sohn Elisabeths, das Gotteli ist Jetti (Henriette), die Tochter Lombachs und der Blanche, die im Schlosse Reichenbach wohnen. Die Handlung erstreckt sich über die Restaurationszeit bis zur Julirevolution (1830), die den Sturz des patrizischen Berner Regimes nach sich zieht. Karludi, der in Paris seine Heimatliebe gestärkt, läßt sich mit einigen andern jungen Aristokraten zu einer reichlich unvorsichtigen ‹Verschwörung› verleiten (sie ist unter dem Namen Erlacherhof-Verschwörung bekannt), muß fliehen, entdeckt fern der Vaterstadt seine Liebe zu Jetti, die eine Anhängerin der religiösen Erweckungsbewegung der Frau von Krüdener geworden, stellt sich, wie der Altschultheiß Fischer, den neuen Berner Behörden, wird aber nach kurzer Haft begnadigt – Ludi Bickhard, der eine vermögliche Wirtswitwe geheiratet und zum Gemeindeammann und Großrat aufgerückt ist, hat ein entscheidendes Wort für ihn eingelegt; er wird vielleicht die Offizierslaufbahn ergreifen, wie der Schwiegervater Lombach, der längst zum Obersten avanciert ist. Die packendsten Akzente findet der Dichter, als der flüchtige Karludi und die hilfreiche Jetti sich in heftigster Seelenwallung fürs Leben finden. Dennoch hinterläßt dieser dritte Teil, wie schon Teile des zweiten, einen zwiespältigen Eindruck. Der Dichter empfindet, wie seine Gestalten, eine gewisse Ratlosigkeit; eine Zeit, ein Regime entgleitet, und niemand findet sich ganz zurecht; die alte patrizische Geschlossenheit ist plötzlich sozusagen sinnlos geworden und das Neue noch unverstanden. «Es isch schier [sagt die ehrwürdige Frau Ryhiner, die Dissenter-Freundin Jettis, zu Karludi], wie wenn me-n-ech würdi d'Türe vor der Nase zueschletze-n-im Ougeblick, wo dir yne söttit»: das ist genau die Situation dieser jungen Patrizier, damit auch die des Buches. Eine geraume Zeit wird vergehen, bis die weiteren Worte der Frau Ryhiner beherzigt werden: «Sobald me-n-Ech's unmüglech macht, ds Land e so z'regiere, wie-n-

Ech's Eues Gwüsse befiehlt, so isch es gschyder, me gangi und luegi halt sym Land uf ne-n-anderi Art z'diene.» Die Romane «Heinz Tillmann» und «Veteranezyt» werden – in den patrizischen Gestalten wenigstens – einem ähnlichen Themenbereich entspringen.

Ob Tavel dieses jähe Versinken des stofflich epischen Grundes selber so schmerzlich fühlte, daß er sich in gesichertere Zeiten zurück ‹rettete›? Das nächste Werk, ebenfalls eine Familiengeschichte über zwei Generationen weg, *« Der Schtärn vo Buebebärg »* und *« D'Frou Kätheli und ihri Buebe »* (1907–08), spielte freilich auch in schwerer Zeit. «E Gschicht us de trüebschte Tage vom alte Bärn», heißt der Untertitel zum «Schtärn vo Buebeberg»: wir sind in der 2. Hälfte des 17. Jahrhunderts; das aristokratische Regime selber aber ist trotz den inneren Schwierigkeiten (Bauernkrieg) keineswegs in Frage gestellt. So können sich denn der Oberst Wendschatz, wie in der Folge sein Sohn Berchtold, genau wie der ‹Frondeur› Heros von Herbort in der späteren Erzählung, der zur gleichen Zeit lebt, gewisse Kritiken und Vorbehalte, eine gewisse Abseitsstellung der Berner Regierung gegenüber erlauben; diese frondistische Opposition beglaubigt jedoch in ihrer relativen Harmlosigkeit nur die offizielle patrizische Unerschüttertheit. Der höhere ‹Stoff› fehlt diesen Gestalten daher fast ebenso sehr wie ihren späten Nachfahren. Der Oberst Wendschatz, ein ideal gesinnter Mensch, findet, man sollte das Landvolk mit mehr Liebe und Großherzigkeit behandeln, und in dieser Meinung schwebt ihm als Vorbild Adrian von Bubenberg vor und dessen selbstloser Dienst am Volksganzen (der ‹Schtärn› ist der Wappenstern der Bubenberg – «der einsam silberig Schtärn im blaue Fäld»). Wie ohmächtig ist dieses Gefühl aber, bringt ihn doch sogar seine zweite Ehe mit der jungen und zu allem Guten fähigen Kätheli Willading in eine Art Entfremdung zu seinen Hüniger Herrschaftsleuten, so daß er seinen Tod in der Villmergerschlacht, wo er der Führer des Aargauer Regiments ist, als eine Sühne und ein Sichopfern für die andern empfindet. In den Besten dieser Patrizier steckt ein – sie ehrendes – Ungenügen, das Gefühl, bei aller Betriebsamkeit ihres äußeren Lebens ungenützt und mit gebundenen Händen in der Welt zu stehen; daher das immer neu erwachende Bedürfnis – im ‹Frondeur› Herbort wird es am stärksten sein –, fremde Kriegsdienste anzunehmen, die ihrem Leben einigen Inhalt schenken können. Was bleibt so dem *Dichter* zu sagen? Es bleibt ihm der des Reizes meist keineswegs entbehrende Kleinkram des tagtäglichen patrizischen Lebens (ihn stellt Tavel mit unermüdlicher Kunst und Liebe, hie und da nur etwas zu weitschweifig dar), es bleiben die wichtigeren gesellschaftlichen Anlässe, die Besuche, die kleinen Zwischenfälle des herrschaftlichen Daseins, der Verkehr mit den Bauersleuten, und es bleibt das familiäre Leben – hierin aber sind in der Regel die Frauen die Hauptbeteiligten. Nicht umsonst spielen *sie* in den Schriften Tavels recht eigentlich die vornehmliche Rolle – dort nur, wo die Männer wirkliche Konflikte zugeteilt bekommen, weil ihr Charakter es so will, wie im «Frondeur», in «Meischter und Ritter» und im Bubenberg-Lebensbild, sind diese die wirklichen ‹Helden› (und die Werke, die ihnen gewidmet sind, wiegen bezeichnenderweise künstlerisch am schwersten).

Es ist deshalb auch kein Zufall, daß im «Schtärn vo Buebebärg» Käthely zusehends an die erste Stelle rückt und im zweiten Teil, schon im Titel, zur Hauptgestalt wird, gegenwärtig auch dort, wo sie unsichtbar ist. Käthely ist die imponierendste unter ihresgleichen. Elisabeth Landorfer bleibt, einmal vermählt, wie ihr Mann nur noch im Hintergrund, und die ‹Haselmuus› Madeleine Herbort wird wohl als Gattin Xandi Wagners zur vollendeten Dame, beweist das jedoch vorerst nur am Unspunner Hirtenfest. Mit ihrem schönen, gescheiten Gesicht auf stattlicher Figur «e ganze Biz alts Bärn», mit ihrer «große Manier z'dänke» vertritt Käthely wahrhaft die beste Tradition ihres Standes und wächst in Aufgaben hinein, die darum nicht geringer sind, weil sie sich diese selbst gestellt. Wenngleich auch als Witwe noch umworben, fühlt sie das Vermächtnis ihres Gatten mit solcher Stärke in sich, daß sie ihm unbedingt treu bleiben will. Und dieser Entschluß wird ihr nicht leicht gemacht: Widerstände tauchen auf beim Vater, dem Seckelmeister Willading, der die Tochter wieder verheiratet sehen und den Stiefsohn nach eigenen Grundsätzen erziehen möchte; Widerstände in Töldi, der mit dem Stiefvater nicht gut auskommt und erst in fremdem Kriegsdienst – in Frankreich und in den Niederlanden – Erfahrung und Kraft zum Schreiten in der Bahn des Vaters gewinnt; Widerstände bei Christoph, ihrem eigenen Sohn, der etwas selbstgerecht wird, wenn auch nicht in bösartigem Sinne, und sich zurückgesetzt fühlt, weil die Herrschaft Hünigen an den Sohn aus des Vaters erster Ehe fällt; Widerstände auch durch den Konflikt zwischen den beiden Halbbrüdern, die die Liebe zum gleichen Mädchen trennt; Widerstände endlich auch in ihr selbst, da sie in ihrem Pflichtgefühl und ihrer Liebe zum verstorbenen Gemahl zwischen eigenem Sohn und Stiefsohn keinen Unterschied machen will und in ihrem Gerechtigkeitssinn gerade auch durch Berchtolds (Töldis) Verhalten immer neu auf die Probe gestellt wird – sie auch muß lernen, sich in einen höheren Willen zu fügen.

Das Buch ist so schwerbefrachtet mit Spannungen, und der Dichter geht ihnen nicht aus dem Wege. Der dichterische Schwerpunkt liegt offensichtlich in der vorderen Hälfte. Eingangs schon hat das Gespräch Willadings mit seiner Tochter eindrückliche Akzente, eindrücklicher noch sind jene, wo Töldi in finsterer Seelennacht nach der Mutter ruft (s. vorn S. 149 f) und jene anderen, wo er in seinem Zimmer der tieferschrockenen Stiefmama seine Herzensverwirrung bekennt. Ein Höhepunkt anderer Art ist das leidvolle Erlebnis Töldis im Berner Regiment, das der Franzosenkönig (Ludwig XIV.) wider sein Versprechen gegen die reformierten Holländer an den Niederrhein marschieren läßt, woraufhin das Murren der betrogenen Soldaten fast in offene Meuterei übergeht und der Regimentsoberst von Erlach einen Soldaten erschießen läßt, der seine Waffen weggeworfen und erklärt hat, er müsse seiner Gewissensstimme mehr folgen als dem äußeren Befehl – woraufhin Berchtold mit zwei Kameraden nächtens ein Kreuz auf dem Grab des erschossenen Landsmannes aufrichtet, den Degen seines Vaters der Stiefmutter zurückschickt, um seine Ehre rein zu erhalten, und dann doch aus Lust am Soldatenhandwerk weiterhin im Dienste bleibt.

In der zweiten Hälfte fühlt man allzu sehr das Bestreben Tavels, das Ganze dennoch zu einem glücklichen Ende zu führen. Kätheli erlebt, wenn auch erst als alte Frau und Großmutter, die Genugtuung, daß zwischen den beiden Brüdern das Einvernehmen sich wiederherstellt; die Umstände aber, wie diese Versöhnung zustandekommt, sind einigermaßen romantisiert, und unvermittelt fast wird ein langer Zeitraum überflogen, nur um das Gemälde zu runden. Dennoch erlahmt die Spannung nicht. Der Dichter hält die weitgesponnenen Schicksalsfäden fest in der Hand, weiß sie auch erfindungsreich zu verknüpfen – Beweis besonders die Szenen, in denen die «Amazone» Françoise von Wattenwyl mit den Alten und den Jungen ihr ränkevolles Spiel treibt.

Das folgende Werk, *« Gueti Gschpane »*, erschien 1912. In der Zwischenzeit war auch das Lebensbild Theodorich von Lerbers (1823 – 1901) entstanden, des Gründers des Berner Freien Gymnasiums und der Neuen Mädchenschule, eines unerschrockenen, originellen, klassisch gebildeten, tief in seinem evangelischen Glauben verankerten Schulmannes. Für seine umsichtig gearbeitete und gerecht urteilende Biographie konnte Tavel die schon weitgediehenen Vorarbeiten Arthur von Lerbers, des Sohnes des Verstorbenen, benutzen; die Grundlage für Kindheit und Jugendzeit bildeten die «Erinnerungen eines alten Schulmeisters», die, von Th. von Lerber 1892 im Christlichen Volksboten aus Basel veröffentlicht, mit erquickend humorvoller Frische über seine frühen Erlebnisse – Bern, Murten, Lausanne – berichten. – «Gueti Gschpane» greift zurück in die Zeit der Mailänderkriege und der Reformation, stellt friedvolle Lebensbilder neben Schilderungen kriegerischer Ereignisse (Schlacht bei Bicocca), bürgerliches neben patrizisches Milieu, und gibt mit der Gestalt Niklaus Manuels Ausblicke auf geistige Probleme. Der Dichter versuchte also auch hier den Horizont zu erweitern und Luft von ‹außen› in die Standeswelt einströmen zu lassen. Das epische Gelingen hätte aber eine starke, ordnende, vereinheitlichende Mitte vorausgesetzt, und sie fehlte. Denn mit Veronika Sterr, der Glasmalertochter, und Renatus Urghend (warum diese merkwürdigen Namen?), dem Findelkind und jungen Glas- und Miniaturmaler, die beide nur am Anfang und am Schluß nachdrücklicher als ‹gueti Gschpane› hervortreten, war bei aller Jugendfrische und Begabtheit ihrer Gestalten erzählerisch nicht eben viel Staat zu machen, zumal zwischenhinein der Veronika, und mehr noch ihrer ehrgeizigen Mutter, der junge und schöne Rörswiler Ritter Claudius von Römerstall im Kopfe, mehr als im Herzen, steckt und Renatus aus enttäuschter Eifersucht Mönchsnovize der Propstei Trubschachen wird. Zwei äußere Ursachen eigentlich bringen sie wieder zusammen: der Tod des Ritters Chlous, der, wie sein Kriegsherr, der Condottiere Albrecht von Stein, als Reisläufer bei Bicocca fällt, und die Einführung des neuen Glaubens, wobei der Maler Niklaus Manuel, mit dem Renatus Beziehungen von Jünger zu Meister gepflegt, kräftig mitwirkt. Von Beginn an laufen geheime und offene Fäden zum Malerdichter und Kriegsmann (Manuel macht ja bei Bicocca ebenfalls mit), er ist das geistige Zentrum der Erzählung, ohne aber lebendigeren Umriß zu bekommen, so daß Liebes- und ‹ Problem › geschichte sich gegenseitig auf die Füße treten und keine recht befriedigt.

Unbefriedigt läßt auch *«Der Donnergueg»* (1916), «e Liebesgschicht us schtille Zyte». Sie spielt um die Mitte des 19. Jahrhunderts, als die ersten Eisenbahnen zu fahren beginnen und die von der Volksherrschaft entthronten Patrizier eine letzte Zuflucht in den neapolitanischen Kriegsdiensten finden. Hier auch zaudert ein Mädchen zwischen zwei Liebesneigungen, oder eigentlich eher Liebesinteressen, um schließlich den Weg der Entsagung zu wählen. Annemarie Sonnenfroh, der «Donnergueg» (weil sie es, nach der Bauersleute Meinung, «i de Gringe donnere» hört, «wenn z'änetum no niemer e keis Wüukli gseht»), die Tochter eines verarmten, melancholischen Patriziers, liebt, entgegen dem Willen ihrer Eltern, einen armen, doch recht forschen Theologiestudenten, Peter Harzkopf, der ihr in mildtätigen Bestrebungen nur allzu ausgiebig Hilfe leistet und, um einem möglichen Skandal zu entgehen, sich für das Schweizer Regiment in Neapel anwerben läßt (also ungefähr eine Theologennatur wie Ludi Bickhard im «Houpme Lombach»); Annemarie hegt aber auch etwelche Gefühle für den reichen Hauptmann von Kilchberger, der in Gerzensee ein schönes Besitztum sein eigen nennt und im selben Regiment Dienste tut. Bei einer kleinen Meuterei findet Peter aber durch die Hand des nichtsahnenden Kilchberger den Tod, und Kilchberger seinerseits – er hat unterdes die Wahrheit vernommen – fällt bei Gaëta, vermacht jedoch Annemarie testamentarisch sein Vermögen. Annemarie schlägt die Erbschaft aus, verbringt ihr Leben in der Stille und wird die Wohltäterin der Gegend. «Selig sind die Sanftmütigen»: das Wort, das sie früh betroffen, wird man auf ihren Grabstein setzen. Wahrhaft eine ‹ stille ›, nur zu stille Geschichte, denn die Liebe zu Peter, die einen Kampf versprach, endet mit Kurzschluß, während gleichzeitig auch Kilchbergers Werbung um Annemarie eine unerklärliche Verzögerung erleidet. Wie seelisch eng sind denn auch diese Verhältnisse – ein reiches Land, schöne Hügel und Berge, und innerlich wie wenig Weite! Daß dabei auch die Pächtersleute zu

Gerzensee allen inneren Raum verlieren und zu Karikaturen werden, ist nicht verwunderlich.

Seinen Beitrag zum Zeitgeschehen des ersten Weltkrieges, der die Schweiz starken Gefahren aussetzte, lieferte Tavel mit der «Erzählung aus dem Bernerland»: *Die heilige Flamme* (1916). Daß er diese – zum Erstaunen und zur Enttäuschung des Verlegers in erster Linie – auf Hochdeutsch verfaßte, hing, wie E. Max Bräm sicher zu Recht annimmt[15], mit patriotischen Erwägungen der Wirkung über die Landesgrenzen hinaus zusammen. Das Buch hatte Erfolg, ohne daß es auch dichterisch zu überzeugen vermöchte – was auch Hugo Marti, Tavels Biograph, etwas verhüllt zugibt, wenn er, vom Werke redend, sagt, «daß wir es wie ein Versagen des künstlerischen Gestaltungswillens dort empfinden, wo der berndeutsche Untergrund verlassen wird[16]».

Die heilige Flamme: das war das eidgenössische Banner, entrollt bei Ausbruch des Krieges, als Symbol des heiligen Feuers, das für das Vaterland im Schweizer brennen soll. In der Verehrung dieser heiligen Flamme finden sich auch die Familien zweier Brüder wieder, die die Umstände entzweit haben, und das Wiederfinden wird in der Verbindung zweier junger Menschen besiegelt: Hans, des Großrats Tällenbach Sohn, heiratet Züseli, die Stieftochter Christian Tällenbachs. Das tiefer liegende Motiv ist jedoch ein religiöses. Christian, der den väterlichen Hof freiwillig zugunsten seines Bruders geräumt, fällt, pietistisch beeinflußt, in religiöse Anfechtungen, befürchtend, daß der fromme Ahnengeist im Sahrbühl zu kurz kommen könnte, verliert den Glauben, daß Gott *alles* tut, wird gemütskrank, zündet in der Umnachtung sogar sein eigenes Haus an, und findet erst dann allmählich wieder Heilung, als er bei Kriegsausbruch auf dem väterlichen Heimwesen die fehlenden Arbeitskräfte nach Kräften ersetzt, und als in der Vermählung Hansens mit Züseli, der «Lätt-Heiligen», wie sie von den Leuten genannt wird, die Gewißheit errungen ist, daß die rechte Bahn wieder beschritten wird.

Die Verquickung des vaterländischen mit dem religiösen Motiv ist geschickt durchgeführt, und einleuchtend sind schon die Themen als solche. Um diese in einem Volksbuche zu behandeln (und

[15] a.a.O., 96.
[16] a.a.O., 224.

ein solches wollte die «Heilige Flamme» auch sein), hätte der Verfasser ein Volksdichter, wenn auch seiner Art, sein sollen. Ein Volksdichter aber – im engern Sinn des Wortes – ist Tavel nicht. Er kennt so ein bißchen des Volkes Bräuche, des Volkes Sprache, auch wohl des Volkes Denken, es jedoch von innen her darzustellen und reden zu lassen, ist ihm nicht gegeben. Der feinhörige Leser vernimmt fast durchwegs einen falschen Ton: bald zu ‹realistisch› (ein Hauptmann redet von einer «verfluechte cheibe Sauornig» – ein Beispiel unter vielen), bald zu hochgreifend (der Pfarrer eilt «mit *unästhetisch* langen Schritten» den Karrweg hinunter – ein Beispiel unter vielen); den Gestalten ist ein sogenanntes bäuerliches Wesen mehr nur angeklebt, springt darum vergröbert in die Augen – von der verklärenden Kraft, die Tavel für seine Patrizier besitzt, ist kaum etwas zu spüren. Es ist einmal von der «einfältigen Sippschaft der bäuerlichen Weibervölker und Tauner» die Rede: wenn man Frau Bertha, Fritz Tällenbach, des Großrats Gattin, vor dem Krämer Buri über die «Schnürlimannen» von Ehegesponsen eifern hört (sie folgte dem «schwammigen Geheimrat mit hochgereckten Fühlhörnern ins Hinterstüblein»), so pflichtet man freilich dem Urteil gerne bei, beschränkt es aber auf Wesen, wie sie hier im ‹Buche› stehen. (Zugegeben sei dabei, daß Züseli sympathische Züge aufweist.) In seinem Hochdeutsch ließ der Dichter, hierin Gotthelfschem Brauche folgend, berndeutschen Laut und Tonfall durchleuchten, ohne jedoch die beiden Elemente, wie jener, zur Verschmelzung bringen zu können. Als Beispiel diene eine Stelle aus Frau Berthas Polterrede:

«Präzis, das meine ich auch», eiferte ihm Frau Bertha ins Wort; «aber er meint immer, er müsse den guten Lali machen gegen die vom Schloß, wo doch nichts mehr zu befehlen haben. Ich hab's ihm schon all diese Tage unter die Nase gestrichen, aber er will mir noch immer nicht recht dran schmöcke. Du mußt dann noch selber hinger ne, du bringst ihn leichter vorume als ich. Seitdem er Großrat ist, meint er eben auch, er dürfe nicht mehr auf mich losen. – Bhüet' is Gott! Schnürlimannen sind sie doch allsame. Es stünde bigoscht anders im Kanton Bern, wenn man den Weibern mehr losete.»

Bäuerliche Floskeln sind noch nicht Bauernsprache, und wirkliche Bauernsprache ist eins mit ihren Trägern.

Dichterischere Akzente wird man dem zweiten schriftdeutschen Roman Tavels, *«Heinz Tillmann»* (1919), zuerkennen – daß er auch diesem das hochsprachliche Gewand lieh, mag an der modernen

Problemstellung liegen, vielleicht auch, wie Hugo Marti vermu-tet[17], daran, daß Tavel 1917 die Redaktion der neugegründeten Zeitschrift «Die Garbe» übernommen, in der er im Laufe der Jahre mehrere schriftdeutsche Novellen veröffentlichte («Mutter und Heldin», «Amors Rache», «Düß», «Heimgefunden», «Die Sonntagsschüler»). Als Titel war ursprünglich «Die goldenen Gas-sen» geplant, mit Anspielung auf eine Stelle in der Offenbarung Johannis und auf ein Kirchenlied: das Hauptthema schöpft aus der religiösen Erfahrung, kreist um das Erlebnis der Gotteskindschaft, um letzte Lauterkeit vor Gott und vor sich selber. «Nicht mehr Kampf um Brot, Recht und Freiheit ist meine Losung, sondern offe-ne Bahn zum Leben in goldenen Gassen», sagt Heinz Tillmann am Schlusse. Nicht unwichtige Nebenmotive sind der Übergang von der patrizischen zur bürgerlichen Epoche (wir sind in der zweiten Hälfte des 19. Jahrhunderts), sowie das des Kapitalismus und des Sozialismus. Tavel versteht es auch hier, die Themen auf natürliche Weise miteinander zu verflechten, und zudem münden sie alle in die eine Zentralgestalt, in Heinz Tillmann. Von ihm aus gesehen ist die Erzählung ein Bildungs- und Erziehungsroman: ein Men-schenwesen wächst innerlich in schweren Prüfungen, ringt sich schließlich zur Entsagung durch. Diese Bezogenheit auf eine leben-dig sich entwickelnde Mitte gibt dem Werk, zumal auch andere Ge-stalten reifend sich in ihr spiegeln, eine schöne und doch nach allen Seiten hin offene Geschlossenheit.

Daß Heinz Tillmann der Sohn einer prächtigen, ihm zwar früh entrissenen Mutter ist, begleitet ihn wie ein glückliches Omen durch sein ganzes Leben hindurch, verklärt seine bäuerlich-klein-bürgerlichen Ursprünge, dämpft den etwas starrsinnigen ‹Till-mann› in ihm, läßt aus dem Ingenieur, der er um des Vaters willen wurde, den von der Mutter gewünschten und ihm zutiefst ge-mäßen Pfarrer werden, und jede Stufe seiner Entwicklung ist, wenn auch mit zeitweiligen Rückfällen, ein Schritt der Verinnerlichung. An seiner Seite steht sein Vater, der durch herbe Fügungen (Tot-schlag, Gefängnis, Verlust des Vermögens, Armenhaus, Knechte-stellung bei einem frommen Bauern) die Irrtümlichkeit seines nur materiellen Strebens erkennen muß, steht auch Antoinette, die Patrizierin, die ihn früh schon in ihr Herz geschlossen und doch ihre

[17] a.a.O., 222.

Liebe nicht durchzusetzen wagt, so sehr sie auch von Vorurteilen sich zu befreien strebt – klar geschaut ist übrigens die mähliche Loslösung von ständischer Starre in diesen Patriziern: Scipio, der schroffe, selbstbewußte Herr von Prankenau («Was gehn mich diese [Bauers] Leute an?»), Dorothea, seine Nichte, eine Mischung von «graziösem Gegaukel und religiöser Würze», Antoinette, ihre Tochter, innerlich freier, mit einem Rest von Unsicherheit. Und um diese vorder- und mittelgründigen Gestalten eine Menge zweit- und drittrangiger, oft zu kleinen oder größeren Kontrasten geordnet: so etwa der von sich viel fordernde Heinz und neben ihm die «pappige Pfrundseligkeit» seines Schwagers, der Pfarrers Dengeler zu Hilbligen. Der Hauptheld steht so in einer in vielen Facetten spiegelnden Umwelt.

Nur in zu vielen vielleicht. Individuelle und gesellschaftliche Probleme wirbeln nur so durcheinander. Der Dichter belädt sein Schiff fast bis zum Versinken – kein Wunder, daß es mit starker Schlagseite endlich in den Hafen kehrt! Die dichterische Klarheit und Durchgestaltung der Charaktere leidet unter dieser Vielheit anstürmender Fragen, und nicht gefördert wird sie durch die bald zu realistisch-prosaische, bald zu generell-idealistische Sprache. Man vermißt in diesen schriftdeutschen Werken das in den mundartlichen so ansprechende Mittelmaß der künstlerischen Aussage.

Gerne kehrt man denn auch zu den berndeutsch erzählten Geschichten zurück – Tavel vermutlich selber auch, haben doch die nach dem Kriege erschienenen Erzählungen vielerorts einen Zug zur Vertiefung, ein farbiges, leuchtendes Wort auch, die sie früher in diesem Ausmaße nicht besaßen. Ein Kleinod lächelnd-anmutiger Erzählkunst, in der helle und dunkle Töne vollendet zusammenklingen, ist *«D'Haselmuus»*, «e Gschicht us em Untergang vom alte Bärn» (1921). Der düstere Zeithintergrund scheint die vordergründige Grazie nur noch zu verstärken. Madeleine Herbort, die Haselmaus (so benannt ihrer nußbraunen Augen wegen), gehört zu den feinsten, durchsichtigsten Mädchengestalten, die der Dichter geschaffen. Daß die Liebe in ihrem vom steifen Onkel Ratsherrn behüteten Waisenschicksal schließlich, und nach nicht allzu harten Kämpfen, ihr Recht bekommt, quillt voll Natürlichkeit aus den Prämissen, wie Charaktere und Zeitumstände sie bilden, und wie naturgesetzlich auch wächst Madeleine, einigen Hemmnissen zum Trotz, in ein prächtiges Frauentum hinein. Wenn ihr Werden sich fast ausschließlich innerhalb der Standesgrenzen vollzieht – nur mit ihrer Freundin Trineli spielt ein bäuerliches Element, ein angemessenes übrigens, in ihre Zirkel hinein –, so mutet das nur wie ein Sinnbild dieser köstlich geradlinigen Existenz an. Der Kampf zweier Rivalen um ihren Besitz sogar (sie selber freilich hat sich früh und gegen den Willen ihres Pflegevaters entschieden) entrollt sich gewissermaßen außerhalb der privaten Sphäre auf der politisch vaterländischen Bühne, und die in ihr von der plötzlich fromm gewordenen Frau Maréchale geweckte pietistisch-asketische Grille auch bereitet nur vorübergehende Schwierigkeiten. Der Hauptakzent kann denn auch auf einigen kunst- und gemütvollen Schilderungen liegen, auf den Besuchen zwischen Nachbarcampagnen (wahrhaft ergötzlich die drei «Parzen» Tante Rosine, Frau Maréchale, Frau Therese, s. vorn S. 353/4), auf ‹ offiziellen › Unterredungen (s. vorn S. 356 f.), auf militärischen Ereignissen (die Chouannes in der Vendée, Gefecht im Grauholz), auf Fahrten durchs Land (die Fahrt Xandis mit dem Vater auf dem Eichhornschlitten), usw.

In der Erzählung *«Ds verlorne Lied»* (1924) versuchte Tavel, wie bereits angedeutet, eine Art Erziehungsroman in den Patrizierstand hineinzudichten – ein Unternehmen, das die Schranken des Standes selbst in die gehörigen Proportionen weisen. Fast bemühend ist es denn auch zu sehen, wie rasch der junge Patrizier seine Flügel sinken läßt und die ihn ehrende innere Unruhe in überlieferte Geborgenheit bettet. Dieses innerliche Absinken und Sichbescheiden wird freilich als ein Erkennen des wirklichen Lebenszieles gedeutet, als die Rückkehr eines etwas – nur etwas! – verirrten Sohnes in den väterlichen Schoß. Raffael von Senno findet das verlorne Lied, das ihm einst die Mutter sang, im Augenblicke wieder, da ihn der fast als Heiliger sterbende Bruder seiner Braut zum Erben des Amsoldinger Gutes eingesetzt. Die Romantiker fanden ihre blaue Blume weniger rasch … und mit meist weniger ansehnlicher äußerer Belohnung für die Mühe des Suchens. Die Auffahrt der patrizischen Gäste zur Rümliger Hochzeit (s. vorn S. 336 f.), schon als Bild wahrhaft eindrücklich, legt in ihrer Statik dar, wie fest dieser Stand seine einzelnen Glieder umklammert hält. Die Versuche Raffaels zu eigener Lebensgestaltung sind denn auch wenig mehr als Velleitäten, die durch das prompte Sichwiedereinfügen sogar noch von ihrem Eigenwert verlieren. Allerhand nicht ungeschickt angebrachtes und an sich nicht uninteressantes, ja rührendes Beiwerk vertuscht dieses flügellahm kleinmütige Beigeben, schmückt es aus, und der anspruchslosere Leser hält sich an diesem Beiwerk schadlos, bemerkt die Ab- und Verflachung vielleicht nicht einmal – wurde doch auch die landschaftliche Schönheit des Gürbetals kaum jemals mit solcher Liebe und Entzücktheit dargestellt. Der tiefer dringende Leser jedoch sieht im Vater Senno, diesem etwas rauhen, doch klargesinnten Manne, die dichterische Hauptgestalt, nicht im Sohne, dem zudem auch Juliette, die Braut, an konkretem Lebenssinn weit überlegen ist.

In *«Veteranezyt»* (1927) warf der alternde Dichter einen Blick auf den Raum und die Gestaltenwelt seiner Jugendzeit, zugleich auch einen solchen auf die verklingende Epoche des Patriziertums. Ein Doppelschimmer umgibt so diese Erzählung: der heiter zärtliche der Erinnerung und der mild melancholische späte Abendschein eines glanzvollen Standestages. Im Mittelpunkt freilich steht nicht mehr ein Abkömmling der vormals herrschenden Klasse, aber doch einer, der ihr nahe ist: ein herrschaftlicher Kutscher, der zudem im gleichen neapolitanischen Regiment als Korporal diente, in welchem die aristokratischen ‹Veteranen› Offiziere waren. Auf Peter Wymann, den unehelichen Sohn eines höheren Berner Offiziers mit einer Italienerin – nicht umsonst hat er ein Imperatorengesicht –, fällt so ein letzter Abglanz jahrhundertealten Soldatentums im fremden Diensten. Und der Dichter stattet ihn mit Zügen aus, die, seinem Bekenntnis zufolge, insgeheim auch der eigenen Seele entstammten: mit einer Leidenschaftlichkeit, die mit höheren Eigenschaften (Fleiß, Ehrlichkeit, Gescheitheit, Liebesbedürfnis und Stolz) aus *einer* Quelle strömt. Wymann vertritt so, in seiner Sprache sogar, selber einigermaßen den Stand, dem er dient, ist aber zugleich auch ‹Volk› im besten Sinn des Wortes – und die Murtener Kronenwirtin Marianne, mit der er sich, ein zweiter Ludi Bickhard, nach recht vielen Hindernissen ehelich verbindet, gleicht ihm in diesem wichtigsten Punkte. Und wie sinnvoll ist es, daß Nääri (Gennara), sein taubstummes Kind, dessen Mutter, eine Italienerin, kurz nach der Geburt gestorben, ihn durch seine Schicksale nicht nur zu verzweifelnden Gedanken führt, sondern auch zum Hauptgrund seiner seelischen Erstarkung wird. – Die

patrizischen ‹Veteranen› ihrerseits haben Mühe, sich in der neuen
Eidgenossenschaft zurechtzufinden – im «Demokraten» Bürki,
dem Gerichtspräsidenten, erscheint diese, in menschlicher Hinsicht,
überdies nicht eben mit sympathischen Zügen. Es sind im ganzen
respektable Standespersonen, wenn auch nicht alle zur reicheren
Schicht von ihresgleichen gehörig: im Vordergrund die beiden
Nachbarn vom Ulmen- und vom Lindenhof (die gleichzeitigen
Meister des *einen* Kutschers): die Hauptleute Doxat und Rhagor,
bei allen aristokratischen Eigenheiten treffliche, rechtschaffene,
gütige Menschen; mehr im Hintergrund, großherzig und wohl-
tätig wie ein Himmelsbote, der fromme Oberst von Mannenberg,
übrigens eine geschichtlich klar zu identifizierende Persönlichkeit.
Die Neigung Doxats zur viel jüngeren Tochter Rhagors, Carlotta,
endet mit beiderseitigem Entsagen: aus dem einstigen Wildfang
wird eine Krankenschwester.

Ein Gewirke mannigfacher, wenn auch keineswegs aufwühlen-
der Geschehnisse entfaltet sich so vor dem Leser, zwei Welten,
zwei Zeiten, die einander ablösen, ineinander übergreifen, friedlich
fast, mit geheimen Zuckungen nur, und über allem ein geheimer
Erinnerungsglanz aus Jugendzeiten. Tavel schuf glänzendere, tiefere Werke, aber keines von der trauten Intimität und der feinen
Ironie der «Veteranezyt». Kein sinnigeres Symbol dafür als jene
Szene bei der Einweihung der Brunnenstube, als der Dichter er-
lauscht, was die kleine Vogel- und Tierwelt (es ist im Vorfrühling)
vom Sumsen und Rauschen der versammelten Menschenschar
hält – man denkt, und der Vergleich ist sicher ehrenvoll, an das
köstliche Geschichtchen Alphonse Daudets vom «Sous-préfet aux
champs» in den «Lettres de mon moulin».

Kraft schönster Reife umspielt auch die drei letzten Werke des
Dichters: *«Der Frondeur»* (1929), *«Ring i der Chetti»* (1931),
«Meischter und Ritter» (1933).

Die Palme würden wir dem *«Frondeur»* reichen. Hier erscheint
noch einmal, wie in einer Apothese und doch von schweren, ja tragischen Schatten durchwirkt, die Welt des altbernischen Patriziertums zu einer Zeit, da nur interne Wirren (der Bauernkrieg, die
Wiedertäuferangelegenheit) etwelche und verhältnismäßig rasch
vorübergehende Erschütterung brachten, die Macht des Staates
aber unantastbar schien. Im Obersten Wendschatz («Schtärn vo

Buebebärg») hatte Tavel schon einen politischen Frondeur aus ungefähr derselben Epoche gezeichnet, der, in verlorner Schlacht fallend, sein Leben als eine Art Sühnopfer für das Vaterland hingibt, ohne zwar daß aus diesem Leben selbst der Sinn des Opfers nachhaltiger fühlbar würde. Heros von Herbort ist ein Frondeur von stärkeren Charakteranlagen, wenn auch er selbstredend nur an den Methoden der Regierung Kritik übt und diese selber keineswegs in Frage stellt, und besonders, er ist ein Frondeur gewissermaßen auch seinem eigenen Leben gegenüber, will diesem, und wäre es auch mit Gefahren, mehr Glanz und Fülle schenken, verläßt deshalb zu zweien Malen die Familie, um in fremdem Kriegsdienste Ehre und Gut zu erwerben. Beides mißrät ihm: er muß erkennen, daß nicht schmollendes Beiseitestehen, sondern nur verantwortungsvoller Dienst am Ganzen der Heimat Lebenserfüllung bringt, und die äußerliche Rangerhöhung gewinnt er um den Preis des Familienglückes, schuldig werdend am Tod seiner Frau, die sich im Heimweh nach ihm verzehrt, und an dem seines Sohnes, der, der väterlichen Leitung und Zucht allzu lange entbehrend, sich von unheilvollen Trieben übermannen läßt.

Man weiß nicht, was man an diesem Werke mehr bewundern soll: die Kunst, mit der ein hochgemutes Leben, ein prächtiger Mensch in schwersten Erlebnissen (diese Heimkehr ins Totenhaus nach dem venezianischen Kerker!), selber schuldig geworden, in letzte innere Helle vordringt («Laß dir gnueg seyn an meiner Gnad!»), oder die Kunst, mit der ein Lebensraum ersteht in seiner Alltäglichkeit, und diese Alltäglichkeit doch erhöht von den Gestalten her. Die Erzählung hat eine innere und äußere Dichte, die man entzückt und erschüttert zugleich auf sich wirken läßt, hat doch auch das mundartliche Wort hier eine Leuchtkraft und eine Wärme wahrhaft dichterischer Natur. Keine lahme Stelle ist in diesem Buche zu finden, dergestalt gleichmäßig ist es von künstlerischem Atem durchwallt. Dabei bilden sich ganz von selber Anschwellungen des epischen Stromes, mehr idyllischer Art in den vordern, mehr tragischer Art in den hintern Teilen. Auffallend ist, wie der Dichter die heimatliche und die venezianische Atmosphäre meistert – seine Liebe aber gehört spürbar der heimischen Landschaft, die in ihrer innig satten Farbigkeit abzuschildern er nicht müde wird. Hier auch, wie im «Schtärn vo Buebebärg», wird auf die politischen Vorfälle, in denen Herbort mit der Regierung nicht einig geht – Bauernkrieg und Wiedertäuferverfolgung – nur diskret angespielt, damit die Schatten dieser peinlichen Ereignisse nicht härter auf das Patriziat fallen, als die besondere Situation des Romans es erfordert.

Die beiden letzten Werke beschwören geschichtliche Gestalten bekannten Namens. *«Ring i der Chetti»* umrankt den mehrmaligen Berner Schultheißen und tapferen Verteidiger Murtens, Adrian von Bubenberg, mit einem freskenhaften Bilderkranz. Der Dichter wollte – nach dem Vorspruch an Rudolf Münger – die «Heldengestalt» so darstellen, daß das Lebensbild auch vor dem Urteil des Historikers noch gelten konnte: «Richtung und Ziel behielt ich im Auge, auch wo das staubige Band dieser Straße [der Geschichte] hinter dem zierlichen Gebüsch dichterischer Gestaltung verschwand». Die Worte zeugen von einer Hemmung, die Tavel sich auferlegte, zugleich auch von einer gewissen Inkongruenz der Darstellung, denn das «zierliche Gebüsch» paßt nicht ganz zur «Heldengestalt». Hier liegen zweifellos die Schwächen des sonst klar durchkomponierten Werkes. Es fehlt ein bißchen die zwingende einheitliche Linie, wenngleich das Lebensmotto Bubenbergs, «alles der Stadt, Adel heißt sich brauchen lassen», einen auch episch brauchbaren Grundzug hergibt, und die etwas mosaikartig aufgereihten Bilder werden von den bald idyllischen, bald heroischen Akzenten allzusehr gesondert. Es wäre dem Dichter sicher leichter gefallen, den völlig angemessenen Ton zu finden, wenn er ‹Herr über die Geschichte› geblieben wäre; sein patriotisches Wahrheitsgefühl gestattete ihm das jedoch bei dieser Gestalt gerade nicht. Von diesen Mängeln abgesehen, hat die «Läbesgschicht» des großen Berners starke Konturen, und freudig stellt man fest, in welchem Maße die Mundart eine menschliche Annäherung an die doch schon recht ferne Vergangenheit (2. Hälfte des 15. Jahrhunderts) erleichtert – man darf sich der Annäherung übrigens getrost hingeben, wenn man bedenkt, wie wenig Änderungen das Berndeutsche seit Jahrhunderten erfahren hat.

Eine Einheitlichkeit hat der Dichter seiner Gestalt jedenfalls gegeben: er sieht sie im Gegensatz zu ihrer Zeit, was rückwirkend auch der Bubenbergschen Losung noch mehr Gewicht verleiht. Seine Integrität inmitten der Korruption des Pensionenwesens macht ihn einsam, die Einsamkeit aber stärkt nur seine Willenskraft, selbstlos der Sache der Stadt zu dienen; gerade diese Hingabe an das Gemeinwohl auch distanziert ihn ein wenig von seiner Familie – seine zweite Frau, die Waadtländerin Jeanne de Lassarraz, hat Mühe, in die bernische Atmosphäre hineinzuwachsen, der ‹goldene Hof› zu Spiez liegt schattenhalb ... Wie im «Frondeur», so erlebt man auch hier eindrücklich das Wohl und Wehe des Lebens in einem herrschaftlichen Schlosse, der lichten Momente sind aber doch mehr als der düsteren (zu den düstersten gehört der Tod des ältesten Sohnes). Gestalten bleiben haften: die eigenwilligenergische der Mutter Adrians, der Sundgauerin Änneli; das lustige Töchterchen Theterli (Dorothea), das aus dem Kloster entflieht, wohin es die Mutter getan, als der Vater sich die Ritterwürde im Heiligen Lande holt, und das seiner Liebe treu bleiben darf; der Hausnarr Hänsli, usw. Ein Höhepunkt der Darstellung ist selbstverständlich die Verteidigung Murtens mit der darauf folgenden Schlacht, die von den Stadtmauern aus mitangesehen wird.

«Der Ring het gha. D'Chetti louft wyter. Jitz chunnt en andere dra.» Die Worte, die Adrian von Bubenberg sterbend sagt, kennzeichnen den lauteren, erhebenden Geist des Buches. Und welch legitimer Stolz: «sy Stadt, d'Stadt vo de Buebebärge»!

Die Gestalt Niklaus Manuels hatte Tavel schon in «Gueti Gschpane» als betonte Hintergrundfigur auftreten lassen. Was ihn bewog, sie nach dem Lebensbild Adrians von Bubenberg in den Mittelpunkt seines neuen Werkes zu stellen, war, möchte man annehmen, das Bedürfnis, Probleme mannigfaltigerer Art künstlerisch ins Auge zu schauen, einen moderneren Charakter darzustellen, insbesondere auch, der Kunst, die in Bern ja lange Zeit nicht eben viel zu suchen hatte, in einer Erzählung offeneren Zugang zu schaffen; zudem ließ sich die Frage des neuen Glaubens in vertieftem Umriß aufwerfen. Im Dichtermaler, Staats- und Kriegsmann Manuel kreuzen sich Kunst, Religion und Heimatsinn auf fruchtbarste Weise und machen aus diesem Berner, dem germanisches und romanisches Blut in den Adern floß, einen neuen Typus Mensch. Daß mit ihm Tavel seine Schriftstellerlaufbahn schließen sollte, mutet wie eine Schicksalskrönung seines Werkes an. *«Meischter und Ritter»* aber heißt der Roman. Der Dichter gesellt ihm als ergänzende Kontrastfigur die des Ritters Kaspar von Mülinen bei, seines Freundes von Jugend auf und des gebornen Diplomaten, der zwar, weil dem alten Glauben treu bleibend, nicht zur Schultheißenwürde aufsteigt, seine Regierung aber in wichtigen Missionen, auf französischem Parkett besonders, vertritt. Mit ihm und Manuel reichen sich Patrizier- und Bürgertum einträchtig die Hände. «‹Gäll, i darf dir geng no du säge (sagt Frau Barbara von Erlach zu Manuel), junge Meischter? – Wohl, wohl, Meischter! – Gib dr nid Müej, mer's usz'rede! Wo isch jitz my Ritter? – Chumm dahäre, Chaschper! I wott ech binenand gseh, Ritter und Meischter.› Di beide müeße sech näbenenand stelle, und die alti Frou strahlet vor Freud ob dene schöne Manne.»

Dichterisch auch reicht sich hier alles einträchtig die Hand. Wie im «Frondeur» bewundert man die schöne, innige zugleich und strahlende Dichte dieser künstlerischen Schau. Liebevoll und mit gegenständlichster Phantasie versenkt sich Tavel in Manuels Werden, das diesen sein ganzes Leben hindurch begleitet, ein Leben, das der Tod im besten Mannesalter zerbricht, und das doch seltsam reif und vollendet erscheint: vom Kind des Ratsläufers, das vom Birnbaum des Gartens aus neugierige Blicke ins hochzeitliche Treiben des Erlacherhauses wirft (und Barbara von Erlach, die treffliche, gescheite, tatkräftige Frau, wird sein mütterlicher Schutzgeist bleiben), bis zum pflichtbewußten Tagsatzungsgesandten, zur Landvogts- und Vennerwürde («I wott nid für nüt gläbt ha!» het er geng wider gseit»), über tiefgreifende Kindes- und Jünglingserlebnisse, Malerfahrten in die Fremde, Künstler- und Glaubenssorgen, Kriegsabenteuer (Bicocca) sogar schweift der gestaltende Geist des Dichters, und wie erlebt der Leser das alles mit! Hier auch ergeben sich erzählerische Wellenhöhen ganz von selber: das Kinderspiel des ‹Kreuzzuges gegen die Türken›; der Tod des wackern Vaters während des Botenganges nach Burgdorf; die Liebe zur Ratsherrentochter Kätherli Frisching: aus dem schalkhaften, ihn zuerst scheinbar abweisenden Mädchen wird die beste, liebendste, sorglichste Frau, der Trost seiner Mannesjahre; der Kampf um sein Künstlertum; die ernsten Männergespräche mit Kaspar von Mülinen über Glaubensdinge; der Kriegszug nach dem Süden... Die Stelle vom Zusammentreffen Niklaus' mit Kätherli nach der Köniz er Chilbi möge hier stehen, damit der Dichter selber mit einem seiner sinnigen, schalkhaft-ernsten Texte das Schlußwort erhalte:

Z'mitts uf nere gmäjte Matte, wo ds Heu i Wälmleni lyt, bi menen alte Chirsboum, gseh si enand, und dem Niklous fahrt düre Chopf, was der Chaschper ihm verwiche gseit het vo de Meitscheni, wo, wenn grad niemer luegt, gange ga reiche, was si furtbängglet hei.

Mhm, steit uf sym schöne Gsicht gschribe. Gschmeidig wie-n-e Gott us Griecheland steit er da i syr farbige Tracht uf der grüene Matte. Und dem Kätherli wott ds Härz us de Näht, wo-n-ihm undereinisch z'Sinn chunnt, jitz gseih's grad uus, wie wenn's ihm nachelief. – Ja, was de sünsch, Kätherli? Jitz isch's der halt dürebrönnt, und du merksch nid emal, daß d'vergässe hesch, dyni Ougsdechlen abe z'la.

«Wei mer ne [Hansli, den Bruder Kätherlis, die zanksüchtige Kriegsgurgel] la loufe?» fragt er.

«Du wottsch ihm doch nid nache?» Es weiß nid, daß es mit syr schöne Hand der Niklous ganz fescht am Ermel packt.

«Me sött eigetlech ga luege, daß er nüt Dumms astellt.»

«Aber nid du, Niklous!»

«Ja, wär de?»

«I wott das nid. Du kennsch ne nid. Das het er jitz us em Chrieg umebracht, daß er so ne böse Wy trinkt. Er isch de sünsch nid eso. Er wär der bescht Mutz, wo's git ...»

Undereinisch sy di schönen Ouge voll Träne. Ds Kätherli chehrt sech ab und versteckt ds Gsicht im Spitzetüechli.

«Heit nid Angscht, Kätherli!» tröschtet der Maler, und er schiebt ganz chäch sy Arm under dä vo der Ratsherretochter. So gange si nes paar Schritt gäge ds Dorf zue.

«Aber was macht er jitz»? fragt si und blybt stah. Und sie chehren um, gange wieder zrück, luegen und gseh niene nüt meh. Si standen under em Chirsboum und hei ds Gfüehl, si sötten öppis zunenand sägen und begryfe nid, warum ne-n- undereinisch gar nüt meh z'Sinn chunt. Beidne geit so vil düre Chopf, daß si us däm Wirrwarr nüt uf d'Zunge mögen erhääggle. Aber wenn men under mene Chirsboum steit, so fragt men o nid lang, weles vo de tuused Chirsi me zerscht welli abrupfe. Ds erschte, wo me ma errecke, isch grad ds rächte. Es chunnt beidi es versteckts Lachen a. Und wo der Niklous ändlech seit: «Das isch mir jitz bi allem Ungschickte doch no es Gfell, daß mir hie usse zsämecho sy», wird ds Kätherli rot und schlat, wie us Verschuß, di tief blauen Ougen uuf. Jitz weiß er: der Chaschper het halt doch rächt gha, und er fahrt furt: «I wett, i fänd Euch all Tag so under mene Boum; er bruuchti ja nid z'Chüniz usse z'stah.»

Und si lachet. Und der Niklous fragt: «Aber Dir heit schynt's nüt uf de Meischter?»

«Wär seit das?»

«He, der Ritter vo Müline.»

«Ach, dä!»

«Ja, isch es öppe nid so?»

«Nei, es isch nid so. Da druuf chunnt's mir gar nid a.»

«Uf was de, Kätherli?»

«Ach ...!»

Ds Kätherli rangglet und niffelet mit de Finger a sym Spitzetüechli. Da chan er nümmen anders, er leit ihm der Arm um en Äcken und git ihm es Müntschi, nei, zwöi, drü. Und ds Kätherli wehrt sech nid emal.

O du liebe schöne Chirsboum!

Biographische Notiz. – Rudolf von Tavel, 21. Dezember 1866–18. Oktober 1934. Das Geschlecht der Tavel stammt aus Vevey; der Zweig, dem der Dichter angehört, kam zu Anfang des 18. Jahrhunderts nach Bern. Der Vater, Alexander von Tavel, ein strenger, aber gerechter und liebevoller Mann, war bernischer Großrat und Burgerratsschreiber; die Mutter eine von Wattenwyl. Vier Geschwister. Sonnige Kindheit. Aufenthalte in Oberdießbach und Rapperswil (Bern). Lerberschule (Literargymnasium). Vorübergehend Plan einer Laufbahn als militärischer Instruktor. Studien, nebst Zeichen- und Malunterricht, an der Lausanner Akademie; dann Jurisprudenz in Leipzig, Berlin und Heidelberg. Abschluß der Studien mit dem Doktorexamen. Literarische Neigungen (Theater, Journalismus). Redaktor am konservativen «Berner Tagblatt». 1894 Vermählung mit Adele Stettler. Eigenes Heim an der Schoßhalde. Eine Zeitlang Direktionssekretär bei der Schweizerischen Mobiliarversicherung in Bern, dann wieder Redaktor. 1900 Tod des Vaters, den der literarischen ‹Durchbruch› seines Sohnes nicht mehr erleben sollte. Bei Kriegsausbruch Hauptmann des Berner Landsturmbataillons. 1915–1921 in der Berner Abteilung für Kriegsgefangenenfürsorge leitend tätig. Aktive Politik: Berner Stadtrat. Kirchliche Ämter. Direktionspräsident der Neuen Mädchenschule. Gründer des Vereins der Freunde des Berner Kunstmuseums. Seit 1919 Redaktor der Basler Zeitschrift «Die Garbe». Vielfach Reisen in mehreren Ländern Europas, besonders Frankreich und Italien. Tod durch Herzschlag am 18. Okt. 1934 auf der Heimfahrt von Glion (Waadt).

Bibliographisches. – Einzelausgabe der Werke seit «Jä gäll, so geit's» im Francke Verlag, Bern. Hier auch Volksausgabe in 20 Bänden. Einzelne hochdeutsche Erzählungen erschienen in den Stab-Büchern (F. Reinhardt, Basel). – Gedanken von Rud. von Tavel. Zusammengestellt von Adele von Tavel, mit Vorwort von Prof. Max Huber. Bern, 1937. (In mehreren Auflagen erschienen).

Über Tavel: R. v. T. zum Gedächtnis (Hugo Marti, Otto von Greyerz u. a.). Bern, 1934. – Hugo Marti: R. v. T. Leben und Werk. Mit Bildern, Zeichnungen und Handschriftenproben. Bern, 1935. – E. Max Bräm: R. v. T's Werk als Ausdruck schweizerischen Denkens und Empfindens. Eine Einführung in T's Gedankenwelt. Bern, 1944. – Helene von Lerber: Das christliche Gedankengut in der Dichtung R. v. T's. Bern, 1941. – Dieselbe: Bernische Landsitze aus R. v. T's Werken. Berner Heimatbücher, Nr. 7. 1946. Vgl. auch Otto von Greyerz: Die Mundartdichtung der deutschen Schweiz, geschichtlich dargestellt. (Die Schweiz im deutschen Geistesleben). 1924.

GERTRUD PFANDER

«Wir sind Poetenvolk! Wir sind Zauberer! Wir haben den sechsten
Sinn! Wir siegen *doch! – Te Deum laudamus*!» Die diesen Fanfaren-
stoß stolzer Dichterlust in die Welt hinaus sandte[1], sank mit 24 Jah-
ren ins Grab, brustkrank, drei Wochen, bevor Conrad Ferdinand
Meyer für immer die Augen schloß. Eine freudlose arme Kindheit
(«Unheil» – so hieß mein Vater schon / und meine Mutter «Wehe
– – «Und ‹Wahnsinn› hieß mein greiser Ahn / Und ‹Siechtum›
meine Ahne»), eine herbe, unstete Jungmädchenzeit, – und ein
plötzliches Aufblühen der Dichterseele in Krankheit und Not.
«Auch warte ich noch auf ein großes Glück, denn der Durst ist
noch nicht gelöscht ...[2]» Daß etwas aus ihrem rasch dahingewehten
Leben dennoch bleiben würde, erahnte sie mit tröstendem Schauer:
«Das Beste, was je in einem Gebiet gestaltet worden ist, bleibt jahr-
hundertelang? Zum Beispiel völlig reife, süße Gedichte haben
Lebensdauer auf längste Zeit[3]?» Über sechzig Jahre sind seit ihrem
Tod vergangen, und ihre ‹völlig reifen, süßen Gedichte› auch haben
ihre Frische und ihren Glanz behalten. Es sind ihrer ein gutes halbes
Dutzend – eine ansehnliche Zahl für ein schmales Versbändchen.

Gertrud Pfander ist die geborene Lyrikerin. Ihr stand alles zu
Gebote: die Feuerseele, jener ‹sechste› Sinn, der das echt Dichterische in sich und um sich erfaßt, das plastische Schauen, die mu-
sikalisch-rhythmische Gabe, das künstlerische Reifenkönnen. Die
Schweiz hat keine im strengsten Sinn des Wortes reinere Dichterin
hervorgebracht. Und den kargbemessenen Kreis ihres Schicksals
erfüllte sie ganz, wahrhaft frühvollendet. Steil steigt ihrer Dichtung Flamme in den Raum meisterlicher Gestaltung:

> «Liebster», sprach ich, «sieh, wie eigen
> Schlingt sich dort im Tal ein Reigen
> Seltsam glorienscheinumglüht!
> Vollgereifte Ähren bringend,
> Schreiten Schnitter, sichelklingend,
> Wo die Blume Saron blüht ...»

[1] Brief vom 31.März 1898: «Helldunkel. Gedichte und Bekenntnisse» (1908).
[2] Letzte Worte der Autobiographie.
[3] Brief vom 19. Dezember 1897.

Und die Schnitter tragen *ihr* und ihres Traum-Liebsten Angesicht ... Das Sehnsuchtsbild dieser «Ernteschau» ist menschlich
und religiös gemeint, gilt aber zuvörderst dichterisch.

Keiner ihrer Verse ist völlig unbedeutend; auch ihre frühesten
muten nie dilettantisch an; sie schon sind von einer ungewöhnlichen Motivkraft getragen. Wie man sonnegeblendet, sagt sie in
einem ihrer Gedichte («Sonnenblick»), in alles, im Hellen und im
Dunkeln, bunte, wogende Flecken hineinsehe, so schaue man, von
der Dichtung ergriffen, in allem hohe Abbilder des Erlebbaren. Ihr
war dieser Blick verliehen, und die Glut ihres Herzens belebte ihn.
Von kleinen Reminiszenzen, Heine etwa, rückte sie bald ab. «– Die
Schule? ... Strenge Herrn ... ihr macht mich stutzig! / Wird nicht
ein Lied den Weg zum Herzen finden, / Sobald ein Herz diktiert in
Leid und Lieben? –»

Wie eigen und wie genau ihr Herz, vom Auge beraten, ihr diktierte, zeigt in typischer Weise «Wolkenzug»:

> Von des Vorgebirges Kette
> Nach den weißen Alpengipfeln
> Auf dem dämmergrünen Himmel
> Zieht ein feuerfarbner Streif.
>
> Auf dem Streifen stehn zwei Wolken.
> Künstlerisch in Formvollendung
> Schreitet grau und weiß von Farbe
> Durch die Luft ein Löwenpaar.
>
> Auf die Bahn aus Sonnenlohe
> Setzt das Weibchen seine Pranken;
> An die Flanke ihr gelehnet
> Folgt der Löwe ruhig nach.
>
> Ohne Schritte, ohne Regung,
> Unverändert, lange, lange
> Gleiten sie im Abendwinde
> Einsam ihren Geisterzug.

Das ist, fast beispielhaft, das Hineinschauen des inneren Bildes
in die äußere Welt. Ein ‹Geisterzug› auf dem feuerfarbenen
Abendhimmel – doch wie ein Marmorbild gemeißelt, ‹künstlerisch
in Formvollendung›, ohne jede unnötige Zutat, in zuchtvoller
Wortwahl. Und das Bild ein Motiv ruhig erfüllter Liebe, ein Sehn-

suchtswunsch. Das *Weibchen* setzt die Pranken auf die ‹Bahn aus Sonnenlohe› ...

Die ‹Überfahrt› ins «Traumland seliger Minne» begleitet ebenfalls eine «rote Wolkenflucht» – und nun sitzt die Dichterin selber im Geisterkahn:

> Hinter mir in Dunstesdecken
> Bleibt des Küstenstriches Schlange.
> Vor mir sprühn die Meeresstrecken,
> Und des Lebens Wellen necken
> Sich um meine Ruderstange.
>
> Sieh, in wunderbarem Bogen
> Taucht ein Eiland auf im Feuer!
> Wie von Geisterhand gezogen,
> Kommt mein Kahn schon angeflogen,
> Und die Sehnsucht sitzt am Steuer.
>
> («Überfahrt»)

Ach, das ‹Eiland› ist ein ‹Traumland› nur, die ‹selige Minne› bald wieder Entsagungsqual. Entschlossen denn auch tönt in «Winterwanderung» der Wille zur Einsamkeit, auch wenn das Grauen ihr Begleiter:

> Nun will ich gehn, nun will ich wandern
> Hin durch den tiefen, weichen Schnee,
> Daß mich von all den vielen andern
> Nicht einer mehr, nicht einer seh.
> Der Nebel wogt auf weißer Breite,
> Als käm das Ende hier der Welt,
> Mein Grauen nur gibt mir Geleite.
> Stets unzertrennlich, treugesellt ...

Und doch welche Tröstung, menschliche und dichterische, im Mondlicht, das über dem See ausgegossen! Sie hört dessen ‹helle Töne› und flicht sie sich zum stärkenden Liede:

> *Und abermals der Mond*
>
> Welch ein wundervolles Glänzen
> Hat sich über uns erschlossen,
> Hat sich über schwarze Wasser
> Grün und schillernd ausgegossen!
>
> Mildert mit dem weichen Lichte
> Klüftigen Berges scharfe Kanten,

Sänftigt allzustrenge Linie
Seiner Stirn, der sternumspannten?

Das die fernen Segel silbert,
Das die weißen Schwäne krönet,
Das des Dichters Auge tränket
Und mit sanftem Glanz verschönet:

Mondlicht, deine hellen Töne
Will ich mir zum Liede flechten;
Zum Gesang in Einsamkeiten,
Zum Gesang in Sturmesnächten.

Und welch aufbrechende Hoffnung, zitternd vor geheimer Gewalt, wenn der Lenzesdrang – man denkt an C. F. Meyers «Lenzfahrt» – im schönheitsdurstigen Dichterherzen erwacht (diese prachtvoll geprägte erste Strophe!):

Warum?

Das weite Schneefeld taut mit leisem Sang;
Die weiße Fläche löst sich in Kristallen;
Die ersten losen Vogelrufe hallen;
Und sachte Antwort rinnt vom Bergeshang.

Und eine ganze Zauberwelt ersteht
Und ragt mir auf vor der erstaunten Seele;
Ein Geisteshauch von seligen Höhen weht,
Ein neues Lied entringt sich fast der Kehle.

Warum spannst du denn deine Flügel nicht,
In zauberrote Himmel zu entfliegen,
Und mit verklärtem hellem Angesicht
Der ewigen Schönheit dich ans Herz zu schmiegen?

Doch wird die Schlaflosigkeit in den hellen, allzu hellen «Mittsommernächten» zur Qual:

Keine, die mir Ruhe brächte,
Daß mein Auglid Schlummer fände!
Wache Qual der hellen Nächte
Zur Mittsommersonnenwende.

Grünes Abendlicht, so flechte
Nicht in Morgenrotes Brände
Dich bis in die Mitternächte
Über fahle Himmelswände!

> Stete Helle, ungerechte,
> Nimmst du niemals mehr ein Ende?
> Dunkel will ich meine Nächte,
> Dunkel, kühl, mit Schlafesspende!

Tagsüber aber erlabt das hörende Auge sich wohl an einer amoureusen «Symphonie der Bewegung»: Erofred, der junge Gutsherr, geht im herrschaftlichen Garten auf die Elsterjagd, während Vera, im Garten «heuchlerisch mit Zwirn beschäftigt», seinen Schritten folgt:

> Vera ist der Zwirn entfallen ...
> Ihre grauen Taubenaugen
> Folgen jeglicher Bewegung
> Seines jugendschlanken Leibes –
> Veras graues Auge *hört,*
>
> Hört die stummen Melodieen
> Seines Ganges, seiner Schritte ...

Sie hört das Allegretto, das den eilenden Jüngling ihr im Anger entführt, das Scherzo an der Ulme, wo die Elster den Spähenden foppt, das Adagio, als der Vogel weiterfliegt, das Lento der Zurückkunft, als der Schuß gefallen und nicht getroffen, das Andante maestoso, als der Jäger seine Schritte der Rasenbank zukehrt –

> Lächelnd harrt die schöne Vera,
> Und ihr Aug, der feine Hörer,
> Rät im Rhythmus seiner Schritte,
> Wie sie tonvoll näher kommen,
> Maifrisch ein Cantabile.

Das Cantabile singt in *ihrem* Herzen ... Drum hebt nun auf der Rasenbank ein «unerquicklich ewiges Da capo» im Küssen an.

Gertrud Pfanders kraftvolle, unmittelbar nach Eigengestalt drängende Kunst gipfelt im Gedicht «Nachtmar[4]», das zu den hohen Erzeugnissen deutscher Lyrik zählen darf:

---

[4] Der Titel ist höchst wahrscheinlich Heinrich Füßlis (1741–1825) Gemälde «Nightmare» entlehnt, das zur Zeit seines Erscheinens nicht nur das englische Publikum, sondern die ganze Welt in Aufregung versetzte und übrigens die ganze Kunst der Romantiker bis Böcklin in erstaunlicher Weise vorausnahm. Gertrud Pfander, die in England gewesen, muß das Bild gekannt haben. «Die mehrmals veränderte Komposition zeigt ein hübsches goldblondes Mädchen im tiefen Schlaf; Kopf und Arme hängen über den Rand des Bettes herunter; auf der Brust sitzt ein greulicher, affenartiger Kobold, wie ein

Überm Wasser stößt ein Weih
Seinen unnennbaren Schrei.
Lange, bange Nacht! Ich fahre
Auf, mit schweißgestrecktem Haare.
Still! Es ist ja nur ein Weih.
Herz, was tust denn du dabei?

Überm See die Möwe kreischt,
Die sich den Gefährten heischt.
Und sie sucht im Ätherstillen
Sich den Freund nach ihrem Willen.
Ruf, der menschenstimmig täuscht,
Wenn vom Stein die Möwe kreischt.

Tief im schaumbespritzten Hag
Schlägt die Drossel letzten Schlag.
Dann ins kinderreiche Nestchen

zentnerschwerer Stein, und zwischen den roten Vorhängen streckt ein ge-
spenstisches Pferd mit aufgeblasenen Nüstern und gesträubter Mähne den
Kopf ins Zimmer. Die friedliche Stimmung im Schlafgemache, zu der ein
reizvolles, überraschend malerisches Stilleben beiträgt, erhöht das Schreck-
hafte der Vorstellung und macht sie glaubhaft.» Paul Ganz: Heinrich Füßlis
künstlerische Entwicklung. In: Festgabe für Max Huber. Zürich, 1934, S. 298.
Das Gemälde ist jetzt im Detroit Institute of Art.

Das Gedicht «Nachtmar» steht nicht in den Ende 1896 herausgekommenen
«Passifloren», wohl aber als siebentes unter den acht Gedichten von Gertrud
Pfander, die Karl Henckell im 3. Jahrgang seiner «Sonnenblumen» (1895 bis
1898) veröffentlichte. Eine aus dem Sommer 1896 stammende Vorform teilt
Albert Geßler mit (Gertrud Pfander, Basel, 1912, S. 133). Welch ein Abstand
trennt diese von der Endfassung! Zeugnis eines fast unwahrscheinlich an-
mutenden Reifens der dreiundzwanzigjährigen Dichterin. Die Erstfassung hat
folgenden Wortlaut:

Wie vom Echo eines Schreies,
Wach ich oftmals auf und fahre
– In den Gliedern Wucht des Bleies –
Auf, mit schweißgestrecktem Haare.

Ist's der Ruf des fernen Weihes
Überm See, der unnennbare?
Rufst du, eigen Herz, du treues,
Was ich Tags so streng verwahre?

Heißer Duft erstickten Heues
Zeugt mir von der Frucht der Jahre ...
Und ich glaube, daß ich Neues,
Unerhörtes bald erfahre.

Senkt sie sich auf schlankem Ästchen ...
Selig, Vogel, du im Hag ...
Großer Gott! Wann graut der Tag!

Das Gedicht ist der dichterisch gefaßte «Schrei nach dem Tropfen
Glück und Liebe» (s. Brief vom 13. Sept. 1896). In höchste Bild-
und Wortknappheit gefaßt, doch mit einem alle Grenzen über-
bordenden inneren Fluten. Verhalten aber hallt der Ton durch
weite Räume, die einfachen Worte haben schürfende, wollüstig-
quälende Widerhaken. Unsagbarer Drang nach Liebe und ebenso
unsagbarer Schmerz des Entsagenmüssens. Doch aus der Tatsache,
dem Vorhandensein dieser Verse selbst quillt ein Balsam, der
Sehnsucht und Schmerz in höherer Einheit aufgehen läßt.

Die drei Strophen beschwören drei Idyllen. An den drei Bildern
des Weihs, der Möwe, der Drossel aber (wie sinnvoll, daß es drei
geflügelte Wesen sind!), die in Wunsch, Gewährung und vollstem
Glücke süße Ruhestätten der Erfüllung werden, reckt sich der
Dichterin eigener Liebesdrang unwiderstehlich in ruckweiser Steigerung empor, bis auf dem höchsten Punkt Traum und Wirklichkeit jählings auseinanderklaffen und der grausame Zwiespalt das
Herz zermartert.

Lang, bang, fieberdurchglüht, liebesdrangdurchquält ist die
Nacht. Plötzlich, wie Antwort auf den namenlosen Ruf der Seele,
überm Wasser der alles aufwühlende «unnennbare» Schrei des
Weihs. Ein Auffahren, ein Aufzucken: Geliebter, du? Nein, die
Seele darf es sich nicht eingestehen, was verzehrend in ihr brennt,
sie darf es nicht. Und mit zitternder Hand, Abstand suchend vom
eigenen Lose, drängt die Dichterin schwellende Hoffnung und
würgende Beklemmung weg, beschwichtigt ihr Herz, das nicht zu
beschwichtigende, mit verstellt erstaunter, ablenkender Frage –
und stachelt dadurch gerade nur umso tiefer noch die Sehnsucht
auf.

Wach, überwach nun horcht sie hinaus in die Nacht, hinein in
sich selber. Und schon baut *sie* die Vision sich auf: die liebesdursti-
ge, kreischende Möwe, die hinaufstrebt ins Ätherstille, in die stolze
Einsamkeit, um dort den Gefährten nach ihrem Willen (oh! nach
ihrem Willen!) zu suchen. Und schon findet das immer stärker po-
chende Herz schwächeren Widerstand: wie nicht begreifend, kopf-
schüttelnd, ängstlich zu sich selber redend, spricht die Dichterin

nur noch vom menschenstimmigen Täuschen des Möwenschreis. Nun hört ihr *Geist* auch den Ruf, wagt ihn kaum auszusprechen: Geliebter, du ...?

Und jetzt entreißt sich die Sehnsucht aller Fessel und bettet in sich selbst das Liebesglück in letzte Erfüllung, läßt, wie die Drossel im kinderreichen Nestchen, vom *licht*-schaumbespritzten Haggeflecht umgeben, die Liebeswellen, mit den Mutterfreuden verschwistert, erschauernd über sich zusammenschlagen und breitet wie segnend und beschwörend die Hände aus über solchem Glück: Selig, Vogel, du im Hag ... Ein stilles Weilchen höchsten Erschauerns: Geliebter, *mein* ...

Und schon erwacht der Geist grausam zur Wirklichkeit. Erträumtes nur, versagtes Glück. («Wie bin ich aufgeschreckt, – o süßes Bild, / Du bist dahin, zerflossen mit dem Dunkel!», ruft zu ähnlich unerfülltem Sehnsuchtsgeschehen in ‹durchwachter Nacht› Annette von Droste-Hülshoff, die größte deutsche Lyrikerin, aus.) In unsäglicher Beklemmung fällt der dem geträumten Bilde entgegengebogene Leib schweißüberdeckt in die Kissen zurück. Ein flehender, halbunterdrückter Seufzer nur – doch welche Abgründe verhüllt und reißt er auf! – und ein händeringendes Hinwenden zum alpdrucklösenden Morgenlichte.

Wahrhaftig dichterische Gewalt entströmt diesem Nebeneinanderhergehen von fast objektiver Sehnsuchtsvision und verstecktem Hinhorchen auf das eigene Herz, diesem süßen Kampf und diesem Unterliegen – das doch ein Siegen ist. Denn aus Drang und Leidenschaft und Sehnsuchtsqual hat sich der Geist erhoben, männlich, klar, wenn auch noch tränenden Auges, und unter seinem schauenden Blicke wallt aus Entsagung, Schmerz und Pein das sanfte Pulsen des sagenden, stillenden Lautes auf, das Wort, der Ruf, der *gottes*stimmig täuscht – täuscht? nein, der weiß, daß wahrhaft Gestaltetes lang bleibt, unverwelklich ist. –

Den ihre spätesten und reifsten Früchte enthaltenden Gedichten «Unter der Oktobersonne» schickte Gertrud Pfander die Verse voraus:

> Ich wollte weiße Adler senden
> Und ließ ein Schwalbenpärchen aus.
> Ich wollte mächtige Worte wenden,
> Ich wollte weiße Lilien spenden,
> Und nun ist's nur ein Heidestrauß.

Das Schwalbenpärchen: Behendigkeit, Anmut, flüchtige Scheue;
der Heidestrauß: schlicht, gebärdenlos, herb duftend. Das ist die
Kunst dieser Dichterin, das ist ihr Ruhm.

Biographische und bibliographische Notiz. – Gertrud Pfander, 3. Mai 1874–9. November 1898. Unehelicher Abkunft, «vom Storch in einem Blumenkohl aufgefunden», wie sie selber sagte. Die Mutter: Rosina Elisabeth Langhans,
Tochter eines bernischen Hutmachers, eine hochbegabte, im Familienkreis
unverstandene Frau von poetischem Empfinden; der Vater wohl ein einfacher
Handwerker aus dem Berner Oberland, Sohn armer, redlicher Leute. Aus dem
Hause gestoßen, fand die Mutter Unterkunft bei Bekannten in Basel. Dort
kam Rosa Gertrud zur Welt. Die Mutter heiratete 1875 einen um 24 Jahre
älteren Mann: Alexander Viktor Pfander (Wirt, verwachsen, unruhiger Geist),
der das Kind als das seine annahm. Mehrmals besuchte dieses seine Großeltern
in Bern. Die Auszehrung war die Familienkrankheit der Mutter; diese starb
1880 im Alter von erst 33 Jahren, wie schon zwei Schwestern mit 23 und
21 Jahren. Die vermögenslose Waise – der Stiefvater war einige Monate vor
der Mutter gestorben – kam nach Bern und wurde von den Großeltern zwei
älteren ledigen Damen übergeben, die ein paar Waisenkinder erzogen. Von
einer dieser Damen, einer Schwester der Großmutter, erbte das Mädchen
10 000 Franken. Vom zehnten Jahre an lebte das Kind eine Zeitlang bei den
Großeltern, vom Großvater mit Haß verfolgt: die Furcht und der Durst der
Enterbten, erzählt sie, kam damals über sie. Nach dem Tod der Großmutter
nahm eine Tante das Mädchen in ihr Haus. Die Tante war eine wohlgesinnte,
gewissenhafte Frau. «Meinen Schulstunden, meinen geistigen Vorgängen,
meinen ersten Versversuchen folgte sie mit ungeteiltem Interesse.» Nur daß
sie von ihr regelmäßig ins Haus des immer zynischeren Großvaters geschickt
wurde, macht sie ihr in der kurzen Autobiographie zum Vorwurf. Besuch der
Neuen Mädchenschule in Bern, wo ihr dichterisches Talent zutage trat. Nach
der Konfirmation weilte Gertrud fünf Monate in Aigle und besuchte dann die
Handelsklasse der Neuen Mädchenschule. Schon zeigten sich die ersten Spuren
der Krankheit. Ein Aufenthalt in Schottland und England als «Erzieherin»,
die man aber zu den niedrigsten Dienstleistungen verwendete und die oft
sogar Hunger litt, verschlimmerte das Übel: Kehlkopf- und Lungentuber-
kulose. In einer befreundeten Berner Familie aufgenommen (Otto und Ida
Kurz), fand Gertrud Pfander endlich eine zweite Heimat. Einige Monate
arbeitete sie als Telephonistin im Zentralbureau in Bern. Dann begann die
Leidenszeit, mit Kuraufenthalten am Genfersee (in Montreux Heimsuchung
durch «so eine recht verfluchte Künstlerliebe ohne Witz und Salz, mitsamt
dem Hungertuch»), in Leysin, Lugano, Heiligenschwendi, schließlich in Da-
vos, wo sie am 9. November 1898 starb. In diesen letzten Jahren entstanden
ihre reifsten Gedichte. –

1895 hatte der deutsche Dichter Karl Henckell durch eine befreundete
Berner Familie Gedichte von Gertrud Pfander zu sehen bekommen, und er

veröffentlichte acht davon im dritten Heft seiner allvierzehntäglichen, in Zürich herausgegebenen «Sonnenblumen» (Winterwanderung, Wildnis, Wolkenzug, Echo, Überfahrt, Rhonetal, Nachtmar, Und abermals der Mond). Eine Sammlung, «Passifloren», 44 Gedichte enthaltend und ebenfalls von Karl Henckell betreut, erschien im November 1896 und wurde von der Kritik günstig aufgenommen. J. V. Widmann im «Bund» (18. Nov.): «Unsere Berner Mutzen blinzeln erstaunt, wie aus ihrer Mitte, unerdrückt von ihren Tatzen, diese kleine weiße, schwermütige Elfe sich emporgeschwungen hat, deren Lied ihnen nun seltsam, aber lieblich um die Ohren schwirrt.» Ada Negri, die Annette von Droste-Hülshoff wurden von Kritikern zum Vergleich herangezogen. 1908 gab Karl Henckell eine zweite, um 33 Gedichte – darunter reifste – vermehrte Auflage der «Passifloren» unter dem Titel «Helldunkel», Gedichte und Bekenntnisse (Francke, Bern), heraus. Neben Henckells biographischer Einleitung stand hier auch die kurze Autobiographie Gertrud Pfanders, die von ihr für die «Passifloren» geschrieben und dann zurückgezogen worden war, sowie Auszüge aus Briefen der Dichterin. –

Albert Geßler widmete dieser 1912 eine längere Studie (G. Pf. Eine Schweizer Dichterin. 1874–1898. Mit einem Bildnis nach Zeichnung von W. Balmer. Basel, Benno Schwabe): in ihrem ersten Teil eine ästhetische Deutung, im zweiten eine aus reichem Material schöpfende Biographie der «bis jetzt größten schweizerischen Lyrikerin». Hier auch, S. 49–71, das Prosafragment «Körner» (Tagebuchnotizen). – Das Schweizer Lexikon in sieben Bänden kennt ihren Namen unbegreiflicherweise nicht.

«... ich habe dich früh schon als etwas anderes erspürt, als etwas, das aus der Reihe des Gewöhnlichen ausschied»: das Wort wird von einem Jugendfreund an den ‹Propheten› Müller-zwo gerichtet, gilt aber auch für dessen Urbild, den Dichter Otto Wirz selber. In den Gefilden der neueren schweizerischen, ja der deutschen Literatur überhaupt, war er vom ersten, späten Werke an der Außenseiter, der Einspänner, der Einsame, auch so etwas wie der ‹reine Tor›. Gleich seinem Hans Calonder jedoch, dem Helden des Erstlingsromans, besaß auch er ‹Gewalten› eines Toren, will besagen eine dichterische Kraft, die ihn heraushob aus der Menge des Gewöhnlichen. Daß er dabei bewußt weder in Kellerschen noch in Bitzius'schen «Spuren» wandelte[1] (nur einige Anfangsseiten der «Gewalten eines Toren» gemahnen an Kellerschen Stil), verstand sich bei diesem ursprünglichen Elektroingenieur und Turbinenbauer, der längere Jugend- und Mannesjahre in Deutschland verbracht, vielleicht von selber. Seine großen geistigen Vorbilder waren Shakespeare, Goethe, Dostojewski und Bach, und in den reichsdeutschen Landen glaubte er längere Zeit, zeitlebens eigentlich, glaubte besonders der Schweizer Hans Calonder, unbehinderter, horizontoffener zu atmen als in der «kleingemünzten» Schweiz. Seine starke Besonderheit zeigte sich vornehmlich im Thematischen, doch – und immer ausgesprochener – auch im Formal-Darstellerischen seiner nicht zahlreichen Werke. Der ‹reine Tor› in ihm hatte, wie es schon die Titel einiger Schöpfungen verraten («Die geduckte Kraft», «Prophet Müller-zwo», «Novelle um Gott»), eine gebieterische Neigung zum Metaphysisch-Religiösen, dieses freilich in einer ganz besonderen Spielart, und gänzlich undogmatisch verstanden, und der künstlerische Ausdruck dieses Themas, das Otto Wirz in allen größeren Werken abwandelte, geschah in einer sehr persönlich gefärbten, stark verdichteten, dem unvorbereiteten Leser nicht mühelos zugänglichen Form. Es war diese sehr fühlbare Eigenwilligkeit seines Schaffens, die ihm wohl einen bedeu-

---

[1] s. Kummervoller Spaß – spassiger Kummer. Otto Wirz im Spiegel seiner Briefe, mitgeteilt von Carl Seelig. Neue Zürcher Zeitung, 17. März 1957, Nr. 749. Brief vom 12. März 1945.

tenden Anfangserfolg verschaffte, sich aber bald einmal, von der leidenschaftlichen künstlerischen Selbsttreue gesteigert, als starke Hemmung zu einem offener beglaubigten und dauerhafteren Ruhm erwies. Die Kritik, zumal die überrheinische, begrüßte in ihm, als 1923 der zweibändige Roman «Gewalten eines Toren» erschien (übrigens in einem deutschen Verlage), ein aufgehendes Gestirn, bewunderte, bei nicht zu verhehlenden mehr technischen Schwächen, die Vollkommenheit seiner Ausdrucksmittel; eine gewisse Ratlosigkeit bemächtigte sich ihrer aber schon beim zweiten Werke («Die geduckte Kraft»), und der dritte Roman («Prophet Müllerzwo»), der wiederum in Deutschland spielte, stieß, aus ungleichen Gründen zwar, ebensosehr auf ein gewisses Kopfschütteln schweizerischer Leserkreise als auf die unauffällige Ablehnung des beginnenden Hitlertums, dem sich der wie der ‹Prophet› deutschland‹trunkene› Verfasser doch nicht eben abhold gezeigt, hätte aber wohl auch in gewöhnlichen Zeiten, seltsam und in sich gekehrt, wie er war, bei der Leserwelt keine großen Wellen aufgerührt. So blieb denn auch der buchhändlerische Erfolg aus: keines seiner Werke, abgesehen von einem ziffernmäßig bescheidenen Neudruck der «Gewalten eines Toren», brachte es zu einer Neuauflage. Weltanschauliche Bedenken und der Widerwille gegen die – in Wahrheit unglaublich instinktarme – politische Voreingenommenheit des Dichters führten zu einer Art Verfemung. Und fünfzehn Jahre nach seinem Tod (Otto Wirz starb 1946 in Gunten am Thunersee) scheint sein Name, trotz einigen löblichen erinnernden Versuchen[2], einer gewissen Verschollenheit anheimzufallen.

Ein bitteres Dichterschicksal also auch dies, auch wenn der davon Betroffene sich bald mit grimmiger Genugtuung, bald mit schmerzlichem Verzicht, wohl auch in der Hoffnung auf größere postume

---

[2] Der hervorragendste, auch umfangreichste ist die eindringende und sehr informierte Studie von Reinhart Maag: O. W. Gewalten eines Toren. (Diss. Zürich, 1958. Winterthur, 1961). Maag, in dessen Arbeit wir erst nach Vollendung der vorliegenden Studie Einsicht nehmen konnten, schenkt natürlich auch den übrigen Werken etwelche Aufmerksamkeit. Er schöpft reichlich aus Nachlaß und Briefen des Dichters, besonders aus dem Briefwechsel mit Carl Seelig und Adolf Spemann (der wohl ebenfalls ergiebige mit Waldemar Bonsels war leider noch nicht zugänglich).

Lesergunst[3], damit abfand. Bitterer noch dadurch, daß sich Wirz bewußt war, und in literarischer Verbrämung diesem Bewußtsein auch Ausdruck gab, bei allem Eigenbrötlertum den literarisch Großen der Schweiz «objektiv» ebenbürtig zu sein[4]. Hatten nicht auch sie ihren «Jargon», d. h. den jedem großen Werke eingebornen Stil[5]? Und liegt das Prophetisch-Religiöse nicht zu Recht berühmten Werken der Weltliteratur zu Grunde? Was schob sich, über die kritischen Hemmungen und über die problematische Charakteranlage des Dichters hinaus, zwischen diese Schöpfung und ihre offenkundigere Anerkennung? Die Frage ist zweifellos der Überlegung wert, fällt zudem mit der nach dem künstlerischen Wert des Werkes zusammen, und die Antwort dürfte somit auch die Aussichten abschätzen, die für eine künftige Wendung in diesem dichterischen Unschicksal vorhanden sind.

*

Die kritische Untersuchung muß selbstredend zunächst dem thematischen Generalnenner gelten. Gewisse Schwierigkeiten des Verständnisses bei seinen Lesern erkennend, gab Otto Wirz hierüber selber Erläuterungen. Im Anschluß an die «Geduckte Kraft», doch hätte er es schon für die «Gewalten eines Toren» tun können, erschien von ihm (zusammen mit zwei preisgekrönten Aufsätzen über sein Werk) die aus einem Berner Vortrag erwachsene Schrift *« Das magische Ich»* (1929)[6]. Darin ist die Rede von den unabmeßbaren inneren Möglichkeiten des Menschen, von der «höheren Individuation», die eine Hinwendung ist zum Unnennbaren, Übersinnlichen, Jenseitigen, zum *Ganzen* des Seins, das wir wohl in unserer «Individualwinzigkeit» nicht einfangen, aber doch erahnen können und von dem her zuweilen in gewissen begnadeten Indi-

---

[3] «In fünfzig Jahren wird dieses Buch [die «Gewalten eines Toren»] sehr gut gehen.» (O. Wirz an A. Spemann, 2. 11. 1928, zit. Maag, 6 Anm.).

[4] s. Brief vom 12. 3. 1945 an C. Seelig (NZZ, cit.) und Maag, 150.

[5] s. Brief vom 13. 9. 1945 an C. Seelig (NZZ, cit.).

[6] Vgl. damit auch die beiden Aufsätze: «Aufstieg ins Endlose», Individualität, Jan. 1930, und: «Das Religiöse», Deutsches Volkstum, Dez. 1933. Deren Inhalt stimmt in den Hauptpunkten mit den Ausführungen über das ‹magische Ich› überein. Einige Kernsätze: «Die Seele des Menschen ist das, was aus den Belehrungen durch diesen sechsten Sinn, den Glauben, die völlig wortstumme Ahnung vor dem Weltganzen, vor der ganzen Wahrheit, zu er-

viduen – meist sind es große Gestalten der Weltgeschichte im
Morgen- und im Abendland (die größte war Christus) – ein Einbruch ins gewöhnliche Menschsein geschieht, ein plötzliches Ge-
blendetwerden von der *ganzen* Wahrheit. Dieser Einbruch erweitert die Grenzen des ‹normalen› Bewußtseins, ja er kann sie sprengen und das Einzelwesen aufzehrend vernichten. Er bedeutet ein
Zurücktauchen in die ursprüngliche Bewußtseinsgemeinschaft der
Menschen, damit auch ein Wissen um das Schicksal der andern bis
in die Geschlechtertiefen hinunter, ja sogar in die Zukunft hinein.
Körperliche Entschwerung (Levitation), Lebensfristung ohne
eigentliche Nahrungsaufnahme, Gedankenlesen, Hellsehen, Zu-
kunftsehen sind Stufen dieser nur scheinbaren ‹Wunder›erscheinungen. Sie künden sich dem wahren Glauben, diesem sechsten
Sinn, der wortloses Gefühl und Wissen ist von der Geborgenheit
im Ganzen, von der hohen Wirklichkeit des unendlichen Geistes.
Beim ungläubigen, egoistischen, in der ‹niederen› Individuation
verharrenden Menschen, beim «Schlawiner» (wie ihn der Dichter
im letzten, unveröffentlichten Roman, in «Rebellen und Geister»,
nennt), ist das nach innen gerichtete Antlitz erblindet; er schwört,
wenn vielleicht auch oft enttäuscht, auf seine ‹Gehirnlichkeit›;
der gläubige Mensch jedoch steht in der Hut des ‹magischen Ich›,
er ist zugleich nach außen und nach innen gewandt, und dieser
Januskopf seines Bewußtseins hat bei ihm einen harmonischen
Ausdruck: «der dahinter west, fühlt sich in Schwebe über dem
Ganzen der abgesunkenen Geschlechter als ein schlichter, intellektuell unverlehrter, nach dem eigenen Innern hin keineswegs in
die Negation voreingenommener Mensch». Nicht ein das Gesetz-
hafte der Natur umstürzendes Wunder geschieht demnach in so
vielen ‹okkulten› Erscheinungen, sondern nur im Quantitativen

zeugen vermag.» – «Nur aus der ungeheuren Übersicht, welche die Schichten
des tiefsten, also jenseitigen Unbewußten wie Feuerstrom aus dem Innern
eines Vulkans in das Bewußtsein eines Menschen emportragen, erscheinen
solche Worte verständlich, wie Christus sie fand.» – «Das Religiöse ist der
Inbegriff alles dessen, was den Menschen in Beziehung zum ‹Ganzen des Lebens und des Seins› bringt und was diese Beziehung zu deuten versucht.» – Die
Objektivität trachtet danach, alle in Zwecken gebundene Zielstrebigkeit in sich
zu vernichten, «um seinen Geist in mühsam sich abwandelnder Anschauung
der Welt entgegenzusteigern, der Welt preiszugeben, damit sie sich darin
abbilde».

vollzieht sich eine Veränderung: Voraussetzungen sind plötzlich erfüllt, Hemmungen, Hindernisse, Retardierungen fallen auf einmal weg. Beweist nicht die im kleinsten Teilchen aufgespeicherte Atomenergie, daß die Materie auf Nicht-Materie aufgebaut ist? Die Verwendbarkeit der chemischen Elemente scheint ungeheure Möglichkeiten zu eröffnen – Wirz nennt Tatsachen, die schon heute, dreißig Jahre später, Wirklichkeit zu werden beginnen oder es bereits sind.

Also Magie des Glaubens, nicht zweifelsüchtiger Intellektualismus, nicht zweckverhaftete, egoistische Ungläubigkeit oder Gleichgültigkeit. Die höhere Ichwerdung entspricht dem, was Christus das Reich des ‹Vaters› nennt («Ich und der Vater sind eins»): die Auflösung alles gehabten Lebens und Menschenwesens am Ende der Tage in die ganze Wahrheit hinein.

Die Sprache kann diese höhere Einheitlichkeit des Menschseins nur im Gleichnis erfassen, und das Gleichnis noch muß seinem Sinne nach ganz ins Geistige gewandt werden. –

Die Ausführungen über das magische Ich sind durch diejenigen zu ergänzen, die in «Prophet Müller-zwo» der «Untermann», d. h. der verleiblichte Geist von Müllers Unterbewußtsein selber, im seltsamen «Visiönchen» des fast Agonisierenden diesem vermittelt. Es gibt drei Sorten von Menschen: I. die Subjektivisten, Egoisten, Zweck-, Nützlichkeits- und Krämermenschen, die Seelenverneiner oder Seelengenießer (Frömmler); II. die Objektivisten, Altruisten, denen nicht der Einzelzweck, sondern die menschliche Haltung, die Reinheit der innern Bewegtheit das Wichtigste, deren Gegenstand das Ganze ist; III. die Mystiker, die im höchsten Sinne kindlichen Menschen, die demütigen, nüchternen Ekstatiker, die aus dem Unterbewußten her das Göttliche erspüren, in ‹vernünftigem Wahnsinn› das ‹klafternde› göttliche Maß, die Gesamtseele, das Absolute in sich lebendig umschließen. Die Leute von Sorte III sind selten, man kann sie durch die Äonen an einer einzigen Hand aufzählen – vielleicht freilich (meint der «Untermann») wirft sich das «Ganze» auch einmal einem verschollenen Bauern in den sibirischen Tundren hin. Das höchste Ziel jedenfalls ist: Gottes‹sohnung› aus der Vollendung des innern Verströmens in der Seele des Menschen.

Man könnte das Zentralanliegen von Otto Wirz mit Calonder in den «Gewalten eines Toren» als das «Sein und Wesen im Geiste» bezeichnen. Er stand von je (heißt es gleichenorts, wo Calonder ein nächtliches imaginäres Zwiegespräch mit dem verehrten ‹Dichter› führt) auf der andern Seite der «Optik»: «Es ist ein Firngang, umsaust von Gottes wildglühendem Atem und von den scharfen Speeren seiner Erkenntnis. Sie durchbohren den Ungehürnten und reißen ihn in den Abgrund hinab. Aber der andre, der den Gang bestanden hat, trägt etwas vom Blinken des Stahles in seinem Auge und ein unsagbares Abbild der Sternweiten in seinem Angesicht. Die Erstarrung des Todes und die Last der Vergangenheit liegt auf ihm. Und doch ist er es allein, von dem man im Sinne des Geistes sagen kann, daß er lebe.» Zum ‹Propheten› Müller-zwo sagt darum Gioconda: «Sie sind der vom Atem des reinen Geistes getragene Mensch»; und in «Rebellen und Geister» ist «heilige Nüchternheit» das große Wort letzter Erkenntnis.

Etwas von der fordernden ‹Harmonie des Unsagbaren›, sublim Pfingstlichen muß Otto Wirz früh erfahren haben. Als Knabe beschloß er – wie Uli Holliger im späten, unveröffentlichten Roman - auszuwandern nach Amerika, um zu den Trappern zu gehen, setzte die Sache an einem Sommermorgen auch ins Werk und wurde in einem benachbarten Kanton aufgegriffen und nach Hause gebracht[7]. Dieses ‹drängelnde› Ungenügen an den heimatlichen Zuständen leiht er denn auch etlichen Jünglingen in seinen «Rebellen und Geistern».

Solche Gedankengänge scheinen Otto Wirz theosophischen oder anthroposophischen Anschauungen nahezurücken. Indes hat er sich, soviel uns bekannt ist[8], und gewisse Äußerungen in seinen Werken bestätigen diese Haltung, von weitergehenden, bindenden Kontakten ferngehalten. Das Geistes ‹wissenschaftliche› theosophisch-anthroposophischer ‹Forschungen› war seiner Natur wenig gemäß. Man könnte versucht sein, eher an den Rilkeschen ‹Weltinnenraum› zu denken (mit Rilke ja hat sich Otto Wirz in seiner letzten Zeit angelegentlich beschäftigt[9]). Auch hier freilich wären Vorbehalte anzubringen. In den Weltinnenraum, so wie Rilke ihn

---

[7] s. O. W.: Das menschliche Herz schläft. Hsg. von Fr. Hammer, S. 73 (aus einem Brief von O. W. an den Herausgeber).

[8] Nach einer freundlichen Mitteilung von Dr. Wolf Wirz, dem Sohn von O. W. (Betreuer des Wirz-Archivs).

[9] s. Der Eisenbrecher. Mit biogr.-bibl. Notiz von Wolf Wirz, S. 17.

auffaßt, dringt vorzugsweise der Künstler. Ein Dichter-Künstler ist bei Wirz nur der ‹Tor› Calonder, und auch das gleichsam nur im Nebenberuf. Das Erlebnis der *ganzen* Wahrheit und der Wille zu ihr entspringen bei Wirz vornehmlich der schlichtmenschlichen Geistgläubigkeit, einer leidenschaftlich vertretenen ethischen Forderung, und diese war vorzüglich ein Kind des Widerspruchs zur zerstückelten, ungeistigen, unfreien Zeit- und Alltagswelt.

*

Eines dürfte klar zutageliegen: mit solcher Themenstellung, zumal wenn man ihr in allen Hauptwerken treu bleibt, schreibt man nicht gewöhnliche ‹horizontale›, oberflächlich unterhaltsame Romane. Schon Hans Calonder ist der Meinung, daß ein Dichter entweder vortrefflich oder nicht ist, und vortrefflich heißt für ihn «Übertragen des Erschauten ins Zeit- und Grenzenlose». Müllerzwo ahnt denn auch in seinem Zuhörer (und diesen auch, wie den ‹Propheten› selber, darf man einigermaßen mit dem Dichter identifizieren) den ‹vertikalen› Schriftsteller: «keine flüchtige Tangente aus der Reichweite des äußeren Erfolges mit subtiler Berechnung oben an den Dingen hingezogen. Sondern eben ein blitzendes Lot, womöglich aus dem Zorngewölke des Geistes selber herabgefällt in das Herz aller menschlichen Wesenheit». ‹Vertikal› schreiben, das heißt: wie der ‹Klafterer› (d. i. Gott) in dunkler Helle seine Kreise ziehn. Unwillig sagt der Gärtnermeister Johannes zu Calonder: «Ihr redet dunkel.» «Hell darüber zu reden, ist das Gemeine da!», entgegnet Calonder. Das trifft genau auch die Kunst von Otto Wirz.

Im übrigen scheint sich dieser der vollen dichterischen Reichweite seines schaffenden Gedankens erst nach und nach bewußt geworden zu sein. Er wuchs gewissermaßen schrittweise in das Thema hinein, in welchem sein Lebensblut zirkulierte[10]. In den «Gewalten eines Toren» ist die Opposition zum Zeitgeist, zur Welt

---

[10] Die Verarbeitung äußerer Einflüsse (Keller, Hesse, Goethe, usw.), die «Verwirzung», wie er selber sagte, machte ihm überhaupt einige Mühe. Die in den «Gewalten eines Toren» so häufige Kugel-, Kreis-, Ring- und Radsymbolik, auf die Maag, 39f., hinweist, war längere Zeit mehr Ausdruck der Sehnsucht nach Geschlossenheit der Person und nach Sammlung ihrer psychischen Kräfte als Besitz solcher Geschlossenheit und solcher Sammlung.

schlechthin, noch ebenso wichtig, ja wichtiger als die ‹magische› Durchläuterung des Ich. In der «Geduckten Kraft» ist der Einbruch des Übersinnlichen wohl in die Motivmitte gestellt, doch geschieht er spielend, zufällig fast in nicht vorbereitete Menschengefäße hinein, darum gleichsam unverpflichtend, auah wenn die von ihm Betroffenen physisch vernichtet werden. In «Müller-zwo» erst erwächst die Hinwendung zum innern Menschen aus tiefer Gewissensbeängstigung heraus, hat wahrhaft verwandelnde, ‹prophetische› Kraft. An der Schwelle des neuen Lebens jedoch, in das Müller-zwo tritt, bricht die Geschichte ab. In den charaktervollen Jünglingen von «Rebellen und Geister» endlich ist das hohe Erlebnis einfach da (im Hintergrund freilich geleitet vom ‹Über-Pestalozzi› Ziegler), und sie stehen denn auch tätig entschlossen, wenngleich ebensosehr räsonierend als handelnd, im Leben drin.

Die Konzeption des magischen Ich als zentrales Thema hatte zwei schwerwiegende, auch künstlerisch schwerwiegende Konsequenzen. Zunächst diese: der vom Atem des reinen Geistes getragene Mensch, in welchem eine neue Schöpfung zum Durchbruch kommt, steht ohne weiteres und unweigerlich im Gegensatz zur Masse der ‹niederen› Individuen, seien diese sozial hoch oder tief gestellt. Ein Abgrund tut sich auf zwischen den Vertretern des subjektiven ‹Zweckes› und denen der objektiven Versenkung. Der mystisch erhobene Mensch, der «bei Gott anliegt», wie es in «Prophet Müller-zwo» heißt, hat wenig mehr gemein mit den ‹zweckvervetterten› Klugheits- und Nützlichkeitsmenschen. Der Gegensatz von Egoist und Altruist schafft eine zweigeteilte Welt. Der Roman «Gewalten eines Toren» ist ganz auf diese Alternative gestellt, und auf ihr beruht seine ‹Gewalt›, auf ihr aber auch seine Schwäche. Calonder ist der Gemeinschaft wie dem Einzelnen gegenüber immer wieder der ganz andere Pol der Umwelt, in der er lebt. Sein Wesen ist der stete, wenngleich oft mehr passive Widerspruch zu allem fast, was an ihn herankommt. Zu zweien Malen wird im Werke ein scharfer – und wie bezeichnender! – Trennungsstrich gezogen. Das eine Mal, als Calonder, das Priesterseminar am Langensee verlassend, wo er als Wanderer eingekehrt, in Gedanken noch einmal mit Pater Antonio die weltanschauliche Klinge kreuzt und den Menschen «in Abrahams Schoß» dem «Heiden» gegenüberstellt:

Ja, der persönliche Gott-Vater ist ein bequemer Stuhl. Dein Geschmack heißt dich hineinsitzen, oder nicht. Wohl dem, der muß, oder kann. Der andre muß sich leiden. Verstehst du dieses, mein rühmlicher Pater Antonio? Das Höchste nach dem Geschmack der neueren Heiden ist ein Feuer, das seinen Inhaber verbrennt. Die Heiden sind Männer im Feuer und nicht irgendwelche Weiber auf irgendwelchem Stuhl. Der Mensch in Abrahams Schoß hat zu einer Zeit sein Vermögen, seine Familie, sein Volk, sein Vaterland, seine Verdienste, im Mund achtzehn Zähne aus Gold und Quarz und seine göttliche Überzeugung. Der Heide hat seinen Feuerwind. Der Mensch in Abrahams Schoß ist die Trägheit und das Beharren. Der Heide ist die Kraft, die vorwärtsweisen will. Der Mensch in Abrahams Schoß hat in Gott einen Geist, zu dem er sich in ein festes Ursachenverhältnis setzt. Es ist die Verquickung zweier Notwendigkeiten, oder Bequemlichkeiten. Der Heide verflüchtigt Gott. Das Feuer läßt Gott nicht zu. Ihn selber weist es beliebig nahe hinein in das Nichts, auf daß er leicht und schwebend zwischen den Dingen sei und Gott erahne. Der Mensch in Abrahams Schoß besorgt die Geschäfte der Menschen in einer Zeit. Der Heide ist an die Geschäfte der Menschen geknüpft. Da mag es ihm übel ergehen, und man mag ihn zum Narren machen. Er mag bald fromm und gefügig, bald widersetzlich und gewaltsam, bösartig und gefährlich, feig und betrügerisch erscheinen. Er mag sich selbst um den Genuß der einfältigen Menschlichkeit bringen. Hohn und Spott mögen sein Teil sein und Einsamkeiten ihn peinigen. Und dennoch: indem sie ihn verzehrt, stählt ihn die Glut (I, 301–302).

Calonder weiß, daß mit solchen Gedanken der Riß aufgetan, die Trennung vollzogen ist.

Und das andere Mal, als Calonder vor dem lange verehrten, nun ihn kaum mehr verstehenden ‹Dichter› seine Ideen über Kluge und Dumme, über Reiche und Arme, über ‹Bildung› und ‹Geist› entwickelt:

… Da sind die Klugen – und da die Dummen. Das ist ein Schnitt durch die Gesellschaft. Ganz klug ist der Teufel, der Schalk. Dumm und einfältig sind die Heiligen und die Erzväter, etwas dümmer die Engel, am dümmsten ist Gott. Gott ist ja auch keine Maschinerie. Er hat keine bestimmten Urteile nach irgend einer Berechnung. Er hat alle möglichen Standpunkte dem Schalk übergeben. Der Schalk dünkt sich viel mit dem Geschenk …

Ein anderer Schnitt: Da sind die Reichen, da die Armen. Die Reichen arten oftmals aus in Träger des Geldes und der Macht. Und die Armen werden zu Gliedern in einem wirtschaftlich betriebenen Ganzen gemacht, allenfalls mit Bildung. Und Bildung, weit herum, ist das Fabrikat einer Zwangsanstalt. Denn sie macht mit Vorliebe aus einem lebendigen Menschen ein totes Buch von vorbestimmter Seitenzahl …

Vormals war der Kirchenglauben da mit vielen Kapiteln in den Sinnen und einigen Versen über den Sinnen. Heute liegt die Bildung an seiner Statt. Vormals war man ein wegesicheres Ganzes, weise, wie das Tier. Jetzt rutscht man so dahin. Die Bildung reicht nicht aus, die Seitenzahl ist beschränkt. Man glaubt es nicht, will es nicht glauben, beruft sich auf den Bildungstrieb, was man so nennt. Doch gerade unter einem tieferen Bildungstrieb leiden die Besten, Berufsleute, die das Bedürfnis haben, mehr zu sein als ein aus seiner engen Richtigkeit und Wichtigkeit tagtäglich herunterschnurrendes Nutzending, auch mehr zu sein als eine wachsende Summe von Kenntnissen. Kenntnisse, hinzugebracht, helfen nicht ab. Sie führen des Gegenteils ihren Besitzer immer tiefer in die Finsternis ... Der Gebildete liest wahllos und überall alle bunten Federn auf und sträußt sich damit. Der Geist ist schweigend und wachsend wie ein Baum. Der Gebildete ist geschwätzig wie die Stare, genäschig wie die Amseln, zapplig wie ein Wurm. Der Geist ist ein langsames Besinnen der innersten Wirklichkeit auf sich selber. Der Gebildete erhebt nur unter vielen einen Anspruch, er ist nur unter vielen tätig, allein gelassen, peinigt ihn die Langeweile. Der Geist bedarf keines Mitverstehens von außen her. Der Gebildete hat seine natürliche Schau erschlagen und sich dafür diesen nützlichen, mit dem Verstand der andern übereinstimmenden Verstand zu eigen gemacht. Der Geist ist sich seiner selbst gewiß. Der Verstand der Gebildeten betreibt an der Oberfläche die schnelle, die imponierende Konklusion. Der Geist verantwortet zögernd, er sieht in jeder Feststellung das Sphinxgesicht. Der Verstand der Gebildeten verantwortet ohne Zögern alles logisch Erscheinende (II, 328–330).

Hier jedoch stellt sich gebieterisch die Frage: Ist epische Dichtung mit einer dermaßen schroffen Zweiteilung der Menschheit vereinbar? Die Sonne der Poesie scheint wohl über Gute und Böse, nur dann aber, wenn die Guten nicht nur gut und die Bösen nicht nur böse sind. Läßt sich ein solcher Riß künstlerisch noch irgendwie sinnvoll überbrücken? Müssen nicht auch die ‹himmlischen› Bindungen fallen, wenn die irdischen solchermaßen verneint, ja verhöhnt werden? Dichtung lebt zuinnerst vom Glauben an einen wenn auch vielleicht noch so geringen *geistigen* Kern des Menschlichen. Für Calonder ist der Mensch eine unzuverlässige «Proteuskanaille», eine «Minderwertigkeit Gottes», und alles Volk taugt für die «höheren Ansprüche» überall wenig. (Otto Wirz hegte denn auch Zweifel an einer Höherentwicklung der Menschheit als solcher). Wer aber nur noch ein ungeheures Welt-Schisma sieht, stellt als Dichter seine Helden von vornherein in eine fast tödliche Einsamkeit und Verlassenheit. Calonder, er vor allem, lebt denn auch eigentlich ins Leere hinaus – ist es verwunderlich, wenn er am Ende wahnsinnig wird? Nicht Apollo aber schlägt ihn, sondern der eigene Un-Gott.

Hier liegt der Grund der tiefen Widersprüchlichkeit im Wesen von Otto Wirz und in dem seiner Gestalten. Zum «Mystiker», wie er ihn sah, war er selber nicht geboren, und der Dichter in ihm verlangte ‹Welt›, sinnhafte, auch zuweilen schwache Welt. Daher in ihm und in seinen Gestalten immer wieder das Schwanken zwischen Gegensätzlichkeiten, das Umherirren im Labyrinth fast fluchbeladener Polarität. Wohl milderte er als Dichter die metaphysische Spaltung, gab sich mit seinen Helden auch der schlichten Welt der Sinne, sogar manchmal der ‹Zwecke› hin – um dann nur umso stärker wieder vom ‹Geist›, von der eigenen ‹geduckten Kraft› ergriffen zu werden.

Der tiefe Riß spiegelt sich aufs deutlichste sogar in zwei mehr oder weniger pragmatischen Einstellungen wider. Die eine betrifft die Überzeugung, daß die jüngere Generation jeweils die innerlich gesündere, gewissenskräftigere, von den ‹Komfortabilitäten› der Verbürgerlichung weniger angesteckte ist. Darauf wird in der «Novelle um Gott» (1925) angespielt, und in «Rebellen und Geister» ist die ‹Gesinnung nach oben› ein Angebinde der Jungen vornehmlich. Wir Alten, sagt der Onkel Wild in der genannten Novelle, hörten nur «auf das Fallen unserer Silberlinge und auf das Prusten der Maschinen»; wir ließen einige Aufklärungspatrouillen, Zweige der Wissenschaft, vorgehen gegen Gott und strichen lachend unsere Bärte, als wir hörten: ‹Nichts zu melden!› Die Jugend von heute aber ist verzweiflungsvoller, ausschreitender und ausschreiender: Sie sucht. «Jede Jugend sucht.» – Und in «Rebellen und Geister» halten Junge, als der Wolgemuthhandel (1889) für die Nordgrenze des Landes einige Gefahren bringt (Anspielung natürlich auf die Situation von 1940), auf dem Bahnsteig ihres Städtchens richtige Standreden raffinierter Ironie gegen Erstklaß-Reisende, die mit großem Gepäck südwärts fahren in vermeintlich größere Sicherheit. Daß die Jugend sich von der älteren Generation ‹prachtvoll absetze›, bestätigt denn hier auch ein wissender Erwachsener (Dr. Wanderlust).

Die zweite Einstellung betrifft das Verhältnis von Otto Wirz zur Schweiz und zu Deutschland. Calonder, er besonders, findet, weltbenommen wie er ist, die Heimat zu eng, sind doch dem eigentlichen Vaterland keine Grenzen gesetzt, «weil die Erde rund ist». Es scheint ihm, im Lande der Ahnen dämmere das Licht nur, währenddem es in deutschen Gauen in allen Farben glühe. Wohl ist die Schweiz ein «wunderlicher Bau staatlicher Gestaltungskunst»: «Welche Summe (so wandelt er die Rede Karl Hedigers aus dem «Fähnlein der sieben Aufrechten» ab) von Wetteifer und Rechthaberei, Zweckbewußtheit und dürrem Nutzinstinkt, unechtem und echtem Durst nach Weltstoff und Wissen konnte hier schon eine Geviertmeile gegen die andre ausspielen! Wo in der Welt war noch einmal ein so kleines Land mit so vielen kleinen und großen Lebenstiteln, die sich alle gegeneinander behaupten, nicht zu reden von den welschen Brüdern in Süd und West, die ihre besonderen Mucken haben? ...» Draußen aber, jenseits der Schwarzwaldkuppen, wohnt ein großes Volk, ein richtiger Knecht Gottes, seine Neigungen und Wünsche besser bezähmend und den Blick scharf und tatkräftig aufs Ganze gerichtet. «Die Großen in der europäischen Geschichts- und Kulturbude wollten ihn nicht so recht als ebenbürtigen Gesellen erkennen, saßen viel und vornehm auf der faulen Haut und prunkten mit alten Verdiensten. Er aber stand unverdrossen zwischen Esse und Amboß, und die andern sahen grimmig unter seinen Händen wachsen, was wie ein niegeschautes Meisterstück aussah ...» «Die Leute hier (sagt dagegen ein Russe zu Calonder von der Schweiz) haben vor jedem andern Lebensanspruch eine trockene Verständigkeit nebst dem kleinbürgerlichen Nutz- und Finanzgebaren im Blut. Und es ist weniger ein natürlicher Herzensanspruch, der sie darin mildert, als eine ziemlich vernünftige Auffassung des Menschen überhaupt, welche größtenteils von der französischen Revolution übernommen ist. Alles ist hier klein: die Städte, die Felder, die Bäume, die Entfernungen, die Menschen, die Gelehrten, die Künstler. Und was von Natur groß wäre, wird irgendwie klein gemacht, oder niedrig gehalten. Freilich ist unter den Menschen viel brauchbarer Durchschnitt da, das muß man sagen! Viel mehr als in Rußland, vielleicht auch mehr als irgendwo anders.» Calonder findet sogar noch bitterere Worte gegen seine Mitbürger, die er im Goldbacher Bahnhof in Gedanken abkanzelt. Und dennoch wünscht er, daß der Schweizer sein Wesen in sich selber und nicht draußen im Reich suche, in den Aufgaben, die ihm aus seinen innern Zuständen erwachsen und die vornehmlich darin bestehen, im Zusammenprall der verschiedenen Meinungen und nationalen Urteile sich das Trennende fernzuhalten und dafür das Einigende und Gemeinsame sich zu eigen zu machen, «auf diese Weise für die verschiedenen europäischen Bezirke die Beispiele häufend, wie sich Mensch und Mensch vertragen kann».

In «Rebellen und Geister» ist in ebenfalls kritischer, doch im Endergebnis nuancierterer und anerkennenderer Weise von der Schweiz mehrmals die Rede. Russische Studenten (erzählt Dr. Wanderlust aus seinen Basler Studienjahren) wiesen auf das sonderbare Mißverhältnis hin zwischen dem abgeriegelten, verklügelten, mißtrauischen, an die Sachdinge versklavten helvetischen Menschenwuchs und der hochgekommenen politischen Verfassung des Landes. (Die Demokratie hielt Wirz übrigens für den «edelsten Versuch einer Politisierung der Völker», für die Verlebendigung eines humanistischen ‹Richtbilds›, für eine hohe Schule rechtlicher Mannszucht[11].) Anderwärts wird von der helvetischen ‹Biederkeit› gesprochen, die «schon in der eingeübten Gestik und im Klanggebrauch der Sprache ihre wahrhaft unübertroffenen Orgien feiert», gleich nachher von den «eingespurteten Rechtlichkeitswaltern und Redlichkeitseinern» der Heimat. Angeprangert werden die «patentierten Kleinsinnigkeiten», wird das «schneckenhäuslerische Kantonesentum», allwo doch unsere Mission zwischen den marktenden und fast immer entgegengesetzt schlüssigen Kräften eine europäisch einigende wäre. – Wieviel «unversalbaderte Echtheit», wieviel massives Zusammenstehen, wieviel guter Wille und tapfere Einsicht, welches Kulturbewußtsein und welche staatsmännische Weisheit des Volkes dennoch in diesem Lande geschäftstüchtiger «Verdienerlichkeit»! Von der «sommerseligen alemannischen Verzauberung» weiß der junge Füchslin ein Liedchen zu singen, und als Dr. Wanderlust, von ‹draußen› heimkehrend und wunderbar angeheimelt, schließlich auch das Rütli besucht, da kriecht der ‹draußen› Ernüchterte «lieblich in den Kantonsgeruch hinein»!

---

[11] s. Maag, cit., 180, überhaupt zu Wirzens Verhältnis zu Deutschland und zur Schweiz 129f., 172f. und 210f.; Maag zitiert auch Beispiele aus den 1939 geschriebenen Aufsätzen und Ansprachen «Unsere Heimat», «Dschingis-Khan», «Mission der Schweiz».

Man hat hierzulande Otto Wirz seine kritische Einstellung zur Schweiz verschiedentlich übel genommen, dies natürlich umso mehr, als sie sich mit dem (wenigstens anfänglichen) Lob des Nationalsozialismus verquickte. Wie floß sie aber aus brennender Heimatliebe – aus verhinderter Heimatliebe! Was ihm zu nahe war, trübte, verzerrte sich ihm, wie aus umgedrehtem Fernrohr gesehen; aus der Distanzierung erst erkannte er die Dinge verklärt und rein. Mit Recht denn auch wurde gesagt, daß er, ein irdisch Heimatloser, in jeder Heimat seine kritische Stimme erhoben hätte, in irgendwelchem Nachbarland mehr Größe und Tugend findend[12]. Und dann brauchte er für die weltanschauliche Zweiteilung der Menschheit konkrete Beispiele – was lag näher, als Deutschland, mit dem ihn schönste Jugenderinnerungen verbanden, in das Schema des ‹Altruisten›, die Schweiz, wo er allerhand Enttäuschungen erlebte, in das des ‹Egoisten› zu zwängen[13]!

Die zweite künstlerisch schwerwiegende Konsequenz (sie hing eng mit der ersten zusammen), die aus der zentralen Thematik des magischen Ich erwuchs, ist die Quasi-Unmöglichkeit, den gewählten Helden würdige und irgendwie ebenbürtige epische Partner zu finden. Ob sich Otto Wirz das selber überlegt oder eingestanden hat, wissen wir nicht. Aus der ‹objektiven› Versenkung heraus, ja auch aus der ‹objektiven› Tat sind eigentlich nur noch Monologe (im weiten Sinne) möglich. Die «Gewalten eines Toren» sind am ehesten noch Auseinandersetzung zwischen episch gleichberechtigten Partnern; in der «Geduckten Kraft» ist der ‹Held›, Mr. James, mehr oder weniger stumm; andere, von der geduckten Kraft Mitgerissene, wie Scheinpflug, Streitig oder der Dichter Kugel, werden Opfer der ‹magischen› Verwirrung, der ‹Unbekannte› allein verkündet sein Erlebnis der Menge; «Prophet Müller-zwo» ist ein einziger Beichte-Monolog, wenn auch in der dritten Person gehalten; «Rebellen und Geister» verzichtet sogar weithin auf ein spezifischer episches Moment, so daß von Partnern überhaupt

---

[12] Emil Staiger: Otto Wirz †, NZZ, 14. 9. 1946 (Nr. 1638).
[13] Vgl. Maag, 176: «Das Lob der Deutschen galt eigentlich dem ‹synthetischen, mythischen, objektiven, altruistischen, faustischen› oder ‹religiösen (mystischen)› Menschen, die Kritik am Schweizer hingegen dem ‹analytischen, sachlichen (praktischen), subjektiven, egoistischen, mephistophelischen› oder ‹areligiösen›.»

nicht mehr die Rede sein kann; in den Novellen «Rebellion der Liebe» und «Späte Erfüllung» betont schon die Briefform das Monologische. Künstlerisch ist das sicher ein erheblicher Nachteil. Wirz sucht ihn - bewußt oder unbewußt – zu mildern, indem er das Berichtete szenisch auflöst und selbst Monologe, ‹Vorträge›, wie sie in «Rebellen und Geister» beim richtigen Namen genannt werden, diskursiv-dialoghaft belebt. Nicht hindern aber kann er, daß diesen im Ganzen doch mehr gehörten als gesehenen Bildern ein kräftiger handelnder Resonanzhinter- oder -untergrund oftmals mangelt. Ein irdisch gebundeneres, distanzärmeres Menschliches schafft eine solidere Akustik des Dichterischen als die Magie des erhoben ‹Mystischen›, auch wenn dieses, wie insbesondere in «Rebellen und Geister», sich in ‹leidenschaftlich gewichsten› Mäulern darlebt. Nicht umsonst gesteht Müller-zwo seinem Gegenüber, die Liebesgeschichte mit Gioconda sei vor allem eine darstellerische List, den Reiz des Erzählten zu erhöhen. Das Dichterische, wird man beifügen, bedarf freilich solcher Listen, ja ist selber eine solche ‹List›, die nicht ungestraft außer Acht gelassen wird. Auch in der «Geduckten Kraft», scheint es, sind gewisse Episoden (die des Bildhauers und seiner unglücklichen Geliebten etwa) weniger organisch notwendig, als auf Rechnung einer vermeintlich vermehrten erzählerischen Spannung zu setzen.

In unmittelbarem Zusammenhang mit dem Zentralthema steht auch die halluzinatorische, die Traum-Atmosphäre der drei veröffentlichten Romane («Rebellen und Geister» dagegen spielt unter hellmütiger Jugend – zur Halluzination wird hier schließlich das *Wort* selber!). Wirklichkeit und Überwirklichkeit überschneiden sich immer wieder, oft ohne äußerlich feststellbaren Übergang, die Helden leben ja im Umkreis der innersten Bewußtseinsschwelle. Ihre Gedanken und Vorstellungen werden leicht zu Wachträumen, ihre Wachträume leicht zu Visionen. Sowohl Calonder wie Müllerzwo wird das bestürzende Erlebnis in fiebriger Halluzination zuteil: der eine sinkt daraufhin immer tiefer in Wahnsinn, der andere befreit sich in ihr vom zerstörerischen Schuldgefühl. Und weiß Mr. James («Die geduckte Kraft»), wie ihm geschieht? Wie ein böser Traum kommt das Übersinnliche über ihn. ‹Magie› jedenfalls könnte, wie im 1. Kapitel des 2. Bandes der «Gewalten», als Untertitel bei vielen Kapiteln der Romane stehen. Das verbreitet etwas merkwürdig Zwielichtiges über diese Werke, etwas Jenseitiges, Vorläufiges, Unwirkliches, Künstliches mitunter.

Mit der Traumatmosphäre kontrastiert, sie blitzend durchdringend, eine ebenfalls temperamenteigene Seite der Kunst von Otto Wirz: die stark intellektuelle Neigung. Wie Calonder, wie die ‹Rebellen› des Spätromans, so ist auch er «umsaust von Gottes wildglühendem Atem und von den scharfen Speeren seiner Erkenntnis». Wie er sich die Zukunft vorstelle, fragt einmal der Pfarrherr seinen Gast Calonder. «Sehr einfach», antwortet dieser, «es gibt Bücher und Landstraßen.» Auf den Landstraßen tut er seinem Bedürfnis nach äußerer und innerer Ungebundenheit Genüge, in den Büchern – er führt immer welche in seinem Felleisen mit – dialogiert er mit dem Geist, will sagen, vor allem mit hohen Geistern. Er diskutiert und debattiert aber auch mit kleineren von allen Sorten, die seinen Weg kreuzen. Otto Wirz' Schriften ‹umsausen› den Leser denn auch mit scharfen Speeren des Erkenntnishaften. Zuweilen hat man den Eindruck (Calonder fragt es sich selber, als er von seinem treuen Glanzmann scheidet), als geschehe etliches in diesen Werken um eines weniger im Leben als im Denken verankerten Bedürfnisses willen. In «Rebellen und Geister» wirft die Tante Pfeiffer ihrem Schützling Füchslin ‹intelligente Überspanntheiten› vor, und dieser selber redet vom ‹Intellektualfanatismus›, mit dem sie alle von jung auf analytisch durchseucht wurden. Die Kunst von Otto Wirz ist ein beständiger Kampf zwischen Abstraktheit und Gegenständlichkeit, und der Sieg neigt hie und da auf die Seite der Abstraktheit.

*

Das alles erleichtert, wie leicht zu erkennen, die Lesbarkeit seiner Werke nicht. Er erschwerte aber deren Zugänglichkeit auch durch die Art seiner Darstellung und seines Stils. Müller-zwo spricht einmal von der ‹Virulenz seines satanischen Zungenschlages›, und der Schulabwart Moser sagt zum Oberschüler (Gymnasiasten) Konrad Füchslin: «Bisweilen begreift sich bei Ihnen überhaupt nichts weiter als ein absolut fremder Glanz und dies merkwürdig Übertriebene aus offenbar höchst persönlicher Flimmerseide.» Von geruhsamem epischem Erzählen sind wir bei Wirz in Wahrheit meilenweit entfernt. Die ‹höchst persönliche Flimmerseide› seines visionären Schaffens bedingte auch einen besonderen ‹Jargon› (er liebte dieses Wort, das ihn zugleich ironisch davon ein bißchen distanzierte). In seiner dichterischen Ausdrucksweise schritt er immer ausschließlicher nur von Andeutung zu Andeutung vor. Das erzählte Geschehen wird nicht, oder selten, gleichsam auseinander gefaltet, in seinem zeitlichen Fortschritt logisch aufgezeigt (innerer und äußerer Handlungsablauf fallen z. B. in den «Gewalten», worauf Maag hinweist[14], keineswegs zusammen: nach unserem Gefühl spielt sich alles langsamer ab), auch nicht, wie bei andern Modernen, durch Rückblendung, Veränderung des erzählerischen Standpunktes usw. zu einem Ganzen geordnet. Wirz belichtet immer nur einzelne bedeutsame Punkte des Vorfallenden, läßt vieles im Dunkel, und der Leser muß es sich – was oft nur bei mehrmaligem Lesen gelingt – ergänzen. Wie moderne Lyriker setzt er, besonders in den zwei letzten veröffentlichten Romanen, noch etwas weniger fühlbar in den «Gewalten eines Toren», als Erzähler episch-lyrische ‹Summen› nebeneinander; jede Episode hat gewissermaßen ihre Ausstrahlungszentren: es geht wie ein Wellengewoge durch seine Darstellung, Wellenberge beherrschen sie, die Wellentäler sind von Schweigen durchzittert oder von kleinen statisch überhauchten, den Geschehensablauf verlangsamenden ‹Bildern› geschmückt[15]. Keine gemächlich weitatmige, ausbalancierte Periodik also (einer solchen, sehr besonderen, intellektuell dynamisierten, überaus komplizierten, begegnet man erst in «Rebellen und Geister»), sondern ein Aufzucken von meist kurzen, aber bedeutungsschweren, genau gezirkelten Wort- und Sinnfügungen. Man wäre versucht, dieses Stilverfahren expressionistisch zu nennen, beruht es doch offensichtlich, wie das der Expressionisten seiner Frühepoche, auf weitgespannter Polarität des Denkens und Fühlens. Dennoch gehorcht es andern Ausdrucksgesetzen. Eine innere Schau-Ordnung verteilt die Akzente ‹sternegemäß› (wie Rilke sagen würde), nach immanenten Bindungen und Konstellationen. – Ein Beispiel aus «Prophet Müller-zwo»:

Während der Traum-Fahrt ins Jugendland, auf dem Pferdefuhrwerk von Dorf zu Dorf, unterhält sich der am Todesrande schwebende Müller-zwo mit seinem ‹Untermann›, dem eigenen Unterbewußten, und ihr Gespräch, das der Untermann zielhaft führt, ist

[14] a.a.O., 94–5.
[15] s. Maag, 86–7.

ein geistvoll lebendiges Geflecht von fernen und nahen Erinnerungen August Müllers, von Landschaftseindrücken, Einfällen, Erklärungen, Anspielungen. Aber welch gebändigtes Kunstmaß in diesem scheinbaren Durcheinander!

Der Wagen rollt.

August sitzt stumm mit verschränkten Armen in seinem Mantel da.

Vor den Reisenden liegt das nahe Baldingen breit hingestreckt mit den beiden Kirchen am einen und am andern Ende.

Sie haben das Dorf erreicht, als Müller-zwo besinnlich hervorstößt: Wenn man alles zusammenfaßt: Ihre ganze Person, was Sie da reden, die Art, wie Sie sich ausdrücken, als was Sie sich schließlich selber ausgeben – im Visiönchen, wissen Sie, im Visiönchen – nebst beiläufig angedrohtem Todesfall ..., sagen Sie mir genau, muß ich jetzt wirklich sterben?

Du wolltest ja ganz etwas anderes bemerken, lächelt der Untermann. Aber laß es doch ruhig mal darauf ankommen, pflege in deinem Klafterer die Hoffnung, daß es erst später geschehen werde. Die Ängstlichkeit deiner Frage beweist, daß du es kannst.

Jona und Jesaia freilich hielten es gerade damit anders. Sie wollten eingehen, hatten genug. Ihnen stand es schon bis an den Hals hinauf.

Dir eben nicht.

Denn du hast deine Unterhaltung. Innerhalb des Visiönchens und außerhalb. Du genießest dort, auf Eschenberge, eine ausgezeichnete Pflege. Dir bleibt als bedeutende Lockung übrig, dereinst die Richtigkeit meiner Giftgasformeln zu erproben. Vielleicht, daß das schandbare Diktat von Versailles, die reichlich erzwängte Kriegsschuld des deutschen Volkes[16] dann ohne gewaltsamen Aufwand, einfach durch eine kleine Demonstration, umgekrempelt werden möchte. Gibt es da nicht außerdem diese Gioconda? Ging sie nicht in den Wald, um über deine sinnvollen Worte nachzudenken? Hast du es vergessen? Soll ich mal mit der Zunge schnalzen?

Wie viele Kneipen doch so ein Dorf besitzt!

Man kann sich direkt an ihnen orientieren.

Rechter Hand: das Rößle, gleichfalls frisch getüncht.

Wollen wir einkehren, einen Imbiß zu genehmigen? Bei so schwierigem Tagewerk! Fürstenberger Bier? Wie lange schon hast du es nicht mehr gerochen und geschmeckt?

Deine napoleonische Haltung zieht die Augen der Menschen an.

---

[16] Der Vertrag von Versailles galt Wirz als «Wurzel und Ausgangspunkt der ganzen deutschen Nachkriegsgeschichte», aus dem sich «das Schicksalhafte des deutschen Geschehens», wie es sich in der nationalsozialistischen Revolution zeige, folgerichtig ergebe (s. Maag, 211).

Na, ich auch. Ich ebenso.

In die Riemen, Fannychen, mein gutes Tier!

Beinahe der Anfang eines Gedichtes.

Hast du schon einmal nachgedacht: Gibt es aus der Gegenwart heraus noch Gedichte, wie es Mercedeswagen und Shell-Benzine gibt? Du denkst wohl, ein Gedicht ist ganz etwas anderes. Du denkst, die Lust am Reimen wird nie durch einen Brennstoff vom Wagen des Lebens abgekoppelt und verjagt werden können. Du denkst, Benzin ist ein Handelsprodukt, und ein gutes Gedicht, wie selten auch immer, der mächtigste Versuch zur Selbstverwandlung, ein Wunder, ein Wunder.

– Oh, wie wir doch mit Worten Ball schmeißen, uns von einem ins andere gähnen! Im Visiönchen mag es nicht so besonders viel heißen. Dennoch müssen wir uns fester an die Zügel nehmen. Sahst du nicht vorhin den Pfarrer zurücksinken, die plötzliche Furcht aus den blauen Augen blähen, teuflischen Verdacht zum Himmel winken? – Während wir großspurig im Zeichen des Klafterers stehen. Während wir großartig die Prophetenstraße wallen, dem Urwesen anliegen nach der Art eines brünstigen Weibes, schauerlich ernst gewordenen Zeitvertreibes dick gewordene Gegenwart entzweilallen in dem scharmanten Kolumbusei-Verfahren dreier Fragen mit einer Unbekannten, geradeso, als wäre Mathematik im Gebaren!

Siehst du jene dort?

Ein Leichenbegängnis, die übliche Fuhre zur Grube.

Vier Männer tragen den Sarg. Du hörst das Gemurmel zum Rosenkranz. Die Stimmen der Weiber sind laut.

Verneige dich vor der dunkeln Geschichte, wenn wir vorüberstreichen.

In die lyrisch-epischen ‹Summen› ist aber doch immer wieder viel genaue Beobachtung gestreut. Wohl heißt es einmal (in «Müller-zwo»): «sonst brauchte er nur die Augen zu schließen wie ein Dichter, wenn er etwas sehen wollte» – das innere, verarbeitende Sehen hat zuvor viel konkrete Bilder eingesogen! Wirz liebt, wie Calonder, das Wort ‹Gegenständlichkeit›, das er definiert als ‹Selbstauflösung an den Dingen› – an den Dingen, die der intuitive Geist plötzlich wie mit Urlicht übergießt. Kommt dann Bewegung ins scharf gesehene Bild, so wird der ‹Zungenschlag› wie entrückt. Hier das Beispiel einer Liebesszene aus den «Gewalten eines Toren» (Calonder und Clio):

Ich lebte in den Tönen und Bildern meiner Innenwelt. Um die Richtung dorthin schwang der Zeiger meines Willens aus. In diese Richtung mußte er immer wieder einfallen, und in ihr ließ sich kein Ehebett aufschlagen.

Ich fühlte: Für ein Weib das Leben in die Schanze schlagen, das ging, das war brausend schön! Aber kein Weib der Erde würde jemals die Schwingungsmitte des Zeigers verlegen können.

Liebte ich Cli?

Würde ich sie in die Arme schließen und küssen können, mit ihrem schönen duftenden Haar spielen, ihre Stirne streicheln, sie an meine Brust ziehen und in ihren Blick versinken können, um sie zum Weibe zu machen?

Das Blut rauschte und brandete in meinen Adern.

Und Anna?

Und Elisabeth?

Hatte mein Blut je um sie getobt?

Die Dämmerung nahm zu.

Die Straße lief in einen Wald hinein und jenseits durch gefurchtes Ackerland abermals sanft einer Paßhöhe entgegen.

Dort oben tauchte ein Schatten auf. Mein Herz begann zu hämmern. Cli stand an das Pferd gelehnt und sah ins Land hinaus.

Sie wandte den Kopf, als ich heranschritt.

Ich wollte ihr die Hand geben. Aber ich legte den Arm um sie, und sie bog das Haupt weit zurück, ihre Brust wogte, ihr Mund lächelte aufgelöst, und ich küßte sie. Sie umschlang meinen Nacken, schmiegte sich dicht an mich und hing an meinen Lippen. Und ich hielt sie fest in meinen Armen, daß sie vor Schmerzen stöhnte, und vergaß Tag und Nacht und Gott und die Welt.

Und ich hob Cli empor und trug sie wie ein Kind. Sie lachte und wühlte in meinem Haar. Zuweilen ließ sie sich herab, um mich zu küssen. Und dazwischen sprach sie mit närrischen entstellten Worten die uralte Sprache der Liebenden, die gar keine wirkliche Sprache, sondern nur ein Spielen ist. Und dann hielt sie inne, bog mein Gesicht zu sich empor, sah mich lange und ernsthaft an und sagte: «Hast du schon einen andern Schatz gehabt?»

Sie stand auf dem Trittbrett zum Vorsitz des Wagens und stützte die Arme auf meine Schultern. Und ich erzählte von Anna und von Elisabeth, und daß mir diese beiden einen Heimattraum eingetragen, der mich hierher gebracht. Auch von jenem Traumgesicht berichtete ich, daß Anna eine Buhlerin und Elisabeth einige Zeit meine Braut gewesen, und daß ich diese um jene verlassen.

Darüber fiel mir wieder ein, was über meine praktische Befähigung für Liebschaften und Eheaussichten zu sagen war.

Das Pferd war unruhig geworden. Ich zündete die Laterne an. Clio stieg vollends auf den Wagen, hüllte sich in ihren Mantel, und ich setzte mich neben sie.

Die Stute lief den nächtlichen Weg scharf am Zügel.

Ein Knecht harrte unser. Ich half Clio vom Wagen herab. Wir gingen nebeneinander ins Haus hinein. Vor ihrer Türe blieben wir stehen und gaben uns die Hand.

Ich fuhr die Nacht in den Wäldern herum. Mehrmals stand ich unten im Talgrund und blickte nach ihrem Fenster empor. Es lag dunkel im Sternenschein.

Die Szene ist ‹gegenständlich› und liegt doch, wie in gesichtigem Raum, ‹dunkel im Sternenschein›.

Die episch-lyrischen ‹Summen› freilich gelingen nicht immer in gleicher Vollendung. Otto Wirz' Gefahr ist, wie bereits angedeutet, das intellektuelle Überspitzen, Verkünsteln der gedrängten Aussage; dann wird er abstrakt, farblos, fast unverständlich. Der schroffe, unzugängliche Klima, Calonders Fabrikgenosse, wirft diesem einmal vor, in schwierigen Dingen zeige er sich manchmal nicht so ungeschickt, das Einfache aber könne man ihm nicht mit dem Hammer einbläuen. Auch Wirz hat hie und da einige Mühe, das Einfache einfach zu sagen. Wenn Glanzmann, Calonders treuster Freund in seiner Endzeit, dessen Reden einmal «stolzierendes Geschwätz» nennt, so trifft das auch gewisse Eigenheiten des Dichters selber, besonders in den «Gewalten eines Toren», doch auch auf vielen Seiten der «Rebellen und Geister», wo sie mitunter ins fast Unwahrscheinliche gesteigert sind. Eine wahre «Fabelwut», die das Ende nicht findet, führt Wirz zuweilen die Feder, ein dialektischer Rausch, der in blendender Formulierung Aussage auf Aussage häuft – die Formulierung scheint dann wichtiger zu werden als das zu Sagende. «Ihr wißt einem Narrenwerk das Gehaben der Weisheit und einer klugen Geschicklichkeit das Aussehen der Dummheit zu geben», sagt denn auch der gleiche Glanzmann mit Recht von Calonder. Dieser gefällt sich oftmals geradezu in sibyllinischen Äußerungen (man erinnert sich seines Ausspruchs zu dem Gärtnermeister Johannes, s. vorn S. 400), aus übertriebenem Ichgefühl, scheint es, um die Aufmerksamkeit auf sich zu ziehen:

«Alles Lernen [orakelt er vor der Italienerin im südlichen Park] ist ein Sichanverwandeln. Diese Sachreihe (!) hat ein logisches Schema, das der Verstand auseinanderrollen und begreifen kann, wenn er dafür ausreicht. Des auseinandergerollten und logisch begriffenen Schemas bemächtigt sich das Lebensgefühl. Das Lebensgefühl ist eine Nase, (!) gebildet vom So-und-nicht-anders-Sein des Menschen, welche riecht (!): Dinge, die jenseits des Verstandes liegen. Soviele Nasen, soviele Geruchsmöglichkeiten oder sovielerlei Erkennen, wenn Sie wollen.»

Und als die Dame erwidert, das Buch, das er mit sich trage, passe schlecht zu seiner vernachlässigten äußeren Erscheinung, da antwortet Calonder, wiederum dunkel redend:

> «Das Äußere ... kann zufällig sein. Es gibt Menschen, die nie zu Geist gelangen; sie sind von einem auf den andern Tag. Und es gibt Menschen, die das Leben in Tag und Stunde aus den Augen verlieren und unbekümmert um seinen Ertrag im Geiste sind. Der Mensch des täglichen Lebens geht nie aus sich heraus, und der Mensch des Geistes ist nie bei sich selber ...»

In «Rebellen und Geister», diesem in mancher Beziehung grandiosen Werk, treibt die verkünstelnde Manier etwa die folgenden sonderbaren Blüten (nur drei Beispiele von vielen):

> Wahrheit ist nichts mit bewußter, geschweige denn mit gelenkter Zierlöckchenfrisur. Sie ist, wenn du sie überhaupt an dich herankommen lässest, nichts mit von vorneherein beigelieferten excusez-Madame-haften Abschirmungen zugunsten von erbravten Zaungästen des Bekömmlichen ...

Oder:

> Wär ja noch schöner, sich mit sowas auf das Könnend-gekonnte und sonst auf nichts abgestruste, abgedämmte, ein-für-alle-malige Fertigwesen alliebend abzugeben! ...

Oder:

> Ließ er sich doch ‹für den Schicksalsvektor von innen› die aufgeregte Meeresbrandung, bestehend aus lauter subjektiven Reaktionen, sichtbar in die Visage klemmen ...

Der Drang zu Komplizierung steht in unmittelbarem Zusammenhang mit Otto Wirzens Trieb und Kraft zur Neuschaffung der Sprache. In den veröffentlichten Werken hält sich dieser sprachschöpferische Wille noch in gewissen Grenzen, in «Rebellen und Geister» durchbricht er alle Dämme. Unleugbar entspringt er einer ganz außergewöhnlichen Begabung des Dichters, denn die Großzahl der Neubildungen ist bei aller Kühnheit dem Geist der deutschen Sprache unbestreitbar angemessen. Sie sind denn meist auch ohne weiteres verständlich, ja man verwundert sich manchmal, daß die Sprache sie durch ihre vornehmsten Sachwalter nicht schon früher gefunden. Nicht umsonst sagt Füchslin, die junge Hauptgestalt in «Rebellen und Geister», zur ‹Tante› Pfeiffer, die deutsche Sprache werde sich im Laufe der Zeiten noch manchen

blitzenden Kristall abkitzeln lassen – Wirz selber kitzelt ihr, anti-
zipierend, wahrlich viele ab!

Ein paar Beispiele aus den ersten drei Romanen:

Verben : steilen, brustblitzen, verspurlosen, kopfnicken, kronzeugen, ver-
nutzduseln, gegenzuckern, vermenschenmöglichen, zerdummen, zersegnen,
hinlaustern, holzapfeln [Holzapfel, der Verfasser von «Panideal»], steinern
[Rudolf Steiner], innern, korxen, beraunzen, usw.

Substantive : Werkling, Vornehmling, Frohling, Gegenwartling, die Steif-
nis, Dusternis, Bedingnis, Erstarrnis, Vermutterung, Vergespensterung, Be-
auskunftung, Entfürchtung, Beraffung, die Geruchsame, das Umgehöfe, die
Jache, die Jast, das Vermehrerchen, usw.

Adjektive : wachmütig, quesig, zornlich, denkschlüssig, überschrittlich,
zartfühlerisch, dusterlich, werknutzig, schreiäugig, sichtig, getümmelhaft,
verfrommt, unverlehrt, schürferisch, verwürflicht, usw.

In «Rebellen und Geister» dann wimmeln die Neubildungen
nur so, zu Hunderten, ja Tausenden fast drängen sie sich der
Sprachphantasie des Dichters auf:

Verben : knospeln, mächeln, kreuzzügeln, verweisheiteln, mundwinkeln,
leithammeln, überstandpunkteln, verschulbänkeln, lehrsatzeln, zergreiseln,
verschleuderpreisen, wahltanten, gluckern, herzpoppern, schnöden, bemen-
schen, sich verschlängeln, sich entschnauben, mahlzeiten, verjenseitigen, aus-
verleiben, herumseifern, sich verlautlosen, verglaubwürdigen, entempfindeln,
verhübschen, beklönen, sich zerrinnsalen, wegfäulnissen, herumpflegern, sich
versternblinkern, sich krämern, sich vergruseln, rinneln, behuschen, durch-
schmarutzeln, schubsen, umringmauern, schlunden, versegnen, erfolgbeklin-
geln, sich betrübsinnen, verliebäugeln, eulenblinzeln, verzwecksklaven, über-
legenheitsmeiern, verbessergewisseln, verzebaothen, sich flegeln, sich ver-
werkeln, sich beraffen, sich entstrapazeln, schlurren, weggeltern, größeln,
schupsen, verdienern, usw.

Substantive : Stolzin, Edeling, Frechling, Heimtücker, Neugierer, Wohlsitz-
ling, Verumständung, Einfürallemaligkeit, Gemächte, Besitzerich, Halb-
wüchsling, Kleinsinnigkeit, Bravling, Zerstand, Menschialität, Geistes-
spalierung, die Weibsame, die Kleidsame, Bedachtnahme, Verhauchungsorgel
(= Klavier), Zurechtfälscher, die Versorgnis, Verdienerlichkeit, Selbstwohl-
fritzen, Selbstigkeit, Abseitsling, Trostsamkeit, Berufenheit, Gegenüberling,
Gemächte, Vernünftigung, Beprägung, das Erreichnis, Verschmiegung, Ver-
schworenheit, das Wiesochen (= wie-so-chen), Situationsberücker, Fährten-
schleifer, Weiterung, Zylinderseidebelispler, Gewieftheit (= Gewandtheit),
Schattenkulissorium, Willfahrt, Verpfleglichung, Belämmerung, Schlundung,
Bemunkelung, Wortsäuselei, die Klaffe, Großmeierei, usw.

Adjektive : knablich, vorwürfig, außerdem-lich, sowiesoig, wanksam, sinnengängig, überlegenwisserisch, weltgängig, lammfrommgesichtig, ein-und-alle-malig, schauderös, spurenhaft, verdienerlich, beschlipst, schätzerisch, beimächelig, zumächelig, saugmaulhörig, einschüchterlich, sittenverderblerisch, kleinzahlig, verstürmt, klipprig, ebenfallsig, benickbar, knall (je knaller, desto besser), schuftmuffig, börsianisch, mahnsüchtig, streitwagensüchtig, umgreiflich, schwimmrig, verlautbarlich, graphitätisch, mütterchenteilnehmerisch, gewieft, allüberallig, sammetpfötchenbeflissen, handfertigkeitslieb, nebenabsichtsfremd, zipferlich, beherzbartet, abgeschabloniert, gemißverständlicht, abiturflügge, wirbelträchtig, überträchtig, schnapplicht, sauertöppisch, liebesglutvertrottelt, fleißtriefend, usw.

Adverben : mittlings, schlundlings, frechlings, kleidsamst, zeigefingerlings, frühjahrs, gemachsam, frechlicherdings, jetzunder, usw.

Die Neubildung ist jedoch nur *ein* Aspekt der Spracherneuerung, wie Wirz sie anstrebt; ein anderer ist die beständige Auflockerung des Wortsinnes, der Rückgriff auf konkrete Wortbedeutungen. Von der Tante Pfeiffer wird in «Rebellen und Geister» einmal gesagt: «Jedenfalls bleibt unbestritten: die Seele der Dame Pfeiffer und was ihr da sonst noch musisch zur Verfügung stand, kräuselte die sämtlichen Worte aus ihrem gewohnten Sinn, aus dem ach so abgegriffenen und teilweise sogar verblödeten Sprachsinn und Mitteilungsbelang vollkommen hinaus, indem sie sie gleichzeitig in ihre eigentlichen und tieferen Gegebenheiten zurücknahm, oder weiß der liebe Himmel, wie einer den Vorgang sonst erfassen und ausdrücken soll.» Nicht nur die «Dame» Pfeiffer freilich, sondern alle Gestalten tun das, mit bewußter Konsequenz vornehmlich im letzten Roman. Dabei stößt aber der Wille, so viel als möglich auf die bildhafte Situation und auf den konkreten Ursinn der Worte zurückzugreifen, oft auf die ebenso starke Tendenz zur ‹Summe›, die unvermeidlich häufig ein intellektuell-abstraktes Antlitz hat. Das schafft dieser Prosa in steigendem Maße ein seltsames Janusgesicht. Jedweder Satz fast könnte in «Rebellen und Geister» als Beispiel gelten. Hier nur eines:

Konrad Füchslin, der von der ‹Tante› Pfeiffer in ihr Haus aufgenommen worden, hat sich in einer Schulstunde für deren Gatten, den etwas schwerhörigen Oberlehrer Pfeiffer, gewehrt, doch ist seine Wutgebärde einem Kameraden gegenüber, wie er es sich nun ausmalt, in wahrscheinlich gegenteiligem Sinne gedeutet worden:

Denn inzwischen ist Herr Pfeiffer nach hause gependelt und hat dort bei Ihrer vertrauenswürdigen Eminenz, der Frau Gemahlin, die beschädigte Seele vorgewiesen und das düstere Bild entrollt, welches von gewissen nun freilich noch nicht so ganz ausgemachten, aber auf alle Fälle mal wüstenhaften Eigenschaften herüber dem eigentlichen Erkennen des Jünglings vorgegeben, vorveranschlagt ist. Versteht sich: Eigenschaften des von jenseits der Konfinien zugeschneiten Neffen, wie solche hinwieder, gelobt sei Demosthenes!, seit Weltenbeginn zum Schutze der *eigentlichen* Familie schließlich bestehen, jaja: be-stehn, hmkm!

Sieben gegen eins, Komma, fünf zu wetten, und er hat es getan.

Was nun aber vermöchte ein siebzehnjähriger Aufwüchsling selbst mit dem prächtigsten von hochfeiner Syntax im Sprachgeist geradezu industriealisierten Wortgefüge, aus dem die Wahrheit sonst absolut syrupklebrig auf den Hörer herniedertropft, ... was vermöchte solch ein armseliger Wicht noch zu erreichen, wenn vor ihm zwei ehrsame Erwachsene wie psychologische Schmeißfliegen an ihrem eingedickten Fehlglauben herumkleben?

Nichts vermag er da.

Erst neue, mit Trommelwirbel anmarschierende Tatsachen schüfen Wandel, remplem.

Was? Wie? Etwa nicht?

Das ist doch so.

Man sieht:

Herr Pfeiffer *pendelt* nach Hause (nicht: geht); er *weist die beschädigte Seele vor* (nicht: er beklagt sich); die *noch nicht so ganz ausgemachten,* aber auf alle Fälle mal *wüstenhaften* Eigenschaften (nicht: die mutmaßlich unschönen Eigenschaften); dem *eigentlichen Erkennen* des Jünglings *vorgegeben, vorveranschlagt* (nicht: der tieferen Kenntnis vom Wesen des Jünglings verfälschend vorausgehen); von jenseits der *Konfinien* zugeschneit (nicht: aus familienfremden bürgerlichen Verhältnissen herstammend); *gelobt sei Demosthenes* (nicht: gottlob, sondern die hellenistische Gymnasiastenfloskel); *be-stehn* (Etymologisierung des Verbs); *eins, Komma, fünf* (Floskel aus dem mathematischen Gymnasiastenjargon); *Aufwüchsling* (nicht: Jüngling); *von hochfeiner Syntax im Sprachgeist geradezu industriealisierten Wortgefüge* (nicht: in feinem, dem Sprachgeist angemessenem, geläufig gewordenem Ausdruck); das *absolut syrupklebrige Herniedertropfen der Wahrheit* (nicht: das Sichaufdrängen der Wahrheit); *wie Schmeißfliegen am eingedickten Fehlglauben herumkleben* (nicht: beharrlich an einem Irrtum festhalten); *mit Trommel-*

wirbel, remplem, anmarschierende Tatsachen (nicht: offenbare Tatsachen).

Diese Bild- und Sprachauffrischung hat ohne Zweifel Wucht
und Dynamik; doch steht der unvorbereitete Leser vor reichlich
verwickelten Wort- und Sinngefügen. Der Dichter kann dazu freilich bemerken: Verlaßt doch endlich die ausgefahrenen Karren-
geleise eurer farblosen Allerweltssprache! Gewöhnt euch an neue,
federnde Anschaulichkeit! ‹Bist du beschränkt, daß neues Wort
dich stört?› (Mephistopheles zu Faust).

*

Mit dem zweibändigen Roman *« Gewalten eines Toren »* (1923) stellte
sich Otto Wirz in hohe literarische Tradition: das Werk ist ein Ent-
wicklungsroman, gehört also einer Gattung an, der in der deutschen
Literatur große Namen einen guten Klang verliehen. Fast möchte
man auch sagen, wie bei so vielen dieser Schöpfungen, ein Künst-
lerroman: denn Hans Calonder, der Träger dieser Entwicklung,
hat neben eminent wissenschaftlichen (er ist Elektroingenieur und
Mathematiker) und dialektisch-philosophischen auch beachtliche
künstlerische, wenn auch nicht schöpferische Gaben: er singt,
komponiert, dichtet, schreibt seine Lebensgeschichte, ja er produ-
ziert sich in der Endepoche seines kurzen Lebens sogar als Kunst-
schütze und Seiltänzer. Doch hat er auch menschliche Eigenschaften, die ihn anziehend machen, ihm Macht über andere schenken,
insbesondere über weibliche Mitmenschen. Fteundlichkeit und
Güte sind ihre vornehmlichsten: wie Mignon seinem frühen literarischen Ahnen Wilhelm Meister, so gibt ihm ein vaterloses Seil-
tänzerkind ganz spontan den Vaternamen. Ihm eignen wirklich
‹ Gewalten ›, wie sie einem hochbegabten, ja verführerischen Menschen zu Gebote stehen. Die verführerische Gewalt ist dabei eng
mit der ‹Toren›haftigkeit verschwistert. Sie erinnert an andere
Namen der europäischen Literaturgeschichte: an Dostojewskis
«Idioten», an Gerhart Hauptmanns «Narr in Christo Emanuel
Quint», an Wassermanns «Christian Wahnschaffe». Ist Calonder
ein Tor oder ein Narr? Die Frage läßt sich stellen. Der Narr kann
weise sein, ist er auch nicht klug; der Tor kann klug sein, ist er
auch nicht weise. Shakespeares Narren sind oft weise, nicht klug;
Hofmannsthals Claudio («Der Tor und der Tod») ist klug, nicht

weise. Für Otto Wirz entbehrt Calonder sicher oftmals der Klugheit; als ‹Anachoret der Menschlichkeit› aber, als Pilger des Ewigen, des ‹Ganzen› hat er ein Weisheitsziel, auch wenn er an ihm
zugrunde geht. Ein reiner, tumber Tor jedenfalls ist er nicht wie
Parzival, auch nicht wie Simplizissimus. Eher noch gemahnt er an
Don Quichote[17]. Was ihn zum sozialen Einzelgänger und Fremdling macht, ist sein angeborner Drang zur Ungebundenheit, sein
Wille zu innerer Freiheit. So nur glaubt er dem ‹Ganzen› der Wahrheit näher zu kommen. Als er von Maria scheidet, die mit Clio seinem Wesen vielleicht am nächsten stand, da singt sein Herz vom
«Donnerschweigen» der Sonne:

> Ihr zornig heißes Glühen
> steigert das freie Herz.

Bei allem im Leben ist es ihm um ‹zornig heißes Glühen›, damit
um Steigerung des freien Herzens zu tun. Der rastlose Wanderer
ist er nur dessentwegen. Das Ideal scheinen ihm längere Zeit der
Dichter und der Landstreicher zu sein, wie sie Hermann Hesse
in Camenzind und Knulp zeichnet. (Die Namen selber werden nie
genannt, Hesse auch erscheint nur als der «Dichter», doch ist die
Anspielung klar[18].) Er kauft die von ihnen handelnden Bücher immer neu, verschenkt sie wieder.

In diesen Büchern redete es für mein damaliges Empfinden und Denken so
zauberhaft schön, daß mir das Messen und Vergleichen, wie es sonst in meinem
Wesen lag, fürs erste verging. Ich merkte nur: hier war es nicht darauf abgesehen, viel zu sagen. Aber das Wenige hing schlicht und feierlich tönend in dem
weiten Raum zwischen Leben und Sterben. Einfache Zeichen und Bilder san-
gen vom Menschen, der in die Welt gestellt ist. «Siehst du», sprach es freundlich aus ihnen: «so ist's! Eigentlich hast du das ja auch schon immer gewußt.»

In dem ersten Buche trat ein Mensch auf, der von seinem Leben erzählte,
vom See, von den Bergen, vom Wind, von Büchern und vom Dichten, von
Frauenliebe, Freundschaft und Tod, vom Wein und Wandern. Es ist sicher,
daß diese Dinge für sich allein ein Menschenleben ausfüllen und bestimmen

---

[17] Otto Wirz bestätigt das selber: s. Maag, 215.
[18] Über das – wirkliche und imaginäre – Verhältnis Otto Wirz – Hermann
Hesse s. Maag, 14f. und 200f., mit allerhand Briefdokumenten. «Das Verhängnis in den Beziehungen beider zueinander beruhte zweifellos darin, daß
jeder nur zum Teil um die Voraussetzungen wußte, von denen der andere im
Verkehr mit ihm ausging» (208).

können. Nun war ich triebhaft immer auf der Suche nach dem Leben gewesen. Und da es mir hier durch einen Geist, den ich glaubte, dem meinigen verwandt fühlen zu dürfen, so sinnfällig und klar und schön entgegenkam, was Wunder, daß die Erlebnisse, die in dem Buche standen, gebieterisch vor mich sehnsuchtsschweren alten Knaben hintraten, als sei mein wahres Leben nur ein irrtümlicher Traum gewesen und als sei hier gesagt, was bei besserer Einsicht und bei klareren Gedanken aus meinem Dasein hätte geformt werden können?

Das zweite Buch erzählte aus dem Leben und vom Sterben eines Landstreichers. Der Landstreicher führte einen andern Namen als der Mensch im ersten Buche. Und während dieser ein studierter Mann und Schriftsteller geworden, war der Vagabund nur einige Jahre in die Lateinschule gegangen. Was er im Leben dichtete, steht nirgendwo geschrieben, er sang es in die Luft. Dieses zweite Buch war so schneidend schön und weise in seiner Beschränkung, daß es mich schmerzte. Zeiten- und völkerlos redete das Leben aus seinen Blättern. So konnte es ebensowohl von einem klugen Chinesen oder von einem stillen Inder ausgesprochen sein. Zwischen Zorn und tiefster Liebe warf es mich für den Augenblick aus Rand und Band.

Calonder spielt sogar mit dem Gedanken, aus dem Dichter des ersten Buches sei im Verlauf seines Lebens der Landstreicher des zweiten geworden, und er beginnt darüber nachzusinnen, wie die beiden in einem einzigen stolzeren Bau zu schichten wären. Späterhin freilich wird dieses Ideal in ihm erschüttert. Die ‹Wölfin›, wie er die revolutionäre, fanatisch antibürgerliche, antiwestliche, humanitär-antiästhetische russische Medizinstudentin Lisaweta, seine Zimmernachbarin, tauft, sucht ihm die Illusionen auszureden, an denen noch ein Rest bürgerlichen ‹Wohllebens› klebt. Wahre Dichtung, sagt diese, sei ein Geisterwesen, etwas oben in der Luft, hinaufprojiziert aus dem Dauermenschlichen, in der Höhe bloßliegende Fäden, an denen die Geschicke ziehen, die Mutter Erde von unten, der Geist von oben, und der scheinbar Siegreiche zerrinnt zu neuem Anfang wieder in die Nacht und Blindheit der raum-zeitlich kausalen Materie. Die westlichen Dichter seien Schönheitsleute, meint sie, ihre dekorativen Figuren starren aufgezogen wie die Uhren, die man reparieren kann. In Rußland wage niemand zu denken, daß irgendwo ein Mensch zu reparieren sei. «Das ist nur denkbar in eurer mechanischen Klausur, in der – *Totenwüste*. Ihr seid in Wahrheit die *toten Seelen*.» Welch gewaltigen Hall müßte ein Gogol bei euch ausgießen, die verschütteten Samen des Lebens wieder zu erwecken! – Calonders Antwort ist Widerspruch und Zustimmung zugleich. Vor dem nächtlichen Fenster des «Dichters», zu dem hin er – im Traume – Tagesmärsche zurückgelegt, raunt sein Herz: «... ich bin, so seltsam es klingt, nicht, wo ich bin. Eben darum wandre ich, weil ich mich suchen muß. Ich bin ein Frager und ein Sucher. Ich bin wie eine Meermuschel: die Welt rauscht darin. Ich bin wie die dunkle Nacht: du vernimmst nur ihre Stille ...»

Ein Frager und ein Sucher, ein Wanderer. Nirgends leidet es ihn lange. Kaum fühlt er, daß das ‹Wohlleben› ihn ergreifen könnte, so zieht er weiter, sein Brot verdienend, wie es die Zufälle der Landstraße mit sich bringen: als Turbinenbauer, als Bauernknecht, als Holzträger, als Straßenbahnführer, als Musiklehrer, als Zirkusartist, als Steinklopfer, usw. Ist es inneres Müssen oder ist es Flucht? «Willst du bitter sein, Maria?» – «Ich suche dich.» – «Suche Geist!» – «Das tue ich.» – «Durch Überwindung!» rief ich. – «Nie durch Flucht!» entgegnete sie. Sie sagte es still.»

«Nie durch Flucht!» Das zielt unmittelbar auf Calonder. Es ist nicht überall Steigerung des Herzens, was er erwandert. Er macht sich selber etwas vor, wenn er in derselben Nacht in seinem Herzen dem ‹Dichter› zuruft: «Bücher trage ich im Kopfe und Bilder in der Seele nach. Musik wandelt wie Feuersäulen vor meinen verzückten Schritten. Um mich dröhnt das wilde Licht der Sonne in die irdischen Begebenheiten. Und in mir ist in zersprengter Haft die steile Reckung und die gebieterische Überschau.» Das sind nicht viel mehr als Wunschbilder. Auch in ihm steckt etwas vom ‹unberichtigten Ichgefühl›, in dem nach seiner Meinung die Wurzeln zu den Hauptübeln der Welt liegen. Demut und Überlegenheitsgefühl, gedankliche Präzision und ‹gewundenes seelisches Gekleckse›, trockene Statistik der nackten Wahrheiten und dichterische Spielerei (alles seine eigenen Ausdrücke), lebendige Vielfalt der Eindrücke und zwangsläufig verkettete Ideen und Empfindungen, Selbstvertrauen und Selbstaufgabe sind bei ihm jederzeit nah beieinander, halten sich in seinem Wesen seltsam die Waage.

Er weiß, wie ein *Kunstwerk* entsteht: «Ich trieb abermals ein ernsthaftes Spiel, schrieb von neuem manches auf, versuchte mich damit, es von den Zufälligkeiten der Wirklichkeit zu reinigen, einer höheren Wahrheit einzuordnen, und wandelte das Erfaßte

vielfältig ab, bis es für mich in unumstößliche Gestalt erhoben und
in die selige Andacht und den unbeirrbaren Glanz eingefangen erschien, in denen meine arme Welt gipfelte und von wo herab es
groß und herrisch in das vergängliche Treiben meiner Tage leuch-
tete und sang.» Im *Leben* aber scheint er alles dem Zufall zu überlassen. «Und meine Jahre und mein Werden haben mir zugeraunt:
Zerstöre dich! Reiße dich durchaus nieder! Ergieße dich in alle
Wesen und Dinge! Wenn du ein Mensch werden willst! Sonst bist
du genötigt, was dir begegnet, an dem Alltäglichen zu messen mit
seinem Geschmack und seinem Ungeschmack, seinem verstandes-
verdunkelten Wissen und Glauben mitten im Klirren des Tags.»
Ach, tut er denn nicht eigentlich das zweite, trotz seinem Räsonie-
ren? Ergießt er sich wirklich in alle Wesen und Dinge? Bleibt es
nicht im Grunde bei Worten nur? Die Flucht vor äußeren Bindungen ist ja nicht ohne weiteres Identifizierung mit dem Ganzen. Man
hebt sich nicht in die Vollendung, indem man sich treiben läßt.
Landstreichertum und wahres Leben gehen nur unter ganz besonderen Bedingungen, die bei Calonder, seinen Gaben und seinem
Temperament nicht erfüllt sind, Hand in Hand.

Wie Calonder von einer Beschäftigung in die andere taumelt, so
auch von einer Frau zur andern, vom anhänglichsten, klarsichtig-
sten Freund sogar (Glanzmann) trennt er sich – um dann tagelang
in dessen Heimatgegend herumzuirren! Er überspannt einerseits
die seelischen Kräfte und lockert sie anderseits allzusehr. So kommt
es immer wieder zu vielverheißenden Begegnungen (Elisabeth,
Anna, Clio, Maria, Fortuna, der Pfarrer zu Kirchberg, der Pater
Antonio, Kinzig, Klima, Glanzmann, etc.), und keine eigentlich
hält, was sie versprochen, weil er keiner auf den Grund geht: sie
sind ja alle Inkarnationen seiner eigenen unsteten Gegensätzlichkeiten! Daß aus der Liebe zu Clio etwas mehr wird als ein erheben-
der, flüchtiger Rausch, daran ist Clio schuld, nicht er. Sie entreißt
ihn mit ihrer Liebesopfertat, mehr noch mit ihrer verzweifelnden
Mordgebärde für einige Zeit den Fängen des Irrsinns, als er, innerlich zerfallend und nach der nächtlichen Auseinandersetzung mit
dem Gekreuzigten im hohlen Stamm einer mächtigen Eiche jeden
Halt verliert – ach, schließlich verfällt er dennoch dem Wahnsinn
von neuem und wird von dem in seiner Eifersucht um Clio ebenfalls um den Verstand kommenden Pfarrer zu Kirchberg in

gräßlichster Weise im Bretterraum über dem Kirchenschiff gekreuzigt ...

«Aus lauter Hochsinn wissen Sie niemals richtig, was zu tun ist», sagt der Pater Antonio zu Calonder: «Haben Sie Größe, oder eitel Phrasentum? Wenn Größe, wozu dann schleichen Sie auf Abwegen herum, wo nichts und niemand von Belang Bewährung von Ihnen fordert ...?» Diese Worte kennzeichnen Calonder tiefer vielleicht noch als andere (es ist immer wieder erstaunlich, mit welcher Hellsicht und welcher Selbstoffenheit Otto Wirz die eigenen Gestalten, die eigenen Dichterzüge bloßlegt). Warum setzt ihn der Dichter mehrmals Vorwürfen solcher und ähnlicher Art aus? Wollte er zeigen, wie schwer es ist, ein richtiger ‹Tor› zu sein? Die absteigende Linie von Calonders innerer Entwicklung breitet tiefe Schatten auch über seine mit Wollust geübte, so wortscharfe und so wortbehende Dialektik. Wo ist er eigentlich ganz und unverfälscht er selber? Allen seinen Abenteuern nord- und südwärts der Alpen, allen seinen Reden haftet etwas an, das nicht er selber ist, etwas nicht zu Ende Gelebtes, nicht zu Ende Gedachtes, etwas allzu Spielerisches[19]. Am ehesten ist er selber vielleicht in seinen Träumen (er träumt im Buch schon zu Beginn einmal durch fast ein Dutzend Seiten hindurch), Wachträumen, Halluzinationen, Visionen, in denen seine Phantasie, sein Unterbewußtes – oder sein Gehirnliches auch zuweilen nur! – zu Bildern und Offenbarungen erwacht. Mehr von lehrender Heftigkeit als von sachlicher Bildhaftigkeit durchzogen – um eine Formulierung aus den Diskussionen mit Lisaweta zu gebrauchen – ist das Traumgesicht von Barbarossas Thron mit seinem Ausblick auf die deutsche Geschichte. Ebenfalls seltsam in der Erfindung, ungleich origineller und symbolkräftiger aber ist das magische Geschehen, das sich in Gegenwart Calonders auf und von dem Hochpflaster des Münsters aus entrollt: die aufquellende Wassersäule, der Tanz der unzähligen Schuhe unten auf Gassen und Plätzen, die gewaltig heranbrausenden Vogelschwärme, das zum Leben erwachende Standbild Heinrichs des Städtegründers (= Karls des Großen), die wahnsinnige Frau Toguasch (Anagramm zu Schau-Gott, Gott-schau), Kigol (Anagramm zu Logik), der internationale Bürger: es sind Prä-

---

[19] Zur bedeutsamen Rolle des Spiels in den «Gewalten eines Toren» s. Maag, 49f.

figurationen von Unheimlichkeiten, die sich in Calonders Leben vorbereiten, Figurationen von Mächten seines Innern – wie ergreifend das Ebenbild Kigol, das unter den Augen des gekreuzigten Galiläers der Träumende von sich selber knetet! In hohe religiöse Fragen und in eigene Lebenstragik stoßen, wenngleich andeutend nur, die Fieberphantasien des halb Irren oben auf einer Höhe im Tal der jungen Donau während einer sturmdurchbrausten Föhnnacht: vor dem Bild des Erlösers am Kreuz, im tiergerucherfüllten hohlen Eichenstamm, ringt Calonder mit dem gekreuzigten Christus um den Weltsinn von dessen Sendung und um den Sinn seines eigenen Lebens, bis der Bau seines inneren Widerstandes zusammenbricht und eine Stimme schreit: «Furchtbar ist es, in die Hände des lebendigen Gottes zu fallen».

Mit großer Kunst ist der langsame Übergang aus gesunder Überlegung in den Irrsinn gezeichnet. Ein fast hamletisches Zwielicht geistert über den Reden und Monologen der Endzeit Calonders. Ein erstes Mal entweicht er, mit Hilfe Glanzmanns, aus dem Irrenhaus, in das er eingeliefert worden, und sinkt dann doch schrittweis dem geistigen Verfalle zu. Das Scheiden des ‹Dichters› nach dem Konzert und ihrer Unterhaltung stürzt ihn in Verwirrung und Dunkelheit. Ein ungeheures Unverstehen scheint sich über ihn wie auch über seine Umwelt zu breiten. –

Schrieb sich mit diesem in vielerlei Hinsicht außerordentlichen, sprachmächtigen, erzähltechnisch abwechslungsreichen, wenngleich stilmäßig uneinheitlichen Werk der Dichter eigene Konflikte von der Seele? Wollte er darstellen, wie schwer der Weg zum ‹Ganzen›, wie bumeranghaft selbstzerstörerisch die Absage an jede soziale Bindung ist? Calonder schillert als Gestalt, ein Vielfaches an menschlichen Zügen in sich entwickelnd, in einem Übermaß von Widersprüchlichkeiten. So zerflattert denn sogar seine ‹Toren›berufung, bis er schließlich ins Gestaltlose versinkt. Seine ‹Gewalten› sind denn auch ebenso sehr die des Dichters selber, der ihm bis in die Wahnsinnsschatten hinein seine eigene Zunge und Seele leiht.

Zum Roman «*Die geduckte Kraft*» (1928) hat, wie bereits ausgeführt, Otto Wirz selber im «Magischen Ich» erläuternde Auskunft gegeben. Der Umstand freilich schon, daß eine solche nötig war, verrät eine problematische Seite der Themastellung und Themadurchführung. Ein erzählendes Werk, das nicht aus sich selber über die Hauptbegebenheiten Klarheit verbreitet, leidet von vorneherein an einem Mangel. Es sei bei dem spielerischen Vorhaben des Buches, sagt Wirz in jenen zusätzlichen Erläuterungen, natürlicherweise der Nachdruck darin nicht so sehr darauf angelegt, weitreichende Angaben über die ‹ganze› Wahrheit zu machen, objektive Verkündigungen des Letzten und Äußersten zu geben – spielerisch durchgeführt eben sei in ihm (wie übrigens schon eine Vorbemerkung im Werke selber es sagt) ein voller Einbruch des magischen Ich in diese unsere Gegenwart. Die spielerische Durchführung des Themas demnach gebot dem Dichter hier, mit weiteren Erklärungen im Roman selbst sparsam umzugehen: das gewahrte Geheimnis diente einer wohlweislichen Spannungssteigerung. Diese geht jedoch etwas weit: der uneingeweihte Leser schüttelt unbegreifend oftmals den Kopf und liest sich nur mit Mühe durch Dutzende von Seiten hindurch. Vielleicht täte er gut, den Schluß, der in die geschehenen Ereignisse fast wissenschaftlich hineinleuchtet («Wie es im Alltäglichen endet», lautet bezeichnenderweise der Titel des letzten Kapitels), zuvor zu lesen – dann aber würde das Spielerische der vorderen Teile allzu sichtbar – sichtbar bis zur Unerträglichkeit. Wie fände dann der Leser noch die Geduld, sich durch das über dreihundert Seiten hin zerdehnte ‹magische› Geschehen hindurchzuringen, dessen mehr oder weniger banalen Schlüssel er zum voraus kennte? Denn nicht nur entzaubert, sondern recht eigentlich banalisiert wird die Geschichte vom Einbruch der transzendenten Kraft in drei sich nach und nach in Aussehen und Gestalt völlig angleichende, schließlich vom Blitz erschlagene Menschen (der «drei-Einige» nennt sie der Erzähler), wenn die auf zweiter Ebene Mithandelnden, nach der Katastrophe wie unbeteiligt ins ‹Alltägliche› zurücksinkend, sich mit den wissenschaftlichen Erklärungsversuchen des stattgehabten ‹Phänomens› auseinandersetzen: wenn der frühere Agent Josephus, der, spät noch ein Schneiderlehrling geworden, der Potiphar, die sich ihrerseits zur Berufsberaterin gemausert, bekennt, daß in ihm keine Spur von seherischen Anlagen sei und daß er z.B. mit der Dame Malve Komödie spielte.

Das Spielerische des Geschehens äußert sich vor allem darin, daß die vom magischen Einbruch Betroffenen, allen voran der Deutschamerikaner Mr. James, ganz unvorbereitet in sich die hellseheri-

sche Gabe entdecken. Leuten aus der kleinbürgerlichen Welt split-
tert auf einmal das Eigenbewußtsein auseinander, um ins allgemeine und schreckliche Vielerlei zu tauchen: «Aus der blauen Luft
weiß er es, oder vielmehr aus diesem unerkannten Gefühl in seinem
Schädel, das plötzlich von unten aus seiner Wirbelsäule mit
schrecklicher Süße aufgestiegen und über ihn gekommen ist. Und
nun wie eine Riesenglocke mit Riesenstimme sein bisheriges Leben
übertönt.» Die großen Gestalten der Vergangenheit, wenn der geduckten oder ‹hysterischen› Kraft auch nur in beschränkter Weise
hörig (wie ebenfalls die Vorbemerkung andeutet), arbeiteten an
diesem Erlebnis wie an einer Begnadigung, nahmen diese willentlich auf sich, schufen die Gabe um zur Aufgabe. Wenn der Einbruch
des Übersinnlichen nur als Zufall, nicht als Berufung, wenn er als
etwas unverpflichtend Spielerisches aufgefaßt wird, so wandelt
sich das ungeheure Menschenziel der höheren Individuation gewissermaßen zur Tragikomödie – der Nachdruck liegt im Roman,
vielen mehr oder weniger komischen Szenen zum Trotz, auf dem
tragischen Element: denn nicht nur der drei-Einige, sondern auch
Nebenfiguren, wie Serena Taubenwetter, die wirklich hellseherische
Gaben hat und sich schließlich im Dienste eines Nervenarztes wissend aufzehrt, und der Dichter Anton Kugel, der vor der plötzlichen Offenbarung der ‹ganzen› Wahrheit in den Tod flieht, werden die beklagenswerten Opfer.

Das Spielerische äußert sich weiterhin in der Versuchung, der
der Dichter mehrmals erliegt, allerhand Ausschmückendes, nicht
organisch Einzugestaltendes in das Gewebe der Handlung zu
flechten. So ist die Geschichte vom Bildhauer Wilhelm, an dessen
Untreue die vormals geliebte Marietta stirbt und der in der Nacht
ein Standbild des drei-Einigen aufstellt, eine motivisch unüber-
zeugende Zutat. Die Partnerlosigkeit rächte sich auch hier.

Hat sich Otto Wirz das alles nicht überlegt? Das Spielerische der
Themastellung beraubte ihn der Möglichkeit, in seine Gestalten
eine tiefere Menschlichkeit hineinzusehen, und seine prächtige erzählerische ‹Gegenständlichkeit› verpuffte am ungeeigneten Motiv –
der Ton des Romans schwankt denn auch beständig zwischen Ernst
und Ironie, bis er sich im Nachspiel zu gelehrtem Jargon verdickt.

Die zentralste und auch dichterisch gelungenste Episode ist der
unter wachsendem Volksauflauf vor sich gehende Marsch des drei-

Einigen, an dem, wie an einem unsichtbaren Strahlenpanzer, Polizei-, Feuerwehr- und Militärinterventionen zunichtewerden,
hin zum Marktplatz, wo sie, ein leichenfarbenes ‹Dreigebild›, auf
der Kirchentreppe vom Blitz zerschmettert werden. Vom Blitz:
denn ein Wettersturm ist über der Stadt – Missolunghi tauft der
Dichter sie – ausgebrochen: – womit das geheimnisvolle Doppelmenschentum sich ausweitet zur Weltuntergangsstimmung. Blitz
und Donner, Elmsfeuer, Erdbeben, Wolkenbruch erscheinen der
erschreckten Menge plötzlich als apokalyptische ‹Zeichen›. Wie
in Ramuz' «Les signes parmi nous» (1919) wird eine – nach den
Kriegserschütterungen begreifliche – Kollektivangst durch sie
und durch das Wunder der Drei-Figur ins Kollektivbewußtsein
heraufgehoben und dramatisch zugespitzt. Hier schreibt Wirz
Seiten von eindringlicher Kraft. Das unanimistische Durcheinander der Stimmen und Gefühle erfährt gespenstisch-schwüle
Spiegelung im Wort (etwas aus der Rolle fällt nur die skeptische
Stimme, die auf Spenglers «Untergang des Abendlandes» anspielt):

Aus der Kirche kommen sie mit Fahnen und Standarten. Volk, das einbrach, um den Priester zu suchen, jenen bejahrten hochgewachsenen, den sie
in scheuer Ehrfurcht ‹den Turm› nennen, Volk, das nur die Embleme fand.
Sich ihrer bemächtigte und damit vor den drei-Einigen tritt.

Unter den stillen Fahnen blicken sie mit starren Gesichtern zu den drei
Leichenhäuptern hinan.

Einer weiß Bescheid, ein bleicher, erschütterter Standartenträger mit starker
Stimme. «Lobet ihn, Sonne und Mond!» spricht er. «Lobet ihn, alle leuchtenden
Sterne!»

Mit den Lobesworten des Psalms beginnen sie um die Kirche eine Prozession. Der vorige Sprecher singt die Worte. In den Pausen, die er walten läßt,
hallen und reden die andern ihm nach.

Ruft eine starke Stimme mitten auf dem Platze: «Schaut hin, schaut hin.
Zeigt dort eine winkende Hand in den Westen auf das Himmelsstück unter
dem Wolkenbogen.

Viele Köpfe fliegen herum.

Bricht aus dem Himmelsstück ein mattschimmerndes Feuer von hinten hervor, St. Elmsfeuer, wie im Hochgebirge.

Hebt draußen auf dem Platze und mitten unter den andern ein alter Mann
die Hände hoch, gesteht, für sich alleine singend, mit lautem Bekennermund:
«Die Seele ruht in Jesu Händen.»

«Die Welt geht unter!» keuchen welche. «Brennt schon die Feste über den Wassern.»

Mischt sich ein Skeptiker bedrängt dazwischen: «Die Welt? Na: sagen wir ‹das Abendland›! Na: geben wir zu ‹unser Missolunghi›!»

Sie beobachten. Sie harren gespannt.

Hörst du nichts?

Die Wolken knistern unter den anhaltenden Entladungen.

Schluchzen welche auf.

Werfen sich welche hin.

Peitscht einer grell dazwischen: «Glaubt ihr denn, ihr verfluchten Narren, das Letzte ginge wie auf dem Theater zu? Keine Spur!»

Wird erwidert: «Aber der drei-Einige! Das Zeichen dort, das apokalyptische! Siehst du nicht?!»

«Zum Teufel damit! Ist irgendwie dummes Zeug!»

«Nein. Ach Gott! Nicht dummes Zeug, ein Zeichen eben! Legt sich mit tiefem Empfinden auf jegliche Seele!»

Während bei Ramuz das endlich ausbrechende Gewitter die Spannung der Gemüter löst und in prächtiger Symmetrie zum äußeren Geschehen der Liebesaufbruch zweier Herzen, zweier Leiber angedeutet wird (Adèle: «Crois-tu que c'est la fin du monde? – Mais il rit et dit: C'est le recommencement du monde[20]»), verläuft bei Wirz das Ereignis im Sande einer polizeilichen Untersuchung des ‹Falles›. Ins Spielerische mischt sich so, wie im Nachspiel, ein allzu wirklich-prosaisches Element, das das dichterische Bild hinabzieht ins Allzu-Alltägliche. –

«Prophet Müller-zwo» (1933), Otto Wirz' dritter Roman, ist der weitaus kürzeste, jedoch geschlossenste, einheitlichste, motivisch straffste, im Grunde mehr eine Novelle als ein Roman. Die Fiktion: Ein Unbekannter erzählt dem Verfasser in einem Durchgangsbahnhof das aufwühlendste Erlebnis seines Lebens. Müller-zwo war der zweite Mitarbeiter in einem Kriegsforschungsinstitut, das Giftgase fabrizierte; sein Leiter hatte sich aus Gram und Schuldgefühl, weil mit den Giftgasen Deutschland doch nicht gerettet wurde, erschossen; Müller-eins, dem ersten Mitarbeiter, passierte ein Versehen, das ihn das Leben kostete; Müller-zwo fiel einer Nervenkrise anheim, und von dieser erzählt er nun dem Schriftsteller, seinem Zuhörer. Er legt eine Beichte ab, fühlt diese jedoch irgendwie beispielhaft. «Ich rate Ihnen (sagt er am Schlusse zum Schrift-

[20] Vgl. W. Günther: C. F. Ramuz (1948), S. 160f.

steller): machen Sie ein Lied daraus, einen freien Gesang von der deutschen Seele. Ich empfehle: nennen Sie die Geschichte kurzweg: ‹Prophet Müller-zwo›. – Ja, den Buchtitel meine ich. Und versuchen Sie vor allem, mit Ihrer Darstellung an den Leser heranzukommen ...» Als er die Nerven- und Herzkrise überstanden, wird Müller-zwo Pharmakologe in einem Forschungslaboratorium für neue Heilmittel. Der Weg vom Giftgasfabrikanten zum Heilmittelforscher ist das Abbild seiner innern Wandlung.

Was in Müller-zwo den Nervenschock auslöste, war ebenfalls das tiefe Schuldgefühl. Bei ihm aber bewirkt der verzweifelnde Gewissensgram Selbsteinkehr. Dabei hilft ihm das Liebeserlebnis mit der jungen Krankenschwester, die er Gioconda nennt: es endet mit Entsagen. Schon aber hat sich ihm innerlich die Pforte des ‹objektiven›, ja des mystischen Geistes aufgetan. Während einer agonieähnlichen Ohnmacht entringt sich das «Visiönchen» seinem Unterbewußten. Der ‹Untermann› sein, ‹Dämon›, sein «persönliches Gespenst», das die besten Kräfte seines Wesens in sich aufgenommen, führt ihn, selber von überlegener Hand geleitet (darum das manchmal ironisch Belächelte dieser «Illusionen»), in die schwäbische Jugendheimat zurück, in die «selige Landschaft Baar» (man erinnert sich, daß Otto Wirz von 1890–1895 das Gymnasium in Donaueschingen besuchte), hält ihm die ‹Bergpredigt› von den drei Sorten Menschen, und aus süßer, weckender Erinnerung und herber, doch erkennender Gewissensnot wird in ihm, verbeiständet vom Untermann, dem ‹Engel des Herrn›, das ‹Prophetische› geboren, das hohe Wissen um die Wahrheit des ‹Ganzen›. Gioconda erahnt in liebender Intuition in Müller-zwo nicht nur den sensiblen, ‹liquiden›, sondern bald auch den vom Atem des reinen Geistes getragenen Menschen: «Sie sind manches Mal (sagt sie zu ihm) wie ein Vater der eigentlichen Religion.»

Der einfache Bericht schon der inhaltlichen Haupttatsachen läßt erraten, daß der Einbruch des Übersinnlichen nichts mehr vom Spielerischen, gewissermaßen Unzeitigen der «Geduckten Kraft» an sich hat. Das magische Ich erweist sich hier als etwas ungeheuer Reales, das dem bestürzendsten erlebnisträchtigsten Bereich der Menschenseele entstammt. Der Untermann ist ja nur der ‹Generalnenner› für frühere ‹mystische› Erfahrungen, die bis in das Knabenalter, besonders aber in Kriegserlebnisse Müller-zwos zurück-

reichen. Die Erzählung hat denn auch nichts mehr vom gelehrt-
abstrakten Broschürenton, in den manche Seite der «Geduckten
Kraft», insonderlich gegen den Schluß hin, verfällt. Während der
visionsträchtigen Fahrt auf dem Pferdefuhrwerk ins Jugendland
unterhält sich Müller-zwo mit seinem Untermann, und ihr Gespräch ist ein zuckendes, von ‹Summe› zu ‹Summe› hüpfendes
Beschwören intimer und entscheidender Lebensvorgänge (s. vorn
S. 411 f.).

Episch geradliniger fortschreitend ist im ersten Teil die «senti-
mentale Sache» von August und Helene (Gioconda) erzählt. Wird
sie auch von Müller-zwo in der Folge nur als eine «Romeojuliade»
hingestellt, als Pikanterie, die in der Geschichte die Langeweile vertreiben soll, so ist doch klar, und dieses Geständnis macht August
ebenfalls, daß sie in seiner Gewissenskammer schlechte Luft erzeugt, und schlechte Luft hilft mit, August auf jene aufregende
innere Sucherfahrt zu treiben, bei der er mit Hilfe des «Botschaf-
ters», des Untermanns, auf die verschütteten Quellen der Weisheit
stößt; und im Roman ist sie das darstellerisch notwendige Gegengewicht zum «Visiönchen»: äußerlich ‹wirklich› die eine, innerlich ‹wahr› das andere.

«Prophet Müller-zwo» ragt durch Originalität des Motivs,
durch Eigenart der Form und der erzählerischen Technik gleichermaßen hervor. Das Buch ist freilich stellenweise nicht eben leicht
zu lesen. Das andeutend ‹Summen›hafte des Stils, sowie das stark
Halluzinatorische des zweiten Teils, zuweilen auch gewollt dunkle
Formulierungen erschweren das rasche Verständnis, wodurch das
Beispielhafte eines ‹freien Gesangs der deutschen Seele› etwas an
Überzeugungskraft verliert. Welche unkonformistische Beschwörungsgewalt aber auf vielen Seiten! «Prophet Müller-zwo» ist sonder Zweifel eine Meisterleistung[21].

Der in den letzten Lebensjahren (1940–1946) entstandene, der
Krankheit abgerungene, nicht vollendete und unveröffentlichte
Roman *« Rebellen und Geister »* sollte im Sinne des Dichters eine Art
geistiges Vermächtnis werden. In Anlage und Umfang holte Otto
Wirz hier weit aus. Mit Verwendung autobiographischer Elemente

---

[21] Diesen Eindruck hatte Otto Wirz selber: «Das Gefühl, dies Gemächte
sei das Beste, was je unter meiner malträtierten Feder hervorkroch, hat mich
nie verlassen.» (3. 9. 1945 an G. Schorer, zit. Maag, 111 Anm.)

(Jugenderinnerungen) gedachte er sein Wissen um das magische Ich, seine ganze ideal-ethische Einstellung zum Leben, seine kritische und fordernde Haltung den öffentlichen Institutionen und Mächten gegenüber in unmittelbarerer Wirklichkeit, menschennaher und tätiger zugleich, darzustellen. Dieses Ideal verkörperte er diesmal vornehmlich in jugendlichen Menschen. War er nicht selber als Jüngling schon ein *Rebell* gewesen gegen egoistisch-materialistische Engherzigkeit in der Welt seiner Mitmenschen, und war nicht der wahrhaft *geistige* Mensch schon damals in ihm zu herrischem Bewußtsein erwacht? Aus Motiven der eigenen Jugendgeschichte, aus seitherigen Erlebnissen, aus immer tiefer bohrenden ‹magischen› Einsichten und aus gesellschaftskritischer Sicht heraus ließ sich, schien ihm, ein Werk schaffen, das den Glanz der Idealität verflocht mit drängender Wucht des unmittelbar Menschlichen. Ihm schwebte dabei ein Roman*stil* vor, der dieses rebellenhaft Geistige aufbauend-erneuernd im Worte sogar widerspiegelte.

Das äußere Handlungsmotiv blieb willentlich denkbar einfach: eine Gymnasialklasse (‹Oberschule› nennt der Dichter die Anstalt, die er in Aarbruggen – gemeint ist Olten – beheimatet), in ihren stärksten Individuen eine wahrhaft ‹goldene Horde›, findet in ihrem eigenen Schoße allerhand Konfliktstoff zu – auch handgreiflichen – Auseinandersetzungen, steht aber hauptsächlich im Kampfe gegen schulpflegerische Engstirnigkeit und öffentliche ‹verdienerische› und feige Ungeistigkeit, und ist in diesem Kampfe verbündet mit einer erwachsenen geistigen Elite. Ein nicht unwichtiges Motiv sind die häuslichen Umstände zweier führender Köpfe unter diesen Jungen: Uli Holliger und Konrad Füchslin. Die geistige Führung der ‹Aufwüchslinge› liegt bei Persönlichkeiten, die zum Teil einer locker gefügten, doch kontinenteumspannenden Geistgemeinschaft («Usbekistan») angehören, auch wohl im Städtchen selber wohnen: so ihr Haupt, Ziegler, der Bücherverschlinger und Weltenbereiser (seine Vornamen wechseln, er wird schließlich fast zur mythischen Person); so der Arzt Dr. Wanderlust, der auch weit herumgekommen, doch nur in losem Verhältnis steht zu «Usbekistan»; so die ‹Erzmutter› und ‹Ahnfrau› geistgeadelter Menschlichkeit: Frau Pfeiffer, Konrads ‹Wahl›tante. Als Mitglieder der großen Gemeinschaft werden auch Gestalten aus den früheren Romanen genannt: so Müller-zwo und Kigol (letzterer auftretend im Kapitel «Magie» der «Gewalten eines Toren»). Welche Rolle diese – und andere – in der Entwicklung der Romanhandlung spielen sollten, bleibt rätselhaft: – so wohnt man nur im ersten Kapitel der zufälligen ersten Begegnung Konrads mit Ziegler bei, auf weitere Unterhaltungen mit diesem wird später nur angespielt; wie denn überhaupt keineswegs klar ist, wie sich Wirz die schließliche Auflösung oder auch nur eine gewisse Zusammenführung der romanhaften Gegebenheiten dachte, denn das epische Geschehen in den achtzehn abgeschlossenen Kapiteln erschöpft sich in den erwähnten Auseinandersetzungen und Kämpfen der Oberschüler, sowie in der Schilderung der persönlich-häuslichen Schicksale Holligers und Füchslins, also eigentlich mehr nur in Randbegebenheiten.

Das in spezifischerem und herkömmlichem Sinn Handlungsmäßige erachtet Wirz hier demnach als noch weniger wichtig als anderwärts. Eine Konkursversteigerung mit Störungen (die Betroffenen sind die Eltern Füchslins, der Störer ist Konrad selber, dessen Vater sich in Deutschland eine neue Zukunft zu schaffen sucht), das Aareschwimmen zweier Jünglinge an verbotener, weil gefährlicher Stelle (Cartier und Füchslin, die es hierin dem Uli Holliger gleichtun wollen), Prügeleien unter Klassenkameraden (die Parteispitzen sind der rebellierende Uli Holliger, der den Schulbehörden in einem langen anklägerischen Brief seine Absicht kundgetan, die Schule zu verlassen und als Trapper nach Amerika zu gehen, und der konformistische Klassenprimus Loridom): das sind die drei erzählerischen Hauptmomente, unverbunden unter sich[22]. Das Manuskript zählt jedoch über 600 Seiten. Den weitaus meisten Raum nehmen Diskussionen ein, genauer eigentlich Monologe: Auslassungen über die verschiedensten Gegenstände, wie Psychometrie (Restspuren ursprünglicher Verbundenheit mit dem ‹Ganzen›), die Müller-zwo'schen Sorten (die hier einmal «unveräußerlicher als Urgestein» genannt werden), die ‹Zweckvervetterung›, d.h. den Nur-Verdienergeist in den öffentlichen und privaten heimatlichen Sitten («die in den modernen Geschäftigkeiten und Verdienerlichkeiten versippte Denkweise», wie es heißt), die Frauen, die Liebe, die wachsende Vermechanisierung des Lebens,

---

[22] Schon in den «Gewalten eines Toren» bekundet sich, wie Maag, 86, bemerkt, die Neigung zur Verselbständigung von Episoden.

usw. Die Hauptträger dieser Ergießungen sind der siebzehnjährige Konrad Füchslin, in welchem sich der Dichter augenscheinlich selber rückblickend abkonterfeit, und der Dr. Wanderlust; Partner der beiden – im Anhören, zuweilen auch im Entgegnen – ist Konrads Wahltante Frau Pfeiffer, die Gattin eines Lehrers der Oberschule, die nach dem ‹Vergeltstag› der Eltern den Jüngling in ihr Haus aufgenommen. Leidenschaftlich ‹gewichste Mäuler› bei ‹überschäumender Charakterfülle› haben jedoch auch Cartier, der Sohn eines jüngst verstorbenen Arztes, und Holliger, der in das völlig zerfahrene Familienleben seiner Eltern vergebens einige Ordnung zu bringen sucht. ‹Großkalibrige Einsicht› wird in oft schier endlosen Gesprächen ausgebreitet, ‹Geistesblöcke› werden gewälzt, in häufig ironischem Tone – die Ironie aber, bekennt der Dichter durch den Mund Füchslins, sei nur Maske zum Schutz vor ‹Selbstzerfließung›, eine Gegenwehr vor zehrender innerer Begeisterung. Das Wesentliche jedoch: diese Ergießungen geschehen in einer Sprache, die alles hinter sich läßt, was Otto Wirz in den früheren Werken geübt und was überhaupt die Romanliteratur an sprachlichen Hochkonturen aufzuweisen hat.

Die Sprache, der Stil, der ‹Jargon› ist das unbedingt Neue an diesem letzten Werk von Otto Wirz. Das rein Erzählerische erscheint belanglos daneben, so reizvoll und originell es an sich auch sein mag, und das Weltanschauliche, wenn auch in den Denkverzweigungen des magischen Ich viele Themen berührend, hält sich ungefähr in den Grenzen der früheren Werke. Die Stimmung dieser Sprache gegenüber wechselt im Leser von Überraschung zu Bewunderung, von Bewunderung zu Verdrießlichkeit, von Verdrießlichkeit wiederum zu Überraschung und Bewunderung – im Grunde empfindet man meist alle drei Gefühle gleichzeitig, Staunen und Bewunderung sind jedoch die vorherrschenden.

Wir haben bei den drei ersten Werken auf die wachsende Tendenz zur episch-lyrischen ‹Summe› hingewiesen, der sich ein spracherneuerndes Bestreben beigesellt, sei es durch Neubildung oder durch Auffrischung farblos gewordener Ausdrücke. In «Rebellen und Geister» wird diese Tendenz bis an eine äußerste Grenze getrieben. Was sich in den «Gewalten eines Toren» anbahnte, was in «Prophet Müller-zwo» (mehr als in der «Geduckten Kraft») sich weiterentwickelte, erscheint hier zur Außerordentlichkeit ausgebaut. Zunächst um der sprachphysiognomischen Einheitlichkeit willen. Wirz will in seinem letzten Roman einen Stil, der Erzählerisches und Dialoghaftes mit der gleichen hochgezüchteten Sprachatmosphäre umgibt. Alle Gestalten, ob Jünglinge oder Erwachsene, geist‹geaichte› oder ‹bürgerliche, sozial hoch oder niedrig stehende, reden dasselbe Deutsch, das, wenn auch hie und da mit einigen sorgfältig gewählten und kontrastmäßig nicht unwirksamen Dialektismen untermischt[23], einen hochgeschraubten intellektuellen Anstrich hat. Wie diese Siebzehnjährigen einem andern Geist gehorchen als dem, der im Städtchen und auch im weitern Lande gang und gäbe ist, so befleißigen sie sich auch einer Sprache, die alles in Schatten stellt, was solchem Alter sonst gemäß ist. Doch auch der Metzgermeister und Gemeinderat Melchior Sattsam ergeht sich, als er dem Präsidenten der Schulpflege, Dr. Wanderlust, antwortet, der Uli Holliger in Schutz genommen, sprachlich auf gewähltestem Niveau, und selbst der Schulabwart Moser, dem die Oberschüler sehr zugetan sind, drückt sich elegant aus, bekreuzigt er sich sonst auch vor Konrad Füchslins schmetternden Tiraden. Zur angestrebten Stileinheitlichkeit kommt, sie stützend und betonend, der spracherneuernde Wille. Wirz macht es sich hier zum Prinzip, in jedem Satze, oft in jedem Worte fast dem gewöhnlichen Sprachgebrauch zu entrinnen und Neues zu schaffen.

Das Ergebnis ist eine unerhörte ‹Verwortung› (das Wort steht im Buche). Eine Verwortung durch die konsequente Umformung des Sprachantlitzes, eine Verwortung aber auch durch die schier endlosen betrachtenden Verschwatzungen. Diese Jungen ‹zerschnorren› buchstäblich die Welt, wie einer von ihnen es feststellt. Selbst im Roman kommen bezeichnenderweise gewisse Gestalten aus erregtem Staunen nicht heraus. «Es scheint mit dem langweiligen Parlieren kein Ende nehmen zu wollen», sagt Frau Pfeiffer eingangs des Kapitels «Holenstein, Tyrtaios und Erich Raaflaub» zu Konrad Füchslin – das Parlieren geht aber weiter, noch fast fünfzig

[23] Ein Beispiel: Als die Putzfrau Hebeisen Rock und Schürze etwas über das rechte Maß hochnimmt, so daß nebst den unschuldigen weißen Strümpfen auch noch ein Stück ihrer spitzengesäumten Sonntagsweiberhosen in Erscheinung tritt, da sagt der Schulabwart Moser: «Frau Hebeisen, Ihr verexküsieret gewiß, was ich gleich sagen werde. Ihr solltet das Röckli es bitzeli abela. Die vornehmen Höseli bimmeln darunter hervor wie in Sittenlosigkeit aufgescheuchte Osterblumen» («Wohlgemuth-Handel»).

Seiten lang. Tante Pfeiffer spricht denn auch von ‹Vorträgen› ihres Schützlings, und wirklich gleiten die Diskussionen ganz von selber in solche hinein, mildern auch allerhand Konversationsfloskeln deren eintönige ‹Wissenschaftlichkeit›. Ganz konsequent mündet darum einmal eine ausgedehnte Gedankenreihe Füchslins (im Kapitel «Die Tantensache») schließlich in einen Sturzbach von literarischen Reminiszenzen aus Goethes Jugendgedichten (solche Zitate werden übrigens häufig, und wie beiläufig, in die Unterhaltung eingeflochten) – dann plötzlich: «Hie Radio Dagmersellen. In unserer Sendereihe «Kulturstunde» sprach Dr. phil. Ellen Dagmers-Koridor zum Thema: Wie sage ich es Troilus und Cressida?»! Im Kapitel «Im Kreise herum» – die Worte könnten als Untertitel eigentlich zu allen passen – läßt sich Füchslin vor Dr. Wanderlust, der den in der Bubenkeilerei verletzten Jüngling behandelt, auf mehr als sechzig Seiten über die verschiedensten Themen aus (über seinen Vater, den besten aller Ätti, über Uli Holliger, über Frl. Engelhorst, die Armenpflegerin, über die Wahltanten, die Frauen, usw.): «Haja, Gottlieb von Turkestan, siebzehn ein zweitel Jahre alt! Was will da einer schon?» Dabei hat er aber der Tante Pfeiffer einmal klargemacht, daß der Umgang mit Ziegler, diesem besonders, ihn geistig um ein Jahrzehnt gereift. Am besten, scheint es, ist er im Zuge, wenn er sonst vor Müdigkeit fast umfällt. Nach dem Aareschwimmen mit dem Freunde Cartier sitzt er zu spät einen Schularrest ab, hält dann aber doch nachher, «bleich wie Kalk», dem geduldig und verdutzt zuhörenden Schulabwart Moser einen fast vierzigseitigen Vortrag über Psychometrie, über das Verhältnis von Geist und Körper, von Charakterlichkeit und Gehirnlichkeit, bis dem braven Moser der «nackte Graus» über den Rücken fährt – Füchslins «schluchzende Schwaden» gehen jedoch noch lange weiter! Doch auch Dr. Wanderlust hält die Frau Pfeiffer einmal mit ähnlichen Vorträgen hin, und als er sich endlich zum Gehen wendet, da bringt er es doch nicht über sich, den Faden abzubrechen, und zieht wieder los in für Nichteingeweihte fast unverständliche Erörterungen. Vergebens sucht Frau Pfeiffer nachher die Ergießungen des «unheimlichen Mediziners» bei sich selbst zu klären, und mit Grabesstimme bekennt sie: «Er ist verrückt!»

Das sind aber bei Frau Pfeiffer nur momentane Eindrücke. Im Kapitel «Die Bernsteintreppe» hört sie in der Nacht, draußen im

Treppenhaus vor Konrads Kammer, ihrem von Selbstmordgedanken heimgesuchten, nun in ‹seliger Ortsverwahrung› an ihre Brust gelehnten Pflegling stundenlang zu, selber wie im Bann der so besonderen Atmosphäre. Sie selber würde doch vielleicht die «Üblichkeiten» dieser Jungen anders beurteilen als der leicht ungeduldige Leser. Vielleicht zunächst als blendende rhetorische Übung, als geniale Vorwegnahme künftiger Hochgeistigkeit, dann erst als Kommunikation konkreter Inhalte. Otto Wirz *will* hier eben gar keinen Roman hergebrachter Observanz schreiben. Gegen kritische Selbstanfechtungen war er freilich auch nicht gefeit: «Manchmal würde ich wohl den ganzen Krempel (schrieb er an Carl Seelig während der Ausarbeitung des Romans) am liebsten liegen lassen. Aber da derwischt (wie die Münchner sagen) mich die Sache doch wieder, ich fluche, greife zum Stift und fahre fort, aufzuschreiben, ... wovor die Menschen sich entsetzen und die Verleger sich bekreuzen werden ... Aber das ist so mein Geschick[24].» In ruhigeren Stunden sich sein Tun überlegend, verwies er gerne auf Dostojewskis ähnliche «lebensinnige Gewaltsamkeit», die ihrer selbst so gewiß sei wie irgendein Stern seiner Bahn[25], auf dessen «Maßlosigkeit aus irgendeiner abgerundeten Perspektive heraus[26]». Zum «schriftstellerischen Barbarentum» verleitete ihn aber auch (wie Maag, 67, O.W.' eigene Worte brauchend, sicher richtig bemerkt) sein Spaß an Schrullen und Skurrilitäten, die geradezu spitzbübische, schauspielerhafte Freude an seiner «unglaublichen Revolverschnauze».

Was in «Rebellen und Geister» vorliegt, ist jedenfalls ein Experiment, ein Experiment ‹hohen› Stils (in den zwei Bedeutungen des Wortes). Man wäre versucht, Worte Thomas Manns zu Musils «Mann ohne Eigenschaften» auch auf das Werk des Schweizers anzuwenden: «Ein dichterisches Unternehmen, dessen Außerordentlichkeit, dessen einschneidende Bedeutung für die Entwicklung, Erhöhung, Vergeistigung des deutschen Romans außer Zweifel steht. Dieses funkelnde Buch, das zwischen Essay und epischem Lustspiel sich in gewagter und reizender Schwebe hält, ist gottlob kein Roman mehr – ist es darum nicht mehr, weil, wie

[24] 16. 12. 1945, zit. Maag, 66–7.
[25] An C. Seelig, 14. 9. 1945, zit. Maag, 108.
[26] Entwurf eines Briefes an H. Hesse, 16. 9. 1920, zit. Maag, 109 Anm.

Goethe sagt, ‹alles Vollkommene in seiner Art über seine Art hin-
ausgehen und etwas anderes Unvergleichbares werden muß ›. Sein
Witz, seine Gescheitheit und Geistigkeit sind von frömmster und
kindlichster, sind von Dichter-Art. Waffen sind sie der Reinheit,
Echtheit, Natur gegen das Fremde, Trübende, Verfälschende ...»
Das umfassend Welt-Stoffliche freilich hat Wirz nicht wie Musil,
und in der Abschwächung des spezifisch Epischen geht er ungleich
weiter als dieser; das Lustspiel ist zudem bei ihm eher eine Tragikomödie. Die sprachliche Erneuerung aber hat er vor Musil voraus, der in der Regel bei den hergebrachten Sprachmitteln bleibt.
Ein Weiteres jedoch nähert ihn diesem an: sein Roman auch ist
ohne Ende, ist eigentlich unbeendbar. Verzahnungen zu weiterem
epischem Geschehen sind, wir sagten es schon, sozusagen keine da;
«Usbekistan» ist nicht viel mehr als eine vage Zukunftsgemein-
schaft des höheren Geistes, und die Klassenkameraden der Oberschule werden sich, ist einmal das ‹Reife›-examen bestanden, vermutlich in alle Winde zerstreuen. Wirz scheint von Anfang an nicht
eine organisch sich verschlingende und sich rundende ‹Handlung›
ins Auge gefaßt zu haben – ist nicht vielleicht die nicht fortlaufende
Seitenzählung des Manuskripts, in welchem jedes Kapitel seine
eigene Numerierung hat, als wäre es ein in sich geschlossenes Ganzes, ein Zeichen dieser großräumig mosaikhaft angelegten Werk-
struktur? Dieser Roman *ist also vollendet,* wäre auch bei doppelter
Seitenzahl kaum vollendeter, und da er bis ins Kleinste – und mit
welch überlegenem Stilgefühl! – durchkorrigiert ist, so harrt er nur
noch der Veröffentlichung.

Zweifellos: eine solche wird auf ‹entsetztes› Kopfschütteln und
Bewunderung zugleich stoßen – vielleicht zunächst besonders auf
mehr oder weniger unwilliges Kopfschütteln. Kritik – und Leser –
werden einesteils finden, wie Ad. Spemann, Otto Wirz' früher Verleger, in seinen Erinnerungen an den «Magus aus der Schweiz»
sich ausdrückt[27], der Dichter habe hier die Verbindung mit irdischer Realität vollends verloren, und die schon seit seiner Befreiung von Berufspflichten auf ihn lauernde Gefahr, «in sich selbst
abzustürzen», sei mehr noch als im zweiten und dritten Roman
Wirklichkeit geworden; andernteils wird sie nicht umhin können,
die geniale spracherfinderische Kraft, die makellose Stileinheit, die

---

[27] Der Magus aus der Schweiz. Schweizer Monatshefte, Febr. 1959.

Auffrischung des ganzen Sprachantlitzes, auch die hohe ethische Einstellung rühmend hervorzuheben. Und sind überdies der glänzend durchgeformten, fein und geistreich beobachteten Szenen und Bilder, der tiefsinnig durchdachten und anschaulich lächelnd vorgetragenen Betrachtungen nicht viele? Einige Beispiele.

Der Klassenlehrer Keller hat den Schulabwart Moser, den die Buben mit Fragen über den eben bekannt gewordenen Wolgemuth-Handel bestürmt, aus dem Schulzimmer hinausbeordert:

Herr Keller erkannte nicht das wohltuend Neckische der Situation. Er prägte des Gegenteils seine Autorität auf plastisches Höchstmaß aus, klemmte sich das Produkt drohend ganz vorne in die Visage und ließ dann aus dieser Blicke hervorbrechen, welche alsobald einschüchternd und mahnend durch die Reihen schlichen ...

Er betrat aufs neue den Katheder, setzte sich hin.

Er ruderte mit den Armen vor sich durch die Luft, als wären ihm die Rockärmel zu weit nach vorne gerutscht, so daß sie ihn in den Ellenbogen beengten. Den Lippen entwich ein unverständliches Gemurmel, das vermutlich seiner Wertschätzung für den ‹alten Tagedieb› [den Abwart] Ausdruck verlieh.

Er zog das Taschentuch hervor, versorgte es gleich wieder hinten im Rockschoße.

Er schloß die Augen.

Er öffnete sie.

Er lehnte sich zurück.

Er räusperte sich.

Er fuhr mit der Hand über die Stirn.

Er hob den Kopf.

Er faßte mit der Rechten korrigierend an den Kravattenknopf.

Der Unterricht begann.

Der offiziell verfemte Uli Holliger hat in spontaner Gutherzigkeit der abseits lebenden alten und kranken Spetterin Marianne Sutter durch allerhand Dienstleistungen geholfen, endlich auch den Dr. Wanderlust gerufen, der etwas überrascht ist, daß man ihn so spät benachrichtigte:

Er sprach sänftiglich von einer gewissen Verantwortung, die durch das Hinauszögern entstanden sei, und legte seine freundlichen Blicke werbend über den ungebärdigen Knaben.

Uli nahm die Eröffnung auf gespreizten Beinen entgegen, die Hände in den Hosentaschen vergraben. Er kaute an einem Grashalm, der ihm aus dem Munde hing. Die Sonne blendete, sodaß er komisch blinzelte, derweilen er den liebenswürdigen Mahner aufmerksam beguckte, als wäre der ein seltener Vogel und als gälte es, sich dessen eigenartige Erkennungsmerkmale fest einzuprägen. Dazu flammte das helle Licht wunderbarlich in seinem Kraushaar, und auf Wangen und Kinn traten die Sommersprossen aufdringlich in die Erscheinung wie Sterne am klaren Nachthimmel.

«Na!», sagte der Doktor leicht beeinträchtigt. «Wie denkst du darüber?»

Uli zuckte schweigend die Achseln und fuhr in seinem Einprägeverfahren fort.

«Schade!» murmelte der Arzt, anscheinend mehr an sich selber als an den andern gewendet, während er bei halb offenem Munde mit dem Zeigefinger hörbar die bärtige Wange kratzte. «Wirklich schade. Weil doch eigentlich gar nichts hindert, daß wir gute Freunde wären.»

Wie treffend werden Bemerkungen zum Weltlauf formuliert:

Wenn einer [wie der Schulabwart] schon nicht mitten hineingestellt ist in die Splitterwirkungen des großen Lebens, sondern in der friedfertigen Umrahmung von Amtsbefugnis, Tagesanzeiger, Kanarienvogel, Schnupftabakdose und Zimmerpflanze sicher wie eine Fledermaus an der Lebensmauer hängt und mit nichts als mit Schülern, Schulhäftlingen, Putzfrauen und Lehrern zu plänkeln hat, bis er überflüssig wird, bis der Tod an der Hausglocke erscheint und den ausgeleierten Restwisch herunterfegt, so mag ihm zwar die Eintönigkeit seines Daseins hie und da langweilig erscheinen. Aber, er hat es gut. Er hockt zeit seines Lebens unangefochten vor der Schaubühne, welche die Welt heißt, oben im fünften Rang und kann zu den dargestellten Vorgängen Beifall klatschen, oder sein Mißfallen bekunden. Wie es ihm gefällt.

Gescheit, oder dumm.

Meistens gescheit. Nach dem Ausmaß verbissenen Meinungsstreites, der unter uns fortdauernd bemerkt werden kann.

Dumme einigen sich leichter.

Füchslin (zu Dr. Wanderlust), nachdem er vor dem Arzte düstere Zukunftsvisionen der Vermechanisierung des Lebens beschworen:

«Wie? Sie schütteln das weise Haupt?

So führen Sie sich doch mal eine senkrechte Jazzmusik mit dem zugehörigen Drum und Dran zu Gemüte, begutachten Sie mit äußerster Zurückhaltung den geölten und gewellten Haarschopf der Jünglinge als Ausdrucksmerkmal des Innenmenschen und bei ihren Viragos die geweihten Fingernägel, wie sie mit knalligem Rot so unmißverständlich auf vervielfältigte Phallos gemaßregelt sind. Von der manchesmal ins Violette schimmernden Coiffüre und von den kurvig auf ein schwindsüchtiges Fadennichts zurückrasierten Augenbrauen durchaus zu schweigen. Nur auf die vierbeinige Parkettbodenkombination in ihrer marmorisch-lächelnd verswingten Isolierung soll noch der huschende Bedacht genommen werden. Denn, nicht einmal fünfzig Jahre zurück, und dieser Anblick würde die Insassen einer kantonalen Irrenanstalt – ich schwöre Ihnen! – in ihrer Gesundheit auf einen Schlag wiederhergestellt haben. Während ihre Nachfahren von heute auf die gleiche Weise permanenten Tobsuchtsanfällen anheimgegeben wären.

Die Zeiten ändern sich. Sie wechseln die Folgen. Begreifen Sie?»

Die Ironie auf den geschäftig-verdienerlichen Heimatgeist erklimmt eine fast zynische Höhe im ‹ Unser Fränkli ›-Paternoster:

Unser Fränkli, das du thronst in der Glorie, geheiliget werde dein Name. Zu uns komme dein Reich. Dein blauer Wille geschehe unter all unserem Himmelsrund. Wirf den Armen ihr Brot hin, entkräfte unsere Schulden, heilige den Verlustschein und führe uns nicht in die Notdurft. Denn dein ist alle Macht und die Kraft und die Herrlichkeit in den Kantonen. Ecco.

Ganze Kapitel auch, wie der ‹Vergeltstag› der Eltern Konrads (1. Kap.), das Aareschwimmen (3. Kap.), Ulis Eltern (Uli geht hier nach einer tragikomisch-grotesken Szene die niederschmetternde Erkenntnis auf, daß seine Mutter wahnsinnig ist, vom unheimlich doppelmenschlichen Vater zum Wahnsinn getrieben wurde, 9. Kap.), Maß für Maß (die Bubenschlacht, 11. Kap.), weisen eine bewundernswerte epische Dichte auf.

Zugegeben: zuviel ist der ‹kondensierten Vokabeln›, der ‹schwelgerischen Entgleisungen›, der allzu ‹geschniegelten Sprüche› und ‹spukigen Mitteilsamkeiten›, des nur ‹gekonnten Palaverzeugs›– welche Selbstkritik aber schon in diesen Ausdrücken! Zugegeben auch: die burschikos-studentische und die hochintellektuelle Sprechweise gehen nicht immer eine glückliche Legierung ein, da bei Wirz die Tendenz besteht, beide auf eine Spitze zu treiben: zuviel wird ‹geschmissen›, ‹verabreicht›, ‹genehmigt›, ‹gefeixt› usw., zuviel wird redend ‹gehustet›, ‹gemault›, ‹getüschelt›, ‹geschluchzt›, ‹gewiehert›, ‹gemeckert›, ‹geschnattert›, ‹gebelfert›, ‹geunkt›, ‹gemunkelt›, ‹gezirpt›, ‹geräuspert›, ‹gestottert›, ‹geflötet›, ‹gefiedelt›, usw., hält man auch der nötigen Farbenauffrischung etliches zugute; zugegeben des weiteren: die Perioden sind oft zu lang (bis über 20 Zeilen mitunter), und die dialektische ‹Fabelwut› scheint sich des öfteren nicht Einhalt gebieten zu können – ‹et cetera pepe›, ‹Punkt. Streusand› möchte man häufiger noch mit den Palaverhelden sagen! – Wie überbordet dennoch immer wieder das Entzücken an solcher Sprachvirtuosität, die zugleich ein hohes Lebensethos ist! Man ‹schmeißt› die Blätter hie und da unwillig weg, und kehrt doch wieder zu ihnen zurück, wie magnetisch angezogen. Und liest man sich drei-, viermal in die Texte ein, so verlieren sie, zum Großteil wenigstens, ihre scheinbar künstliche Seltsamkeit, das anfänglich neue Wort ‹stört› schließlich nicht mehr, und einigermaßen schal findet man dann die gewöhnliche Dichtersprache.

*

Etwas schal, zum Teil wenigstens, haben dem Dichter selber die eigenen novellistischen Erzeugnisse vorkommen müssen, wenn er sie in späteren Jahren wiederlas. Denn in ihnen, die sich sozusagen als Ruhepunkte zwischen die größeren Schöpfungen einschoben, blieb er dem herkömmlichen Stile zur Hauptsache treu, vielleicht auch, um mitunter etwas verlegerisch ‹Gangbareres› in die Welt zu setzen[28].

Das gilt nur in geringem Maße für die «Novelle um Gott» (1925). Inhaltlich verflicht diese die Einstellung zum ‹magischen› Gottesproblem mit dem Generationengegensatz (s. vorn S. 404), hüllt sich aber, was den tieferen Sinn anbelangt, in eine gewisse Dunkelheit, denn sie kreist um vier Charaktere, deren Zusammenspiel sich erst dem nachdenklichen Blick offenbart. Noch während oder kurz nach der Vollendung der «Gewalten eines Toren» verfaßt, klingen in ihr Züge und Fragenbereiche nach, die im Roman zutage treten. So hat Raoul als Suchender etliches mit Calonder gemein, und Gerda könnte als Charakter und als Temperament ein Kind des ‹Toren› sein.

Vier höchst ungleiche Gestalten, durch ein weitgezogenes verwandtschaftliches Band einander angenähert und für eine Weile im gleichen Hause vereint, begegnen sich, – und Funken sprühen. Der Vorkriegsgeneration gehören der Großonkel Wild und die Tante Unspunnen an, der neuen Generation der Theologe Raoul, ein Enkel der Unspunnen, und Wilds Nichte Gerda, ein Mädchen von zwanzig Jahren. Der Onkel Wild: ein früherer Brausekopf und Lebemann, Erfinder und Weltreisender, finanziell bald oben, bald unten, nun, physisch ausgehöhlt, am Rande des Todes, doch geistig

[28] Vgl. zu solchen zeitweiligen Anwandlungen Maag, 58.

gerne noch die Waffe kreuzend, weltanschaulich wie viele seiner
Generation ein dilettierender Skeptiker, der um seine Schwächen
weiß. Die Unspunnen: physisch und geistig eine ‹Konserve›, geschwätzig festgefahren in ihren frömmlerischen Vorurteilen, ver-
narrt in den Enkel, den ‹Goldsohn›, dessen Studien sie stipendiert,
abhold der ‹Hexe› Gerda mit den schlechten Schulzeugnissen, der
sie das Studieren abgeraten. Raoul: der wohlgebaute, wortsichere
junge Gottesgelehrte, in den Manieren etwas schauspielerisch, zu
geschliffen, doch religiös ein Gottsucher, der sich von pietistisch-
asketischen Anschauungen und Praktiken (das Brett im Bett, das
Hungern) durchgerungen zum Bekenntnis des gewaltigen Lebens
selber, das das ‹unmaßstäblich Maßgebende› ist, vor dem die
Dinge, so köstlich, so mächtig sie auch seien, zu nichtigem Staub
zerknirschen müssen, vor dem nicht das Einzelmenschliche, sondern nur die ganze Summe des ‹Augenblicks von überall› gilt:
zwischen einem ‹Toten› und einem ‹Kindchen›, zwischen dem
Nichts und der mystisch erfahrenen Kindlichkeit hat er das ‹Ganze›
entdeckt, das schlechthin Andere, das Unbedingte – in drei Tage
lang fastend betrachtetem Spiegel hat sich ihm sein eigenes Antlitz
in das der Gesamtheit gewandelt. Gerda: Tochter eines ‹ewigen
Stromers› (wie die Tante sagt), frühe Waise, nun den kranken
Großonkel pflegend, schweigsam, temperamenthaft ebenfalls der
‹ganzen› Wahrheit zugetan, fast grausam freimütig – einzig und
allein im Lügen sei sie (die Tante) wahr, sagt sie dieser ins Gesicht
heraus, und was sie entschuldige, sei nur dieses: daß sie es nicht
wisse; und gereizt schleudert sie in der Empörung dem Onkel die
Aufforderung zum Selbstmord zu: «Meinst du am Ende, ich
fühle nicht, daß es nur feige ist, ein ungeistiges Leben mit Geist ab-
zuschließen. Schließ es frech, wie du es führtest, wenn du ein Mann
bist; oder mit Gelächter verzichtend auf den traurigen Rest»; re-
solut wirbelt sie die sie scheltende Tante zur Türe hinaus, und un-
zimperlich sagt sie von Raoul zum Onkel: «Soll sich mal ein lebendiges Weib ins Bett nehmen!» – auf seinem Bettrand sitzend, erzählt sie Raoul, dem früh schon heimlich geliebten, von ihrem innersten Wesen, von Gott auch, der im Menschen ‹unten rum›
hockt, im Blut, und von dort ‹Auftrieb› bekommt. Und der Onkel
befolgt die Anweisungen zum Selbstmord, nimmt Gift, hinterläßt
der Nichte sein Vermögen – sie aber verbrennt im Zimmerofen

Banknoten und Wertpapiere. Und während die Unspunnen dem Toten einen letzten Dienst erweist, kommt es weich und selig über Raoul, ein Mund sucht sein Ohr, und er vernimmt einen Hauch: «Nun wird lehren das eine Fleisch das andere Fleisch»: Gerda – nicht seine Verlobte («An den Herrn Theologen bindet sich das staatsbürgerliche Weib, nicht ich»), wohl aber ein ‹mütterliches Mädchen›.

Gerda ist ganz offensichtlich die Hauptgestalt, sie die tätige, wenn auch die ‹Erprobung› des magischen Ich dem Theologen zugeteilt ist. In diesem Mädchen verkörpert sich ein Ideal neuer Jugend. «Gerda! (sagt Wild zu ihr) Du bist groß. Du bist wahrhaftigen Gottes ein *Mensch*.» Unmittelbare, unbefangene, ganz unkonventionelle ‹Natur›: «groß-natürlich, orkanisch, ganz unglaublich und unerhört, sehr sternenhaft.» Das Wort ‹Gott› schon empfindet sie als Anmaßung, als Herunterziehung, als Gotteslästerung. Das Echte, Unverfälschte, Unverbildete, Unverbogene ist ihr Ziel. Sie spielt nicht mehr, wie noch die der früheren Generation, sie *ist*. Ohne Vorurteile, ohne Egoismus, Weib aus tiefstem Trieb heraus, schroff und doch liebend – Otto Wirz verlieh ihr unverkennbar einige seiner eigenen Charakterzüge. Neben der reinen Größe dieser Gestalt ist Raoul, trotz seinem Suchertum, trotz seiner ‹Philosophie› und erkämpften Weisheit, allzusehr noch belastet mit vergänglichen Problemen. Gerda schon ist ein ‹Rebell› und ein ‹Geist›; in Uli Holliger wird sie Urständ feiern.

Eine Gerda-Natur, ebenso eigenwillig und unverbraucht, doch mit einem Stich ins Intellektuelle und ‹staatsbürgerlichen› Banden weniger feind, ist Camilla in *«Rebellion der Liebe»* (1937). Hier freilich überbrücken Begeisterung und Liebe den Generationenabstand, denn dargestellt wird – in Briefen des Hauptbeteiligten an seine Mutter – die «Verwandlung eines alt-eingefahrenen, schon so gut wie unverrückbar erscheinenden Soldaten- und Junggesellentums in ein zukunftfrisches Privatleben und eine junge Ehe mit Exerziervorschrift». Erzählt wird, mit andern Worten, wie die Gymnasialmaturandin Camilla Rotach, derweil Aushilfskellnerin in der Offizierskantine zu Thun, und der fünfzigjährige eidgenössische Artillerieoberst Heinrich Waldvogel sich liebend finden: Liebe auf den ersten Blick (oder fast) bei beiden schon in der Kantine, und beidseitige Vertiefung dieser Liebe auf einer Autofahrt

von Thun über Bern, Murten in den Berner Jura zu einer Pferde-
zuchtanstalt. Kleine Abenteuer: die Liebes‹philosophie› auf dem
Wistenlacher Berg, die ‹Rettung› der etwas unvorsichtigen
Schwimmerin im Neuenburgersee, der peinliche Zwischenfall mit
der Frau eines befreundeten Hauptmanns, die Geschichtslektion in
Aventicum, die Reitkunst beim Gestüte, usw. Und das Fazit: der
Artillerieoberst wird auf seinen Instruktionsberuf verzichten und
mit seiner jungen Frau Pferdezüchter im Jura werden.

Des ‹Gerda›-Temperaments Camillas wird man dennoch nur
halb froh, denn zu naturalistisch unverwandelt, unerhoben, zu autobiographisch nah ist einerseits diese Liebesgeschichte, zu forciert,
intellektuell ‹Füchslin›haft übersteigert anderseits der Charakter
Camillas: sie löst komplizierte ballistisch-mathematische Probleme
nur so aus dem Handgelenk, dichtet aus dem Stegreif, läßt sich
kennerhaft über Nietzsche aus, redet lateinisch, hält dem Verlobten
mit ‹fast stygischem Ernste› ein Kolleg über römische Geschichte …; ein Über-Mädchen, beweist sie zwar dennoch auch weiblich-
ste Aufopferung, als der Bräutigam, der auf einem Ritt von einem
Hornissenschwarm überfallen worden, im Spitale liegt. Sie ähnelt
hierin den ‹Aufwüchslingen› in «Rebellen und Geister» – die intel-
ligenten Überspanntheiten aber passen zu den Oberschul-Jünglin-
gen doch noch besser. Wie stelzend verstiegen dabei etliches: was
nun eigentlich vorliege (fragt Camilla), ob eine dumme Schwär-
merei oder eine gescheite Begnadung: «Vielleicht sogar: eine voll-
gültige Erweckung des Mädchens Rotach für den Herrn Oberst
Waldvogel, die dieser nicht nur billige, sondern außerdem noch
durch seine höchst eigene Erweckung für das Mädchen Rotach zu
einem richtigen, tief schürfenden Lebensvorgang ergänze.» ‹Lebensvorgang›, ‹Liebesvorgang›, ‹Rettungsvorgang›, ‹Idee›,
‹Subjekt›, ‹Objekt›– mit solchen Ausdrücken steht man nun wirklich «völlig drin im Jargon eines fachmännisch verübten Philosophen» (wie Camilla, die ‹Verüberin›, selber sagt) – was haben diese
aber mit der ‹Rebellion der Liebe› zu tun?

Dichterisch ungleich wahrer als dieser kleine ‹Roman› ist die
fast gleichzeitig entstandene kürzere Erzählung *«Späte Erfüllung»*
(1936). Zwischen den beiden Schöpfungen besteht eine gewisse
Motivverwandtschaft: Liebe, die Altersunterschiede überwindet,
heißt es in der einen, Liebe, die nach langer Trennung strahlender

noch neu erwacht, in der anderen; beide auch sind Briefberichte. Die in hohem Sinn geistigere Atmosphäre jedoch hat «Späte Erfüllung». Die beiden Menschenwesen, die durch Ungeschicklichkeit und Mißverständnis auseinanderkamen und nach verschütteten fünfundzwanzig Jahren sich fast ungläubig noch und doch selig wiederfinden, leben in der ‹höheren Individuation›, gehen ihr jedenfalls entgegen. «Jetzt erst glaubte ich richtig zu ergreifen (schreibt Ulrike Muralt nach dem erlösenden Durchbruch an Kaspar Escher), was Kunst ist: die vollendete Gelöstheit, die vollkommene Ruhe der Seele, selbst über den schrecklichen Dingen ... Du siegtest. Deine Seele verwandelte die Sphären. Selig, doch mit unzulänglichen Worten, kreise ich um das Licht ... herrlicher Wiedererwecker unserer Jugend, Du!» – Was ist geschehen? Äußerlich wenig: kleine Begebnisse, Musikübung insonderlich, hatten Kaspar und Ulrike einander in ihrer Jugend näher gebracht; Kaspar ahnte Ulrikes Liebe, wagte es aber in unerklärlicher Scheu nicht, mutig sein Glück zu ergreifen, wurde schließlich abgewiesen; er blieb unbeweibt, stürzte sich in seinen Ingenieurberuf – um nach zweieinalb Jahrzehnten brieflich an die einst Geliebte zu gelangen. Diese, in der Zwischenzeit verheiratet, geschieden, mit einem Sohn an der Hochschule, antwortet nach Monaten des Schweigens ausweichend, ironisch, hart. Kaspar läßt die ‹Strafkur› über sich ergehen, schönt nichts auf, was seine Person betrifft, und sie ihrerseits gesteht, schützt ihr Gealtertsein vor, ihren Hinkefuß (eine kleine Lüge!). Vierzehn Tage wartet er in Thun auf ein Zusammentreffen mit ihr – eine Stunde vor der bestimmten Abreise erst erscheint sie:

Nie werde ich vergessen [schreibt sie ihm später], wie Du eine Stunde vor Abfahrt Deines Zuges bei meinem unvermuteten Eintritt in Dein Zimmer über Deine Koffer gebeugt zusammenschrakst, Dich langsam aufrichtetest, während Deine Blicke unverwandt auf mir hafteten, alle Farbe aus Deinem Antlitze wich und Du nach einer Stuhllehne griffst, Dich zu stützen. Da war es ganz um mich geschehen. Ich stürzte herbei, Dich aufzufangen, vergaß das aber sofort wieder, barg meinen Kopf an Deiner Schulter und schluchzte. Dein Atem ging schwer, der Arm über der Stuhllehne zitterte, und Du standest unbeweglich und wortlos da. Aber ich fühlte es mit dem innigsten Entzücken, daß Dich die Kränkung nicht verwandelt hatte, daß Dein Herz mir gnädig geblieben war.

Verzeih der Törin die trabende Vokabel. Ich finde kein richtigeres und kein besseres Wort.

Wunderbar lösend und versöhnend fuhrst Du dann sachte über meinen Scheitel, Du nahmst meinen Kopf in Deine beiden Hände, und wir sahen uns lange an.

«Wo gibt es denn heutzutage noch einmal einen Mann (und eine Frau), die, fünfundzwanzig Jahre auf ihre Reife und auf ihr gemeinsames Geschick zu warten, verstanden worden wären einzig und allein aus der Jahrzehnte verschlingenden Schwingung ihrer Herzen?» (schreibt Ulrike). – «Oh, meine Ulrike, wollen wir uns nicht bei allen guten Gelegenheiten Rechenschaft geben über uns selbst? ... «Einfach so», aus Deiner klaren, reinen, wundervollen, selbstverständlichen Naturhaftigkeit heraus. Ich liebe Dich grenzenlos. – Wollen wir? Willst Du? – Für den Geist in der Welt. Für unsere Reinigung von den Schlacken des Unzulänglichen» (schreibt Kaspar).

Das kleine Werklein ist aus einem Guß, knapp, kraftvoll in der Sprachführung – in ihm steckt etwas von jener ekstatischen, ja heiligen Nüchternheit, von der in «Prophet Müller-zwo» und in «Rebellen und Geister» die Rede ist. –

Otto Wirz hat, in nicht großer Anzahl zwar, auch Gedichte geschrieben, solche freilich nie gesammelt veröffentlicht. In «Gewalten eines Toren» drückt Calonder oftmals Stimmungen in Versen aus – sie begleiten ihn bis fast in den Wahnsinn hinein. Einzelnen lauscht man ergriffen: so denen, die Fortuna in hellseherischem Traume singt, man fühlt sich an Goethes Mignon-Lieder erinnert:

> Daß ich dich vor Wahn behüte,
> hab ich dieses aufgesucht:
> Herz, im Kinde ist es Blüte,
> in dem Manne ist es Frucht.
>
> Löst sich heiter vom Geäste,
> schwebt dann durch den hellen Rund,
> lächelt deinem Tränenfeste,
> weint das Freudige gesund,
>
> bis es in den reinen Sphären
> selig unter Sternen kreist
> und im irdischen Bewähren
> dich zum Vaterherzen reißt.

Manchmal sagt man sich, mit Calonder, Verse vor, die man nicht vergißt:

> Freundlich ist die Himmelszier,
> süß der Hauch der Erden ...

Daß das «Herz» sie ihm gibt, glaubt man gerne:

> Verzauberte Wolkenklüfte
> fahren durch die Höhn.
> Im steilen Turmgeschlüfte
> schwillt der lockende Föhn.
> Die Welt wird weit und dunkel,
> so viel ich schauen mag;
> im letzten Glutgefunkel
> zergeht der laue Tag.
> Die Stadt sinkt in den Schlummer
> der kühlen Sternenruh,
> und deinem heißen Kummer
> fallen die Augen zu.

Die letzten Verse von Otto Wirz waren dem «Untermann» gewidmet, jener geheimnisvollen Gestalt in «Prophet Müller-zwo»,
die, aus dem Unterbewußten steigend, das magisch ‹Prophetische›
in sich faßt, darum um Quellgebiet und Zielbestimmung dieses
Dichterischen weiß:

> Laß mich deine Größe überschreiben,
> Untermann, du panisches Gesicht.
> Ich versteh ja doch nicht in die Weiten
> und zur Gänze deinen Unterricht.
> Hab nur so ein listiges Beginnen
> drin im Blute stecken nach Manier
> alter Weibsgedanken, wenn sie spinnen,
> und im Salon klimpert wer Klavier.

Welche Demut in diesem Bekenntnis, nachdem der Dichter ein
Werk lang sich um diesen ‹Unterricht› bemüht!

*

Wir kommen zu unserer eingangs gestellten Frage zurück: Bestehen
Aussichten auf eine künftige Wendung in diesem dichterischen Unschicksal? Wir glauben die Frage bejahen zu dürfen. Breite Leser-
massen zwar wird Otto Wirz niemals um sich scharen, dafür wandelt er in Gehalt und Form zu weit von der Heerstraße. Eine Gemeinde von Kennern aber wird ihm ohne allen Zweifel die Treue

halten, wird das vermehrt noch tun, wenn einmal «Rebellen und Geister», das noch unveröffentlichte Werk, bekannt geworden. Scheidungen in den künstlerischen Werten freilich werden kaum zu umgehen sein; doch läßt sich aus seinen Schöpfungen eine nicht geringe Zahl von Seiten, Stücken, Kapiteln herausheben, die auch strengstem kritischem Urteil standhalten (die kleine Sammlung «Das menschliche Herz schläft» hat das schon bewiesen) – der Endroman wird diese um ein Erkleckliches vermehren. Und noch klarer wird dann fühlbar werden, welch vergeistigtes Weltbild, welche Motiveigenart und -frische, welch meisterliche Spracherneuerung dieser Dichter in die heimische Literatur brachte. Emil Staiger fand in den «Gewalten eines Toren» etwas Basiliskenhaftes [29], und in Wahrheit: Otto Wirz ist der Dichter mit dem Basiliskenblick, mit dem ‹Blinken des Stahles› im Auge. Diesen Blick auszuhalten, ist weder leicht noch immer angenehm. Wer ihn aber aushält, der fühlt sich von vielen ‹Schlacken des Unzulänglichen› gereinigt, im Sittlichen wie im Künstlerischen.

Biographische Notiz. – Otto Wirz, 3. Nov. 1877 – 2. Sept. 1946. Geboren in Olten. Von beiden Eltern her bäuerlichen Ursprungs. Der Großvater, Johann Rudolf Wirz, war Gerichtspräsident in Schöftland. Der Vater, Otto Wirz, Ingenieur an verschiedenen Orten des In- und Auslandes, zuletzt und während 25 Jahren Oberingenieur bei der Firma Werner & Pfleiderer in Cannstatt-Stuttgart (Tod 1926): eine einfache, schlichte, ideal gesinnte Natur, ein erfinderischer Geist, hohe Meinung vom Werte der Wissenschaft im Sinne der Ehrfurcht vor der Göttlichkeit der Welt. Die Mutter: Ida geb. Lüscher, Tochter eines Zigarrenfabrikanten in Seon, temperamentvoll, musikalisch, bildungsbeflissen, aufgeregt – sie wirkte oft unheimlich auf den vielseitig hochbegabten Sohn, den es mehr zum Vater zog. Gymnasium in Donaueschingen, wo der Rektor Bissinger, eine «herrliche» Gestalt, ihn nachhaltig beeinflußte. Der Vater wünschte eine technische Laufbahn. So besuchte Otto Wirz das Technikum Winterthur, dann, nach einer Werkstättepraxis in St. Gallen, die Technischen Hochschulen in München und Darmstadt; an letzterer erhielt er unter 26 Kandidaten das zweitbeste Diplomzeugnis des elektrotechnischen Faches und hatte sich daneben doch auch für philosophische und literarhistorische Vorlesungen eingeschrieben. Kürzere Zeit betätigte er sich hierauf als Instruktionsoffizier der Artillerie in Thun, veröffentlichte auch zwei in Fachkreisen vielbeachtete ballistische Untersuchungen. Dann von neuem Darmstadt: Assi-

[29] «Maß für Maß». Ein Kapitel aus dem unvollendeten Roman «Rebellen und Geister». Worte gesprochen als Begrüßung (1943).

stent für das Fach Wasserkraftmaschinen bei Geheimrat Prof. Adolf Pfarr. 1907–08: Konstrukteur bei Escher Wyß & Cie. in Zürich, wo er die Turbinen für das neue Albulawerk zeichnete. Von 1908–1926 technischer Experte am Eidgenössischen Patentamt in Bern, wo u. a. Albert Einstein sein Kollege und Freund war. Tiefen Eindruck machte ihm der frühere Direktor des Amtes, Friedrich Haller, der Vater des Bildhauers Hermann Haller. In Bern verheiratete er sich mit der aus Lenzburg stammenden Konzertsängerin und Gesangspädagogin Clara Wirz-Wyß. Der Ehe entsprossen drei Kinder. In den ersten Bernerjahren schrieb er Musikkritiken für den «Bund» und die «Schweizerische Musikzeitung». Die Musik spielte überhaupt in seinem Leben eine außerordentliche Rolle. Seine Bewunderung und Liebe galt insonderlich Bach, Beethoven, Schubert, Hugo Wolf, Othmar Schoeck; selber vertonte er Kellersche und Hermann Hessesche Texte. Als Artilleriehauptmann marschierte er 1914 mit seiner Batterie an die Grenze. Nun regte sich der schriftstellerische Geist. Im Laufe von zwölf Jahren entstand, in den einzelnen Abschnitten oft umgeschrieben und bis ins Letzte ausgefeilt, der Bildungsroman «Gewalten eines Toren» (erschienen 1923): er hatte erkannt, daß man sich auf den Menschen und dessen Eigenstes besinnen müsse, wenn man aus dem nur naturwissenschaftlichen Denken herauskommen wollte. Wegen fortschreitender Tuberkulose ließ sich O.W. 1926 vorzeitig pensionieren, lebte mit seiner Familie einige Jahre in Zürich, seit Mitte der dreißiger Jahre im «Örtliboden» bei Gunten am Thunersee, ein gastliches Haus führend, wo viele bedeutende Menschen und Künstler verkehrten. Goethe, Shakespeare, Dostojewski, Gotthelf, G. Keller, Spitteler, in den letzten Jahren auch Rilke, waren, neben Werken der Antike, seine Lieblingslektüre. Im äußeren Gehaben zeigte sich der im ‹Ganzen› des Geistigen lebende Wahrheitssucher zuweilen schroff und distanziert: wie der ‹Tor› Hans Calonder wandte er sich oft gerade von denen ab, die er liebte. Noch entstanden die Romane «Die geduckte Kraft» (1928) und «Prophet Müller-zwo» (1933), sowie mehrere Novellen. Das Werk, das sein letztes Wort enthalten sollte, der umfängliche Roman «Rebellen und Geister», blieb unveröffentlicht. Am 2. September 1946 erlag seine zähe Konstitution der Krankheit, die ihn Jahrzehnte hindurch gefoltert. Auf seinen Wunsch wurde er in der Heimatgemeinde Schöftland begraben.

Biblographisches: Die Gewalten eines Toren (1923); Die geduckte Kraft (1928); Prophet Müller-zwo (1933); Novelle um Gott (1925); Späte Erfüllung (1937). – (Diese fünf Werke erschienen bei Engelhorn in Stuttgart, hier auch «Die Flucht vor der Klugheit», fünf Kapitel aus den «Gewalten eines Toren»). – Rebellion der Liebe (1937, bei Rentsch, Erlenbach-Zürich). – Lüthi Lüthi & Cie., verschiedenenorts, zuerst unter dem Titel «Der Holländer, eine köstliche Geschichte aus Großvaters Zeit», im Jungschweizer, 1936, erschienen. – Maß für Maß. Ein Kap. aus dem unvollendeten Roman «Rebellen und Geister», mit einem Geleitwort von Emil Staiger. Schriftenreihe des Zürcher Schriftstellervereins. Elgg, 1943. (Ein Exemplar des Romanmanuskripts liegt auf der Landesbibliothek in Bern). – Wandlungen. Erzählung. Neue Zürcher Zeitung, 1. Nov. 1959, Nr. 3320. – Der Eisenbrecher. Erzählung. Mit biogr.-bibliogr. Notiz von Wolf Wirz. Der Bogen, Heft 68, Tschudy, St. Gallen,

1959. – Das magische Ich. Mit zwei Preisaufsätzen über O. W. (Engelhorn, 1929). – Eine Auswahl von sieben Abschnitten aus den Werken von O. W., hsg. von Franz Hammer, erschien 1938 unter dem Titel «Das menschliche Herz schläft» im Erich Röth Verlag, Eisenach (jetzt Neuauflage im selben Verlag, in Kassel).

Über Wirz: Emil Staiger: O. W. † Neue Zürcher Zeitung, 14. Sept. 1946, Nr. 1638. – Kummervoller Spaß – spaßiger Kummer. O. W. im Spiegel seiner Briefe, mitgeteilt von Carl Seelig. Neue Zürcher Zeitung, 17. März 1957, Nr. 749. – Carl Seelig: O. W. (1877–1946). Ein Rebell unter den deutsch-schweizerischen Erzählern. Die Ernte. Schweiz. Jahrbuch, 1959, S. 47–58. – Adolf Spemann [der Stuttgarter Verleger von O. W.]: Der Magus aus der Schweiz. Erinnerungen an O. W. Schweizer Monatshefte, Febr. 1959. – Wolf Wirz: Max Otto Wirz. Biogr. Lexikon des Aargaus 1803–1953. – Reinhart Maag: O. W. Die Gewalten eines Toren. Diss. Zürich, 1958. Verlag Keller, Winterthur, 1961. Mit drei Bildtafeln und Literaturverzeichnis bis 1957.

MARIA WASER

In der verhältnismäßig kurzen Spanne von fünfundzwanzig Jahren, die ihr Schaffen umgrenzte, fand Maria Waser ein außerordentliches und vielfältiges Echo. Literarisch und menschlich schien sie von allen guten Geistern gesegnet. Aus weit über die Landesgrenzen hinaus wachsenden Kreisen strömten ihr Sympathien, immer mehr auch Anrufe verschiedenster Herkunft entgegen. Was schlug die Leser und Hörer dermaßen in ihren Bann? War es die Leucht- und Überzeugungskraft ihrer Werke, die an Saiten zu rühren verstanden, welche in vielen klingen wollten? War es der Zauber ihrer menschlichen Persönlichkeit? Faßten sich in ihr – in der Schweiz eigentlich zum ersten Male – geistige und künstlerische Kräfte von ungewöhnlicher Intensität in einem *Frauen*bild zwingender Art zusammen? All das mochte mitbeteiligt sein.

Und kaum war die Dichterin dahingegangen, so kam der Krieg, Ideale zerstörend, Perspektiven verrückend, allerorten geistige Vakua schaffend. Maria Wasers Stimme – ihre im Leben so schöne, so klangvolle Stimme – tönte plötzlich wie aus abgestorbenen Räumen her. Ihr deutscher Verleger weigerte sich, ihre Bücher neu herauszugeben, und in der Schweiz kam es erst nach zwanzig Jahren zu einer – unvollständigen – Neuausgabe. Das Schweigen hatte sich um einen Namen gelagert, der lebendigstes Erbe zu verkörpern schien. War es die Verdunkelung, die viele Dichter für kürzere oder längere Zeit nach ihrem Tode trifft und aus der sie umso strahlender wieder hervortreten können? Oder hatten sich die Bedürfnisse und Aufnahmefähigkeiten dermaßen geändert, daß für Maria Wasers besondere Art keine Resonanz mehr möglich war? Man geht kaum fehl, wenn man annimmt, ersteres sei der Fall. Denn Maria Wasers Werk hat dichterische Werte, die zu kostbar sind, um mir nichts dir nichts untergehen zu können, hat solche, auch wenn kritische Scheidungen und Unterscheidungen sich aufdrängen und trotz einer gewissen rhetorischen Tendenz, die dem heutigen Geschlechte wenig oder nicht mehr zu Herzen geht. Welches sind ihre Standorte, welches ihre Stärken und ihre Schwächen?

*

Maria Waser erwachte zum geistigen Leben unter denkbar günstigen Umständen. «Ja, das Glück wuchs ihr über alle Wege, daß sie nur auszulesen brauchte», heißt es im Roman «Wende», der eigenes Schicksal in leichter Verkleidung darstellt; und gleichenorts: «Frohe, beschützte Kindheit mit ihren Abenteuern und Träumen und dann die Jugend – sie lächelt schmerzlich und tapfer – so, wie sie wohl sein mußte, die große Liebe, die großen Pläne, die großen Illusionen, das große Leid. Und dann die Wirklichkeit: Ehe, Arbeit und der helle Ausweg in die Zukunft, die Kinder …» Ein prächtiges Elternpaar: der Vater ein «heimlicher Philosoph», die Mutter eine «heimliche Dichterin»; zwei ältere Schwestern, ungleich geartet, doch sich aufs schönste ergänzend; ein Haus, in welchem illustre Gäste aus- und eingingen; anregende Dorfverhältnisse inmitten einer hügelseligen, fruchtbaren Landschaft; reiche Erbanlagen im aufgeweckten, sensiblen, ungestümen Kinde. Mit den Studien der Aufwachsenden sogar hatte es das Schicksal gut gemeint: nach dem Unterricht durch die Mutter kurze Sekundarschul-, dann Gymnasialjahre, während welcher der gelehrte Rektor selber die Gymnasiastin – damals noch eine seltsame Spezies – unter seine persönliche Obhut nimmt, ihr tiefe humanistische Impulse schenkend; das Hochschulstudium, das über die antiken Sprachen hinaus Erweiterung und Vertiefung der neusprachlichen Neigungen bringt, ein Heimischwerden insonderlich im Werk und in der Gestalt Goethes, doch auch verweilende Einblicke in die Heimatgeschichte, der die ersten Veröffentlichungen gelten. Und die Gunst des Schicksals blieb ihr auch weiterhin erhalten: es folgt ein unschätzbarer längerer Aufenthalt auf klassischem italienischem Boden in auserwähltem hochgeistigem Kreise, damit das Aufgehen europäischer Horizonte und das Eindringen in die Arkana großer Kunst; und als Mitredaktorin hierauf an einer angesehenen literarischen Zeitschrift erhält Maria Waser Einsicht in die geistigen Probleme ihres Landes und ihrer Zeit, macht auch die Bekanntschaft vieler Dichterpersönlichkeiten ihrer Generation. Und ganz natürlich führt der Weg weiter in Ehe und glückliche Mutterschaft, ins erste Dichterwerk nun auch, das einen bedeutenden Erfolg erringt, und in regelmäßigen Abständen folgen weitere Werke, die ihren Ruhm noch fester gründen; das Schicksalsgeschenk einer hohen «Begegnung» wird ihr zuteil; Ehrungen stellen sich ein, repräsentative Pflichten häufen sich – und als der Tod, allzu früh, an die Türe klopft, da schaut ihm die doch schmerzvoll Überraschte tapfer ins Auge.

Oh, man weiß es: hinter der glanzvollen Fassade war auch viel Leid verborgen: die große Jugendliebe blieb ohne Erfüllung; Ehe und Mutterschaft brachten Sorgen, materielle sogar, wohl auch Enttäuschungen intimerer Art, und vor allem die «große Müdigkeit»; der «kleine Garten» alltäglicher Pflicht und Bescheidung engte die Seele ein; der Tod der Eltern hinterließ fast unverwindbare Spuren; der Ruhm, und was er auferlegte, hatte seine lähmende Rückseite ... Dennoch erstand in diesem Werk und in dieser Persönlichkeit, die sich schrankenlos brauchen und verbrauchen ließ (wandte doch Marias Vater schon auf seine Tochter das bekannte Bild von der an beiden Enden brennenden Kerze an), ein Menschenwesen von imponierender Weite und vielgestaltigen Interessen, von unermüdlichem helferischem Drange erfüllt, nach Klarheit ringend, nach letzter Erkenntnis dürstend, vom «Bewußtsein einer natürlichen Vollendung» beherrscht (wie Peregrina in der «Wende» von sich sagen wird).

Und dichterische Gaben standen Maria Waser in reichem Maße zu Gebote: ein empfindsames, feines, taktvolles Gemüt, eine lebhafte, plastische Phantasie, eine augenfrohe Weltfreude, ein ausgesprochener Sinn für schicksalhaftes notwendiges Geschehen, ein geheimnisvoll ahnendes, einfühlendes Vermögen, eine eindringend urteilende und überlegen disponierende geistige Kraft, eine zuchtvoll kräftige und doch auch wieder zarte Sprache.

*

Fragt sich der nachdenkliche Leser, welche geistigen Züge in Maria Waser die vorherrschenden sind, so muß er, scheint uns, drei vor allem nennen. Der erste ist das tief *Bejahende* ihrer Grundeinstellung zum Leben. Im Monakow-Buch «Begegnung am Abend» legt sie selber dar, was für Kräfte sie in ihren Jugendjahren bestimmten, in den «gnadverlassenen Öden» des sterbenden und den «Sandwirbeln» des neuen Jahrhunderts, als die Naturwissenschaften mit ihren voreiligen «Truglösungen» die Welt entheiligten, als Philosophen, Dichter und Gelehrte (Schopenhauer, Nietzsche, Spitteler, Freud, – selbst der «Weltfreund» Widmann) an der Entgöttlichung des Seins mithalfen: die «Schöpfungsschmähungen» Spittelers werden im besonderen gebrandmarkt, und hingewiesen wird auch auf die Unfolgerichtigkeit dieser Weltverächter, die wohl dem Einzelgeschöpf Mensch Sinn und Sendung nicht nahmen, ihre hohen Visionen aber als Dichterträume hinstellten und das Schöne und Sinnvolle als Reich des Scheins abspalteten von der Welt des Sinnlosen und Häßlichen, die für sie Wirklichkeit und Wahrheit war. Was ihre eigene Entwicklung von vorneherein auf geistgläubigere Wege wies, war die «Macht des Herkommens»: die in ländlicher Freiluft verbrachte Kindheit, der innige Verkehr mit der Erde, mit Pflanze, Baum, Stein und Tier und mit den schlichten Menschen, die dieser Erde dienen, der Geist des Vaterhauses, der geprägt war durch die Ehrfurcht vor der Heiligkeit des Lebens, die Begegnung mit der Antike, die ihr der «innerlich festgefügte» Rektor Georg Finsler vermittelte, das sokratische Daimonion, d. h. jene Macht der angebornen inneren Stimme, die viel geheimnisvoller ist als das sog. Gewissen, die Führung Goethes, der diesem Daimonion gehorcht hatte wie selten einer. Im Hellas-Erlebnis, dann in dem der Monakowschen Forscher- und Denkerpersönlichkeit ging ihr in reifen Jahren die göttliche Rätselgestalt des Lebens noch klarer und überwältigender auf, doch war diese von jeher in ihr lebendig gewesen. Kaum wird bei ihr, in den frühen Werken schon, ein Zweifel laut an der Sinn- und Werthaltigkeit der Welt und des menschlichen Daseins. Wohl sind der Leiden, der Abgründe, der Zwiespalte viele, und der schöpferisch begabte Mensch ist ihnen noch schutzloser ausgeliefert als andere, und doch ist alles von höheren Zielen durchwaltet, alles hat seine weise Bestimmung, für uns nicht immer einsehbar, oft sogar scheinbar widersprüchlich, und doch erfühlt in hohen Momenten des Lebens. Diese Daseinsgläubigkeit, die vor allem auch in der Kunst und durch die Kunst ihren Ausdruck und ihre Rechtfertigung findet, schenkt den Werken Maria Wasers, auch wo sie an Dunkelheiten und an schwere Rätsel rühren, ihre helle, zuversichtliche Note.

Der zweite Zug, der auffällt, ist ihre Sehnsucht und ihr Wille zur *Ganzheit* des Seins. Dieses «Heilsgebot» der großen Einheit erhielt ebenfalls durch Monakow seine Bestätigung (kein Wort taucht in «Begegnung am Abend» häufiger auf als das der ‹Ganzheit›) und hatte doch von je triebhaft in ihr gewohnt. Alles Einseitige, Unvollständige, Pedantische, Verkümmerte, in ungutem Sinne Dogmatische ist ihr im Herzen zuwider. Echte Menschenwürde kann nur in verantwortungsbewußter Freiheit, in der Zusammenschau und der Zusammenbetätigung aller Kräfte des Fühlens, Denkens, Träumens und Tuns gedeihen. Der ‹große Bogen› spannt sich über alles und über alle Leben, alle sind wir eingelassen in das trostvolle Gesetz des nach *einem* Plane Erschaffenen. Dieses Streben nach Ganzheit kündet sich bei Maria Waser insonderlich als Wille zur Einung der Gegensätze: zur Vereinigung des Männlichen mit dem Weiblichen, des Jungfräulichen mit dem Mütterlichen, des Sinnlichen mit dem Geistigen, des Jugendüberschwangs mit der reifen Festlichkeit des Alters, des Lebens und des Todes, des Irdischen und des Ewigen. Darum immer neu ihr Preis der Vielgestalt des Lebens, der Fülle der Welt, der vielen Wohnungen in des Vaters Hause, die doch erst im Ganzen ihren vollen Sinn erhalten. In «Begegnung am Abend» stehen eindringende Seiten über das Wesen dieser Ganzheit, wie sie sich in der Religion, in der Offenbarung, im Gebet, im wirkenden Geiste, der keineswegs ein Widersacher der Seele ist, im Menschendasein überhaupt kundgibt.

Der dritte wesenhafte Zug ist der Drang zu den *Ursprüngen,* zum Heimatlichen in jeder Form, zu den Quellen, die unser Dasein speisen. Die tiefe Menschlichkeit Maria Wasers zeigt sich vielleicht nirgends stärker als in diesem Vertrauen zu dem, was auf dem Grund der Menschenseele liegt, zum Bewußtsein des ‹rechten Weges›, zum wachen Dämon, der alles erleuchtet, zum Gott in uns. Das Wort ‹Heimkehr›, ‹heimkehren›, das sie so gerne braucht («Dichten heißt für mich heimkehren», sagt sie in einer kleinen Selbstbiographie), bezeichnet letztlich dieses Heimatlich-Ursprüngliche, diese «Herzmitte des Urlebendigen», das uns lockt, weil wir in ihm den Hort und den Segen ahnen, der uns wie ein Mutterschoß umfangen will.

Diese drei Züge schaffen ein Dichterantlitz, in dem bald strahlende Offenheit, bald dunkles Geheimnis die Grundfarbe bilden, das aber immer lebensvoll ist, auch dort, wo Schatten, Trübungen über das reine Gebilde huschen oder wo künstlerisch nicht völlig Ausgereiftes sich fühlbar macht. Schatten, Trübungen, Schwächen – auch sie sind da; sie hangen unzertrennbar mit den Stärken zusammen, sind eins mit der geheimeren, der eigentlichsten Struktur dieses Künstlerwesens, sind insbesondere Übersteigerungen, Unausgeglichenheiten dieser Stärken, und vielleicht deshalb zuweilen umso folgenschwerer. Diese innerste Herzkammer sei nun behutsam aufgetan.

*

Das Wort, mit dem in Maria Wasers erstem Roman, der «Geschichte der Anna Waser», der Zürcher Professor Scheuchzer die Titelgestalt kennzeichnet: ein männlicher Geist und ein jungfräulicher Sinn, gilt für die Dichterin selber in ebensolchem Maße. Diese fügte ihrem von Natur aus hochgemuten Wesen in späterer Zeit zusehends auch das betont Mütterliche hinzu, welche Seite sie aber – künstlerisch – etwas bewußt in sich entwickelte, aus fraulichem Sendungs- und menschlichem Vollendungswillen heraus, in Erinnerung auch an die eigene herrliche Mutter, das beschränkter Mütterliche denn auch recht früh schon ins Allmütterliche wandelnd[1]. Das Beieinanderwohnen zweier so gegensätzlicher Züge verleiht ihrem Schaffen seine starke Eigenart, in mehrererlei Hinsicht seine Schönheit, ist jedoch auch die Quelle einer geheimen Tragik, die in Anna Waser offen, in Maria Waser mehr nur verhüllt zutagetritt. Nicht umsonst hat die Dichterin mehr als einmal (im «Sinnbild des Lebens» und im «Heiligen Weg») und mit gestandenermaßen «glühendem Mitempfinden» auf die antike Medea-Gestalt hingedeutet: auf die Tragödie der Frau, die der Geist über die Schranken ihres Geschlechts hinausdrängt, während das Herz darin gefangen bleibt. Ein männlicher Geist und ein jungfräulicher Sinn brauchen, im gleichen Temperament vereint, freilich nicht ohne weiteres einen fast unversöhnbaren Konflikt heraufzubeschwören; sie finden sich als Charakteranlagen in mehr Frauen, als man meist anzunehmen geneigt ist. Der an sich reiche Möglichkeiten einschließende Kontrast verschärft sich dort erst ins offen oder ver-

---

[1] Im «Sinnbild des Lebens» gesteht Maria Waser, sie habe in ihrer «bubenwilden Kindheit» mit Puppen nie etwas anzufangen gewußt. Geschieht das auch bei vielen sehr mütterlichen Frauen, so ist das Bekenntnis doch auffallend. In «Wende» dagegen, erst gegen den Schluß hin freilich, sagt Peregrina: «Ich bin zum Mutterberuf bestimmt von Anfang an.» «Scala santa» ist ein Preis auf die Schönheit, auf Glück und Leid des Muttertums, das aber aufgehen muß in das höchste Mütterliche, in die All-Einheit. Der letztere Gedanke wird auch in «Wege zu Hodler» (Die Frau im Werke F. Hodlers) ausgesprochen: «In der wahren Frau weitet sich das Muttergefühl zum Allgefühl.»

schleiert Tragische hinein, wo die beiden Elemente gesteigert und darum als solche gesonderter in Erscheinung treten, mit andern Worten, wo die Brücke zwischen beiden nicht von der inneren Natur selber, sondern vom Willen geschlagen oder zu schlagen versucht wird.

Maria Wasers Geschick war dieser letztere Fall. In ihm liegt ihr Glanz, ihre Schwäche und ihr Leiden beschlossen. Die Gestalt der deutschen Literatur, die ihr hierin innerlich am nächsten steht, ist die der Annette von Droste-Hülshoff, in neuerer Zeit, ausgeglichener aber, die Ricarda Huchs. Was in ihrem ersten Werk, in der «Geschichte der Anna Waser» schon, aufhorchen ließ und bezauberte, doch auch dunkle Schatten ahnend beschwor, war in der Gestalt selber und in deren Gestaltung durch die Dichterin das bald versöhnbar, bald unversöhnbar scheinende Nebeneinandersein eines männlich festen, geistig scharfen und eines jungfräulich herben, artemishaft spröden, sich mit der Aura der Unnahbarkeit umgebenden Elementes. Und diese Verbindung blieb Maria Wasers auffallendster künstlerischer Wesenszug: ihn schenkte sie, wenn auch verschieden dosiert, verschieden geglückt, ihren einprägsamsten Heldinnen, neben der Anna Waser vor allem der Mutter in «Wir Narren von gestern» und der Peregrina der «Wende»; ihn schildert sie bewußt-unbewußt an sich selber im «Sinnbild des Lebens», und er bestimmt anderseits die Kraft, den Bildgehalt und den Rhythmus ihrer Sprache.

Dieser Wesensgrundzug war die Mitgift des undeutbaren, nur individuell sich auswirkenden Schicksals, der Entelechie ihrer menschlich-dichterischen Gestalt, die Mitgift aber auch ihres Ahnen- und Elternerbes. Von den Ahnen her strömte in Maria Wasers Blut – väterlicher- und mütterlicherseits Bauern, Notare, Wunderdoktoren, Dorfschullehrer, Ärzte, Richter – die tiefe Heimatverwurzelung (bernischer Oberaargau und Emmental), der aufrechte Sinn, die Neigung zum Heilen, die Opferkraft, die künstlerische Beigabe, von sagenhaften fremdländischen Vorfahren (den Ahnen ‹mit den Goldaugen›) vielleicht, wie die Dichterin selber meint, das Schweifende des Gefühls, eine gewisse tragische Vorbestimmung; von den Eltern her aber, vom gescheiten, grundgütigen, pflichtbewußten, den Naturgeheimnissen leidenschaftlich ergebenen, leicht aufwallenden Vater, dem Landarzte, von der weicheren, hochbegabten, phantasievollen, aufopferungsfähigen Mutter, die sich willig, ungesagten Weiten in sich entsagend, ins Joch täglicher Pflichten spannte: von diesem Elternerbe her, das sich, ausschließlicher geblieben, in ihr weniger ausglich, als dies im Verhältnis der Eltern zueinander der Fall war, kam Maria Waser der feste, sichtbare Umriß ihres Wesens; und die Erziehung, die sie genoß, die Luft, die sie im Elternhause atmete, der Reichtum an Poesie und an lebendiger Verbundenheit mit allem Erschaffenen, der hier sie umgab, konnte die elterlichen Einflüsse in ihr nur bestärken: was in ihr schon von Geburt an als persönlichster Keim und als Bluterbe angelegt war, erhielt durch die Jugenderlebnisse die stark ausstrahlende Bestätigung, Steigerung und Weihe.

Dennoch würde dieser Umstand die Tatsache nicht erklären, daß Maria Waser als Dichterin von ihrer Kindheit und Jugend niemals loskam, wie in einen wollüstigen, doch unentrinnbaren Bann geschlagen, und ihr künstlerisch Dauerndes nur aus dieser Verzauberung heraus schuf. Andere Dichter auch – nennen wir unter den Neueren nur Hermann Hesse – ziehen aus frühen und frühesten Erlebnissen und Eindrücken ihr Bestes, ohne sich den geistigen Kreis ihrer Gestalten dadurch wesentlich verengern zu lassen. Warum gelang es Maria Waser nicht, den wundervollen Born ihrer Kindheits- und Jugenderfahrungen verwandelnd umzugießen und umzuläutern in eine mannigfacher verzweigte Welt? Warum hat sich die so tief, so reich Angelegte kaum – wenigstens in den Hauptgestalten kaum – aus dem Bereich der eigensten, unmittelbarsten Menschenbeziehung hinausgewagt? Warum blickt uns aus allen ihren Gestalten nur das Antlitz ihres eigenen Seins und ihrer eigenen Sippe entgegen? Warum versagt sie in merkwürdigem Maße, sobald sie ihren Schöpfungskreis auch nur, wie etwa im «Jätvreni», in die heimatlich oberaargauische Bauernwelt hinaus erweitert?

Wir rühren hier an schmerzvolle Geheimnisse ihrer Dichterpersönlichkeit, an Fragen, die Maria Waser sich sicherlich selber gestellt hat, an ihre Stärken, die in so seltsamer Weise mit ihren Schwächen verkoppelt sind. Im Roman «Wende», der eigene menschliche und künstlerische Seelenprobleme in dichterische Erkennbarkeit zu erheben versucht, steht ein vielsagendes Geständnis: «weil sie (so klagt sich Peregrina selber an) allzusehr in sich selber verstrickt war – schon damals in ihrer Jugend: allzu beschäftigt mit dem eigenen Schicksal». Die Selbstbezichtigung ist fast erschreckend deutlich, hat sie im Roman auch nicht den unmittelbar künstlerischen Bezug. Wohlverstanden, nicht um eine moralische Schwäche handelt es sich dabei (wer möchte Maria Waser, die so vielen Helferin war und wurde, der Selbstsucht zeihen!), sondern um seelische Artung mit künstlerischen Konsequenzen, um ein Nicht-loskommen-können vom eigenen Schicksal. Das ist nun zwar, wie man weiß, zunächst ganz allgemein Frauennatur: nicht umsonst hat die weibliche Literatur in der Regel zuviel des Autobiographischen, des unmittelbar Selbstbekennerischen, des distanzarm ‹Lyrischen›. Maria Wasers Schöpfungen sind freilich nicht autobiographisch in gewöhnlichem Sinne; nur das silberlichtige Antlitz ihrer Jugend, auf *einen* Punkt hin gerichtet, bricht vorder- oder hintergründig überall durch. Es geht bei ihr um eine Selbstbespiegelung in sehr innerlichem Sinne. Dennoch ist dieses sozusagen narzissische Gebanntsein vom eigenen Wesen ein künstlerischer, genauer: ein schöpferischer Mangel, eine Unzulänglichkeit der intuitiven Kraft.

Schon Georg Finsler, der Berner Gymnasialdirektor und Familienfreund, hatte diese Seite in der Begabung seiner Schülerin klar erkannt: «Hedwig [die Schwester Marias] nimmt alles unmittelbar aus der eigenen Herzenstiefe; es strömt ihr von selbst hervor, darum auch die überraschenden und auch packenden Färbungen ... Runggeli [Maria] dagegen strahlt die Fülle dessen, was sie bei eifrigem Lernen und Hören in sich aufgenommen, wieder aus; wie ihr das Erkennen und Wissen voransteht, so braucht sie zur Darstellung Stoff, den sie in besonderer Weise verarbeitet und womit sie ihre eigenen Gedanken umkleidet ...[2]» Das ‹voranstehende› Erkennen und Wissen, das ‹Stoff›bedürfnis verriet eine ‹sentimentalische› Veranlagung (im Schillerschen Sinne), eine gewisse Kargheit an ‹naiver›, d.h. schöpferischer Natur.

Der Mangel würde vielleicht weniger fühlbar sein, wenn es Maria Waser geglückt wäre, die Vater- und Mutterwelt in sich inniger und vollkommener zu verschmelzen. Daß solches ihr Bestreben war, ja daß sie dies als ihre eigentlichste Künstleraufgabe erkannte, wie sollte es verwundern bei einer so hellsichtig bewuß-

---

[2] s. Esther Gamper: Frühe Schatten – frühes Leuchten. Maria Wasers Jugendjahre. S. 78.

ten Künstlerpersönlichkeit? Der männliche Geist und der jungfräuliche Sinn und ihr geschwisterliches Sichzueinanderbiegen
waren ja vorgelebt im Elternpaar. Ihre Vereinigung im dichterischen Schaffen erwies sich aber als «kein leichtes Werk», und vielleicht sei es ihr nie eigentlich gelungen, gesteht die Dichterin, allzu
bescheiden zwar, in «Sinnbild des Lebens».

Der Versuch einer solchen Verschmelzung entsprach, wie wir bereits angedeutet, ihrem schon frühen Streben nach der Ganzheit des
Seins. Das stärkste, forderndste, ihr schicksalhaft zubestimmte
Symbol einer solchen Ganzheit glaubte sie im heimatlichen Hügelland erfahren zu haben. Landschaft aber, Natur ist immer Symbol,
wo es auch sei und wie sie auch sei. Immer ist sie in unserem Erinnern der Spiegel unseres eigenen Selbst, immer ‹Land unter
Sternen›. Maria Wasers eigene Sehnsucht schenkte ihrem Jugendland solche Kraft des Sinnbildes, – wie ja auch Gotthelfs Emmental
und Oberaargau zunächst und in eigentlichstem Sinne *seine* Schöpfung sind. Das Zusammenspiel von männlicher und weiblicher
Komponente im selben Menschen war früh ein Wunschtraum einzelner erwählter Wesen, war vornehmlich jedoch ein romantisches
Postulat[3]; dieses Postulat ins Dichterische zu übertragen, ist seitdem immer wieder ein Bestreben begabter Dichter, ist es aus der
triebhaften Erkenntnis heraus, daß das Erlebnis der Seinsfülle im
Kunstwerk diese Polarität irgendwie voraussetzt. Vielleicht ist
hierin auch die Aufgabe für Dichterinnen schwerer als für Dichter,
denn dem Mann ist im gefühlhaften Innern häufiger auch die weibliche Seite eigen, als die männliche der Frau. Und dazu ist die Frau
vom Auseinanderfallen beider meist stärker bedroht.

Als spezifisch männliche Komponente darf man das intellektuelle Vermögen ansehen, die Scharfsinnigkeit des Erfassens und
Unterscheidens, die weltanschauliche Durchdringung, den Blick
ins Unergründliche, Schau, Überschau, im Kunstwerk selber: Or-
ganik der Motive, Aufteilung der Massen, Plastik der Umrisse,

---

[3] Vgl. etwa Ricarda Huch: Die Romantik, I, 81 f. – Ricarda Huch selber,
in der sich männliche und weibliche Komponente, beide gesteigert, auffallend
ausgeglichen, kam in späteren Jahren, insbesondere von Gotthelfs Gestaltenwelt beeindruckt, immer mehr zur Überzeugung, daß der Frau andere – vor
allem innerlich-religiöse – Aufgaben zufallen als dem Mann. (s. Marie Baum:
Leuchtende Spur. Das Leben Ricarda Huchs. 1950, S. 212).

Rhythmus der handelnden Bewegung; das Weibliche, im engern Sinn Jungfräuliche, ist das Bunte, Anmutig-Reiche der Phantasie, das Innige des Gefühls, der Sinn für das alles umschließend Mütterliche, für die Opferbereitschaft aus Liebe, doch auch das Herbe, Scheue, Kühle, das mädchenhaft ‹Jenseitige›.

Beide Elemente, hineingebettet in ein mächtiges Naturgefühl, eine überbordende Malerfreude am Sehen (in der «Geschichte der Anna Waser» schon steht das Wort von der «Betörung von Licht und Farbe»), vibrierten aufs stärkste in Maria Waser, zudem in eigenwilliger Form. Und wo sie rein zusammenklingen, wo das Starke sich mit dem Innigen wahrhaft paart, wo Geistesadel und Gefühlstiefe sich einträchtiglich umschlingen, da glücken ihr Seiten, auch Gestalten von bezwingender Art. Die Krone dieser Gestalten ist, noch einmal, die Mutter des Buckligen in «Wir Narren von gestern»; auch in der «Geschichte der Anna Waser» erreichen einige Bilder diese erhebende Einheit, und im «Sinnbild des Lebens», dort vor allem, schwebt das Wunder solcher Verschmelzung über vielen Visionen der Erinnerung.

Die Gefahren aber waren auch da, lauerten im Hintergrund, und die Dichterin ist ihnen nicht immer entgangen. Die eine ist das Überbetonen des ‹Männlichen›: ein Überwiegen zuweilen des Intellektuellen, ja Wissenschaftlichen (die historisch-germanistischen und die Kunststudien hatten diese Neigung in Maria Waser noch bestärkt) – es ist spürbar besonders im Roman «Wende», doch auch auf einigen Seiten der «Geschichte der Anna Waser»; eine gewisse Übersteigerung der ‹kräftigen› Aussage dann: ihr Ton ist mitunter um eine Lage zu hoch, wohl auch den ‹großen› Worten – die Monakow nach der Biographin Mitteilung so gar nicht mochte – nicht immer genugsam feind. Und anderseits das Überwiegen des ‹Weiblichen›: das Nichtinnehalten manchmal der Grenze zwischen Weltanschauung und Moral, zwischen Kunst und Helferwillen, zwischen objektiver Haltung und subjektivem Gefühl («Begegnung am Abend» krankt teilweise an diesem Fehler); besonders aber ein Überbetonen des ‹Jungfräulichen›: einige der Hauptgestalten gerade, Anna Waser, Peregrina, in geringerem Sinne das Rehlein («Wir Narren von gestern») sind im Ganzen und oft auch im Einzelnen um eine Nuance zu spröde, zu ‹fromm›, zu ‹rein›, zu ‹kühl›, zu sehr ‹aus den Sternen› (ein Wort, das in «Land unter

Sternen» die Wirtstochter der befreundeten Verfasserin gegenüber braucht), und verlieren so etwas an menschlicher Nähe und Dichte, daher auch an sinnlichem Reize.

*

Maria Waser hatte die Lebensmitte schon erklommen, als die ihren jungen Mutterpflichten abgerungene *« Geschichte der Anna Waser »* (1913) erschien, die als historischer Roman gedacht war (und es auch, auf vielen Vorstudien beruhend oder gelebte Schicksale intuitiv vorwegnehmend[4], wirklich ist), doch in manchen Zügen der Hauptgestalt ein – übrigens freimütig bekanntes – Selbstbildnis bot. Mit diesem Werk, das einen verdienten großen Erfolg erzielte, stellte sie sich mit kühner und reifer Kunst, doch auch ihre Begrenzung verratend, sogleich in die eigene Schaffensmitte. Erzählt wird das Leben der Zürcher Malerin Anna Waser (Ende des 17. Jahrhunderts) von ihren Lehrjahren in Bern bis zu ihrem frühen Tode: aufbrechende Knospen der Kunst, der Liebe, der Menschenerfahrung, früher Ruhm, doch auch frühe Schule der Entsagung im Opferdienst an Geschwistern, reifende Kunst in herbem Liebesschmerz, und jäher Abbruch des Lebensfadens, als Tore in die Welt sich endlich zu öffnen scheinen. Das Problem, von Josephus Werner, Annas Lehrmeister in Bern, schon zu Beginn formuliert: ob ein Weibesherz nicht zu eng sei, um beides, die Kunst und ein Mannesbild, zu fassen, ist klar erschaut, und die Geschichte der Malerin bejaht die Frage. Etwas vorschnell vielleicht, denn dem Ruf nach Einsamkeit für den Künstler steht im Roman zunächst ein ebensolcher nach Leidenschaft der Liebe gegenüber. Bald einmal schon freilich empfindet die Malerin Hemmungen angesichts beider. «Anna, so bist du, fromm, rein und kühl», sagt Sibylla, Werners Tochter, bewundernd zur jungen Zürcherin. Deren Verlobter, Hans Schlatter, aber rührt an die Kehrseite solcher Reinheit: «Hast wohl nie daran gedacht, daß man auch zu edel sein kann, Anna? So edel, daß es den andern schier erstickt!» – und er gibt in

---

[4] Mit einer einzigen Ausnahme seien alle Gestalten dokumentarisch nachweisbar, erzählte späterhin die Dichterin selber und berichtete auch von merkwürdigen, nur intuitiv erahnten, in der Folge erst festgestellten Übereinstimmungen des geschichtlichen Geschehens mit den Vorgängen des Romans (s. den Band «Nachklang»: «Beim Aushorchen des eigenen Buches», S. 310 f.).

seinem Herzen denn auch einem heftigeren Liebesverlangen Raum, dem zu Annas Nichte, dem Estherlein. Anna findet sich daher verhältnismäßig leicht in ihre entsagende Künstlereinsamkeit. Hat sie aber dafür die wirkliche Leidenschaft der Kunst gewonnen? Man hat fast den Eindruck, daß die immer neuen schmerzlichen Unterbrechungen und Erstarrungen in ihrem Künstlerleben wohl auch von den Opfern an Zeit und Muße bedingt sind, die sie freiwillig der Familie bringt, mehr aber noch von den innerlich nicht genügend gespeisten Schöpferquellen. Wie ihr im Menschlichen eine beengende Grenze gesetzt ist, so ist es ihr auch in der Kunst. Warum diese Todesahnungen, als die ersehnte Erfüllung winkt (Aufenthalt in Paris)? als sie das Bild, das Giulio, der junge und hochbegabte Florentiner Künstler, einst in Bern von ihr gemalt und nicht vollendet, mit fiebernden Händen, wie gelöst von einem Bann, in wenigen Stunden zu Ende malt? Ist ihr Weibesherz zu eng sogar für die *Kunst* allein, wie auch für die *Liebe* allein? Anna vermag sich dem Augenblick – dem menschlichen wie dem künstlerischen – nicht oder selten hinzugeben, immer wieder tritt zwischen sie und das einfache Dasein in Liebe und Schaffen irgendein Wille zum So-oder-anders-Sein, meist ein idealer Wille zu Reinheit und Tiefe, der sie daran hindert, das Glück zu ergreifen, wo es sich findet. Als sie mit dem aus dem Ausland heimkehrenden Hans Schlatter, ihrem Verlobten, durch den Birkenwald wandert, da ist Hans ganz erfüllt vom «rotgüldenen heißen Tag» (freilich denkt er unbewußt ebenso sehr an das Estherlein als an Anna ...), Anna aber denkt an die Milde der Natur, und als er sie stürmisch in die Arme nimmt, da zieht sie sich unter seinen heißen, herrischen Liebkosungen fröstelnd zusammen. Ihre Tragik ist es, weder ganz nur Mensch, noch ganz nur Künstler sein zu können, und noch weniger beides; ihr Lebensideal hemmt ihr Kunstideal, und ihr Kunstideal hinwieder lähmt ihren Lebenswillen. Man nimmt tiefen Anteil an ihrem Schicksal als Malerin, und ahnt doch fast von Beginn an schon, daß sie ihre Erfüllung nicht erreichen wird. Ein Zufall, wie der Sturz von der Treppe es ist, könnte sinnvoll schon in der Mitte des Buches ihrem Leben ein Ende setzen.

Der Roman ginge dennoch weiter. Denn das wirkliche epische Gefälle bringt ihm der reiche Kranz von Nebengestalten und Umweltmotiven. Das Schicksal ihrer Berner Malgenossen, ihrer Geschwister und Verwandten, die Bildnisse Berns und Zürichs, die Natur mit ihren ‹Geheimnissen des Lichtes und der Farbe› sind der *eigentliche* epische Inhalt des Buches. Groß, fast zu groß und mehr gewollt als organisch gewachsen, weil offensichtlich einem zentraleren Ungenügen entstiegen, ist die Mannigfaltigkeit und Gegensätzlichkeit der Mittel- und Hintergrundscharaktere. Wie bunt schon das Bild von Annas Kameraden in der Berner Malschule: Giulio, der feurige, geniale, von Tragik umwitterte Florentiner; Lux (Lukas), der ehrgeizige, malerisch und dichterisch begabte, dessen anfängliche Feindschaft zu Anna nur versteckte Liebe ist, und der, sich ihrer unwürdig wähnend, ihr diese Liebe dennoch entzieht und als Glasmaler «auf breiten, gewöhnlichen Wegen» endet; Christoph, Werners Sohn, der Anna immer geliebt und von Deutschland aus um ihre Hand wirbt; Mörikofer, der ebenfalls in das schöne, stolze Mädchen verliebte Bucklige ... Und wie verschiedenartig die Charaktere und Schicksale der Geschwister: die stille, allzu verhaltene Maria, deren sinnlich entbrannter Bräutigam im Freitod einen Ausweg aus seinen Nöten sucht; die unkomplizierte Esther, die das Leben so einfach und so geruhsam nimmt, ohne das Grauen seiner Abgründe zu spüren – ihre Tochter, das Estherlein, flammt dann umso leidenschaftlicher in ihrer Liebe zu Annas Bräutigam Hans Schlatter auf; die sanfte Elisabeth und ihre hohe, zarte Liebe zum feinen, zukunftsfreudigen, gelehrten Johannes Cramer, der der schier Verzweifelnden wegstirbt; Rudolf, der gärende Theologe, mit dem Anna am Hof des Grafen zu Braunfels köstliche Jahre verbringt, der Feldprediger in holländischen Diensten wird, fast ausgelöscht heimkehrt, ein gänzlich unbedeutendes Mädchen heiratet und als Pfarrer seine Liebhaberei in der Taubenzucht findet; der «Träumling» Heinrich, der in die Schlingen von Schwarmgeistern und Tremulanten fällt, aus denen Anna ihn befreit; und dann der Onkel Fähndrich, der «gute rauhe Mann mit der feinen Seele»; und Annas Berner Griechischlehrer Morell, der an Höfen Weltkenntnis gewonnen ... Diese überreiche Phalanx von Nebengestalten bringt in den Roman einen epischen Fluß, an dem die Hauptheldin meist nur sehr bedingt teilhat – einzig die recht breit geratene Schilderung der Hochzeit Rudolfs (an ihr freilich lernt Anna ihren zukünftigen Verlobten kennen) bildet einen fast überraschend eintretenden erzählerischen Ruhepunkt.

Mit großer und geschichtlich kundiger Heimatliebe hat die Dichterin sich in das Berner Stadtbild eingelebt. Am Abend ihrer Ankunft in Bern – ihr Vater, der Amtmann Waser, begleitet sie – überblickt Anna, vom kleinen, über der Aare gelegenen Gärtchen an der Junkerngasse aus, den ganzen «Wunderbau dieser Landschaft», die sich vom tiefen Aarebett in vielen reichbewegten Horizonten urmächtig bis in den leuchtenden Himmel hineintürmt, und als auch der Amtmann das große und seltene Schauspiel entdeckt, da sagt er zu Meister Werner:

«Es ist nicht anders, als ob unser schönes Land in diesem Bild sein Meisterwerk geschaffen hätte. Jedesmal, und auch gestern wieder, wann ich mich, aus dem freien, flachen Lande herkommend, Eurer hochgemuten Stadt nähere, muß ich mich mit neuem Staunen betrachten, wie sich nach und nach die Landschaften zusammenziehen und mit einem unbegreiflichen Aufwand von Kräften zu diesem wohlgefügten und ungeheuren Gemälde aufbauen.»

Wie kontrastiert freilich die etwas muffige, wenig kunstfreundliche Berner Atmosphäre mit der beweglichen Eleganz des Meisters Werner und mit solchen Wundern der Natur!

Aus eigenen frühen Erlebnissen auch strömen Maria Waser jene in Leuchtefarben getauchten und von ehrfürchtigem Staunen überhauchten Bilder zu, welche die scheu aufbrechende Liebe zwischen Lukas Stark und Anna schildern: jener Gang Annas mit ihm zur Grotte jenseits des Gurten etwa, als sie, von der Miniaturmalerei zu größeren Kompositionen übergehend, einsieht, wie sehr ihr Freilichtmalerei weiterhelfen könnte – das männliche und das jungfräuliche Element, von einem tiefen Naturgefühl begleitet, verschmelzen darin zu seelenvoller Einheit:

Sie kamen in eine Waldlichtung. Mit tiefem Summen lag das Waldweben über tausend blaßroten Blüten der Weidenröschen, und Samenflämmchen flogen silbern durch die Luft. Der Boden war warm, und es roch nach Harz und sonnengekochten Heidelbeeren. Anna blieb stehen. Starke Erinnerungen ergriffen sie bei diesem Duft und Anblick, und sie fing an, Lukas von ihrer Kinderheimat in Rüti zu erzählen, und dabei wurde sie froh und lebendig wie ein wirkliches Kind. Und Lukas ging darauf ein und erzählte seinerseits von seiner Heimat, dem Städtchen am Eingang des Oberlandes mit seinem alten Schloß und herrlichen See, und von den Bergen, die er so sehr liebte, und von Alpenrosenfeldern, die sich breiteten wie diese Waldlichtung hier, nur herrlicher, mit glühendem Rot und einem solchen kühlen, würzigen Duft. Anna lauschte voll Staunen. Niemals hatte sie den kargen Lux so reden gehört. Es tönte anders als bei Giulio, gewiß; nicht in vollen und blühenden Worten, die einen umfingen wie Musik und berauschten und entrückten. Die Sätze formten sich knapp in Lukas' festem kleinem Mund und folgten sich fast zögernd; aber immer fand er den träfen Ausdruck, und aus seiner abgewogenen Rede flossen die Bilder nicht minder farbig und reich denn aus Giulios süßen, zündenden Tiraden. Anna betrachtete den Erzähler verstohlen von der Seite. Er ging mit leise vorgebeugtem Kopf, die grünen Augen niederwärts mit einem merkwürdigen heißen und doch klaren Blick, als ob er nach innen schaute, und seine Stimme hatte einen eigenen Ton, spröde, ein wenig klirrend. Anna mußte beim Klang dieser Stimme an Gletscherbäche denken, die spärlich fließen und Eis mit sich führen und feines schieferndes Geröll ...

So war es lange ein stummes Wandern, auch dann noch, als das Gestrüpp sie entließ und ein ernstgeschlossener Tannenwald mit feuchtem Moosgeruch und kühlen dunkelgrünen Lichtern sie aufnahm; denn hier konnte man erst recht nicht sprechen, in dieser feierlichen Ruhe, die sich erhaben und süß und mit einer wohltuenden Frische um die heißen Schläfen legte.

Wie köstlich es sich wanderte über den weichen Grund hin mit kühl gebetteten Füßen und mit dem würzigen Tannenduft in der Brust. Ach, und irgendwo sang ein Pirol, weich und klar und mit dem gleichen goldenen Schmelz in der Stimme, den die verlorenen Sonnenlichter über die dunkeln Mooskissen warfen. Wie man es da auf einmal fühlte, mit einem holden, freudigen Schreck, was es heißt, jung sein und das Leben noch vor sich haben mit seinen dunkelgrünen Geheimnissen und güldenen Verheißungen, und was es heißt, selbander jung sein und den Widerschein der eigenen Gefühle im Auge des andern lesen.

Sie gingen wieder nebeneinander. Bald auf gemeinsamem Pfade, nahegerückt, daß ihre Arme sich berührten, bald auf verzweigten Weglein, die zwischen den schlanken schuppigen Stämmen sich grüßten und suchten wie Menschen, die ein Wille demselben Ziele zutreibt.

Mit überlegtem Kunstwissen ist das ganze Geschehen um Bern und Zürich gruppiert – vom Aufenthalt Annas und Rudolfs in Braunfels etwa erfährt man erst nachträglich; und mit erzählerischer Weisheit berichtet die Verfasserin das Mitzuteilende in der Regel erst dann genauer, wenn dies von der Sicht der Gestalten aus notwendig wird und darum an Wirkung gewinnt. Die Sprache, obzwar, am Anfang besonders, etwas zu schwer, zu bewußt kräftig, wohl auch zu gewollt ‹dichterisch›, zeigt eine der Zeit meist recht glücklich, sogar hie und da leis mundartlich angepaßte Patina – zu häufig jedoch sind die ‹wann› und die ‹etwan›, sowie, und das gilt auch für die späteren Bücher, die Bildungen auf -sam: grundsam, leidsam, klagsam, rechtsam, kanntsam, trauersam, schonsam usw.

Das erste Dichterwerk Maria Wasers hatte an den Stätten ihrer Studien, ihrer Berufsarbeit und Ehe gespielt; daher auch ein gewisser, zuweilen etwas verkrampfter Wille zu Haltung und Stil. Auffallend gelöster, weil viel offener ‹*heim*kehrend›, ist sie in ihrem zweiten Roman, in *«Wir Narren von gestern»* (1922). Es ist, als habe sie sich in der «Anna Waser» von dem befreit, für eine Weile wenigstens, was nicht zueigenst ihr zugehörte. Die ‹Narren von gestern›, die ‹Narren von heute›, das sind wir alle, Ewigsuchende, Ewigirrende, und immer künftig sind die Weisen von morgen. Der Bucklige freilich, der, von sinkendem Lebenswege aus, diese «Bekenntnisse eines Einsamen» schreibt, hat mehr als andere von der nie ganz erreichten oder erreichbaren Weisheit mitbekommen, denn ihm, dem körperlich Benachteiligten, erwuchs die Gnade, er sagt es selber, an die wunderbare Laube mit dem Ausblick auf den See in ihrer Stadtwohnung denkend, aus dem Dunkel ins Helle schauen zu dürfen. Und das ist gewissermaßen der ganze innere Raum des Romans: dieser Simon Tellenbach schaut aus der verschwiegenen Klause seiner Verwachsenheit hinaus auf die Schicksale seiner Familie, inbesonders auf das des ‹Rehleins›, seiner Schwester, dieses Wesens von «goldener Zierlichkeit», das im Lichte wandelte und dessen Blick doch das Dunkel suchte, und auf das seiner Mutter, die in Leben und Sterben das Licht mit dem Dunkel verwob, beide heiligend.

Man fragt sich, was die Dichterin bewog, diese Bekenntnisse einem physisch Behinderten in den Mund zu legen. Es war ohne Zweifel das Bedürfnis, nach den mehr von oben und von außen her beschworenen Gestalten der «Anna Waser» ein Lebensgeschehen von unten und von innen her zu belauschen, dadurch feinere Zusammenhänge aufzudecken und die Maschen des Menschlichen dichter, augennäher zu ziehen. Dieser Umstand schenkt dem Werk seine außerordentliche Eindringlichkeit; die Augennähe wird freilich zuweilen so stark, daß das Epische sich ins Lyrische löst, sich lösen muß, um die fast schmerzhafte Blendung zu mildern.

Die Hauptgestalt ist ganz offensichtlich die Mutter[5]; die leidenschaftliche Liebe des Sohnes zu ihr füllt mehr als die Hälfte des Buches. «An meine Mutter denken (sagt der Bucklige) ist wie der tiefe Atemzug eines Frühsommertages.» Er sieht in ihrem Wesen so etwas wie den menschlichen Ausdruck ihres Jugendlandes (es ist das Maria Wasers), und auch Dr. Eßlinger, der leise um die innerlich Vereinsamte wirbt, bekennt, er habe sie erst verstanden, als er ihre Heimat sah: «Dieses Land mit den weiten wallenden Horizonten, mit dem mächtigen Himmel, den goldenen Hügeln und den gewaltig überdachten Häusern, die, dunkel wie schicksalsschwere Pyramiden, in leuchtenden Ebenen stehen, dieses weite, große, dieses gewaltige und helle Land gehörte zu ihr wie der blaue Himmel zur Sonne.» So zeichnet sie der Sohn, als sie im andächtigen grünen Kleid durch den Garten geht: «schlank aufgerichtet mit dem Nacken voll Demut und Stolz und jede Bewegung Gesang». In ihrer liebenden Fürsorge, ihrer weisheitsvollen Stärke, ihrer innigen Klarheit und Gelassenheit schwelgt der Hilfebedürftige, durch sein Gebrechen inwärts Gewandte, wie im Paradies, und als sie stirbt, aufgezehrt vom Hebammenberufe, den sie der Familie zuliebe spät noch erlernt, da versinkt er im Ungeheuren.

Aus der Dreisamkeit wird eine Zweisamkeit – denn zum lauten und oberflächlichen Vater, dem Pädagogen und volksbildnerischen Agitator, hat Simon nie ein tieferes Verhältnis gehabt, zudem wird der Erzeuger dahingerafft, bevor es zu einer zweiten, Ungutes verheißenden Heirat kommt: mit dem Rehlein, seinem Schwesterchen, spinnt sich nun der Bucklige in ein Sonderleben ein, an dessen Rand nur sich Gestalten, wie der lustige, brave und lebensweise Papa Merzlufft (Urbild zu diesem war Maria Wasers Großvater väterlicherseits) und die stillen Schwestern Eßlinger bewegen, muß aber zu spät erfahren, daß es das Rehlein auch nach dem «grausam süßen allgemeinen Leben» verlangt. Aus Mitleid mehr und Güte denn aus Liebe schenkt es die Hand einem genialen, doch von fast dämonischer Rastlosigkeit geschlagenen, viel älteren Manne, entgleitet ihm unbewußt, sich der Seligkeit des Tanzes mit dem erträumten und plötzlich erschienenen «Goldenen» hingebend, und büßt dann die ‹Untreue›, sich freiwillig in das Dunkel des Todes zurückziehend.

[5] In «Wir Narren von gestern» sei die Gestalt der Mutter Sinn und innerster Gehalt des Buches, sagt Maria Waser selber (Nachklang, S. 257).

Die Gestalt des Rehleins ist der Versuch der Dichterin, das jung-fräuliche Element in höchster Ausgeprägtheit des ziellos Seligen, nur aus sich selbst heraus Bedingten ins Zauberhafte, schier Legen-däre hinaufzuerheben, und dieser Versuch ist sonder Zweifel in be-trächtlichem Maße gelungen. Die «warme Seide» dieses Wesens spürt der Leser, wie der bucklige Bruder, mit Entzücken. Was das Rehlein mit fünf Jahren ist, das bleibt es: «Wild, heiß wie ein Junge, wie ein Vogel leicht und lustig und wieder stillbesorgt und vernünftig wie ein Mütterlein. Mit einem Herzchen für alle und doch der anderen weit weniger bedürfend als sie deiner; denn im letzten geheimsten Grund warst du unzugänglich, rätselhaft und unentwirrbar wie deine Augen.» Sicher hätte in der Mutter, Tellen-bach deutet es an, die Besonderheit dieses Wesens ihren Grund und die sanfte Ausleitung in die Heiterkeit des Allgemeinen gefunden: der Mutter und der Tochter Zusammenschreiten ist ja wie Musik! Erfüllt ist dieses Dasein dennoch, ein Aufblühen in unsäglichem, fast unwirklichem Duft.

Vielleicht ist dieses letztlich Unwirkliche, mehr noch als die ‹Flucht› in den selbstgewählten Tod (die sich Maria Waser in der «Begegnung am Abend» im Hinblick zweifellos auf dieses Werk vorwirft), eine gewisse Schwäche des Buches. Simon, der klar und wehmutsvoll rückschauende Einsame, zieht, eigentlich wider sein tieferes Wissen, um sich, um die Mutter und die Schwester eine fast herrische Atmosphäre der Ausschließlichkeit. Viele und leben-dige, auch weniger schroff gesehene Gestalten bevölkern diesen epischen Raum; in dessen Mitte aber wohnen die Drei, verbunden mit der Außenwelt und doch gleichsam entrückt. Dieses leicht Un-wirkliche aber auch macht das so scharf, so farbig gesehene Wirk-liche durchscheinend: es geht wie ein goldener Schimmer durch das ganze Buch – nicht umsonst kehrt das ‹golden› so oft wieder! Die Sprache, von der fast jedes Wollen abgefallen, ist nur noch Wider-schein und Schmelz, schier zu innerlich, doch darin noch dem Ge-schehen so ganz gemäß.

Ein Beispiel unter vielen – die Kahnfahrt mit Sohn und Tochter, die der Mutter Tod beschleunigt:

Der Himmel war gewaltig blau; aber über dem See lag ein feiner Dunst, der die Wellen perlmutterig färbte. Wir sahen den Schiffchen nach, die an uns vorbeiglitten in die schimmernde Ferne hinein, und auf einmal hatten wir alle drei denselben Wunsch: Hinaus aufs Wasser! Der war so stark, daß wir nicht mehr davon lassen mochten, auch als es sich zeigte, daß kein Fährmann da war. Da lag doch das Schiffchen mit drei Plätzen, wie geschaffen für uns, und du batest so leidenschaftlich, Rehlein! Warum sollte ich es nicht können? Mutter hatte zwar Bedenken; aber ich lachte sie aus. Ich fühlte mich ja so kräftig, eine Welt hätte ich aus den Angeln heben mögen in diesem Augenblick. Der starke Mann, ob doch nicht mehr von ihm in mir war, als ihr alle glaubtet?

Fast zu leicht gingen die Ruder durch die glattgestrichenen Wasser. Ich hätte eigentlich eine rechte Last treiben wollen, um das Glück dieser Stunde verdienen und austoben zu können, und ich legte mich mächtig ein, daß unser Schifflein pfeilrecht davonschoß und die Stadt bald in ihre sanften Schleier zurücksank. Erst draußen vor der großen Bucht, wo der See seine Weite auftut, ließ ich die Ruder ruhen.

Hier gab es keine andern Schiffe. Die zarten Dünste hatten die Ufer entfernt. Wundervoll einsam lagen wir in dem sömmerlichen Geflimmer. Mutter war von der milden Sonne ganz übergossen. Sie trug einen großen hellen Hut mit einem dunkeln Band ums Kinn. Ihr Gesicht war jung und rührend. Du aber lagst quer über die Bank gestreckt mit leuchtenden Gliedern wie ein Nixlein.

«Mutter, weißt du, wie wir auf dem Ruwenberg durch den Garten liefen?»

Sie nickte: «Ich glaube, wir haben eben ungefähr dasselbe gedacht. Und nun bist du schon mein großer Sohn, der die ganze Familie über Wasser hält.» Wir lachten. Dann schwiegen wir.

Wenn ich einmal im Leben gewußt habe, was es heißt, wunschlos glücklich sein und dieses Glück empfinden mit jeder Faser wie etwas Greifbares, Körperliches, Wesenhaftes, etwas, das uns von innen durchdringt und von außen umhüllt, so war es in jener Stunde. Ich glaube, auch ihr empfandet ähnlich, und doch blieb euch der tiefste Grund meiner Freude verborgen.

Einmal atmete Mutter beglückt auf: «Das sollten wir eigentlich häufiger tun, die feuchte Seeluft ist wie ein Bad in der Brust.»

Erst als die Dünste sich gelb färbten, dachten wir an die Rückkehr. Aber wie ich mit raschem Ruck den Kahn wenden wollte, fühlte ich plötzlich den messerscharfen Stich im Rücken. Mir stand das Herz still; ich wußte, was das bedeutete und daß ich nun das Boot nicht mehr führen konnte. Wohl machte ich noch ein paar verzweifelte Versuche; aber jedesmal wiederholte sich der Schmerz mit solcher Wut, daß den gelähmten Fingern die Ruder entglitten.

Mutter erblaßte. Ihre Erfahrung mit mir ließ sie den Zustand sofort begreifen, und sie schalt sich: «Wie kindisch das von mir war, unserem Gelüsten so nachzugeben!» Aber dann raffte sie sich auf: «Armer Bub, dann werde ich es eben versuchen müssen. Warum sollte ich nicht? Mir geht es doch so gut gegenwärtig; federleicht war mir heute den ganzen Tag, und meine Arme werde ich doch noch brauchen dürfen.» Und ohne auf meine Bangnis zu hören, nahm sie die Ruder an sich.

Ich verlor auch bald die Angst. Sie sah so frisch und jung aus, wie sie mit kräftigen Armen den Kahn vor sich brachte. Ihre Wangen blühten, und in den Augen glänzte es wie Triumph. Mir aber fuhr bei jedem Ruderschlag eine glühende Nadel durch den Rücken, daß ich unwillkürlich die Augen schloß, um so den Schmerz besser zu verbeißen.

Als ich einmal wieder aufsah, erschreckte mich die Veränderung in ihrem Gesicht. Die Augen hatten den Glanz verloren und um den Mund ein gequälter Zug.

«Um Gottes willen, Mutter, laß es sein, und wenn wir bis morgen hier warten müßten!»

Sie gehorchte mir augenblicklich, ließ die Ruder stehn und drückte die Hand auf die Brust, einem hastigen harten Husten entgegen.

Wir sahen uns nach Hilfe um, aber nirgends war ein Schiff zu entdecken, und die Sonne glitt schon hinter den Bergrücken. Auf einmal war es mit dem Sommertag vorbei. Die dünnen Dünste wurden dichter, dampfiger, und rasch ging das helle Abendgold in Rot über.

Da faßte mich die Angst, Mutter könnte sich in ihrem leichten Kleid ohne Umtuch nach der Anstrengung erkälten, und ich wehrte mich deshalb nicht, als sie neuerdings nach den Rudern griff.

Viel schneller als das erste Mal mußte sie innehalten. Der Husten wurde quälender, und auf den Wangen verdichtete sich das schöne Rot zu dunkeln Flecken. Die Angst schüttelte mich; aber meine eigenen Anstrengungen blieben ohne Erfolg. Die Hände waren kraftlos wie Lumpen. Und wieder versuchte sie es, immer in kürzeren Abständen, bis sie sich schließlich mit einem erschöpften Lächeln ergab: «Lieber Gott, ich kann nicht mehr!»

In diesem Augenblick entdeckte ich einen Nachen, der vom andern Ufer her langsam auf uns zuglitt. Es war einer der mächtigen Lastkähne, der seine letzte Ladung in die Bucht führen wollte. Groß und dunkel zog er durch die rote Flut heran, und die Männer an ihren Stehrudern schwarz und unheimlich hoch vor dem leuchtenden Wasser.

Mit deiner Hilfe, Rehlein, dessen helles Stimmchen fremdartig über den See klang, gelang es uns, ihre Aufmerksamkeit zu erwecken. Ohne viel Worte nahmen sie uns ins Schlepptau.

Und so zogen wir heim, so gebrochen hinter dem schwarzen Boote her. Keiner der dunkeln Fergen sah nach uns zurück. Ihre gleichmäßig bewegten Gestalten folgten dem einen Willen, und schwer fiel der streng bemessene Ruderschlag ins Wasser. Unablässig, unwiderruflich. Aber der See war eine gewaltige Lache aus Blut ...

Mit unscheinbarer Gebärde sind über das Buch auch immer wieder Weisheiten ausgebreitet – die köstlichste davon ist der sterbenden Mutter in den Mund gelegt, die zu ihrem Sohn vom ach! von Männern so selten erkannten Frauenwesen spricht:

«So sind die guten Frauen, lassen sich ans Kreuz schlagen und lächeln dazu.»

Doch zwei, drei andere auch vergißt man nicht:

«Der Mann, der die Artemis im Mädchen nicht erkennt, weckt die Demeter in ihr, ehe Aphrodite erwacht.»

«Es ist leicht, sich abzusondern, äußerlich aus der Gemeinschaft herauszutreten und den Schein des Ungewöhnlichen um sich zu legen, es ist so grenzenlos schwer, in seiner Art verweilend, deren beste Kräfte in sich zu sammeln und über sie hinaus zu wachsen.»

«Eine Welt könnte man vergolden mit der Freude eines einzigen klargewachsenen Mädchenherzens.»

Die neuere Schweizer Literatur hat wenig Werke, die solchen jungfräulichen Glanz in soviel mütterliche Süße und soviel männliche Klarheit betten.

Wie sich erklären, daß die ungefähr gleichzeitig entstandenen Novellen «aus drei Jahrhunderten», gesammelt im Bande *«Von der Liebe und vom Tod»* (1919), diese Höhe nicht innehalten? Der Grund liegt in der eingangs skizierten Dichternatur Maria Wasers selber. In «Wir Narren von gestern» tauchte sie hinab in ihr eigenstes, eng begrenztes, doch völlig echtes Schöpfertum; in den Novellen verharrte sie an dessen Rande, die Motive aus ihren Studien oder aus peripheren Jugenderinnerungen holend. Das Düstere, ja Grausige herrscht in ihnen vor, ganz augenscheinlich eine Folge des – mehr unbewußten – Willens zu ‹männlicher› Haltung.

Von heiterer, wenn auch schattendurchwehter Stimmung erfüllt ist nur die erste, in der die *«Letzte Liebe»* des Berner Stadtschreibers Thüring Fricker (15. Jahrhundert) erzählt, die Motiveinheit jedoch nicht eben streng durchgeführt wird. Schön, kunstvoll ist der Beginn: wie Fricker, der prächtig erhaltene Achtziger, eines schönen Sommertags sich in der Kanzlei Ratsmanuale aus der Frühzeit seines Amtes geben läßt und seine stürmische, unausgeglichene Schrift mit der ruhigen seines Vaters vergleicht. Die Kreuzchen und Sternchen am Rande rufen ihm die Vergangenheit wach, seine feurige Liebe zur schönen Margarete Praroman, die, mutterlos, in einem verwandten Hause Gastrecht genoß, dann einen Franzosen heiratete und auf der Jagd an einem Sturz vom Pferde früh starb. Und er denkt auch der andern Margarete, der Magd mit den gehorsamen Bettelaugen, von der er ein Kind gehabt – und das Kind dieses Kindes ist der Maler Niklaus Manuel –, der dritten Margarete auch, seiner Ehefrau, die kühl und freudlos neben ihm gelebt im kinderlosen Haus und kühl und schmerzlos von ihm gegangen ... Von der wahren Liebe, die ihn durchs Leben begleitet, ohne daß er es ahnte, vernimmt er daraufhin bei den Weißen Schwestern im Bröwenhaus, wo ihm die Meisterin Magdalena das späte Bekenntnis ihrer einzigen und großen Liebe ablegt: «Seht, Thüring, es gibt Herzen, die lassen sich nur einmal füllen, und Frauen, die sind nur für einen geschaffen – bleibt der aus, ein anderer kann ihn nicht ersetzen ...» Der Alt-Stadtschreiber erkennt tief betroffen, wie aller Mannheit Ursprung, Kraft und Ziel nur an dem einen hängt: milde mütterliche Frau – doch er sieht die von solcher Liebe Aufgezehrte nur als Tote wieder. – So schön und bedeutungsvoll dieser Beginn, so enttäuschend leider der Fortgang und Schluß: Der historischen Wahrheit zuliebe, der inneren erzählerischen Wahrheit zuwider, berichtet die Verfasserin dann von der neuen Verjüngung in Fricker, der sich mit seiner jungen Magd verehelicht, mit ihr zwei Kinder zeugt und, wieder mit der Ratsherrnwürde bekleidet, das Zeitliche mit mehr als neunzig Jahren erst segnet.

Die zwei folgenden Novellen haben das gemein, daß in beiden die Hauptgestalt Rachegelüste am einst Geliebten stillt und dann selber der Strafe verfällt. Das *Gespenst im Antistitium* ist eine düstere Geschichte aus der hexen- und gespenstergläubigen Zeit des ausgehenden 17. Jahrhunderts. Der oberste Zürcher Pfarrer, der Antistes, ein mit schweren Jugenderinnerungen behafteter, verstockter, ‹recht›gläubiger Mensch, läßt die «Bröggereien», d.h. die ausgelassenen Gespensterstreiche seines Vikars aufs strengste bestrafen: der arme «Pedell» wird nach qualvollen Foltern schließlich enthauptet. Umsonst hat ein Ratsherr, des Antistes Jugendgenoß, ihm ein milderes Urteil abzuringen versucht. Als die grausame Rache aber vollzogen ist, da wird der immer schon von Todesfurcht geplagte Antistes ganz die Beute nun echter Gespenster, die seine eigene Phantasie erzeugt, und er sinkt ein zum lebenden, zitternden Leichnam, den seine Frau wie ein krankes Kindchen bemuttern muß. – Was bewog Maria Waser, eine solch verachtenswerte, dumpfe, unmenschliche Existenz zum Leben zu erwecken? Waren es nur ihre Geschichtsstudien? Jedenfalls auch ihre Abscheu vor dermaßen hirnverbrannter, verbohrter Orthodoxie – nicht umsonst die Hindeutung aufs hohe Zwinglihaus mit den hellen Fenstern, wo einer, fast zweihundert Jahre früher, der Welt das Licht und die Klarheit bringen wollte. Gottfried Keller aber milderte ein ähnliches Motiv in der Geschichte vom « Meretlein» durch die auch sprachliche Verlegung in das Denken der Zeit, wodurch selbst der pastorale ‹ Erzieher › des widerspenstigen Mägdleins so etwas wie einen Schein naiver Gutgläubigkeit bekommt. In unserer Novelle jedoch gibt der Versuch des Ratsherrn Landolt gerade, den Vikar zu retten, dem Ganzen eine ausgesprochen bewußte Note, und wie wird diese verstärkt, wenn erzählt wird, wie der Antistes einer mächtigen schwarzen Spinne den scharfen Zirkel durch den aufgequollenen Leib steckt und das Tierlein dann über den Flammen des Lämpchens verbrennt!

Im *«Bluturteil»* lodert in Frau Suzanne, der Altlandvögtin, die einst, ein Kind fast noch und mutterlos, den späteren Verschwörer Henzi geliebt, den Mann mit den schönen männlichen Händen, ein wollüstiges Gefühl der Rache auf, als sie durch ihren ungeliebten Gemahl von der aufgedeckten Verschwörung vernimmt, und entgegen dessen Empfehlungen lehnt sie sich ins offene Fenster, als der traurige Zug mit den zum Richtplatz Geführten stadtaufwärts kommt. Henzi aber, der so gelassen schreitet, blickt nicht zu ihr empor, und im wilden Aufruhr ihres Innern reitet die Gedemütigte dann durch den Bremgartenwald, die aufsteigenden Erinnerungen und das furchtbare eben Geschehende bedenkend, und läßt sich, an die Aare gelangt, vom Pferde hinunter in die Fluten gleiten. – Das novellistisch an sich packende Motiv wird dadurch beeinträchtigt, daß Frau Suzanne eine eitle, unmütterliche, nur ihrer Schönheit lebende, mit dem Herzen der Männer spielende Dame ist. Wohl geht ihr am Schlusse der Gedanke durch den Sinn, daß Henzis Heftigkeit, als er ihre Liebe gewahrte, nicht ihr gegolten, sondern seinem eigenen Verlangen, das sein sittlicher Ernst verurteilte; ein «kleiner Held» wird sie dadurch gleichwohl nicht, und die Erzählung hinterläßt gemischte Gefühle.

Dies ist, vermehrt noch, der Fall auch beim *«Jätvreni»*. Von halsstarrigen Racheinstinkten getrieben, die in merkwürdigem Gegensatz zu ihrer Leidenschaft zum Gärtnern stehen, widersetzt sich das Jätvreni jeder Annäherung ihres Enkelsohnes an den reichen Sonnmattbauern, der einst dessen Mutter verführt und nun, kinderlos, den wie eine Eiche gewachsenen Hans Barthlome an Kindesstatt annehmen möchte; doch dieser wird beim Holzfällen getötet, bevor es zwischen ihm und dem Bauern zur geheimen und entscheidenden Unterredung kommt. Das Jätvreni nimmt das wie ein herrliches Wunder von Gott auf, gibt sich mit größerem Eifer noch ihrer Gartenarbeit bei den Dorfleuten hin, bis der Tod auch sie abholt. – Der strengere Leser vermag der eher unbehaglichen Künstlichkeit dieser Dorfgeschichte nicht froh zu werden.

Die Krise der Frau, «an die der Herbst greift», suchte Maria Waser im Roman *«Wende»* (1929) zu gestalten, im epischen Motiv eigene Erlebnisse in recht auffallender Transparenz darstellend (nicht umsonst hat sie denn auch «Wende» ihr tapferstes Werk genannt, das ihrem Herzen am nächsten stehe[6], und wirklich: es ist ihr «cœur mis à nu»). In späterer Rückschau hat sie den Inhalt selber so skizziert: «Ein Mensch, eine Frau, die seelische Störung erfuhr, findet in der Begegnung mit sich selbst, in der Versenkung in die Natur und die gesetzhaft begriffene Kunst die Einung in sich, den Einklang mit der Welt wieder, bis ihr schließlich unter dem Eindruck eines großen inneren, die Schranken der faßbaren Wirklichkeit sprengenden Erlebnisses das Letzte gelingt, die Einfügung unter den großen Bogen der Allverbundenheit[7].» Selber spricht sie von einem sozusagen ‹monologischen› Roman. Man darf dieses Wort in dem Sinne auffassen, daß die Heldin mit sich selber Zwiesprache hält, Vergangenes in ihrem Gegenwärtigen spiegelnd, und so die Kraft zu einer ‹Wende› erhält, die ihr Mut zu neuem Leben schenkt. Das Thema enthielt, und für die Dichterin in besonderem Maße, die Gefahr der Selbstbespiegelung, des Selbstgenusses, und sie ist ihr nicht entgangen. Das jungfräuliche Element, das im Rehlein sich so zart und rein verwirklicht, erscheint in der Peregrina des neuen Romans in merkwürdiger Verzerrung und Übersteigerung. Das Rehlein, wenngleich ein gescheites Kind und Mädchen, hat keine künstlerischen oder intellektuellen Ambitionen, ist ganz liebendes, in sich ruhendes, köstliches Geschöpf. Peregrina möchte das wohl auch sein, ist aber zuvörderst die Frau

[6] s. Esther Gamper: Maria Waser. Werden – Wirken – Schaffen. Ausgew. Werke IV, 505.

[7] Beim Aushorchen des eigenen Buches. Nachklang, S. 310.

Doktor, die gewichtige Studien hinter sich hat, Kunstfragen mit
Würde und Wissen erörtert, eine Landschaft sehr geistig erlebt und
sinnliche Erregung nur mit warnend erhobenem Zeigefinger an
sich herankommen läßt.

Die nach bürgerlichen Begriffen Glückliche, ihrem Gatten, dem
Arzt, mit Aufopferung Beistehende hat sich in ihren hilfreichen
Frauen- und Mutterpflichten die «große Müdigkeit» geholt und
beschließt, in Florenz, in erwähltem Hause, das sie in blendenden
Jugendtagen schon aufgenommen, eine Erholungskur zu verbrin-
gen. Und die toskanische Landschaft, die Stadt mit ihren Kunst-
schätzen vollbringen an ihr das Wunder; die wollüstige, fast schon
unirdische Gelöstheit, die sie daheim verspürt hat, wandelt sich in
innere und äußere Auferstehung, die aus der leise alternden Frau
wieder ein begehrenswertes Weib macht. Ein von früher her Bekannter, ein hochintelligenter, doch etwas blasierter und innerlich
haltloser Schriftsteller, der mit ihr die florentinischen Kunststätten
besucht, umgibt sie mit leisem Werben. Peregrina, im wonnigen
Gefühl neu erwachter Kräfte, läßt es sich gefallen, bis das sinnliche
Begehren in Emanuel plötzlich durchbricht und sie erschrocken
einsieht, an welchen Abgrund sie fast ahnungslos geraten. Da erreicht der Brief ihres einstigen heißgeliebten Studienkameraden die
Aufgewühlte, und an seiner weisheitsvollen Lebensrichtigkeit rankt
sie sich wieder empor, nun tiefer begreifend, daß jedem vom Schicksal seine Aufgabe zugeteilt ist, und die ihre ist helfendes Gatten-
und Muttertum.

Die fast peinliche Enttäuschung, die das erzählte, an sich keineswegs unwahrscheinlich anmutende Geschehen einem bereitet, beruht ganz auf dem Charakter Peregrinas. Diese ist, trotz ihrem
scheinbar so menschlichen Wesen, eine Art Überweib an Vornehm-
heit, an lyrischer Beseeltheit, an Kunsteinsicht, an Reinheit (ihr
weißes Kleid!) und an Willenskraft; der Eindruck, den sie zwanzig
Jahre früher auf Emanuel gemacht: ‹Fiammetta› und doch unver-
sengbar zu sein, ist noch erhöht. Etwas völlig Unnahbares umgibt
sie: das Haupt des sinnlich erregten Emanuel, das eine Weile in
ihrem Schoß gelegen, empfindet sie plötzlich als «furchtbare Be-
drohung». Der Walther von der Vogelweide zitierende Gefährte,
für den die Kunst nur Lebensersatz ist und ihm denn auch keine
Befriedigung schenkt (seine Bücher auch sind immer nur mehr oder

weniger verkappte Selbstgestaltungen), spielt neben dieser einerseits zu weichen, anderseits zu selbstsicheren hochgeistig-bürgerlichen Faust-Virago so ein bißchen die Rolle des Mephistopheles, um dann doch schließlich die fest Gebliebene zu segnen! Klarer vielleicht sieht Frau Miriam, seine noch immer lebensgierige, nun kranke und blinde Mutter, in die innerliche Brüchigkeit der allzu ‹idealen› Gestalt Peregrinas, von der es heißen könnte, wie von der ‹großen Frau› im «Land unter Sternen»: «Sagte ich nicht, daß der Mensch in ihr stärker war als die Frau?»

So hängt man denn mit diesem Roman, der wohl übervoll ist von Gefühl und daneben auch sprachlich überlegen geformt, doch mehr oder weniger im Leeren, bewundert wohl die räsonierende Gescheitheit der Heldin und ihres Partners, ihre lyrische Beschwörungsgewalt, wenn es gilt, den «Zauberklang» Florenz wachzurufen, fühlt in ihr aber, was Frau Miriam andeutet, mehr einen hochentwickelten, doch einseitigen Gattungsbegriff als ein Wesen aus Fleisch und Blut – und wer bürgt dafür, daß aus dieser alternden Demeter-Artemis, aus der ein wühlendes Erlebnis die Aphrodite zu locken schien, nicht bald wieder eine jener müden, stillen Frauen wird, von denen in «Wir Narren von gestern» die Mutter des Verwachsenen zu ihrem Sohne spricht?

Im «Roman eines Dorfes» *«Land unter Sternen»* (1930) kehrte Maria Waser wiederum in den Raum ihrer Kindheit zurück, aus unheilbarer Liebe zu jenem Flecken Erde, «dem unsere Jugend gehörte, der bunten, wandelbaren Welt des Dorfes und der stillen, bleibenden Welt der Hügel über dem Dorf». Diese Erinnerungen an das «kleine Welttheater einer lebendigen Dorfschaft» mit seinen lustigen und ernsten, unbedeutenden und bedeutenden, komischen und tragischen Figuren liest man mit starker Anteilnahme (zumal wenn man, wie der Schreibende, selber mit ihr verwachsen war). Sie kranken aber, wie das wenig später entstandene Freundschafts- und Erinnerungsbuch um die Gestalt des Gehirnanatomen, Biologen, Psychiaters und Weisen Constantin von Monakow (1853 – 1930), *«Begegnung am Abend»* (1933), an der überaus hybriden Darstellungsart, an der nicht reinlichen Scheidung von Autobiographie und Dichtung, von Chronik und Bekenntnis, wobei beide Teile zu kurz kommen. Die Dichterin will Wirklichkeit – sogar historische Namen fallen – *und* einen ‹Roman› geben, erhebt sich aber nur wenig über die von der Kindesebene aus geschaute Chronik der Gestalten, die dadurch nicht eigentlich lebendig werden. Die – mitunter leis mundartlich gewürzte – Epopöe dieser Dorfschaft ersteht so nur in kleinen Ansätzen, ist wohl postuliert, aber nicht geformt. Bezeichnend ist es, daß das unmittelbar aus dem elterlichen Raum heraus Erzählte, an die «grüngoldene Dämmerzeit» der Kindheit Rührende (und wie hat die Erzählerin Eile, in sie zurückzukehren!) ungleich dichterischeren Glanz ausströmt als das sonst Geschaute – wie sinnbildlich mutet es an: wenn die Verfasserin als Kind mit dem Vater, der ihr von unten her mit seinem blondbärtigen Haupt wie ein umflimmerter Gottvater zwischen Sternen erschien, zur ‹Sternwarte› auf dem Dache emporstieg, dann verging die ganze viellärmige Stimme des Dorfes und starb irgendwo im undenkbar Tiefen. Die eindrücklichste Gestalt ist denn neben den Eltern auch die ‹große Frau›, die Hausfreundin und Wohltäterin des Dorfes, die in ihrer kargen, scheinbar lieblosen Art ein so schweres Geheimnis barg. Starke Keime zu einem höheren Epischen enthält das Schlußkapitel über die ‹Alten vom Berge› (ihnen ist schon eine schöne Seite in «Wende» gewidmet), die Altbauern von den weit- und schwerdachigen Hügelgehöften, deren bedachtsamem, lebensweisem, heimatverwurzeltem Chor der sie noch einmal besuchende, fast erblindete Vater der Dichterin sich mühelos einfügt. Lange sehen die Männer ihrem früheren, geliebten Arzte nach:

> Als ich mich wandte, war mir mein Vater schon ein Stück voraufgegangen. Er schritt merkwürdig rüstig; denn sein Fuß kannte keine Unsicherheit mehr auf diesen vertrauten Wegen. Eben gewann er das Rainlein, das, vom Grat abbiegend, steil über mir die Hügelhöhe erklomm. Der Abendwind wehte den langen Mantel um die vorgeneigte Gestalt, und der große, dunkle Hut war wie der eines Pilgers. Die Steigung verlangsamte seinen Schritt, und weil hinter der Höhe nichts zu sehen war als der Safrangrund des Abends, war es wie ein stilles Wandern in den Himmel hinein.

Fühlte die Dichterin die Grundmängel der drei eben genannten Bücher selber? Wollte sie, den Weg zu den Quellen, die ihr reinstes Künstlertum speisten, noch einmal und mit unabgewandtem Blick beschreitend, den Kreis mit dem vollen, unverschleierten Bilde ihrer Kindheit und Jugend schließen und, an den «Lichtsignalen der Erinnerung» den geheimsten und wirkendsten Kräften nachgehend, die ihr Leben gestalteten, das Sinngewebe ihres Daseins noch klarer enthüllen? Es scheint, als habe das Schicksal selber die dem Vorhaben zugestimmt: «*Sinnbild des Lebens*» (1936) wurde Maria Wasers letztes Buch und als solches so etwas wie ein Testament ihrer dichterischen Bestimmung.

Denn um ein Dichterwerk handelte es sich in diesem Erinnerungsbuch. Was sie erzählte, war erhobenes Leben: die Eltern – sie vor allem – erklärend, suchte sie sich selber zu erklären, in der Eltern und der Ahnen Sein ihr eigenes Sein gleichnishaft vorgedeutet zu sehen. Der Kreis ist auffallend eng, der dieses werdende Leben umgrenzt. Gemessen an der ‹Dichtung und Wahrheit› anderer, die den ganzen Bildungsprozeß einer Gestalt in ihrer Wechselwirkung mit Natur, Gesellschaft und Geschichte darstellen, erscheint diese Bescheidung fast als Verzicht auf Einsicht in höhere Zusammenhänge. Schon der Schul- und Dorfhintergrund ist in diesen Kindheitserinnerungen völlig gestaltlos. Und dennoch war es nicht Bescheidung, was die Dichterin den Rahmen so eng spannen ließ. Sie ließ ganz einfach aufblühen, was sie in sich fühlte an *wirkender* Erinnerung, und das war das Wunder eines schier unvergleichlichen Kindheitsglückes inmitten ihrer Familie. Und dieses Glück umfaßte eine Welt, nicht eine in räumlich extensivem Sinne, wohl aber eine Ganzheit der erlebnishaften Gefühle, eine organische Tiefe des Wachstums, eine innerlich weite Gewalt der Erfassung des Lebenswesentlichen. Wenn man sich unbefangen diesem andern Maß hingibt, so schreitet man im Buche von Entzücken zu Entzücken. Nicht umsonst beginnt es mit dem Urerlebnis des Einbruchs von Freude und Licht im kindlichen Bewußtsein – Freude und Licht strahlt es aus nach allen Seiten. Deren Quell ist vor allem die unsäglich geliebte herrliche Mutter. Das väterliche Element tritt erst nach und nach kräftiger, dann aber umso nachhaltiger in Erscheinung. Handgreiflich fast glaubt man zu spüren, wie ein geradgewachsenes, quicklebendiges, stolzes und doch auch schmiegsames Menschenwesen sich auferbaut aus dem unbewußten und bewußten Erbe, das ihm ein prächtiges Elternpaar mitgibt; wie eine überwältigende Lebensgläubigkeit in ihm Wurzel faßt (sagte man nicht von der Mutter, wenn sie einen alten Regenschirm in die Erde steckte, er würde ausschlagen und Rosen treiben!); wie die Natur in ihm, wie im Vater, zum Evangelium wird des wunder-

samen Kräftespiels und der so tröstlichen Gesetzhaftigkeit des
Alls, wie der Horizont sich mählich weitet, der ‹heilige Geist der
Heimat› sich auftut; wie innerliche Grenzen sich öffnen, Homer
Tore sprengt ins Unabsehbare, das sokratische Daimonion als
Warner und Mahner in der Brust erwacht, und wie endlich der
große Zauberer und Verwandler Eros Bindung zugleich und Be-
freiung bringt ... Und wie das erzählt ist: leichten und schweren
Wortes zusammen, behend und verweilend, voll Bildkraft, männ-
lich klar und jungfräulich verhalten, gescheit und hingegeben, beherrscht und plaudertrunken. Ein Beispiel:

Vater hatte ursprünglich Förster werden wollen, um seiner heftigen Waldliebe willen. Wie es dann kam, daß er schließlich zum Arztberuf abbog, ist mir
nicht mehr bewußt; vielleicht, weil er entdeckte, daß das Amt des Försters
bei uns mehr mit Büro- als mit Waldluft zu tun hat, oder dann, weil ein alt-
ererbter Trieb auch über ihn Meister wurde; denn in der Sippe seiner Mutter
gab es Ärzte durch verschiedene Generationen hin. Er hat aber als Arzt die
alte Waldliebe nie verloren, und sie wiederum ist nichts anderes als Sinnbild
seiner Liebe zur lebendigen Schöpfung überhaupt.

Seine Berufsgänge, die ihn täglich über Land führten, gaben ihm willkom-
mene Gelegenheit zur Naturbeobachtung – kein Blatt in seinem schmalen
Tagebuch, das nicht von solchen berichtete. Wenn man mit ihm durch den
Wald ging, hatte man nicht nur den Eindruck, als ob er jeden Baum kennte,
wie man Menschen kennt, als ob jedes Kräutlein ihm vertraut wäre, alle Tiere,
deren Schlupfwinkel, alle Vögel, deren Nester er wußte, es war auch, als ob
Bäume und Tiere ihn kennten und sich ihm zuwandten wie einem Freunde;
denn es war eine ganz andere Luft, Beleuchtung und Bewegung schienen inniger, wenn man neben ihm durch den Wald ging, und vor allem waren es die
Stimmen des Waldes, die auf einmal so anders tönten. Denn man ging nicht
schwatzend neben ihm her, sondern still, mit behutsamen Füßen, die zwischen
Raschellaub die weichen Mooskissen suchten, mit leisen unauffälligen Bewe-
gungen, die kein Tierlein verscheuchten, und mit einem Herzen, das allein
schon durch diese ungewohnte Bezähmung andächtig wurde und jedem Wunder offen. Aber das Allerschönste war es doch, wenn wir im dämmernden
Morgen auszogen zum Frühgesang der Vögel. Als ich es das erstemal erlebte –
im Wald war es noch dunkel und kühl, und nur zuoberst in den höchsten
Kronen der Bäume am Berg saßen ein paar zaghafte Sonnenfünklein, und so
zaghaft fing es auch an mit den Einzelstimmen da und dort; aber dann brach
es auf einmal los, der grenzenlose Jubel, und es war, als ob alles mitsänge,
goldene Wipfel, Zweiglein und Blatt und die niederrieselnden Sonnenfunken;
denn alles war eins, man konnte kein einzelnes mehr unterscheiden, und es

war mir unbegreiflich, wie Vater nachher doch alles auseinander hielt: So viele Amseln hätten gesungen, so viele Drosseln und so viele Grasmücken und Laubsänger und Buchfinke. Und der Pirol sei dabei gewesen, und vom Waldrand her hätte man Goldammer und Wiesenschmätzer gehört, ach, und noch viele Namen nannte er, die ich nicht kannte; aber er meinte, auch ich müsse so weit kommen, daß ich das alles durchhorchen lernte, bis sich mir das Stimmengewirr in ein verständliches Zusammenspiel verwandelte.

«Sinnbild des Lebens» ist in der dichterischen Werthaltigkeit das ebenbürtige, ja überlegene Gegenstück zu «Wir Narren von gestern». –

Aus dem Nachlaß wurden Gedichte Maria Wasers veröffentlicht (*«Vom Traum ins Licht»*, 1939); sie fügen ihrem Ruhm nichts oder wenig hinzu. Ihre Prosa ist ungleich beschwingter, duftiger als ihr Vers. Der Zwang zum Reime und zur lyrischen Konzentration lag ihr nicht. Dem Volksliedton scheint sie, auf ihre Weise, in einigen frühen Gedichten nahe zu kommen, weiß ihn aber nicht knapp genug zu halten. Hätte sie z. B. im Lied Giulios in der «Geschichte der Anna Waser» («Wenn ich einst tot bin») nur drei Strophen, von sechs, stehenlassen, die 2., 4. und 5., so wäre ein recht schönes Gedicht daraus geworden:

> Sieh, wie der Mond so weiß
> Über mein Grab geht,
> Denk, wie verlangend heiß
> Um dich mein Herz fleht.
>
> Bringt wo ein weicher Wind
> Den Duft von Rosen,
> Fühlst du im Nacken lind
> Ein heimlich Kosen?
>
> Spürt dann dein Seidenhaar
> Zitternde Küsse,
> Weiß, daß es immerdar
> Mir gehören müsse.

Dasselbe gilt vom elfstrophigen Gedicht «Auferstehung» und von «Alternde Mutter an ihre Kinder». Die drei mittleren Strophen des letzteren weisen mit ernster, gelassener Hand ins Ewige:

> Denn meine Wanderwege sind vertan.
> Mir bleibt nur noch der eine, unverletzte,

Der still und stät ins grenzenlose Letzte
Hinüberwölbt die nie betretne Bahn.

Doch freudig dürft ihr eures Weges ziehn!
Denn ob mein Fuß auch wandermüde rastet
Und schauernd schon ins Uferlose tastet –
Seht, meinem Herzen könnt ihr nicht entfliehn.

Denn ihm sind alle Wege wanderbar,
Es zieht mit euch bis an das Tor der Sterne,
Durch euch wird freund ihm jede fremde Ferne,
Und was euch wirklich ist, das wird ihm wahr.

Im « *Besinnlichen Blumenjahr* » (1938, Gedichte zu Aquarellen von
Maria Wasers Schwester Hedwig Krebs) haben einige Verse schärferes, lyrisch wahrhaft besinnliches Gepräge:

Frühlingsprimeln:

... Und sprangen so, als bunte Blumenkissen
auf dunkle Schollen köstlich hingelegt
und doch von jedem Hauche fein bewegt,
und sind des Frühlings Vorspruch und Gewissen:
mit seiner Wildheit sollen sie versöhnen
und lieblich uns ans große Licht gewöhnen ...

Dahlien:

Rings flammt es auf im herbstlichen Gelände.
Aus Busch und Blume Gold und Scharlach sprüht.
Die Wälder lohen steil wie Opferbrände,
Und nah und feuerblau der Himmel glüht ...

Zyklamen:

Nun sind sie da, des Winters finstere Boten.
Die kalten Nebel fallen übers Land ...

Winterprimeln:

... Es ist ein anderer Frühling,
Dem folgt kein Sommer nach.
Mit weißen Schwingen zieht es
Leise durch mein Gemach.

Das ahnungsschwere Wissen um das Vergängliche, in früheren
Büchern so oft Stimme geworden, erhält hier ergreifenden Ausdruck.

Auch in zwei, drei Gedichten der letzten Zeit scheinen die nahenden Schatten Pforten zu sprengen: in ihrem Ton ist ein Gesammel-

tes, Wirkliches, das früher kaum angeklungen hatte. «Einkehr»
z. B., in der Form, vielleicht nicht ganz unbewußt, an «Huttens
letzte Tage» erinnernd, hat starke und herbe Akzente:

> So gnadbeladen zog ich einst ins Licht.
> Barhand stell' ich mich heute dem Gericht.
>
> ....
>
> An Darbenden vorübergehn ist schwer.
> Ich gab und gab, bis meine Hände leer.

Eins nur kränkt sie: daß sie, «vom eifersüchtigen Tag erschreckt»,
ihr Letztes, Bestes nicht verschenkt. Doch aus dieser «grausam
eingezwängten» Frucht des Herzens entspringt plötzlich ein Reis,
und aus dem Bäumlein wird ein knospenüberdeckter Baum:

> Und einst: ein stiller Wandrer tritt durchs Tor.
> Da sieh: aus allen Knospen stürzt's hervor!
>
> Mit hundert Blütenlippen singt mein Baum
> Von eines Lebens ungelebtem Traum.
>
> Und Traum wird Leben, Leben wird Gericht.
> Die Sühne? Selige Erlöserpflicht.
>
> Bist du am Ziele, stiller Wandersmann?
> Der Tag war heiß. Die Himmelsnacht bricht an.

*

Ein Wort zu den nicht-imaginativen Schriften Maria Wasers. Unter
ihnen ragt – von den rein historischen Schriften sei hier abgesehen
– die *J. V. Widmann*- «Darstellung» (1927) hervor. Sie handelt vom
«Menschen und Dichter, vom Gottsucher und Weltfreund» und
gibt ein gedankenvoll überschauendes, von Sympathie durch-
hauchtes, doch keineswegs unobjektives Wesensbild des einzig-
artigen Mannes, der «mit leichter Hand so mächtig» in das geistige
Leben unseres Landes eingegriffen. Männliche Kraft des Intellekts
und weibliche Einfühlung reichen sich in dieser Studie aufs schönste die Hand. Immer neu ist man überrascht von Formulierungen,
die eindringendes, geschmacksicheres Verstehen und zarte An-
schmiegsamkeit, bewundernde Anerkennung und milde Vorbehalte in geprägte Worte fassen: so, wenn von der ‹götterhaft unbe-
schwerten Feingliedrigkeit seines beschwingten Eros ›, von der

‹anmutsvollen Atmosphäre des Spiels›, vom ‹erfrischenden Lavendelduft lieber Altväterischheit›, vom ‹alliebenden Menschenerfreuer› die Rede ist. Und wie kraftvoll werden etwa am Gegensatz Widmann-Hodler Profilierungen sichtbar: «Hier der liebenswürdig konziliant Gesellige, dort der schroffe, unverbundene Einzelgänger; hier runde Anmut, Empfänglichkeit, Verwandlungsfreude, dort eckige Wucht, Unbeeinflußbarkeit, Verharrungstrotz; hier der unpathetisch Gedankenreiche, dort der Pathetische, Gedankenschwere; hier die formgefällige, einer schönheitsfrohen Vergangenheit verpflichtete Kunst, poetischer Spieltrieb, dort ein untraditioneller, unbändig zu Neugestaltung drängender Formwille. Hier sanft distanziertes Idyll, ziervolle Miniatur, dort zierberaubter Titanismus von fast erdrückender Nähe, hier eine von weichen Sonnendünsten durchzitterte, dort die karge, klare, sonnen- und luftlose Welt, hier das heitere Lächeln liebender Überlegenheit, dort der ingrimmige Ernst kämpfender Liebe. Hier der beglückende, weltfreudige, liebenswerte Schöpfungskritiker und Pessimist aus Theorie, dort der erschütternde, tragische, schwer zugängliche Schöpfungsgläubige und Optimist aus Überzeugung. Hier der liebende Kläger wider die Sünden Gottes, dort der zornmütige Verkünder der ewigen Harmonie, des gnadenvollen Gesetzes.» (Dem Verwandten und Familiengast im Elternhaus, Ferdinand Hodler, hat Maria Waser auch vier kleinere Studien gewidmet: «Wege zu Hodler», 1927.)

« Der heilige Weg » (1927), «ein Bekenntnis zu Hellas», versucht, das Griechenland-Erlebnis in Worte zu bannen. Dieses griff so tief, daß Maria Waser ihr Leben einteilt in die Zeit vor und nach diesem Ereignis. Was es ihr brachte, als Bestätigung von lang Geahntem, gipfelnd in Mykene, dem Ort «erddunkler Dämonie», und im Parthenon zu Athen, dem «goldstrahlenden Tempel der geistgeborenen Tochter des Himmelsgottes»: das Bewußtsein, daß alles Leben ein Hinstreben ist von der Blutgewalt zum Geiste, aus Taumel zu Gesetz, aus Chaos zu Gestalt, stets Erneuerung und Wandlung aus ewigen Lebensquellen.

« Scala santa » (1918) ist das Hohelied des Muttertums. Über die Heilige Treppe in Rom sieht die Verfasserin drei Frauen emporklimmen: eine junge, strahlend vom Glück erfüllter Liebe, eine andere, die schmerzerfüllt ein todblasses Kind umklammert; eine

dritte, mit silbernen Haaren schon, und ihr von Leben und Leiden geadeltes Antlitz erglänzt von Heiterkeit und Liebe. Drei Symbole, drei Stufen des Muttertums sieht die Dichterin in den drei Frauenbildern ausgedrückt: Überschwang des im Kind verlorenen Mutterglückes; die Erkenntnis dann, daß Kinder ihr eigenes Schicksal haben und daß die Mutter, sie segnend freigebend, den Weg schließlicher Entsagung gehen muß; und das Bewußtsein endlich, daß in neuer Fraueneinsamkeit das Gefühl des höchsten Mütterlichen, das der All-Einheit erwachen muß. (Ähnliche Gedanken, mehr noch ins Volkserzieherische gewandelt, spricht Maria Waser aus im Vortrag «Die Sendung der Frau», 1928, sowie in der kleinen, zur Zeit bedrohten Heimatgutes aus einer Ansprache erwachsenen Schrift «Lebendiges Schweizertum», 1934.)

Biographische Notiz. – Maria Waser, 15. Okt. 1878 – 19. Jan. 1939. Geboren in Herzogenbuchsee (bern. Oberaargau) als Tochter von Dr. med. Walter Krebs (1847–1925) und dessen Frau Marie Schüpbach (1847–1918). Der Vater ein weltoffener, gütiger, naturverbundener, philosophisch angeregter Geist (s. «Dr. W. Krebs. Ein Gedenkblatt»); die Mutter eine gescheite, mildtätige, künstlerisch begabte, den Idealismus ihres Gatten teilende Frau. Bedeutende Gäste des Doktorhauses: der Chirurg Theodor Kocher, Ferdinand Hodler, die Philantropin Amelie Moser-Moser (die ‹große Frau› vom «Land unter Sternen»), später J. V. Widmann und der Berner Gymnasialdirektor Georg Finsler. Maria («Runggeli») war die jüngste von drei Schwestern. Unterricht durch die Mutter bis ins zwölfte Jahr, dann Sekundarschule Herzogenbuchsee und während einiger Monate Lehrerinnenseminar in Bern. Im November 1894 auf Anraten von J. V. Widmann Übertritt ans städtische Knabengymnasium. Nachhilfe in den Alten Sprachen durch Rektor Finsler, den berühmten Homerforscher, selber. Ausgezeichnete Matura im Herbst 1897. Universitätsstudien in Lausanne und Bern (Deutsch, Französisch, dann Geschichte). 1901 Doktorexamen in Schweizergeschichte (Dissertation: «Die Politik von Bern, Solothurn und Basel in den Jahren 1466 bis 1468»). Aufenthalte in Umbrien und in Florenz (hier über ein Jahr im schönen Landhaus der englischen Schriftstellerin Vernon Lee). Aushilferedaktorin an der F. Zahnschen Zeitschrift «Für's Schweizerhaus» in Neuenburg. Vom Herbst 1904 an Redaktionsmitglied, wiederum durch Vermittlung Widmanns, an der Zeitschrift «Die Schweiz» in Zürich. Vermählung 1905 mit dem Mitredaktor Dr. Otto Waser, dem Archäologen und späteren Professor an der Zürcher Universität. Zwei Söhne: Hans (1906–1959) und Heini, 1913. Beginn des schriftstellerischen Schaffens. «Die Geschichte der Anna Waser» (1913): großer Erfolg. Novellen: «Von der Liebe und vom Tod» (1919). Eingang der Zeitschrift «Die Schweiz». «Wir Narren von gestern» (1922). Reise nach Griechenland mit ihrem Gatten.

Große Vortrags- und Vorlesungstätigkeit. Wachsender Kreis von Freunden, Besuchern, Korrespondenten. «Wende» (1928). Heimaterinnerungen: «Land unter Sternen» (1930). Freundschaft mit dem Hirnforscher und Seelenarzt Constantin von Monakow; nach dessen Tod: «Begegnung am Abend. Ein Vermächtnis» (1933). Jugenderinnerungen: «Sinnbild des Lebens» (1936). «Das besinnliche Blumenjahr» (mit Blumenaquarellen ihrer Schwester Hedwig, 1938). Literaturpreis der Stadt Zürich für das Jahr 1938. Trotz zunehmender Krankheit Ansprache bei der Preisübergabe im Zürcher Rathaussaal über «Schwyzerwort und Schwyzergeischt». Tod am 19. Januar 1939.

Bibliographisches: Die Hauptwerke erschienen von der «Geschichte der Anna Waser» an in der Deutschen Verlagsanstalt in Stuttgart (Erscheinungsjahre s. oben). Neuausgabe der Werke in fünf Bänden. Huber, Frauenfeld, 1958f. [Leider sind im Bande «Berner Erzählungen» die Kapitel «Die große Frau» und «Das Genie» von «Land unter Sternen» aus Raumgründen weggelassen. Nicht aufgenommen sind ferner die historischen, literar- und kunstkritischen Schriften.] Wichtigere Nebenschriften: Henzi und Lessing. Eine historisch-literarische Studie (1903). – Scala santa (1918). – Der heilige Weg. Ein Bekenntnis zu Hellas (1927). – Wege zu Hodler (1927). – Josef Viktor Widmann. Vom Menschen und Dichter, vom Gottsucher und Weltfreund (1927). – Die Sendung der Frau (1928). – Postum: Vom Traum ins Licht. Gedichte. Hsg. von Esther und Hans Waser-Gamper (1939). – Nachklang (Skizzen und Novellen, Kunstbetrachtungen, Autobiographisches), ausgewählt von Otto Waser (1944). – Gedichte, Briefe, Prosa. Hsg. von Esther Gamper (1946).

Über Maria Waser: Marie Joachim-Dege: M. W. mit Bibliographie. Die schöne Literatur. 29. Jg., H. 8 (1928) – M. W. zum Gedächtnis. Ansprachen von Karl Fueter, Robert Faesi, Charly Clerc, Ernst Zahn, Gottfried Bohnenblust und Esther Odermatt, gehalten bei der Trauerfeier im Fraumünster Zürich am 23. Januar 1939, bei den Gedächtnisfeiern im Berner und im Zürcher Rathaussaal am 17. Febr. und 12. März 1939, in der Kirche von Herzogenbuchsee am 16. April 1939. Stuttgart, 1939. – Freddy Ammann-Meuring: Erinnerungen an M. W. Neue Schweizer Bibliothek. Zürich, 1939. – Esther Gamper: Frühe Schatten – frühes Leuchten. M. W's Jugendjahre. Frauenfeld, 1945. – Dieselbe: M. W. Werden – Wachsen – Wirken. Im 4. Bd. der Neuausgabe der Werke (Berner Erzählungen), S. 447–516, auch separat. Hier ebenfalls das Verzeichnis der Schriften von und über M. W. (von Hans Waser).

ALBIN ZOLLINGER

Albin Zollinger war, menschlich gesehen, eine liebenswerte, zwar eher schwierige Natur: der zarteste, scheueste, gerechteste, anfälligste Mensch, so nennt ihn sein Dichterfreund Traugott Vogel[1], der anderwärts auch von Zollingers «anspringender, zuckender, edler Empfindsamkeit» spricht: «kühles Berechnen, Maßhalten, Objektivität, Sachlichkeit kannte er nicht[2]». ‹Anfällig› war er als hochgradig introvertiertes Temperament. Im stark autobiographischen Roman «Der halbe Mensch» ist von des Helden «zerbrechlicher und launenhafter Begabung», von der «Fragwürdigkeit» seines Wesens, seiner Zerfahrenheit, Lebensfurcht und Menschenfremdheit die Rede, doch auch von seinem Ruf nach Heiligung, Steigerung, Verinnerlichung und Erlösung des Lebens: seine Freundin redet von ihm als von einem «Nimmersatt der Seele». Zerfahrenheit und Verinnerlichung: damit sind ohne Zweifel zwei wichtige Seiten von Albin Zollingers eigener Zerklüftetheit angedeutet. Die zweite, der Drang nach Verinnerlichung, mochte bei der fortschreitenden Kräftigung seiner dichterischen Anlage in dem Maße an Bedeutung gewinnen, als die erste, die «Absonderlichkeit von verschütteten Talenten» (wie es auch einmal heißt), an solcher verlor; dennoch blieb hier der tiefste Konflikt seiner Menschennatur, an dessen Durchleben und Überwindung sich immer neu der schöpferische Funke entzündete. Bei seiner Leidenschaftlichkeit und Heftigkeit mußten sich Sehnsucht und Wille nach Steigerung des innern Seins, damit nach Werkvollendung nur immer zehrender auswirken. In Wahrheit prägten sie seinem Schaffen, als schon Todesahnungen ihn heimsuchten, eine fast unheimliche Rastlosigkeit auf. Man ist betroffen, wenn man vernimmt, daß er in der Zeitspanne vom Frühling 1940 bis zum Herbst 1941 eine neue Familie gründete, vier Bücher schrieb, mehr als ein halbes Jahr Militärdienst leistete und in der dienstfreien Zeit wöchentlich über dreißig Stunden Schule hielt. Durch die physische Bedrohtheit aber blitzte das Wissen um künstlerische

[1] Du, 1. Jan. 1945, S. 27f.
[2] Albin Zollinger. Briefe an einen Freund. Ausgewählt und eingeleitet von Traugott Vogel. St. Gallen, 1945. Nachwort.

Leistung. Was er zwei oder drei Jahre vorher empfunden, wurde Wirklichkeit.

....

> Aufwärts im Strome reißt es der Erde Blut.
> Ich bin müde, mir bröckeln die Adern voll Asche, ich sinke
> Schollernd am Grunde der übermächtigen Flut,
> In dieses Aufbruchs gleißendem Grün und Geblinke.
>
> Blüh mich nicht an, kühler Frühling, mit Süße der Luft!
> Ich zerfalle.
> Bald, in der Höhle der Gruft,
> Hör ich sie alle,
>
> Höre sie weiße Straßen herauf in den Weizen ziehn.
> Bänder flattern vom farbigen Holz, sie bauen.
> Ferne dahinter dämmern die Feuer von Kien,
> Nebelnde Herbste, wässernde Zeitlosenauen.
>
> Blüh mich nicht an! Mir im Herzen wurzelt der wilde Baum!
> Ihr, wenn ihr liebt, im Holunder,
> Ist es von einem Traum
> Würze und Wunder! («Tod im Frühling»)

«Mir im Herzen wurzelt der wilde Baum»: – es ist nicht nur der allem Gesetz trotzende Baum des Todes, sondern auch, ja vor allem, der sich bedroht wissende Baum geistig-schöpferischen Wachstums, dem der ihn ‹anblühende› Frühling schmerzhafter nur den eigenen ‹Zerfall› zum Bewußtsein bringt. Angst um das Hinschwinden, bevor die Leistung vollbracht, doch auch Zweifel der Berufung, dieser vielleicht grausamste aller Künstlerschmerzen, der zugleich immer wieder zur letzten Steigerung der Kräfte anspornt, war in Albin Zollinger überlebendig. «... weil ich mich ständig (ständig) nach allen Seiten gegen überkommende schwarze Untergangswellen zu wehren habe», bekennt er schon zehn Jahre vor seinem Tode seinem Freunde[3], und Byland noch, Zollingers Ebenbild im «Bohnenblust», spricht vom Minderwertigkeitsgefühl, das ihn wie eine Lähmung überfalle. Traugott Vogel sagt denn auch: «er war geradezu begabt fürs Leiden an sich selbst[4]».

Verschärft wurde dieser zentralste Konflikt durch die überaus klare Bewußtheit, mit der ihn der Dichter erlebte. In Zollinger

[3] Briefe an einen Freund, 30 (Januar 1931).
[4] id. Nachwort.

wohnte neben viel temperamenthaft Irrationalem ein sehr rationaler Geist. R. J. Humm sieht in seiner Lyrik eine der rationalsten, die die Schweiz hervorgebracht[5]. Byland selber erachtet sein Werk als den Niederschlag eines «empfindsamen Denkens». In ihren besten Stücken stellt sich Zollingers Lyrik als ein sublimes Zusammenrücken von Gefühl und Intellekt dar. Man kann sie definieren als ein bildhaftes *und* gedankliches Aufstrahlen von Einzelmomenten, als springbrunnartiges, doch oft assoziativen Anstößen folgendes Aufquellen gedanklich durchtränkter Bilder. Meist weiß man dabei nicht, ob, was aufquillt, mehr Bild oder mehr Gedanke ist.

Das Beieinanderwohnen solch gegensätzlicher Elemente verspürte Zollinger zuweilen als Gefahr, nie eigentlich als dichterische Behinderung, sah in ihm vielmehr eine Eigenart seines Schaffens. Und in Wahrheit kann daraus eine Legierung entstehen, die einen guten Klang ergibt. Die Glut des Empfindens verträgt sogar einen starken Zuschuß rationaler Ingredienzien. Die moderne Poesie hat in ihren besten Vertretern gerade die geistige Spannung innerhalb des Gedichts zu einem Gradmesser seines Wertes erhoben. Gefühliges Feuer und dialektische Schärfe gehen eine Verbindung ein, die den innern Gedichtraum gewaltig erweitert, vom Leser daher eine nicht geringe zusätzliche Anstrengung verlangt. Wenn dabei die bildlichen und die gedanklichen Kontraste häufig bis an ihre Grenzen getrieben werden und zwischen ihnen Abgründe zu überbrücken sind, so ist das ein weiteres Kennzeichen der neuen poetischen Forderungen. Die Gleichgewichte jedenfalls verlagern sich gebieterischer immer der innersten Mitte des Menschengeistes zu.

Albin Zollinger gehört aus Wahlverwandtschaft, organisch gewissermaßen, zu diesen modernen Dichtern. Wie der Bildhauer Stapfer im «Pfannenstiel» sucht er das «volle Polare», um zur «Fülle» zu gelangen. Der «Fülle» zuliebe war er, wie Byland, «stets unterwegs», war er der Leidende an sich selbst und der stolze Selbstbewußte, der Bescheidene und der Maßlose, der tiefsinnliche und der hochgeistige Mensch, der kosmische Schwelger und der nachdenkliche Gesellschaftskritiker. Und wenn er das Gefühlselement mit angeborner Heftigkeit steigerte bis hinauf in Schauer der Angst und tödlicher Einsamkeit, so wuchs ihm anderseits auch das intellektuelle Element, ein «wilder» Baum, hinauf bis ins radi-

[5] Erinnerungen an Albin Zollinger. Atlantis-Almanach 1949.

kal Skeptische, Nihilistische sogar[6]. Den für das Kunstgelingen un-
erläßlichen Ausgleich der polaren Kontraste erreichte er in seinem
Werk denn auch nicht überall. Er erreichte ihn in der Lyrik in nicht
wenig Stücken, und dies ist sein Ruhm, der aufstößt in europäische
Bereiche. Denn im Gedicht wurde er, sobald er sich einmal selber
im Eigenen gefunden, zusehends der Visionär, in welchem sich die
beiden Komponenten, Gefühl und Intellekt, fast wie von selber
zusammenbogen, zur Einheit verschmelzend. In erzählerischer
Prosa aber kann das lyrisch visionäre Element wohl sein Funkeln
bewahren, wirkt sich aber, sich selbst überlassen, für das epische
Prinzip zerstörerisch aus. Das Bändigen dieser unstät visionären
Leidenschaft kostete Zollinger in seinen spätern Romanen viel
Mühe. Der Epiker in ihm kam im Grunde nie ganz richtig zum
Zuge: zu sehr wuchs ihm das glühende Herz an den Dingen fest
(ein Bild aus dem «Bohnenblust»), zu sehr verfing er sich im Gestrüpp der zeitbedingten Situation, um der erzählerischen Objektivität genügend Spielraum zu lassen. Welche sprachliche Gewalt
aber in diesen Büchern! Max Frisch, das Verhältnis des Epikers
und des Visionärs bei Zollinger betrachtend, konnte darum auch
sagen: «Man lese Zollinger nicht als Erzähler, sondern als Sprach-
schöpfer, um das Wundern zu lernen[7].»

Die Hauptschuld am Auseinanderfallen der irrationalen und der
rationalen Neigung lag am Ungestüm der visionären Veranlagung,
lag aber auch an der leidenschaftlich angestrebten Verinnerlichung
und «Heiligung», am sittlichen Gewissen Zollingers, das nicht
umhin konnte, an der höheren Welt seiner Gesichte die enggewor-
dene vaterländische Gegenwart zu messen und das ihn zum Mahner
und Warner, ja zum Polemiker werden ließ, als in den Jahren vor

---

[6] Das (verhinderte) nihilistische Element bei Zollinger hat einer seiner
jüngsten Interpreten, Hans Bänziger, scharf erkannt: «Zollinger stellt die
Tragik eines Schweizers dar, der die Anlage zum heroischen Nihilisten gehabt
hätte, dem aber der desperate Aktivismus verboten war. Das ist die Vernichtung von innen heraus.» (Heimat und Fremde. Ein Kapitel ‹Tragische Literaturgeschichte› in der Schweiz: Jakob Schaffner, Robert Walser, Albin Zollinger, Bern, 1958, S. 132 f.) Beizufügen wäre freilich, daß das Nihilistische
in Zollinger doch nur die mephistophelische ‹Gegenstimme› seines anti-
thetischen Geistes war (s. Ges. W. IV, 445). «Er nährt sein Herz von allen
Daseinsschauern. / An seinen Schmerzen mehr als an der Lust ...». Ges. W.
IV, 472 («Gottesgespräch»).

[7] Albin Zollinger als Erzähler. Die Neue Schweizer Rundschau, Okt. 1942.

dem zweiten Weltkriege die geistige Landesverteidigung eine
Pflicht nationaler und individueller Selbsterhaltung wurde. Gerade
diese vom Schicksal, von der geschichtlichen Stunde auferlegte
Verengerung machte aus ihm, wie Max Frisch zwanzig Jahre später
feststellt, ein Opfer, einen an der vollen schöpferischen Entfaltung
verhinderten Dichter, indem er sich kleiner machte, um eine Umwelt zu haben, die Umwelt, die damals als einzige zur Verfügung
stand[8]. Sie lag schließlich auch am künstlerisch nicht bewältigten
Einbruch persönlicher Charakterkonflikte in sein episches Wollen
und Schaffen.

Die Ungunst der Stunde und die Anfälligkeit für außerkünstleri-
sche Elemente wirkte sich, um es bestimmter zu sagen, nachteiliger
aus, als Zollinger sich aus dem eher begrenzten, wenn auch innerlich weitgespannten Bereich seiner Lyrik, der sein echtestes Wollen
und Können angehörte, in jene erzählerischen Breiten hinausbegab,
die seiner kritisch-dialektischen Neigung und Auch-Befähigung
entsprachen: als er zum Zeitroman abschwenkte. Es war eine temperamenthaft bedingte Rochade, und er vollzog sie, als er, der endlich im Vers, im Gedicht die Stätte seiner dichterischen Äußerung
gefunden, seine Prosa, die bislang auf ihre Weise mehr dem Lyrischen gedient hatte, der Aktualität, auch seiner persönlichen charakterlichen Aktualität und Problematik auslieferte – hierzu freilich
angespornt nicht nur von den Zeitumständen und von Aufenthalten
in Berlin und Paris, sondern auch dadurch, daß er inzwischen Mitredaktor der schweizerischen Zeitschrift «Die Zeit» (1936–1937)
geworden war[9]. Seine wirklichen Möglichkeiten zur Seite schie-
bend, das «empfindsame Denken» (sein Wort) im Kunstwerk
nicht kräftig genug in schwebender Einheit erhaltend, überließ er
sich im Epischen nicht nur allzu sehr dem Visionär-Lyrischen, sondern stieg auch zu weit in die Arena der chaotisch gewordenen Zeit-
ereignisse hinunter, er, der für solchen Kampf vielleicht nicht nur
zu wenig effektive Kenntnisse, sondern auch eine allzusehr nach

[8] Nachruf auf A. Z., den Dichter und Landsmann, nach zwanzig Jahren.
Geleitwort zum I. Bd der Ges. Werke.

[9] Auch der Künstler tut freilich meist nur das, wozu schon Keime in ihm
liegen. Das Gesellschaftliche war schon im ersten veröffentlichten Werk Zollingers, in den «Gärten des Königs», aufgetreten als Empörung des Helden –
und Z. identifiziert sich nach eigenem Geständnis zusehends mit ihm – wider
soziale Ungerechtigkeit und Machtwillkür.

eigenen Bedürfnissen konstruierte Außenwelt besaß[10]. (Ganz ähnlich ließ er sich – von außen her – auch zu einem Versuch zu spezieller Gedankenlyrik verleiten, für die er nicht geschaffen war; doch besaß er Einsicht genug, um das «Gottesgespräch von der Erschaffung der Menschheit» nicht zu veröffentlichen[11]. Die philosophisch betrachtenden Gedichte gehören ja auch sonst zu den weniger gelungenen.)

Die Rochade vollzog er doch nur mit halbem Herzen; auf dessen Grund stand ihm das Lyrische am nächsten. «Ins Ohr zu flüstern: Das einzige, was mir von A. Z. immer und fast unter allen Umständen wieder gefällt, das sind drei oder vier Gedichte von ihm. Obgleich sie niemand will. Kein Wunder, daß ich so glücklich aufwache, wenn es mir dabei einfällt: Seit gestern existiert ein guter Vers mehr in der Welt, und er ist beiläufig von dir[12].» Ohne Lyrik, Traugott Vogel kann es mit Recht behaupten[13], wäre sein Herz früher geborsten. Zollinger hat (im Bändchen «Stille des Herbstes») das Gedicht gefeiert:

> Wir hängen dich wie ein Geschmeide um,
> Berauschen uns an dir, der leichten Blume,
> Wir nehmen dich zum sanften Heiligtume
> Unsrer Melancholie, in dem wir stumm
>
> Vor rauchenden Altären knien ...

[10] Selbst sein unverkennbares literarkritisches Talent konnte sich nicht entwickeln, sondern verzettelte sich in mehr oder weniger zufälligen Aufzeichnungen. Hervorragend sind seine einleitenden Worte zu einer geplanten Neuausgabe von Robert Walsers Roman «Der Gehülfe» (Die Zeit, 4, 1936, S. 239 f.; jetzt auch: Ges. Werke I, 444 f.). Von sicherem Geschmack zeugen Besprechungen literarischer Werke in der «Zeit», in der «Nation», in den «Annalen». Unvergessen sei seine Verteidigung Ramuz' nach dessen Ausfällen gegen die Schweiz: «Künstler sind nun einmal keine Spezialisten der Wohltemperiertheit, ihre Heftigkeiten machen sie groß, und es stünde uns, die wir die Vorteile davon genießen, wohl an, auch einmal ein Negativum der Erscheinung mit Würde zu schlucken.» («Noch einmal Ramuz». Die Nation, 3. Febr. 1938).

[11] s. Paul Häfliger: Der Dichter Albin Zollinger. 1895–1941. Eine Monographie. 1954, S. 72 f. – Das «Gottesgespräch» steht jetzt im Anhang zu den Ges. W. IV (Gedichte).

[12] Briefe an einen Freund, 32.

[13] id., Nachwort.

Sein letztes Gedicht noch, wohl kurz vor dem Tode verfaßt[14], rührt an das lyrische Geheimnis:

> Welche Hand formt mir Träume aus
> schwarzem Marmor der Nacht
> Finsternis gleichend
> Erheben Gestalten sich aus dem
> Stein von nichts
> Schwer von Bedeutung des Nichts
> Und funkelnd
> Vom Innern der Nacht.

*

Der reife Vers, das reife Gedicht war ihm nicht in den Schoß gefallen, er hat es sich im Gegenteil mühsam erobert, war er doch bereits 38 Jahre alt, als sein erstes Gedichtbändchen erschien, nach vielen unzulänglichen Versuchen, die zurückzubehalten er den Mut gehabt. Und auch der lyrische Erstling noch tastet sich in einzelnen Erzeugnissen eher unsicher in eigenere Bezirke vor. Daraus zu schließen, daß er nicht der genuine Lyriker war, schösse jedoch neben das Ziel. Der lyrische Geist weht, wo und *wann* er will, selbst innerhalb eines Menschendaseins. Zollinger hatte etwelche Mühe, den Erlebnisgrund zu finden, der seinem poetischen Geiste der gemäßeste war. Er fand ihn, als er, unter der Einwirkung vielleicht der Dichtung Rilkes, Trakls, Heyms, Benns - Hölderlin, Mörike und Hofmannsthal, denen er sich ebenfalls brüderlich verbunden fühlte, beeinflußten mehr seinen Ton, die Dämpfung und Veredlung des Wortes -, das kosmische Reich entdeckte, es in die erinnernde Seele verlegte und es wieder heraushob in die farbigen Abbilder der Welt. Das Welträumliche offenbarte sich ihm als die All-Einheit des Seins, in hohen Momenten erschaut in der Gegenwart, erinnert in der Vergangenheit, erglühend im eigenen Herzen, aufsteigend aus der Kindheit, blitzend aus erlauchter Landschaft, in den Fakten der Menschheitsgeschichte und der Menschheitsentwicklung, ahnend erfahren in den Altern und Jahreszeiten der Erde, brauend im Dämmer des Vegetativen und sich verklärend im Hochgeistigen erlesener Wesen:

[14] s. Du, 1. Jan. 1945, S. 33; jetzt auch Ges. W. IV, 526.

Assyrerstädte des Morgens,
Das Gold eurer Gassen
Raucht von der Steppensonne
Voll Flußglanz,
Vom Rot der Flamingos,
Und tausend Kamine
Strömen die gläserne Wiese,
Wollgras der Höhe,
Brotgeruch, tönerne Töpfe
Blühen in Kränzen
Fröhliche Straßen hinan –

Euch entgegen
Wogt das erhobene Herz,
Heiß von der Heimat,
Heiß von Erinnerung
Silberner Kindheit,
Da die Sohlen im Sammet
Wollüstigen Sandes wühlten –
Heiß von des Daseins
Allgegenwart:
Euch entgegen
Quellen des Glücklichen Tränen!

(«Morgenvision»)

«Heiß von des Daseins Allgegenwart»! Darum auch heißt es im «Pfannenstiel», Kunst sei nicht wiedergegebene Richtigkeit der Natur, sondern sie zeige das Dingliche vergeistigt, «in Zusammenhängen, gleichsam atmosphärisch, durchgeistert von Dämonen und Äonen». Das Dingliche vergeistigt und dämonen-äonenhaft durchgeistert *im eigenen Herzen!* Das führt uns noch näher an den Kern seiner Dichtung heran.

Zollingers echteste Poesie bewegt sich auf dem schmalen, oft messerscharfen Grat, in welchem Rationales und Irrationales, Sinnenhaftes und Abstraktes, Materielles und Geistiges, begrenzt Irdisches und Kosmisches leise aufeinanderstoßen: wenn in ihrer Berührung das eine ins andere umzuschlagen scheint, wenn «Luft der Erkenntnis» und «Taumel des Traumes» zugleich den Dichter erfüllt («Meditierender Yogi»), wenn das Gedicht, wie der Regenbogen, erblüht «zwischen Gewitter und Licht» («Der Regenbogen»). Wollüstig erregt, doch mit fast traumwandlerischer

Sicherheit betritt er diesen auf beiden Seiten jäh abfallenden
«Rand»:

> So über alles erhoben, schwankt das beseligte
>> Herz,
> Göttlicher Höhen teilhaftig, der Erde doch
>> freundlich verbunden.
> Träumen und Wandeln am Rande, wie lange
>> währt's?
> Unbewegt dämmert der blaue Born unsrer
>> Stunden. («Gratwanderung»)

Angstvoll stellt man sich bei dieser unheimlichen ‹Gratwanderung › mit dem Dichter selber die Frage: ‹Träumen und Wandeln
am Rande, wie lange währt's?› Zollinger blieb immer der Seiltänzer,
der, bei Tag durch die leere Arena schleichend, nicht begreifen
kann, wie er nächtens das hohe Gerüst mit seinem Kunstzauber
füllt, ohne den Tod dabei zu finden (s. das Gedicht «Der Seiltänzer[15]»). Als Lyriker hält er eine unsichtbare Balancierstange in der
Hand, und wenn er sich ganz sicher fühlt, dann liegt auf seinem Gesicht das Lächeln des Buddha, und aus der Balancierstange wird
ganz von selber die Waage der Welt:

> Die Waage der Welt in seinem Antlitz
> Ruht.
> Von keinem Atemhauch fällt ihr schwebender Sitz,
> Keiner Flut.
> Leere der Mitte, die alles im Kerne trägt,
> Kommunion,
> Diesseits im Jenseits erfüllt, von der Stille bewegt,
> Hohles im Ton.
> Innerstes deckt sich mit Äußerstem, sichtbarem Saum,
> Diesem Kreis.
> In seinem Lächeln kreuzen sich Zeit und Raum,
> Endlos Geleis ... («Das Lächeln des Buddha»)

Ständig sucht er, wie sein Buddha, nach einer solchen «Waage
der Welt», nach jener schwebenden Stelle, von der Kreis um Kreis
des Seins sich konzentrisch weiterlöst, nach dem «Grundpunkt der
Planung göttlicher Maße», wie es im selben Gedicht in fast geo-
metrischer Formulierung heißt. Das Polaritätsgesetz, das bei einem

---

[15] Vgl. jetzt auch: «Sollte man Dichter sein ...» (Ges. W. I, 381 f.).

Hans Carossa z. B. ein naturmystisches Wissen um die Einheit aller Kontraste und das tiefe Erleben dieser Einheit wird, ein freudiges Vertrauen in Leben und Schicksal gewährend und gewährleistend, es ist bei Zollinger die «Mitte, die alles im Kerne trägt», mehr ein fast gierig verfolgtes, doch immer wieder entweichendes Wunschziel, mehr nur ein gefühltes Ahnen, das kaum für Augenblicke Erfüllung kennt. Wie ein irrender Pilgrim sucht er in der Weltenweite und in der Tiefe der Seele nach solchen Ruhepunkten göttlicher Verdichtung, in denen sich «Diesseits im Jenseits erfüllt», in denen sich Innerstes mit Äußerstem deckt, und findet er sie, so füllt ihm, wie dem meditierenden Yogi, «tiefe Trunkenheit» die Augen, er ruht «wie die Mitte», und Bild um Bild entstürzt dann seinem von schweifender Phantasie getragenen meditierenden Geiste. Nicht immer aber ist ihm vergönnt, sich von dieser Mitte, auch wenn er in ihr zu ruhen scheint, ganz umfangen zu lassen, die Pole des Seins in lebendiger Vereinigung zu erleben und sich in dieser Synthese zu vergessen. Wie aufschlußreich ist in dieser Hinsicht ein Vergleich von Carossas «Ahnfrau» und Zollingers «Schritt der Ahnen», zweier motivähnlicher Gedichte (deren Thema wir schon in Spittelers «Mittagsfrau» begegneten, s. vorn S. 264/5)! Dort die vollkommene Verschwisterung von Bewegung und Stille, daher das Aufblühen wundersamer Dauer des Seins; hier, bei unzweifelhaften Einzelschönheiten, ein spürbarer Mangel an letzter Objektivierung, ein nicht völliges Aufgehenkönnen im erahnten «Grundpunkt» göttlichen Maßes.

Nicht selten eben geschieht es, daß der Dichter Zollinger keine solche geheimnisvolle Stelle findet, daß ihn die traumhafte Sicherheit verläßt und die Gratwanderung ein unbeherrschtes Schwanken nach dem einen oder andern Rande wird; dann wird die Balancierstange sichtbar, und in des Dichters Gesicht kommt statt des weltleichten und weltschweren Buddha-Lächelns entweder der Schrecken chaotischer Dinge:

> Was geschah mir Mildes?
> Ich schlief!
> Nun ist Wildes
> Das rief –
>
> Das rief aus der Tiefe der Brust,
> Schreckte mich auf:

> Das Herz, mir nicht mehr bewußt
> Und das Wilde darauf ...   («Qual»)

Oder aber das Rationale löst sich aus dem Geisterbunde mit dem Irrationalen, vereinzelt sich, wird bloße Überlegung, nicht mehr Meditation, wird «Form in Gedankenfigurationen» («Das Gedicht») und verschnörkelt sich zu Ornamentik und Arabeske. Auseinandergezerrt, intellektualisiert, darum auch mehr vom Reim als von der Notwendigkeit bedingt, flattern dann die Bilder (wenn es überhaupt noch Bilder sind) auseinander, und die innere Musik verstummt. ‹Magie› ist dann nur noch in den Worten, und ‹karfunkelnd› kreuzt nichts mehr von Reim zu Reim:

> Magie der Zahl und Gleichung, Pentagramm
> Durchspannen dein Gefüge, Plasmenstraßen
> Kreuzen karfunkelnd in den Versgelassen
> Von Reim zu Reim dahin, von Damm zu Damm.
>
>   («Das Gedicht»)

Oder die Bilder zerfallen wie in der «Noah-»Vision:

> Die Herden brachen hernieder
> Wie Lava, mit Vögeln rauchte
> Die Höhe, und Flaum und Flieder
> Quoll im Gedörn und hauchte
> Unnennbaren Frühling der Frühe
> Vor allen Flüssen und Hirten.
> Urtümlich brüllten die Kühe,
> Pharaonische Grillen sirrten.

Zollinger war sich der Gefahr bewußt. Wie ein «abgebrochener» Schrei ertönt es einmal:

> Eingesperrt zu dem reißenden Tier meines
>   Hirns,
> Arme Seele, erblickst du traurig die schöne Welt
>   Vor den Gittern ...   («Abgebrochen»)

Umso mächtiger zieht ihn in solchen Augenblicken des Selbstzweifels die Sehnsucht nach dem «mittleren Stern»:

> Mein Wesen wohnt mir inne,
> Ich bin nicht groß, nicht klein.
> Ich sinne wohl und spinne
> In meinen Traum mich ein.

Muß der Bestimmung dienen
Nach meiner leisen Art.
Aus Gott bin ich erschienen
Und weise aufgespart.

(«Gesang des mittleren Sterns»)

Sein «Traum», sagten wir, ergeht sich im kosmischen Reich. Nicht im Weltinnenraum eines Rilke, der die Pforten des Seins, der menschlichen Seinsempfindung nach allen Seiten hin aufstoßen, sich selbst im Äußersten und im Innersten wiederfinden möchte, sich ausgesetzt wissend ‹ auf den Bergen des Herzens ›. Zollingers Verhältnis zum ‹Weltischen › ist weniger ein Wille, sich an Grenzen zu stemmen, als ein erstaunt-bewunderndes, wundersuchendes Hinstreifen an den Ufern alles Seins, ein Atmen allräumlicher Wesenheit in und außer dem Menschen. Wie das Jahr verweilt er sich «nachdenksam ... in den Räumen der Stunden, / In diesem Meer, dieser Stille von Schilf voller Weite» («Stille des Herbstes»); wie der Sänger geht er, «still verdunkelnd», «in die Tiefe des Jahrtausends» («Glühe, da du lebst»); wie die Ströme, die «uralt immerwährend unterwegs» sind, rauscht er «an der Städte grauem Schlaf, / An der Felder sternerauchend trüber / Mondverlorenheit, an Rind und Schaf, / Laub, Geruch und Wild und Wind vorüber» («An die Ströme ...»). Alles weckt ihm Erinnerung, an Nahes wohl auch, doch lieber noch an zeitlich und räumlich Fernes:

Zarte Harmonika
Ferner Nacht:
Was mir nicht alles da
In der Ahnung erwacht!

(«Klingende Nacht»)

Seine Poesie fließt in Wahrheit, wie gesagt worden, aus einer «Ekstase des Erinnerns[16]»):

Uralte Herkunft ahnt das Herz,
Trümmer verwehter Lieder.
Durch tausend Tiefen dämmerwärts
Zückt die Erinnerung nieder.

(«Traumgewölk»)

Am verzücktesten träumt er im «fortblühenden Garten» eigener Vergangenheit («Kloster Fahr»). Wie die alten Bildhauer formt er

[16] Hans Schumacher: Albin Zollinger. Lyrik. Bühlverlag-Blätter 12, S. 7.

am Sandstein (am Sandstein, nicht am Marmor!) malvenhaft die Anmut der im Erinnern allgegenwärtigen Dinge «in träumendem Spiele» («Das Stierkalb»). Im drängenden Rückwärtsfühlen heben sich Schichten der Seele weg, treten Urschichten zutage:

> In den Sedimenten der Seele nachts
> Gehen Bergstürze nieder,
> Träume mit fallenden Wäldern,
> Fallenden Städten,
> Gewaltig.
> Alle Verlorenheiten,
> Durch die ich kam
> In Jahrmillionen,
> Urschilf, Sandwüsten,
> Krieg im Gebirge
> Funkeln vorüber
> Finsternisrauchend
> Und rieseln am Hange
> Blühender Trümmer,
> Verschütten des Herzens
> Blau spiegelnde Brunnen
> In Stürzen getürmter Nächte.
>
> («Tiefe des Traumes»)

Was tut der Dichter anderes, als, erinnernd – und die Seele ist ja ein «Königreich der Erinnerung» – alles «hinter Duft und Ferne» zu setzen[17]:

> Wandere du durch das Land
> Und vergiß es,
> So steigt es dir schön
> Wie ein Abendgewölk in der Seele empor.
>
> Im Dunkel
> Glüht von versunkener Sonne
> Siegreich das stille Gebirge
> Noch einmal auf.
>
> («Wesen des Dichters»)

*

[17] s. Dichtung und Erlebnis. Zwölf Schweizer Schriftsteller erzählen von ihrem Werk und aus ihrem Leben. Mit einer Einführung von Hermann Weilenmann. Zürich und Leipzig, 1934; jetzt auch: Ges. W. I, 368 und 379.

Der Einbruch eines subtil rationalen Elementes in die lyrische, musikalisch durchwallte Gefühlsmasse liest sich am klarsten im landschaftlich-naturhafren Motivkreis ab. Während in den drei Prosabüchern der Frühe – den Romanen «Die Gärten des Königs» und «Der halbe Mensch» und dem Märchenbuch «Die verlorene Krone» – das Landschaftliche einen rein stimmungsmäßigen Charakter hatte, wird es in vielen späteren Gedichten zur visionären Meditation: weit erhoben über alle menschliche Kontingenz spielt es nun im gewaltig Welträumlichen, heftet sich zum hohen Gesichte an Ströme, Meer, Wolken, Mond, Sonne, Himmelsbläue, Sternenheer, an den Jahreslauf, an die «Unendlichkeit saturnischer Nacht», an den «unerschöpflichen Vorübergang» wirbelnder Planeten, an Sonnengewölk im «blonden Universum» («Kosmos im Staub»). Und es ist dabei meist nicht mehr *ein* Baum, *ein* Strom, *ein* Meer, sondern, und oft im Titel schon, *der* Baum, *der* Strom, *das* Meer, nicht mehr das Einzelobjekt, an das sich ein einmaliger Gefühlszustand heftet, sondern die Gattung, das Naturphänomen als solches, das mit Bildern umsprüht wird: «Greifbares wird von Weltenferne fahl» – ein Umsprühen, das nicht eigentlich ein Sichverstürmen ist, wie gesagt wurde[18], sondern ein parataktisch geordnetes Reihen von Einzelgliedern, die unterströmig ein leicht etwas ‹fahler› Gedanke zusammenhält. – Ein Beispiel möge das erweisen (wir geben nur die Hälfte des Gedichtes wieder):

Ode an die Himmelsbläue

Wenn nichts wäre: in dir ist alles,
Herrlichkeit der gespannten Leere,
    weite Gelassenheit
Blühenden Blau's, o du Ozean
Der uns bewegt
Mit den mildesten Wassern,
    Dünungen himmlischer Horizonte
Voll Jenseits,
In dir ist alles:

Die Erde mit Sand,
Die Erde mit Salz in den Meeren, mit Wald
Verlassener Kontinente, mit Licht
Überwachsener Tempelstädte, mittäglichem Glas

[18] Häfliger, 86.

Von Glast der Gewölke,
In dir ist alles, ewige Bläue: Von Sicheln
Und Lanzen blitzt dein Grund,
Die Stille, das Ährenfeld
Wogt von verborgener Schlacht, und Mond

Geisterhaft über Masten, Mongolengaleeren
Schaukeln herauf – denn in dir ist alles:
Toledo am Berge, der Fluß
Und Sonnèrauch langer Straßen,
Stäubend vom Hufe der Esel
        im Knarren der Karren,
Glühn der Tomaten,
Marmorgebirge und Meißel der Meister,
Die Stadt aus Domen, Visionen in Wolken –
In dir ist alles.

....

In dir ist alles,
Kristallne Zisterne,
Klingend von Quellen
Azurner Gewässer.

....

Wenn Zollinger in diesen Versen die Himmelsbläue zum unendlichen symbolischen Behälter alles Seins, zum göttlich umfassenden
und währenden Urgrund und Füllhorn macht und in sie alles hin-
einsieht, was irgend einmal zur Erde oder zum Menschen gehörte
und gehört, so kann er das nicht tun, ohne daß zur irrationalen Vision des Ganzen ein deutlich unterscheidbares rationales Element
hinzutritt. Das nur Gefühlshafte, wenn es dem Ansturm der Bläue
allein ausgesetzt ist, wird von ihr in Wirklichkeit viel eher zermalmt
als gestärkt. In Mallarmés Gesicht «L'Azur» ist die Himmelsbläue
das heimsuchende Symbol des nackten Seins, der «böse Sieg» über
die tief erschrockene Seele, welche, wie gebannt, die «schluchzende
Idee» nicht mehr auszuschmücken vermag («N'a plus l'art d'attifer
la sanglotante idée»): *«Je suis hanté. L'Azur! L'Azur! L'Azur!
L'Azur!»* Nur der gedanklich gestützten Schau – vielleicht auch
dem weniger sonnegesegneten nordwärts der Alpen wohnenden
Menschen – kann sich die Bläue zum «ruhenden Born» verwandeln, zum bergenden Muttergrund alles Seienden. Bei Zollinger
besteht zudem überhaupt die Neigung, *einem* Gegenstand oder

einem Persönlichen alles anzudichten: «In deinem Geruche ist alles», heißt es vom Phlox; das Meer ist die «treue Unendlichkeit», «Fülle der Fülle und grenzenlos»; Christus die «sichtbare Himmelsstadt», «Perlmutter uferloser Flut, im Diesseits irisierend»; das Lächeln des Buddha die «Leere der Mitte, die alles im Kerne trägt». Seine Wollust an dichterischen Bilderstürzen kommt dabei auf ihre Rechnung, doch geht es ohne einen unverkennbar intellektuellen Einschlag nicht ab. Das Gefühlhaft-Irrationale endet im Kindsein, im Urmenschlichen, im Vegetativen, im Herdenheimweh. So fühlt am «traumversonnenen Nachmittag» ein Papst im Vatikan die «Einsamkeit der innerlichsten Mitte» und sehnt sich in Anfechtungen, in Ängsten des Verirrten nach dem naiv Menschlichen, nach dem Kind in seinem Innern, nach dem Anfang[19].

Das Rationale mündet vor allem in den Zweifel. Dessen deutlichstes Symbol ist bei Zollinger der Montezuma, der Beherrscher des mexikanischen Reiches, der in irrationalem Aberglauben die weißen Spanier wie Götter aufgenommen, ihnen alles gegeben («Und Mexiko, wie ein zu kleines Kleid, zerfiel von ihrem Übermaß»), und nun steigen nach und nach rationale Zweifel in sein müdes Herz: «Wie, wenn sie weniger als Götter wären?» –

> Sie wären dann, ich denk's nicht aus, mir fährt's
> Mit Grauen in die Brust, es wären Bären,
>
> Das heilige Reich hätte ich dumm vertan,
> Der Himmels Eigentum versät. Ihr Gäste,
> Verzeiht den Zweifel einem ärmsten Mann
> Hier auf dem Thron der Einsamkeit ...
> («Der Zweifel des Montezuma»)

Der Mensch selber hat dieses Janusgesicht des Irrationalen und des Rationalen, des Unbegrenzten und des Begrenzten: er ist «nichts und alles»: einerseits wird es in seinem Worte «lichter Tag», und es

> Erwacht die Embryonenschwere
> Durch der Berührung Zauberschlag
> Kristallen in die Sternenheere.

....

[19] Vgl. damit jetzt das Prosastück aus dem Nachlaß: «Traumhafter Nachmittag eines Papstes im Vatikan». Ges. W. I, 324f.

> O Stirn des Menschen, offner Ort,
> Du Klarheit innerlichster Stillen.
> Gottvater findet sich im Wort
> Und tritt heraus aus seinen Hüllen.
>
> («Größe des Menschen»)

Anderseits ist die «Wahrheit» des Menschen im Begrenzten: – die Zollingersche Fassung von Goethes «Grenzen der Menschheit» lautet so:

> Sterblicher, stirb an der Wahrheit!
> Ozean Gott rollt ihre Wogen heran
> Aus einer Ewigkeit heiliger Breiten,
> Deren Strand
> Von der Brandung des Schweigens
> Dem Ehrfürchtigen donnert!
> ....
> Er kennt dich nicht, größere
> Ferne füllt ihm das Auge,
> Und deine Bewegung
> Ist die des Schaumes
> Langhin am Lande,
> Und ausgelöscht, Sterblicher,
> Stirbst du zu Füßen
> Dessen, der eintritt
> In der Größe der Stille.
>
> («Wahrheit des Menschen», vgl. auch: «Vergänglichkeit», IV, 369 f.)

Ist es verwunderlich, wenn Zollinger, der doch persönlich eine nicht eben glückliche Jugend verlebt (Sohn eher unbemittelter Eltern, ihr frühes Zerwürfnis, vier «schwarze» Jahre der Familie in Argentinien, schwere Krisen in der Seminarzeit), mit allen Kräften als Dichter der Kindheit zustrebt, nicht müde wird, sie zu preisen, die «silberne», von ihr zu erzählen? «Ach, es lag alles doch nur in der Kindheit, über deren Verheißung hinaus weiter nichts folgte, die Kindheit nahm alles vorweg, diese runde Süße des Traumes», so heißt es in der Novelle «Das Gewitter». Und erhobener noch im Roman «Bohnenblust»: «Schütte dich aus, frommes Glöcklein, Becher voll Kindheit, streue dein Wintergeflocke, schwing deinen Wedel, säe den Schlaf in die Urnacht, die an die Erde brandet!» Die Kindheit ist der Raum, in dem wir uns «wunderbar zu Hause» fühlen, vom Urduft der Dinge umweht:

> Wenn ihr nicht werdet wie die Kinder,
> Den Augenblick nicht so erfüllt
> Mit dieser Glaubensseele Blinder,
> Bleibt euch des Lebens Kern verhüllt ...
>
> ....
>
> Lang sind der Unschuld heitre Sommer,
> Die Herbste voll dem, der nicht zählt ...
>
> («Reichtum des Kindes»)

In der Kindesseele gehen Irrationales und Rationales gewissermaßen einen Pakt des Friedens ein, sind noch ein und dasselbe: Reinheit, Unschuld, Einfalt:

> Damals in den Glockenfrühen
> Zwischen Dunkelheit und Tag:
> O das ahnende Erblühen,
> O der Träume duftiger Hag!
>
> («Schritt der Ahnen»)

Dieses kindhafte «ahnende Erblühen» übertrug der Dichter in die – von ihm besuchten – Landschaften des Südens, in die noch von Göttern bewohnten Gefilde Griechenlands und Italiens:

> Wird eine Nymphe
> Im Walde schrein?
> Wanderer, suche den Herd,
> Es sind Götter, von deren Fuß
> Die Steine im Wege dir rollen.
> Bald wird Bacchus, ein Meer
> In den Büschen erscheinen,
> Und dir erlischt dunkel das Herz.
>
> («Dämmerung Griechenlands»)
>
> ....
>
> Thebanischer Sonntag
> Blüht, mit Gewölke lagernd
> Auf Hirtenbergen, bucklig in Schilden
>
> Und heiter von gelben Altären.
> Wo bin ich? In der Schwebe der Zeit, in der
> Spiegelung

Blauen Jahrhunderts
Verwirren mich
Innen und Außen der Welt!
> («Golf von Ägina»; vgl. auch: «Arkadischer
> Abend» und: «Die italienischen Gärten» IV,
> 72 u. 425.)

Es mag auf den ersten Blick verwunderlich erscheinen, daß der Dichter, der solchermaßen klassische Landschaft beschwört, auch Gedichte schrieb wie «Die Krokodile» («O grausige Verlorenheiten / Der Schöpfung, schauerlicher Ort! / In welchen Schorf der Sümpfe gleiten / Die Dämmerungen Gottes fort? ...») und «Waldmoor». Indes gibt das Wort von den «Dämmerungen Gottes» schon einen Fingerzeig: in den «Höllenbreiten der Tierheit» noch, wie im «schwarzen Wasser» des Waldmoors erkannte er letzte, rein vegetative Ausläufer des Lebens ins scheinbar völlig Irrationale hinein, fortdauernde Spuren des Urlebens, «bange Ränder» an Gottes Raum, «Einöden des gestirnten Traums» (s. Schlußstrophe der «Krokodile»), das Abgleitende, Skurrile, Abwegige der Natur, für deren Kleinleben er, wie Condrau in der Novelle «Das Gewitter», dessen Augen «das Verborgene sehen», einen liebevoll scharfen Blick besaß (s. etwa die Gedichte «Versamender Schilfkolben» und «Auf ein Schneckenhaus»). –

Landschaft, Kindheit, kosmischer Traum, Menschengröße und Menschenvergänglichkeit sind Albin Zollingers lyrische Hauptmotive, wie sie in seinen gegen dreihundert veröffentlichten Gedichten in Erscheinung treten; alle jedoch sind sie überdacht von einem einzigen Quellmotiv: dem des Erinnerns. «Frühester Anfang in mir / Wird nicht verblühen ...» Dieses Erinnern schenkt Zollingers Lyrik ihre besondere gehaltliche Note, denn es ist ein Strom, der unaufhaltsam flutet (das beständige enjambement, der Zeilensprung von Vers zu Vers, von Strophe zu Strophe hat hier seinen Grund). Daß ihm die Gefahr des Anfang- und Endlosen innewohnt, wer wollte es leugnen? Einerseits befreite es Zollinger wohl davon, die eigenen persönlich-allzu persönlichen Konflikte in seine Lyrik hineinzutragen, wo er sie kaum hätte meistern können (er meisterte sie ja auch in der Epik nicht); anderseits aber brachte es auch eine gewisse Monotonie und Einseitigkeit in sein lyrisches Schaffen. Gebannt wurde die Gefahr in vielen Gedichten durch eine ungewöhnliche Bild- und Formkraft, die dieses Flutende in bestimmte Bahnen zwingt, es in Becken faßt, in welchen es sich klären kann.

An einem Gedicht seien, zusammenfassend, die Merkmale dieser Zollingerschen Formkunst zu bestimmen versucht.

Jahreslauf

O Gefälle zum Frühling,
Hinabzugehn
Hänge des Weltraums,
Die mir mit Goldnem
Von Wohlgeruch
Unter der Sohle sprossen!
Tal der Bläue
Voll Straßen,
Unendlicher Grund mit dem Buschigen
Holder Geborgenheit,
Mit der Freunde
Begegnung am Brunnen,
Die Wipfel, besteckt mit des Kuckucks
Melodischer Ferne –

Und jenseits hinauf
Glastige Höhen von Sommer
Voller Beeren und Korn,
Voll der Schwüle erglühten Gewölkes
Und dunklen Bluts
In den Wangen der Frauen,
Von Regen am Abend
Schauert der würzige Staub!

Hoch aber dämmert
Gebirge des Winters, wachsam
Mit stillen Feuern
Zu Häupten
Unseres Wandels
Von Kindheit zu Kindheit!

Solche Töne waren vor Albin Zollinger in der schweizerischen Lyrik nicht zu vernehmen. Sind es die Töne, die Bilder, die Pausen des Schweigens, die diese Verse herausheben aus vielen andern?

Die Töne: von einer «immanenten Musik» gebunden[20], doch hymnisch gelöst, drängend und gelassen zugleich. Die Bilder: scheinbar abgerissen, locker gereiht, in hochgradiger Verkürzung gesehen, neuartig in der Verbindung von alltäglichen und kosmischen Elementen, kühn im umrißkräftigen und doch vergeistigend Visionären. Die Pausen des Schweigens zwischen den Worten: beim Hinabgehen über Hänge des Weltraums sinkt der Schritt jederzeit in Untiefen, die Worte schweben im Raumlosen, sind von trächtiger Stille umgeben, sie deuten nur an, was im Grunde undeutbar ist, sinnschweres Geheimnis quillt aus ihren Lauten.

Eines fällt auf: weder das Naturhafte noch das Menschliche an diesen Bildern tritt gesondert hervor; beide treffen sich in einem höhern Bereich. Man fragt sich, wie man diesen benennen soll. Naturphänomene und menschliches Schicksal sind wie gebunden an ein unendlich Umfassendes, das sie zugleich erniedrigt und erhöht. Desgleichen: sind die Bilder konkret oder abstrakt? Die beiden Wörter verlieren hier ihren Sinn, denn beide Seiten scheinen an ihre Grenzen getrieben, wo sie sich in einem höheren Geistigen treffen und eins werden.

Solche Verse stehen mit beiden Füßen in modernem künstlerischem Empfinden drin. Denn ‹modern› ist das Überschreiten aller Grenzen, das Aufstreben in ein Element des Seins, in welchem das ‹Offene›, das Kosmisch-Universale waltet. Diesen ‹Jahreslauf› schafft eines Menschen Gefühl, das sich selber in die Naturerscheinung verwandelt, und diese Naturerscheinung hinwieder wandelt sich um in ein Geistiges, Überwirkliches. Frühling, Sommer, Herbst und Winter werden nicht angesungen, das Gefühl stellt sich nicht den Jahreszeiten gegenüber, um ‹Stimmungen› zu erleben, sondern es wird selber Frühling, selber Sommer, selber Herbst und selber Winter; die andeutend beschworenen Jahreszeiten, in die es sich verwandelt, sind aber selber nur Symbole eines Höhern, ja sind mehr als Symbol: sind Wesenheit, die schauernd in einem unbekannt Göttlichen kreist. Das Wort schmückt oder vergleicht so nicht mehr, es drückt unmittelbar, wie entrückt, auf eine ganz andere Ebene erhoben, ein Inwendiges aus, das gleichsam selber schon im Banne der Entrückung steht. Wenn dieser Jahreslauf zum

---

[20] s. Die Zeit, IV, 234: Zollingers Bemerkung zu den ungereimten Versen eines Dichters (Fritz Liebrich).

«Wandel» des Menschenlebens wird, wenn das «Gebirge des Winters» wachsam über ihm dämmert «von Kindheit zu Kindheit», so heißt das, daß der Jahreslauf, wie ihn der Dichter fühlt, eingefaßt ist von einem «geisterhaften Zustand» (so definiert Zollinger einmal die Kindheit [21]), aus dem er sich nährt, aus dem er kommt und in den er zurückkehrt. Das Gefälle zum Frühling wird so zum kosmischen Gefälle, zugleich auch ein Weg hinunter ins Jahr des Menschen, ins glückhafte Tal irdischen Seins, wo Wohlgeruch unter der Sohle sproßt; und das Sichhinaufwinden des Weges zur Höhe des Sommers ist zugleich auch ein glühendes Reifen in der Fülle des Blutes – Weltraum und Menschenraum gehen geheimnisvoll ineinander über.

Die Bilder haben nichts mehr mit gewöhnlichem Schauen zu tun. Bei den Hängen des Weltraums mag man an Hügelhänge denken, getaucht aber in geistige Maße; die Blumen, die golden sprossen, duften im Diesseitigen und im Jenseitigen; das Tal der Bläue voll Straßen ist überspannt von geistigen Himmeln [22]; der Freunde Begegnung am Brunnen zu traulichem Gespräch weist zu Brunnen, die mit «tieferem Sinne» rauschen; und die Wipfel schließlich, besteckt mit des Kuckucks melodischer Ferne (welch wundervolles Bild, welch überraschende Verkürzung!), schaffen einen Raum, in welchem das melodische Rufen des Frühlingsvogels sich vergeistigt in Rufe aus höherer Ferne. Bilder und Worte teilen so wohl noch etwas mit, weisen aber beständig hinüber in sinnschwerere Bezirke. «Zarter als Luft ist deine Geistsubstanz», sagt Zollinger denn auch vom Gedicht («Das Gedicht»).

Eine Einschränkung freilich ist vorzunehmen: mit einigen wenigen Gedichten nur ragt Zollinger vollwertig in diese neue Lyrik auf, an die sich große europäische Namen heften. Nennen wir einige solcher Gedichte: neben dem «Jahreslauf» die «Ode an den Mond», »Tödlicher Sommer», «Morgenvision», «Tiefe des Traumes», «Anblick der Reife», «Morgenmond», «Genesung im Frühling», «Liebendes Mädchen», «Golf von Ägina», «Wohlgefühl». Auch in ihnen findet man ab und zu mattere Stellen. Zol-

---

[21] Dichtung und Erlebnis, 34.

[22] Das Blau ist Zollingers Lieblingsfarbe, nicht das Grün, wie P. Häfliger (cit., 88) meint: «irgendwie wirkte er blau», das gilt nicht nur vom Sanitätsgefreiten Bohnenblust, sondern vom Dichter selber.

linger hat etwelche Mühe, eine erreichte Höhe durchzuhalten. Die
Spannung läßt oft plötzlich nach, dann zweigt sich das rationale
Element sichtlich ab und sondert sich. Im Gedicht «Jahreslauf»
sogar stecken Unvollkommenheiten: die adjektivischen Neutra
‹das Goldene › und ‹das Buschige › folgen zu rasch aufeinander,
und das dreimalige ‹voll › verliert durch solche Wiederholung an
Ausdruckskraft; das zweite und dritte Ausrufzeichen auch würden
vorteilhaft durch einfache Punkte ersetzt. Parataktisches Bilderrei-
hen verlangt höchste Dichte und ‹Gehaltenheit › des bindenden
Motivs, und hier versagt Zollinger recht häufig (mehr in den gereimten als den ungereimten Gedichten). Auch bei den weniger
geglückten Versen jedoch ist viel «Amselwohllaut» zu finden, und
um seinetwillen liest man sich gerne immer wieder in seine Gedichte
ein:

> Als quölle dein Herzblut rot
> Aus überschwenglicher Brust,
> Feurig im Abend loht
> Deine melodische Lust.
>
> Mitte der Welt, unsichtbar,
> Füllst du sie wonnig und lang.
> Gottes Herz erblüht klar,
> Innerster Überschwang.

*

Die «sonderbare Mischung von Intelligenz und Kindlichkeit»,
von der, auf den Helden bezogen, im Roman «Der halbe Mensch»
die Rede ist, mochte für den Erzähler Zollinger eine recht günstige
Ausgangsveranlagung abgeben, zumal ihm auch Phantasie und
starkes sittliches Empfinden nicht fehlten. Er war denn auch der
Epiker, bevor er – vor der Öffentlichkeit wenigstens – der Lyriker
wurde (von ihm erschienen acht Prosabände, davon drei postum).
Instinktiv, noch unbehinderter von sich selbst, beschritt er im
ersten Prosawerke, das er zwischen seinem 20. und 25. Altersjahre
begann und wohl auch damals schon vollendete, den richtigen Weg:
persönliche, ja immer dringlichere Anteilnahme an den Motiven,
doch bewußte Objektivierung des Stoffes. Wie dieser mehr novel-
lenartige Roman, *« Die Gärten des Königs »* (1921), entstand, hat er
selber erzählt:

Zur Zeit der Grenzbesetzung sah ich einmal in Basel einen hübschen jungen Neger vorübergehen. Der dunkle Punkt blieb mir im Gedächtnis liegen und beschäftigte meine Phantasie, wenn ich auf Wachtposten frierend mich den einzigen erlaubten, weil unsichtbaren Ausschweifungen des Kopfes hingab. Es war ein rein optischer Eindruck gewesen, und im Malerischen spann sich die Sache weiter. Ich legte den Schwarzen in ein Marmorbassin voller Herbstlaub; so gefiel es meiner durchaus kitschigen jugendlichen Vorstellungsweise. Nach Hause entlassen, fing ich an, eine Geschichte um das Bassin herum zu erfinden. Die Notwendigkeit einer aristokratischen Blondine ergab sich wiederum aus Farbigkeitsgründen. Ich hatte vielleicht sechzig Seiten geschrieben, als mein Interesse plötzlich seine Richtung änderte, oder, wie ich eigentlich sagen muß, endlich einsetzte. Ich erkannte in einer Nebenfigur, dem Bruder der Blondine, zu meinem Erstaunen einen Zwillingsbruder oder Doppelgänger von mir; wir begrüßten einander erfreut, fingen an, unsere Geheimnisse, Nöte, Gedanken, Schwärmereien zwischen uns auszutauschen. Das landschaftliche Szenarium war in Frankreich auf das Beste ausgesucht – zwar hatte ich diese Landschaft im Leben nicht gesehen; kurz, ich beschloß, Frankreich in dem Buche zu beschreiben. Ich wechselte außerdem, Seite sechzig, aus der Gegenwart in das siebzehnte Jahrhundert hinüber, fuhr also ganz unverhofft bis zur späteren Überarbeitung des bereits Entworfenen in einer anderen Handlung, in anderer Garderobe, anderen Personennamen, anderen Zeiten fort. Ich hatte in der Geschichte einiges über den damals herrschenden Sonnenkönig gehört, ich las gelegentlich eines der folgenden Militärdienste in einer Baracke am Hauenstein aus dicken Büchern noch mehr über ihn; aber damals lag mein Manuskript bereits fertig vor, und ich stellte nur sozusagen noch fest, daß die Weltgeschichte ganz ordentlich nach meinen Wünschen verlaufen war.

Schließen Sie aus dem nicht mehr, als daß wirklich der Schriftsteller, um einen Mord schildern zu können, weder ein Mörder noch ein Ermordeter sein muß. Zwar hegte ich, als ich «Die Gärten des Königs» schrieb, durchaus die Meinung, zur Zeit Ludwigs XIV. auch schon gelebt zu haben; da es indessen erwiesen ist, daß ich nach dieser Theorie zu wiederholten Malen an zwei Orten zugleich gelebt haben müßte, nehme ich an, daß mir die Einbildungskraft da einen Streich gespielt hat. Es kommt auf all das nicht an; die Hauptsache war, daß die Unbewußtheit mich an das Gefäß geführt hatte, das meinen Überschwang aufnahm; obwohl in fremde Verhältnisse und in die Tiefe der Jahrhunderte versteckt, liegt persönlichstes Erlebnis in dem übrigens Gott sei Dank vergessenen Erstling: Ich Träumer hatte damals angefangen, mir im Kampfe gegen die sozialen und politischen Mißstände den Kopf einzurennen und stellte mir, freilich ohne dessen schon bewußt zu werden, die erfreuliche Prognose an meinem Landjunker, der in seiner Haut verrückt wird[23].

---

[23] Dichtung und Erlebnis, cit., 41–42.

An diesem Bekenntnis – wir führen es hier an, um ein Beispiel von Albin Zollingers ‹kritischer› Prosa zu geben – ist neben dem hübsch und ein bißchen selbstironisch aufgehellten Dokumentarischen dreierlei hervorzuheben. Einmal das Ausgehen vom ‹optischen› Eindruck, vom stark Sinnenhaften; das ‹Doppelgängerische› der Erzählung dann, das Bestreben, sich selber in gewissen Gestalten zu porträtieren; und endlich die Einsicht in die Gefahr, sich im Kampfe gegen soziale und politische Mißstände den Kopf einzurennen. Der Darsteller persönlicher Konflikte und der Zeitkritiker waren schon im ersten Roman, in Verhüllung freilich, am Werke. Das Merkwürdige ist nur, daß Zollinger dieses Bekenntnis verfaßte, als er schon im Begriffe stand, sich in einem Zeitroman viel Persönliches, *Allzu*persönliches vom Halse zu schreiben – sich mit beiden Tendenzen ein wenig den Kopf einzurennen! Und das, nachdem er in einem zweiten Roman, «Der halbe Mensch» betitelt (1929), das Autobiographische im verengerndsten Sinne, wie er selber wußte, auf eine unkünstlerische Spitze getrieben hatte. Wie konnte er sich dermaßen irren? Paul Häfliger gibt wohl die richtige Antwort: man lebt hier sozusagen auf der Rück- und Schattenseite von Zollingers Lyrik[24] – der introvertierte Konfliktmensch und der Polemiker, die sich in der Lyrik nicht ausleben durften, verlangten ihr Recht. Es handelt sich um ein Unvermögen des Dichters, gewisse Nebenzüge seiner Natur in den künstlerisch gebührenden Schranken zu halten. Und dabei hatte er im Erstling, in den «Gärten des Königs», der ein völliges Vergessen keineswegs verdient (Z's Selbstironie hierüber ist nicht buchstäblich zu nehmen!), ein in gewisser Beziehung ausgeglichenes Werk geschaffen.

Der kleine historische Roman, am Versailler Hof des Sonnenkönigs kurz vor der Aufhebung des Edikts von Nantes spielend und vielerlei Gestalten beschwörend, schildert einerseits die glänzende Hofatmosphäre und eröffnet anderseits Einblicke auf das, was unter der brillanten Oberfläche schwärt: soziale Ungerechtigkeit, Elend der Bürger und Bauern, Willkürherrschaft des alternden Königs, Günstlingswirtschaft, geistige Tyrannei. Ein junger Adliger, träumerisch nach innen gekehrt, in der aufgezwungenen militärischen Laufbahn unglücklich, erfährt durch einen alten, verdrießlichen Hugenotten, den Doktor Roumain, vom Schicksal

[24] cit., 109.

seines Vaters, eines schließlich irrsinnig gewordenen Frondeurs gegen den König, gräbt sich, darin auch von einer edlen und mutigen Protestantin bekräftigt, immer tiefer in Widerstandsduseleien gegen den Monarchen ein, dieweil Mutter und Schwester, an den Hof gezogen, Augen nur noch für den Herrscher haben. René – so heißt der Landjunker – heckt endlich in einer wahren Propheten- und Heilandssucht Pläne zum Königsmorde aus, die er Roumain mitteilt. In der ausbrechenden Hugenottenverfolgung bricht des Alten Widerstandsgeist jedoch rasch zusammen, und während René, der umsonst einen Kameraden von der Notwendigkeit der geträumten Tat zu überzeugen sucht, sich in alpdruckartigen Halluzinationen ohnmächtig verzehrt (er hat unterdessen auch die Nachricht vernommen, Dragonaden hätten die hugenottische Familie des heimischen Gutsverwalters, darunter auch seine heimliche Geliebte verschleppt), wird er vom schwachen Roumain denunziert; den innerlich und äußerlich Zusammengebrochenen nimmt man zum Schrecken seiner Mutter in Haft. – Der junge Graf René von Pleigne hat zwei Kontrastfiguren um sich: den ungeschlachten Riesen Plafond, den Sohn des Gutsverwalters, der vom Sergeanten zum Leutnant aufrückt und für des Junkers weltfremde Ideen nur ein Lächeln übrig hat; und den wohlgebildeten kanadischen Neger Lloyd, der für Renés Schwester Dorine schwärmt, die doch nur an den König denkt, und der sich im Bassin eines Schloßbrunnens ertränkt, bevor er Frankreich und die Angebetete verlassen muß.

Aus einer ansprechend erzählten Hofidylle, wie sie zuerst geplant war, wird allgemach eine psychologische Novelle, in der die königsmörderischen Träume und Visionen des Junkers den Hauptraum einnehmen. Und mit der zunehmenden motivischen Vertiefung verfeinert sich auch das lyrische Element: aus einer schönen Kulisse werden die ‹Gärten des Königs› – wie bezeichnend, daß sie den Titel des Werkes abgeben! – zusehends zu Mitverschwornen:

Die Wasser von Versailles! In den lauschenden Nächten klangen die Brunnen aus fernsten Gartentiefen.

Madame Bonval [die Mutter Renés] hatte auf den Marmorkamin im junkerlichen Schlafgemach einen Strauß von Astern stellen lassen; von seinem Lager aus sah René im hohen Spiegel mit einem Winkel Stuckdecke und Seidentapete. Drehte er das Gesicht auf seinem Damastkissen, so schoben sich ins

Spiegelbild Gardinen und die offenen Fensterflügel, blauschwarzer Sternen-
himmel und dunkle Baumkronen standen dahinter, ruckweise hüpfte übers
Gesimse empor das Silberschlänglein einer Fontäne.

Diese plaudernden, schmollenden, schwatzenden, klingelnden Wasser nah
und fern, als ob der Park voll sprudelnder Quellen wäre! Und der herbstliche
Duft der Georginen, der das Zimmer erfüllte, Duft aus dem Bassin, kühl,
klar und wehmütig! Die Wipfel verhielten sich lautlos und starr; eine heiße
Helle, dämmerte über ihnen das Licht von Paris, aus welchem nur ab und zu
etwas wie der Klang einer Schale in den Raum hinaufblinkte, ein wunderliches Schlafröcheln keuchte oder ein Glöcklein wie im Traume anschlug.

An der Gipsdecke über dem Jüngling spiegelte ein Wasser seine Kringel,
und es bereitete Renés wachen Augen wohltuenden Kitzel, in das weiche,
lebendig geheimnisvolle Wimmeln hineinzublicken. Er konnte sich daran verweilen, ausspannen die quälenden Gedanken und darüber einzuschlafen versuchen. Aber er vernahm mit eins wieder dieses Rauschen der Brunnen, sanft,
zurückhaltend, und dennoch aufdringlich wie nichts anderes mehr. Er wollte
es überhören, das Grübeln einstellen, aber unversehens ertappte er sich wieder
dabei, einem fernen leisen Plätschern kindliche Klagen abzulauschen. Ein
voller Strahl, der in ein tiefes Becken gurgelte, bestätigte alles was da ringsum
lamentiert wurde, kläglich wimmerte unablässig eine kleine Röhre, und die
schwarzen Bäume hörten zu, hörten ganz wortlos, erschrocken, versonnen zu.
Sprang René voll Verzweiflung aus dem Bett, um das Fenster zu schließen,
so drang das Murmeln dumpf durch die Scheiben. Es war, als hätte der Wasser-
strahl nun seine Stimme gehoben; René sah ihn, wiewohl er das Gesicht in die
Kissen vergrub, blank und geisterhaft wie ein Antlitz im Mondschein herein-
grinsen. Deshalb verkroch er sich unter die Decke, preßte die Tücher an seine
Ohren. Fand er den Atem nicht mehr, so versuchte er den Geist im Spiegel
damit zu bannen, daß er ihn unverwandt anstarrte wie eine Schlange. Aber das
Mondlicht wurde Meister über ihn, und er zuckte zusammen, weil der blin-
kende Strahl ihn plötzlich an einen Dolch gemahnte, den eine Hand ihm vor-
wurfsvoll entgegenhielt ...

Solche Stellen – und die angeführte ist nicht die einzige – verraten
sicheres Können und eine nicht gewöhnliche Stimmungsmeiste-
rung. Der junge Autor hatte in der Schule Jacobsens («Niels
Lyhne») Wertvolles gelernt, und vielleicht hatten auch C. F. Meyers
«Amulett» und «Die Leiden eines Knaben», sowie Romain Rol-
lands «Jean-Christophe», den Zollinger vom Seminar her kannte,
atmosphärisch und strukturell etwas beigesteuert; die Hauptsache
jedoch entsprang dem eigenen Herzen des Dichters. Dieser Erstling hatte unbestreitbar Qualitäten, trotz offensichtlichen Schwä-

chen: das Lyrisch-Halluzinatorische des zweiten Teils ist zu weitschweifig; der Jüngling René ist etwas zu weich, zu sentimental geraten; das Angelernte und Angelesene schimmert hie und da noch durch; das historische Kostüm ist nur ungefähr eingehalten. Warum denn wandte sich Zollinger, kaum war das Buch erschienen, enttäuscht von ihm ab? Es war, scheint uns, nicht eine nachträglich erkannte Inkongruenz von Form und Gehalt, wie Paul Häfliger meint[25], sondern weil ihm das Stimmungsmäßige solcher Art schon bald einmal zu konventionell, sozusagen zu leicht erschien und weil er doch vieles an der Novelle, das Kulturhistorische in erster Linie, nicht als sein Eigen betrachten konnte.

Hübsch, und doch zu leicht für einen anspruchsvollen Geist, wie Zollinger es für sich selber war, sind auch die Märchen des Buches «*Die verlorene Krone*» (1922) – sie sind, wie man jetzt weiß[26], auf das Anraten eines Gönners entstanden und aus Zeitmangel etwas überstürzt vollendet. Der phantasiebegabte, ganz von selber – in seinen Wortschöpfungen sogar – kindertümliche Lehrerdichter brauchte sich nur seiner unmittelbaren Eingebung anzuvertrauen, um reizvolle Märchenerzählungen zustandezubringen. Der böse Peterli, der nie zufrieden ist und der Mutter und dem Schwesterchen als ein zweiter Pankraz der Schmoller mit seinen immer neuen Begehrlichkeiten das Leben sauer macht, erlebt in der Dunkelkammer, in die man ihn gesperrt, allerhand Invasionen, Wichtelmännchen, Spinnen, Ameisen, Fledermäuse, und als hinter Wald und Garten endlich der Mond aufgeht – es ist der Mutter Lampe, die ihn aus der Zauberkammer holt –, da ist er wie umgewandelt. Welch große Augen macht aber das Agathchen, das Schwesterchen, als er ihr auf Ehr und Seligkeit versichert, die Wichtelmännchen seien ihm erschienen («Die Zauberlaterne»)! – Der Flickschneiderin aus der Nadelbüchse entwischt, hat sich Winzik, der neue Däumling, in die Welt hinaus gemacht, flüchtet erschreckt vor einem Huhn, fliegt auf dem Rücken eines Heuschrecks, schifft auf einem Bach, bis er in allerhand Gefahren gerät, wird von einem Mägdlein gerettet und steht diesem zum Danke gegen seine böse Schwiegermutter bei («Winzik geht in die Welt»). – Das allerliebste Kupferschmiedstöchterchen Herzlieb läßt sich, um einem armen,

[25] Häfliger, 98.
[26] id., 20.

lahmen, aber mürrischen Buben zu helfen, sogar als Hexlein zum Scheiterhaufen verurteilen, wird aber im letzten Augenblick vom Knaben, der wie durch ein Wunder plötzlich gehen kann, befreit («Herzlieb»). – Ein schmunzelndes Erzählerglück plaudert aus den besten dieser Märchen, und man spürt leuchtende Kinderaugen weit offen hinter ihnen. Wie lächelt man mit den kleinen Zuhörern, wenn man vom Schneider hört, der das Blau vom Himmel lügt, so daß dieses nun daliegt wie ein riesiges Tuch über Fluren und Wäldern! Was anfangen? Die Leute versuchen es wohl mit Sticheln und Stangen, doch sie sind alle zu kurz, und man reißt nur Löcher in den kostbaren Stoff. Während aber in der Kirche der höchste Herr von der Sache unterrichtet wird, schneidet der Lügenmeister die Himmelshaut zu tausend Stücken, braut sie in einem Kessel auf freiem Feld, rührt und feuert fleißig, bis das Mus zu dampfen anhebt, zum Himmel raucht und ihn rundum mit der schönsten Bläue färbt!

Einzelnen dieser Märchen freilich wird ein allzu moralisches Schwänzchen angehängt: wie schade, daß Winzik am Ende auch noch die Pläne eines kriegslustigen Diktators durchkreuzen muß! Im Märchen vom «kunstreichen Maler» schimmert eine nicht ganz kindergemäße Kunstidee allzu deutlich durch, und das von der «verlorenen Krone» ist zu kompliziert. Die kurzgefaßten «Blumenlegenden» aber, für größere Kinder berechnet, sind sinnig und auch sprachlich schön geformt. Ein Beispiel:

Die Felder Judäas standen im vollen Korn, da Gottes Lamm an dem Kreuze litt. Der Mensch lebt nicht vom Brot allein; sie sollen die Erinnerung meines Opfers dabei haben, redete der Herr, und aus dem Herzen fielen ihm Flocken von Blut auf den Fels, mit den Flocken von Trauer inmitten: die schwebten dahin in die Halme, purpurner Mohn.

Mit unverhohlener Gier, wie ein Ausgehungerter, von sich selbst Besessener, stürzte sich Zollinger in seinem zweiten Roman *«Der halbe Mensch»* (1929, doch einige Jahre vorher begonnen) auf seine schmerzlichsten Wesenskonflikte, die seiner Einsamkeit, seines Ausgeschlossenseins, seiner unbezwinglichen Lebens- und Menschenfremdheit – und wußte klar um die menschliche ‹Halbheit› solcher Veranlagung. «So ein Poet» (der Held, der schulmeisterliche ‹Blondling› Wendel, denkt an sich selbst und faßt den Inhalt seiner Geschichte im gleichen Atemzuge treffend zusammen) «steckt allzu tief in seinen Naseweisheiten und ist in der Welt das widersetzlichste Kind Gottes». Naseweisheiten sind es nun freilich nicht alle, in denen Wendel steckt; er hat ein feines Naturgefühl, ist in seinen abwegigen Träumen – «Wolkenland» heißt sein Buch – doch ein Dichter, und er leidet an sich selbst, bald in zweifelnder Selbstanklage, bald in herber, fast verächtlicher Selbstbewußtheit. Unzugänglich, ein Menschenhasser, der die Menschen nicht kennt, verbohrt in eigene Stärken und eigene Schwächen, in der Vergangenheit und in der Zukunft, nicht in der Gegenwart lebend, läßt er sich, wie es einmal heißt, von seiner inneren Landschaft völlig überwuchern, findet keinen Zugang zur bäuerlichen Außenwelt, in der er leben muß, und im Grunde auch keinen zu der der Berufskollegen – zu einer Freundin gelangt er nur, weil diese die Türen selber eindrückt; der geheimen Liebe zur «Königin», einem Schulmädchen, entsagt er endlich, um seiner Imago, dem Traumbild, zu dienen. Man ist denn auch nicht verwundert, ihn am Ende einer orientalischen Sektenbewegung beitreten zu sehen, welcher ihn die Freundin Elisabeth zugeführt.

Auch ein Werther etwa verstattet seinem Herzen jeden Wunsch und jeden Willen, lebt in einer Art ‹Verträumung› dahin (ein Wort Wendels, das bei Zollinger oft wiederkehren wird), als ein Spielball augenblicklicher Stimmungen und Launen; doch wie menschlich offen ist er dabei, wie liebend, dem einfachen Volke, Kindern und Bauern zugetan! Bei dem ‹halben Menschen› Wendel bleibt alles, Elternhaus, Schulkinder, dörfliche Umwelt, Freundschaften, Reisen, in einem Halbdunkel der Indifferenz. Ein mit sich selbst Uneiniger, Unzufriedener scheint über alle Wirklichkeit hinwegzusehen, ohne eine konturenschärfere innere Wirklichkeit zu besitzen, atmet am unmittelbaren Leben vorbei, ohne anderwärts Leben zu schaffen. Wie paßt zu dieser trüben inwendigen Atmosphäre, daß es im Roman immer regnet! «... wie ich den Regen liebe! Mein Herz ist wie ein Wald im Regen», sagt Wendel zu Elisabeth. (Fügen wir hier bei, daß Albin Zollinger überhaupt den Regen liebt: er spricht im «Pfannenstiel» von einem «Weltall von Regen», und in einem Gedicht – «Meergefühl» – heißt es: «Wenn uns der Regen umfängt, / Raumes Gebrause, / Fühlen wir wohlig bedrängt / Tiefes Zuhause.»)

Wie kommt es, daß man in diesem handlungslosen, lyrisch überwucherten epischen Werke, in dem man oft mühsam, ja mit Widerwillen weiterliest, dennoch immer neu aufhorcht? Wohl daher, daß man von der tiefen Aufrichtigkeit dieses Poeten ergriffen wird, einer Aufrichtigkeit, die jede charakterliche Aufschmückung verschmäht, sich schonungslos preisgibt – ohne zwar zu bedenken, daß Gerichtstag halten über sich selbst nicht von vorneherein schon Dichtung ist. Und dann finden sich immer wieder landschaftliche Notierungen, die schon die spätere Lyrik ankünden:

In den Baumgärten traf der Herbst seine Anordnungen, eine empfindliche Kühle floß von den Wäldern herunter, der Geruch von Reif lag darin, unsichtbar dunkelte Schneegewölk, in dessen Schatten der Fluß seine Wellen dahintrieb, eilig und klar. Es wurde mitunter so still, daß vergangene Geräusche wieder hervortraten: Lämmerklagen, verhülltes Feuergeprassel. Regnende Nebel standen wie ein Wasser vor den Höhen, die Äpfel fielen ins Gras, in den Fluß, der sie hinwegtrug.

    ——

Das Städtchen lehnte sich in den Himmel, ein überwachsener Pfad fiel in Wiesen und Reben. Über rankende Hecken, in denen noch Brombeeren hingen, quoll die Balsamschwüle eines Feldes von Rosen, das einsam und beinah unzugänglich die unerhörte Fülle seiner Schönheit trug. Aus nassem Gelock stieg sein Blumenzierat faltengelb, purpurn, schneeig und bernsteinbraun, von einem Kupferlicht angehaucht, bläulich beflaumt.

    ——

Eine linde Flaumigkeit wie das Weben der Nacht wehte mit Lockenduft, blickte aus tiefen Augen – alles in seiner Umgebung wurde Wimper und sinnende Anmut, zarter als Maja [die «Königin»], dämmerhaft und verwirrend.

    ——

Wendel gewahrte nun erst das Geschlinge von Lerchenliedern, von denen der Luftraum voll hing.

Unzweifelhaft besteht in *diesem* Werk eine Inkongruenz von Form und Gehalt. Eine kühne, in mehr als einer Hinsicht neue Formgebung – filmische Ab- und Überblendungstechnik, Wechsel der Darstellungsebenen – verbraucht sich an einer auffallenden epischen Substanzarmut, an einer seelischen Ausweglosigkeit, die nur ein radikaler Willensakt überwinden könnte.

Die Wendung zum Zeitroman wurde, wie wir sagten, von persönlichen Lebensumständen erleichtert. Dennoch ist es seltsam zu sehen, wie der Dichter, der in der «Elegie von der Wanderschaft» («Sternfrühe», 1936) geschrieben hatte: «Da es Gemeinschaft nicht gibt / Der Seelen, und jeder / Glüht einsam», «Denn es wächst, wer sich schließt», dem das einsame Reifen Richtschnur geworden, sich plötzlich nicht nur in Zeitungs- und Zeitschriftenartikeln, sondern auch in der Dichtung in den Tagesstreit wirft: der anschlußlose, versponnene Träumer Wendel hat auf einmal kosmopolitische Anwandlungen und fühlt sich berufen, mitzureden am Gespräch und mitzuhandeln am Kampf der aufgewühlten, dem Abgrund zueilenden Zeit. Wenn Zollinger im neuen Roman – er sollte nach verschiedenen Benennungen den Titel «*Die große Unruhe*» bekommen und 1939 erscheinen – «eine Art Fortsetzung, Umkehr und Ergänzung» des «Halben Menschen» sah[27], so beweist das, wie nah die Pole beieinander lagen – der Ausschlag des Pendels führte zum andern Extrem hin. Der ‹halbe Mensch› wollte von den Wellen seiner eingemummelten Empfindung selig bedrängt oder stachelnd gequält sein; der Held der «Großen Unruhe» will sich, ebenso einseitig von den Wellen der Zeit umwirbeln lassen: er sucht, wie es heißt, den «*vollen* Ausschlag des liebenden und leidenden Herzens», die «Verzückung des immer wiederholten Aufschwungs», – doch eintauchend vor allem in die Wirrnisse des Tages, d.h. der bewegten Vorkriegsjahre. Welche literarischen Einflüsse dabei mitspielten, ist schwer zu sagen; daß auch solche mitspielten, dürfte sicher sein, denn Zollinger ließ sich gerne anregen.

Der Roman spielt in Paris (dort insonderlich), Berlin, Wien, Ungarn, Argentinien, in der Schweiz natürlich auch, und läßt eine Menge Gestalten der verschiedensten, auch verrufener Milieus auftreten, rührt auch an eine ebenso große Menge von Problemen. Der Kreis nach außen ist weit, zu weit gezogen, um von einer Hand gemeistert zu werden, die sich eben noch im Märchenhaften oder im träumerisch Kosmischen erging. Es handelt sich um einen Künstler- und Bildungs-, im tieferen Kern um einen Eheroman. Der Berner Architekt Urban von Tscharner, ein ehrlicher Schweizer, verläßt, nach dionysischer Lebensausweitung verlangend, seine Frau, die er doch liebt und die ihn liebt, geht nach Paris, später mit einem französischen Dichter nach Südamerika, sieht aber endlich ein, daß wahre Lebensverwirklichung nur im Entsagen blüht, und er kehrt, entschlossen, neu zu beginnen, zu seiner Frau zurück. Also gewissermaßen die Geschichte des verlornen Sohnes, ins Moderne, Zeitgenössische übersetzt.

[27] Brieflich, s. Häfliger, 105.

Der Held flieht angeblich die philiströse, anmaßend kleinmütige helvetische Enge und Saturiertheit, den Geist der Frauenvereine, die ‹Neutralität›, flieht auch ein persönliches Dasein, dem es, meint er, an Größe fehlt, stürzt sich in das Pariser Künstlerleben – der Anschluß an dieses wird dem gutgewachsenen Eidgenossen ein bißchen leicht gemacht – mit seinen erotischen und politischen Exzessen, der sozialistisch-kommunistischen Linken besonders, in ein Milieu, wo Ausländer die Hauptnote angeben, wo man am sausenden Webstuhl der Zeit sitzt oder zu sitzen glaubt. Tscharner ist hier der etwas gutmütige Schweizer, der es auch in den versuchten erotischen Ausschweifungen nicht eben weit bringt. Als Paris an Anziehungskraft verliert, siedelt er mit seinem Freunde, dem vital behinderten Schriftsteller Lenorme, in die südamerikanische Pampa über (Zollingers argentinische Erinnerungen werden dabei verwertet), um am ‹primitiven› Leben zu gesunden. Unterdes hat seine Frau, die ihn suchen läßt, auch ihre kleinen Abenteuer, spricht z. B. in Berlin in Nazizirkeln zu offen von ihrer freiheitlichen Gesinnung. Die Befriedigung findet Tscharner nicht, und die Waffen streckend, nach innerlicherem Leben, nach Reife, nach Arbeit, nach Zucht dürstend, tut er sich wieder mit seiner Mela zusammen, und sie nehmen ihre traulichen «Lampenabende» wieder auf. «Die Ruhe der Entspannung war gewonnen, sie speisten im Waldhaus und plauderten eifrig, ohne die lastenden Geheimnisse zu berühren. Dann setzte er sich mit seiner alten Pfeife in den Winkel; die Augen wurden ihr weich in Erinnerung und Zärtlichkeit.»

Der Leser des Romans hat einige Mühe, sich das Schema dieser Hauptereignisse aus der verwirrenden Fülle der Handlung herauszuschälen, zumal auch die angewandte Technik das Verständnis nicht erleichtert: die kleinen abrupten Kapitel, in denen, als Tscharner sich in Paris etwas eingewöhnt hat, querschnittartig, chaotisch fast, von einem Geschehen zum andern gesprungen wird. Das Gefühl, besser: die Sensation der vom Autor angestrebten Gleichzeitigkeit, der Allgegenwart des Seienden, das ein wesentlicher Bestandteil von Zollingers Lyrik ist, erkauft man sich im epischen Geschehen mit der Aufgabe, vieles erraten, ja zusammenschustern zu müssen. Die innere Wandlung des Helden büßt dadurch an Überzeugungskraft ein; man verliert ihn zudem oftmals fast aus den Augen. Und das brave Wiedereinrenken am Schlusse

weckt den Eindruck, er habe sich alles in allem doch nur einen kleinen, nicht eben schwerwiegenden Seitensprung erlaubt. Darum ist
denn doch am Ende die Heimat, über die er so scharf aburteilte, das
Stückchen Erde, das zu ihm paßt und das er liebt, auch mit seinen
Schwächen und seinen Unvollkommenheiten. Und leiser Zweifel an
der milieuhaften Wahrheit des Geschilderten kann man sich nicht
ganz erwehren. Die Diskussionen, so dialektisch geschliffen sie
meist auch sind, leiden doch zuweilen an einer gewissen Dürftigkeit; es fehlt dem Verfasser eben an einer tieferen, erlebteren Kenntnis der Ideen und Zustände. Ein offensichtlich überdurchschnitt-
liches Können trotzdem, das sich z.B. eingangs schon, auf der Eisen-
bahnfahrt Tscharners nach Paris, in scharfgefaßten Einzelnotierun-
gen des Landschaftlichen äußert: «Gemäuer flatterte wie ein Raben-
schwarm vor den Scheiben», oder weiterhin: «es kommt jetzt der
Schlummer, der nachts um die Höhle seines Magens wie ein ängst-
licher Vogel kreiste, ohne sich niederzulassen». Doch reicht dieses
Können nicht aus, dem weitgebreiteten, Abgründe aufreißenden
Stoffe volles Leben einzuhauchen. Es wird einem nie ganz wohl in
dieser kosmopolitischen Wimmelwelt, wo doch letztlich alle Gestalten in Einzelzellen Wand an Wand wohnen mit ihren Mitmenschen (wie es einmal heißt). Die am glaubwürdigsten umrissene
Figur ist denn auch nicht Tscharner, sondern der gelehrte Doktor
Iwanowitsch, der, ältlich und häßlich, eine junge schöne Frau heiratet, mit ihr ein Kind hat, und die Frau entgleitet ihm; umsonst
versucht er sich einzureden, daß das ganz natürlich war, und er
öffnet den Gashahn in der Küche, wird jedoch gerettet und findet
einigen Trost in seinen astronomischen Studien. Auch der Freund
Melas, Dalang, den ein Freudenmädchen vom Junggesellentum
zur Ehe bekehrt, hat lebendigere Kontur als Tscharner. Ein Beispiel möge zeigen, wie künstlerisch undicht, weil menschlich erlebnishaft undicht, vieles an diesem Werke ist:

Der Mensch ist ein wunderliches Wesen; wie bitter die Erinnerung daran
war, es zog Dalang nach Wien, und er flog eines Tages hinab: sein Herz
brannte in Schmerzen, aber es brannte doch einmal wieder, nachdem er schon
angefangen hatte, sich in das Grau der Genügsamkeit zu ergeben. Die innere
Bewegung hob ihn ins Abenteuer, und gerade noch lebendig genug, sich
nicht zu widersetzen, gelangte er zu einem wohltätigen Altersleichtsinn, das
Schicksal auch ein wenig herauszufordern: Jetzt kam der geliebte Abgrund

rasch heraufgeflogen: die weite Biegung der Donau, der Kanal, der die Stadt an das Wasser heftete, Türme und Hügel kreisten einige Male vorbei, dann federte das Flugzeug an der Erde auf, es entließ ihn auf den wohligen Grund, er kehrte wie aus der Fremde heim.

Mählich erwachte er zu dem Bewußtsein der Vereinsamung, in die hinein-zureisen es so gar nicht geeilt hätte: Ohne Mela war alles anders, was suchte er denn nur hier? Es drängte ihn, auf der Stelle wieder wegzufahren.

Nun aber machte er die Entdeckung der Straßendirnen, an denen seine Nachdenklichkeit haften blieb. Er war ein ältlicher Mann geworden, ohne zu erfahren, wer das Weib war … (164–165, Ges. W. II, 344–5).

Die Stelle ist aus dem epischen Mittext herausgerissen, zuge-geben. Wie aber klug werden aus solcher Verflüchtigung des erzäh-lerischen Sinnes? Lyrische oder gedankliche Auflösung? Eigent-lich keines von beiden, sondern ein innerlich unsicheres Hinweg-hüpfen über kleine Hügelchen vager Sensationen und konstruier-ter Bilder der Phantasie.

Die zunehmende Verdüsterung des politischen Horizonts, der ausbrechende Krieg, die Gafahren, denen auch die Schweiz ausge-setzt war, konnten Zollinger auf dem eingeschlagenen Wege nur bestärken. Lag es nicht nahe, eine dem Architekten Tscharner ähn-liche Gestalt, einen Heimkehrer und Künstler diesmal, sich in der Heimat ansiedeln zu lassen und ihm Erlebnisse, Aufgaben zuzu-weisen, die der Zeit und dem engeren heimatlichen Raume ent-sproßten? Sinnbildhaft jedenfalls war die Umkehrung der Rich-tung: nicht Flucht aus der Heimat, sondern Rückkehr in die Hei-mat. Hatte sich die Niederschrift der «Großen Unruhe» jahrelang hingeschleppt, so entstand *«Pfannenstiel»*, «die Geschichte eines Bildhauers», der zweite Zeitroman (1940), innerhalb sehr kurzer Frist zwischen zwei Aktivdiensten im ersten Kriegsfrühling: «eine launige, vielleicht zu rasche Rhapsodie», nennt ihn der Verfasser in einem Briefe[28]. Die hastige Niederschrift mag einige Spuren hinterlassen haben, doch fühlte sich der Dichter merklich in seinem Element: das Thema lag ihm ja stofflich viel näher. Man weiß jetzt[29], daß er im Helden – er heißt Martin Stapfer – einen befreun-deten, wenig älteren Zürcher Bildhauer, Ernst Kißling, porträ-tierte, der zur Zeit des ersten Weltkrieges versucht hatte, durch

[28] Briefe an einen Freund, 85.
[29] s. Häfliger, 111.

Schaffung einer gemeinschaftlichen Kunstausübung, einer neuen
Gildenarbeit dem individualistischen «Nervenkünstlertum» seiner
Zeit entgegenzuwirken. Von der Kunst Stapfers erfährt man aber
eigentlich wenig, denn Zollingers Anlagen und Ziele lagen in eher
entgegengesetzter Richtung; doch leiht er ihm sichtlich auch etliches von seinem eigenen Wesen. Auf dieses Motiv pfropft er denn
auch sehr bald das seiner eigenen kurzlebigen Schriftleitererfah-
rung an der «Zeit», d.h. seinen kulturpolitischen Kampf um eine
geistigere, aufgeschlossenere, schöpferischere Schweiz. Der Redaktor der Zeitschrift – sie nennt sich nach dem heimatlich-zürche-
rischen Hügelzug «Pfannenstiel» – und der Freund des Bildhauers
ist der dichtende und schriftstellernde Sekundarlehrer Dr. Walther
Byland: der Doppelgänger Zollingers selber (merkwürdig und
irgendwie kennzeichnend, daß sich der Dichter bemüßigt glaubte,
seinem Konterfei den Doktortitel anzuhängen). Der nach zehn-
jährigem Aufenthalt auf französischer Erde mit einem sehr ungleichen Kollegen aus Paris heimgekehrte Stapfer, der seinen Vornamen mit Gottfried Kellers Martin Salander teilt (was Zollinger
zu freudiger Überraschung nachträglich bemerkte), ist der schwer-
blütige, einsame, innerliche, für sich selbst anspruchsvolle, nicht
um Erfolg buhlende Künstler. Am Pfannenstiel baut er sich in
schöner bäuerlicher Abgeschiedenheit unter allerhand Schwierigkeiten selber ein Haus. Seine menschliche Entwicklung führt insonderlich über drei Stufen der Liebe: die erste heißt Marie: sein
«Wunder», eine feine, gescheite und doch schlichte Pariserin, die,
Krannig, dem Kollegen Stapfers, sinnlich hörig und von ihm enttäuscht, nach Frankreich zurückkehrt und sich dort verheiratet
(im «Bohnenblust» wird sie als geistesgestörtes Kriegsopfer wieder auftauchen); die zweite heißt Tilly und ist eine wohlgewach-
sene, kräftig gesunde, moralisch unversehrte, Stapfer geistig freilich allzu unterlegene Serviertochter, die schließlich einen ungari-
schen Musiker heiratet, doch an der Geburt ihres Kindes stirbt,
und Stapfer nimmt diesen seinen Sohn bei sich auf; die dritte heißt
Elena: sie ist vom Vater her eine Deutsche, von der Mutter her
Schweizerin, eine bescheidene, liebreiche, vornehme Natur, von
ihrem Krankenschwesterberuf nicht verzogen, die würdige Gefährtin des Bildhauers. Das Interesse gleitet aber ziemlich rasch zu
Byland und seinem bald scheiternden Zeitschriftenunternehmen,

damit auch zu polemisch gesellschaftskritischen Auseinandersetzungen über, wodurch eine fühlbare Zweispurigkeit in die Erzählung kommt. Byland ist zudem ein leidenschaftlicher und schwieriger Charakter, wie Wendel, der ‹halbe Mensch›, von der innerlich gehemmten Liebe zu einer Schülerin gequält. Sein kritischer Feldzug gegen wirkliche und hie und da auch nur vermeintliche heimische Mißstände nimmt ein Ende, als das Vaterland in Gefahr gerät. Die Wandlung erfolgt sogar ein wenig überstürzt. Die Landi (schweizerische Landesausstellung in Zürich) wird zur helvetischen Apotheose, zur eindrucksvollen Kundgebung eines arbeitsamen, erfindungsreichen, innerlich gesunden, seiner Eigenart bewußten Volkes.

Doch das romanhafte, nicht immer überzeugende, wiederum in schillernder Querschnittechnik erzählte, oft etwas zufällig dialogisch aufgelöste Geschehen tritt in den Hintergrund, sobald die Schilderung der wirklichen Hauptgestalt gilt: der heimatlichen Landschaft Zollingers, der lieblichen und fruchtbaren Jugendheimat um den Pfannenstiel herum, dem «unter den Himmel erhobenen» Hügelland. «Meist sah ich den Pfannenstiel in Blust und Amseln», sagt Stapfer schon auf der zweiten Seite des Romans. Was schon im «Halben Menschen» mit viel Unzulänglichem versöhnt, das landschaftlich lyrische Element, erhält hier eine noch bestimmtere, bewußter herausgearbeitete Note, und in ihr findet die Rückkehr des Helden ins Heimatliche ihr hohes Symbol. Stapfers Wanderung mit Marie an den Hängen und in den Mulden des Pfannenstiels, wobei er, in Kindheitserinnerungen schwelgend, die heimlich und scheu Geliebte auch mit dem menschlichen und geistigen Charakter der Landschaft und der Heimat vertraut macht, ist ein wollüstiges Sicheinwühlen in die letzte ihm verbliebene Wirklichkeit, die dem auf künstlerischer Ebene schmerzlich Entsagenden etwelchen Trost und Halt bietet. Die visionäre Sprachkraft Zollingers schafft hier zuweilen Eindrücklichstes:

Die erstaunliche Landschaft entfaltete sich dem Blick auf ihrem Gang von Bildwerk zu Bildwerk, Bogen und Transversalen dahin, eine Landschaft von elysischer Traumhaftigkeit. Die dunstige Luft hing gleichsam herab, das laubige Gehügel erhob sich in ihre Schleier mit dem Behagen eines Badenden, zwielichtig überschienen von vitriolgrünen Höhen, lockige Gipfel sahen aus wie Burgen, Fabriken in den Talgründen wie Kathedralen vor Ausgängen nach dem Meer, der

See, von hier betrachtet, breitete sich als eine dunkle Veilchenwiese zu fernsten Inseln und Buchten hinaus, und hoch darüber, aus einer Leere von Glast hervorblühend, stand geisterhaft der staubige Schnee im Gefelse, eine Vision von Gewölk, eine Küste Jenseits, gewichtlos schwebend[30].

Der Oktober schüttete die blauen Tage aufeinander, himmelhoch, sie vergoren in einem lautlosen Läuterungsvorgang, das Buchenlaub wehte zu Boden, die Wälder gingen auf mit Ausblicken auf frisches Schneegebirge.

Die Alpen waren als eine schaumige Brandung an den Himmel hinaufgewachsen, ihre Riesen standen im neuen Schnee mit geisterhaft fernen Klippen, mit Schlüften von Zwielicht, der Hermelin langer Hänge zerfloß in dem kräuligen Waldrost, dem Teppich der wärmeren Tiefen.

Der Himmel klingelte mit Herbstlaub und Sternen, schon wieder strahlte das bläuliche Perlmutter des Gebirges im ersten Schnee.

Und auf Schritt und Tritt stößt man auf genau aufgefaßte, ins Geistige fortgeleitete Bilder:

Der Kuckuck [der Schwarzwälder Uhr] schoß vor die Tür heraus, verneigte sich und rief einen Sommerwald in der Luft hervor.

Die Kühe schnauften durch Lattenzäune, gewalttätig leckend, als lebte die Nacht in ihnen.

Man liebt das Buch, seinen ersten Teil besonders, um solcher Einzelschönheiten, doch auch um des frisch-ehrlichen, verantwortungsklaren Geistes willen, der es beseelt. –

«... die Worte, wie er sie formte, büschelten sich zur Krone, dazwischen herauf blickte das Auge des Abgrundes, der Tod lag wie grünes Wasser überall in den Lücken»: das ist die Grundsituation in eigentlich allen Prosabüchern Zollingers, wenn der Abgrund, ihrem Schlusse zu, meist auch eine gewisse mögliche Überbrückung ahnen läßt. Vermehrt noch trifft das auf die Fortsetzung zum «Pfannenstiel» zu, auf den Roman *«Bohnenblust oder Die Erzieher»* (postum, 1942), aus dem das Wort stammt. Der Krieg, auch sich einstellende persönliche Erfolge hatten das vaterländisch Positive im Dichter betont und ihm das «stille, doch unbedingte Bekenntnis zur Heimat» entlockt. So mußte es ihn drängen, auch der Ge-

---

[30] Man beachte Zollingers Vorliebe für die Kollektiv-Vorsilbe «Ge-» (Gehügel, Gefels, Gewölk); sie hat dieselbe Funktion wie das bei ihm so häufige Adjektiv «flaumig»: leicht und verwischend zusammenballend, schafft sie ein weiträumig aufgeteiltes Ganzes.

stalt Bylands, seines Ebenbildes, positivere Lichter aufzusetzen. Wie freilich diese irgendwie festgefahrene Persönlichkeit auf offenere Bahnen bringen? Bylands weitere Entwicklung vollzieht sich denn auch nicht aus sich selber heraus, ist nicht organische Entfaltung im Keim vorhandener Anlagen, sondern geschieht in Anlehnung an eine andere Gestalt, in der sich das Element des Schulmeisterlichen, des Landschaftlichen und des Heimatlichen fast zum Ideal verkörpert: an die des Erziehers Bohnenblust. (Der Name ist sicher eine bewußte Entsprechung zu «Pfannenstiel», und zudem ist Bohnenblust eine «Bohnenblustnatur», d. h. nüchtern, solid, auf ihre Weise schön.) Was sich schon im «Pfannenstiel» angebahnt, vollendet sich in diesem in klarster Bewußtheit: die innerliche Rückkehr des Dichters ins Jugendland, damit in die reife, gänzlich unromantische «Lust des Menschseins». Bohnenblust ist die Gestalt gewordene Jugendlandschaft, so wie Zollinger sie empfindet, *so wie er sie braucht*. Er, und nicht Byland, gibt darum den Titel zum Werke. (Ein dritter, anscheinend geplanter Band hätte allenfalls bei dem zu sich selbst erstarkten Byland ansetzen können; diesen aber läßt der Dichter, wie in Vorahnung des eigenen Todes, vorzeitig an einem Unfall sterben.) Beim Dorfschulmeister Bohnenblust verbringt der Sekundarlehrer Dr. Byland den innerlich aufrichtenden Erholungsurlaub: er taucht bei diesem wie in ein reinigendes, verjüngendes, stärkendes Bad; der inkarnierte, verklärte Landschafts- und Heimatgeist wird ihm Labsal und Stütze, ja Lebenssinn. Byland sieht, nachdem er diesen Mann erfahren, den Zustand des Friedens bildhaft als eine Überfülle weißer Bohnenblüten, als ein Sommerland voller Bohnengärten. Und er empfindet eine solche Ehrfurcht vor dem bescheidenen Manne, daß er sich nicht gestattet, ihm das brüderliche Du anzutragen.

Bohnenblust, den man eingangs als hilfsbereiten, wohlgemuten und unauffällig erzieherischen Sanitätsgefreiten kennen lernt, wirft seinen sanften und belebenden Schatten auf alle, die ihm nahe treten. Byland, Stapfer, die Schulkinder, das ganze Dorf, die Kollegen verfallen der ungesuchten Gewalt dieses «Zauberers», dem alles, was er unternimmt, zum Steckenpferd wird. Künstlerisch begabt (Pianist, Organist, Zeichner, Maler, Photograph, Theaterregisseur, sogar Dichter), die Kinder zu Selbsttätigkeit anleitend, dem Üben und Entwickeln der Geistesfähigkeiten mehr Bedeutung beimessend als dem Wissen, das sittliche Verstehen und Wollen zu stärken suchend (seine improvisierte Predigt über die Geduld in der Kirche, als der Austauschpfarrer nicht erscheint), den Traditionen des Volkes verbunden (der Räbenlichtumzug der Kinder), dem Religiösen gegenüber aufgeschlossen (das von ihm verfaßte und komponierte, von den Kindern aufgeführte Weihnachtsspiel), stille Wohltätigkeit übend (er wohnt bei den eigenen Pächtersleuten, die wie an einem Vater an ihm hangen – die tapfere Frau Guyer ist das einstige Kirschenmädchen aus der March); dabei der anspruchslose Freund, der durch seine Gegenwart schon Geist und Seele anregt und bildet, und der doch im Gespräch auch Nachdenkliches eigener Art einzustreuen weiß (er liebt Stifter, den «Nachsommer» und den «Witiko» über alles: «ein oberstes Meisterwerk – sagt er vom «Nachsommer» –, eine vollkommen ausgewachsene und durchgereifte Frucht menschlichen Geistes»), unverheiratet, weil sein Amt ihn ganz verlangt, und auch weil er sich die richtige Gefährtin hat entgehen lassen: – wahrhaft das Ideal eines Pädagogen und Erziehers, doch so ganz menschlich schlicht, still und bescheiden. An ihm rankt sich ahnungslos fast eine ganze Dorfschaft zu höherem Leben empor. Was Zollinger in seiner besten Lyrik geglückt, die nahtlose Vereinigung von Irrationalem und Rationalem, das gelingt ihm episch in dieser menschlichen Figur, in der das Kosmische sich umgießt und verdichtet zum Nah-Heimatlichen.

Und von ihr aus ordnen sich die übrigen Gestalten zu im Ganzen harmonischer Gruppierung. Byland, der begabte, der schwierige, der kritische, der unschlüssige, der zweifelnde Lehrerdichter, der seine Schulstelle aufgeben will, behält sie, nachdem er Bohnenblusts Wirken kennengelernt, und seiner einstigen Schülerin, späteren Freundin und Verlobten, die er sich hat entgleiten lassen, nähert er sich wieder an, als deren neuer Freund sie im Stiche läßt; er, der das schweizerische Kulturleben höchst kritisch unter die Lupe genommen, legt, auch in dieser Hinsicht von Bohnenblust beeinflußt, als Soldat und als Bürger ein tätiges Bekenntnis zur Heimat ab, stirbt aber als Offizier an einer sich in seiner Hand entzündenden Handgranate – für seine Werke hatte er eben einen Verleger und für eine neu zu gründende Zeitschrift einen wagemutigen Typographen gefunden. – Stapfer, der Bildhauer, erscheint nur noch am Rande. Wichtiger als er selber ist nun seine Ehe mit der klugen und bescheidenen Elena, die im Haushalt Wunder vollbringt und, selber ohne Kinder, das mutmaßliche Kind Maries, die geistesgestört aus dem am Boden liegenden Frankreich zurückkehrt, zu sich nehmen wird – Seume selbst, der unstäte Weltwanderer mit dem Ziel in sich selber, findet seinen letzten Ruheort im Hause des Bildhauers.

Bohnenblust ist die erhobene, vergeistigte, vermenschlichte, zur Tat gewordene Pfannenstiel-Landschaft – so aber, wie es vom bernischen Emmental heißt: «Weiß man, was an den Emmentaler Breiten wirklicher ist, ihr Grund oder ihr Bauernhomer?» Ihm zu Ehren, möchte man sagen, erstehen von dieser wiederum Bilder, zum Greifen nahe und doch «besteckt mit des Kuckucks melodischer Ferne», wie die Wipfel des «Jahreslaufs» – kleine Gedichte in Prosa:

Ein Vesperglöcklein hatte zu schwingen begonnen, ein dörflicher Wohllaut voll Brot und Trank unterm Baume. Es läutete fern auch von Maur oder Fällanden herüber – längst war der Schatten des Berges auf den Greifen-, dann den Pfäffikersee hinausgewandert, man stand auf einmal im Abend, in einer Ahnung von Lampen, die Kindheit trat flaumig hervor mit Geruch von Speziererladen. Das Kirchlein bremste sein Läuten ab, tropfte mit einem Schlage nach in die melodisch getränkte Luft, über Binsen stapfte das Glockenlied auch von Goßau herüber mitten durch Herdenreihn, durch die Äpfel des Geästes, durch den guten heimatlichen Balsam aus Scheunen und Ställen. Pferdemist auf den Straßen rief den Winter mit Schlittengeleisen in der Vorstellung herbei, aus dem Walde herab rann ein Wässerlein in die Wiese voller Herbstzeitlosen; sie lauschten, womit es denn klappere.

Doch fallen solche Bilder hier gar nicht mehr auf; sie gehen ein in die Gesamtheit der bestimmenden heimatlich inneren Landschaftlichkeit, in der alles zurückkehrt zum Wesentlichen, zur «Basis», wie es vom Tun Bohnenblusts heißt. Jede Seite scheint hier von der Einsicht beherrscht: «Wahrheit ist nicht das eine oder das andere, sondern das viele in seinem Zusammenwirken». Und der Stil ist ruhiger geworden, verflackert nicht mehr im allzu Geistreichen, allzu Forcierten, wie so häufig in der «Großen Unruhe» und wie hin und wieder noch im «Pfannenstiel». Hier gelingt Zollinger sogar das schlichte, geradlinige Erzählen – im Munde Bohnenblusts bezeichnenderweise: in der Geschichte vom schüchternen katholischen Kirschenmädchen Fineli aus der March, das in der einst so gefürchteten reformierten Pfannenstiel-Gegend die Pächtersfrau Guyer wird.

«Bohnenblust» ist kein episches Meisterwerk, dazu fehlt ihm ein machtvollerer epischer Atem; und doch waltet eine Gnade besonderer Art über dem Buche. «Sie lieben all das [das Landschaftliche]», sagt Bohnenblust einmal zu Byland, «warum nicht ein wenig auch den Menschen?» Weil Zollinger hier den Menschen zu lieben beginnt, konnte sich ihm die Heimat so eindringlich zur menschlichen Gestalt verdichten. Das Epische verschwistert sich denn auch an vielen Stellen mit dem Lyrischen, ohne doch seine Natur preiszugeben:

Bohnenblust gab Halszithern durch die Küche heraus, die Musikanten [die Schulkinder] postierten sich um den Flügel, an welchem der Lehrer, noch immer in der Arbeitshose, mit dem Rücken gegen die Singgemeinde auf den Grundton tippte; ein Präludieren und Stimmen wie im Theater hob an, auf Teppichen, Stühlen und im Gange, ja bis vor die Fenster hinaus lagerte der bäuerliche Engelchor, auf einen Schlag in den klarsten Akkorden vereinigt. Den Jüngling [Byland] überfiel es mit jäher Gewalt, er duckte sich in den Großvaterstuhl, froh der Dunkelheit, die seine Tränen verhüllte. Der ahnungslose Bohnenblust schlug mit seinem Angriff auf das selig wunde Gemüt Bylands los, der Aufbruch der Schwermut schwemmte den Käfig seines armen Geistes in Trümmern davon.

Und wie schön, schlicht und innig weiß der Dichter das lang entbehrte Behagen zu schildern, das Stapfer und Elena empfinden, als Sold und Wehrmannsunterstützung, Elenas Dienste als Krankenpflegerin, Stapfers Aushilfen auf verwaisten Bauernhöfen sie der Sorgen um den Haushalt etwas entheben:

Sie lebten denn unverhofft so eine Art Bürgerleben mit Weggang und Heimkehr, mit Sparpfennig, kleinen Anschaffungen und Lampenfrieden. Er gönnte sich Ferien, indem er verdiente. Der geistige Schlendrian im Dienst wirkte nach, er zog es hinaus, so wohlzuleben; bald war es ein Teppich, den sie sich leisteten, bald Vorhangstoff, eine Tischlampe. Täglich gab es etwas, an dem sie sich freuen konnten; nach langer Abwesenheit sah er die Dinge neu, plötzlich griff er hinein, rangierte Möbel um, stand unschlüssig mit Vasen oder Bildern in der Hand. Er hatte die Gabe, im Lauf einer Stunde alles umzukrempeln, daß es harmonisch und sinnvoll in seiner neuen Sternordnung stand, freundlicher als je. Er wechselte zwischen den Zimmern aus; die Begonie aus dem Atelier belaubte jetzt Elenas Kämmerchen; wochenlang beschäftigte ihn die Übermalung einer alten Tonkiste, Elena las oder strickte bei ihm in der lieben Terpentinluft; ein Kirschenkratten, den er ablaugte, ergab den drolligsten Papierkorb. Martin arbeitete im Hasenacker um den Lohn eines Bauernbüffets mit Kupferdelphin; ein paar Fetzen Batik, ein Nußkörbchen, ein wenig Keramik, die er aus der Stadt heraufholte – immer hatten sie vor dem Schlafengehen, und sie gingen spät, eine Neuheit mit glücklichen Augen zu betrachten. Manchmal stand er über einem Einfall wieder auf, und morgens beim Erwachen schoß ihnen das Glück über ihre Nichtigkeiten ins Herz, sie gingen hinüber, zu sehen, ob sie noch da waren; sie waren alle noch da und gut so, und es hatte außerdem über Nacht geschneit, die Frühe roch wundervoll, sie sogen die Reinheit in ihre Nüstern, Weihnachten fiel ihnen ein, das Schlafbübchen mit seinen farbigen Hölzern im Arm – leicht schlechten Gewissens, denn es war Krieg in der Welt, genossen sie ihres Friedens.

Mit Geistesaugen gesehen sind auch die Naturbilder in der aus Zollingers Endzeit stammenden, postum veröffentlichten Novelle «*Das Gewitter*» (1943). Nicht sie jedoch stehn im Mittelpunkt. Das Gewitter begleitet als mächtiges Symbol die Liebeseinung zweier Menschen. Und Gewitterschein umloht auch sonst die schlicht geradlinige, in ‹bürgerlichen› Bahnen verharrende Liebesgeschichte: im Widerstand der Eltern Jennys gegen ihrer Tochter Liebe zu einem beträchtlich älteren, geschiedenen Manne in nicht sehr gehobener Stellung; in der Ehescheu Condraus selber; in der Verzweiflung Jennys, die harten Entschlusses im Wasser den Tod suchen will, als sie den Lebenskeim im Schoße spürt, und in der doch das natürliche Muttergefühl die Oberhand gewinnt, der Wille auch, die Last des allenfalls illegitimen Kindes auf sich zu nehmen; ja sogar, doch ins leicht Komische abgeschwächt, im harmlosen Reiseabenteuerchen der Eltern Jennys auf der Hochwacht. Das ‹Gewitter› aber mündet, innerlich und äußerlich, in das – freilich allzu kurzschlußartig erreichte – Regenbogenidyll der Versöhnung im Häuschen der jungen Eheleute auf dem Berge, das die wackere, gescheite Großmutter, die alte Frau Doktor, ihnen zur Verfügung gestellt und in welchem in Condrau ganz von selber das Gefühl und das Tun der Hausväterlichkeit erwacht ist.

Die Geschichte hat, besonders in den zwei ersten Teilen, einen gleichmäßig epischen Zug, dem auch einige stilistische Zwickmühlen (sie sind vor allem im Munde der Großmutter fehl am

Platze) nicht Abbruch tun können. Als hohe mittlere Schwellung ist in ihn das gewitterumrauschte Liebesbündnis eingebettet, im Dichterischen noch schöner aber die Abkehr Jennys von Todesgedanken im geheimen Winkel des Weihers, als sie plötzlich am Gefühl erschrickt, nicht allein zu sein, und nach innen horcht:

> Auf einmal erblickte sie das Kindchen, sah sie es mückenklein, aber wohlgebildet mit Gliedlein und einem Elfengesichtchen in seinem Tautropfen schweben, vom Strome des Mutterblutes morgenrötlich warm angeschienen. Der Mund blieb ihr lauschend offen, die Morgenröte stieg auch in ihr Antlitz und blühte im holdesten Lächeln durch die Nachdenksamkeit der Wimpern. Die Lebensperle nicht von ihrem Halm zu schrecken, hielt sich die junge Mutter stille ...

Und die Hand wie zur Abwehr gegen den hergebetenen Tod erhebend, entspringt das Mädchen wie ein Reh dem moosfeuchten Neste.

Zur ‹Bürgerlichkeit› des Erzählten gehört auch der leicht satirische Eingang, der die zur Lächerlichkeit erstarrten Gewohnheiten des Prokuristen Trümpi (des Vaters Jennys) und die Entwicklung der großdörflichen Atmosphäre mit Gottfried Kellerschen Seldwyler-Strichen zeichnet. Die Karikatur verliert sich aber, als Condraus Vaterglück des Dichters eigene erneute Vaterfreuden zu spiegeln beginnt: man glaubt einer nachträglichen Korrektur des «Bohnenblust»-Schlusses beizuwohnen. Es ist, als finde sich Zollinger einige Monate vor seinem Tode vorbehaltlos zum Bekenntnis menschlicher Gemeinschaftsbindung zurück; denn Condrau, der seine Eheunlust überwinder und sich mannhaft zu seiner Vaterpflicht stellt, scheint das Wort der weisen und gütigen Großmutter zu bekräftigen: «die Erfahrung weiß um den Anteil, den Pflicht und Vernunft und Gehorsam im Leben der Liebe haben.»

Eine nicht unglückliche Hand hat Zollinger auch in einigen früheren Erzählungen; in einzelnen freilich schimmert, wie schon Paul Häfliger bemerkte[31], und die zum Teil großen Stilunterschiede scheinen die Richtigkeit der Feststellung zu beweisen, des Dichters künstlerische Begegnung mit modernen Schriftstellern durch (Schnitzler, Werfel, Th. Mann, Kafka u. a.). Hervorragend erzählt, intim und beherrschend zugleich, Gegenwärtiges und Ver-

[31] a.a.O., 107.

gangenes überlegen verbindend, ist die Geschichte von den
«*Russenpferden*» (erschienen 1940 im Bande «Neue Zürcher Novellen», mit Beiträgen von verschiedenen Zürcher Schriftstellern):
man fühlt sich an Gotthelfs Erzählung aus der Franzosenzeit «Eine
alte Geschichte zu neuer Erbauung» gemahnt. – «*Herr Racine im
Park*» (Schweizer Novellenbuch, herausgegeben von Walter
Muschg, 1939) mutet an wie ein anmutiges spätes Echo aus den
«Gärten des Königs», ist jedoch mehr: die Erinnerung an Racines
späte Rückkehr zur Poesie nach Jahren willentlicher Abwendung,
gegen die auch die großen Dichterkollegen nichts vermögen, wird
zum Lobgesang auf das plötzliche Aufbrechen des dichterischen
Gemütes – daß dies während eines strömenden Gewitters im
Schloßpark zu Versailles geschieht, verwundert bei Zollinger nicht.
– Mehr schaurig als hintergründig und auch allzu lyrisch durchsetzt ist die Novelle «*Labyrinth der Vergangenheit*» (erschienen in
«Die Zeit», Mai 1936), die den Verirrungstod zweier junger Deutscher in den römischen Katakomben erzählt.

Schlägt in der Novelle «Das Gewitter» der Verfasser am Happy-
end-Schluß einige mutwillige Purzelbäumchen (der Pfarrer läßt am
Hochzeitsmahl ein Tischgebet «von Stapel als Anzahlung an die
Genüsse», der Säugling Alexander niest, hickst, rülpst, gähnt; sein
Vater setzt sich in aller Öffentlichkeit selber auf den Topf und tut
als ob, um den Sprößling zur Nachahmung zu ermuntern), um die
ihm wohl selber etwas sonderbar vorkommende brav-bürgerliche
Atmosphäre einigermaßen aufzulockern? Oder tönt ganz einfach
das schildbürgerliche Echo des «*Fröschlacher Kuckucks*», «Leben und
Taten einer Stadt in zwanzig Abenteuern» (postum 1942), etwa zur
selben Zeit verfaßt, in jene Seiten hinüber? Schalk und Übermut,
Ulk und Ironie verbinden sich in diesem Büchlein zu einem lächeln-
den «Schabernack der Lappalien», zum geistvoll blühenden, phan-
tasie- und bildgesättigten Wider- und Tiefsinn eines gewandten
Stilisten, der nicht nur seinen Mitbürgern – dem aufgeregten, waf-
fenstarrenden und doch eher kleinmütigen Zürich von 1940 –
einen kleinen Narrenspiegel vorhält, sondern auch die literarische
Gattung als solche parodistisch ein bißchen ad absurdum führt.
Über diese gutmütig satirischen, mit fliegender und doch scharfer
Feder verfaßten Schnörkeleien hin aber streut der Dichter ab und
zu tiefere «Nachdenksamkeiten»:

Des Anspruchs auf Lob und Dankbarkeit entschlägt sich der Höherstrebende, der in den Annalen der Geschichte besser als in der Tageslaune wohnen will. Er weiß, die Menschheit behält ihre eigenen Stimmungen nicht, wohl aber den Willen der Cäsaren im Gedächtnis.

Der Wald wird gewaltig erst, wenn ihn ein Wind aufrührt, gleich wie die See, die sonst das Unendliche spiegelt und selber zurücktritt, gleich wie der Erzähler, der im Sturm seines Temperaments wohl dunkel hervortritt, doch den Weltraum dafür aus seinen Tiefen verliert.

Und das damals jenseits des Rheins angebetete ‹völkische› Ungeheuer, das doch irgendwelchem «Flunkerer» gegenüber sich in schnaufendem Gehorsam duckt, wird sicheren Wortes beschworen:

Volk, träge Schwere, du Urdumpfheit, letzter Saurier unserer sublimen Vereinzelung, Ozean aller Herkunft, Fruchtwasser, aus dem die Menschheit mit strahlenden Geistern steigt, Hüter der Horte, Urne des Erbes, du allein ohne Tod, lebend vom Tode: und plötzlich in Zornen, deine Kinder verschlingend, menschhaft unmenschlich, tierisch klug tötend, was ein Instinkt dir gebietet – und dummschnäuzig schnaufend gehorsam irgendeinem Schreckgespenst, irgendeinem Mäuslein, irgendeinem Flunkerer!

Im Fluß der blendend formulierten, zuweilen fast ‹marmorklippen›dunklen «Abenteuer» fallen solche Betrachtungen freilich kaum auf. Ein Beispiel aus dem zwölften – die Fröschlacher schicken eine Spähtruppe dem Feinde entgegen:

Sie schleppten es [das Leben] kriechend an das Ende des Brachfelds, wo sie in Deckung von Rübenkraut kamen. Sie liefen darin gebückt mit den Lanzen, nicht zu lange, um noch zeitig ein Nest von Helmen zu erkennen, in denen denn erstmals der Feind seinen Fühler gegen die Fröschlacher vortrieb. Indes waren sie selber nicht als ein Kriegsheer, sondern zur Auskundschaftung in dem Gelände erschienen; das Häuflein sich duckender Hasenfüße aber getrauten sie sich unter der Hand zu nehmen, schwangen also nach kurzem Besinnen ihre Spieße hinüber, schossen auch so vortrefflich, daß es von splitternden Hirnschalen krachte und ein Lanzen-Igel wutzitternd sich über sein Opfer sträubte. Die Sieger gingen aufrecht wie Jäger zu ihrem Hunde nach der Walstatt hinüber, sahen nicht ohne Grausen den roten Most von den Leichnamen fließen; ein Schädel drehte sich unter dem Speerschaft, grauenvoll wach in seinem Witz, sich den Überwinder noch anzusehen, aber ehrfurchtgebietend wie eben die Todesverachtung, die mit dem Pfeil in der Brust unter Traumesschleiern Gebärden des Lebens fortsetzt.

Freilich erwies es sich, daß die Fröschlacher fürs erste im Übereifer der Mordlust vorgegangen waren und ihre Stärke an Besseres nicht als an einen Kürbiswurf, der hier faulte, verschwendet hatten. Sie setzten trotzdem ihren Fuß auf die bleichen Häupter, den Sieg auszukosten, drehten sie unter den Sohlen nachdenklich ekelvoll und verabsäumten nicht, auch Gott im Gebet zu danken, indem sie den Helm vor die Brust herabnahmen. Wäre es der Feind gewesen, leicht läge der oder jener nun selber in seinem Fröschlacher Blute.

*

«Ich gelte als Eigenbrödler», sagt Byland im «Pfannenstiel» zu Stapfer. «Man findet mich auch nicht schweizerisch. Es geht mir diesbezüglich ein wenig wie Ihnen, Herr Stapfer. Das Erbe manifestiert sich in uns nicht handgreiflich, nicht in Alphorn und Jodeln. Wir sehen die Schweiz nicht antiquarisch, nicht in Souvenirs.» Albin Zollinger hat als Dichter unbestreitbar eine neue, un‹antiquarische› Saite im Schweizerischen zum Klingen gebracht. In der Abendgesellschaft beim reichen Kunstfreund bemerkt Byland denn auch mit Erstaunen, «daß seine Wenigkeit sich durchaus als ein Begriff durchgesetzt hatte». Der «Begriff» Byland-Zollinger, das ist, wie es unserer Nachwelt immer deutlicher wird, eine insbesondere lyrische Kunst (doch auch manche Seite seiner Prosa nährt sich aus derselben Quelle), die in der «Spiegelung blauen Jahrhunderts» die Erdenschwere überwunden zu haben scheint und die doch mit «maximaler Akkuratesse» – ein Wort aus dem «Pfannenstiel», die Kunstvollendung bezeichnend – dem irdisch Sinnenhaften tief verhaftet bleibt.

Biographische Notiz. – Albin Zollinger, 24. Januar 1895–7. November 1941. Den größten Teil seiner Kindheit verbrachte Z. in Rüti, im Zürcher Oberland. Der Vater, seines Zeichens Mechaniker, war ein phantasiebegabter Träumer, die Mutter eine unstäte, hartköpfige, völlig unbürgerliche Frau. Vier «schwarze» Jahre in Argentinien, vom elterlichen Zerwürfnis und von Widerwärtigkeiten des Fortkommens verdüstert. Mit siebzehn Jahren erst konnte der schlechtgeschulte Knabe die Sekundarschule verlassen. Zeichnerische Begabung. Lehrerseminar in Küsnacht. Hier entwickelte er sich nach und nach zum Erzähler. Doch auch schwere innere Krise. Vom Frühjahr 1916 an versah er längere Jahre Aushilfestellen; endlich feste Anstellung an der Primarschule Oerlikon. Bei Heinrich Wölfflin hörte er Kunstgeschichte an der Zürcher Universität. Reise nach Griechenland. Erste Ehe, Geburt eines Kindes. Beginn der Freundschaft mit Traugott Vogel. 1930 und 1931 Ferien- und Urlaubsreisen in Deutschland und Frankreich (Paris). Vermehrte journalistische Tätigkeit; in der politischen Einstellung eher linksgerichtet. Zusammenbruch der Ehe. 1936–1937 Mitredaktor an der Monatsschrift «Die Zeit». Geistige Landesverteidigung. Wendung von der Lyrik zum Zeitroman. Aktivdienst – aus dem Antimilitaristen und Pazifisten Z. wird der Bürger und Soldat. Neue Ehe, neue Vaterfreuden, Vatersorgen. Verzehrender Arbeitsdrang, «suicidale Lebensart», wie Bekannte sagen. Tod an Herzkrampf am 7. November 1941.

Bibliographisches. – *Prosa:* Die Gärten des Königs (1921). – Die verlorene Krone. Märchen (1922). – Der halbe Mensch. Roman (1929). – Die große Unruhe. Roman (1939). – Pfannenstiel. Die Geschichte eines Bildhauers (1940). – Bohnenblust oder die Erzieher (1942). – Der Fröschlacher Kuckuck. Leben und Taten einer Stadt in zwanzig Abenteuern. Illustr. von Warja Honegger-Lavater (1943). – Das Gewitter. Novelle (1943). – Verstreute Novellen in Zeitschriften und Sammlungen. – *Lyrik:* Gedichte (1933). – Sternfrühe. Neue Gedichte (1936). – Stille des Herbstes. Gedichte (1939). – Haus des Lebens. Gedichte (1939). – Vom «Haus des Lebens» an erschienen alle Werke im Atlantis-Verlag, Zürich. – Eine Auswahl von Gedichten gab, mit einem Nachwort versehen, 1956 Emil Staiger heraus (Atlantis). – Eine kleinere Auswahl veröffentlichte Hans Schumacher mit einer Einleitung (Bühlverlag-Blätter 12). – S. auch: Du, 1. Jan. 1945.

Der Atlantis-Verlag begann 1961 mit der Herausgabe der Gesammelten Werke in vier Bänden: Bd I: Gesammelte Prosa, mit Geleitwort von Max Frisch (Inhalt: Das Gewitter – Der Fröschlacher Kuckuck – Erzählungen und kleine Prosa – Märchen [Auswahl] – Aufsätze und Vorträge). Bd II: Der halbe Mensch – Die große Unruhe. [Nicht aufgenommen: «Die Gärten des Königs»] 1962: Bd III: Pfannenstiel – Bohnenblust. Bd IV: Gedichte. –

Briefe Zollingers gab 1955 Traugott Vogel heraus: Briefe an einen Freund. Ausgewählt und eingeleitet von T. V. (Tschudy, St. Gallen).

Über Z.: Paul Häfliger: Der Dichter A. Z., 1895–1941. Eine Monographie. Diss. Freiburg (Schweiz), 1954. Mit ausführlichen Literaturangaben. – Hans Bänziger: Heimat und Fremde. Ein Kapitel ‹Tragische Literaturgeschichte› in der Schweiz: Jakob Schaffner, Robert Walser, Albin Zollinger. Bern, Francke, 1958. – Traugott Vogel: A. Z. Aus einer Studie über den Humor bei A. Z. Neue Zürcher Zeitung, 7. Nov. 1961, Nr. 4170.

VERZEICHNIS DER NAMEN UND WERKE

(Die kursiv gesetzten Zahlen betreffen die wichtigeren Verweise)

INHALT

Lewis and Clark College - Watzek Library
PT3868 .G8 Bd. 1   wmain
Gunther, Werner/Dichter der neueren Schw

3 5209 00430 6664